民 法 研 究 系 列

侵权行为

第三版

王泽鉴　著

北京大学出版社
PEKING UNIVERSITY PRESS

著作权合同登记号 图字:01-2009-3932

图书在版编目(CIP)数据

侵权行为/王泽鉴著. —3 版. —北京：北京大学出版社，2016.4
（民法研究系列）
ISBN 978-7-301-26598-7

Ⅰ.①侵… Ⅱ.①王… Ⅲ.①侵权行为—民法—研究 Ⅳ.①D913.04

中国版本图书馆 CIP 数据核字(2015)第 293087 号

简体中文版由元照出版有限公司(Taiwan)授权出版发行
侵权行为法,王泽鉴著
2015 年 6 月版

书 名	侵权行为（第三版）	
	QINQUAN XINGWEI（DI-SAN BAN）	
著作责任者	王泽鉴 著	
责 任 编 辑	王丽环	
标 准 书 号	ISBN 978-7-301-26598-7	
出 版 发 行	北京大学出版社	
地 址	北京市海淀区成府路 205 号 100871	
网 址	http://www.pup.cn http://www.yandayuanzhao.com	
电 子 邮 箱	编辑部 yandayuanzhao@ pup.cn 总编室 zpup@ pup.cn	
新 浪 微 博	@北京大学出版社 @北大出版社燕大元照法律图书	
电 话	邮购部 62752015 发行部 62750672 编辑部 62117788	
印 刷 者	三河市北燕印装有限公司	
经 销 者	新华书店	
	650 毫米×980 毫米 16 开本 45.5 印张 722 千字	
	2009 年 12 月第 1 版 2014 年 5 月最新版	
	2016 年 4 月第 3 版 2024 年 2 月第 16 次印刷	
定 价	88.00 元	

总　　序

拙著民法研究系列丛书包括《民法学说与判例研究》(八册)，以及《民法思维:请求权基础理论体系》《民法概要》《民法总则》《债法原理》《不当得利》《侵权行为》《民法物权》《人格权法》，自 2004 年起曾在大陆发行简体字版，兹再配合法律发展增补资料，刊行新版，谨对读者的鼓励和支持，表示诚挚的谢意。

《民法学说与判例研究》的写作期间长达二十年，旨在论述1945 年以来台湾民法实务及理论的演变，并在一定程度上参与、促进台湾民法的发展。《民法思维:请求权基础理论体系》乃在建构请求权基础体系，作为学习、研究民法，处理案例的思考及论证方法。其他各书系运用法释义学、案例研究及比较法阐述民法各编(尤其是总则、债权及物权)的基本原理、体系构造及解释适用的问题。现行台湾"民法"系于 1929 年制定于大陆，自 1945 年起适用于台湾，长达六十四年，乃传统民法的延续与发展，超过半个世纪的运作及多次的立法修正，累积了相当丰富的实务案例、学说见解及规范模式，对大陆民法的制定、解释适用，应有一定的参考价值，希望拙著的出版能有助于增进两岸法学交流，共为民法学的繁荣与进步而努力。

作者多年来致力于民法的教学研究，得到两岸许多法学界同仁的指教和勉励，元照出版公司与北京大学出版社协助、出版发行新版，认真负责，谨再致衷心的敬意。最要感谢的是，蒙　神的恩典，得在喜乐平安中从事卑微的工作，愿民法所体现的自由、平等、人格尊严的价值理念得获更大的实践与发展。

王泽鉴
二〇一二年十月

谨以本书献给

恩师

Karl Larenz

(1903—1993)

感谢他教我法学思考的方法

及持续不断学习的精神

增订新版序

侵权行为法的变迁

一、规范体系的建构

拙著《侵权行为法》初版发行于 1988 年,曾经数度修正,2009 年在北京大学出版社出版《侵权行为》(最新版),本次再全面增订。侵权行为法的任务在于调和个人行为自由与被害人权益的保护,合理分配风险社会所发生的各种损害。为因应社会经济发展,侵权行为法与其他社会损害补偿制度(如汽车强制责任保险、全民健康保险)共同协力、相互配套,建构了益臻完善、兼顾个人责任与社会保障的规范体系,促进了台湾社会的安定与进步。

侵权行为法的变迁在于建构外部体系及形成内在原则。侵权行为法外部体系的建构包括民法的侵权行为与特别法。现行"民法"制定于 1929 年,直至 1999 年,始就侵权行为部分(第 184 条至 198 条)加以修正,重点在于增设三个现代特殊侵权行为(动力车辆、商品缺陷、危险工作及活动,第 191 条之 1 至第 191 条之 3),采推定过失原则。特别侵权行为法指设有侵权行为或适用民法侵权行为规定的法律(包括私法与公法),主要有"著作权法"(1928 年)、"商标法"(1930 年)、"专利法"(1944年)、"核子损害赔偿法"(1971 年)、"国家赔偿法"(1980 年)、"医疗法"(1986 年)、"公平交易法"(1991 年)、"消费者保护法"(1994 年)、"个人资料保护法"(1995 年)、"性别工作平等法"(2002 年)、"性骚扰防治法"(2005 年)等。其特别性在于有采无过失责任、扩大受保护的权益,或缩短消减时效期间等,请参照相关法律条文,了解其立法理由。侵权行为的内在原则指如何形成侵权行为的类型及成立要件,尤其是归责原则、受保护的权益、因果关系、违法性等,此为侵权行为法的核心问题。

本书系以"民法"的侵权行为为重点,并论及若干密切相关的特别法。须强调的是侵权行为法的研究,应关注整个损害补偿制度的建立及开展,重视特别侵权行为法与民法侵权行为的立法原则、体系关连及适用关系,并强化对特别侵权行为法的教学研究(最近重要著作:陈聪富:《医疗责任的形成与展开》,科际整合法学丛书1,台湾大学出版中心2014年版)。

二、理论与实践

若将法律比喻为人的身体,则判例(广义)为其血肉筋骨,学说为其神经,实务与理论相互为用,促进法律的成长与发达。兹就侵权行为法变迁的三个关键问题,简述如下,俟于本书再详为说明:

(一) 由"侵权行为之法则"到"民法"第184条规定的三个类型侵权行为

"最高法院"曾以"侵权行为之法则"判断某种侵害他人权益的行为(尤其是侵害债权)是否成立侵权行为("最高法院"1984年台抗字第472号判例)。近年来肯定"民法"第184条规定三个类型的侵权行为:(1) 故意或过失不法侵害他人权利(第184条第1项前段);(2) 故意以悖于善良风俗方法加损害于他人(第184条第1项后段);(3) 违反保护他人之法律(第184条第2项)。侵权行为之法则过于笼统抽象、无明确的要件、不具法律适用的涵摄能力,容易陷入主观判断,难以检验其论证过程,导致侵权行为法长期停滞不进。"最高法院"肯定"民法"第184条系三个独立的请求权基础,明确了要件及适用范围,对台湾地区侵权行为法的成熟与规范功能的实践,作出了重大的贡献。

(二) 侵权行为的三阶层构造与侵权行为法的发展

为了在概念上更精确地理解侵权行为,本书对侵权行为采三阶层构造:(1) 事实要件(行为、权益侵害、因果关系);(2) 违法性;(3) 有责性(故意或过失、识别能力)。此种三阶层构造适用于所有的侵权行为,形成一般侵权行为(第184条)及特别侵权行为(如第185条、第188条、第191条之3)的成立要件,攸关整个侵权行为法的变迁,对于侵权行为法的立法及解释适用具有模式作用,为便于观察,先图示如下,再行说明:

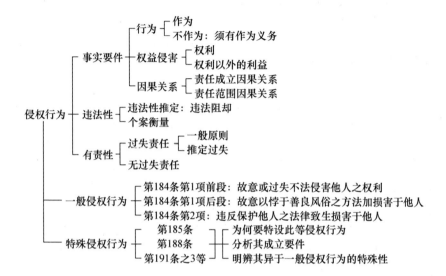

1. 行为

侵权"行为"得为作为与不作为。不作为之成立侵权行为以有作为义务为必要。关于不作为侵权行为的发展,最值得重视的是,肯定社会安全注意义务(交易安全义务),扩大了作为义务,强化了对权利的保护。

2. 受保护的权益

侵权行为法对权利与权利以外的利益(纯粹经济损失)作区别性的保护。此为"民法"第184条规定三个类型侵权行为体系的基本结构,因此,如何区别权利与权利以外利益,如何扩大其保护范围,系侵权行为法上最具争论的问题。

3. 因果关系

因果关系应分为责任成立因果关系与责任范围因果关系。前者存在于行为与权益受侵害之间(例如甲驾车发生事故与乙的身体健康受侵害);后者存在于权益受侵害与所生损害之间(例如乙身体健康受侵害与因此所生损害,包括住院支出医疗费、收入减少)。是否成立因果关系应依相当因果关系说加以判断,相当因果关系由条件关系与其相当性所构成,应就个案加以认定。

4. 违法性

民法系以违法性建构区别权益保护的规范体系,体现于不法侵害他人权利、悖于善良风俗、违反保护他人之法律。在此等情形,民法系采违法性推定原则,即由其侵害权益的行为而认定其违法性,行为人须证明有违法阻却事由。惟在名誉、隐私等概括性人格权益受侵害时,应依利益衡量认定其是否具有违法性。

5. 有责性(故意或过失)

民法以故意或过失作为归责事由的一般原则,使行为人就其侵害行为所生损害承担侵权责任。此外,"民法"设有推定过失责任的规定(如第184条第2项、第187条、第188条、第190条、第191条之1至第191条之3),并创设衡平性的中间责任(如第187条第3项、第188条第2项)。关于无过失责任,则采列举主义(如"核子损害赔偿法""消费者保护法"等)。由于实务上对加害人推定过失的举证责任采严格认定,衡平性的中间责任鲜少案例。台湾地区侵权行为法实际上系建立在过失责任及无过失责任两个归责原则之上,乃在实践侵权行为法上的平均正义及分配正义。

(三) 侵权行为法的宪法化

侵权行为法的宪法化系指侵权行为法的适用应作符合宪法保障人民基本权利意旨的解释,尤其是应采用调和言论自由与人格权此两种同受保障基本权利的宪法基准,解释适用侵权行为的成立要件(尤其是违法性)及法律效果。此系20世纪80年代民主宪政改革以来法治建设的重大进展,实务上案例甚多,具有指标性的意义。侵权行为法宪法化的另一个重要功能,系侵权行为法的适用应实践人性尊严的价值理念,扩大人格权的保护范围,扩张及于生前及死亡后,并包括精神利益及财产利益的保护。

三、判例、学说、比较法与法释义学

本书旨在整合判例、学说及比较法,建构侵权行为法的法释义学。法释义学(法教义学、信条学)的任务在于阐释描述现行法律规范,从事概念体系的研究,以及提出解决疑难问题的建议。

侵权行为法实践于具体个案,建立了具体的行为规则。本书整理分析了数以百计的"最高法院"裁判,并较详细地摘录案例事实及判决理由以增进了解其内容。重要的判决都附上一个名称(如蒋孝严诉陈水扁毁损蒋介石名誉案、蚵苗着床案),突显其内容,有助于较更深刻了解每一个裁判在侵权行为法发展上所代表的意义,并便利法学研究上的沟通。法学著作须要分工,由于台湾地区关于侵权行为法的著作尚属不多,又无注释书,因此尽力使本书能够兼具注释书及案例法的功能。

一个国家的法律系由立法(立法者)、法院(法官)及学说(学者)共同创造、形成与发展。学说建构法律的体系架构,阐述基本概念,分析法律解释适用的疑难问题,引导法律的发展方向。学说是一种与判例相互为用的间接法源。学说体现于教科书、论文、专著、判决评释等。许多学者的论著,诸如约翰逊林关于消费者保护的裁判评释、郭丽珍关于商品责任的著作、陈忠五关于契约责任与侵权责任保护客体的专论、陈聪富关于因果关系、侵权归责与损害赔偿的两本论文集、陈自强关于民法侵权行为体系再构成的论文、王千维关于环境公害因果关系的研究等,提升了台湾地区的法学水平,也丰富了本书的内容。

比较法系台湾法学的重要研究方法,其主要理由系台湾地区的法律(包括侵权行为法)多继受自外国法。本书设有专章从事侵权行为法的比较研究,希望能够达成四个目的:

(1) 认识目的:比较法具有镜子作用,可供对照,知彼知己,有助于促进跨国间的法律活动,并培养法学上的谦卑。

(2) 立法模式:比较法提供了某个法律问题可能的规范模式。比较法是规范模式的储藏所,其不同规范机制及实践经验,可供立法或法律修正的参考。

(3) 台湾地区法的解释适用:以比较法作为台湾地区法律的一种解释方法,探讨如何将外国或地区立法例、判例学说用于解释台湾地区法律的疑义、填补漏洞的法之续造。

(4) 法律整合:透过比较法研究,整合各国法律的异同,研拟具统一性的国际公约或区域性的立法。多年来欧洲私法统一运动借助比较法的研究逐渐建立了欧洲共同法(european jus commune),比较法的研究有助于台湾地区积极参与东亚(大陆、日本、韩国)私法共同化的开展。

　　值得特别提出的是,台湾地区学者常以其留学国家或地区专攻领域的外国法解释台湾地区法律,导致意见分歧,难有定论。台湾地区侵权行为法的发展甚受美国法的影响,例如"消费者保护法"的产品责任、方法论上的法律经济分析,"最高法院"更径采美国联邦最高法院关于诽谤法所创设的真实恶意规则(actual malice rule)。比较法的解释是一种法律体系解释,必须能够纳入台湾地区的基本概念体系,始能维护法秩序的统一性,促进法律的进步与发展,此等问题将于本书相关部分作较深入的论述。须再说明的有两点:(1)本书特别重视比较法的案例研究。(2)采功能性的比较方法,摆脱台湾地区法先入为主的见解,避免从法释义学的立场探寻法律,不可让台湾地区法的体系概念遮蔽视线,致不能针对具体事实检视问题,进行反省改进。

　　始前所述,本书将整合判例、学说及比较法,建构侵权行为法的法释义学,期能实现下述四项功能:

　　(1)体系化功能:有系统的整理分析现行法的概念,了解法律内部的价值体系,并在整体上把握具体规范间的关连,便于讲授、学习及传播。

　　(2)稳定功能:为司法实践及特定裁判提出适用的法律见解,期能长时间影响同一类型的判决,形成普遍实践原则,以强化法院裁判的可预见性及法律安定性。

　　(3)减轻论证负担功能:为特定法律问题,提供可检验、具说服力的解决方案,以减轻法学研究及法院裁判论证上的负担,不必凡事都要重新讨论。因此要变更释义学上具有共识的法律见解,应提出更好的理由,承担论证责任。

　　(4)修正与更新功能:法释义学所提出的关于法律解释及法之续造的原则,具有调节各个制度发展的作用,但不应拘泥于向来见解。为适应社会变迁,应为深刻的批评创造条件,发现矛盾,解决冲突,探寻符合体系新的合理解决方法,而能有所革新进步。

四、侵权行为法与请求权基础

　　侵权行为法系建立在请求权基础之上,"民法"第184条规定三个类型的侵权行为,构成三个独立的请求权基础(第184条第1项前段、第184条第1项后段、第184条第2项)。每一个特殊的侵权行为(如第185

条、第188条、第190条、第191条之1至第191条之3），亦皆属独立的请求权基础。特别值得提出的是"最高法院"2000年度台上字第2560号判决谓："故意或过失不法侵害他人之权利者，负损害赔偿责任，故意以悖于善良风俗之方法加损害于他人者，亦同，民法第184条第1项定有明文。本项规定前后两段为相异之侵权行为类型。关于保护之法益，前为权利，后段为权利以外之其他法益。关于主观责任，前者以故意过失为已足，后者则限制故意以悖于善良风俗之方法加害于他人，两者要件有别，请求权基础相异，诉讼标的自属不同。"如何区别"民法"第184条规定三个请求权而为适用，系实务上的重大问题，"最高法院"2011年度台上字第1314号判决强调："按因故意或过失不法侵害他人之权利者，负损害赔偿责任；故意以悖于善良风俗之方法加损害于他人者亦同；违反保护他人之法律，致生损害于他人者，负赔偿责任，民法第184条第1项、第2项前段分别定有明文。依此规定，侵权行为之构成有三种类型，即因故意或过失之行为，不法侵害他人权利，或因故意以悖于善良风俗之方法加损害于他人之一般法益，及行为违反保护他人之法律，致生损害于他人，各该独立侵权行为类型之要件有别。此于原告起诉时固得一并主张，然法院于原告请求有理由之判决时，依其正确适用法律之职权，自应先辨明究系适用该条第1项前段或后段或第2项规定，再就适用该规定之要件为论述，始得谓为理由完备。"

　　请求权基础系指一方当事人得向他方当事人有所主张（如请求损害赔偿）的法律规定。兹以"民法"第184条第1项前段为例，将其思考模式图标如下图所示，关于前揭请求权基础方法，应说明的有三：

　　1. 请求权基础的探寻

　　请求权基础（法律规范）的探求，须以具体案例为出发点，即从事实找寻规范，并从规范认定事实，来回于事实与规范之间，相互解明，彼此穿透。在图举车祸之例，经由此种思考过程，得认定"民法"第184条第1项前段规定："故意或过失不法侵害他人权利者，应负损害赔偿"，得作为乙向甲主张损害赔偿的请求权基础。

　　2. 法律适用

　　法律适用系在认定请求权是否存在，形式上为逻辑三段论，实质上则为法律评价。首先须明确请求权基础的各个要件（参照下图所示），并对个别要件的概念（如行为、权利、因果关系、过失等）加以定义，然后再依

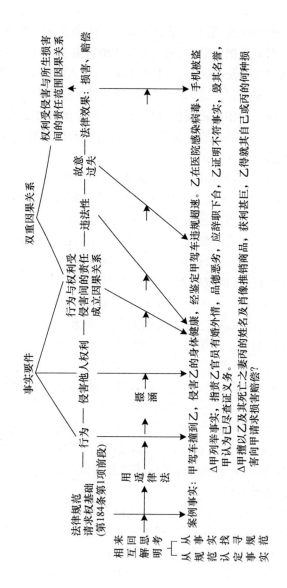

序逐一检视案例事实可否涵摄在各个要件之下。若全为肯定,则原告得依该请求权基础的法律规定向被告有所主张(如损害赔偿、物的返还等)。在检查个别要件时,要把握何者为关键问题。

3. 判例与学说的协力

法律适用有赖判例与学说的协力,法院的主要任务在于认定事实,学说的工作在于建构概念体系,二者的分工合作,使法律规范功能得获实践。

本书的架构及论述系建立在请求权基础方法之上,为便于理解,将前述车祸之例,简述如下:

(1) 乙得依"民法"第 184 条第 1 项前段规定,向甲请求因其车祸身体健康受侵害、在医院治疗期间感染病毒、手机被盗的损害,若甲系故意或过失不法侵害乙的权利:

① 甲驾车撞到乙,构成侵害行为。

② 权利包括人格权,甲致乙的身体、健康人格法益受侵害,系侵害乙的权利。

③ 甲的行为与乙的身体健康受侵害之间具有因果关系,此为责任成立因果关系,应依相当因果关系加以认定。相当因果关系系由条件及其相当性所构成。必先肯定条件关系,再判断该条件的相当性,始得谓有相当因果关系。该相当性的审认,须以行为人之行为所造成的客观事实为观察基础,依人之知识经验,通常均发生同样损害之结果的可能性时,始足当之。准此以言,甲驾车肇祸的行为与乙的身体健康受侵害之间具有相当因果关系。

④ 甲侵害乙的身体健康,推定其有违法性。甲须举证证明有违法阻却事由。

⑤ 须甲侵害乙身体健康的行为具有过失。过失指未尽善良管理人的注意义务,应由被害人乙负举证责任,本件经鉴定甲驾车违规超速,具有过失。

⑥ 须乙的身体健康受侵害与其在医院治疗期间感染病毒、手机被盗具有因果关系。此为责任范围因果关系,亦应依相当因果关系加以认定。据前关于相当因果关系的说明,乙住院期间感染病毒与甲侵害其身体健康具有相当因果关系。乙在住院期间手机被盗,与其身体健康遭受侵害,虽有条件关系,但无相当性,盖手机被盗系一般生活的风险,应由乙自己承当,不应归由甲负责。

(2) 乙得依"民法"第 184 条第 1 项前段规定,向甲请求因身体健康受甲侵害在医院治疗期间感染病毒的损害赔偿。

五、期待与感谢

本书较深入讨论了侵权行为法若干结构性的基本问题,包括"民法"第 184 条规定的三种类型的侵权行为,侵权行为的三层构造〔事实要件、违法性、有责性(故意或过失、识别能力)〕,纯粹经济损失,交易安全义务(社会安全注意义务),责任成立因果关系与责任范围因果关系的区别,侵权责任,契约责任的竞合与民事责任体系的建构,侵权行为法的宪法化等,并制作了较详细的目次,敬请参照研读,有助于更深刻地理解本书的构造及侵权行为法的基本问题,期望能对台湾地区侵权行为法的理论构成、司法实务及教学研究有所贡献。

拙著增订新版,要感谢各级法院(尤其是"最高法院")所作成众多具有创意的法律见解,陈忠五教授在新学林分科民法精选的裁判,所参考论文著作的启发,法学界同仁的鼓励,尤其是读者的爱护,使拙著能够多次再版修正,增益其内容。"法务部"司法官学院图书室及台湾大学法律学院图书馆提供借阅参考书籍的便利;元照出版社提供文献数据;新学林出版社许承先先生整理稿件,认真负责,均在此并志谢忱。最要感谢的是神的恩典,保守我的岁月,坚定我的心志,能够不断的学习,以卑微的工作,彰显祂的荣耀。

王泽鉴

2015 年 6 月 2 日

序　言

　　拙著侵权行为法原分"一般侵权行为"及"特殊侵权行为"两册发行，自 1988 年出版以来，多次重印，谨对读者的鼓励和指教表示最大的谢意。兹将两册合为一本，俾便于阅读，并作全面修订，使本书兼具法释义学、比较法及建构案例法的功能，希望能对侵权行为法的研究和发展有所贡献。

　　本书能够顺利出版，得到许多人的支持和协助，林美惠博士主动提议协助整理稿件，催促本书的诞生。学林出版社提供机会，让我在台湾法学撰述系列特殊侵权行为论文，王子平先生鼎力协助，为我打字、查阅资料，认真负责，谨致诚挚谢意。林清贤先生一本多年盛情，细心校阅改正，实深感荷。世新大学游进发助理教授协助校对，台大法律学院研究图书馆及法务部司法官训练所图书室提供借书、购书的最佳服务，谨再致谢忱。

　　最后应向本书所引用著作论文的作者表示敬意，本书若有可供参考之处，全得自他们的启发。最让我受惠的是，日益丰富的法院判决，使理论与实务能更臻结合，共同协力，促进侵权行为法的进步与发展。

　　在本书写作修订期间，和和、柔柔的诞生和成长带给我们无限的欢乐和盼望。最要感谢的是保子的扶持和爱心，尤其是神的怜悯、恩典和保守，赐我平安喜乐，愿卑微的工作，亦能蒙　祂的喜悦。

王泽鉴

二〇〇九年六月二日

二 版 感 言

　　本书初版承读者爱护、鼓励，得于一个月之内第二次印刷，甚为感激。行政法院蔡评事进田先生不辞辛劳，校阅全书，提出许多宝贵的改正意见，林清贤君提供一份详细的勘误表，谨对他们的爱心表示最大的谢意。清晨校对稿件，曦阳照射在窗前的枝叶和花朵，仰头看蔚蓝的天空、远山橙黄橘绿的秋色，忆起新荒漠甘泉（考门夫人著，余也鲁译）的一首小诗：

> 枫树的红叶，
> 在秋风里闪耀，
> 丰收过的禾田，
> 歇息在初霜的紫色里。
> 应该在秋天的富实，
> 得到内心的欢乐，
> 一年中最可爱的月份，
> 像钻石般闪耀，
> 彰显神的荣光，祂的大爱。

一九九八年九月二十四日

　　本书于 1998 年 9 月初版刊行，值此第四次印刷，特增补 1999 年 4 月 2 日通过，将于 2000 年 5 月 5 日施行的民法债编部分修正相关条文，并增列"最高法院"判决及论文资料。每一本书发行之后，即告落伍，俟诸他日，再作全面修订。谨再对读者的鼓励表示敬意。

王泽鉴
新店　五峰山
一九九九年六月二日

序

　　侵权行为法一书预定分为三册,陆续刊行。第一册在于阐释侵权行为的基本理论,分析讨论"民法"第184条规定的一般侵权行为、侵权行为法的基本概念、体系构造与思考方法。其中关于侵权行为法上的公平正义与经济效率,以及德国法上的 Verkehrspflicht 如何纳入我国台湾侵权行为法体系,俟于再版时再为补充。第二册将以特殊侵权行为作为重点,分析检讨共同侵权行为、雇用人责任、劳动灾害、汽车事故、公害、产品责任及服务责任等重要侵权行为类型,并探究归责原则由过失责任到危险责任的变迁。第三册旨在研究如何在侵权行为法、无过失补偿及社会保障制度上建立一个公平、有效率的意外事故人身损害赔偿、补偿的体系。希望本书的刊行对民法学的研究方法和发展能有一些贡献。

　　本书能够顺利出版,得到许多人的支持和协助。林美惠律师(现在日本东京大学深造)一年前主动提议要协助整理稿件,催促本书的诞生,她认真负责的奉献和厚实的民法学造诣,深值感佩。程明仁、郭铭松、陈佑寰、林圣哲诸君与邱琦法官协助校阅原稿,编制索引;詹森林、陈聪富二位教授校阅初稿;陈忠五教授提供宝贵意见;小女慕华设计封面;均备极辛劳,谨在此敬致诚挚的谢忱。最要感谢的是　神的怜悯、慈爱和保守,赐我平安喜乐,愿卑微的工作,亦能蒙　祂的喜悦。

　　谨以本书献给我博士论文的指导教授 Karl Larenz,他从事民法及方法论的教学研究,长达六十年,是德国20世纪最伟大、最具影响力的法学家之一。感念他教导我法学思考的方法,认识德国法学 Dogmatik 的精义,尤其是启发我持续不断学习的心志。

王泽鉴

序于新店五峰山

一九九八年六月二日

目　　录

第一编　绪　　论
—基本理论、比较法、规范体系—

第二编　一般侵权行为

详　目

第一编　绪　论
—基本理论、比较法、规范体系—

第二编　一般侵权行为

第三编 特殊侵权行为

第一编　绪论

基本理论、比较法、规范体系

第一章　基 本 理 论

第一节　危害事故、损失补偿:问题及研究课题

第一款　问题的提出

台湾每年因工业灾害、交通事故及公害等而死亡、受到伤害的人数究竟有多少,造成多少损失,消耗多少社会资源? 被害人从何来源获得赔偿或补偿? 为获得此种救济须支付多少成本? 如何有效率地减少危害事故,建立合理补偿制度?

一、危害事故与社会成本

这是一个危机四伏、充满损害的社会。矿场发生爆炸、工人罹患职业病;车祸每日有之,空难频传;废气伤害人畜、漏油污染良田;有缺陷的商品充斥市场,危害消费者权益;医生误诊或用药不当致病患健康受损。除此等工业灾害、交通事故、公害、商品缺陷、食品安全、医疗事故外,其他肇致损害的事由,更是层出不穷,诸如绑架杀人、逼良为娼、毁人名誉、窥人隐私、火烧三温暖或 KTV、偷窃他人营业秘密、走私猪肉引入口蹄疫等。危害事故自古有之,今日为烈,其主要原因系社会经济发展快速、科技发达、人口集中都市、生活竞争激烈、政府施政缺少规划及执行法令不力等。

危害事故侵害他人权益,有为人身伤害(如死亡、身体健康受损);有为物的毁损(如汽车灭失、良田不能耕种);有为所谓纯粹经济上损失(纯粹财产损害),如捷运施工挖断电力管线,致用户不能营业;猪只拍卖市场因口蹄疫流行而停止交易等。其所造成的损害包括财产上损害(如医药费、丧失的工资或营业收入、物之价值减少)及非财产上损害(肉体或精

神的痛苦)等。此外,要处理危害事故,必须调查、谈判、仲裁、抗争、诉讼等,因而发生各种交易成本。

在台湾,每年究竟有多少意外事故,对被害人及其家庭、社会究竟造成多少损失,耗费多少资源?[①] 在工业灾害方面(职业灾害),有较详细的统计资料,2007 年,劳工保险给付农林渔牧狩猎业、矿业及土石采取业、制造业、水电燃气业、营造业、运输仓储及通信等事业单位之劳工因职业灾害伤亡人数(包括伤病、残废、死亡)达 37 583 人,其中伤病 34 080 人,残废 3 026 人,死亡 477 人,经扣除交通事故外,仍有职业灾害 28 891 人,其中伤病 26 176 人,残废 2 485 人,死亡 230 人。在 2007 年全产业劳工因灾害保险的件数为 1 404 795 件,其给付金额(包括伤病给付、残废给付、死亡给付及医疗给付)总计为 7 217 857 610 元。[②]

在车祸方面,2007 年的事故件数为 161 486 件,死亡人数为 2 573 人,受伤人数为 211 234 人。此项统计当然不能包括所有的汽车事故。关于车祸所造成的各种损失及对被害人的赔偿,则无统计资料。

台湾的公害问题日益严重,关于事故件数及损失并无完整的数据。1989 年发生的多氯联苯米糠油中毒案,受害者多达两千余人,情况惨烈,祸延第二代、第三代,迄今尚无有效合理救济方案。"行政院环境保护署"对公害纠纷调处案件作有统计,第一件声请案件为 1994 年台电林口发电厂与淡水桃园渔民渔具受油污染纠纷,经调处成立,申请人(台电)补偿捐助 2 3234 886 元。1997 年的重要案件是中油大林厂外海浮游桶渗油污染海域致渔获受损纠纷。[③] 关于经由诉讼请求损害赔偿的公害案

---

① 一个国家或地区开发的程度,表现在对统计的重视、运用及统计资料之上。1978 年,英国皇家关于人身伤害民事责任及补偿委员会(Royal Commission on Civil Liability and Compensation for Personal Injury,C。mnd 7054, 1978 HMSO)曾作有各种伤害事故及损害赔偿的统计分析,估算为支付被害人一磅的纯利益,其费用约为 75 便士,并据此而提出改进的建议,最具参考价值;参见 Atiyah's Accidents, Compensation and the Law (6th edition by Peter Cane, 2006). Luntz and Hambly 合著《澳洲侵权行为法》Torts: Cases and Commentary (revised fifth edition, 2006),开宗明义即分析检讨澳洲的意外事故及社会成本,据统计,在 1995 年,约 1900 万人口中,280 万人(约占人口 16%)受有伤害及与伤害相关的状态;包括死亡在内的伤害成本,高达 $13 billion 澳币(详细资料,pp.1-4)。美国法的统计资料,参见 J. G. Fleming, American Tort Process (1988) pp. 1-21. 德国的资料,参见 Hans-Leo Weyers, Unfallsch (1970) S. 47 f.

② 数据源:"行政院劳工委员会"编印:《"中华民国"2007 年劳动检查年报》,2008 年 8 月,第 212 页以下。

③ 参见叶俊荣:《环境政策与法律》,载《台大法学丛书》,第 269—311 页。

件,尚未见有系统的分析整理。

关于商品缺陷及医药事故等根本欠缺必要的基本资料。此二者与消费者保护具有密切关系,1994年施行的"消费者保护法"对商品责任及服务责任创设无过失责任,期望"行政院消费者保护委员会"能搜集数据,作有系统的调查研究。至于各种事故所造成的损失,耗费的社会资源,难以估算,必属天文数字无疑。想想一次废油污染海域、一次空难、一次高速公路上的连环车祸所肇致的伤亡,对社会经济所造成的损失,即可知之!避免一次公害事件、一次空难、一次重大车祸、一次商品事故(如米糠油多氯联苯惨案、毒奶粉案),可以节省可观的社会资源!

二、两个重要问题

在现代社会,危害事故剧增,损失重大,已如上述。其应面对的重要问题有二:(1)如何防止或减少危害事故?(2)如何合理填补所生的损害?

关于危害事故的防止或减少,涉及企业管理、科学技术、行政措施、法令规章和其他社会制度。在工业灾害方面,安全检查最值重视。在交通事故方面,驾驶训练、道路设计、交通规则的执行等与肇事率具有密切关系,例如"道路交通安全规则"第89条第1项第5款规定,小客车前座人员均应系妥安全带,将大幅降低伤亡的人数及伤害程度。在公害方面,环保科技、环保政策及环保教育同具重要性。在商品缺陷方面,商品标准与检验制度可以防范不具有安全性的商品流入市场。然而必须提出的是,社会资源有限,防范措施必须顾及成本,因而发生如何有效使用有限资源的问题。降低高速公路行车速度,虽可减少车祸,但妨碍交通便捷;在所有平交道设置管理员,固可防范意外,惟必增加经营成本,故须考虑各种因素而作决策选择。须特别指出的是,关于危害事故的防止、法律的制裁,尤其是刑法的处罚亦具有一定的作用,例如酒醉驾车最易闯祸,若对肇事者吊销驾照("道路交通管理处罚条例"第35条),科以刑罚("刑法"第185条之3),在某种程度应能吓阻此类肇致严重损害的犯罪行为。

危害事故层出不穷,无论如何尽其能事,终难避免,如何合理赔偿、填补被害人所受的损害,至为重要。经过长期社会经济的发展,已逐渐完善各种社会保障制度,1944年施行的"全民健康保险法"所创设的全民健康保险制度,提供医疗给付,最具意义。无过失补偿制度(No-Fault Compensation)的发展,亦值重视。1958 年的"劳工保险条例"就职业灾害保险创设了一种新的规范模式。1996 年施行的"强制汽车责任保险法",对于车祸的被害人提供了必要的保障。1998 年的"犯罪被害人保护法",除补侵权行为损害赔偿的不足外,兼具保障被害人人权的积极功能。此外各种商业保险,例如财产保险、健康保险、伤害保险等,亦有助于填补损害,近年来发展迅速,实值注意。

第二款 研究课题及方法

一、研究课题

危害事故的防止及损害赔偿是个涉及甚广的重大问题。本书系以侵权行为法为研究对象,其目的在于较深入、有系统地说明在何种情形,加害人应对被害人所受的损害负赔偿责任,并探究其填补损害及预防危害事故的功能。在英美普通法国家,侵权行为法(Law of Torts, Tort Law)是一个独立的法律领域,属于必修基本课目,教科书及专门著作甚多。德、法及日本等大陆法系国家,侵权行为系民法债之发生的一种原因,亦有不少的专门著作,在中国大陆关于侵权行为法的研究,亦累积了丰富的研究成果。[①] 在台湾虽有一定数量的专著及论文,惟体系的论著仍有补充的余地。

二、研究方法

(1)本书除论述侵权行为法的基础理论外,主要在于阐释民法关于侵权行为规定的结构及解释适用,特别强调价值取向的论证及思考方法,致力于将抽象的概念和概括条款加以具体化、类型化,在此意义上本书具有法学方法论的性质。

(2)关于侵权行为的规定甚为简洁、抽象,因法院判决而获得规范生命,促进法律进步,使侵权行为法具有案例法(case law)的性质。在英美普通法国家,判决先例是侵权行为法的法源,为研究的重点。在大陆法系国家,判决先例亦备受重视,而为分析评释的对象。台湾"最高法院"历

---

① 本书所参考的英、美、德、日及中国大陆关于侵权行为的重要著作及论文,参见本书第669 页主要参考书目。

年关于侵权行为的判例、判决及决议,数以千计,本书作者曾试请学生举出十个所谓 leading case,多不知之。一般学生多注重法条、教科书抽象理论的记忆,而忽略于法律生命有机的变迁成长。为此,本书特别纳入重要的判例、判决,并作较深入的评释,并对 leading case 赋予一个名称(如在医院中抱走他人婴儿案:"最高法院"1996 年台上字第 2957 号判决),以凸显其所蕴含的法律原则及在台湾侵权行为法发展的意义。

(3)台湾侵权行为法是比较法的产物。侵权行为法是一个适于作比较法研究的法律领域。英美法长期的历史经验、德国法上的理论体系构成,足供认识侵权行为法上法律政策(policy)及法律技术(judicial technique)的关系[1],有助于台湾法的解释适用,将于相关部分就如何调和行为自由与权益保护详为说明,一方面显现台湾侵权行为法上的特色及争点,另一方面希望借鉴比较法上的规范模式,探寻改进及解决的方向。

(4)20 世纪 60 年代以来,侵权行为法的研究深受法律经济分析的影响,即从经济效益及财富极大化的观点探究侵权行为法的目的和功能,用以解释适用侵权行为法的规定。法律的经济分析已成为一种重要思考工具,应有重视的必要。

第二节　侵权行为法的机能

试从填补损害及预防损害的观点检视侵权行为法的功能及其存在的意义,并说明责任保险对侵权行为法的影响。

第一款　行为自由与权益保护

危害事故层出不穷,造成各种损害,已如上述。显然,并非所有的危害事故,皆可构成"侵权行为",而归由某人负责。侵权行为法旨在权衡行为自由与权益保护(balancing freedom of action and protection of interests),规定何种行为,侵害何种权益时,应就所生的何种损害,如何予以赔偿。侵权行为法的内容与其所要达成的机能或目的具有密切关系。

---

[1]　John Bell, Policy Arguments in Judical Decisions (1983).

侵权行为法的机能在其历史发展中迭经变迁,例如赎罪、惩罚、威吓、教育、填补损害及预防损害等,因时而异,因地区不同,反映着当时社会经济状态和伦理道德观念。关于台湾现行法制应提出说明的有二:一为填补损害;二为预防损害。分述如下:

第二款　填补损害

一、填补损害的机能与侵权行为法的发展

填补损害(Reparation and Compensation)系侵权行为法的基本机能。"民法"第184条第1项规定:因故意或过失,不法侵害他人之权利者,负损害赔偿责任。故意以悖于善良风俗之方法,加损害于他人者,亦同。可资参照。使加害人就其侵权行为所生的损害负赔偿责任,非在惩罚,因为损害赔偿原则上并不审酌加害人的动机、目的等,其赔偿数额不因加害人故意或过失的轻重而有不同。[①] 填补损害系基于公平正义的理念,其主要目的在使被害人的损害能获得实质、完整、迅速的填补,而有助于促进侵权行为法的发展,例如过失责任的客观化、举证责任的倒置、无过失责任的建立及损害赔偿数额的合理化等。

二、损害移转与损害分散

所谓损害赔偿,首先是指损害移转(loss shifting)而言,即将被害人所受的损害转由加害人承担,负赔偿责任。此为传统侵权行为法所强调的功能,着眼于加害人与被害人的关系,以加害人行为的可非难性(故意或过失)为归责原则,标榜个人责任。值得注意的是,损害分散(loss spreading)的思想已逐渐成为侵权行为法的思考方式,认为损害可先加以内部化(internalization)由创造危险活动的企业者负担,再经由商品或服务的价格机能,或保险(尤其是责任保险)加以分散,由多数人承担。例如汽车制造人得将其应负的损害赔偿,借调整汽车的价格或责任保险,分散于

---

① 关于"慰抚金",参见拙著《民法学说与判例研究》(第二册),北京大学出版社2009年版,第176页。关于"惩罚性赔偿金",参见杨靖仪:《惩罚性赔偿金之研究》(1996年度台大硕士论文,甚具参考价值);陈聪富:《美国惩罚性赔偿金的发展趋势》,载《台大法学论丛》第27卷1期,第231页。关于惩罚性赔偿金的合宪性问题,参见陈聪富、陈忠五、沈冠伶、许士宦:《美国惩罚性赔偿金判决之承认及执行》(2004);Brockmeier:Punitive damages, multiple damages und deutscher ordre public (1999).

消费大众或公司的股东。此种分散损害的方式具有两个优点：一为使被害人的救济获得较佳的保障；二为加害人不致因大量损害赔偿而陷于困境或破产。此所涉及的，除加害人和被害人外，尚有社会大众，不特别强调加害人的过失，而是在寻找一个"深口袋"（deeper pocket），有能力分散损害之人，并体认到这是一个福祸与共的社会，凸显损害赔偿集体化的发展趋势。

责任保险与侵权行为法的发展，具有互相推展的作用。[①] 侵权责任的加重，促进了责任保险的发达，而责任保险制度的建立也使侵权行为法采取较严格的责任原则。商品责任或汽车责任的无过失化可以说是建立在责任保险的前提上。在美国，所谓侵权行为法（尤其是关于产品责任、医疗事故）的危机[②]，事实上就是责任保险的危机，即企业厂商不能以合理的保险费买到责任保险，而被迫放弃开发某种具有危险性的产品或服务。

在侵权行为法的解释适用上，责任保险的作用是一个有趣的问题。在台湾地区，原告是否会主张被告买有责任保险、法院判决时是否考虑因被告买有责任保险，而对过失等成立要件作有利于原告的认定？从判决书中难以查知。在英、美等国，关于侵权行为的诉讼，应否斟酌责任保险颇有争议。有认为，法院认定事实、适用法律不应因有无保险而受影响。英国声誉卓著的法官 Lord Denning[③] 则认为，诸如汽车等事故，法院认知其损害赔偿将由保险人负担，若非基于损害赔偿将不由加害人负责，而将由保险公司承担，法院不会如此愿意认定其有过失，或给予巨大的赔偿数额。[④] 无论如何，诚如 Fleming 教授所云，"责任保险对侵权行为法的发展

---

① 关于责任保险所涉及的基本问题，参见财团法人"中华民国"责任保险研究基金会编印：《责任保险论文菁萃》（1980）。

② Franklin/Rabin/Green, Tort Law and Alernatives, Cases and Materials（8th ed. 2006），Chapter X, pp. 698-806；Ehrenzweig, Versicherung als Haftungsgrund JBl 1950, 254；Faure（ed.）Deterrence, Insurability, and Compensation in Environmental Liability：Future Developments in the European Union（2003）.

③ G. L. Priest, "The Current Insurance Crisis and Modern Tort Law" 96 Yale L. J. 1521（1987）.

④ Lord Denning 是英国 20 世纪最声誉卓著的法官，对英国普通法的发展具有深远重大的贡献，关于其生平，参见 E. Heward, Lord Denning, A Biography（1997）.

系属一个隐藏的说服者"。①②

第三款 预防损害

损害的预防胜于损害补偿。关于损害预防的一般问题,前已论及,侵权行为法规定何种不法侵害他人权益的行为,应予负责,借着确定行为人应遵行的规范,及损害赔偿的制裁而吓阻侵害行为(deterrence and prevention),具有一定程度的预防功能,固无疑问。惟任何法律(包括刑法或行政法)的预防功能均受有限制,侵权行为法自不例外,其主要影响因素甚多,例如行为人得否知悉法律的存在,或认识其行为的危害性;行为人纵有此种认识,亦有难改变其行为、难免错估危害发生的可能性、低估损害赔偿责任的严重性,而怠于防范。

责任保险制度一方面有助于对侵权行为法分散损害的功能,另一方面在某种程度亦会减损其预防损害的作用。因而须探究一个重要课题,即保险公司应如何促使被保险人采取防止或减少危害事故的措施?其最直接可行的是将保险费与肇事纪录予以连接,依肇事率定其保险费率。其次是保险公司亦应协助被保险人发现或防范危害事故,可举两例加以说明:在加拿大,某保险公司突然面临因被保险人使用的装番茄的瓶子爆炸,而产生的一连串索赔事件,调查后发现,该瓶子的设计有缺陷,而劝被保险人放弃使用。又某著名音乐家习惯开车旅行中谱曲,常因疏于注意而肇祸,虽提高保险费,并无效果。最后保险公司告知若不改变此种习惯,将终止其保险,该音乐家终于雇用司机。③ 此外,保险公司亦应与有关机关合作,加强各种防范危害事故的安全教育。

须注意的是,上述关于侵权行为法填补损害(或吓阻)功能说明,系属传统的见解。④ 近年来法律学者及经济学者从法律经济分析的论点,

---

① 参见 Street on Torts (12th ed . Murphy, 2007), p. 15.

② J. G. Fleming, Law of Torts (9th ed. 1998), p. 9. Fleming 教授(1919—1997)生于德国,受教育于英国,任教于英、澳、美等国,其所著 Law of Torts 被大英国协法律人奉为圣经。近知其于1997年逝世,余读其书,识其人,深获教益,谨在此表示感念之意。关于其生平及贡献,参见 R. M. Buxbaum 的纪念献词,American Journal of Comparative Law, Vol. 45 (1997), 645.

③ 此二例取自 Allen M. Linden, Canadian Tort Law (3rd ed. 1982), p. 9.

④ 关于传统侵权责任理论(The Traditional Theory of Tort Liability)与侵权责任经济理论(An Economic Theory of Tort Liability)的比较,参见 Cooter/Ulen, Law and Economics (2nd ed. 1996), p. 262, 270.

强调应重视侵权行为法的预防机能。

第三节　归责原则

第一款　法律政策与归责事由

台湾侵权行为法有针对不同的侵权类型采过失责任、推定过失责任、无过失责任(危险责任)或衡平责任。试说明:(1)各种归责原则的法律政策及理论依据。(2)某种事故(如商品缺陷)采某种归责原则的理由。(3)关于汽车或医疗事故究应采过失责任、推定过失责任或无过失责任,其理由何在?

任何国家的侵权行为法皆面临一个基本问题:因权益受侵害而生的损害究应由被害人承担,抑或使加害人负损害赔偿责任?关于此点,各国法律多采相同原则,即被害人须自己承担所生的损害(cum sentit dominus),仅于有特殊理由时,始得向加害人请求损害赔偿。诚如美国著名法学家 Holmes 所云:"良好的政策应让损失停留于其所发生之处,除非有特别干预的理由存在。"①所谓良好的政策乃在避免增加损失,因为使被害人得向加害人请求损害赔偿,无论在法律规范或实际执行上,势必耗费资源或产生交易成本。所谓特殊理由,指应将损害归由加害人承担,使其负赔偿责任的事由,学说上称之为损害归责事由或归责原则。②此乃侵权行为法的核心问题。

---

① O. W. Holmes, The Common Law (1881), p. 50: "Sound policy lets losses lie where they fall except where a special reason can be shown for interference." 关于 Holmes 的生平及法学思想,参见杨日然:《美国实用主义法学的哲学基础及其检讨》(二),载《法理学论文集》(1997),第 179 页。The Common Law 是美国人关于法律所写的最卓越著作(R. Posner, Cardozo, A Study in Reputation, 1990, p. 20)。The Common Law 的中译本,参见冉昊、姚中秋译:《普通法》,中国政法大学出版社 2006 年版。另参见 K. N. L Lewellyn, The Common Law Traditon (1960),中文译本,陈绪纲、史大晓、全宗锦译:《普通法传统》,中国政法大学出版社 2002 年版。

② 参见拙著:《损害赔偿之归责原则》,载《民法学说与判例研究》(第一册),北京大学出版社 2009 年版,第 163 页。邱聪智:《从侵权行为归责原理之变动论危险责任之构成》,台湾大学法律学研究所 1982 年度博士论文,甚具学术价值;邱聪智:《危险责任与民法修正》,载《民法研究》(一),第 77 页以下;〔日〕潮见佳男:《民事過失の歸責構造》,信山社 1995 年版。

第二款　过失责任

一、过失责任的理论基础

关于侵权行为法上的归责原则,首先应提出的是过失责任,即因"故意或过失"不法侵害他人权益时,应就所生的损害,负赔偿责任。德国法上的 Verschuldenshaftung,包括故意(Vorsatz)与过失(Fahrlässigkeit)英美侵权行为法上的 Fault,亦包括故意及过失行为(intentional conduct and negligent conduct)。中华人民共和国《民法通则》使用"过错"的用语,包括故意或过失。在台湾法上无兼括故意或过失的概念,判例学说上所称过失责任,包括故意在内。

自19世纪以来,过失责任成为各国侵权行为法的归责原则。① 1804年的《法国民法》(第1382条),1900年的《德国民法》(第823条),1896年的《日本民法》(第709条)皆明定采取过失责任。英美法上的过失责任(fault liability)则由法院判例创设②,台湾"民法"第184条第1项前段规定:"因故意或过失不法侵害他人之权利者,负损害赔偿责任。"亦采过失原则。

侵权行为法为何要采过失责任主义? 德国法儒耶林(Rudolf von Jhering)谓:"使人负损害赔偿的,不是因为有损害,而是因为有过失,其道理就如同化学上的原则,使蜡烛燃烧的,不是光,而是氧气一般的浅显明白。"③耶林氏的名言,充分体现了当时的法学思潮。19世纪重视个人的自由和理性,过失责任原则所以被奉为金科玉律,视同自然法则,其主要理由有三:

(1) 道德观念。个人就自己过失行为所肇致的损害,应负赔偿责任,

---

① 参见 L. Solyom, The Decline of Civil Law Liability (Budapest, 1980). 该书旨在比较资本主义国家及社会主义国家的侵权行为法,尤其是过失责任的机能,第六章标题为:"Why does the Principle of Fault Liability Predominate in Socialist Civil Law?"甚具参考价值。Solyom 氏为匈牙利著名的民法学者,现任匈牙利宪法法院院长,本书作者于1998年曾与其晤面于 Budapest,谈论该书,彼对来自台湾之人,深知其著作的内容,颇感喜悦,此为比较法研究的趣事,附志于此,以供追忆。

② 参见 Charles O. Gregory, Trespass to Negligence to Absolute Liability, 37 Va. L. Rev. 359, 361-370 (1951).

③ Jhering, Das Schuldmomment im römischen Recht (1867), S. 179.

乃正义的要求;反之,若行为非出于过失,行为人已尽充分注意时,在道德上无可非难,应不负侵权责任。[①]

(2)社会价值。任何法律必须调和"个人自由"与"社会安全"两个基本价值。过失责任被认为最能达成此项任务,因为个人若已尽其注意,即得免负侵权责任,则自由不受束缚,聪明才智可得发挥。人人尽其注意,一般损害亦可避免,社会安全亦足维护。

(3)人的尊严。过失责任肯定人的自由,承认个人抉择、区别是非的能力。个人基于其自由意思决定,从事某种行为,造成损害,因其具有过失,法律予以制裁,使负赔偿责任,最足表现对个人尊严的尊重。

过失责任原则对于侵权行为法的发展,具有两个贡献:

(1)扩大了侵权行为法的适用范围。早期侵权行为法系采个别侵权类型,过失责任原则的广泛适用性,打破了结果责任对侵权行为类型的限制,建立一般原则。19世纪以来,工业技艺进步,人类交易活动频繁,损害事故增加迅速,基于过失责任原则而建立的侵权行为法,在填补损害方面,担负着重要任务。

(2)促进社会经济发展。在结果责任原则之下,若有损害即应赔偿,行为人动辄得咎,行为之际,瞻前顾后,畏缩不进,创造活动,甚受限制;反之,依过失责任原则,行为人若已尽相当注意,即可不必负责,有助于促进社会经济活动。现代资本主义的发达与过失责任原则具有密切关系。[②]

二、过失责任的客观化

过失应依何标准而认定,影响过失责任的规范机能甚巨。各国多采客观化的标准,德国学者强调此为类型化的过失标准。英美法系以拟制的合理人(reasonable man)作为判断模式。最高法院1930年上字第2746号判例谓:"因过失不法侵害他人之权利者,固应负损害赔偿责任。但过

---

① 以道德观念作为过失责任的基础,乃19世纪的古典见解,值得注意的是, R. Posner 氏从法律经济分析的观点,认为过失责任具有促进有效率配置经济资源的功能,A Theory of Negligence, Journal of Legal Studies (1972), p.29, 36. 参见 R. L. Rabin, Perspectives on Tort Law (3rd ed. 1990), pp.1-32.

② 在美国法曾发生19世纪过失责任的兴起是否在于"补贴"保护刚起步的工业的争论,参见 Schwartz, Tort Law and Economy in Nineteenth Century America: A Reinterpretation, 90 Yale L. J. 1917, 1922, 1734 (1981); R. L. Rabin, The Historical Foundation of the Fault Principle: A Reinterpretation, 15 Ga. L. Rev. 925-961 (1981).

失之有无，应以是否怠于善良管理人之注意为断者，苟非怠于此种注意，即不得谓之有过失。"基本上亦采客观的认定标准。准此以言，驾车肇祸者不得以其刚取得驾照、欠缺经验、未具一般驾驶者通常应具的能力和经验而主张其无过失，不必负责。Homles 氏于论及美国法如何建立过失责任原则时曾谓："法律的标准是一般适用的标准。构成某特定行为内在性质的情绪、智能、教育等情状，层出不穷，因人而异，法律实难顾及。个人生活于社会，须为一定平均的行为，而在某种程度牺牲自己的特色，此对公益而言，诚属必要。某人生性急躁、笨手笨脚，常肇致意外而伤害邻人，在此情形，其天生的缺陷于天国审判中固然会被容忍，但此种出于过失的行为对邻人而言，确会造成困扰，其邻人自得要求他人就自己的行为践行一定的标准，由社会众人所设立的法院应拒绝考虑加害者个人的误差。"①

三、过失责任的举证及推定

关于过失的有无，原则上应由被害人（即请求损害赔偿的原告）负举证责任。法谚有云："举证之所在，败诉之所在。"为使被害人有较多受偿的机会，法院常采事实上推定等方法减轻原告举证的困难。值得注意的是，民法更进一步设有举证倒置的规定，即先推定加害人具有过失，非经反证不得免责，例如新修正"民法"第 184 条第 2 项关于违反保护他人之法律、第 187 条关于法定代理人责任、第 188 条关于雇用人责任、第 190 条关于动物占有人责任、新修正第 191 条关于工作物所有人责任、第 191 条之 1 关于商品制造人责任、第 191 条之 2 关于动力车辆驾驶人责任、第 191 条之 3 关于危险制造人责任。

过失的客观化改变了传统个人主义的过失责任，不再强调行为人道德的非难性，而着重社会活动应有客观的规范准则。举证责任的倒置在某种程度修正了过失责任，使法院基于社会需要，衡量当事人的利益，合理地分配损害。"民法"第 188 条规定的雇用人推定过失责任，因实务上举证免责的案例甚为罕见，实际上殆同于使雇用人（尤其是企业）负无过失责任。

---

① O. W. Holmes: The Common Law, pp. 107-110.

第三款　危险责任(严格责任、无过失责任)

一、危险责任的理论基础

（一）无过失责任、危险责任与严格责任

侵权行为法上的归责原则，除过失责任外，尚有无过失责任，即侵权行为的成立不以行为人的故意或过失为要件，德国法则称为危险责任（Gefährdungshaftung）。英美法上称为严格责任（strict liability）。所谓危险责任，顾名思义，系以特定危险为归责理由。申言之，即持有或经营某特定具有危险的物品、设施或活动之人，于该物品、设施或活动所具危险的实现，致侵害他人权益时，应就所生损害负赔偿责任，赔偿义务人对该事故的发生是否具有故意或过失，在所不问。无过失责任的用语消极地指明"无过失亦应负责"的原则，危险责任的概念较能积极地凸显无过失责任的归责原因，本书采之，为行文方便，与无过失责任互用。

加害人就因其过失行为侵害他人权益所生的损害，应负赔偿责任，属于当然自明之理，得为人民法律意识所接受。在危险责任，行为人并无可资非难的过失，为何尚须负赔偿责任，其依据何在？

（二）危险责任的依据

危险责任的基本思想，不是对不法行为的制裁。民用航空器的使用、原子能设施的经营、商品的制造销售等，虽具危险性，乃现代社会必要的经济活动，法所容许，无不法之可言，不得以之作为违法性判断的客体，原则上不得对之主张侵害除去或侵害防止请求权。危险责任的基本思想在于"不幸损害"的合理分配，乃基于分配正义的理念，至其理由，归纳四点言之：

（1）特定企业、物品或设施的所有人、持有人制造了危险来源。

（2）在某种程度上仅该所有人或持有人能够控制这些危险。

（3）获得利益者，应负担责任，乃正义的要求。

（4）因危险责任而生的损害赔偿，得经由商品服务的价格机能及保险制度予以分散。

二、现行法上的危险责任

(一) 危险责任的类型

台湾地区民法系采过失责任原则,关于无过失责任(危险责任)系在特别法设其规定,其主要的有"民用航空法""核子损害赔偿法"及"消费者保护法"。分述如下:

(1)"民用航空法"第89条规定:"航空器失事致人死伤,或毁损他人财物时,不论故意或过失,航空器所有人应负损害赔偿责任。其因不可抗力所生之损害,亦应负责。自航空器上落下或投下物品,致生损害时,亦同。"(参阅同法第90条、第91条。)同法第93条规定:"乘客或航空器上工作人员之损害赔偿额,有特别契约者,依其契约;特别契约中有不利于公民之差别待遇者,依特别契约中最有利之约定。无特别契约者,由'交通部'依照本法有关规定并参照国家或地区间赔偿额之标准订定办法,报请'行政院'核定之。前项特别契约,应以书面为之。第一项所定损害赔偿标准,不影响被害人以诉讼请求之权利。"又同法第94条规定,航空器所有人应于依第8条申请登记前,民用航空运输业应于依第48条申请许可前,投保责任保险。前项责任保险,经"交通部"订定金额者,应依订定之金额投保之。

(2)"核子损害赔偿法"第18条规定:"核子设施经营者,对于核子损害之发生或扩大,不论有无故意或过失,均应依本法之规定负赔偿责任。但核子事故系直接由于国际武装冲突、敌对行为、内乱,或重大天然灾害所造成者,不在此限。"(参阅同法第8条至第17条。)依同法第24条规定:"核子设施经营者对于每一核子事故,依本法所负之赔偿责任,其最高限额为新台币四十二亿元。前项赔偿限额,不包括利息及诉讼费用在内。"又依同法第25条第1项规定,核子设施经营者,应维持足供履行核子损害赔偿责任限额之责任保险或财务保证,并经"行政院原子能委员会"核定,始得运转核子设施或运送核子物料。

(3)"消费者保护法"第7条规定:"从事设计、生产、制造商品或提供服务之企业经营者,于提供商品流通进入市场,或提供服务时,应确保其提供之商品或服务,符合当时科技或专业水平可合理期待之安全性(第1项)。商品或服务具有危害消费者生命、身体、健康、财产之可能者,应于明显处为警告标志及紧急处理危险之方法(第2项)。企业经营者违反前两项规定,致生损害于消费者或第三人时,应负连带赔偿责任。但企业经营者能证明其无过失者,法院得减轻其赔偿责任(第3项)。"

值得注意的是,关于医疗责任有无"消费者保护法"第7条规定无过失责任的适用①,引起争议。2004年4月28日修正"医疗法"第82条第2项规定明确将医疗行为所造成的损害赔偿责任,限于故意或过失。实务上依此规定采目的性限缩,认为"消费者保护法"第7条的服务不包括医疗行为,无该条无过失责任规定的适用(本书第663页)。

(二) 整理分析

关于上开特别法上的无过失侵权行为,应综合说明的有七点:

1. 列举规定

现行法对危险责任未设一般概括条款,系规定若干类型,因内容各有不同,应不得类推适用。

2. 危险持有、设施与行为责任

危险责任传统上是建立在形体化的一定危险来源之上,如航空器、核子设施,称为危险持有人或设施责任(Halter-oder Anlagehaftung);其后扩张于生产或提供具有缺陷的商品或服务,称为行为责任(Handlungshaftung)。

3. 产品及服务责任的特殊无过失责任

"消费者保护法"第7条一方面对产品及服务缺陷采无过失责任,一方面又规定企业经营者若能证明其无过失,法院得减轻其赔偿责任,此为台湾法所独创,举世各国查无其例,属于一种特殊的无过失责任。

4. 免责事由

无过失责任并非绝对,各有其免责事由(请参阅上开相关法律规定)。航空器所有人对不可抗力所生损害亦应负责,最称严格。

5. 受保护的权益

关于受保护的权益,法律设不同的规定,在民用航空器事故,为人之死伤、他人财物的毁损。在核子损害,为生命丧失、人身伤害或财产损害。在"消费者保护法"的产品或服务责任,为生命、身体、健康、财产。所谓财产,除物之毁损灭失外,是否包括纯粹财产损失(纯粹经济损失),尚有疑义。须特别指出的,上开法律均未排除得依"民法"规定请求非财产上

---

① 参见"最高法院"2007年台上字第2738号判决(本书第662页)。

损害的金钱赔偿(慰抚金)。

6. 赔偿限额

关于危险责任,应否限制其赔偿数额,系立法政策的重大问题。[1] 在核子损害,对每一核子损害有最高限额。在民用航空器责任,得由"交通部"订定损害赔偿额。于其他情形,未设最高赔偿数额的限制。

7. 责任保险

无过失责任的建立,与责任保险制度具有密切关系,前已再三论及。民用航空运输业于申请许可前,须投责任保险。核子设施经营人须维持足供履行核子损害赔偿责任限额之责任保险或财务保证。汽车或电车所有人应依"交通部"所定之金额,投保责任险。关于商品或服务责任,虽无强制投保责任险的规定[2],为使企业经营者分散损害,商品责任险的推广,甚属重要,自不待言。

第四款　衡平责任

在台湾地区,侵权行为法上除过失责任及无过失责任外,尚有所谓的衡平责任,一为无行为能力人或限制行为能力人的衡平责任;二为雇用人的衡平责任,分述如下:

一、无行为能力人或限制行为能力人的衡平责任

"民法"第187条规定:无行为能力人或限制行为能力人不法侵害他人之权利者,以行为时有识别能力为限,与其法定代理人连带负损害赔偿责任。行为时无识别能力者,由其法定代理人负损害赔偿责任。前项情形,法定代理人如其监督并未疏懈,或纵加以相当之监督,而仍不免发生损害者,不负赔偿责任。如不能依前两项规定受损害赔偿时,法院因被害人之声请,得斟酌行为人及其法定代理人与被害人之经济状况,令行为人或其法定代理人为全部或一部分之损害赔偿。前项规定,于其他之人,在无意识或精神错乱中所为之行为,致第三人受损害时,准用之。本条第3

---

[1] Kötz, Zur Reform der Schmerzensgeldhaftung, Festschrift für v. Caemmerer (1978), S. 389.

[2] 须注意的是,"食品卫生管理法"第21条规定:经"中央主管机关"公告指定一定种类、规模之食品业者,应投保产品责任保险;其保险金额及契约内容,由"中央主管机关"会商有关机关后定之。

项规定及第 4 项所准用者,学说上称为衡平责任(或公平责任)。

此项衡平责任(Billigkeitshaftung)系仿自《德国民法》第 829 条,其在民法体系上的意义迄未获澄清,如何纳入现行归责原则,仍有争议。有认为系无过失责任[1];有认为此结果责任,由损害公平分担而来,亦可称为公平责任[2];有强调此为法律特别体恤贫弱,令经济力较强之行为人,予以相当之补恤,全属道德规范之法律化,与所谓无过失责任主义之法理则属二事。[3] 值得特别指出的是,最近有德国学者认为,《德国民法》第 829 条规定的衡平责任得纳入危险责任的理论,因无行为能力人或限制行为能力人不具侵权能力时,对其他之人构成特殊危险,而突然丧失意识之人则构成现实上具体的危险来源。再者,此项规定所涉及的不幸损害的分配,属于危险责任的基本任务,而斟酌当事人的财产状况,以定赔偿责任,乃分配正义的特征。[4] 此项见解,可供参考。

二、雇用人的衡平责任

"民法"第 188 条规定,受雇人因执行职务,不法侵害他人之权利者,由雇用人与行为人连带负损害赔偿责任。但选任受雇人及监督其职务之执行,已尽相当之注意或纵加以相当之注意而仍不免发生损害者,雇用人不负赔偿责任。如被害人依前项但书之规定,不能受损害赔偿时,法院因其声请,得斟酌雇用人与被害人之经济状况,令雇用人为全部或一部分之损害赔偿。雇用人赔偿损害时,对于为侵权行为之受雇人,有求偿权。本条第 2 项所规定的,学说上有称为衡平责任,有认为系雇用人的无过失责任。[5] 本书认为学说上用语的歧义,在于其着眼点的不同。就不以雇用人的过失为要件言,系属无过失责任;就其依个案斟酌雇用人与被害人之经济状况,令雇用人为全部或一部分之损害赔偿言,乃出于衡平原则。尚需说明的是,"民法"第 188 条第 2 项的"衡平责任",系台湾地区所独创,一方面为坚守过失责任原则,一方面又为保护被害人而设的妥协性规定,

---

[1]　参见胡长清:《民法债篇总论》,第 167 页。

[2]　参见史尚宽:《债法总论》,第 178 页。

[3]　参见王伯琦:《民法债篇总论》,第 89 页。

[4]　Larenz/Canaris, Schuldrecht II/2 (13 Aufl. , 1994), S. 650 (653).

[5]　参见史尚宽:《债法总论》,第 186 页;孙森焱:《民法债编总论》(新版上册),第 299 页。

乃由雇用人过失责任过渡到无过失责任的产物。① 在实务上雇用人得举证免责的案例,甚为罕见,此项衡平责任,名存实亡,不具规范意义。

第五款　归责原则的体系构成及动态过程

一、归责原则的体系构成

归责原则为侵权行为法的基本问题,除过失责任及无过失责任(危险责任)外,尚有衡平责任。兹将台湾地区侵权行为法上的归责原则整理如下:

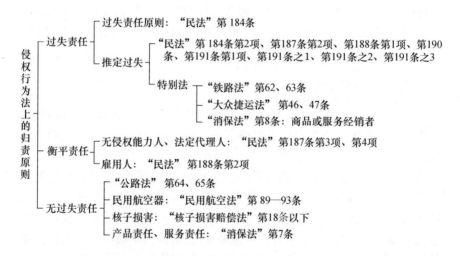

上开归责原则体系凸显了台湾地区侵权行为法的特色与发展,由传统的过失责任移向无过失责任,逐渐建立了双轨责任体系②,并分为四种形态,即过失责任、推定过失责任、无过失危险责任及衡平责任。此种于民法规定过失责任,而于特别法创设危险责任的体例,基本上应值赞同。此不仅在于维持传统民法典的理念,尚涉及立法技术问题,因为无过失危险责任涉及责任主体,受保护利益、损害赔偿范围、责任保险等问题(参阅

---

① 参见拙著:《雇用人无过失责任制度的建立》,载《民法学说与判例研究》(第一册),北京大学出版社 2009 年版,第 1 页。

② Esser, Die Zwei Spürigkeit unseres Haftpflichtrechts, JZ 1953, 129; Blaschcack, Gefährdungshaftung und Risikozuweisung (1993).

"消费者保护法"关于商品或服务的规定），不宜全在具基本规范的"民法"设其规定，以免破坏完整的法律体系。①

值得特别指出的是，1999 年 4 月 2 日通过（2000 年 5 月 5 日施行）的"民法"债编部分修正条文，将侵权行为列为主要修正事项，并以调整归责原则为重点。除修正"民法"第 191 条规定外，还增设了三个条文：（1）第 191 条之 1 第 1 项规定："商品制造人因其商品之通常使用或消费所致他人之损害，负赔偿责任。但其对于商品之生产、制造或加工、设计并无欠缺或其损害非因该项欠缺所致或于防止损害之发生，已尽相当之注意者，不在此限。"（2）第 191 条之 2 规定："汽车、机车或其他非依轨道行驶之动力车辆，在使用中加损害于他人者，驾驶人应赔偿因此所生之损害。但于防止损害之发生，已尽相当之注意者，不在此限。"（3）第 191 条之 3 规定："经营一定事业或从事其他工作或活动之人，其工作或活动之性质或其使用之工具或方法有生损害于他人之危险者，对他人之损害应负赔偿责任。但损害非由其工作或活动或其使用之工具或方法所致，或于防止损害之发生已尽相当之注意者，不在此限。"均采过失推定责任。

"民法"增订第 191 条之 1，使商品制造人负推定过失责任，与"消费者保护法"规定的无过失商品责任，成为商品责任双轨体系，是否妥当，有无必要，尚有研究余地。"民法"第 191 条之 2 增定推定过失的汽车等动力车辆驾驶人责任，配合"强制汽车责任保险法"所创设的无过失补偿制度，应有助于强化对车祸被害人的保护。"民法"第 191 条之 3 关于工作或活动的危险责任的规定，系属概括条款。② 综合言之，立法者系认商品制造人责任、汽车等动力车辆驾驶人责任系属危险责任的类型，而以第 191 条之 3 作为危险责任的一般规定，惟均采过失推定原则，可称之为"推定过失的危险责任"，有别于"无过失的危险责任"（如民用航空器、核

---

① 参见邱聪智：《危险责任与民法修正》，载《民法研究》（一），第 279 页。

② 1999 年"民法"债编修正增订第 191 条之 3，系采《意大利民法》第 2050 条规定，德国学者 Michael R. Will 氏在其"Quellen erhöhter Gefahr"专著（1980），曾就各国（包括前苏联、墨西哥、意大利等国）民法关于危险事故所设的概括条款从事比较研究（关于《意大利民法》第 150—190 条），认为《意大利民法》第 2050 条规定非采德国法上的危险原则，系建立在过失责任的基础之上（S. 152），在比较法上未获重视，不享有高的评价。在检讨《意大利民法》第 2050 条于实务上的解释适用后，Will 氏认为，该条规定未臻精确，不能令人满意，且属无用（unscharf, deshalb unbefriedigend und letztlich wohl unnützlich）。《意大利民法》第 2050 条制定于 1942 年，一个被认定为无用的规定，竟为 1999 年的台湾"民法"债编修正采为侵权行为的基本原则，实属比较法的异数。

子损害、商品或服务责任），使侵权行为法的归责原则更趋多元化。归责原则是侵权行为法的核心问题，须适应社会发展，就各个意外事故斟酌其危害性、责任保险可行性及其他相关因素加以调整，使其更能公平、有效率地发挥其预防危害、填补损害的机能。

二、归责原则的动态发展过程

侵权行为法上的归责原则为过失责任、衡平责任及无过失责任（危险责任、严格责任），处于一种动态发展过程，兹以下图加以表示：

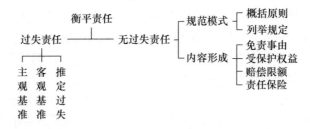

在过失责任，关于其认定基准，系由主观趋向于客观，并就若干类型，倒置举证责任或推定过失（立法或法院实务），转由加害人对其行为并无过失负举证责任，而于不能为举证时，负损害赔偿责任，因此关于归责原则，不能专就法律规定而判断，应就实务的运作加以观察。值得注意的是，在实务上，凡法律规定推定过失的，实际上加害人能举证免责的，尚不多见，衡平责任亦为罕见案例，将于相关部分作较详细的说明。

第四节　侵权行为法与其他损害补偿制度①

甲系乙运送公司的司机，因驾车过失撞到受雇于丙公司正在执行职务的劳工丁某，丁受伤不能工作，住院接受全民健康保险医疗给付，而丁另投有健康保险，乙投有责任保险。

---

①　Peter Cane, Atiyah's Accidents, Compensation and the Law (6th ed. 2006); Franklin/Rabin, Tort Law and Alternatives, Cases and Materials (8th ed. 2006); Rabin, Perspectives on Tort Law (3rd ed. 1990), pp. 282-337.

（1）试说明"侵权行为法""劳工保险条例"及"劳动基准法""强制汽车责任保险法""全民健康保险法"及商业保险(健康保险、责任保险)所构成的损害赔偿或补偿的体系、规范功能及其未来的发展。

（2）丁得否同时享有侵权行为损害赔偿、职业灾害补偿、强制汽车责任保险给付或健康保险给付？

（3）全民健康保险的保险人于对丁为给付后，对加害人甲或乙、"劳保局"或强制汽车责任保险人得主张何种权利？

第一款　三阶层的损害赔偿或补偿体系

一、问题的说明

侵权行为损害赔偿请求权的成立须具备法定要件,通常应由被害人就加害人的过失负举证责任,常需借助诉讼,耗费时日及各种成本,加害人亦须有一定的资力,始具实益。纵具备侵权行为的要件,被害人亦因各种原因,未能或难以主张其权利。为保护被害人,因应社会经济发展,在台湾逐渐创设了无过失补偿制度,并完善社会安全保障,形成了三个阶层的赔偿或补偿体系。最基层系社会安全保障,如全民健康保险;在其上者为无过失补偿制度,如劳工职业灾害保险、预防接种、药害的受害救济、强制汽车责任保险、犯罪被害人保护等;居于顶层的则是"侵权行为法"。为便于观察,图示如下:

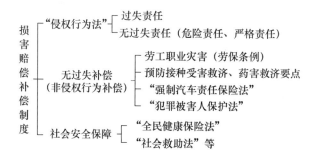

二、社会安全保障的建立

社会安全保障制度旨在保障人民生存的基本权利("宪法"第15条、

第 155 条、增修条文第 10 条第 5 项、第 7 项)。1980 年制定的"残障福利法"①及"社会救助法"系实践"福利国家理念"的两个重要立法。最具开创性的则是 1994 年 8 月 9 日公布施行的"全民健康保险法"。② 依本法办理的全民健康保险,就保险对象于有效期间发生疾病、伤害、生育事故时,依本法规定给予门诊或住院诊疗(第 2 条、第 32 条)。保险事故是否因侵权行为而发生,在所不问。例如甲男强制性交乙女,传染艾滋病,乙女怀孕生丙,亦受感染。在此类情形,乙、丙若欲依"侵权行为法"规定请求损害赔偿时,必须经由诉讼,能否获得赔偿,端视甲男有无资力而定。惟依"全民健康保险法",乙及丙均得请求医疗给付,获得生活的基本保障。

三、无过失补偿制度

(一) 劳工职业灾害补偿

无过失补偿(No-Fault Compensation),指对一定范围之人因某意外事故而生的损害予以补偿,并不以具备侵权行为的成立要件为必要,为避免与无过失侵权责任混淆,又称之为"非侵权行为补偿"(Non-Tort Compensation),"劳工保险条例"规定的劳工职业灾害补偿系最典型的无过失补偿制度。劳工职业灾害保险分伤病、医疗、残废及死亡四种给付。职业灾害保险费原则上全部由投保单位负担(参阅"劳保条例"第 15 条)。劳工保险的主管机关("行政院劳工委员会")设"中央劳工保险局"办理保险业务,并为保险人。又"劳动基准法"第 59 条规定劳工因遭遇职业灾害而致死亡、残废、伤害或疾病时,雇主应依其规定予以补偿,但如同一事故,依"劳工保险条例"规定,已由雇主支付费用补偿者,雇主得予以抵充之(参阅"劳基法"第 59 条及其他相关规定!)。

劳工职业灾害补偿制度可供说明侵权行为损害赔偿与无过失补偿(非侵权行为补偿制度)的区别③,分三点言之:

---

① 本法于 1997 年修正并更名为"身心障碍者保护法",又于 2007 年修正时更名为"身心障碍者权益保护法"。

② 参见陈怡安:《全民健康保险法规范下的医疗关系》,东吴大学法律学研究所 1998 年度硕士论文。

③ 参见拙著:《劳灾补偿与侵权行为损害赔偿》,载《民法学说与判例研究》(第三册),北京大学出版社 2009 年版,第 196 页。

1. 基本思想

侵权行为损害赔偿系以分配正义为其指导原则,旨在填补损害,使被害人能够恢复损害发生前之原状;反之,劳工职业灾害补偿则在维护劳动者的生存权,保障劳工最低必要的生活。

2. 成立要件

侵权行为的成立,须以加害人具有故意或过失为要件,被害人对损害的发生或扩大与有过失时,法院得减免其得请求的损害赔偿。反之,于劳工职业灾害补偿,雇主或其他之人对事故的发生是否具有过失,在所不问。纵被害人对事故的发生与有过失(甚至重大过失),亦可请领全部劳保给付,无适用过失相抵的余地。①

3. 给付内容

侵权行为损害赔偿的基本思想在于填补被害人的损害,故其得请求的,除人身损害外,尚兼及物之损害,损害赔偿的范围则包括所受损害及所失利益。生命、身体或健康遭受侵害者,虽非财产上损害,亦得请求赔偿相当之金额(慰抚金)。反之,于劳工职业灾害补偿,则仅限于人身伤害,其给付金额且有限制。

(二)预防接种受害救济

"行政院卫生署"于 1988 年 6 月 30 日订定"预防接种受害救济要点",亦属一种无过失补偿制度②,其目的在使因预防接种而导致严重疾病、残障、死亡者能迅速获得救济。

所谓预防接种,指依照"卫生署"防疫政策所推行或提供之预防接种措施。预防接种受害救济金来源为:(1) 各级卫生机关及公立医疗机构采购预防接种疫苗时,代收得标厂商提供之捐款。该项捐款应载明于疫

---

① 参见"劳工保险条例"第 23 条规定,被保险人或其受益人或其他利害关系人,为领取保险给付,故意造成保险事故者,保险人除给予丧葬津贴外,不负发给其他保险给付之责任。依"行政法院"1970 年第 364 号判例:"原告因请领其夫劳工保险之死亡给付,被告官署以被保险人之死亡原因系'缢死',依照"劳工保险条例"第 31 条规定,不得享有保险给付之权利,并无不合。"

② 预防接种受害救济要点,系关于特定种类产品而设的补偿制度。在 20 世纪 80 年代,美国发生所谓的产品责任危机,药物制造者无法以合理的保险费购买责任保险,以应付高额赔偿,威胁退出市场。为期解决,美国国会乃于 1986 年制定 The National Childhood VaccineInjury Act,采无过失补偿制度,参见 Franklin and Rabin, Tort Law and Alternatives, p.776. 上开救济要点系受美国立法影响而订定。又"行政院卫生署"于 1999 年订定"药害救济要点"。

苗采购须知及合约书中;捐款金额,按剂计算,每剂疫苗售价在新台币(以下同)10 元以上者,收缴 1 元,未满 10 元者,以 10% 计算。(2) 私立医疗机构采购疫苗时,比照前款规定提供之捐款。(3) 社会各界之捐款。至于救济金之保管、运用,由"卫生署"设立专户办理。

预防接种救济之对象为:(1) 死亡者为依民法规定之继承人;(2) 残障及严重疾病者为本人或其法定代理人。

预防接种救济给付标准为:(1) 死亡救济。经病理解剖鉴定,确认系因预防接种致死者,最高为一百万元。经病理解剖鉴定,无法确认系由其他原因致死者,在前款额度内,从优给付。经病理解剖鉴定,确认系其他原因致死者,给付丧葬补助费 15 万元。(2) 残障救济。极重度残障者最高为 90 万元,重度残障者最高为 80 万元,中度残障者最高为 60 万元,轻度残障者最高为 40 万元。受害救济之对象应于接种之日起 1 年内,向预防接种地之卫生局提出救济之申请,由"卫生署"设审议小组审议之。

(三) 强制汽车责任保险

汽车事故是一种主要的损害来源,如何合理加以规范,实值关切。就比较法加以观察,《德国道路交通法》第 7 条规定,除不可抗力外,汽车持有人应负危险责任(无过失侵权责任),并另订汽车持有人强制保险法。《日本自动车损害赔偿保障法》第 3 条规定了推定过失的侵权责任,并于同法规定了强制保险。在美国,关于汽车事故,系采普通法上的过失侵权责任与任意责任保险结合的规范形态。为保护被害人,Keenton 及 O'connell 两位教授于 1965 年提出"交通事故被害人基本保障",设计所谓强制保险的无过失补偿(No-Fault Compensation),其特色系规定汽车事故受害人的基本补偿,在此限度内,不论加害人有无过失,对被害人的人身伤害均予以补偿,并在此基本补偿限额内,废除普通法过失侵权行为的损害赔偿责任。美国各州最早实施此种汽车无过失补偿保险制度的系马萨诸塞州(1971 年),其后亦为纽约州等所采用。[①]

台湾地区关于汽车事故一向适用民法关于侵权行为的规定,采过失责任原则,并设强制责任保险。被害人损害赔偿请求权的成立,须具备侵权行为要件,对于保险人并无直接请求权。此种制度不足以保护汽车事

---

① 参见施文森:《汽车保险及其改进之研究》,1991 再版,论述甚详,尤其是第八章可供参考。

故被害人。众所共知,改进方案多次提出,长期争议未决,直至1996年始制定"强制汽车责任保险法"(2005年修正全文),使因汽车事故致身体受伤、残废或死亡的受害人能迅速获得基本保障。为达此目的,本法设两个重要制度:(1)新修正第7条规定:"因汽车交通事故致受害人伤害或死亡者,不论加害人有无过失,请求权人得依本条规定向保险人请求保险给付或向财团法人汽车交通事故特别补偿基金(以下简称特别补偿基金)请求补偿。"(2)第36条、第38条规定,应设置汽车交通事故特别补偿基金,使肇事汽车无法查究、肇事汽车非被保险汽车,或肇事汽车之保险人无支付能力者,其被害人得向特别补偿基金请求补偿。"强制汽车责任保险法"所规定的,究系无过失侵权行为责任的强制保险,抑或为所谓的无过失补偿责任制度,尚有疑问。

在无过失侵权责任的强制保险与无过失补偿强制保险两种制度,其保险给付均不以加害人具有故意或过失为要件,具有迅速保障受害人的功用。就规范机能言,究采何种模式,因各国或各地区法律传统风格及立法政策而异,但就节省诉讼成本费用及逐渐扩大建立社会安全制度的长期观点言,采无过失补偿制度,具有积极意义。① 准此以言,"强制汽车责任保险法"应解释为系采无过失补偿制度,而非无过失责任的强制保险。

(四)犯罪被害人保护法

为补偿因犯罪被害而死亡者之遗属或重伤者之损失,以保障人民权益,促进社会安全,台湾地区于1998年5月27日制定"犯罪被害人保护法",规定因犯罪被害而死亡者之遗属或受重伤者得申请犯罪补偿金。本法多次修正,共36条,规定犯罪被害补偿金之种类及支付对象、得申请遗属补偿金、遗属之顺序、不得申请遗属补偿金的情形、补偿之项目及其最高金额等事项(阅读之!)。②

---

① 参见 J. G. Fleming, New Compensation System: Woodhouse and Pearson, in: Haftungsersetzung durch Versicherungsschutz (1980), S. 11; Peter Cane, Atiyah's Accidents, Compensation and the Law, p. 398 f.

② 参见谢协昌:《犯罪被害补偿制度之研究》,台湾大学1994年度硕士论文;林辉煌:《建构犯罪被害人之司法保护体系》,载《律师杂志》,第223期,第17页;郭明政:《犯罪被害人保护法——后民法与社会法律时期的成熟标杆》,载《政大法律评论》,第60期(1998年12月),第303页;Fuchs, Zivilrecht und Sozialrecht (1991).

第二款　多种损害赔偿或补偿制度的适用关系

一、基本问题

关于损害的赔偿或补偿,法律设有侵权行为法、劳工职业灾害补偿、疫苗接种救济、强制汽车责任保险、犯罪被害人保护、全民健康保险等。在保险制度,除责任保险(第三人保险)外,尚有第一人保险(人身保险、财产保险)。在此多种损害赔偿或补偿体系,常发生各种损害或补偿制度的适用关系,例如甲在乙运送公司担任司机,因驾车过失撞到受雇于丙正在执行职务的劳工丁,丁受伤不能工作,住院接受全民健康保险的医疗给付,而乙投有责任保险,丁则有健康保险。兹将其基本问题图示如下:

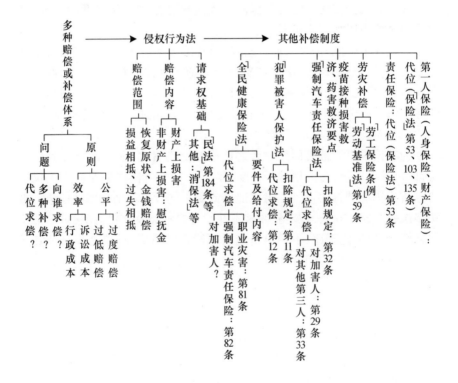

关于同一损害(如伤害住院医疗或现金给付),有多数赔偿或补偿制度时,其规范模式有三:

（1）被害人均得请求而保有之。

（2）被害人仅得选择其一。

（3）被害人得分就不同赔偿或补偿来源加以主张，但不得超过其所受损害。

由于各种赔偿或补偿系因不同时期，应对不同的需要而创设，关于其相互间的关系，难作完整的规定，疑义甚多。在解释适用上须避免超过赔偿或补偿(overcompensation)，以防浪费资源，并应顾及法律所设的优先原则及立法目的。

二、侵权行为损害赔偿请求权与其他补偿制度的并存及抵充

侵权行为损害赔偿请求权原则上不因其他补偿制度的存在而受影响，如就汽车事故言，虽有"强制汽车责任保险法"第7条的规定，被害人仍得依"民法"关于侵权行为的规定向加害人请求损害赔偿，即"强制汽车责任保险法"第7条规定，在其保险金额范围内，并不排除侵权行为损害赔偿请求权。但在实际上，被害人通常会依"强制汽车责任保险法"规定向保险人请求保险给付，在其损害超过保险给付时，始考虑主张加害人应负侵权责任。在此情形，为防止超过赔偿，"强制汽车责任保险法"第32条规定："保险人依本法规定所为之保险给付，视为加害人或被保险人损害赔偿金额之一部分；加害人或被保险人受赔偿请求时，得扣除之。"

依"劳动基准法"第60条规定，雇主依第59条规定给付之补偿金得抵充同一事故所生损害之赔偿额。此之所谓损害赔偿额，包括侵权行为损害赔偿。[①]

"犯罪被害人保护法"第11条规定，依本法请求补偿之人，已受有社会保险、损害赔偿给付或因犯罪行为被害依其他法律规定得受之金钱给付，应自犯罪被害补偿金中减除之。

在预防接种受害的情形，被害人于依"预防接种受害救济要点"请求救济金后，再依"民法"或"消费者保护法"（第7条以下）向加害人（如商

---

① 参照"最高法院"2007年台上字第1227号判决："依'劳基法'第59条规定之补偿与依民法侵权行为之损害赔偿，两者之意义、性质与范围均有所不同。以目的上言之，职灾补偿以保障受害劳工之最低生活保障为其目的，而民法侵权行为之损害赔偿旨在填补受害劳工所遭受之精神物质之实际损害，但两者给付目的有部分重叠，均具有填补受灾劳工损害之目的。就此重叠部分，如其中一债务人已为给付，他债务人就此部分之责任即归于消灭。"

品制造人)请求损害赔偿时,加害人得否扣除该已给付救济金？上开"要点"未设规定,如何处理,实值研究。

三、代位求偿

若有两人(或两个制度)应对第三人赔偿或补偿其所受损害,而其中之一应负主要责任,其他之人仅负次要责任时,后者于为赔偿或补偿后,通常得对前者代位行使第三人的权利。就侵权责任与商业保险言,前者为主要责任,后者为次要责任,从而发生保险人代位的问题,"保险法"第53条规定:"被保险人因保险人应负保险责任之损失发生,而对于第三人有损失赔偿请求权者,保险人得于给付赔偿金额后,代位行使被保险人对于第三人之请求权,但其所请求之数额,以不逾赔偿金额为限。前项第三人为被保险人之家属或受雇人时,保险人无代位请求权;但损失系由其故意所致者,不在此限。"惟人寿保险及伤害保险之保险人,不得代位行使受益人因保险事故所生对于第三人之请求权("保险法"第103条、第135条)。

社会保险上关于人身损害的代位权,旧"劳工保险条例"第34条规定:"因第三人之行为发生保险事故者,保险人为给付后,在给付额之范围内,取得被保险人对第三人之损害赔偿请求权,但第三人为被保险人之家属或服务机关主持人或其使用人,因职业灾害并发生保险事故时,除事故系由其故意所致者外,不适用之。"1979年2月19日修正"劳工保险条例"时,以对被害人有利而删除此项条文。由于"劳工保险条例"未设类如"强制汽车责任保险法"第30条关于扣除的规定,故被害人兼得请求劳保给付及侵权行为损害赔偿,而发生"超过赔偿"的问题。①

"强制汽车责任保险法"第33条明定:"汽车交通事故之发生,如可归责于被保险人或加害人以外之第三人者,保险人得于给付金额范围内代位行使被保险人对于该第三人之损害赔偿请求权,但其所得请求之数额,以不逾保险给付为限。前项第三人为被保险人或请求权人之配偶、家长、家属、四等亲内血亲或三等亲内姻亲者,保险人无代位求偿之权利。但汽车交通事故系由其故意所发生者,不在此限。"

"犯罪被害人保护法"第12条规定:"'国家'于支付犯罪被害补偿金

---

① 参见拙著:《劳灾补偿与侵权行为损害赔偿》,载《民法学说与判例研究》(第三册),北京大学出版社2009年版,第196页。

之后,于补偿金额范围内,对犯罪行为人或依法应负赔偿责任之人有求偿权。前项求偿权,由支付补偿金之地方法院或分院检察署行使。必要时,得报请上级法院检察署定其他地方法院或分院检察署为之。第一项之求偿权,因两年间不行使而消灭。于支付补偿金时,犯罪行为人或应负赔偿责任之人不明者,自得知犯罪行为人或应负赔偿责任之人时起算。

四、保险竞合

关于人身伤害,除有商业保险(人寿保险、健康保险、责任保险),尚有社会保险(劳工保险、强制汽车责任保险及全民健康保险),就同一事故发生保险竞合时,何者为基本保险,何者为次要保险,而由前者保险负终局给付义务亦值研究。关于此点,"全民健康保险法"设有两个重要原则性规定:第81条:"被保险人参加职业灾害保险者,其因职业灾害事故所发生之医疗费用,由职业灾害保险偿付。"反面推论之,被保险人属于普通灾害保险者,其医疗费用,仍由全民健康保险给付之;第82条规定,保险对象因发生保险事故而对第三人有损害赔偿请求权者,本保险之保险人于提供保险给付后,得依下列规定,代位行使损害赔偿请求权:(1)汽车交通事故:向强制汽车责任保险保险人请求。(2)公共安全事故:向第三人依法规应强制投保之责任保险保险人请求。(3)其他重大之交通事故、公害或食品中毒事件:第三人已投保责任保险者,向其保险人请求;未投保者,向第三人请求。前项第3款所定重大交通事故、公害及食品中毒事件之求偿范围方式及程序等事项之办法,由主管机关定之。由此可知,立法者系认强制汽车责任保险属于基本保险,应由其负最后承担医疗给付。又得否由此规定反面推论,全民健康保险之保险人不得向汽车交通事故有可归责之加害人代位求偿?

由上述可知,关于各种补偿制度间的适用关系,法律设有不同规定,例如关于代位求偿问题,"劳工保险条例"本有规定,但被删除之。"强制汽车责任保险法"设有向加害人求偿(第29条)及对其他第三人代位(第33条)的规定。"犯罪被害人保护法"对于求偿权设有明文规定(第12条)。"全民健康保险法"第82条对代位行使损害赔偿请求权更设有详细规定,明定应由职业灾害保险(第81条)、强制汽车责任保险之保险人(第82条)承担最后给付义务(请阅读相关条文)。代位求偿涉及公平

(防止超过赔偿)及效率(求偿费用),实为值得深入研究的重要课题。①兹为便于观察,将其基本法律关系图示如下,以便参照:

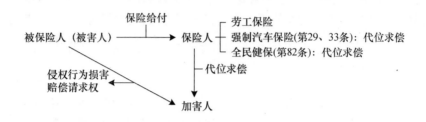

第五节　侵权行为法的发展

第一款　基本权利与侵权行为法

一、基本权利的性质及功能

侵权行为法旨在权衡行为自由与权益保护,涉及人格尊严与人格自由发展,而与宪法基本权利具有密切关系,尤其是"司法院"解释再三肯定人格权属于"宪法"第22条所称的其他自由权利,应受宪法保障("司法院"释字第399号、第587号、第603号)。基本权利(如人格权、财产权等)具有双重性质:

(1)防御权(主观权利),即人民享有不受公权力(立法、行政、司法)侵害的自由空间,于其基本权利遭受侵害时,得依法定程序请求释宪,宣告相关法律命令及判例("最高法院""最高行政法院")无效(垂直效力)。

(2)客观规范,即政府负有在立法、行政及司法上采取必要措施以保护人民基本权利的义务。基本权利的客观价值体系应扩散于整个法秩序,就私法而言,其方式有二:应对民法作符合基本权利的解释;使基本权利得经由民法的概括规定(如"民法"第72条、第184条),适用于私人关系(包

---

① 参见江朝国:《全民健康法第八二条代位权之探讨》,载《月旦法学杂志》1995年第4期,第98页;吴月泷:《全民健康保险法第八十二条规定之探讨——论健保局行使代位权之适法性及其面临之困境与评析》,载《保险专刊》,第50辑,第138页;吴从周:《劳保给付、侵权行为损害赔偿请求权与保险与保险代立》,载《军法专利》,第42卷第5期,第32页;陈聪富:《全民健康保险代位求偿之法律问题》,载《侵权违法性与损害赔偿》,2008年版,第313页。

括契约,侵权行为,物权及亲属关系等)而具有所谓的间接第三人效力(水平效力)。① 兹为便于观察,将基本权利与私法的关系图示如下②:

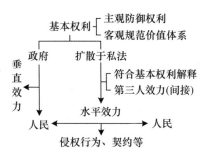

二、侵权行为法系受宪法保障基本权利的具体化

侵权行为法系受宪法保障基本权利具体化的一种方式③,分三点加以说明:

(1)宪法及侵权行为法均在保障人民的权利,或作为一种基本权利,或作为一种私权,以分工及协力的方法加以维护,不受国家或私人的侵害。例如不法监听他人电话通讯时,系侵害他人的隐私权,其加害人为国家时,系以公权力侵害人民的基本权利("司法院"释字第 631 号)。加害人为私人时,系侵害"民法"第 184 条第 1 项前段规定的权利(人格权、隐私权),而应负损害赔偿责任。

(2)为保障人民的基本权利,国家负有义务,建构一个有效率、合理的侵权行为法及损害赔偿制度,并适应社会经济发展,作必要的检讨

① 基本权利对私人关系的水平效力(Horizontal effect),Markesinis/Enchelmair, The Applicability of Human Rights as Between Individuals under German Constitutional Law, in: Protecting Privacy (ed. Markesinis, 1999), p.191.

② 关于基本权利的性质功能及相关的释宪上的实务问题,参见吴庚:《宪法的解释与适用》,2006 年版。

③ Christian v. Bar, Der Einfluss der Venfassung auf das westeuropäische Deliktsrecht, Rabels 59 (1955), 203 (205): mehr und mehr wird das Deliktsrecht im heutigen Europa als eine Form der Konkretiesirung des verfassungsrechtlich verbürgten Freiheitsrechts begriffen; Schurppert/Bumke, Die Konstitutionalisierung der Rechtsordnung (2000); Jane Wright, Tort Law and Human Rights (2001). 关于契约法,参见 Cherednychenko, Fundamental Rights, Contract Law and the Protection of Weaker Party (2007).

修正。

（3）依符合基本权利的法律解释原则及基本权利的第三人效力、对现行侵权行为法加以解释适用，以促进法律的进步与发展：

在侵权行为法上，调和同受宪法保障的人格权（名誉、隐私）及言论自由。

"司法院"释字第656号解释："民法"第195条第1项后段规定，其名誉被侵害者，并得请求恢复名誉之适当处分。所谓恢复名誉之适当处分，如属以判决命加害人公开道歉，而未涉及加害人自我羞辱等损及人性尊严之情事者，即未违背"宪法"第23条比例原则，而不抵触"宪法"对不表意自由之保障。

依"司法院"释字第603号（指纹案）的意旨，认定隐私权的保护范围。

在Wrongful Birth及Wrongful life案件，肯定妇女的生育自主权，及子女的出生是一种价值的实现，而不是一种损害。

以人格尊严作为保护死亡者人格权的依据。

前揭问题，将于相关部分再为论述。

第二款　侵权行为法的变迁:侵权责任的扩大

现行"民法"制定于1929年，施行迄今的八十余年间，历经变迁，渐次扩大侵权责任，兹就立法动向说明如下[①]：

一、民法总则:增设人格权侵害防止请求权

"民法"第18条第1项规定："人格权受侵害时，得请求法院除去其侵害；有受侵害之虞时，得请求防止之。"本项后段规定系于1982年"民法"总则编修正时所增列，立法理由谓：人格尊严之维护，日趋重要，为加强人格权之保护，不但于人格权受侵害时，应许被害人除去其侵害，即对于未然之侵害，亦应许其请求防止。

---

① 在比较法上值得参考的为 v. Caemmerer, Wandlungen des Deliktsrechts, Hundert Jahre Deutsches Rechtsleben, in: Festschrift zum hunderjährigen Bestehen des Deutschen Juristentages, Band II (1960), S. 49-136; Balg, Zur Strukturwandel des Systems Zivilrechtlicher Haftung (1991); Borgers, Von den "Wandlungen" und "Restrukturierung" des Deliktsrechts? (1993).

二、债编修正

1999 年债编修正时,对侵权行为作有如下重要修订:

1. 明定违反保护他人法律为一种权利侵权行为

"民法"第 184 条第 2 项规定:"违反保护他人之法律者,推定其有过失。"经修正为:"违反保护他人之法律,致生损害于他人者,负赔偿责任。但能证明其行为无过失者,不在此限。"修正目的旨在明确此为一种独立的侵权行为类型。

2. 增设推定过失危险责任

增设"民法"第 191 条之 1、第 191 条之 2、第 191 条之 3,分别规定商品制造人,动力车辆驾驶人及危险制造人的推定过失责任,立法目的在于创设"现代"特殊侵权行为。

3. 不法致人于死的损害赔偿的扩大

将旧"民法"第 192 条修正为:"不法侵害他人致死者,对于支出医疗及增加生活上需要之费用或殡葬费之人,亦应负损害赔偿责任(第 1 项)。加害人对于第三人负有法定抚养义务者,加害人对于该第三人亦应负损害赔偿责任(第 2 项)。第 193 条第 2 项之规定,于前项损害赔偿适用之(第 3 项)。"即法院因当事人之声请,定为支付定期金,但须命加害人提出担保。

4. 侵害人格权益及身份权益慰抚金请求权的一般化

将旧"民法"第 195 条规定修正为:不法侵害他人之身体、健康、名誉、自由、信用、隐私、贞操,或不法侵害其他人格法益而情节重大者,被害人虽非财产上之损害,亦得请求赔偿相当之金额。其名誉被侵害者,并得请求恢复名誉之适当处分(第 1 项)。前项请求权,不得让与或继承。但以金额赔偿之请求权已依契约承诺,或已起诉者,不在此限(第 2 项)。前两项规定,于不法侵害他人基于父、母、子、女或配偶关系之身份法益而情节重大者,准用之(第 3 项)。此项重要修正在使侵害人格权的慰抚金请求权一般化(第 1 项),并明定身份法益的慰抚金请求权(第 2 项)。

5. 因债务不履行致人格权受侵害的慰抚金请求权

增订"民法"第 227 条之 1:"债务人因债务不履行,致债权人之人格权受侵害者,准用第 192 条至第 195 条及第 197 条之规定,负损害赔偿责任。"本条旨在创设一个独立的请求权基础,例如甲医生未尽医疗上的注意义务,致病患的健康受伤害或死亡时,被害人得依侵权行为(第184条)或债务不履行(第227条之1)请求财产上或非财产上损害赔偿(参照下图):

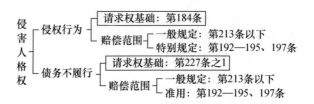

第三款　侵权行为法的未来①

一、侵权行为法机能的评估

侵权行为法的重要机能在于填补损害及预防损害。关于此两项机能的评估,在台湾欠缺资料或研究。每年法院究竟处理多少侵权行为的案件? 其主要类型为何? 侵权行为损害赔偿的诉讼所耗费的时间、费用,例如为获得一元的赔偿,究要付出多少成本? 诉讼外解决途径的实际状况如何、赔偿数额是否合理? 皆乏实证研究。至于损害预防的效用,涉及统计及量化,更为困难。台湾多年来从事民法侵权行为法的修正,偏重于搜集、斟酌取舍外国立法例,未能建立在实证研究的基础上,此一领域的研究有待开拓。

二、侵权行为法的基本价值

鉴于无过失补偿及社会保障制度的建立及扩大发展,许多学者对侵权行为法的未来表示关切。有因《新西兰事故补偿法》的施行而为侵权行为法唱起挽歌;有预测侵权行为法的衰微;有谓侵权行为处于交叉,陷入危机,主张应废弃侵权行为法。这些观察或预言含有若干理由。以过失责任原则为基础的侵权行为法具有许多需要改进的弱点,实不容否认,

---

① 参见拙著:《侵权行为法的危机及其发展趋势》,载《民法学说与判例研究》(第二册),北京大学出版社2009年版,第104页;朱柏松:《侵权行为理论发展之新趋势》,载《法学丛刊》第153期,第40页;J. G. Fleming, Is There a Future for Tort? 58 A. L. J. 131 (1984).

而无过失补偿及社会安全保障在若干方面较有效率,亦应肯定。侵权行为法不应成为填补损害的唯一或主要制度,而应与其他制度共存,担任着不同的任务。侵权行为法提供了个人权益受不法侵害时的保护机制,使被害人得依私法规定寻求救济,令加害人就其侵权行为负责,其所维护者,系个人的自主、个人的尊严,其重要性不低于冷酷的效率,实为人类社会的基本价值。[①]

三、合理赔偿补偿模式的建构

台湾法上三个阶层的赔偿补偿体系原属倒金字塔形,由侵权行为法担负着分配损害的主要机能。多年来,其他两个阶层陆续扩大,逐渐呈现一个较为平衡的结构。须注意的是,新西兰于 1973 年施行 Accident Compensation Act(《事故补偿法》),其后改称为 Injury Prevention, Rehabilitation and Comupensation ACT(最近一次修正 2007 年),规定因车祸、医疗、劳灾等意外事故受生命、身体的损害者,无论是否出于他人的过失,皆得请求补偿,并禁止就死亡或身体伤害依侵权行为规定请求损害赔偿。[②]新西兰的事故补偿法创设了一种以社会保障为基础的广泛补偿体制,深具开创性及前瞻性,举世瞩目,带动了许多关于侵权行为法及其他补偿制度的思考和改革建议。[③] 台湾地区整个赔偿补偿体系亦有检讨的必要:在侵权行为法方面,民法应作修正,就特别侵权行为类型调整其原则,并

---

① Allen M. Linden, Canadian Tort Law, p. 23; Ernst J. Weinrib, The Idea of Private Law (1995), 尤其是第八章, The Autonomy of Private Law, pp. 204-231; Englard, The Philosophy of Tort Law (1993); Honoré, Responsibility And Fault (1999).

② 关于新西兰的 Accident Compensation Act 的制定及思想背景,参见 Palmer, Compensation for Personal Injury: A Requim for the Common Law in New Zealand, 21 American Journal of Comparative Law (1973); 贺凌虚译:《新西兰新的人身伤害赔偿制度》,载《宪政思潮选辑》,第 763 页; Palmer, Compensation for Incapacity, (1979); Henderson, The New Zealand Accident Compensation Reform, 48 U. Chi. L. Rev. 781 (1981). 关于新西兰侵权行为法,参见 Todd, The Law of Torts in New Zealand (1991).

③ 英国法,Peter Cane, Atiyah's Accidents, Compensation and the Law, pp. 397-427. 美国法, Rabin, Some Reflections on the Process of Tort Reform, 25 San Diego L. Rev. 13 (1988); Huber, Liability: The Legal Revolution and Its Consequences (1988); Sugarman, Doing Away with Personal Injury Law (1989). 德国法,Weyers, Unfallschäden (1971). 比较法研究,参见加藤雅信主编:《损害赔偿から社会保障へ》,三省堂 1989 年版。

创设更合理的救济程序等。关于无过失补偿制度,应研究逐渐扩大其类型①,以厚植社会保障基础,充实其内容。要言之,整个损害赔偿补偿制度必须随着社会经济发展重新评估,作适当的改进,使各种制度更能互相协力,有效率地配置社会资源,使被害人获得更合理、公平的保障。

关于人身意外损害赔偿,各国依其社会经济发展创设形成的不同的补偿体系,基本上系由倒金字塔形转为平方形(平衡型),并渐次移向金字塔形,台湾地区正移向于第二个阶段,建构一个合理的规范模式,为便于观察,图示如下:

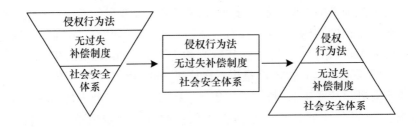

---

① 关于医疗事故采无过失补偿制度的争论,参见 Halley (ed.), Medical Malpractice Solutions, Systems and Proposals for Injury Compensation (1989).

第二章 比较侵权行为法
（Comparative Tort Law）
——规范模式与各国、各地区法的解释适用、共同法的发展

　　台湾"民法"上的侵权行为系外国法的继受，基本上采德国立法例，其理论构成并受日本法的影响，而《德国民法》及《日本民法》均以《法国民法》为其立法背景。须注意的是，近年来逐渐引入美国法上的 Products Liability、Informed Consent、Privacy、Wrongful Birth、Wrongful Life 等制度。因此特于本章简要介绍大陆法系的法国、德国、日本及英美侵权行为法的基本原则及体系架构①，期能有助于认识台湾地区侵权行为法的历史基础②，阐释其解释适用的争议，并了解一个国家侵权行为法的内容与其社会经济发展之间的相互作用关系。又中国大陆关于侵权行为法在理论、立法实务上亦有重要发展，亦作扼要说明。

---

① Zweigert/Kötz, Einfürung in die Rechtsvergleichung (3. Aufl. , 1996), S. 597-716; Catala/Weir, Delict and Torts: A Study in Parallel, Tul. L. Rev. 37 (1963) 573; 38 (1964) 221, 663; 39 (1965) 701. 值得注意的是，德国克雷斯蒂安·冯·巴尔1996年所著:《欧洲比较侵权行为法》，焦美华、张新宝译，法律出版社2004年版。本书对欧盟各国(包括英国)的侵权行为法作综合比较研究，内容丰富，甚值参考。参见 G. Wagner, Comparative Tort Law, in Oxford Handbook of Comparative (ed. Reiman and Zimmermann, 2002), pp. 1004-1040. 专题讨论，王军主编:《侵权行为法比较研究》，法律出版社2006年版。

② 在台湾，法律的历史基础的研究有待加强。最近台湾大学法律系王泰升教授从事台湾地区法律史的研究，卓有贡献。此种历史基础的研究，在方法上亦包括比较法。英国著名法学家 S. F. C. Milsom 所著 Historical Foundation of the Common Law(1969，该书有新版) 及 Zimmermann, The Law of Obligations: Roman Foundations of the Civilian Traditions (1992)，均值参考。

第一节　大陆法系的侵权行为法

第一款　罗马法

一、《十二铜表法》

罗马法是大陆法系(Civil Law)的根源，乃现代侵权行为法的历史基础。罗马最古老的成文法是《十二铜表法》(相传制定于公元前450年)，以古老简明的文字规定，凡因特定行为侵害他人时，应支付赎罪金，一方面作为刑罚，一方面用以慰抚被害人，作为被害人放弃复仇的一种代偿。复仇是古代法律的特征，在原始社会，家族是最基本的社会单位，对外享有特定的权利义务关系，对内则以维持荣誉及和平为主要任务，对侵害行为的反应就是复仇。复仇的方式本来漫无限制，后来逐渐采用同类主义，即所谓"以牙还牙，以眼还眼"，其所注重的不是加害人的主观意识，而是客观的损害结果。报仇一方面满足了被害人或其家族的心理感情，另一方面亦可因此预防将来损害的发生。惟复仇行为破坏秩序，不合团体利益，而且农业社会需要和平，于是理智逐渐控制感情，同时在私有财产体制下，物质的补偿终较心理快感具有实益，复仇方式乃遭废弃，罚金制度卒告建立，其向国家支付者为刑罚，其向被害人或其家族支付者，则为损害赔偿。①

《十二铜表法》对侵权行为法系采个别列举的规范方式。伤害他人的四肢或使之分离，若不能成立和解时，准予报复(第8表20)。折断自由人一骨的，罚金300 AS(AS是罗马的货币单位)。折断奴隶一骨时，罚金150 AS(第8表3)。侵害人格的，罚金250 AS(第8表4)。现行窃盗如系夜间或昼间携带凶器时，格杀勿论，如系昼间无凶器而其人又为自由人时，则由政务官加以鞭之后，交予被害人，被害人可将其卖为奴隶；若其人本为奴隶时，则可于达尔丕亚(Tarpeia)岩坠杀之(第8表14)。至于非

---

① 参见陈朝壁：《罗马法原理》(上册)，第8页；郑玉波：《罗马法要义》，第146页；Giuseppe Grosso(朱赛佩、格罗索)：Storia Del Diritto Romana (1965)，黄凤译，《罗马法史》，中国政法大学出版社1994年版，第76页。Peter G. Stein(英国剑桥大学罗马法教授)，Romisches Recht und Europa(英文版德译，1996)，此为罗马法文化史的巨著，简明扼要，关于《十二铜表法》，pp. 14—19。

现行盗则仅处以两倍的赔偿(第 8 表 16)。①

二、lex Aquilia

在罗马侵权行为法发展史上,公元前 286 年制定的 lex Aquilia(《阿奎利亚法》)的重要性仅次于《十二铜表法》。本法共有三章,其中两章规定了侵权行为。第一章规定:"因违法(iniuria)杀害他人的奴隶、四足动物或家畜者,应对其所有人赔偿被害物于杀害前一年内与最高价额相当的金额。"第三章规定:"违法(iniuria)烧毁、粉碎(urere)或破坏(rumpere)他人之物者,应对其所有人赔偿最近三十日以内相当于该物最高价额的金额。"②

由此两章规定可知,lex Aquilia 关于物的侵害已创设了较为一般化的原则,而其最为重要的成就则在于提出 iniuria 的概念。Iniuria,指"不法"而言,即不具正当防卫或法所容许的自助行为等违法阻却事由。按其字义,iniuria 原指故意侵害,其后罗马疆域扩张、人口增加,危害事故渐趋严重时,罗马法学家乃认为过失侵害行为亦构成 iniuria,而有 lex Aquilia 的适用,并由直接侵害行为(如用手杀人)扩大及于间接侵害行为(如驱犬伤人)。lex Aquilia 蕴含着侵权行为法的基本概念及思考方法③,在两千年后的今日,iniuria 的概念仍然以不同的形式存在于大陆法系的侵权行

---

① 参见郑玉波:《罗马法要义》,第 59 页;〔日〕前田达明:《不法行为法》,第 4 页。关于《十二铜表法》的历史背景,H. F. Jolowicz: Historical Introduction to The Study of Roman Law (1971), pp. 11-13, 106-111.

② Hausmaniger, Das Schadensersatzrecht der lex Aquilia, (1976); Lawson and Markesinis, Tortious Liability for Unintentional Harm in the Common Law and the Civil Law (1982); Zimmermann, The Law of Obligations, pp. 953-1092.

③ 关于《阿奎利亚法》的解释适用,优帝《学说汇编》(Digesten, 9. 2. II)记载 Ulpian、Gaius 等罗马古典时期大法学家的见解,是法学的宝藏。兹举一则 Ulpian 的论述如下:Mela 氏谓,数人一起玩儿球,其中一人用力踢球,该球落于远处正在为某奴隶刮胡子的理发师的手中,致其小刀切伤奴隶的喉咙时,应认其有过失,须适用《阿奎利亚法》。Procalus 氏则谓,其过失在于理发师,因其在通常玩球或交通繁忙之处从事理发,应将过失归其负担。又可认为被害者明知理发处所在于危险地方,仍信赖理发师,乃咎由自取(D. 9. 2. 11)。需说明的是,D. 系优士丁尼帝所编辑 Digest(《学说汇编》)的简称,9. 2. 11 指第九编、第二章、第十一节。近年来,中国政法大学在江平教授领导下从事罗马国法大全的翻译,贡献卓著。关于《阿奎利亚法》,参见米健译:《私法之债 阿奎利亚法》,中国政法大学出版社 1992 年版。

为法中。①

《阿奎利亚法》虽在实务上迭经扩张适用,但公元1至3世纪的古典时期的罗马法,仍未能完全扬弃传统的个别责任规则,6世纪优士丁尼帝(Justinien)编纂《国法大全》,将《阿奎利亚法》纳入学说汇编(Digest)。于11世纪罗马法复兴后,亦作为批注研究对象。直至17、18世纪开明时期,自然法昌盛,认为得依自然理性建立法律规范,并倡导法典化理念时,始由1804年的《法国民法》创设了侵权行为法的一般原则。

第二款　法　国　法

1804年的《法国民法》是近代第一个民法典,本着自由、平等、博爱的理念,创设了近代私法上所有权保护、过失责任、契约自由的原则。关于侵权行为仅设5条规定(第1382条至1386条),甚属简洁。《法国民法》第1382条规定:"基于过咎(Faute)的行为,使他人发生损害者,应负赔偿责任。"《法国民法》第1383条规定:"个人不仅对于因自己之故意行为所生之损害,即对于因自己之懈怠(négligence)或疏忽(imprudence),致损害于他人者,亦负赔偿责任。"由此规定可知法国侵权行为法系建立在一个概括、抽象的原则之上,宣示着过失责任主义,是法制史上一项空前伟大的成就。兹分自己行为责任、非自己行为责任、无过失责任及隐私权保护四种情形说明如下:

一、自己行为责任

《法国民法》第1382条及1383条系规定所谓自己行为责任。前者规定积极作为的侵权行为,后者规定消极不作为的侵权行为。综合言之,其要件有三②:

(1) 须被害人受有损害(Dommage),包括精神损害(非财产损害,Dommage moral)。侵害他人致死者,被害人的未婚妻,甚至情妇,就其所受精神痛苦亦得请求赔偿。受保护的,不限于权利,纯粹经济上损失亦包

---

① 关于英美法,参见 Banakas, Iniuria in the new Anglo-American Law of Negligence, in: Festschrift für Erich Steffen (1995), S. 19, 23 f.

② 参见 Zweigert/Kötz, Einführung in die Rechtsvergleichung, S. 619 f.; John/Boyron/Whittaker (eds.), Principles of French Law (1998), pp.354-397, 该书论述法国法基本原则简明扼要,具参考价值。

括在内,例如某职业足球员被他人杀害时,其所属足球俱乐部亦得请求赔偿因此所受的损害,因其须对替代球员支付高额费用。[1]

(2) 须所生损害系由于《法国民法》第 1382 条所称 faute,或第 1383 条所称懈怠(négligence)或疏忽(imprudence)。Faute 是法国侵权行为法上的核心概念,由于民法典未设定义,争议甚多,一般认为系指过失,并包括故意在内。须特别指出的是,在法国侵权行为法理论上并未明显区别"违法性"及"过失",二者兼含于 faute 概念之内。故被害人的行为系出于正当防卫时,认为不成立 faute,无所谓违法性阻却的概念。

(3) 在损害及具有可归责的行为之间须有因果关系(lien decausalité)。[2] 依法国判例学说,损害非出于被告的行为,系因外在事由(cause étrangêre),如不可抗力所致,或因被害人的过失、被告难以预见的第三人行为所致时,得中断因果关系。若尚不构成中断因果关系的事由时,法院得适当减轻其赔偿额。关于如何限制得请求赔偿的损害,实务上参照《法国民法》第 1151 条关于契约的规定,采直接立即说(une suite immediate et directe),由法官依其常识经验加以判断。

二、非自己行为责任

所谓非自己行为责任,包括就他人行为负责及物之责任。《法国民法》第 1384 条第 1 项规定:"虽非自己行为发生之损害,但因自己应为其负责之'他人行为'(le fait des personnes)或因'保管物之行为'(le fait des choses que l'on a sous sa garde)所生之损害,亦负赔偿责任。"第 3 项规定火灾责任;第 5 项规定父母,就其未成年同居子女之行为所生之损害,负赔偿责任;第 6 项规定雇主及业主,就其佣役或受雇人因业务所生之损害,负赔偿责任;第 7 项规定小学教师及技师,就学生或学徒,在其监督下所生之损害,负赔偿责任。又第 1385 条规定:"动物所有人或使用人,就置于其管理下之动物,因走失或逃匿所生之损害,负赔偿责任。"另第 1386 条规定:"工作物所有人,因工作物之保存欠缺或构造瑕疵而塌毁所生之损害,应负赔偿责任。"关于前揭规定,应特别说明的有两点:

---

[1] Colman 27, 4, 1955, D, 1956, 723(引自 Zweigert/Kötz, 页 622).

[2] 深入讨论,参见 Motulsky, Die Zurechnenbarkeit des Kausalzusammenhanges im französischen Schadensersatzrecht, RabelsZ 25 (1960), 242.

(1) 对此等非自己行为责任的归责原则,由于法国民法本身未明确规定,法国学者见解分歧,一般认系采推定过失。

(2) 就《法国民法》的体例言,第1384条第1项后段关于"因保管物之行为所生之损害,亦负赔偿责任",原被认为系第1385条(动物占有人责任)及1386条(建筑物所有人责任)的综合前提规定,其本身并不具独立的规范地位,并非一个独立的"请求权规范基础"。例如工厂的锅炉爆炸,伤害受雇人,或驾车肇祸伤害路人时,因其不合《法国民法》第1385条及第1386条的要件,应适用《法国民法》第1382条或第1383条规定,从而原告应就加害人的过失(faute)或懈怠疏失负举证责任。惟此显然不足以保护被害人,法国法院乃重新诠释《法国民法》第1384条第1项后段规定,肯定其具有独立的规范功能,得用以规律所谓无生物(如锅炉、汽车等)所致的损害,创设了无过失责任,被认系法国侵权行为法的革命,在比较法及方法论上甚具意义,广受重视。[①]

三、无过失责任

如前所述,法国法院就民法第1384条第1项后段所创设的无过失责任是一项革命,而法律上的革命常是一个漫长的发展过程。[②] 在1870年,一个洗濯工厂锅炉爆炸的案件,法国法院采传统见解,否认有《法国民法》的第1384条第1项后段的适用。在1887年一个工厂机器破损倾倒伤害工人案件,法国最高法院(Cour de Cassation)为保护因工业灾害而受害的劳工,乃扩张适用《法国民法》第1385条关于建筑物所有人责任规定,强调接连于建筑物的机器为建筑物之附属物,机器的瑕疵应视为建筑物本身的瑕疵,故被害人毋庸证明所有人的过失,亦得请求损害赔偿。

经过了长期准备,法国最高法院终于在《法国民法》施行后的第93年(1897年),依《法国民法》第1384条第1项后段创设了所谓无生物责

---

① 参见邱聪智:《法国无生物责任法则之发展》,载《民法研究》(一),第161—184页(附有日文资料文献);Zweigert/Kötz, Einführung in die Rechtsvergleichung, S. 663; Tunc, The Twentieth Century Development and Function of the Law of Torts in France, Int'l Com. L. Q. 14 (1965) 1089; Lawson and Markesinis, Tortious Liability for Unintentional Harm in the Common law and the Civil Law, p. 142, 146 f.

② 侵权行为法另一个伟大的革命是美国法院创设的严格产品责任,经一百余年的发展,由 Winterbotton v. Wright (1842)到 Greenman v. Yuba Power Products Inc. (1963),参阅 Schwartz/Kelly/Partlett, Prosser, Wade and Schwartz's Torts: Cases and Materials (11th ed. 2005), p. 718 f.

任原则。在著名的 Teffaine 案①,被告所有的蒸气锅炉爆炸,原告之夫在船上工作,当场死亡,乃诉请赔偿。原审以被告并无过失而驳回原告之诉。第二审的巴黎高等法院类推适用《法国民法》第 1386 条规定,使被告负赔偿责任。被告提起第三审上诉。法国最高法院肯定《法国民法》第 1384 条第 1 项后段系一项独立的规定,对于一切之物(Chose),包括所有的无生物(Choses imanimées)皆应适用。1899 年法国制定劳工保险法时,特别采纳此项判决的意旨,对劳动灾害采无过失责任。其后法国最高法院逐渐扩张《法国民法》第 1384 条第 1 项后段的适用范围,使之及于堤防崩毁及煤气爆炸等意外事故。法国最高法院于 1930 年在著名的 Jand'heur v. Les Galeries Belfortaises 案更肯定《法国民法》第 1384 条第 1 项后段规定对于汽车事故亦得适用,并再度强调被告仅于证明该损害系出于不可归责的偶然事故、不可抗力或外在原因时,始得免责,其归责原理乃由"推定过失"转为"责任推定",建立相当于无过失责任制度。嗣后其适用范围更见扩大,包括声、光、电气等无体物在内。由于无过失责任的扩大,关于人身损害赔偿,多适用《法国民法》第 1384 条第 1 项后段规定,而不适用第 1382 条。

　　最后须特别提出的,法国法上关于危险活动或设施的责任,系由判例所创设,故危险责任的立法较为少见,其主要者有 1934 年的《民用航空法》、1841 年《矿业法》规定的矿害责任,以及 1965 年的《核子损害赔偿法》等。

四、隐私权的保护

　　《法国民法》第 1382 条概括原则,包括一切权利,当然包括人格法益在内,尤其是姓名、肖像及隐私等。② 值得特别提出的是,于 1970 年增设第 9 条规定:"个人隐私的权利应受尊重。"(droit au respect de la vie privée)依此规定,侵害他人隐私的应负赔偿责任,不以有过失(faute)为必要。有人认为本条规定蕴涵严格责任。关于本条的适用,可举一个实例加以说明。某著名歌星曾在某报纸公开其高度个人性生活细节,某刊

---

　　① Civ. 16 June 1896, S. 1897. 1. 17(附有 Esmein 教授的评论)。

　　② 关于法国法上的发展及现况,Barfinik, Das Bildnisschutz im deutschen und französischen Zivilrecht (2004)。

物未得该歌星同意再度刊登时,仍被认系构成对其隐私权的侵害。[1]

第三款　德　国　法

一、德国民法上的不法行为(unerlaubte Handlung)

德国在普法战争(1871 年)之后,为实现一个民族、一个国家、一个法律的历史任务,于 1887 年开始研拟制定民法典,关于如何规定不法行为(unerlaubte Handlung)曾发生重大争论。台湾地区民法上的侵权行为系采德国规范模式,因此了解其立法背景及理由,具有意义。

德国继受罗马法而形成的普通法(Gemeines Recht),仍采传统的侵权行为类型,为适应社会需要,虽一再扩张(尤其是 lex Aquilia)其适用范围,但未完全克服个别列举方式的缺点。在另一方面,欧陆其他民法典,因受自然法理念的影响,已创设一般概括原则,除前述的 1804 年的《法国民法》外,尚有 1812 年的《奥地利民法》。[2] 在此情形下,《德国民法》的起草者原想参考《法国民法》的立法例规定,凡故意或过失不法侵害他人者,负损害赔偿责任。但其后改采折中主义,创设了所谓三个类型的侵权行为,其理由有三点:

(1) 就思想背景言,在 19 世纪末叶以后,自然法理念已趋式微,代之而起的是德国法学家 Savigny 所倡导的历史法学派。

(2) 一般概括条款隐藏了法律解释适用的困难,广泛授权予法官,不符当时德国人民对司法功能的认知。立法理由书特别指出,若无较为明确的规则,德国法院必将制造在法国法院实务上常见的矛盾与零乱。[3]

(3) 1871 年普法战争,德国战败法国,基于民族自尊的感情,多排斥《法国民法》的规定,并在立法理由上加以批评。

《德国民法》关于不法行为的规范,系折中于个别列举方式与一般概括原则之间,采取三个基本侵权类型:

(1)《德国民法》第 823 条第 1 项规定:"因故意或过失,不法侵害他

---

① Paris 26 Mareh 1987, Sem. Jur. 1987. II. 20904.

② 《奥地利民法》第 1295 条规定:"任何人得向加害人请求赔偿因其过失所加之损害。此种损害得因违反契约或无契约关系而发生。"简要说明,参照 Kapfer, Das Allgemeines Bürgerliche Gesetzbuch (15. Aufl., 1987) § 1295. 参见黄越钦:《奥地利民法(AGBG)在法学上之地位》,载《政大法学评论》,第 4 期,第 201 页。

③ Prokokolle II, S. 571.

人之生命、身体、健康、自由、所有权或其他权利者,对所生之损害应负赔偿责任。"

(2)《德国民法》第823条第2项规定:"违反以保护他人为目的之法律者,亦负同一义务。依其法律之内容无过失亦得违反者,仅于有过失时始生赔偿责任。"

(3)《德国民法》第826条规定:"故意以悖于善良风俗加损害于他人者,应负损害赔偿责任。"

学者称前揭三个侵权行为类型为三个小的概括条款体系(System von drei "kleinen" Generalklauseln)。① 除此一般不法行为规定外,《德国民法》另设有所谓特殊不法行为,如共同侵权行为(第830条)、雇用人责任(第831条)、监护人责任(第832条)等。②

一百年来,德国不法行为法在理论构造(如关于过失与违法性的关联,相当因果关系与法规目的的适用关系)及解释适用历经重大演变,其最具突破性的是,将《德国民法》第823条第1项前段所称"其他权利"(Sonstiges Recht)扩张及于一般人格权(Allgemeines Persölich-keitsrecht)及营业权(Das Recht am Gewerbebetrieb)。③ 另一个重要发展系创设了Verkehrspflicht(交易往来安全义务)的概念,改变了德国侵权行为法的思考方法。此等问题将留待讨论台湾地区侵权行为法相关部分时再加说明。④

二、危险责任(Gefährdungshaftung)

德国民法系采过失责任原则,无过失的危险责任的发展则采特别立法方式,在1900年《德国民法》施行前,既已有之,最早者如1838年《普鲁士铁路法》规定的铁路事故责任。最近的重要立法有《商品责任法》(Produkthaftungsgesetz)、《环境责任法》(Umwelthaftungsrecht)⑤、《责任义务法》(Haftpflichtgesetz)规定关于电力、瓦斯、能源设施的危险责任在长

---

① Larenz/Canaris, Schuldrecht II/2, S. 355.

② Enman/G. Schiemann, BGB (12. Aufl., 2008), § 830, 831, 832;简要说明参见 Schwarz/Wandt, Gesetzliche Schuldverhältnisse (2. Aufl., 2006), 301 ff.

③ Fabricius, Zur Dogmatik des sonstigen Rechts "gemäss § 823 Abs. 1 BGB", AcP 160 (1961), 273.

④ 本书第316页。

⑤ Marburger, Grundsatzfragen des Haftungsrechts unter Einfluss der gesetzlichen Regelung zur Produkthaftung-und zur Umwelthaftung, AcP 192 (1992), 1.

达 160 年期间曾制定过各种法律,规范矿业、汽车、航空、水污染、核子损害、药物及商品责任等事故。各个特别立法系针对不同社会发展阶段及科技进步的需要,一再增修补正,致其构成要件、受保护的权益、免责事由、赔偿内容及范围,各有不同,其共通的是设有最高赔偿限额及排除慰抚金请求权。此种法律状态产生两个缺点:(1) 危险责任体系庞大,内容复杂。(2) 不能涵盖所有的危险活动,难免遗漏。德国联邦政府曾于1976 年损害赔偿法修正草案提出修正条文①,德国学者更致力于研拟各种版本的一般概括条款②,因无共识,均未被接受,2002 年的《损害赔偿法》对危险责任未作重大修正,仅废除了慰抚金请求权的限制。③ 在可预见的将来,德国法上的危险责任仍将以特别法的方式继续发展,与民法上的不法行为法并立,构成双轨二元责任体系。④

第四款 日 本 法

1890 年制定的《日本民法》(称为旧民法)系模仿 1804 年《法国民法》,现行《日本民法》(1896 年)则参考"德国民法草案"(1888 年、1890年)而修正,兼具法国法及德国法的因素。⑤《日本民法》关于不法行为法共设 16 条规定,体系上可分为一般不法行为及特殊不法行为。

一、一般不法行为

(一)《日本民法》第 709 条的发展:由权利侵害到违法性

《日本民法》第 709 条原规定:"因故意或过失侵害他人之权利者,负因此所生损害之赔偿责任。"此为关于一般行为的规定,揭示了过失责任

---

① v. Caemermer, Reform der Gefährclungshaftung (1971).

② Kötz, Haftung für besondere Gefahr——Generalklausel für die Gefährdungshaftung AcP 170 (1970), 1.

③ Cahn, Einführung in das neue Schadensersatzrecht (2003); Wagner, Das neue Schadensersatzrecht (2002).

④ 参见邱聪智:《德国损害赔偿法之修正与危险责任之归趋》,载《民法研究》(一),第 339页。关于德国现行危险责任体系结构的分析,参见 Larenz/Canaris, Schuldrecht II/2, S. 559-653; Kötz/Wagner, Deliktsrecht (10. Aufl., 2005), S. 190f., 333-373.

⑤ 关于不法行为法的研究,日本论文著作甚为丰富,其研究范围,除德国法及法国法外,兼括英美法,足供参考,参见〔日〕前田达明:《不法行为法》,载《民法Ⅵ2》1980 年版;〔日〕几代通(德本伸一补订):《不法行为法》1993 年版(附有基本文献资料)。最近的发展,参见〔日〕山田卓生主编:《新现代损害赔偿法讲座》(共 6 卷),日本评论社 1997 年起刊行。

主义原则,通说认为其构成要件有四①:(1) 加害人故意或者过失行为。(2) 违法侵害他人的权利。(3) 因权利被侵害而发生损害。(4) 加害人具有责任能力(参照《日本民法》第712条、第713条)。②

　　日本民法上一般不法行为的发展重点在于权利侵害与违法性。按旧《日本民法》第370条的规定:"因过失或懈怠加损害于他人者,应负赔偿责任。"系采《法国民法》第1382条,现行《日本民法》参考《德国民法》第823条第1项规定,将"加损害于他人",改为"侵害他人之权利",使之更为明确③,此乃基于古典自由主义思想,具有保障活动自由,尤其是经济自由竞争的机能。在实务方面,早期(明治、大正期间)依立法者的旨趣,对权利侵害采严格解释。其后在有名的大学汤事件中,将不法行为法所保护的权利加以扩大,及于所谓的"老铺",即因长年营业而生的无形的经济利益。④

　　日本大审院扩大解释权利的判例转变,对学说产生了甚大的影响,末川博及我妻荣两位著名的民法学者认为,为适应实际社会需要,并体察不法行为的基础已由个人人本的思想进入人类社会上损失公平妥当的负担分配,在不法行为的构成要件上应由权利侵害移向违法性("权利侵害"から"违法性"へ),依被侵害法益的种类及侵害行为态样的相关关系,以

---

　　① 参见〔日〕加藤一郎:《不法行为》(增补版),第61页;〔日〕几代通:《不法行为法》,第17页。

　　② 日本法在比较法上受到重视,最近的数据参见 J. O. Haley (ed.), Law and Society in Contemporay Japan: American Perspectives (1988); Baum, Rechtsdenken, Rechts-system und Rechtswirklichkeit in Japan, RabelsZ 59 (1995).

　　③ 参见〔日〕前田达明:《不法行为法》,第67页。

　　④ 参见〔日〕前田达明:《不法行为法》,第69页以下;〔日〕川井健:《不法行为法》,第73页。史尚宽:《债法总论》,第135页(注3),对此日本侵权行为法上最著名的案例作如下的说明:日本1925年11月28日,大审院判例:"甲主张其先祖乙于1915年4月2日由丙承租其所有之大学澡堂,以此名称为澡堂营业,其时约定于'老铺'租赁契约终了之际,得由丙自己购买或由乙任意出卖予他人。嗣于1921年10月15日租赁届满,丙妨碍甲出卖其老铺,擅将大学澡堂之房屋连同自甲先祖以来所设备之生财出租,因此使甲丧失其先祖以来所有之老铺。甲对于丙主张债务不履行,如不认为有特约,则对于老铺之侵害行为。原判决以老铺非权利,不得为侵害之对象。大审院以侵害之对象非为老铺,乃为因老铺出卖所应得之利益。此利益应认为有侵权行为损害赔偿请求权而为保护之必要。其实此为营业权之侵害,因被上告人之行为,使原告丧失其营业之处分权。"参见〔日〕川井健:《大学汤事件について—不法行为法の体系と课题》,载《现代社会と民法学の动向》(上),加藤一郎古稀纪念,有斐阁1992年版,第99页。

决定加害人应否负损害赔偿责任。① 此种居于通说地位的相关关系理论,一方面扩大了不法行为法所保护的客体,另一方面借违法性判断加以控制,使侵害权益及违法性的类型化成为研究的重点,其理论构成兼采法国民法及德国民法的特色。②

(二)《日本民法》第709条的修正

值得特别指出的是,日本目前正在研拟民法修正,于2002年将第709条修正为:"因故意或过失侵害他人之权利或法律上利益者,负因此所生损害赔偿责任。"系将判例学说的发展加以明文化,明确区别"权利"及"法律上利益",关于"利益"的保护系于个案依违法性加以衡量认定。

二、特殊不法行为

日本民法关于无责任能力人监督者责任(第712条、第713条、第714条),雇用人责任(第715条),定作人责任(第716条),土地之工作物等之占有人及所有人责任(第717条),动物占有人责任(第718条)及共同侵权行为(第719条)设有特殊规定,主要在于调整其归责原则,采过失推定责任(称为中间责任或准无过失责任)。其中最值得提出的是,《日本民法》第717条第1项规定:"因土地之工作物之设置或保存有瑕疵,致他人发生损害者,该工作物之占有人对被害人负损害赔偿之责。但占有人为防止损害之发生,已尽相当之注意者,该损害由所有人赔偿之。"学说上认为本条规定工作物占有者应负中间责任,所有者应负无过失责任,此种责任的加重乃根据危险责任的思想,从而本条亦常被扩大解释或类推适用,作为公害或制造物责任的法律基础。③ 关于汽车事故,1955年制定的《自动车损害赔偿保障法》,设有免责要件的中间责任,亦系基于危险责任而制定的特别法。

---

① 参见〔日〕末川博:《权利侵害论》,第294页以下;〔日〕我妻荣:《债权法(不法行为)》,载《现代法律学全集》。

② 参见〔日〕前田达明:《不法行为法》,第67页以下;〔日〕几代通:《不法行为法》,第59页以下。

③ 参见〔日〕中井美雄:《土地工作物责任》,载《损害赔偿法讲座》,第137页;〔日〕植木哲:《工作物责任、营造物责任》,载《民法讲座》,第529页;〔日〕几代通:《不法行为法》,第162页。

第二节　英美侵权行为法

第一款　英国侵权行为法

一、Tresspass 及 Case

在英国,侵权行为称为 Tort,按其字义系指不法侵害(wrong)。英国侵权行为法系以令状(writ)为基础而发展,威廉国王于 1068 年征服英国后,建构了皇家法院,形成普通法(Common Law,共同法)。皇家法院依特定令状,经由诉讼而创造某种得为主张的救济方法。由此产生的诉之格式(forms of action)各有其独自的程序及实体的规则,旨在保护特定利益不受特定方式的侵害。诉讼方式选择错误时,应受败诉的判决。其后,诉讼方式的重要性渐次式微,1875 年的司法改革虽予以废除,但仍如历史法学家 Maitland 所云:"诉之格式虽被埋葬,但仍从坟墓支配着我们。"①英国法官及律师仍习惯于将事实纳入传统的法律概念用语。古典侵权行为教科书的编制体系仍受传统思考方式的影响。② 英国最早关于侵权行为(Tort)的救济方法系依 Writ of Trespass 而开始。Trespass 此种侵权行为的主要特征系其侵害行为必须是直接(direct)、暴力(forcible),法律所保护的客体包括人身、不动产或动产。在此情形下,损害行为出于间接或非暴力时,即难获救济,为保护被害人,14 世纪的皇家法院开始创设一种称为"Trespass on the case"(简称为 Case)的侵权行为类型,其特色在于不以侵害行为的直接性及暴力性为要件。关于 Trespass 及 Trespass on the

---

① F. W. Maitland, The Forms of Action at Common Law (1936), pp. 1-11: "The forms of action we have buried, but they still rule us from their graves." 参见 Glanville Williams and B. A. Hepple, Foundations of the Law of Tort (2nd. ed. 1984), pp. 27 f. 中文数据参见何孝元:《英美侵权行为法概述》,1957 年版;日文资料参见〔日〕冢本重赖:《英国不法行为法要论》,中央大学出版社1977 年版。

② 参见 Salmond and Heuston, Law of Torts (9th ed. 1996); Winfield and Jolowicz Tort (14 ed. 1994). 须得注意的,近年来英国侵权行为法教科书有以"受保护利益"(protected interests)为体系结构,较接近大陆法系的著作。参见 J. G. Fleming, The Law of Torts(以比较法为重点)(9th ed. 1998); Markesinis/Deakin, Tort Law (5th ed. 2003); Giliken/Beckwith, Tort (3rd. ed. 2008).

case 的区别,Fortescue 法官在 Reynolds v. Clarke 一案①曾作如次说明:
"假设有人投掷木头于道路,当其于落下之际,击中他人时,构成 Tres-
pass;反之,木头落地后,有人经过跌倒而致受伤时,则属于 Trespass on the
case."

英国侵权行为法上 torts 皆源自 trespass 及 case,大多数为普通法院所
创造,亦有为衡平法上的 tort(如 breach of confidence,违背信任)。除有名
称的侵权行为外,亦有无名的,更有以案件命名的(如 Wilkinson v. Down-
town、Ryland s. v. Fletcher)。其属于 trespass 的,有 trespass to person(如
assault、battery、false imprisonment),trespass to land 及 tresspass to chattel
等。其属于 case 的,例如 defamation、deceit、nuisance、passing off)。就归
责原则言,英国侵权行为系采过失原则(fault principle),其态样有三,因
个别 tort 而不同:(1) 有须具备恶意(malice,如 malicious prosecution);
(2) 有须为故意(intention 或 reckless,如 assault、battery、false imprison-
ment、conspiracy、inducing breach of contract);(3) 有为过失(negligence),
如 negligent trespass to property。其最重要的是一种称为 Negligence 的侵
权行为。关于无过失的严格责任(strict liability),英国法并未建立一般原
则,其种类不多,主要的是雇主的 Vicarious liability(代负责任)、动物责
任。著名的 Rylands v. Fletchen 所创设的严格规则业已式微,甚少引用。
值得提出的是,关于汽车事故在英国仍采过失责任。

二、Negligence

Negligence 原指行为人欠缺注意,为若干侵权行为的主观要件,但到
了 19 世纪,negligence 逐渐发展成为一种独立的侵权行为(Tort),而于具
开创性的 Donoghue v. Stevenson 案②达到完成的阶段。在本案,原告在咖
啡馆中有朋友为其购买一瓶姜啤酒,其中含有已腐败的蜗牛躯体,先则不
知而饮用,迨其后发觉时,深受惊吓,乃向该姜啤酒的制造人请求赔偿。
法官 Lord Atkin 认为,被告违反其对原告所负的注意义务(duty of care),
应负赔偿责任,提出英国侵权行为法上最著名的判决理由:"法律的作用

---

① 1725 1 Str. 634, 636.

② House of Lords (1932) A. C. 562. 参见 Tony Weir, A Casebook on Tort, (10th ed. 2002), p. 21; P. T. Burns (ed.), Donoghue v. Stevenson and the Modern Law of Negligence, The Paisley Papers (1990).

在于限制请求权人的范围及其救济的程度，当'你必须爱你的邻人'的道德规范成为法律规定时，你就不可伤害你的邻人。当法律提出'谁是我的邻人？'的问题时，其答案必须严格认定。当你可合理地预见你的作为或不作为将影响邻人时，应采取合理的注意措施，以避免结果发生。然而在法律上谁是我的邻人？答案是：当我从事该系争作为或不作为时，可合理地预见将因我的行为，密切、直接而受影响之人，均是我的邻人。"①

Negligence 过失侵权行为的成立须具备三项要件，即 duty of care（注意义务）、breach of the duty（义务的违反）及 damage（损害），由于其具有普遍概括性，使 negligence 成为适用范围最广的侵权行为。在此三个构成要件中以 duty of care 最属关键，其功能在于认定于具体案例中谁得向谁请求何种损害赔偿。例如当甲违规驾车撞伤乙，路人丙目睹其事而受惊吓（shock），丁见乙危急，施以救治时，被戊驾车撞伤。在此情形，甲对乙、丙、丁应否依 negligence 侵权行为负损害赔偿责任，首先须视甲对被害人是否负有 duty of care（注意义务）而定。又例如甲挖掘地下道，毁损乙的电缆，致丙工厂因停电而不能营业时，应否负赔偿责任，亦属于 duty of care 的问题。为掌握此项概念，英国法院提出了预见性（forseeability）或关联性（proximity）及对公平正义及合理性等（fairness、justice 及 reasonableness）等各种判断标准，并强调此乃属于利益衡量上的政策（policy）考虑问题。②

---

①　Donoghue v. Steveson 此段被称为 Atkinian neighbor principle 的判决理由，英国学习法律之人，多能背诵，特摘录如下：…"in English law there must be, and is, some general conception of relations giving rise to a duty of care, of which the particular cases found in the books are but instances. (…). The rule that you are to love your neighbor becomes in law, you must not injure your neighbor; and the lawyer's question, Who is my neighbor? Receives a retricted reply. You must take reasonable care to avoid acts or omissions which you can reasonably foresee would be likely to injure your neighbor. Who, then, in law is my neighbor? The answer seems to bepersons who are so closely and directly affected by my act that I ought reasonably to have them in contemplation as being so affected when I am directing my mind to the acts or omissions which are called in question." Lord Atkin 因此判决而享盛名，永垂法史，关于其生平，参见 Geoffrey Lewis, Lord Atkin (1983).

②　参见 J. G. Fleming, The Law of Torts, pp. 135-190. John Bell, Policy Arguments in Judicial Decision, 并参见拙著：《挖断电缆的民事责任》，载《民法学说与判例研究》（第七册），北京大学出版社 2009 年版，第 57 页。

三、英国侵权行为法的发展

最后须再说明的是,英国侵权行为法肇自 12 世纪,历经变迁,长达七百余年,由法院创设了各种不同的个别侵权行为(torts)。Salmond 氏认为在英国并无所谓的侵权行为法(a law of tort),而是一群互不相关的不法侵害行为,各有其名称,并未形成一个作为侵害责任基础的概括的统一原则。① Winfield 氏则持相反见解,认为整个英国侵权行为可回归到单一的统一原则,那就是侵害他人者,除有正当抗辩外,应构成侵权行为。② 赞成后说的,其著书称为 Law of Tort 或 Tort Law,赞成前说的,则称为 Law of Torts。英国侵权行为法能够生存迄今,显现了其弹性的适应力。现代英国侵权行为法正在使用着古老的工具应付新的时代的社会需要,虽未明确肯定隐私权,但受欧洲人权公约的影响,乃扩张解释 breach of confidence 的侵权行为加以保护。英国侵权行为法经由制定法与普通法的配合,借着法院判例与学说的协力,而继续不断地发展。③

第二款　美国侵权行为法

一、美国侵权行为法的发展

美国于 1776 年独立前是英国的殖民地,独立后仍继受英国法,包括侵权行为法在内。④ 纽约州于 1848 年废止了令状制度,其他各州从之。在令状体系崩溃之后,美国侵权行为法随之建立了 Negligence 侵权行为,

---

①　Salmond and Heuston, Torts, p. 115.

②　Winfield, Province of the Law of Tort (1913), Ch. 3. 关于此项争论,参见 J. G. Fleming, The Law of Torts, p. 5.

③　参见 Markesinis and Deakin, Tort Law, p. 58; Street, The Twentieth Century Development and Function of the Law of Tort in England, Int'l Comp. L. Q. 14 (1965) 862; Jack Beatson, Has the Common Law a Future? Cambridge Law Journal 56 (2) 1997, pp. 291-314. 关于英国法与美国法的比较研究,参见 Atiyah and Summers, Form and Substance in Anglo-American Law (1991); R. Posner, Law and Legal Theory in England and America (1996), 甚具启示性,关于侵权行为法部分,参见 pp. 39-67.

④　参见 Pound, The Development of American Law and its Deviation from English Law, in (1951) 67 L. Q. R. 49-66; Wengler, Die Anpassung des englishen Rechts durch Judikatur der vereinigten Staaten, in: Festschrift für Rabel, Band I (1964), S. 37-65; Rene David 原著,漆竹生译,当代主要法律体系(1990),页 409—464。

逐渐形成一个具有活力、创造性的法律领域①,经由英国法而超越之,其主要原因为:美国社会的迅速发展、理论与实务的有力结合、19 世纪末期开始引进个案研究法、20 世纪初期法律实证主义的冲击,及 60 年代后法律经济分析的影响;各州对侵权行为法的管辖提供了可供比较研究的丰富判决,经由美国法律协会的整编(Restatement of Torts, Second 1964),具有整合、促进法律发展的重要功能。②

美国侵权行为法除传统的各种侵权行为(Torts)外,另创设了若干重要制度,如 products liability、informed consent、privacy、wrongful birth、wrongful life 等。③ 此外,美国侵权行为的研究,发展出所谓侵权行为学说(tort theories)包括经济分析(economic analysis)、正义理论(corrective 及 distributive theory)、批判理论(critical theory)及侵权行为法的女性理论(feminist theory of tort law)等,有助于从不同角度更深刻地检视、探讨侵权行为法的理论基础及功能。④

二、美国侵权行为法基层结构

应特别强调的是,美国侵权行为法许多规则或理论固然具有特色,但其与大陆法系,甚至与英国有显著的不同,乃此等规则或理论据以运作的制度架构。⑤ 构成美国侵权行为法的基层结构的重要因素包括法律积极主义、陪审制、律师费用系于诉讼成败,专为人身伤害原告组成的律师团体等。侵权行为法上的积极主义使法院担负起使侵权行为法现代化的任务,并使其从规范当事人间平均正义的传统机能,转向担负分配财富的使

---

① 详见 G. Edward White, Tort Law in America: An Intellectual History (1980), 此为关于美国侵权行为法发展史的重要著作,颇值一读。

② Restatement of Torts, Second 1964. 参见刘兴善等译:《美国法律整编侵权行为法》,"司法院"印行,1986 年版。

③ 关于美国侵权行为法,参见 Prosser/Keeton, Law of Torts (5th ed. 1989); Prosser, and Schwartz's Torts: Cases and Materials (11th ed. 2005); Franklin/Rabin/Green, Tort Law and Alternatives, Cases and Materials (8th ed. 2006); Posner, Tort Law and Economic Analysis (1982); Epstein, Cases and Materials on Torts (9th ed. 2008), pp. 1369-1388 附有重要论文数据,甚值参考。Dobbs, The Law of Torts (2000), 此为目前最完整的美国侵权行为法教科书。

④ 此为值得进一步研讨的课题,参见 Owen (ed.), Philosophical Foundations of Tort Law (1995); Collnan, Tustice and Tort Law (1997); Calabresi, The Costs of Accidents, A Legal and Economic Analysis (1970); Posner and Landes, The Economic Structure of Tort Law (1987); Bender, A Lawyer's Primer on Feminist Theory and Tort (1988) 38 Journal of Legal Education 3-37.

⑤ J. G. Fleming, American Tort Process, 1988. 此为了解美国侵权行为法的重要著作。

命,成为一种隐藏的公法。① 产品责任及医疗事故责任等系在此种制度架构上发展出来,具有特殊的美国经验,此在研究美国侵权行为法或继受其制度时应予注意。②

第三节　欧洲侵权行为法

第一款　欧洲侵权行为法的三阶层体系

关于侵权行为的发展,值得重视的是出现了欧洲侵权行为法(European Tort Law)。第二次世界大战后,欧洲各国开始从经济政治方面加以合作整合,冀望于形成一个统一的欧洲。为促进欧盟会员国间内部市场的运作,私法的趋同整合甚至欧洲民法典的制定③,成为欧盟及各会员国及专家学者关注的事项。继契约法④之后,侵权行为法已经成为热烈讨论的主题。欧洲侵权行为法可分为三个层次加以说明⑤:

(1)处于上层的是具有拘束力的欧洲侵权行为法,一方面是欧盟的立法,特别是其所发布的各种指令(例如 1985 年 7 月 2 日关于缺陷商品责任的指令)。另一方面是在卢森堡的欧洲法院(European court of Justice)及在法国 Strasbourg 的欧洲人权法院(European court of Human Right)所创设的判例法。⑥

(2)属于下层的,系欧洲各国的侵权行为法,可分为两个体系:一为以罗马法为基础的大陆法,包括法国及德国;二为英国普通法上的侵权行

① Green, Tort Law as Public Law in Disguise, 38 Tex. L. Rev. (1995); P. H. Schuck (ed.), Tort Law and the Public Interest (1991). 关于美国侵权行为法的重要基本问题, R. L. Rabin, Perspectives on Tort Law (1990); S. Levmore, Foundations of Tort Law (1994).

② 美国法在台湾地区的继受是一个重要问题,有待研究。相关资料参见 Rolf Stürner, Die Rezeption US-amerikanischen Rechts in der Bundesrepublik Deutschland, in: Festschrift für Kurt Rebmann (1989), S. 839; Wolfgang Wiegand, The Reception of American Law in Europe (1991) 39 American Journal of Comparative Law 247; Reinhard Zimmermann (Hrsg.), Amerikanische Rechtskultur und europäisches Privatrecht (1995).

③ Kampf (ed.) Towards a European Civil Code (2nd ed. 1998).

④ 欧洲契约法参见 Lando/Beale (eds.), Principles of European Contract Law (1999); Kötz Europäisches Vertragsrecnt (Bd. 1 1996).

⑤ van Dam, Tort Law (2006) pp.4-6; Zimmermann (Hrsg.), Grundstruktur des europäischen Deliktsrechts (2003); Brüggemeier, Haftungsrecht (2006)。

⑥ 参见洪德钦主编:《欧洲联盟人权保障》,中央研究院欧美研究所 2006 年版。

为法,前已简要说明,敬请参阅。

（3）连接上层部分及下层部分的是比较法,即对各国侵权行为法从事比较研究,发掘共同核心（Common Core）,探讨制定欧洲侵权行为法的可能性;欧陆在 11 世纪后因罗马法在意大利 Bologna 大学的教学研究,发展以罗马法为基础的共同法（ius commune）,此项共同法于 18 世纪后因民族国家的兴起及民法典的制定而崩溃。欧洲新法的整合旨在重新建构一个新的欧洲共同法①,以契约法及侵权行为法为其主要构成部分。为达成此项目标,目前发展的重点有三:

（1）各国学者集体合作提出欧洲侵权行为法原则。从事欧洲私法共同核心的研究计划。②

（2）在各国大学增设比较法或欧洲共同法的讲座,撰述相关教材作为教学之用。③

（3）欧洲委员会提出所谓 Common Frame of Refence（共同参考准据）,以促进共同体内各国法用语的一贯及统一。

第二款　欧洲共同法的发展

须特别指出的是,前揭欧洲侵权行为三个阶层具有互补协力的关系。比较法的研究影响了欧盟的立法及欧洲法院判例法的发展。各国的立法及判例法亦受到欧盟法律及法院判决的影响,逐渐建立了欧洲侵权行为法整合的法律文化的基础。④ 为便于观察欧洲侵权行为法的历史发展,就欧陆法（罗马法、法国法、德国法）及英国法的发展图示如下:

---

① 罗马法以后,在欧陆各国形成了共同法（ius commune）,在英国则有普通法（Common law）。具有启发性的综合论述,参见 Glenn, On Common Laws（2005）;Glenn 另一本比较法名著,Legal Traditions of the Would（3rd. ed. 2007）,亦值参阅。

② 参见 European Group on Tort Law（Hrsg.）, Principles of European Tort Law（PETL）2005;Bassani 和 Mattei 共同主持的 The Common Core of European Private Law Project（已出版若干著作,包括 Pure Economic Loss in Europe, 2003）。

③ Common Law of Europe Casebooks, 关于侵权行为法,参见 Van Gerven, Tort Law（2000）.

④ 关于欧洲私法整合所引发比较法上的论著,参见 Legrand/Munday, Comparative Legal Studies:Traditions and Transitions（2003）. 关于侵权责任法的欧洲化,参见 Europäiosierung des Haftungsrecht, Brüggemeier, Haftungsrecht（2006）, S. 5 ff.

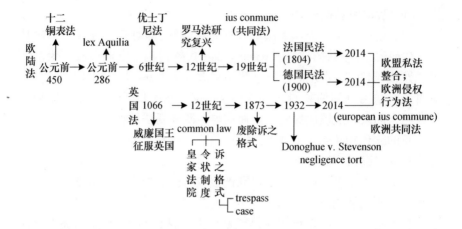

　　侵权行为法的共同化是一个值得重视的发展趋势，有助于促进私法的整合。东亚的中国大陆、台湾地区、日本、韩国有共同的文化背景，且均继受自德国民法，近年来亦积极从事法学交流、举办研讨会等，将有助于东亚共同法的形成与发展。

第四节　大陆侵权责任法

第一款　大陆民事立法的发展及民法典的制定

一、民事立法的任务

　　大陆自 1978 年起开始改革开放，其主要任务在于重建私法秩序，以促进推动市场经济的发展。1986 年制定《民法通则》，启动民事立法工作，先后完成了《婚姻法》（1980 年）、《继承法》（1985 年）、《合同法》（1999 年）、《物权法》（2007 年），并于 2009 年制定了《侵权责任法》（2010 年 7 月 1 日起施行）①，从而完成民事立法的基本架构，建构了一个尚称完备的规范体系。目前的立法任务有二：

————————

　　①　大陆关于侵权责任法的研究甚为丰富、深刻，甚具参考价值。参见王利明：《侵权行为法立原则研究》，中国政法大学出版社 1992 年版；王利明主编：《民法·侵权行为法》，中国人民大学出版社 1993 年版；杨立新：《侵权法论》（第 3 版），人民出版社 2005 年版；张新宝：《中国侵权行为法》（第 2 版），中国社会科学出版社 1998 年版。

（1）人格权的保护系一个理论及实务的重要问题，应否制定一个单独的人格权法？

（2）何时及如何制定一个民法典？

大陆民事立法系在传统民法（德、日和中国台湾地区）的基础上创设中国特色，反映大陆社会经济及政治的变迁。《民法通则》旨在宣示民事权利，《合同法》系为促进市场经济发展，《物权法》体现了社会主义公有制的变革，制定于《民法通则》之前的《婚姻法》及《继承法》，采婚姻自由及男女平等原则，对社会及婚姻家庭制度产生了深远影响。

二、法学的使命

关键问题在于民事立法的实践。最高人民法院自 1986 年以来作成众多的若干问题的意见、解释、批复、解答等，用以阐释法律解释适用的疑义，及从事填补法律未设规定的漏洞。近年来，最高人民法院陆续公布了指导案例，虽不具拘束力，但具有提升各级法院裁判质量及统一法律见解的功用。大陆民法学担负一项重大使命，即以法释义学（法信条学）的方法论整合实务与学说，建立民法及各部门领域的体系，以稳定法律的适用及开展进步，增强法律的预见性及安定性。又如何将数量庞大的意见、解释、批复、解答等去芜存菁，加以消化，纳入未来的民法典，应属一项艰巨的工作。

三、司法实践

关于法律的适用，《民法通则》第 6 条规定："民事活动必须遵守法律，法律没有规定的，应当遵守国家政策。"兹举实务上一个涉及侵害死亡者名誉及隐私权，死亡者请求精神损害赔偿的著名案件（荷花女案），最高人民法院 1988 民他字第 52 号复函认为："对死人名誉权是否给予保护，目前台湾地区尚无法律明确规定。但我们认为，公民死亡只是丧失了民事权利能力，其在生前已经取得的具体民事权利仍应受到法律保护。比如我们对在历次政治运动中遭受迫害致死的人，通过适当方式为死者平反昭雪、恢复名誉即是对死者名誉权的保护，而被处决的死刑罪犯，刑法明确规定剥夺政治权利终身，也从另一个方面说明公民死亡后其生前的民事权利受法律保护。作者魏锡林以虚构事实、散布隐私等方式毁损死者吉文贞的人格，构成侵犯名誉权，故应承担民事责任。当死人名誉权受到侵犯时，可参照文化部颁发的《图书、期刊版权保护试行条例》第 11

条关于作者死亡后,其署名等权利受到侵犯时,由作者的合法继承人保护其不受侵犯的规定精神。'荷花女'之母陈秀琴有权提起诉讼。"本件判决深具法学方法论上法律续造的启示性:

(1) 以政治运动中死亡者名誉权保护作为一种法律政策。所谓法律政策应包括实现受宪法保障的基本权利。

(2) 法律技术上采类推适用的法院造法的方法,肯定一定亲属的侵害中止请求权,保护死者名誉权,系属一种具有创设性的法之续造。

第二款　大陆侵权责任法

一、立法目的及内容

大陆《侵权责任法》共 12 章,分别规定:(1) 一般规定;(2) 责任构成和责任方式;(3) 不承担责任和减轻责任的情形;(4) 关于责任主体的特殊规定;(5) 产品责任;(6) 机动车交通事故责任;(7) 医疗损害责任;(8) 环境污染责任;(9) 高度危险责任;(10) 饲养动物损害责任;(11) 对象损害责任;(12) 附则。结构上可分为一般侵权行为(侵权责任)及特别侵权行为(侵权责任)。之所以称为侵权责任法,其用语相当于德国学者所使用的 Haftungsrecht,应在凸显保护被害人的权益。

《侵权责任法》第 1 条规定立法目的:"为保护民事主体的合法权益,明确侵权责任,预防并制裁侵权行为,促进社会和谐稳定,制定本法。"此项立法目的具有特色,一方面宣示侵权责任法的功能,一方面亦可作为解释适用的原则。需指出的是,侵权行为法(侵权责任法)亦重在保护个人的行为自由,此在解释适用上应予顾及,期能平衡自由与责任。

二、一般规定:一般侵权行为

(一) 请求权基础

《侵权责任法》第一章设一般规定,明定受保护的权益(第 2 条、第 6 条)、责任构成的归责原则(第 6 条、第 7 条),及承担侵权责任的方式(第 15 条)。兹摘录相关规定如下:

(1) 第 2 条(适用范围):侵害民事权益,应当依照本法承担侵权责任。本法所称民事权益,包括生命权、健康权、姓名权、名誉权、荣誉权、肖像权、隐私权、婚姻自主权、监护权、所有权、用益物权、担保物权、著作权、专利权、商标专用权、发现权、股权、继承权等人身、财产权益。

（2）第6条（过错责任原则和过错推定）：行为人因过错侵害他人民事权益，应当承担侵权责任。根据法律规定推定行为人有过错，行为人不能证明自己没有过错的，应当承担侵权责任。

（3）第7条（无过错责任原则）：行为人损害他人民事权益，不论行为人有无过错，法律规定应当承担侵权责任的，依照其规定。

（4）第15条（承担侵权责任的方式）：承担侵权责任的方式主要有：停止侵害；排除妨碍；消除危险；返还财产；恢复原状；赔偿损失；赔礼道歉；消除影响、恢复名誉。以上承担侵权责任的方式，可以单独适用，也可以合并适用。

《侵权责任法》第3条规定了被侵权人的请求权："被侵权人有权请求侵权人承担侵权责任。"兹借助请求权基础思考，将侵权责任的构造图示如下，以发现值得研究的问题：

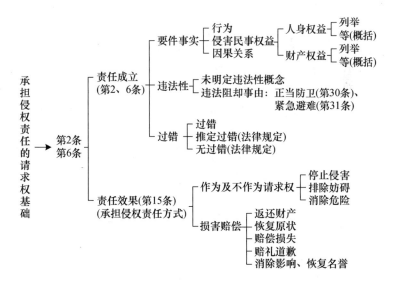

（二）分析说明

1. 规范模式

《侵权责任法》的一般规定（一般侵权行为）系采列举式的概括条款，其在比较法上的特色有二：

采法国民法的概括规定，但列举重要的权益。

不采德国民法或台湾地区民法上区别权益的三类型构造,但采用其受保护的权益(如生命权、姓名权、所有权等)。

之所以采此模式,旨在扩大对权益的保护,并增进法律适用的安定性。

2. 责任成立

受保护的权益分为人身权益及财产权益。人身权益在理论上更可分为人格权益及身份权益。就人格权益言,值得提出的是,侵权责任法未明定"自由权"(人身自由)。自由权具高度保护价值,解释上应肯定其系属于"等人身权益"(人格权益)。如何认定何者系"等人格权益",为理论及实务上的重要课题。就自由权言,一方面须顾及《宪法》第38条保障人身自由的意旨(符合宪法基本权利的法律解释),另一方面应建立一般人格权的概念,参照列举的规定,采类推适用的思考方法,作进一步的具体化(如身体权、声音权等)。

关于财产权益的保护,应区别财产权(《侵权责任法》第2条第2项所列举的)及财产。所谓财产指纯粹财产利益(又称为纯粹经济损失),问题在于应如何区别情形加以保护。又债权、占有如何作为财产权益加以保护,均将成为侵权责任法发展的核心问题。

《侵权责任法》未明定违法性概念,但设有正当防卫、紧急避难等违法阻却事由(英美侵权行为法的抗辩事由)。违法性(或不法性)系侵权行为的特征,问题在于如何明确其性质及功能,尤其是如何认定违法性,此在方法上就范围较为明确的权益(如生命、健康、所有权等),可采推定违法性模式(德国法上称为 Indiktions-model),就概括性的权益(如名誉权、隐私权),则可采用个案利益衡量方法。

前揭关于侵权责任成立的说明,系参照德国民法(及台湾地区民法)实务及学说上所实行的三阶层构造理论,作功能性的比较,是否可用于大陆《侵权责任法》,或如何加以修正改进,自有研究余地。

3. 责任效果(承担侵权责任)的方式

《侵权责任法》第15条规定了8项承担侵权责任的方式,可以单独适用,也可以合并适用。就其内容言,分为两类,说明如下:

作为及不作为请求权。此包括停止侵害、排除妨害、消除危险(第1—3项)。须注意的是,此等请求权得为侵权行为的法律效果(救济方法),但亦得单独存在,不以具备侵权行为上过错的要件,即不以成立侵权责任为必要。

返还财产等承担侵权责任方式(第4—8项)。在内容上可区别为恢复原状及金钱赔偿。易言之,在体系构成上可将恢复原状(第5项)加以一般化,包括返还财产(第4项)、赔礼道歉(第7项)、消除影响、恢复名誉(第8项)等,及其他恢复原状的方法。金钱赔偿则包括赔偿损失(第6项)等。

第五节 比较法与侵权行为法的发展

第一款 侵权行为法的解释适用

本章关于比较侵权行为法的论述,旨在提供一个了解台湾地区侵权行为法的背景,将台湾地区侵权行为法放在一个比较法的关联(context)或视野(perspective)上加以观察,将在相关部分加以说明。比较法研究可供认识不同的规范模式,不受限于自有的概念体系,对于本国或本地区法的解释适用、成长与发展,具有意义,尤其是案例比较(case comparison),例如关于不作为的侵权责任(Good Samaritans)①,Wrongful Birth 及 Wiongful Life、纯粹经济损失等皆为比较法上热门的研究课题。比较法亦有助于更深刻检视侵权行为的基本构造,兹以"民法"第184条规定为例,加以说明。

"民法"第184条规定:"因故意或过失,不法侵害他人之权利者,负损害赔偿责任。故意以悖于善良风俗之方法,加损害于他人者,亦同。违反保护他人之法律,致生损害于他人者负赔偿责任。但能证明其行为无过失者不在此限。"比较法使吾人了解此项规定采自《德国民法》,而有所修正,即"民法"第184条第1项前、后段系参照《德国民法》第823条第1项,惟将其受保护的权利予以概括化,相当于《日本民法》第709条,但《日本民法》并无类似台湾地区"民法"第184条第1项后段的规定。"民法"第184条第2项系参照《德国民法》第823条第2项,明定其为一种独立的侵权行为类型。此种比较法的分析,可使吾人更深刻地了解"民法"

①　Markesinis/Unberath, The German Law of Torts (4th ed. 2002),该书为案例比较研究的典范;Drobnig/Erp, The Use of Comparative Law by Courts (1999).

第 184 条的根源、变迁及特色,而有助于处理台湾地区侵权行为法上三个重要问题:

(1) 如何解释"民法"第 184 条第 1 项前段所称"权利",区别第 1 项前段与后段的适用关系。

(2) 将第 184 条第 2 项修正为一种独立的侵权行为类型时,具有何种规范意义,如何解释"违反保护他人之法律"?

(3) "民法"第 184 条是否合理规范受保护的权益,尤其是纯粹经济损失?

第二款　法律政策与法律技术

法律政策指形成侵权行为法则时所考虑的因素,包括法院负担、法益衡量、社会经济发展,民事责任体系的内在平衡,及保险制度等。[①] 所谓法律技术,指为达成一定政策目的而限制,或扩张侵权责任时而采的手段。换句话说,在立法或解释上究应采取保护被害人或被告的立场(a victim-minded approach or a defendant-minded approach)。法律政策与法律技术的关联有为立法层面,例如侵权行为的规范究应采列举、概括或类型的方式;关于危险责任究应否采以特别法个别立法之方式,抑或创设概括条款加以规范。

更值得重视的是,法院如何解释适用法律,以促进侵权行为法的发展。在比较法上,我们看到法国法院借着《法国民法》第 1384 条第 2 项后段创设了"无生物无过失责任";德国法院以宪法上人格尊严为依据创设了一般人格权及慰抚金请求权;日本通说采用被侵害法益的种类与侵害行为态样的"相关关系理论",诠释《日本民法》第 709 条;美国法院首先克服契约关系相对性(privity of contract),建立了商品制造人过失侵权行为,再经由担保责任而创设产品严格责任。此等案例体现了各国法院创造法律的政策目的与技术,深具启示性。

各国法院解释适用侵权行为法皆有其法律政策的考虑,但各有不同的表现方法。最为公开的是英美法,此与其为判例法国家具有密切关系。大陆法国家或地区的法院则较隐藏,但乃以利益衡量及价值判断为其理

---

① Lawson/ Markesinis, Tortious Liability for Unintentional Harm in the Common Law and the Civil Law, p. 43 f. ; Markesinis und von Bar, Richterliche Rechtspolitik im Haftungsrecht (1981).

由构成内容。此种政策取向(policy approach)可以扬弃各国或地区法律固有的概念体系,作为侵权行为法功能性比较的基础,而有助于发现各国或地区法律的规范模式,如何以不同的技术解决相同的问题,此将于本书相关部分加以论述,兹以侵害他人债权为例,先作简要的说明。

甲歌手与乙传播公司缔约录制某名曲,丙传播公司出高价诱甲与乙毁约,为其录制同一歌曲。在此情形,丙对乙是否构成侵权行为,应否负赔偿责任? 在德国法此属于侵害他人"债权"问题,通说认为,《德国民法》第823条第1项所称"其他权利",不包括债权,应适用《德国民法》第826条规定(故意以悖于善良风俗之方法加损害于他人)。在《法国民法》,其第1382条所保护的利益虽包括侵害他人债权,但通说解释应以加害人具有故意为要件。① 在《日本民法》,其第709条所称权利亦包括债权,但依"相关关系理论",认为债权的侵害须以侵害行为出于故意为必要。② 在英美法上,无侵害他人"债权"的概念,inducing breach of contract的侵权行为(tort),系以故意(intention)为要件。在台湾地区,是否适用"民法"第184条第1项前段或后段规定,尚有争论,但应以适用后段规定为是。由此可知,各国或地区法律以不同的技术规范侵害他人债权的问题,原则上系以故意为要件,其政策上的考虑系因债权不具社会公开性,及为维护市场的竞争。

第三款　侵权行为法的历史变迁及其基本问题

比较法在横的方面是以各国现行法律为研究对象,在纵的方面则从事历史的观察。③ 侵权行为法的发展大体上可分三个时期。在18世纪之前的农业社会,危害事故较少,损害较轻,侵权行为法的功能尚属有限,在大陆法,仍受 lex Aquilia 法的影响,采列举主义,英美法亦采个别侵权行为(Torts)的规范模式。在19世纪之后,由于社会经济的发展、机器时代的来临、科技的进步及自然法理念的洗礼,欧陆各国民法法典多创设概括性的侵权行为原则,并采过失责任主义,在英美普通法则为 Negligence 侵

---

① Palmer, French Contract Interference, The American Journal of Comparative Law, Vol. 40 (1992), 297.

② 比较法上的深入研究,参见〔日〕吉田邦彦:《债权侵害论再考》,有斐阁1991年版。

③ Andre Tunc, Torts, Chapter I, Encyclopedia of Comparative Law (1983), pp. 1-57.

权行为的登场,使侵权行为法的发展达于顶峰。[1] 21 世纪以降,尤其是50年代之后,以过失责任为基础的侵权行为法机能深受检讨,进而发生重大变迁。保护利益范围的扩大,企业责任的加重,归责原则的调整,危险责任的引进或增设更促成侵权行为法体制内的改革,使侵权行为法的功能由个人正义转向社会正义。[2] 值得注意的是,随着福利国家理念的发展,许多替代性或辅助性制度渐次兴起,使侵权行为法本身的存在价值受到质疑,侵权行为法的前途备受关切,并引起学者对其所具公平性(哲学基础)与效率性(经济分析)的争论,此项变迁涉及侵权行为法的机能、归责原则、赔偿制度及方法论的思考,实为深刻研究、检讨反省的重要课题。

---

[1] Schrage, Negligence, The Comparative Legal History of The Law of Torts (2001).

[2] Brüggemeier, Haftungsrecht (2006), S. 10 ff.

第三章　侵权行为法的体系

——体系构成与适用关系

第一节　侵权行为的意义、类型及侵权责任

第一款　侵权行为的意义

甲明知自己感染人类免疫缺乏之病毒,隐瞒而与乙发生性行为,致传染于乙,试就此例说明侵权行为、犯罪行为、民事责任、刑事责任与附带民事诉讼。

一、侵权行为系法定债之关系

侵权行为,指因不法侵害他人的权益,依法律规定,应对所生损害负赔偿责任的行为。现行民法采过失责任原则,但故意或过失非属侵权行为概念所必要,侵权行为的成立不以故意或过失为要件的亦属有之。侵权行为的本质在于侵害他人权益的不法性,《德国民法》称为 Unerlaubte Handlung,《日本民法》译为不法行为,台湾地区"民律草案"原亦采此用语,现行民法改称为侵权行为,乃着眼于权益的保护。侵权行为损害赔偿责任因法律规定而发生①,为法定债之关系,性质上属于民事责任。与侵

---

① 侵权行为的法律效果为"损害赔偿",其得请求的若为"补偿",则不具侵权行为的性质。"土地法"第139条规定:"土地重划后,土地所有权人所受之损益,应互相补偿,其供道路或其他公共使用所用土地之地价,应由政府补偿之。""最高法院"1957年台上字第1398号判例谓:"被上诉人将系争土地编为水利用地,系依土地沿革及地方需要所划定,自不发生侵权行为之问题,而'土地法'第139条所谓之补偿,其性质亦与民法上因侵权行为所负之损害赔偿责任迥然不同,即使被上诉人应予补偿其地价而未予补偿,亦只能依法请求补偿,要不得因其未予补偿,即可谓得依侵权行为而为损害赔偿之请求。"

权行为应该加以区别的,属于刑事责任的犯罪行为。

二、侵权行为与犯罪行为

侵权行为与犯罪行为曾混迹一起,今则分道扬镳,完全分化,刑事责任之目的系制裁反社会性的行为,旨在防止将来犯罪行为的发生;重视主观情事,以处罚故意为原则,过失为例外("刑法"第12条);科刑之际,应以行为人之责任为基础并审酌一切情事,尤其是犯罪之动机、目的、犯罪所受的刺激、犯罪之手段、犯人之生活状况、品行等("刑法"第57条)。反之,侵权行为的民事责任系以填补损害为主要目的,原则上不分故意或过失,有时甚至不以故意或过失为要件;决定损害赔偿数额时,对于加害人的主观情事,原则上不加审酌。又须注意的是,刑事责任系采罪刑法定主义,行为之处罚,以行为时之法律有明文规定者为限("刑法"第1条)。关于侵权行为,不采法定主义,得为类推适用。

同一行为同时构成侵权行为与犯罪行为的,颇为常见。如强制性交妇女("刑法"第221条),驾车肇事致人伤亡("刑法"第277条以下)。又明知自己感染人类免疫缺乏的病毒,隐瞒而与人为猥亵的行为或性交,致传染给人时,加害人除应依"民法"第184条第1项前段规定负损害赔偿责任外,尚应负刑事责任("刑法"第277条、"人类免疫缺乏病毒传染防治及感染者权益保障条例"第21条)。为便于被害人请求损害赔偿,"刑事诉讼法"第九编设有附带民事诉讼,于第487条规定:"因犯罪而受损害之人,于刑事诉讼程序得附带提起民事诉讼,对于被告及依民法负损害赔偿责任之人,请求恢复其损害。前项请求之范围,依民法之规定。"[①]

第二款　侵权行为的类型

第一项　民法上的侵权行为

侵权行为系于"民法"债编通则(第184条至198条)设其规定,分为

---

① 须注意的是,附带民事诉讼的提出,必以刑事诉讼程序之存在为前提,若刑事诉讼未经提起公诉或自诉,即不得对于应负赔偿责任之人提起附带民事诉讼(最高法院1940年附字第64号判例)。只需所受之损害,系由于被告犯罪之所致,不以被告侵害事实所触犯之罪名,是否经刑事法院独立论处罪刑为必要("最高法院"1964年台上字第1550号判例),依契约应与刑事被告负损害赔偿之人,不得于刑事诉讼程序对之附带提出民事诉讼("最高法院"1964年台上字第43号判例)。

一般侵权行为及特殊侵权行为。一般侵权行为指"民法"第184条规定而言。特殊侵权行为指第185条规定的共同侵权行为、第186条规定的公务员侵权行为、第187条规定的未成年人侵权行为与法定代理人责任、第188条规定的雇用人责任、第189条规定的定作人责任、第190条规定的动物占有人责任、第191条规定的工作物所有人责任,以及第191条之1至第191条之3规定所创设的三个现代特殊侵权行为(请阅读条文)。

"民法"其他各编对侵权行为亦设有规定,其主要者有:(1)第28条规定:"法人对于其董事或其他有代表权之人因执行职务所加于他人之损害,与该行为人连带负赔偿之责任。"(法人侵权行为。)(2)"民法"第149条规定,正当防卫逾越必要程度者,应负相当赔偿之责;第150条规定,紧急避难行为人对危险之发生有责任者,应负赔偿之责;第152条第2项规定,自助行为之行为人向法院声请处理被驳回,或其声请迟延者,应负损害赔偿责任。(3)"民法"第782条规定:"水源地或井之所有人,对于他人因工事杜绝、减少或污染其水者,得请求损害赔偿。如其水为饮用,或利用土地所必要者,并得请求恢复原状。其不能为全部恢复者仍应于可能范围内恢复之,前项情形,损害非因故意或过失所致,法院得减轻赔偿金额或免除之。"此项规定意旨有二:明确表示恢复原状包括全部恢复原状及一部分恢复原状,视可能性而定。本条系采无过失责任,第2项系衡平规定。

"民法"上某项规定被认为属于侵权行为时,其主要实益之一在于其消灭时效原则上应适用第197条第1项的规定,即损害赔偿请求权自请求权人知有损害及赔偿义务人时起,两年间不行使而消灭,自有侵权行为时起,逾10年者亦同。

第二项 特别法上的侵权行为

试阅读"核子损害赔偿法""民用航空法""铁路法""公路法""大众捷运法""专利法""商标法""著作权法""公平交易法"及"消费者保护法"等有关侵权行为的规定,说明其成立要件及法律效果的特色,比较其不同,并分析检讨立法政策。

一、关于侵权行为的特别法

特别法上的侵权行为尚属不少,其重要的有"核子损害赔偿法""民用航空法""铁路法""公路法""大众捷运法""商标法""专利法""著作权法""公平交易法""消费者保护法"等,兹就其内容,择其重要者,分三点说明如下:

(一) 调整归责原则

采无过失责任的有"核子损害赔偿法"(第 11 条)、"民用航空法"(第 89 条)、"消费者保护法"(第 7 条);采过失推定的有"铁路法"(第 62 条)及"大众捷运法"(第 46 条)。须注意的是,"铁路法"(第 62 条)、"公路法"(第 64 条)及"大众捷运法"(第 46 条)皆明定,如能证明事故之发生非由于铁路或因大众捷运系统营运机关之过失者,对于人之死亡或伤害仍应酌给恤金。

(二) 知识产权的保护

"商标法""专利法"及"著作权法"对于商标专用权、专利权及著作权设有两项共同规定:(1) 不作为请求权,即对于侵害其权利者得请求排除其侵害;有侵害之虞者,得请求防止其侵害。(2) 对于损害设有多种计算方法,被害人于请求损害赔偿时,得择一计算其损害("商标法"第 68 条以下、"专利法"第 96 条以下、"著作权法"第 84 条以下)。

(三) 惩罚性赔偿金制度

"公平交易法"第 31 条规定:"事业违反本法之规定,致侵害他人权益者,应负损害赔偿责任。"同法第 32 条规定:"法院因前条被害人之请求,如为事业之故意行为,得依侵害情节,酌定损害额以上之赔偿。但不得超过已证明损害之三倍。侵害人如因侵害行为受有利益者,被害人得请求专依该项利益计算损害额。"

又依"消费者保护法"第 51 条规定:"依本法所提之诉讼,因企业经营者之故意所致之损害,消费者得请求损害额三倍以下之惩罚性损害赔偿金;但因过失所致之损害,得请求损害额一倍以下之惩罚性赔偿金。"

二、法律适用关系

(一) 特别法优于普通法

关于侵权行为亦适用"特别法优先于普通法"原则,即特别法有规定者,应先适用,其无规定时,依"民法"规定。"核子损害赔偿法"第 1 条第 2 项规定:"原子能和平用途所发生核子损害之赔偿,依本法之规定,本法未规定者,依其他法律之规定。""消费者保护法"第 1 条第 2 项规定:"有关消费者之保护,依本法之规定,本法未规定者,适用其他法律。"所谓其他法律包括民法在内。

（二）请求权竞合

除有特别规定外,民法上的侵权行为原则上得与特别法侵权行为损害赔偿请求权发生竞合关系,被害人得自由选择行使。特别法上的规定通常较为有利,被害人多会主张。

须注意的是,特别法一方面使加害人负推定过失责任或无过失责任,另一方面明定最高赔偿数额的,亦属有之。例如"公路法"第64条:汽车或电车运输业遇有行车事故,致人、客伤害、死亡或财物毁损、丧失时,应负损害赔偿责任。但经证明其事故之发生系因不可抗力或因托运人或受货人之过失所致者,不负损害赔偿责任。前项货物损毁、灭失之损害赔偿,除货物之性质、价值于装载前经托运人声明,或注明于运送契约外,其赔偿金额,以每件不超过新台币3000元为限。人、客伤害、死亡之损害赔偿办法,由"交通部"另定之。"交通部"所订之汽车事故赔偿金额及医药费补助发给办法对最高赔偿金额设有限制,在此情形,解释上应认为被害人依"民法"规定请求损害赔偿时,其赔偿金额不受此限制。[1]"最高法院"1992年台上字第1882号判决谓:"(旧法)公路法第64条第1项规定:汽车运输业者遇有行车事故,致人、客伤害、死亡时,应负损害赔偿责任,但经证明其事故之发生系因不可抗力或非由于汽车运输业者之过失所致者,不负损害赔偿责任。此与汽车运输业者之受雇人因执行职务,不法侵害他人之权利者,被害人得依民法第188条第1项规定请求汽车运输业者赔偿损害,两者之损害构成要件、赔偿金额及举证责任均不相同,即不得因前者之规定而排除后者之适用。"[2]上开原则于民用航空器事故亦有适用余地。航空器致人死伤时,不论故意或过失,被害人均得依"民用航空法"第89条规定所定办法请求损害赔偿。若能证明航空器所有人有故意或过失时,则得依民法规定请求损害赔偿,其数额不受限制。

第三款　侵权责任

侵权责任得否依合意排除或限制之？甲明知乙无照驾驶,搭其

---

① 参见拙著:《公路法关于损害赔偿特别规定与民法侵权行为一般规定之适用关系》,载《民法学说与判例研究》(第六册),北京大学出版社2009年版,第31页。

② 参见《"司法院"公报》第34卷第11期,第37页。

便车发生车祸时,甲得否向乙请求损害赔偿? 契约上的免责约定是否及于侵权行为?

一、侵权责任与损害赔偿

侵权责任,指加害人对其侵权行为应负损害赔偿的义务,关于损害赔偿的方法及内容,"民法"第 213 条以下设有一般规定。针对侵权行为,"民法"第 192 条以下设有特别规定。关于损害赔偿,预定另撰专书作较详细的论述,在此暂置不论。

二、侵权责任的限制或抛弃

因侵权行为而生的损害赔偿责任,原则上得预先合意排除或加以限制,此项合意得由当事人明示或默示为之。在无偿搭便车的情形,例如甲明知乙无照驾驶,搭其便车发生车祸时,系自甘冒险,应适用过失相抵的原则(第 217 条)。当事人在其契约的关系上为责任的免除或限制时,是否及于侵权责任,应依解释加以认定。① 例如黑夜雇出租车到深山别墅,约定非重大过失对车祸不必负责时,其约定应认为亦及于侵权责任。

以合意排除侵权责任,不得违反公共秩序或善良风俗(第 72 条),亦不得违反法律强行规定(第 71 条)。故意或重大过失之责任不得预先免除(第 222 条)。值得注意的是,"消费者保护法"第 23 条规定:"刊登或报导广告之媒体经营者明知或可得而知广告内容与事实不符者,就消费者因信赖该广告所受之损害与企业经营者负连带责任。前项损害赔偿责任,不得预先约定限制或抛弃。"又同法第 10 条之 1 规定:"本节所定企业经营者对消费者或第三人之损害赔偿责任,不得预先约定限制或免除。"依定型化契约条款限制或抛弃侵权责任时,应适用"消费者保护法"的相关规定(第 11 条以下)处理。

---

① 参见"最高法院"1996 年台上字第 3043 号判决:"债务人之违约不履行契约上之义务,如其行为同时构成侵权行为时,除双方另有特别约定,足认其有排除侵权行为责任之意思外,债权人自非不得或依'债务不履行'或依'侵权行为'之法律关系,择一向债务人请求损害赔偿。"又"最高法院"1998 年台上字第 2835 号判决:"侵权行为与债务不履行之请求权竞合时,债权人非不得择一行使之,仅关于债务人应负之损害赔偿责任,若于债务不履行有特别规定,则债权人于依侵权行为之规定请求赔偿时,除令有约定外,仍应受该特别规定之限制而已(如'民法'第 638 条规定损害赔偿额之算定)。"

第二节　侵权行为在民法体系上的地位

第一款　侵权行为与民法债编的适用

甲、乙驾车违规超速互撞致路人丙受伤。丙出国前将其损害赔偿请求权让与丁，并通知甲、乙。丁向甲请求给付，甲无故迟延，乙知其事，即对丁为清偿。试就本例说明侵权行为之"债"的发生、标的、给付、多数当事人、债之移转及债之消灭。

被害人（债权人）因加害人的侵权行为得向加害人（债务人）请求损害赔偿（给付），侵权行为系债之发生的原因之一，与契约、无因管理及不当得利同在债编设其规定。关于债编通则的适用，兹就上开甲与乙驾车违规超速互撞伤害丙之例，分六点言之：

（1）债之发生。甲与乙因共同不法侵害丙的权利（身体、健康），应连带负损害赔偿责任（第185条、第273条）。

（2）债之标的。关于损害赔偿，应适用第191条以下及第213条等规定。丙并得依"民法"第195条规定向甲、乙请求慰抚金。

（3）债之效力。甲、乙连带对丙负有给付损害赔偿的义务，未依债之本质为给付时，应负债务不履行责任（第219条以下）。

（4）多数当事人。甲与乙对丙负连带损害赔偿责任，成立连带债务（第272条以下）。

（5）债之移转。丙得将其对甲、乙的债权让与第三人（第294条以下）。甲、乙对丙的债务亦得由第三人承担之（第300条以下）。

（6）债之消灭。甲、乙对丙的损害赔偿债务因清偿等事由而消灭（第307条以下）。

第二款　请求权竞合

第一项　侵权行为与契约
——民事责任体系发展史

（1）甲游览公司的司机乙驾车违规超速，发生车祸，乘客丙受重伤,亦撞及路人丁,丁受重伤,3天后死亡,遗有妻子戊。试问丙、丁、戊得向甲、乙主张何种权利?并就此例说明侵权责任与契约责任的异同及适用关系。

(2)甲有名贵寿山石,被乙所盗,精雕为玉壶。乙中风住院将该玉壶寄托予丙,丙擅以作为己有,高价让售予善意之丁,并交付之。试说明当事人间各得主张的请求权及其竞合关系。

一、侵权责任与契约责任的不同

侵权责任与契约责任是两种主要民事责任。前者系由法律规定不得侵害他人的注意义务,后者则在保护契约当事人的利益,因此侵权责任及契约不履行的成立要件及法律效果多有不同,分六点言之:

1. 归责原则

民法上的侵权行为系以故意或过失为要件,所谓过失系以抽象轻过失为标准。契约上注意程度得由当事人约定,当事人未为约定时,原则上以故意或过失为要件,但过失之责任,依事件之特性而有轻重(第220条)。又依法律对不同契约类型而设的注意程度,有为善良管理人之注意(如租赁,第432条);有为应与处理自己事务尽同一的注意(如无偿寄托,第590条);亦有仅就故意或重大过失负责(如赠与,第410条)。法律未特别规定时(如买卖),应适用一般原则。

就对第三人行为负责言,在侵权行为,雇用人得证明选任或监督受雇人已尽相当之注意,或纵加以相当之注意而仍不免发生损害,而不负赔偿责任(第188条第2项)。在契约债务不履行,依"民法"第224条规定,债务人就其代理人或使用人关于债之履行有故意或过失时,应与自己之故意或过失负同一责任。

2. 举证责任

依一般举证原则,侵权行为的被害人应证明行为人的故意或过失、损害及因果关系。在契约债务不履行,债权人无须证明债务人的故意或过失,而以证明债务不履行及损害与因果关系为已足,债务人则须证明有不可归责于自己之事由,始得免责。"最高法院"1993年台上字第267号判决谓:"民法"第184条第1项前段规定侵权行为以故意或过失不法侵害他人之权利为成立要件,故主张对造应负侵权行为责任者,应就对造之故意或过失负举证责任(参照本院 1969 年台上字第 1421 号判例)。又在债务不履行,债务人所以应负损害赔偿责任,系以有可归责之事由存在为要件。故债权人苟证明债之关系存在,债权人因债务人不履行债务(给付不能,给付迟延或不完全给付)而受损害,即得请求债务人负债务不履行责任,如债务人抗辩损害之发生为不可归责于债务人事由所致,即应由其负举证责任,如未能举证证明,自不能免责(参照本院 1940 年上字第 1139 号判例意旨)。二者关于举证责任分配原则有间。①

3. 受保护的权益

在侵权行为,依"民法"第 184 条第 1 项前段的规定,权利受侵害时,于加害人具有故意或过失时,被害人即得请求损害赔偿(第 1 项前段);权利以外的利益(尤其是纯粹经济上损失),则须加害人出于故意以悖于善良风俗致加损害于他人(同条第 1 项后段),或违反保护他人法律时(第 184 条第 2 项),始得请求损害赔偿。在契约债务不履行,其保护的客体除人格权、所有权等权利外,尚包括纯粹经济上的损失。

4. 赔偿范围

在侵权行为,被害人得请求与权益被侵害具有相当因果关系的财产上损害,法律有特别规定时,虽非财产上损害,亦得请求相当金额之损害(慰抚金)(第 18 条、第 195 条等)。不法侵害他人致死者,被害人对于第三人负有法定抚养义务者,加害人对于该第三人亦应负损害赔偿责任(第 192 条第 2 项),被害人之父母、子女及配偶,虽非财产上的损害,亦得请求相当金额之赔偿(第 194 条)。在契约债务不履行,当事人就赔偿额未为约定者,依一般原则定之(第 213 条以下)。例如甲向乙购买面包,食后中毒时,虽得请求因此所受财产上损害,依原民法不能以债务不履行为理由请求慰抚金,惟依新修正"民法"第 227 条之 1 规定:"债务人因债务不履行,致债权人之人格权受侵害者,准用第 192 条至第 195 条及第 197 条之规定,负损害赔偿责任。"得为请求。

5. 抵销

"民法"第 339 条规定,因故意侵权行为而负担之债,其债务人不得主张抵销。反之,在债务不履行的情形,债务人得以其对债权人之同种之债权加以抵销。

---

① 本件判决取自"最高法院"资料室。

6. 时效

因侵权行为所生之损害赔偿请求权,其时效期间为 2 年或 10 年(第 197 条)。基于债务不履行所生请求权之时效期间,原则上为 15 年,但在甚多情形,"民法"规定有短期之时效(如第 456 条、第 473 条等)。

二、竞合的理论

同一行为得构成侵权行为及契约债务不履行,关于其内容的不同,已说明如上。两者均以损害赔偿为给付内容,债权人不得双重请求,关于两种责任的关系,计有三说①:

1. 法条竞合说

法条竞合说认为,契约债务不履行乃侵权行为的特别形态,侵权行为的规定为一般规定,债务不履行规定系特别规定,故同一事实可发生两个请求权,依特别法优于普通法的原则,只能承认债务不履行赔偿请求权的存在,亦即债权人只得行使债务不履行的请求权,而不得行使侵权行为的请求权。

2. 请求权竞合说

请求权竞合说认为,一个具体事实同时具备契约责任与侵权责任时,其所产生的两个请求权得独立并存,无论在成立要件、举证责任、赔偿范围、抵销、时效等,均应就各个请求权加以判断。就此两个请求权,债权人不妨择一行使,其中一个请求权若因达到目的以外的原因而不能行使(例如因时效而消灭),则另一请求权(时效较长者),仍犹存续。

3. 请求权规范竞合说

请求权规范竞合说认为,一个具体生活事实符合债务不履行及侵权行为两个要件时,并非产生两个独立的请求权,论其本质,实仅产生一个请求权,但具有两个法律基础,一为契约关系,一为侵权关系,其内容应结合两个基础规范加以决定,债权人得主张对其有利之部分,但应特别斟酌法律之目的,即法律为尽速了结当事人间的关系,特别规定了短期时效时,则应适用此项短期时效期间。此理论符合当事人利益,实践法律的规范目的,使实体法上请求权的概念与新诉讼标的的理论趋于一致,甚值

---

① 参见拙著:《契约责任与侵权责任之竞合》,载《民法学说与判例研究》(第一册),北京大学出版社 2009 年版,第 204 页。

重视。

三、法条竞合说的适用

关于侵权责任与契约关系,台湾地区早期实务系采法条竞合说,兹举三则案例加以说明:

1. 给付迟延与侵权行为

"最高法院"1954 年台上字第 752 号判例谓:侵权行为,即不法侵害他人权利之行为,属于所谓违法行为之一种。债务不履行为债务人侵害债权之行为,性质上虽亦可认为属于侵权行为,但法律另有关于债务不履行之规定,故关于侵权行为之规定,于债务不履行不适用之。"民法"第231 条第 1 项,因债务迟延所发生的损害赔偿请求权,与同法第 184 条第 1 项,因故意或过失不法侵害他人之权利所发生之损害赔偿请求权有别,因之基于"民法"第 231 条第 1 项之情形所发生之赔偿损害请求权;无同法第 197 条第 1 项所定短期时效之适用,其请求权在同法第 125 条之消灭时效完成前,仍得行使之,应为法律上当然之解释。

2. 商品制造者责任

在"最高法院"1971 年台上字第 1611 号判决(蒸汽锅爆炸案)①,被上诉人三〇鱼肝油厂股份有限公司(简称三〇公司)及上诉人王某等以三〇公司向上诉人毛〇玉(即光〇铁工厂)购买蒸汽锅一座,安置厂内使用。因该蒸汽锅所装置之螺丝钉不合规格,发生爆炸,致厂房屋顶被炸毁。三〇公司因此支出厂房及蒸汽锅修理费,依侵权行为规定请求损害赔偿。"最高法院"谓:"惟查民事诉讼,首应确定为诉讼标的之法律关系,本件损害赔偿之诉,其损害赔偿请求权究竟如何发生,因侵权行为,抑本于契约关系,或依据法律之特别规定? 按因侵权行为而发生损害赔偿者,乃指当事人间原无法律关系之联系,因一方之故意或过失行为,不法侵害他方权利之情形而言。本件上诉人毛〇玉出卖蒸汽锅,于交付之后,买受人之使用操作发生爆炸,即使蒸气锅本身存有瑕疵,致使买受人或第三人蒙受损害,能否指毛〇玉为侵权行为人,命负损害赔偿责任? 已非无疑问。果另有其他契约关系或法律之特别规定可资依据,其依据又如何?"

---

① 参见拙著:《商品制作人责任》,载《民法学说与判例研究》(第一册),北京大学出版社 2009 年版,第 172 页。

3. 医疗事故

在"最高法院"1972 年台上字第 200 号判决①,医生未尽善良管理人的注意致病人死亡,死者之父母依"民法"第 194 条的规定,请求非财产上损害赔偿。"最高法院"谓:惟查"民法"第 194 条固规定不法侵害他人致死者,被害人之父、母、子、女及配偶,虽非财产上之损害,亦得请求赔偿相当之金额。但此项损害赔偿请求权,乃基于侵权行为所发生。至因侵权行为而发生损害赔偿者,又指当事人间原无法律关系之联系,因一方之故意或过失行为,不法侵害他方权利之情形而言。本件被上诉之子宋瀛枪被人刺伤,由上诉人为之救治,依其情形,显已发生医生与病人之契约关系,亦损害发生前当事人间尚不能谓无法律关系之联系。上诉人纵因过失违反善良管理人之注意义务,亦仅生债务不履行赔偿责任,被上诉人能否依上开"民法"第 194 条之规定请求非财产上之损害,殊非无疑问。

四、请求权竞合说的肯定

"最高法院"于前开案件采取法条竞合说,应有商榷余地。就理论言,侵权行为与契约债务不履行的成立要件不同,"民法"第 184 条第 1 项前段所称权利并不包括债权,债务不履行(如给付迟延)不当然皆能成立侵权行为,二者并无普通与特别的关系。就当事人利益衡量言,在医生手术疏忽致人于死的情形,"最高法院"认为死者父母不能依侵权行为的规定,主张"民法"第 194 条请求权,医生仅应负契约债务不履行责任。病人既死,人格已灭,自无从主张契约责任,死者的父母非契约当事人,应无请求权,如何向医生追究民事责任,诚有疑问。在商品因瑕疵(或缺陷)致人于死的情形,如死者与制造人之间无契约关系,则其父母、配偶、子女得主张"民法"第 194 条之请求权,故无疑问。反之若死者与制造人之间有买卖契约关系存在,则依"最高法院"见解,死者之父母、配偶及子女在法律上反而无从向商品制造人请求慰抚金,其不合事理,似甚显然。

实则,"最高法院"早已认识到法条竞合说的缺点。在"最高法院"1974 年台上字第 1987 号判决,财团法人新生医院的医生张某为郭女接生,因疏于注意,致郭女休克死亡。死者之父、夫及子女支出殡葬费并受有精神上的痛苦,依"民法"第 192 条及第 194 条之规定,请求赔偿。原审法院采取"最

① 参见《司法院》公报》,第 15 卷第 3 期,第 6 页。关于本案判决的评释,参见拙著:《契约责任与侵权责任之竞合》,载《民法学说与判例研究》(第一册),北京大学出版社 2009 年版,第 204 页。

高法院"向来的见解,认为郭女因生产由张某接生,依其情形,在医院与郭女间显已成立契约关系,张某因欠缺注意致郭女死亡,亦仅负债务不履行的损害赔偿责任,上诉人依据侵权行为请求赔偿,即非正当,乃将上诉人(郭女之父、夫及子女)之诉,予以驳回。"最高法院"明确表示:"契约责任与侵权行为竞合时,学说上固有采法条竞合说,认为行为人仅就契约上之义务负责者。惟对于人身自由权之侵害,若亦采此见解,则若干保护人身权之规定,必将受限制而无由发挥作用,为求符合立法意旨及平衡当事人之利益起见,对于本件情形,应认为债权人得就其有利之法律基础为主张。"

　　值得特别注意的是,请求权竞合说已为"最高法院"民事庭会议决议所肯定。1988年11月1日第19次民事庭会议曾提出如下法律问题:A银行征信科员甲违背职务故意勾结无资力之乙高估其信用而非法超贷巨款,致A银行受损害(经对乙实行强制执行而无效果),A银行是否得本侵权行为法则诉请甲为损害赔偿。决议谓:"判例究采法条竞合说或请求权竞合说,尚未尽一致。惟就提案意旨言,甲对A银行除负债务不履行责任外,因不法侵害A银行之金钱,致放款债权未获清偿而受损害,与'民法'第184条第1项前段侵权行为之要件相符。A银行自得本于侵权行为之法则请求损害赔偿。"①本件决议肯定侵权责任与债务不履行的竞合,并认为非法贷款系侵害银行的权利,将纯粹经济损失予以权利化,在民法理论发展史上具有重大意义。

　　依请求权竞合理论,债权人原则上固得自由选择侵权行为或契约债务不履行损害赔偿请求权,但为顾及法律对契约责任所设的特别规定,其侵权责任的成立应受限制。"民法"第434条规定:"租赁物因承租人之重大过失致失火而毁损、灭失者承租人对于出租人负损害赔偿责任。"最高法院1933年上字第1311号判例谓:租赁物因承租人失火而毁损灭失者,以承租人有重大过失为限,始对出租人负损害赔偿责任,"民法"第434条已有特别规定,承租人之失火,仅为轻过失时,出租人自不得以侵权行为为理由,依"民法"第184条第1项之规定,请求损害赔偿。可资参照。此项判例仍以法条竞合说为其理论基础,惟就请求权竞合说的立场言,仍应肯定,即出租人亦得依"民法"第184条第1项前段规定向承租人请求损害赔偿,惟为贯彻保护承租人的立法意旨,须以承租人有重大过失为要件,此于"民法"第410条规定"赠与人仅就其故意或重大过失,对于受赠人负其责任"的情形,亦有适用余地。

---

① 本件决议附有一个深富学术价值的研究报告,务请参阅。

五、侵害人格权的请求权竞合

关于契约责任与侵权责任的竞合,"民法"债编部分条文修正有一项重大改变,于第 227 条之 1 规定:"债务人因债务不履行,致债权人之人格权受侵害者,准用第 192 条至第 195 条及第 197 条之规定,负损害赔偿责任。"立法理由谓:"债权人因债务不履行致其财产权受侵害者,固得依债务不履行之有关规定求偿。惟如同时侵害债权人之人格权致其受有非财产上之损害者,依现行规定,只得依据侵权行为之规定求偿。是同一事件所发生之损害竟应分别适用不同之规定解决,理论上尚有未妥,且因侵权行为之要件较之债务不履行规定严苛,如故意、过失等要件举证困难,对债权人之保护亦嫌未周。为免法律割裂适用,并充分保障债权人之权益,爰增订本条规定,俾求公允。"此项修正建立了人格权受侵害得依侵权行为及债务不履行请求损害赔偿(尤其是慰抚金)的两个独立请求权基础(本书第 36 页)。

六、民事责任体系的再构成

契约与侵权行为共同构成民事责任的基本体系,二者法律构造的异同,尤其是其适用关系的发展体现了台湾民法理论及实务的协力。[①] 法条竞合说的扬弃,请求权竞合说的肯定,尤其是人格权受侵害时,得成立侵权行为及债务不履行两个独立请求权基础,可以说是台湾民法学长达数十年累积发展的里程碑。

第二项 侵权行为与无因管理[②]

无因管理,指未受委任,并无义务,而为他人管理事务(第 172 条),如收留迷途之幼童,修缮他人遭台风毁损的房屋。管理事务合于本人意思,利于本人者(适法无因管理)得构成违法阻却事由,不成立侵权行为。但需注意的是,无因管理成立后,发生债之关系,管理人因可归责之事由未依本人明示或可得推知之意思,以有利于本人之方法为事务之管理,致侵害本人权利时,例如因过失以不洁食物喂养收留走失的孩童,致其健康受损时,除构成不完全给付之债务不履行责任外,尚应依"民法"第 184 条第 1 项前段规定

---

① 参见拙著:《契约责任与侵权责任的竞合》,载《民法学说与判例研究》(第一册),北京大学出版社 2009 年版,第 204 页。本文撰写后,深受"最高法院"游开享前庭长的鼓励,时隔 40 余年,仍记忆犹新,特志于此,以表感念。

② 参见拙著:《债法原理》(第二版),北京大学出版社 2013 年版,第 308 页。

负侵权行为损害赔偿之责任。"最高法院"1966 年台上字第 228 号判例谓："无因管理成立后,管理人因故意或过失不法侵害本人之权利者,侵权行为仍可成立,非谓成立无因管理后,即可排斥侵权行为之成立。"可资参照。

第三项 侵权行为与不当得利①

不当得利,指无法律上之原因而受利益,致他人受损害,应负返还之义务(第 179 条)。不当得利可分为给付型不当得利与非给付型不当得利两个类型。前者如非债清偿,后者如无权处分、使用他人之物。不当得利与侵权行为发生竞合的,多属非给付型不当得利,例如无权占用他人停车位,共有人中之一人超过应有部分而对共有物为使用收益时,得同时成立侵权行为与不当得利。诚如"最高法院"1952 年台上字第 871 号判例谓:"因侵权行为受利益致被害人受损害时,依法被害人固有损害赔偿请求权与不当得利返还请求权,其损害赔偿请求权虽因时效而消灭,而其不当得利返还请求权,在同法第 125 条之消灭时效完成前仍得行使之。"

第四项 例 题 解 说
——历史方法与请求权基础

处理案例,应采请求权基础方法,认定谁得向谁、依何种法律规范有所主张。在涉及动产变更及多数当事人的法律关系,应兼采历史方法。

一、历史方法:物权变动

在前揭例题二,甲有寿山石被乙所盗,乙精雕成玉壶。乙中风住院,将该玉壶寄托丙处,丙擅以之作为己有,以高出市面的价额,让售予善意的丁。在此情形,乙加工甲的动产,因其所增之价值显逾材料之价值,其加工物(玉壶)的所有权属于加工人乙(第 814 条)。甲得依"民法"第 184 条第 1 项前段规定,向乙请求侵害其玉石所有权的损害赔偿。此外,甲并得依不当得利之规定向乙请求偿还价额(第 816 条)。丙擅将乙寄托的玉壶作为己有,以高价出卖予丁,并无权处分其所有权,丁善意受让该玉壶之占有,纵让与人丙无让与之权利,受让人丁仍能取得其所有权(第 801 条、第 948 条)。②

---

① 参见拙著:《不当得利》,北京大学出版社 2009 年版,第 225 页。
② 参见拙著:《民法思维——请求权基础理论体系》,北京大学出版社 2009 年版。

二、请求权基础

在本件案例有 4 个当事人,因此发生一个问题,即如何决定检查的次序,此应取决于两点:(1) 当事人的利益。(2) 何者构成基础法律关系,避免重复。就本件案例而言,甲得否向丁请求返还玉壶最为关键,因此其检查次序宜为甲对丁、丙对丁、乙对丙、甲对乙,简要分述如下:

(1) 甲对丁。丁系因丙的无权处分善意取得乙加工甲的玉石而取得加工物(玉壶)所有权,甲对丁无不当得利请求权(丁利益未致甲受损害),亦未侵害甲的所有权,不成立侵权行为。

(2) 丙对丁。据上所述,丁善意取得玉壶所有权,丙对丁无不当得利请求权(受利益有法律上原因)。本诸善意取得制度,丁对丙亦不成立侵权行为,亦无侵权行为损害。

(3) 乙对丙。以不能返还寄托物为理由主张债务不履行责任。依不当得利规定请求返还其无法律上原因所获得的价金。依"民法"第 177 条第 2 项关于不法管理的规定(明知为他人之事物,而为自己之利益加以管理),请求其让售该玉壶所得之利益。或依"民法"第 184 条第 1 项前段规定向丙请求侵害其所有权的损害赔偿。此项侵权行为损害赔偿请求权得与前揭其他请求权发生竞合。

(4) 甲对乙。不当得利返还请求权(第 179 条、第 816 条)、侵权行为损害赔偿请求权(第 184 条第 1 项前段)(其理由请自行研究)。

兹为便于了解,将当事人间的法律关系图示如下:

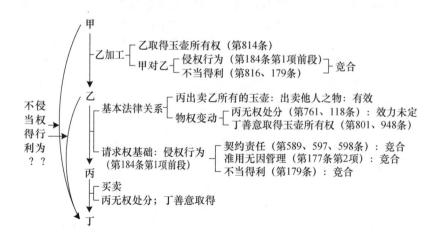

三、解题结构

此例题有助于学习请求权基础思考方法及民法基本法律关系,请参照前揭说明,写成书面。[①]

1. 甲对丁的请求权

(1) 不当得利(－):第179条:受利益,未致甲受损害

① 受利益:取得玉壶所有权

② 未致甲受损害

A. 甲原为玉石所有人

B. 乙因加工取得玉壶所有权

(2) 侵权行为(－):第184条第1项前段:未侵害甲的所有权

2. 乙对丁的请求权基础

(1) 不当得利(－):受利益有法律上原因

(2) 侵权行为(－):善意取得制度

3. 乙对丙的请求权

(1) 契约责任(＋):第589、597、598条

(2) 准无因管理(＋):第177条第2项

(3) 不当得利(＋):第179条

(4) 侵权行为(＋):第184条第1项前段

4. 甲对乙的请求权

(1) 不当得利(＋):第179条

(2) 侵权行为(＋):第184条第1项前段

---

① 参见拙著:《不当得利》,北京大学出版社2009年版,第230页。

第二编　一般侵权行为

第一章　一般侵权行为的意义、功能及规范模式

第一节　一般侵权行为的意义与功能

侵权行为分为一般侵权行为及特殊侵权行为。一般侵权行为指适用于所有侵权行为的一般规定。特殊侵权行为指就特殊态样的侵权行为,例如多数加害人(共同侵权行为)、行为人的身份(公务员侵权行为)、对他人的行为负责(法定代理人、雇用人的侵权责任)、就管领之物负责(动物占有人、工作物所有人的侵权责任)、就所从事的危险行为(制造商品、驾驶动力车辆、工作或活动的危险)负责,关于其成立要件,法律特设异于一般侵权行为的规定。

就比较法观之,各国侵权行为法多设有一般侵权行为,例如《法国民法》第1382条,《德国民法》第823条、第826条,《日本民法》第709条,大陆《侵权责任法》第6条等(详见本书第60页)。英美侵权行为法系由多数个别的侵权行为(tort)所构成,但其中的过失侵权行为(negligence)具有一般侵权行为的性质,适用于因过失违反注意义务(duty of care)致加损害于他人的情形。一般侵权行为的规定具有四个重要功能:

(1)以一般侵权行为与特别侵权行为建构侵权行为法的体系。

(2)宣示侵权行为的政策与理念,建立权衡个人自由与责任的规范机制。

(3)提出侵权行为法上受保护权益、过失、违法性、因果关系等核心概念,作为判断侵权行为的思考方法。

(4)侵权行为的一般性规定,有助于适应社会经济发展及价值变迁,得经由法院具体个案的判决形成较为明确的规则,实现侵权行为法填补损害、引导行为、预防危害的功能。

第二节　法律政策及规范模式
——行为自由与权益保护的权衡

第一款　法律政策及法律技术

侵权行为法旨在规范不法侵害他人权益所生损害的赔偿问题,涉及两个基本利益:一为被害人权益的保护;二为加害人行为自由。二者处于一种紧张关系。从被害人的观点言,无论加害人"有无过失",对侵害其"一切权益"的"所有损害"皆应赔偿,最属有利。但此将严重限制加害人的行为自由,动辄得咎,难以预估其行为所生损害赔偿责任的范围,势必阻碍个人的人格形成和经济活动,对社会发展亦非有益。整个侵权行为法的历史就在于如何平衡"行动自由"和"权益保护",其规范模式因国而异,因时而别,沉淀着不同社会的文化、经济制度、社会变迁和价值观念。德国哲学家康德谓:"法律云者,实系个人恣意与他人的恣意得依一般自由原则相互结合的诸条件。"①侵权行为法的主要任务即在于合理限制个人的发展自由,追求其利益的范畴。

法律政策必须借助法律技术加以实现,而此涉及两个层次的问题:一为在立法上应如何规范侵权行为法的原则及其构成要件;二为在法律的解释适用上应如何使其适应变迁社会中的需要。此二者深刻地影响着每个国家侵权行为法的形式、内容和风格。

第二款　比较法上的规范模式

关于侵权行为的规范模式,比较法上有三种基本形态:

---

① Immauel Kant, Metaphysik der Sitten (1797), Einleitung in der Rechtslehre § B a F. D. V.; Owen (ed.), Philosophical Foundations of Tort Law (1995), pp. 163, 253.

一、英国法模式:个别类型的侵权行为

第一种规范模式是英美法的个别侵权行为类型(Individual torts),其侵权行为法称为 Law of Torts 或 Torts Law。惟在过失侵权行为(Negligence)出现之后,已具有一般化的性质,体现于其成立要件(duty of care、breach of duty 及 damage)之上,其所保护的客体包括人身(person)、所有权(property)及其他权利,并逐渐扩张及于纯粹经济损失(财富,wealth)。英美判例学说再三强调 duty of care 的认定系政策问题,使英美侵权行为法富于活力,较具开放性。①

二、法国法模式:概括原则性条款

第二种规范模式是《法国民法》第 1382 条及第 1383 条所采的概括条款(本书第 42 页)。此种基于自然法理念而创设的一般原则,其保护的客体并不区别权利与利益,主要问题在于如何认定其应受保护的权益,尤其是纯粹经济上损失,系法国法院的重要任务,1804 年以来,长期的解释适用产生了丰富的案例,使法国侵权行为法具有浓厚案例法(case law)的性格。

三、德国法模式:以三个小的概括条款替代一个大的概括条款

第三种规范模式是德国民法所采的折中主义。德国于 1888 年开始组成委员会起草民法,关于如何规定侵权行为,曾斟酌英国法及法国法。1890 年提出的第一草案第 704 条规定:"任何人因故意或过失而为之行为,加损害于他人者,应对因此行为所生之损害,负赔偿责任。"此项规定系受法国民法的影响。第二次委员会认为此项规定过于概括,难以适用,而改采三个侵权行为类型的规范模式(《德国民法》第 823 条第 1 项、第 2 项,第 826 条)(本书第 46、47 页)。法国及德国立法的不同,主要是自然法的思想在 19 世纪的德国,因受历史法学派影响已趋式微。《德国民法》

---

① A. J. F. Jaffrey, The Duty of Care (1992); Stapleton, Duty of Care Factors: a Selection from the Judicial Menus, in: Cane Peter and Stapleton, J (eds.), The Law of Obligations: Essays in Honour of John Fleming (1988); Rolf Lang, Normzweck und Duty of Care (1983).

的起草人,不是理想主义者,而是政府官僚;不是革命家,而是法学教授。[①]

如上所述,各种规范模式均有其特色及利弊。英美侵权行为的类型是数百年历史发展的产物,不是建立在预先设计的原则或逻辑之上。《法国民法》的优点在其概括性,但未能提供明确的基准,影响法律适用的可预见性。《德国民法》的优点在于为法律提供较为精确的构成要件,缺点则在于其受保护权利的范围较狭。1911年"大清民律草案"制定时,面临着选择或创造何种规范模式的重大课题。显然,这不仅要对各国法制的立法原则及实施经验有深刻的了解,更要有远见及想象力去洞察侵权行为法的规范功能和社会的发展。

第三节 "民法"第184条的体系构成

若您受托负责起草或修正台湾地区侵权行为法时,将如何加以规范?试比较英美法、法国民法、德国民法及日本民法相关规定,思考或修正"民法"第184条的法律政策及法律技术的基本问题,尤其是分析探讨该条要分别规定第1项前段和后段、第2项的理由、功能及解释适用上的问题:例如甲工程公司施工,不慎挖断乙电力公司的管线,导致停电,丙工厂停工,不能对丁供应原料。试问在本件涉及何种应受保护的权益?乙、丙、丁得否对甲请求损害赔偿?

第一款 "民法"第184条规定的立法史

"民法"第184条第1项规定:"因故意或过失,不法侵害他人之权利者,负损害赔偿责任。故意以悖于善良风俗之方法,加损害于他人者亦同。"第2项原规定:"违反保护他人之法律者,推定其有过失。"要了解本条的规范意义,首须追溯其立法沿革。[②]

民律(即"大清民律草案")第一次草案第945条第1项规定:"因故

---

① Zweigert/Kötz, Einfürung in die Rechtsvergleichung, S. 626. 关于德民法上侵权行为规定的立法经过及分析检讨,参见 Brüggemeier, Haftungsrecht, S. 42 ff.

② 关于民律草案的规定,参见前司法行政印行之《"中华民国"民法制订史料汇编》(上册),第653页;(下册),第132页以下。

意或过失,侵害他人之权利而不法者,对于因加损害而生之损害,负赔偿责任。"第 946 条规定:"因故意或过失违反保护他人之法律者,视为前条之加害人。"第 947 条规定:"以悖于善良风俗之方法,故意加损害于他人者,视为第 945 条之加害人。"民律第二次草案调整其条文,于第 246 条规定:"因故意或过失不法侵害他人之权利者,负损害赔偿责任,故意以有伤风化之方法侵害他人者,亦同。"第 247 条规定:"因故意或过失违背保护他人之法律,视为前条之侵权行为人。"民律第一次草案和第二次草案的最大不同,在于将三个条文并为两个条文。现行"民法"第 184 条更将此两个条文浓缩成一个条文,并分为两项。

第二款　一般侵权行为三类型构造

基上所述,可知台湾地区"民法"第 184 条系继受自《德国民法》,但加以调整改进,比较言之,应说明者有三:

(1)《德国民法》第 823 条第 1 项所保护的,限于生命、身体、健康、自由、所有权及其他权利;"民法"第 184 条第 1 项将之概括化,明定为权利。

(2)"民法"第 184 条第 1 项后段同于《德国民法》第 826 条。

(3)《德国民法》第 823 条第 2 项明定违反保护他人法律者,应负侵权责任。民律第一次草案及第二次草案均设同样规定。须注意的是,"民法"第 184 条第 2 项原为:"违反保护他人之法律者,推定其有过失。"因而产生一项重大争论,即本项规定究为单纯举证责任倒置,抑或为一种独立的侵权行为类型。

"民法"第 184 条第 1 项系明定两个独立的侵权行为类型,即因故意或过失不法侵害他人权利者负损害赔偿者,故意以悖于善良风俗加损害于他人者亦同。第 2 项所规定的是,是否为独立的侵权行为,虽有争论,"民法"债编修正加以明定:"违反保护他人之法律,致生损害于他人者,负赔偿责任。但能证明其行为无过失者,不在此限。""民法"第 184 条规定了以违法性为核心的三个类型的侵权行为,即:

(1)故意或过失不法侵害他人之权利(第 184 条第 1 项前段)。

(2)故意以悖于善良风俗之方法加损害于他人(第 184 条第 1 项后段)。

(3)违反保护他人之法律,推定其有过失。

兹为便于了解,将"民法"第 184 条规定的一般侵权行为的体系图示如下：

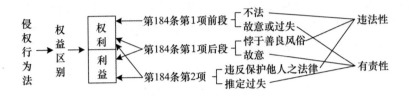

第三款　规范功能

一、区别性的权益保护

"民法"第184条规定为调和"行为自由"和"权益保护"此两个基本价值,区别不同的权益的保护,而建构侵权行为责任体系。被侵害的系他人的权利时,只要加害人具有故意或过失,即应依"民法"第184条第1项前段负损害赔偿责任。其被侵害的,非属"权利"时,须加害行为系出于故意悖于善良风俗方法(第184条第1项后段),或违反保护他人之法律(第184条第2项)时,被害人始得请求损害赔偿。易言之,"民法"第184条第1项前段所保护的,限于权利,不及于一般财产上利益(纯粹财产上损害、纯粹经济上损失)。一般财产上利益仅能依"民法"第184条第1项后段或第2项规定受到保护。例如甲挖断乙的电缆,致丙证券公司不能营业受有损害,在此情形,乙的所有权受到侵害,得依"民法"第184条第1项前段向甲请求损害赔偿;丙所受的是纯粹财产上不利益,须证明甲系故意以悖于善良风俗的方法致加损害,始得依"民法"第184条第1项后段规定请求损害赔偿。立法者所以作此"区别性的权益保护",系鉴于一般财产损害范围广泛,难以预估,为避免责任泛滥,特严格其成立要件,期能兼顾个人的行为自由。权益区别性的保护系侵权行为法上的核心问题,表现于不同的保护强度(预防、不作为请求权、"民法"第184条的适用及慰抚金),图示如下,俾便参照(阿拉伯数字为"民法"条文):

权益 ＼ 保护强度		不作为请求权	侵权行为		
			第184条第1项	损害赔偿	慰抚金
人格权	生命	第18条第1项	前段	第192条	第194条
	身体			第213、193条	第195条第1项
	健康			第213、193条	第195条第1项
	名誉			第213条	第195条
	自由			第213条	第195条第1项
	姓名			第19、213条	第195条第1项
	信用、隐私、贞操、重大侵害其他人格利益			第213条	第195条第1项：民法修正
身份权	违反婚约、离婚			第213条	第979、999、1056条
	父母、配偶、子女身份法益		前段	第213条	第195条第2项：民法修正
物权		第767条	前段	第213条	
债权			前段? 后段?	第213条	
纯粹经济损失			后段	第213条	

二、社会规范的机制：市场、社会道德及政治

"民法"第184条规定了三种侵权行为类型，乃三个不同的社会规范机制[1]：

（1）就"民法"第184条第1项前段言，系经由"市场"而为规范，即由个人决定是否从事某种社会经济活动，而负担因故意或过失不法侵害他人权利的责任。

（2）就"民法"第184条第1项后段言，乃经由社会道德而为规范，以维持社会伦理秩序。

（3）就"民法"第184条第2项言，则系接轨于经由立法（或政治）制定保护他人法律而规范人的行为。

三者之中以"民法"第184条第1项前段规定居于重要地位，凸显市场规则两项机能：（1）决定应受保护的"权利"范围。（2）确立"过失"的判断基准，使市场活动有较明确的"行为规范"，在此具体化的过程中，法

---

① Brüggemeier, Deliktsrecht, Rn. 84 ff. , 790 ff. , 839 f.

官担负着重要任务。

实务上的案件亦反映着"民法"第 184 条三个侵权类型所规范的对象。就公布的判决言,适用"民法"第 184 条第 1 项前段的案件最多,包括车祸、工业灾害、公害、商品缺陷、医疗事故、盗卖股票等,尤其是涉及言论自由与人格权保护。违反保护他人法律的案件次之,其中以违反道路交通安全法规较为常见。故意以悖于善良风俗加损害案件的亦属不少。侵权行为案件的统计分析,有助于更进一步了解法律的规范功能及社会发展,具有重要意义,应值重视。

第四款 "最高法院"见解

一、三个独立侵权行为类型系学说及实务的共识

"民法"第 184 条源自《德国民法》的第 823 条及第 826 条规定,一般侵权行为系由三个独立侵权行为所构成,系学说上的基本共识①,并以权利与利益的区别为基础。实务上亦采此见解,"最高法院"2000 年台上字第 376 号判决谓:"按因故意或过失不法侵害他人之权利者负损害赔偿责任,故意以悖于善良风俗之方法加损害于他人者亦同,民法第 184 条第 1 项定有明文。本项规定前后两段为相异之侵权行为类型。关于保护之法益、前段为权利,后段为一般法益。关于主观责任,前者以故意过失为已足,后者则限制须故意以悖于善良风俗之方法加损害于他人,两者要件有别,请求权基础相异:诉讼标的自属不同。"②

---

① 参见史尚宽:《债法总论》,第 109 页(列表);郑玉波(陈荣隆修订):《民法债编总论》,第 175 页;孙森焱:《民法债编总论》,第 205 页。

② 参见"最高法院"2000 年台上字第 2560 号判决:"故意或过失不法侵害他人之权利者,负损害赔偿责任,故意以悖于善良风俗之方法加损害于他人者,亦同,民法第 184 条第 1 项定有明文。本项规定前后两段为相异之侵权行为类型。关于保护之法益,前段为权利,后段为权利以外之其他法益。关于主观责任,前者以故意过失为已足,后者则限制故意以悖于善良风俗之方法加害于他人,两者要件有别,请求权基础相异,诉讼标的自属不同。查上诉人嘉丰利公司允许未具营造资格之上诉人杨○智等合伙以其名义承揽系争工程,则所谓备牌,且未尽善良管理人注意义务监督工程施作,而偷工减料,损害被上诉人利益,为原审确定之事实。则被上诉人请求上诉人嘉丰利公司与上诉人杨○智等负连带赔偿责任,究竟系以何侵权行为之请求权为基础?原审未诚意析其理由,乃谓上诉人嘉丰利公司系过失或以悖于善良风俗为损害于他人应与上诉人二人负共同侵权行为责任,自有可议。"最近裁判,参见"最高法院"2012 年台上字第 496 号、2011 年台上字第 2092 号、2011 年台上字第 1314 号、2011 年台上字第 1012 号等判决。

二、违反婚姻诚实义务(通奸)在侵权行为法上的保护:"最高法院"
1966 年台上字第 2053 号判例

(一)"最高法院"见解

"最高法院"1966 年台上字第 2053 号判例谓:"民法第 184 条第 1 项前段规定,以权利之侵害为侵权行为要件之一,故有谓非侵害既存法律体系所明认之权利,不构成侵权行为。惟同法条后段规定,故意以悖于善良风俗之方法加害于他人者,亦同。则侵权行为系指违法以及不当加损害于他人之行为而言,至于侵害系何权利,要非所问。而所谓违法以及不当,不仅限于侵害法律之权利,即违反保护个人法益之法规,或广泛悖反规律社会生活之根本原理的公序良俗者,亦同。通奸之足以破坏夫妻间之共同生活,而非法之所许,此从公序良俗之观点可得断言,不问所侵害系何权利,对于配偶之他方应构成共同侵权行为。婚姻系以夫妻之共同生活为其目的,配偶应互相协力保持其共同生活之圆满安全及幸福,而夫妻互守诚实,系为确保其共同生活之圆满安全及幸福之必要条件。故应解为配偶因婚姻契约而互负诚实之义务。配偶之一方行为不诚实,破坏共同生活之圆满安全及幸福者,即为违反因婚姻契约之义务,而侵害他方之权利。"

(二)分析讨论

前揭判例在理论及实务具有重要性,分四点加以说明:

(1)本件判例以简要文字综合说明"民法"第 184 条的构造,即以违法性区别权利及利益的保护。应提出的是,判决理由所谓:"侵权行为系指违法及不当加损害于他人之行为。"其所称"不当"应有商榷余地。在台湾地区,侵权行为法只有违法性,并无不当的概念或要件。史尚宽先生谓:"民法第 184 条第 1 项后段,故意以悖于善良风俗加害于他人,乃指广义之违法性而言。原来悖于良俗,只是不当,并非不法。惟与故意加害结合,始等于不法,而带有违法性。"纵采此见解,亦不能认为于违法性外尚有"不当"的概念,而将违法性与"不当"并列。前揭判例所谓"不当",宜予删除。

(2)本件判例区别"民法"第 184 条第 1 项前段、后段,但未明确指明其所保护的权益。诚如"最高法院"所云,受保护的权利不限于既存法律所明认者,权利是一个发展中的概念,得由判例学说加以形成创造。但

"民法"第184条第1项（前段或后段）所保护的权利，应限于具有支配性及排他性的绝对权利（如物权、人格权等），相对权虽称为权利（如债权），不具支配性及排他性，仅能依"民法"第184条第1项后段规定而受保护。

（3）本件判例的目的在于肯定与有配偶之人相奸时，系侵害他人配偶的权利，而将配偶因婚姻而互负诚实之契约上的相对义务，予以绝对化，而受"民法"第184条第1项前项的保护。此在解释适用上仍有研究余地：

相对的契约上义务，如何得以绝对化为一种权利？

因过失不知相奸者系有配偶时，得否成立侵权行为？

（4）关于婚姻关系的保护。"刑法"第239条规定有通奸罪："有配偶而与人通奸者，处一年以下有期徒刑。其相奸者亦同。""司法院"释字第554号解释认为，此为保护婚姻、家庭制度及社会生活所必要，并不违宪。准此以言，在"民法"上认为通奸系悖于善良风俗，加损害于他人，而有"民法"第184条第1项后段的适用，亦有所据。准此以言，将婚姻上契约义务加以权利化，应非妥适。

三、违反保护他人法律与纯粹财产损害："最高法院"2004年台上字第381号判决

（一）"最高法院"见解

"最高法院"2004年台上字第381号判决谓："按民法第184条第1项规定之侵权行为。系指违法及不当加损害于他人而言，至于受侵害者系何项权利，要非所问。所谓违法及不当，非仅限于侵害法律明定之权利，即违反保护个人法益之法规，或广泛悖反规律社会生活根本原理之公序良俗。亦均属之，此观同条第2项之规定自明。因建筑改良物类皆价格不菲，又必关涉使用者之人身安全，故建筑法第39条、第87条分别规定：起造人于兴建时，应依照核定工程图样及说明书施工，如有违反，应受处罚，俾建筑改良物得以具有一定质量目的之法律，起造人如有违反，致建筑改良物发生损害者，即应对建筑改良物所有人负侵权行为之损害赔偿责任。且此所谓损害，不以人身之损害为限，建筑改良物应有价值之财产损害，亦包括在内。本件系争房屋因柱心轴线偏离，致有'柱角前后、左右方向倾斜及水平差异沉陷'等瑕疵，为原审合法认定之事实，则上诉人主张起造人广合公司违反建筑法之保护他人规定，应负侵权行为损害赔

偿责任,揆诸首揭说明,尚非全然无据。原审竟为相反认定,已有适用法规不当之违法。"

（二）分析讨论

本件判决亦具重要性。就建筑物改良的瑕疵,起造人对建筑物所有人(或第三人)的人身及财产损害,应否依"民法"第 184 条第 2 项规定负侵权责任? 分两点说明:

（1）本件判决理由的基础系参照"最高法院"1966 年台上字第 2053 号判例,请参照前揭说明。

（2）本件判决认定"建筑法"第 39 条及第 87 条系"民法"第 184 条第 2 项所称保护他人之法律。值得研究的是,其所保护权益是否包括人身损害(权利),又所谓财产利益究指财产权(所有权),抑或纯粹经济损失,将于相关部分再为讨论(本书第 360 页)。[1]

四、非关于权利之利益(纯粹经济损失)的保护:网开一面

关于"民法"第 184 条所规定侵权行为的结构,史尚宽曾作如下评论:或以为依"民法"规定,苟侵害之客体为权利以外之利益,则不足构成侵权行为,似未免太狭。在"民法",明承认各种个个人格权,较之德国民法、日本民法权利之范围,虽已为广泛,而违背良俗加害之行为,其被侵害客体得为个人一切之利益,始有应用自如之妙。所违法者,仅为因过失而侵害非关于权利之利益,然此不失为网开一面,其例亦不多见。[2] 所谓非关于权利之利益,指纯粹经济损失而言,其为立法者网开一面的,因社会经济发展,其例增多,不但成为争议问题,尚且被用来检视侵权行为法的结构及其规范功能。

第五款　请求权基础思考方法[3]

（1）甲、乙二人多年来为网球比赛的搭档,屡获大奖。乙遭丙驾车撞伤后不能再从事该项运动,甲得否就其不能参赛、获得补助及奖

---

① 意旨相同判决,参见"最高法院"2003 年台上字第 2406 号判决。学说上深入的评释参见刘昭辰:《侵权行为体系上的"保护他人之法律"》,载《月旦法学杂志》第 146 期,第 232 页。

② 参见史尚宽:《债法总论》,第 108 页。

③ 参见拙著:《民法思维——请求权基础理论体系》,北京大学出版社 2009 年版。

金的损失,向丙请求损害赔偿?[1]

(2) 某甲于乙信用合作社开立甲种活期存款户,乙信用合作社未依法定准则规定征信加以审查。甲签发支票向丙购物,支票不能兑现,丙就其所受损害得否向乙信用合作社请求损害赔偿?

第一项　三个请求权基础

须再强调的是,"民法"第184条规定了三个独立侵权行为类型,作为被害人,得据以向加害人请求损害赔偿的规范基础(请求权基础),得发生竞合关系。三者的成立要件不同,因此在处理具体案例时,应分别检查各个请求权基础而为认定,兹举四例加以说明:

(1) 性侵未满16岁女童:甲对未满16岁女童为性交,系故意不法侵害乙女的人格权(身体、名誉、贞操,第184条第1项前段)。此项加害行为系故意以悖于善良风俗加损害于他人(第184条第1项后段),并违反保护他人的法律(第184条第2项,"刑法"第227条)。

(2) 故意购买盗赃物:乙盗丙的古董,甲故意自乙处购买该古董,甲系不法侵害丙的所有权(第184条第1项前段),故意以悖于善良风俗加损害于他人(第184条第1项后段),并违反保护他人的法律(第184条第2项、"刑法"第349条)。

(3) 挖断电缆:甲开掘地道,挖断乙电力公司的电缆,致丙餐厅不能营业,受有损失。在此情形,对乙而言,甲系过失侵害其所有权(第184条第1项前段);对丙而言,其被侵害的不是权利,而是纯粹财产损害,无"民法"第184条第1项前段的适用。甲非故意以悖于善良风俗加损害于丙,不符"民法"第184条第1项后段的规定。又在现行法上查无保护丙不受此种侵害的法律,"民法"第184条第2项的要件亦不具备。故丙对甲不得依"民法"第184条第1项前段、后段或第2项规定请求损害赔偿。

(4) 伤害网球比赛搭档:在前揭例题(网球比赛搭档案),甲因球赛搭档乙遭丙驾车撞伤,致不能出赛,其所受不能参赛、领取补助金及奖金等损失,非属权利受侵害,乃纯粹经济损失,不能依"民法"第184条第1项前段或后段请求损害赔偿。

---

[1]　此例参照德国联邦法院 BGH NJW 2003, 1040 判决。需说明的是,德国联邦法院(Bundesgerichtshof)系审理民、刑事案件的最高法院,故又有译为德国联邦最高法院。

第二项　空头支票案

一、"最高法院"1962 年台上字第 1107 号判决①

关于"民法"第 184 条所规定请求权的检查,实务上有一个案例,有助训练请求权基础的思考方法,深具启示性。"最高法院"1962 年台上字第 1107 号判决谓:"损害赔偿之债,以有损害之发生及有责任原因之事实,并二者之间有相当因果关系为其成立要件,本院著有判例(1941 年上字第 18 号)。本件上诉人主张被上诉人对于诉外人唐中文开立甲种活期存款户,领用空白支票,未依银行业及信用合作社甲种活期存款处理准则规定加以调查,致被其以未经核准营业登记之中华鱼类食品工业股份有限公司名义开立存户,领用空白支票,因得以开户发空头支票向上诉人骗取货物,指被上诉人为共同侵权行为人,请求赔偿上诉人因该项空头支票 4 张共面额 14930 元(新台币下同)之损害。原审综合全辩论意旨,斟酌证据调查之结果,以被上诉人因唐中文偕同该管县政府合作社主任李运芳前往开户,李运芳曾调查唐中文确有申请营业并经营加工厂之事实,并无共同侵权行为可言,唐中文开户后曾签发支票 5 张均经兑现,其中一张面额 1650 元,即为另行交付上诉人之已获兑现者,均为上诉人所不否认,足见上诉人受损害原因之唐中文签发空头支票事实,与被上诉人准许唐中文开立存户之行为,其间并无相当之因果关系,因而废弃第一审判决,改判上诉人败诉,于法尚无不合。上诉论旨,仍以被上诉人不应准许唐中文开户,致其受空头支票之损失,为不服之理由,殊非足采。"

二、分析讨论

(1)本件上诉人(甲)以被上诉人(乙)未依银行业及信用合作社甲种活期存款处理准则加以调查,准许诉外人开户签发空头支票,致其受有损失,认为乙应负共同侵权行为责任。共同侵权行为的成立,须各加害人具备"民法"第 184 条规定一般侵权行为的要件。"民法"第 184 条系以"区别性权益保护"为其规范基础,因此应先认定原告之何种权益受到侵害,作为探寻请求权基础的出发点。

---

① 《"中华民国"裁判类编:〈民事法〉》(七),第 101 页。

（2）"最高法院"认为，上诉人受损害原因之唐中文签发空头支票事实，与被上诉人准许唐中文开立存户之行为，其间并无因果关系，故不成立侵权行为，并未指明何种请求权基础。实则，关键问题不在于因果关系。如采此见解，则诉外人唐中文开户后签发的支票均未兑现时，被上诉人准其开户的行为，是否具有因果关系，应否肯定其因果关系而成立侵权行为？

（3）真正的问题在于受侵害的权益及其在"民法"第184条的适用。唐中文签发空头支票向上诉人骗取财物，上诉人所受的侵害，是支票不能兑现而受的损失，属纯粹财产上损害（纯粹经济上损失），故上诉人不能主张"民法"第184条第1项前段。又上诉人亦不能依同条第1项后段请求损害赔偿，因被上诉人并无故意以悖于善良风俗方法致加损害于上诉人。须强调的是，"民法"第184条第2项亦无适用余地，因银行业及信用合作社甲种活期存款处理准则乃在维护金融秩序，而非在于确保支票的兑现，非属所谓保护他人之法律。若金融业者须就空头支票负侵权责任，其范围将漫无边际，势难负担而无法经营。

第三项　侵权行为法的核心问题："最高法院"判决的整理

"民法"第184条规定的一般侵权行为，区别受保护的法益，建构了三个类型的规范体系：（1）权利侵害（第184条第1项前段）。（2）悖于公序良俗侵害他人（第184条第1项后段）。（3）违反保护他人之法律（第184条第2项）。此系侵权行为法最根本的核心问题，鉴于其重要性，特整理"最高法院"最近裁判如下，查其内容多同于本书所采见解：

一、究明请求权基础的必要

"最高法院"2011年台上字第1314号判决："按因故意或过失不法侵害他人之权利者，负损害赔偿责任；故意以悖于善良风俗之方法加损害于他人者亦同；违反保护他人之法律，致生损害于他人者，负赔偿责任，民法第184条第1项、第2项前段分别定有明文。依此规定，侵权行为之构成有三种类型，即因故意或过失之行为，不法侵害他人权利，或因故意以悖于善良风俗之方法加损害于他人之一般法益，及行为违反保护他人之法律，致生损害于他人，各该独立侵权行为类型之要件有别。此于原告起诉时固得一并主张，然法院于为原告请求有理由之判决时，依其正确适用法律之职权,自应先辨明究系适用该条第 1 项前段或后段或第 2 项规定,再就适用该规定之要件为论述,始得谓为理由完备。查原判决凭认上诉人应负侵权行为责任,先则认定上诉人为船舶所有人,依修正前'海商法'第 106 条及'船舶法'第 23 条、第 31 条、第 50 条规定,应依'民法'第 184条规定负责;继又曰:上诉人对船长及船员有选任监督之权,依'民法'第188 条应负雇用人之连带责任;再改称:系争船舶水密性违反保证质量,为上诉人执行职务之受雇人犹以之出佣,违反保护他人之法律云云。究竟三种侵权行为类型均兼具,或仅指其中一、二种类型? 似有未明。原审未予厘清并逐一叙明,已嫌疏略。"

二、明确认定被害客体究为权利或利益

"最高法院"2011 年台上字第 943 号判决:"'民法'第 184 条第 1 项前段所保护之客体为权利,后段所保护之客体为权利以外之利益。所谓权利乃得享受特定利益之法律上之力,利益系指私人享有并为法律(私法体系)所保护,尚未赋予法律之力者而言。权利本质上亦属于利益之一种,二者之观念随时代变迁及社会需求而相互流通发展,原难有一绝对之划清界线。权利与利益并均为法律上之概念,必须经由法律上之评价始能加以判断,与单纯之事实认定未尽相同。因此,被害之客体究为权利或利益? 应就当事人主张之原因事实加以法律上之评价后定之,而非以当事人所主张之名称为准。……本件被上诉人既在第一审提起附带民事诉讼时主张:其因上诉人之侵权行为致无法取得原应分配之房屋所有权,应由上诉人赔偿损害云云,并表明依据'民法'第 184 条第 1 项及第 215 条之规定请求,复于原审言词辩论时表明其请求权基础为侵权行为损害赔偿请求权,及主张:上诉人伪造文书之行为导致被上诉人登记为起造人之权利受到损害,在建物完成后,无法登记为所有人等语,则原审探求被上诉人之真意,就被上诉人主张其受侵害之客体评价为利益(即学说上所称之纯粹经济上损失),并在被上诉人所陈述之原因事实及表明之诉讼标的范围内,经由两造为辩论后,适用'民法'第 184 条第 1 项后段作为判决之依据,而非径行援用上诉人所不及知之法律与诉讼数据作为裁判基础,致有丧失适当程序权保障之情形,核与上述'法官知法''法律属于法院专门'之原则并无违背,自不生突袭性裁判或诉外裁判之问题。"

三、"民法"第184条第1项前段所保护的法益限于权利，不包括纯粹经济损失

（一）贷款无法清偿

"最高法院"2011年台上字第2092号判决："侵权行为保护之客体主要为'民法'第184条第1项前段所定之被害人固有利益，该项前段所保护之法益限于权利，而不及于学说上所称之纯粹经济上损失或纯粹财产上损害。上诉人请求赔偿之损害为因系争贷款无法受偿造成高雄企银之损失，乃属纯粹经济上损失，并非'民法'第184条第1项前段所保护之客体，上诉人主张被上诉人应负侵权行为连带损害赔偿责任，并无可采。"

（二）瑕疵给付之财产损失

"最高法院"2012年台上字第496号判决："侵权行为保护之客体，主要为被害人之固有利益（又称持有利益或完整利益），'民法'第184条第1项前段所保护之法益，原则上限于权利（固有利益），而不及于权利以外之利益，特别是学说上所称之纯粹经济上损失或纯粹财产上损害，以维护民事责任体系上应有之分际，并达成立法上合理分配及限制损害赔偿责任，适当填补被害人所受损害之目的，故该条前段所定过失侵权行为之成立，须有加害行为及权利受侵害为成立要件。……又新○公司仅与台○公司间有委托制造契约而交付水管供台○公司施工，与上诉人间并无契约关系且未对上诉人为任何交付行为，纵交付台○公司凭以施工之水管有瑕疵，致上诉人须抽换水管而支付费用，上诉人亦仅受纯粹经济上损失或纯粹财产上损害，尚难认其权利受有如何损害。新○公司自不构成'民法'第184条前段所定过失侵权行为责任。"

第二章 "民法"第184条第1项前段

——故意或过失不法侵害他人之权利

第一节 侵权行为的三层结构

19岁之甲骑机车超速撞伤路人乙,乙住院治疗期间,支出医疗费用、收入减少、名贵手表被盗、家中珍奇兰花枯死,致身心痛苦。试就此例说明侵权行为的结构及其成立要件。

第一款 侵权行为的三层结构

"民法"第184条第1项前段规定:"因故意或过失不法侵害他人之权利者,负损害赔偿责任。"旨在宣示过失责任原则。至其成立要件,通说认为须具备者有六:(1) 须有加害行为;(2) 行为须不法;(3) 须侵害他人之权利;(4) 须致生损害;(5) 须有故意或过失;(6) 须有责任能力。前四者为该行为的状态及其所造成结果的问题,属客观要件;后二者乃行为人本身主观方面的问题,属于主观要件。[①] 此等要件在结构上可归纳为事实要件(Tatbestand,构成要件)、违法性(Rechts-widrigkeit)及有责性(故意、过失;责任能力),是为侵权行为的三层结构(Dreistufigkeit des Deliktsaufbau)。[②]

---

① 参见郑玉波:《民法债编总论》,第164页;史尚宽:《债法总论》,第106页;孙森焱:《民法债编总论》,第205页;黄立:《民法债编总论》,第251页。

② Larenz/Canaris, Schuldrecht II/2, S. 362 f.;Deutsch/Ahrens, Unerlaubte Handlung und Schadensersatz, S. 6 f.

此项理论源自绝对权的概念及受刑法理论的影响①，体现于"民法"第184条第1项前段"因故意或过失不法侵害他人之权利"规定的文义。又须注意的是，侵权行为的三层结构亦适用于"民法"第184条第1项后段（故意以悖于善良风俗之方法加损害于他人）、第184条第2项（违反保护他人之法律）。

第二款　"民法"第184条第1项的成立要件

兹以一例说明基于侵权行为三层结构所建立的"民法"第184条第1项前段的成立要件。例如，19岁之甲骑机车过失撞伤路人乙，乙住院医治期间，名贵手表被盗、家中兰花枯死，兹参照此例，将"民法"第184条第1项前段的要件，图示如下：

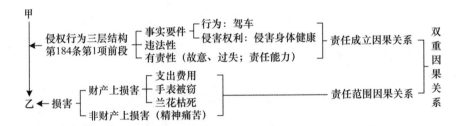

（1）在侵权行为结构上居于最底层的是事实要件，应先予以检查认定。事实要件指侵害他人之权利的行为而言，如驾车撞伤路人，其要件因素包括行为、侵害权利及因果关系。行为与侵害权利之间的因果关系称为责任成立因果关系，侵害权利与因此所生损害（如医药费、手表被窃、兰花枯死）之间的因果关系，称为责任范围因果关系（关于此两种因果关系的详细说明，详见本书第230页）。

（2）应认定的是侵害的违法性。事实要件一旦具备，如侵害他人生命、身体、健康或所有权时，通常即可认定其违法性（德国法上称之为indizieren），故在违法性层次上所要检查的是有无阻却违法事由存在，加害

---

①　Brüggemeier, Haftungsrecht, S. 42 f. 关于刑法理论，参见苏俊雄：《刑法总论Ⅰ》，第10页以下；陈志龙：《开放性构成要件理论——探讨构成要件与违法性之关系》，载《台大法学论丛》第21卷第1期，第141页。

人对此应负举证责任。须注意的是,侵害名誉、隐私等人格权时,因此类权利未具明确的保护范围,违法性须就个案依利益衡量加以认定。

在侵权行为结构上属于最上层的是故意或过失,并涉及责任能力问题。故意或过失系就特定事实要件(侵害权利行为)加以判断,侵害行为不具备事实要件或不具违法性时,无进一步检查其有无故意或过失的必要。

前述侵权行为的三层结构在逻辑上具有一定次序的关联。须先有符合事实要件的行为,接着判断该当行为是否违法,其后再就具违法性的行为认定其有无故意或过失。此项结构分析有助于认识违法性与故意、过失(有责性)的区别。前者系就行为作法律上无价值的判断,后者系对行为者的非难。此在法律适用上请求权基础的检查具有实益。倘认定某特定行为不符合事实要件时,即无须再检查其违法性或故意过失。例如甲问路于乙,乙误告方向,致甲耗费车资,徒劳往返时,乙并未侵害甲的权利,事实要件既不具备,不生违法性或故意、过失的问题。

第二节 行为:作为与不作为

第一款 行为的意义及自己行为责任

甲财团法人医院医生乙对丙妇输血,血中含有病毒,丙妇怀孕后,再传染给胎儿丁。试问丁得否依"民法"第184条第1项前段规定向甲或乙请求损害赔偿?

一、行为的意义

侵权行为,顾名思义,须有侵害他人的"行为"。所谓行为,系指受意思支配、有意识之人的活动,例如言语、驾车、散步、手术开刀、经营 KTV、卖卤肉饭等。侵权"行为"通常系企图发生某种效果,如故意驾车撞人,无权处分他人之物,但不以此为必要,如做甩手动作时打破花瓶、射击飞鸟误中路人,亦属行为。无行为能力人或限制行为能力人亦得为行为,如受监护宣告之人驾车肇事,8 岁孩童投石伤人。其不受意思支配、无意识的举止动作,则非属行为,如梦中骂人,驾车时因中风肇事,受药物控制或催眠而毁损物品等。行为之侵害他人的权利,得为直接或间接,乙医生对丙妇输血,血液含有病毒(直接侵害),丙妇怀孕后,再传染给胎儿丁时,侵害虽属间接，仍得成立侵权行为（参阅前揭例题）。又须注意的是，侵权"行为"是否存在，发生疑问时，应由被害人负举证责任。

二、自己行为责任原则

"民法"第184条的规定，在于宣示自己行为责任原则（或称个人责任原则），即行为人仅就自己的行为负责，对于他人的行为不负责任。所谓自己的行为，并不以自身的行为为必要，亦得借由他人或某物为之，例如利用不知情的人处分他人之物，驱狗咬人等。"民法"第188条规定的雇用人责任，基本上仍属自己行为责任，因雇用人系就自己选任或监督的过失而负责，惟其过失则由法律加以推定。

三、行为人及被害人

"民法"第184条第1项前段所称不法侵害"他人"之权利，系指自然人及法人。在加害人方面，实务上认为仅指自然人而言，并不包括法人在内。"最高法院"1991年台上字第344号判决谓：按"民法"第184条第1项规定侵权行为之两种类型，均适用于自然人之侵权行为，上诉人为法人尚无适用上述规定之余地。法人应依"民法"第28条及第188条规定负侵权责任。

第二款　作　　为

甲承租乙的房屋，租赁关系消灭后，甲继续占有，拒不迁出时，其侵害乙的所有权的行为究属"作为"，抑或"不作为"？

一、作为的意义与不作为的区别

行为可分为作为与不作为。作为指有所为，可由外部认识之，如手术、出版刊物、通奸、驾车撞人、绑架孩童、制造毒奶粉使之流入市场等。不作为指有所不为，如见亲友遭绑架，坐视不报警；孩童溺水，不加援手等。积极的有所为与消极的有所不为有时不易区分，若干行为乍视之下，似属不作为，但实乃作为，例如开车遇红灯未刹车而肇事，未刹车系"有所不为"，但此乃构成积极行为（驾车）过失的因素。医生关掉氧气筒，就其不继续供应氧气言，似属不作为，惟就其阻止供应氧气危害病患的生命言,应认系属作为。

二、实例分析:本权消灭后的无权占有

关于作为与不作为的区分,实务上有一个案例,可供参考。"最高法院"1994 年台上字第 710 号判决谓:张○英原占有该土地,虽系本于土地所有人(共有人)之地位,然自 1989 年 4 月 7 日起,既经其他共有人依土地法第 34 条之 1 规定,将之全部移转登记所有权予陈○飞等三人,张○英就该土地所有(共有)权即告消灭,而丧失继续占有之权源。陈○飞等三人于其请求张○英交付土地时,张○英犹"消极地"不迁出,系不法侵害其所有权之行使,其所受损害得请求张○英赔偿云云,衡诸侵权行为之成立,本不以积极行为为限,其因消极行为致他人于损害,且损害与消极行为间有相当因果关系者自亦属之(见"最高法院"1953 年台上字第 490 号、1954 年台上字第 371 号等判例)及张○英"消极的不自陈庆飞等三人买受之土地内迁出"之行为,致陈○飞三人所受不能使用、收益土地之损害之间,显有因果关系等情,陈○飞三人之请求,自属有理。

本案判决所称积极行为,指作为而言,消极行为指不作为而言。本于土地所有人(共有人)的地位占有共有物,系属有权占有。所有权消灭后,继续占有拒不返还,系侵害他人的所有权。问题在于其侵害"行为"究为作为或不作为。"最高法院"认系消极行为,乃着眼于其不迁出土地。惟本权既已消灭,仍继续占有,宜认为系以无权占有的积极行为侵害他人的所有权。

第三款 不 作 为

甲、乙等人在乌来娃娃谷烤肉,见路人丙掉落深谷,稍加援手即可脱险,坐视不管,并拿相机拍照留念。试问甲、乙等人,对丙的死亡是否构成侵权"行为",并说明其理由。①

一、道德与法律:好撒马利亚人

(一)好撒马利亚人(Good Samaritan)
因"作为"而侵害他人权利时,得成立侵权行为。至于"不作为",例

---

① 前日午后到乌来娃娃谷散步,天雨石滑,几掉落谷底,特设此例。

如邻宅失火,坐视不管;孩童落水,不加援手;登山者将掉入悬崖,不予警告;高血压者大吃烤肉,未加劝阻等,原则上并不构成侵权行为。何也?其乃基于个人主义思想,避免因此限制人的行为自由。又因果关系认定困难,亦属理由之一:孩童落水,旁观者众,谁要负责? 被告要问:为何找我? (Why pick me?)再者,"作为"制造危险,使人受害,"不作为"仅系因不介入他人事物而使其受益,不生损害内部化的问题(经济分析上的理由),二者在法律上的评价,应有不同。法律须禁止因积极行为而侵害他人,但原则上不强迫应帮助他人,而使危难相济的善行成为法律上的义务。

不作为所涉及道德与法律的关系,圣经路加福音第十章 25 节关于好撒马利亚人(Good Samaritan)的记载最具启示性。有一个律法师起来试探耶稣,说:"夫子! 我该做什么才可以承受永生?"耶稣对他说:"律法上写的是什么? 你念的是什么呢?"他回答说:"你要尽心、尽性、尽力、尽意爱主——你的神;又要爱邻舍如同自己。"耶稣说:"你回答的是:你这样行,就必得永生。"那人要表明自己有理,就对耶稣说:"谁是我的邻舍?"耶稣回答说:"有一个人从耶路撒冷下耶利哥去,落在强盗手中。他们剥去他的衣裳,把他打个半死,就丢下他走了。偶然有一个祭司(priest)从这条路下来,看见他就从那边过去了。又有一个利未人(Lerite)来到这个地方,看见他,也照样从那边过去了。惟有一个撒马利亚人(good Samaritan)行路来到那里,看见他就动了慈心,上前用油和酒倒在他的伤处,包裹好了,扶他骑上自己的牲口,带到店里去照应他。第二天拿出二钱银子来,交给店主,说:'你且照应他;此外所费用的,我回来必还你。'你想,这 3 个人哪一个是落在强盗手中的邻舍呢?"他说:"是怜悯他的。"耶稣说:"你去照样行吧。"好撒马利亚人显现着对悲惨垂死遭难者的怜悯,亲切和温暖的照顾,将崇高的道德标准表现到极点。但从法律的观点言,我们一方面仍应宽容祭司及利未人的无情;另一方面应认为好撒马利亚人怜爱受伤的人,乃个人道德的实践,不应成为法律强制的对象。①

(二) 好撒马利亚人与法律(Good Samaritan and the law)

好撒马利亚人涉及所谓纯粹不作为(Pure omission)即对处于危难者的救助。在此种情形,原则上不使旁观者(bystander)负有法律上的救助义务,其理由前已说明。《德国刑法》第323条虽明定处罚不作为的救助(unterlossene Hilfeleistang),但实际案例甚少;通说认为,此项规定非属《德国民法》第823条第2项的保护他人的法律不发生侵权责任。《法国刑法》第223条第6项规定,对处于危难之人能为救助,且其救助不危害自己而不为救助者,得处以5年以下徒刑或75 000欧元的罚金;此项刑事犯罪,并得构成《法国民法》第1382条的过失(faute),而负侵权责任,但实务案例仍属不多。又在英国普通法,旁观者对处于危难之人,不负有救助义务,则如医生路经某处,遇交通事故受害人而不为救助,并不构成过失侵权行为,甚至在轻易可为救助(easy rescue)的情形,例如见游客行走悬崖,举头观赏风景,不知已陷危境而不呼叫警告。② 须特别指出的是,在台湾地区,关于危难救助,"刑法"未设规定,原则上亦不成立侵权行为;其为救助时,得成立无因管理("民法"第172条)。③

不作为的侵权行为,多发生于因一定关系而使法院认定有积极行为义务的,其主要情形为:

(1) 意外事故的地点,尤其是庭院道路,例如清除屋顶积雪,修剪门前种植的老树枯枝。

(2) 控制危险之物,例如停车于斜坡,应为熄火,拔出钥匙。

(3) 加害人与被害人的关系,例如医生对于病人,主人对于客人,学

---

① 好撒马利亚人的行为涉及法律与道德的分界,系英美侵权行为法热烈讨论的问题,参见 Ratcliffe(ed.) The Good Samaritan and the Law (1966); J. G. Fleming, Law of Torts, p. 146. 不作为义务的扩张系侵权行为法的一项重要发展趋势,参见 Marschall S. Shapo, The Duty to Act: Tort Law, Power and Public Policy (1977); Zimmermann, The Law of Obligations, 1043 f.; Tony Honore, Are Omissions Less Culpable, in: Essays For Patrick Atiyah (1991), p. 31. 最近重要著作, Kortmann, Altruism in Private Law (2005). 关于不作为原则上不成立侵权行为的经济分析,参见 Posner, Economic Analysis of Law, (5th ed. 1998), p. 207.

② 关于德国、法国、英国法较的比较分析,van Dam, European Tort Law (2006), pp. 462-471.

③ 参见拙著:《债法原理》(第二版),北京大学出版社2013年版,第308页。

校对于学生,游览公司对于乘客的安全注意义务。[①]

如何斟酌此等因素,由法律规定或法院认定积极作为的义务,各国法律不尽相同[②],下面就台湾地区侵权行为法加以说明。

二、不作为之成立侵权"行为"

(一) 积极作为义务的违反

1. 积极作为义务

不作为之成立侵权"行为",须以有作为义务的存在为前提,此有基于契约,即因契约而负担作为义务而不作为,如保姆见婴儿吞食玩具而未予阻止;雇主见受雇人受伤,生命垂危,不送医救治。亦有基于法律:如"民法"1084 条第 2 项规定,父母对于未成年子女,有保护及教养之权利义务。学说上尚有认为除契约或法律外,即依公序良俗而有作为义务者亦属之。[③]

须特别提出的是,基于侵权行为法旨在防范危险的原则,发生所谓的社会安全注意义务(交易往来安全义务,Verkehrspflicht)(关于 Verkehrspflicht 较详细的说明,参阅本书第 316 页),而有从事一定作为的义务,其主要情形有三:

(1) 因自己的行为致发生一定结果的危险,而负有防范义务。例如驾车撞人,纵无过失亦应将伤者送医救治;挖掘水沟,应为加盖或采取其

---

① 关于对第三人的警告义务,美国法有一个著名案件(Tarasoff v. Regents of the University Califonia, 17 Cal. 3d 425; 551 P. 2d 334; 131 Cal. Rptr. 14 [1976]),甚具研究价值。加州大学医院的心理医生在诊治某病患时,知悉其有杀害某人的计划,虽交请校园警察暂时留置,但以无特殊异样而释放。两个月后,该病患杀死该人,被害人的父母诉请加州大学损害赔偿,加州最高法院认为心理医生在诊断中发现其病患有杀人计划时,负有对被害人适时为警告的义务。参见 Rosenbelin et al., Warning Third Parties, 24 Pacl. J. 1165 (1993).

② 比较法上值得注意的是欧洲侵权行为法原则(Principles of European Tort Law)4:103,提出了如下概括规定:A duty to act positively to protect others from damage may exist if law so provides. Or if the actor creates or controls a dangerous situation, or when there is a special relationship between parties or when the seriousness of the harm on the one side and the easy of avoiding the damage on the other side point towards such a duty.

③ 参见郑玉波(陈荣隆修订):《民法债编总论》,第 165 页;孙森焱:《民法债编总论》,第 206 页。值得注意的是,"最高法院"1954 年台上字第 371 号判例谓:"证人依法作证时,未为某项之陈述,致当事人未受有利之判决,与因消极之行为,致他人受有损害之侵权行为,难谓为相同。"孙森焱氏谓:"证人有据实陈述之义务,如与当事人之一方串通,不为真实之陈述,以致法院形成不实之心证,为不利于他方当事人之认定时,似不妨成立侵权行为。"(参见《民法债编总论》,第 250 页注 3。)

他必要措施。

（2）开启或维持某种交通或交往等活动。例如寺庙佛塔楼梯有缺陷,应为必要警告或照明;在自宅庭院举办选举造势酒会,应防范腐朽老树压伤宾客。

（3）因从事一定营业或职业而承担防范危险的义务。例如百货公司应采必要措施维护安全门不被阻塞。

2. 应召女郎火灾丧生旅馆案

关于不作为在何种情形,得构成侵权行为,"最高法院"1969年台上字第1064号判决,可供研究。本案上诉人因家贫以周女为娼,艰苦维持生计,周女某晚在新台北饭店应召陪宿于七楼706号房,是晚竟发生火灾,走避无路,从七楼坠楼至四楼阳台,呼救无人,遂从四楼跳下重伤致死,该七楼服务生不遵守服务规则,擅自入睡,起火时未挨房通知各房客逃生,电话总机值班人员未以电话通知发生火警,均有业务上过失。上诉人主张新台北饭店股份有限公司即其法定代理人应依"民法"第188条第1项规定,负连带赔偿责任,"最高法院"谓:"按不作为应负责侵权行为责任者,以依法律或契约对于受损害人负有作为之义务者为限,原审以上诉人之女周○○是日系应房客之召前来陪宿之私娼,而非报名登记之住客,已为上诉人所自承,显与饭店无任何关系。该饭店服务生以及电话总机值班人员于起火之际,无论曾挨房扣门,及以电话通知七楼而接不通,纵令无此作为,对于周○○亦不负业务上之过失责任。"①

本件判决深具启示性。需说明的是,不作为之须负侵权行为责任者,不应限于依法律规定或契约对于受害人负有作为义务之人。如前所述,从事某种业务或职业者亦应承担一定作为的义务。经营旅馆饭店,开启来往交通,引起正当信赖,对于进出旅馆,利用其设施之人,包括住宿客人的访客,进入旅馆准备订约者及其他之人,应注意防范危险的发生,如清除楼梯的油渍,维护电梯的安全,照明通往停车场的通道,尤其是于火灾、地震或其他事故时的通知协助。此项防范危险义务,应及于住宿旅客的来访妻儿、亲友,甚至应召女郎。不能认为KTV失火时,仅须通知与其有契约关系的客人,而不必告知其他宾客;医院失火时,仅须通知与医院有契约关系的病人,而不必告知陪伴的妻儿;百货公司失火时,仅须通知与

---

① 《侵权行为损害赔偿案例选辑》,法务通讯社印行1981年版,第13页。

其订有契约的顾客,而不必通知其他逛百货公司之人。

（二）不作为的因果关系:路灯年久失修漏电击毙黄牛案

不作为之成立侵权行为,亦须其与侵害他人权利之间有因果关系。申言之,倘若有所作为即得防止结果之发生,因其不作为乃致他人之权利受到侵害时,则不作为与权利受侵害之间有因果关系。"最高法院"1963年台上字第2769号判决谓:"上诉人接装之自备路灯,因年久失修,电线保养不善,发生漏电,并碰触电管处所设外灯线管,使电流外泄,致被上诉人所有黄牛一头触电倒毙。此种结果发生,在上诉人具有应注意并能注意而不注意之过失侵权行为,其间自有因果关系。虽上诉人以电管处或有过失为辩,但究难因此脱免上诉人本身应负之赔偿责任。"可资参照。①

三、救助者的侵权责任:玻璃娃娃案

（一）案例事实及法院见解

对于陷于困境危难之人,旁观者原则上不负援助的作为义务。值得提出讨论的,旁观者为援助时,应尽何种注意义务。2002年有一个关于所谓玻璃娃娃的判决引起争议,可作为讨论的基础。

在本件案例,有颜姓同学,就读某国中,患有先天性染色体异常,肢体重度残障,全身骨骼松软易碎,行动不便无法行走(即俗称玻璃娃娃)。2000年某月某日上体育课,因下雨更改教室,16岁陈姓学生抱负颜生下楼梯到上课地点之地下室,因地板湿滑,自楼梯跌倒,造成颜生头部受伤,颅骨破裂及四肢骨折,送医急救,不治死亡。问题在于陈生应否依"民法"第184条第1项前段,就颜生死亡负损害赔偿(关于法定代理人责任,

---

① 参见《"最高法院"裁判类编:〈民事法〉》(7),第747页。相关案例,参见"最高法院"1973年台上字第212号判决:"惟查:纵打破伤风针,非绝对不发生破伤风症,为原审依据'行政院卫生署',即台湾省立〇〇医院查复结果所认定,反之,不打破伤风针,非必发生破伤风症,此亦事理之必然,乃原审又谓:死者其后感染破伤风症,系如何感染,是否由于上诉人对死者之伤口未完全消毒所感染,抑或由于接骨医郑〇福另行敷用草药所感染,已无从究明,即两者皆有可能,是以不确定之原因而为发生确定结果(林〇忠死亡)之认定,自属矛盾,又消极行为与结果间能有因果关系者,须:(一)不作为人有防止结果发生之义务(依法令、契约或自己行为之结果而生之义务);(二)不作为与结果发生有相当因果关系。原审就此二点尚未究明,即认上诉人之不作为与林〇忠死亡之结果,有消极的因果关系,殊嫌率断。"(《侵权行为损害赔偿案例选辑》,法务通讯社,第16页。)

"民法"第 187 条）。关键问题在于陈生有无过失。本件历经三审,广受社会关注。①

台湾台北地方法院认为陈生系为发挥同学间彼此照顾美德,逝者已矣,生者仍须时受良心之谴责,衡诸当时下雨地滑应认定其已尽注意义务,并无过失,不负侵权责任。台湾高等法院则认定陈生欠缺一般人之注意义务,应负过失责任,不能因其热心好意而免其责任。

"最高法院"以原审未究明陈生应负一般人之注意义务的依据,及过失程度,而发回更审。

台湾高等法院更审判决认为:"陈生基于热心,主动负责单独抱负颜姓同学下楼梯,均系无偿之行为。按过失之责任,依事件之特性而有轻重,如其事件非予债务人以利益者,应从轻酌定,民法第 220 条第 2 项定有明文。本件既属无偿协助,得参酌上开立法之精神,自应从轻酌定陈生之善良管理人之注意义务。又按管理人为免除本人之生命、身体或财产上之急迫危险,而为事务之管理者,对于因其管理所生之损害,除有恶意或重大过失者外,不负赔偿之责,'民法'第 175 条定有明文。查陈生紧抱颜姓同学下楼,所穿鞋子印湿楼梯,致楼梯湿滑,同时滑落,显见其行为并无恶意或重大过失情形,自不负赔偿责任。"

（二）分析讨论

1. 救助者注意程度的减轻

在前揭玻璃娃娃案,被告陈姓同学,乐于助人,系好的撒马利亚人,故判决理由多使用道德用语,并出于一定政策（policy）考虑,即不愿使好的撒马利亚人负担侵权行为责任,而影响援助他人的善行,使类如玻璃娃娃之人不能获得必要的协助。因此必须降低自愿援助者的注意程度,诚如 Prosser 与 Keeton 所强调"……that the good Samaritan who tries to help may find himself mulcted in damages, while the priest and the Levite who pass by on the other side go on their cheerful way rejoicing. It has been pointed out often enough that this in fact operates as a real, and serious deterrent to the

---

① 台湾台北地方法院 2002 年重诉字第 2359 号判决、台湾高等法院 2004 年上字第 433 号判决、"最高法院"2005 年台上字第 2374 号判决、台湾高等法院 2006 年上更（一）字第 6 号判决。

giving of needed aid."①在台湾地区法上,亦应采取相同观点,从轻衡定援助者的注意程度。此项认定与"民法"第 220 条第 2 项规定无涉,盖其系针对债务不履行而言,不适用于侵权行为。

2. 侵权行为与无因管理

在本件,被害人得向救助者主张应负侵权责任,被害人亦得主张成立无因管理,即未受委任并无义务而管理他人事务("民法"第 172 条)。"民法"第 175 条规定:"管理人为免除本人生命身体或财产上之急迫危险而为事务管理者,对于因其管理所生之损害,除有恶意或重大过失外,不负赔偿责任。"此项关于紧急管理的规定得类推适用于侵权行为②,在类如玻璃娃娃案,其管理是否为免除本人身体的急迫危险,应就个案情形加以认定。

第三节　侵害他人的权利

第一款　权利与纯粹经济损失

某工厂排泄废油污染某海域,该地区的渔夫难以出海捕鱼,所捕之鱼皆遭污染,不能出售;海鲜餐厅多告歇业;旅馆住客率大降,出租车生意锐减。试问被害人得否依"民法"第 184 条第 1 项前段或后段规定,向该工厂请求损害赔偿?③

第一项　权　利

"民法"第 184 条第 1 项前段规定在于保护权利。所谓权利指私权而言,不包括公法上的权利在内。"最高法院"1973 年 2 月 20 日 1973 年度第一次民事庭庭长会议决议谓:"侵权行为以侵害私法上之权利为限,某甲因犯诈欺破产罪,使其应缴税捐机关之罚锾不能缴纳,系公法上权利受

---

① Prosser/Keeton, Law of Torts (1984), p.378.

② 参见拙著:《债法原理》(第二版),北京大学出版社 2013 年版,第 322 页。

③ 此例参考美国法上著名的重要案件 Union Oil Co. v. Oppen (501 F. 2d 558. 9th Cir. 1974),Epstein(Torts, p.605)及 Posner(Tort Law, p.458.)的注释,具高度的可读性,可供参考。

到损害,不能认系侵权行为,税捐机关不得提起附带民事诉讼,依侵权行为法则,请求损害赔偿。"①

私权指法律所赋予享受一定利益之法律上之力,包括人格权、身份权、物权及知识产权等。债权虽属私权,但是否为"民法"第184条第1项所称权利,尚有争论(本书第381页)。又应否创设"营业权"以扩大权利的保护范畴,亦值研究(本书第385页)。所谓"侵害他人之权利",指妨害权利的行使或享有。受保护之"他人",包括自然人和法人,胎儿以将来非死产者为限,关于其个人利益之保护,视为既已出生(第7条),亦属之。法人兼括公法人和私法人,并应扩张及于非法人团体,皆得享有非专属于自然人的权利(如名誉权、物权等)而受保护。

第二项 权利以外的利益:纯粹经济损失(纯粹财产损害)

"民法"第184条第1项前段既在于保护权利,其因权利被侵害而生的经济上损失或财产上不利益,如人身被侵害而支出的医药费,减少的收入,物被毁损而减少的价值或修缮费用等,被害人亦得请求损害赔偿。与"权利"被侵害应予区别的是利益,尤其是"纯粹经济损失"(pure economic loss)或"纯粹财产损害"(reines Vermögenscha-den)。② 所谓纯粹经济上损失指非因人身或物权等受侵害而发生的财产上损失。鉴于此项区别的重要性,试举两例说明如下:

(1)甲在高速公路上驾车违规撞到乙之车,乙之人伤车毁时,系甲侵害了乙的权利(身体权、健康权及所有权)。因车祸而肇致交通中断,丙

---

① "最高法院"1993年台上字第1852号判决谓:"大学、独立学院教师应具有学术著作在国内外知名学术刊物发表,或经出版公开发行,并经'教育部'审查其著作合格者,始得升等。大学、独立学院及专科学校教师审查办法,由'教育部'分别定之,'教育人员任用条例'第14条第2项、第4项定有明文。又依'大学法'第28条规定,大学设教师评审委员会,评审有关教师升等事项。自'教育部'依上开教育人员任用条例第14条第4项规定订颁之大学独立学院及专科教师审查办法第7条第2款前段规定,依本条例第18条(即教授应具有之资格规定)送审者,应缴交有关文件及著作,由学校教师评审委员会审核通过后报送本部,著作经送请学者专家二人至三人评审后,提交学审会常会审议决定。是评审会审议上诉人教授升等资格事项,系属公权力之行使,不构成民法上之侵权行为。"

② 纯粹经济损失是英美法的用语(pure economic loss),在比较法上广被使用,本书采之,其意义同于德国法上的纯粹财产损害(rines Vermögensschaden),为行文方便,常互用之。

等众多之人受困车阵不能上班,搭机出国观光,或延误订约交货所受的损失,则属纯粹的经济损失。

(2) 在工厂排泄废油事件,污染他人养殖的九孔鱼,系侵害他人的权利。渔夫不能外出捕鱼,海鲜餐厅歇业,KTV 生意锐减,出租车司机收入减少等,则属纯粹经济损失。

兹以下图表示权利受侵害与纯粹经济损失(权利以外的利益)的区别:

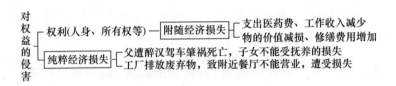

纯粹经济损失的保护是侵权行为法上立法及解释上的难题。涉及三个问题:

(1) 在利益衡量上,纯粹经济损失不能与人身或所有权同等并重。

(2) 如上举高速公路车祸及废油污染海域两例所示,纯粹经济上损失的范围,具有不确定性,即美国著名的法官 Cardozo 谓:"对不确定的人,于不确定期间,而负不确定数额的责任。"(Liability in an indeterminate amount for an indeterminate time to an indeterminate class.)①

(3) 纯粹经济上损失尚涉及侵权行为法与契约的规范机能。如何处理纯粹经济上损失因各国法律而不同,是近年来比较法上热门的研究题目,俟于本书第七章再作说明。

第二款　人　格　权

第一项　概说②

某甲以偷摄任职某文教机构之乙女的泳装照片,作为由其发行

---

①　Ultramares Corporation v. Touche, 255 NY. 170, 174 N. E. 441 (1931). 关于本件判决的评释,参见 Epstein, Torts, p.1290.

②　参见黄茂荣:《一般人格权及其保护》,载《军法专刊》第 45 卷第 3 期,第 1 页。

色情杂志的封面女郎,至为畅销,乙为雇主解聘,精神痛苦。试问乙的何种权利遭受了侵害？何谓一般人格权与特别人格权？乙得否向甲主张以下权利:(1) 销毁杂志照片。(2) 交付杂志畅销的利益。①(3) 支付使用此类照片通常应支付的对价。(4) 赔偿被解雇的财产上损失。(5) 支付精神痛苦的慰抚金。就请求权基础加以分析。

一、民法上的人格权及其个别化

人格权的保护是侵权行为法的基本任务,就历史发展过程而言,首重生命、身体、健康、自由,再扩张及于名誉、隐私。台湾民法对人格权的保护设概括规定,甚为周全。所谓人格权,指关于人的价值与尊严的权利,性质上是一种母权,衍生出个别人格权。"民法"第18条规定:"人格权受侵害时,得请求法院除去其侵害,有受侵害之虞时,得请求防止之。前项情形,以法律有特别规定者为限,得请求损害赔偿或慰抚金。""民法"第184条是请求损害赔偿(财产上损害及非财产上损害)的基本规定。关于慰抚金(非财产上损害的金钱赔偿),"民法"第194条就不法侵害他人致死,第195条原仅就侵害他人的身体、健康、名誉或自由,设有特别规定。"民法"第19条规定:"姓名权受侵害者,得请求法院除去其侵害,并得请求损害赔偿。"实务上认为,此亦属慰抚金请求权的特别规定。值得注意的是,为加强对人格权的保护,"民法"债编修正(1999年)第195条第1项规定:"不法侵害他人之身体、健康、名誉、自由、信用、隐私、贞操或不法侵害其他人格法益而情节重大者,被害人虽非财产上之损害,亦得请求赔偿相当之金额,其名誉被侵害者,并得请求恢复名誉之适当处分。"

二、德国法上人格权发展的比较研究

(一) 德国法上人格权的发展

台湾"民法"人格权的形成与发展,深受德国法的影响。而德国法的发展最能体现人格尊严与法律变迁,有助于更深刻了解人格权保护的基

---

① 此项问题涉及人格权的财产权性质,参见 Götting, Persönlichkeitsrechte als Vermögensrechte (1995);拙著:《不当得利》,北京大学出版社 2009 年版,第141页。

本问题。①

德国民法上的人格权系由特别人格权发展到一般人格权,在台湾侵权行为法上的研究,常提到德国民法上的一般人格权。按德国民法未设人格权一般规定,仅于"民法"第 12 条规定姓名权,性质上为一种绝对权(主观绝对的权利),系一种特别人格权(besonderes Persönichkeitsrecht)。《德国民法》第 823 条第 1 项规定:"故意或过失不法侵害他人的生命、身体、健康、自由、所有权或其他权利者,负所生损害的赔偿责任。"其所称生命、身体、健康、自由,系受保护的法益(Rechtgüter),并非权利,非属特别人格权。其属于特别人格权的除姓名权外,尚有 1907 年《著作权法》(Kunsturhebergesetz)所规定的肖像权(Recht am eigenen Bild)。第二次世界大战之后,德国于 1949 年制定《基本法》,联邦法院(Bundesgericht,BGH)乃基于《基本法》第 1 条、第 2 条关于人性尊严不得侵犯及个人自由发展其人格的权利的规定,创设了一般人格权(allgemeines Persönlichkeitsrecht),肯定其为《德国民法》第 823 条第 1 项所称"其他权利"。一般人格权的创设,旨在补德国法仅设若干特别人格权的不足,对人格利益作全面性的保护,具框架权(Rahmenrecht)的性质,针对各种侵害态样,经由案例的累积,形成了各种保护范围(Schuzbereich),尤其是关于隐私、名誉、信息自主的保护。

(二) 比较分析

台湾民法上人格权的形成及发展深受德国人格权法的影响,兹将二者的人格权利概念、构造及基本问题,分四点说明如下:

1. 人格权的保护

"民法"第 18 条明定人格权,具体化为个别人格权(人格法益,即生命、身体、健康、姓名、名誉、自由、信用、隐私、贞操等)。人格权为"民法"第 184 条第 1 项前段所称权利,侵害个别人格权时,当然构成对人格权(第 18 条)及"民法"第 184 条第 1 项前段所称权利的侵害。

2. 一般人格权与个别人格权

《德国民法》原无人格权的一般规定,法院实务创设一般人格权,旨

---

① 关于德国人格权的发展,详见拙著:《人格权法——法释义学、比较法、案例研究》,北京大学出版社 2013 年版,第 20 页以下。

在补人格权保护规范之不足,采取一种由特别人格权到一般人格权的发展方式。因二者的构成要件及法律效果不同,乃发生竞合问题,通说认为,一般人格权的构成要件不具补充性,特别规定具完整性时,不适用侵害一般人格权的规定。[1]

"民法"第18条对人格权设一般规定,"民法"第184条第1项前段所称权利包括人格权在内,不发生德国民法要创设一般人格权的问题。将"民法"第18条规定的人格权称为"一般人格权"乃在强调其为一种母权,衍生出各种个别人格权(人格法益),非谓人格权分为一般人格权或个别人格权两个类型。凡侵害个别人格权(如侵害名誉、肖像)时,均构成对人格权的侵害。

3. 人格权发展的三个核心问题

(1)慰抚金请求权的特别规定及一般化的发展动向。

(2)人格权的精神利益外,财产利益的承认及开展。

(3)人死亡后人格权的保护。

4. 人格权法律构造

为便于比较,将台湾地区民法及德国法上关于人格权构造的不同发展动向,列表如下:

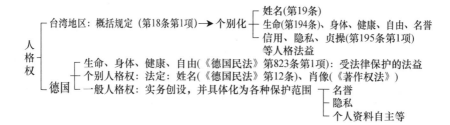

三、人格权的体系与发展

为便于观察了解以下说明,兹将民法上关于人格权保护的基本体系,

---

① BGHZ 13. 334(读者投书),较详细说明,参见 Kötz/Wagner, Deliktsrecht S. 146f. ; Ehmann, Zur Struktur des allgemeinen Persönlichkeitsrechts, JuS 1997, 193.

图标如下(阿拉伯数字为"民法"规定)：

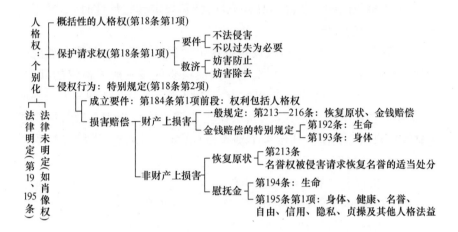

第二项　生　命　权

　　路人甲闯红灯,被乙驾车违规超速撞倒,住院两天后死亡。甲遗有寡母、病妻、幼子,由弟出钱埋葬。试问:甲之母、妻、子及其弟得向乙主张何种权利,应否承担甲的过失?

　　生命是自然人的存在基础,致人于死时,即侵害他人的生命权。人之权利能力始于出生,终于死亡(第6条),被害人的生命因受侵害而消灭,权利主体之能力已失去,损害赔偿请求权亦无由成立(即不发生侵害生命权的损害赔偿)①,故"民法"特别规定支出殡葬费②之人、抚养权利人均得向加害人请求损害赔偿(第192条)。被害人之父母、子女及配偶,虽非

---

　　① 参见"最高法院"1965年台上字第951号判例。王祖宠:《侵害生命赔偿请求权之继承问题》,载《法学丛刊》第59期,第72页。
　　② 关于殡葬费用,"最高法院"1995年台上字第1262号判决:"查死者家属依习俗,请法师为死亡者诵经超度,目前已成为葬礼告别式中所常见,如近年发生之大陆'千岛湖船难''名古屋空难'皆见法师为亡者诵经祈福,甚至举行诵经法会,此项仪式既已为葬礼所常见,已成社会习俗,其支出自为必要之殡葬费用。"

财产上之损害,亦得请求赔偿相当之金额(第194条)。① "民法"第192条及第194条系间接被害人得请求赔偿的特别规定,就理论言,此虽为其固有之权利,然其权利乃基于侵权行为之规定而发生,自不能不负担直接被害人之过失,倘直接被害人于损害之发生或扩大与有过失时,依公平之原则,间接被害人亦应有"民法"第217条过失相抵规定之适用。②

须注意的是,被害人死亡前,因身体健康受侵害而生的财产上损害赔偿请求权,系属被害人遗产的范围。又被害人于死亡前就其身体健康被侵害而生的慰抚金请求权已依契约承诺或起诉者,亦得为继承的客体(第195条第2项)。③

第三项 身体权、健康权

(1) 甲明知患有艾滋病,强制性交怀孕的乙女,致胎儿丙亦受感染时,乙或丙得向甲主张何种权利? 设乙女之夫亦受感染时,得否向甲请求损害赔偿?

(2) 甲预知其有不能生育之虞,将其精子冷冻储存于乙医院,乙医院的医师因过失致精子灭失。甲结婚后不能使用精子生育时,得否主张其"身体"遭受侵害而向乙请求慰抚金?

一、身体、健康的侵害

身体权指以保持身体完全为内容的权利,破坏身体完全(physical integrity),即构成对身体权的侵害,如打人耳光、割须断发、面唾他人、强行接吻。

---

① 关于本条的适用,"最高法院"著有1995年台上字第2934号判决:"非财产上之损害赔偿请求权,因与被害人之人身攸关,具有专属性,不适于让与或继承。'民法'第195条第2项规定,身体、健康、名誉、自由被侵害而发生之非财产上损害赔偿请求权不得让与或继承,仅属例示规定。同法第194条规定之非财产上损害赔偿请求权,亦应作同一解释。惟第195条第2项但书规定:以金额赔偿之请求权已依契约承诺,或已起诉者,不在此限。基于同一理由,此项但书规定,于第194条之情形,亦有其适用。本件原审并未说明被上诉人高吴○香等四人是否具备上述但书规定之情形,遽谓其被继承人高○茂依民法第194条规定所得行使之非财产上损害赔偿请求权,得由高吴○香等四人继承而共同行使,就此部分为上诉人不利之判决,亦有可议。"

② 参见"最高法院"1984年台再字第182号判例。

③ 参见拙著:《侵害生命权之损害赔偿》,载《民法学说与判例研究》(第四册),北京大学出版社2009年版,第205页。

健康权指为保持身体机能为内容的权利,破坏身体机能,即构成对健康权的侵害,包括对肉体及精神的侵害。前者如学校营养午餐食物不洁致学童中毒。后者如电话恐吓绑票,致被害人神经衰弱。健康的反面为疾病,有无侵害,应依医学加以判断。[1] 因输血使人感染 HIV,纵使尚未发展为 AIDS,仍影响身体机能的运作,亦构成对健康的侵害。[2] 医院使人于院内感染疾病,除侵权行为外,另发生契约责任。[3]

身体与健康皆指身体安全而言,故二者常发生重迭。打人耳光,割须断发乃侵害身体。以电话为绑票恐吓引起神经衰弱,系侵害健康。强制性交妇女传染恶疾则同时构成对身体、健康的侵害。被害人遭遇车祸,自机车后座被弹起摔下,致受有复杂性右胫骨及肋骨骨折、硬脑膜上血肿及因脑挫伤两眼视神经萎缩,导致失明,亦属同时侵害他人的身体、健康。须注意的是,对健康的侵害及因果关系较难证明,尤其是在公害及职业病(石绵滞症等)常须专家鉴定始能判断,如何减轻被害人的举证责任亦属重要。

不法侵害他人身体或健康者,除适用损害赔偿一般原则(第 213 条)外,对于被害人因此丧失或减少劳动能力,或增加生活上之需要(如换装义肢),亦应负损害赔偿责任。此项损害赔偿,法院得依当事人之声请,定为支付定期金,但须命加害人提出担保(第 193 条)。

二、出生前的侵害

"民法"第 7 条规定:"胎儿以将来非死产者为限,关于其个人利益之保护,视为既已出生。"关于继承权,"民法"第 1166 条规定:"胎儿为继承人时,非保留其应继分,他继承人不得分割遗产。胎儿关于遗产之分割,以其母为代理人。"就侵权行为言,胎儿亦属"民法"第 184 条所称之"他人"。侵害事由究发生于受胎前或受胎后,均非所问。例如某妇女怀孕前在某医院输血感染恶疾,因怀孕而传染胎儿时,该胎儿于出生前亦得以身

---

[1]　侵权行为法上"健康"概念,详细的讨论,参见 Möller, Rechtsgüterschutz im Umwelt und Haftungsrecht (1996).

[2]　BGH NJW 1991,148(输血感染 HIV 案)。

[3]　参见侯英伶:《论院内感染之民法契约责任》,成功大学法学丛书 2004 年版。

体或健康受侵害为理由,由其母为法定代理人,向医院请求损害赔偿。[①]

三、惊骇案件

惊骇案件(Shock Cases)是比较法上的热门问题,但在台湾地区实务上尚无类似案件。其典型情形为:甲因故意或过失不法侵害乙(死亡或重伤),丙目睹或耳闻其事,因受惊骇(shock)致精神崩溃、流产或心脏病发作。在此情形,丙的健康所受侵害虽属间接,但仍得成立侵权行为。问题在于应受保护之人的范围及其要件,例如应如何考虑丙(第二被害人)与乙(第一被害人)的关系(父母、子女、配偶、未婚妻、路人)?应否区别乙究系死亡或受伤?须否斟酌被害人丙究系目睹其事,或事后获知等因素而为不同的处理?又丙得请求损害赔偿时,应否承担乙的与有过失?在台湾侵权行为法上此乃相当因果关系的问题,俟于相关部分再为详论(本书第254页)。

四、与身体分离部分在侵权行为法上的保护

(一)问题

身体的部分,例如头发、牙齿、血液、器官等与身体分离时,即成为物,并属动产,其所有权属于身体的主体者,但得因让与而归属他人,或因抛弃而为无主物,由他人先占而取得(第802条)。侵害此种与身体分离的部分,得构成对他人所有权的侵害。值得注意的是,由于医学科技的进步,产生特殊问题,兹各举德国法及美国法上两个相关案例加以说明:

(二)德国法上的储存精子灭失案(Vernichtung von Sperma)

在BGHZ 124,52案[②],某甲预见有不能生育的可能性,乃将其精子冷冻储存于某乙大学附属医院。其后甲结婚,欲取用精子时,获知因乙医院过失致其储存的精子遭致灭失,乃向乙请求25 000马克的慰抚金。下级和原审法院均否认甲的请求权,德国联邦最高法院则肯定乙系侵害甲的身体。鉴于此类案例的特殊性,摘录其基本论点如下:

① 关于"对未出生者的保护",参见拙著:《民法学说与判例研究》(第四册),北京大学出版社2009年版,第179页。

② 关于本件判决的评释,参见 Schnorbus, Schmerzensgeld wegen schuldhafter Vernichtung von Sperma, JuS 1994, 830; Rohe, JZ 1994, 465; Taupitz, Der deliktsrechtliche Schutz des menschlichen Körpers und seiner Teile, NJW 1995, 745.

依德国法上目前尚有争论,但多数有力的见解认为,身体的部分一旦与身体分离,即成为物,由身体权转为对分离身体部分之物的所有权。依此见解,关于原告精子的灭失,非为对身体的侵害,无《德国民法》第847条的慰抚金请求权。惟此项观察过于狭隘。身体权乃法律特别形成的部分人格权。《德国民法》第823条第1项的保护客体不是物质,而是人格的存在及其自主决定领域,实质化于身体的状态之上,并以人的身体作为人格的基础加以保护。鉴于现代医学科技所提供的可能性,基于一般人格权而生之对身体法益的自主权更具有意义。科学的进步使身体的部分得与身体分离,其后再予结合,例如使用于自我移植的皮肤或骨骼部分,为受胎而割取的卵细胞及输血等。若身体部分的分离,依权利主体者的意思系为保持身体功能,或其后将再与身体结合时,则为保护权利主体者的自主决定权与身体本身,从法律规范目的言,应认为此项身体部分在其与身体分离期间,乃构成功能上的一体性。对此种分离身体部分的侵害,应认系对身体的侵害。在本件,精子的储存旨在生育繁殖,一方面与身体终局分离,另一方面又将用于实践权利主体者生育的身体机能。精子的储存实乃已丧失生育能力的代替,对于权利主体者身体的完整性及其所涉及之人的自主决定与自我实现,就其分量及内容言,实不亚于卵细胞之于妇女受孕生育的功能。侵害为受胎而分离的卵细胞,应认系侵害该妇女的身体,在本件,乙医院因过失致甲储存的精子灭失,亦应认符合《德国民法》第847条的要件,原告得以身体权受侵害为理由请求慰抚金。此项侵害使原告丧失与其妻生育、同有子女的唯一机会,其情事堪称重大,原告请求赔偿25 000马克尚称适当。

(三) 美国法上的未经病患同意利用细胞获取专利案

(Moore v. Regents of the University of California (1990))

在 Moore v. Regents of the University of California (1990)案[1],原告 John Moore 因罹患血癌到加州大学(UCLA)医学中心接受治疗,主治医师 Golde 氏建议原告进行脾脏切除手术,以避免生命危险,原告同意并签署"脾脏切除手术同意书"。Golde 事先安排取得原告的部分脾脏组织,从

---

[1] 关于本件判决,参见 Prosser, Wade and Schwartz, Torts, p. 82, 190. 陈文吟:《探讨美国 Moore v. Regents of the University of California 对生化科技之影响》,载《知识产权与国际私法——曾陈明汝教授六秩诞辰祝寿论文集》,1997 年版,第 220 页。Taupitz, Wem Gebüht der Schatz im menschlichen Korper? AcP 191 (1991), 201.

事与治疗原告无关的研究工作,并未将此事实告知原告。手术后原告遵从 Golde 指示,多次回到 UCLA 接受追踪检查,Golde 每次均为其抽取血液、血清、骨髓等样本,确立了 T 淋巴细胞的细胞系,UCLA 据该细胞取得专利,并包括数种制造淋巴腺的方法,开发作为商业用途。Moore 在知悉 Golde 等人利用其体内细胞进行研究并取得专利,获利甚巨后,对 Golde、UCLA 及专利被授权人,以多项诉因提起诉讼。原审法院准许被告的异议。原告提起上诉,高等法院废弃原判决。最高法院重审该案,维持高等法院部分见解。加州最高法院分别就"强占的侵权行为"(conversion)及"违反说明告知义务"(informed consent)两项争点作成判决:

1. 细胞所有权的归属及强占(conversion)①

原告主张对自身的细胞拥有所有权,且该所有权不因细胞切除、与人体分离而消灭,因此有权决定切除后的细胞用途。被告未征得其同意,擅自取用其细胞从事有经济利益的医学研究,显已构成强占(conversion)。原告主张对因其细胞或细胞系列专利所衍生的一切成果,享有财产上的权益。conversion 侵权行为的成立须以原告对该标的物有所有权或占有权为要件。关于此点,加州最高法院否定原告的主张,其主要理由之一,系过去从未有司法案例认定患者对已切除的细胞等部分享有任何权利。倘若采肯定立场,将加诸医学研究人员过重的负担,于每次研究时,均须多方查证研究标的物的来源是否经合法同意取得,这将阻碍医学研究的发展。

2. 医生的告知义务

原告主张主治医师 Golde 未事先告知其切除细胞之经济价值及从事的研究工作,违反忠实义务暨取得同意前的告知义务。对于此点,加州最高法院提出三项原则:心智健全的成人有权利决定是否接受医疗。患者有效的同意必须建立在有事先告知的前提下。医生在取得患者的同意时,须尽忠实义务,告知所有足以影响患者决定的事实。根据此项原则,法院认为医生应将攸关患者健康事项一并告知,包括医生个人的研究或经济利益,因此等事项可能影响医生个人的医疗诊断,医生未为此项告知时,应构成侵权行为,负损害赔偿责任。

---

① 关于 conversion 侵权行为(tort),参见 Salmond and Heuston, Law of Torts, pp. 97 f. 比较法上深入的论述,参见 Huber, Eigentumsscchutz durch Deliktsrecht, 62 RabelZ, 58 (1998).

(四) 台湾地区法上的解释适用

前揭德国及美国法上两个案件的最大启示,在于医学科技对法律的影响及其产生的问题意识。在台湾地区法上,身体的部分一旦与身体分离,即成为物,并属动产,原则上应归属于身体的主体者,冷冻的精子如此,切除的细胞亦不例外,在法令限制内,得由所有人处分之①,或为让与,或为抛弃(而由他人先占取得之)。在精子灭失案件,德国联邦法院认系侵害身体权,将"身体"扩大包括与身体分离,但仍将再为结合的部分,涉及传统的概念及"人"与"物"的区别,自有争议;但其强调权利主体者的自主决定得及于已分离的身体部分,应值赞同。

在 Moore v. Regents of the University of California 案,美国加州最高法院亦从病患自主权的观点,肯定医生的告知义务应扩张及于无营利的研究、有营利的研发暨专利取得等因医疗行为衍生的其他事项。此二者涉及科技伦理及法律,在此难以详论,所应强调的是,人格的自主决定,在一定条件下应延长存在于与身体分离的部分,而予以适当必要的保护。②

第四项　名誉权保护与言论自由

(1) 在某县县长选举竞选活动期间,甲候选人以传单图画影射乙候选人与丙女同居生子,私德不修。实则乙与丙结婚,惟未办理登记,甲明知或因过失不知其事。试问:① 甲是否侵害乙的名誉? ② 甲得否主张其行为合于现代政治竞选活动,而不具违法性? ③ 乙得向甲主张何种权利? 乙于诉讼中死亡,丙继承时,对甲请求恢复乙(死亡者)名誉的适当处分,法院应如何判决? ④ 请求恢复原状的登报道歉,是否符合宪法保护侵害者的人格权或不表意的言论自由?

(2) 如何在侵权行为法上调和人格权(名誉、隐私)保护与言论自由? 某政治家在公开演讲中不实影射某政党主席于群众运动中离去打麻将,是否构成对他人名誉的侵害? 如何判断?③

---

① 参见"医疗法"第65条,"医疗法施行细则"第43条;"人体器官移植条例"第14条,"人体器官移植条例施行细则"第11条。

② 参见 Brobm, Humanbiotechnik, Eigentum und Menschenwürde, JuS 1998, 197.

③ 参见拙著:《人格权法——法释义学、比较法、案例研究》,北京大学出版社2013年版,第311页。案例解说:"最高法院"2007年台上字第793号判决(宋楚瑜诉李登辉:麻将案)。

第一目　侵害名誉权的基本问题

"民法"第195条将名誉列于身体、健康之后加以保护,并规定被害人得请求慰抚金及恢复名誉适当处分,足见对名誉权的重视。名誉保护与言论自由关系密切,前者系个人的第二生命,后者为民主社会的基石,二者必须调和,期能兼顾。近年来,实务上关于此类案件大增,体现台湾地区民主宪政的发展过程,具有重大政治社会意义,拙著《人格权法》(2012)作有较详细的论述,敬请参阅。"最高法院"1993年台上字第200号判决提出若干具有启示性的论点,属侵害名誉的典型案例,特以之作为讨论的基础,说明侵害名誉权的基本问题。[①]

一、"最高法院"1993年台上字第200号判决[②]:花心县长候选人案

(一)案件事实与法律见解

在本件,某甲与某乙同为某县县长候选人,因双方竞争激烈,某甲亲自署名,印发竞选传单,说明某乙已有配偶仍与丙女同居,以文字及图画记载"花心博士,秘辛大公开,只见新人笑,不见旧人哭,惊人内幕……"等语,攻击某乙。事实上某乙已与元配离婚,相隔两年始与丙女结婚,因居住日本,未向台湾户政机关办理结婚登记(现行法应登记)。乙主张甲不法侵害其名誉,请求损害赔偿。乙于诉讼中死亡,由其妻丙及子女承继其法律关系。原审及"最高法院"判决原告胜诉,并提出如下两点法律见解:

(1)某甲未经查证,即印发不实之竞选传单,指摘某乙为花心博士,只见新人笑,不见旧人哭,影射其有婚外情,纵某乙为县长候选人,其私德并非与公益无关,惟某甲就足以毁损某乙名誉之事散布于众,对于发生侵害某乙名誉之结果,不能谓非具有故意,复不能证明其所诽谤之事为真实,即难认有免责之事由存在。被害人得依"民法"第195条规定请求某甲赔偿非财产上之损害。某甲抗辩对某乙操守之质疑,合于现代政治竞选实情,与一般单纯攻评他人隐私之行为无关,即不必负损害赔偿责任等

① 关于名誉权的保护,参见法治斌:《论美国妨害名誉法制之宪法意义》,载《政大法学评论》第33期,第82页;杨敦和:《论妨害名誉之民事责任》,载《辅仁法学》第3期,第127页;《律师杂志》第221期(1998年2月),第12页以下关于名誉权的当月主题相关论文。

② 参见《"最高法院"民事裁判书汇编》第11期,第90页。

词,非有理由。

(2) 名誉权为人格权之一种,因人格权被侵害所生非财产上损害赔偿请求权,因与被害人之人身攸关,具有专属性,性质上,其债权不适于让与或继承。倘上开请求权应以金额赔偿,而已依契约承诺或已起诉者,因其债之关系已变更为单纯的金额给付,依"民法"第195条第2项但书规定,固得让与或继承。惟非以金额为赔偿之请求权,则纵经承诺或已起诉,因其性质仍属人格权,不在得让与或继承之列。请求被告在报纸刊登道歉启事,既与请求金额给付之赔偿无关,纵经某乙生前起诉请求,尚不得依继承或侵权行为之法律关系请求被告刊登道歉启事。

(二) 问题说明

本件判决作成于1993年,在台湾民主宪政改革(1987年)之后,"司法院"释字第509号关于"刑法"第310条诽谤罪是否侵害言论自由的解释(2000年)之前,涉及侵害名誉的民事责任与刑事责任,侵害名誉违法性的认定,选举活动与政见表达(言论自由),救济方法,尤其是请求登报道歉恢复原状等重要问题。

二、侵害名誉的民事责任与刑事责任

本件被上诉人因诽谤罪被判处罚金确定在案。"刑法"第310条第1项规定:"意图散布于众,而指摘或传述足以毁损他人名誉之事者,为诽谤罪,处一年以下有期徒刑、拘役或五百元以下罚金。"同条第3项规定:"对于所毁谤之事,能证明其为真实者,不罚,但涉于私德而与公共利益无关者,不在此限。"刑法诽谤罪的成立,须行为人主观上有诽谤故意与散布于众之不法意图。民法上侵害名誉兼括故意或过失,诚如"最高法院"2001年台上字第164号判例所宣示:"民法上名誉权之侵害非即与刑法之诽谤罪相同,名誉有无受损害,应以社会上对个人评价是否贬损作为判断依据,苟其行为足以使他人在社会上之评价受到贬损,不论其为故意或过失,均可构成侵权行为,其行为不以广布于社会为必要,仅使第三人知悉其事,亦足当之。"本件被上诉人具有故意,得同时成立侵害名誉的民事责任与刑事责任。[①] 须注意的是,"刑法"第310条规定系"民法"第184条第2项所称"保护他人之法律"。又"刑法"第310条第3项及第311条

---

① 参见史尚宽:《论名誉权侵害与诽谤罪》,载《军法专刊》第2卷第4期。

所定不罚情形,亦构成侵权行为的违法阻却事由。

三、名誉的侵害与违法阻却

(一) 名誉的侵害

1. 名誉的意义

在本件,"最高法院"认定某甲侵害某乙的名誉。名誉系人在社会上评价,通常指其人格在社会生活上所受的尊重。人之受社会上评价,尚包括经济生活上的可信赖性或给付能力。

2. 侵害名誉

侵害名誉,指以言语、文字、漫画或其他方法贬损他人在社会上的评价,使其受到他人憎恶、蔑视、侮辱、嘲笑、不齿与其来往;不以广布社会为必要①,但须有第三人知悉其事。若在密室当面辱骂,无人知悉时,尚不足当之。对名誉权的侵害包括故意与过失。前者如诬指入学考试舞弊,收受红包回扣②,诈欺取得票款。后者如误指某妇女曾为娼妓,某名家贩卖赝画。是否构成侵害名誉,不以被害人主观感受为准,应就社会一般人的评价,客观加以判断。

名誉的侵害,亦得以影射为之。影射(innuendo),指以间接方法,借着字里行间的意义使他人的名誉受到贬损。在本件,被上诉人竞选传单记载"花心博士""秘辛大公开""只见新人笑,不见旧人哭"等标题文字及图画,系影射的典型。其他情形,例如指称某素享清誉的人士经常出入某三温暖,而该三温暖为众所皆知的同性恋者的聚会所。在英国有名的Tolley v. Fry案③,被告巧克力公司在其广告中出现某业余高尔夫名家推杆动作,其口袋中露出巧克力,法院认为此属影射原告出售其业余地位而为广告,应构成诽谤。

---

① 参见"最高法院"2004年台上字第2014号判决:"名誉有无受损害,应以社会对个人评价是否贬损作为判断之依据,苟其行为足以使他人在社会上之评价受到贬损,不论其为故意或过失均可构成侵权行为,其行为亦不以广布于社会为必要。被上诉人(即台北市)因上诉人行为不检,已将其记过二次,复假借上诉人不适任视察职务为由,擅将上诉人降调为科员,是否能谓上诉人在社会上之评价未受到贬损,即非无碍。原审就此未遑详为钩稽,率谓社会上对上诉人评价不会因而有贬损,上诉人名誉未受损害,遽为上诉人不利之认定,亦嫌率断。"

② 参见"最高法院"1996年台上字第1042号判决。

③ [1931] A.C. 333; J.G. Fleming, The Law of Torts, p.605.

3. 名誉权的主体及被害人的确定

名誉权的主体,除自然人外,尚包括法人。"民法"第 26 条规定:"法人于法令限制内,有享受权利、负担义务之能力,但专属于自然人之权利义务,不在此限。"名誉权非专属于自然人,法人亦得享有。"最高法院" 1973 年台上字第 2806 号判例谓:"公司系依法组织之法人,其名誉遭受侵害,无精神上痛苦之可言,登报道歉已足恢复其名誉,自无依民法第 195 条第 1 项规定请求精神慰藉金之余地。"①

原告须系名誉被侵害之人,指名骂人时,该被骂之人即为被害人。在本件,虽未指名被害人,但依其竞选传单内容,可资确定。所谓团体诽谤 (group defamation)②,为避免责任泛滥及不当限制言论自由,其被害人如何认定,不无困难。例如指称律师皆讼棍,医师皆庸医,政府官员皆贪吏,和尚多不守清规时,被害人难以认定。惟若其范围较小,依其内容可合理认定系指该团体中的特定人时,则被害人可得确定,如诬指某村的律师为讼棍,而该村的律师仅某甲一人。诬指某离岛医师为庸医,而该离岛医生仅乙、丙二人。诬指某县政府科室官员贪污,而该科室官员为丁、戊、庚 3 人。诬指某山寺庙和尚,皆不守清规,该山仅有某庙,住有和尚 4 人。

(二) 违法阻却

本件发生于县长竞选期间,事属政治活动,关乎宪法言论自由。"最高法院"判决理由谓:纵某乙为县长候选人,其私德并非与公益无关。惟某甲就足以毁损名誉之事,散布于众,对于侵害某乙名誉之结果,难谓非具有故意,复不能证明其所诽谤之事实为真实,即难认为有免责之事由存在。所谓免责之事由,指违法阻却事由,上开判决理由所指的乃"刑法"第 310 条第 3 项规定。又依"刑法"第 311 条规定:"以善意发表言论,而有左列情形之一者,不罚:(1) 因自卫、自辩或保护合法之利益者。(2) 公务员因职务而报告者。(3) 对于可受公评之事,而为适当之评论者。(4) 对于中央及地方之会议或法院或公众集会之记事,而为适当之载述者。"上开刑法规定旨在折中保护名誉及言论自由。名誉系属开放概念,其侵害是否构成不法,应依利益权衡加以判断,基于法律秩序的统一

---

① 林永颂:《法人名誉遭受侵害,可否请求非财产上之损害赔偿》,载《万国法律》第 51 期,第 7 页。

② 关于 group defamation, J. G. Fleming, The Law of Torts, p.535.

性,上开刑法规定亦应列入,就个案加以认定。本件乃涉及公职竞选,候选人私德与公益有关,固得受善意的适当评论,但不能故意散布不真实之事实贬损他人名誉,"最高法院"见解,应值赞同。

四、救济方法

(一) 保护请求权

名誉权既属人格权的一种,受侵害时,被害人得请求除去其侵害,有受侵害之虞时,得请求防止之。故在本件,被害人得请求加害人收回诋毁其名誉的竞选传单,并禁止其印刷传播。

(二) 损害赔偿请求权

1. 慰抚金

名誉受侵害时,被害人得请求财产上的损害赔偿。例如诬指某护士患有艾滋病,被害人得请求被解雇的损失;食品公司被诬指用死猪肉制造贡丸,得以商誉受侵害请求赔偿减损的营业收入。虽非财产上损害,被害人(自然人)亦得请求赔偿相当之金额(慰抚金)。在本件,原审斟酌被害人艰辛获得之学术与社会地位,认为以150万元为相当,系属高额赔偿。此项慰抚金请求权业已起诉,得为继承标的(第195条第2项)。

2. 恢复名誉之适当处分

"民法"第195条第1项规定,其名誉被侵害者,并得请求为恢复名誉之适当处分,如登报道歉启事。① 原审及"最高法院"均认为此项请求权系非以金额为赔偿的请求权,因与人身攸关,具有专属性,纵经承认或已起诉,因其性质仍属人格权,不得让与或继承。惟必须特别指出的是,登报道歉启事系恢复名誉的适当处分,对于保护名誉权至属重要。依上揭实务上见解,此项救济方法最受到限制,被害人于诉讼中死亡时,其名誉即难依适当处分予以恢复。鉴于此项请求权的专属性已因起诉而解除,其内容不以金额为赔偿标的,但性质上仍属债权,应从宽解释,得由其继承人行使,期能适当恢复被害人的名誉,维护人之尊严。此涉及死者人格

---

① 参见〔日〕几代通:《对侵害名誉者命道歉启事之判决》,庄柏林译,载《法学丛刊》第15期,第98页;"司法院"释字第656号解释(阅读之)。

权保护,俟于后文再为说明。①

第二目　言论自由与名誉保护的调和

名誉受侵害多由于他人的言论,言论自由系受宪法保障的基本权利("宪法"第11条),名誉则属受宪法保护的一种人格权("宪法"第22条),因此发生如何调和名誉(人格权)保护与言论自由的问题。自2000年"司法院"释字第509号解释以来,成为宪法及民法侵权行为上理论及实务的重要问题,对台湾地区民主宪政发展、人格权保护具有指标性的意义,拙著《人格权法》(2012年版,第316页以下)作有详细的论述,可供参阅,兹简要说明如下:

一、宪法上及侵权行为法上调和机制的建构

(一)"司法院"释字第509号解释:宪法上的调和基准

"刑法"第310条第1项规定:"意图散布于众,而指摘或传述足以毁损他人名誉之事者,为诽谤罪,处一年以下有期徒刑、拘役或五百元以下罚金。"第2项规定:"散布文字、图画犯前项之罪者,处二年以下有期徒刑、拘役或一千元以下罚金。"第3项规定:"对于所诽谤之事,能证明其为真实者,不罚。但涉于私德而与公共利益无关者,不在此限。"关于其合宪性发生争议,"司法院"释字第509号解释(2000年7月7日)谓:"言论自由为人民之基本权利,'宪法'第11条有明文保障,'国家'应给予最大限度之维护,俾其实现自我、沟通意见、追求真理及监督各种政治或社会活动之功能得以发挥。惟为兼顾对个人名誉、隐私及公共利益之保护,法律尚非不得对言论自由依其传播方式为合理之限制。'刑法'第310条第1项及第2项诽谤罪即系保护个人法益而设,为防止妨碍他人之自由权利所必要,符合'宪法'第23条规定之意旨。至'刑法'同条第3项前段以对诽谤之事,能证明其为真实者不罚,系针对言论内容与事实相符者之保障,并借以限定刑罚权之范围,非谓指摘或传述诽谤事项之行为人,必须自行证明其言论内容确属真实,始能免予刑责。惟行为人虽不能证明言论内容为真实,但依其所提证据资料,认为行为人有相当理由确信其为

---

① 关于人之尊严,"司法院"释字第372号解释谓:维护人格尊严与人身安全,为保障人民自由之基本理念。应使之扩散于私法的解释适用。此涉及宪法基本人权第三人效力理论,参阅拙著:《宪法基本权利与私法》,载《司法院大法官"释宪五十周年论文集》,1998年版,第53页。

真实者,即不能以诽谤罪之刑责相绳,亦不得以此项规定而免除检察官或自诉人于诉讼程序中,依法应负行为人故意毁损他人名誉之举证责任,或法院发现其真实之义务,'刑法'第310条第3项与宪法保障论自由之旨趣并无抵触。"关于本件解释,应说明的有三:

(1)本件系对"刑法"第310条采合宪性的解释。

(2)解释意旨系为兼顾言论自由与名誉、隐私的保护,行为人虽不能证明言论自由为真实,但依其所提证据资料,认为行为人有相当理由确信其真实者,即不能以诽谤罪之刑责相绳。

(3)依本件解释意旨,应以行为人是否尽其合理查证言论内容是否确属真实之义务,作为调和言论自由与名誉保护的宪法基准。

(二)言论自由与人格权保护在侵权行为法上的调和

1.释字第509号解释意旨于民法侵权行为的适用

释字第509号解释系关于"刑法"第310条的解释,涉及刑法的诽谤罪。本着法律秩序的统一性(Einheit der Rechtsordnung),释字第509号关于行为人查证义务的解释意旨,于民事侵权行为亦应有其适用,诚如"最高法院"2002年台上字第2292号判决所强调,释字第509号解释,既系平衡宪法所保障之言论自由与名誉、隐私等私权所为之规范解释,则为维持法律秩序之整体性,俾使各种法规范在适用或违法性之评断上趋于一致,亦有一体适用上开解释之必要。[1]

2.言论自由与人格权的位阶价值

关于言论自由与人格权(名誉、隐私)的位阶价值,"最高法院"相关判决再三认为:"按言论自由为人民之基本权利,有个人实现自我、促进民主政治、实现多元意见等多重功能,维护言论自由即所以促进民主多元社会之正常发展,与个人名誉之可能损失,两相权衡,显然有较高之价值,应给予最大限度之保障。"[2]虽已成为"最高法院"的"定型化思考方法",然仍有商榷余地。言论自由与人格权(名誉权)均为基本权利,同受宪法保障,基本权利具平等位阶的价值,没有何者显然有较高价值的问题,其发生冲突时应作最适的调和。释字第509号所谓言论自由,应给予最大限

---

① 参见许家馨:《释字第509号解释应否适用于民法案件》,载《月旦法学》第132期,第102页。

② "最高法院"2007年台上字第2748号、2006年台上字第236号、2006年台上字第766号判决。

度之维护,乃在强调言论自由的重要性,非谓其当然显有较高于人格权的价值。名誉权攸关人性尊严及人格自由发展,亦为社会存在的基础,与言论自由两相权衡,无论在宪法或私法上显然不具"较低"的价值。①

(三) 调和机制的建构②

1. 规范模式

为处理人格权与言论自由的冲突及调和,首须建构一个以宪法基本权利为出发点的规范机制及思考方法,兹先图示如下,再为说明:

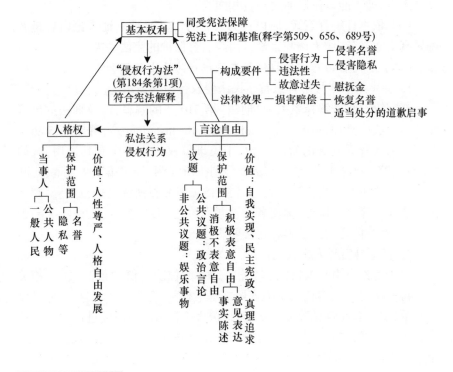

———

① 关于此点,参见"最高法院"2010 年台上字第 1664 号判决:"查言论自由为人民之基本权利,有实现个人自我、促进民主发展、呈现多元意见、维护人性尊严等多重功能,保障言论自由乃促进多元社会正常发展,实现民主社会应有价值,不可或缺之手段。至于名誉旨在维护个人主体性及人格之完整性,为实现人性尊严所必要,二者之重要性固难分轩轾,在法的实现过程中,应力求其二者保障之平衡。故侵害名誉权而应负侵权行为损害赔偿责任者,须以行为人意图散布于众,故意或过失诋毁他人名誉为必要,盖如此始有使他人之名誉在社会之评价受到贬损之虞。在一对一之谈话中,应赋予个人较大之对话空间,倘行为人基于确信之事实,申论其个人之意见,自不构成侵权行为,以免个人之言论受到过度之钳制,动辄得咎,背离民主社会之本质。"

② 详细说明,请参见拙著:《人格权法》,北京大学出版社 2013 年版,第 351 页。

2. 宪法基准

首先应肯定的是人格权与言论自由系同受宪法保障的基本权利,并无价值高低之分,故不能认言论自由当然具有高于人格权的优先价值,并据此衡量相冲突的基本权利,尤其是关于在私法关系处于平等地位的当事人权益的保护。应再探讨的是调和此两种基本权利的宪法基准,得在侵权行违法就个案认定何者应优先保护、何者应予退让。诚如"最高法院"2010年台上字第792号判决所云:"言论自由为人民之基本权利,有促进民主政治发展、实现多元社会价值之功能。对于自愿进入公众领域之公众人物,或就涉及公众事务领域之事项,个人名誉对言论自由应为较高程度之退让。"名誉权亦为人民之基本权利,其对言论自由的退让,系基于个案或某类型案例之比较的利益衡量,而非因言论自由当然具有优先价值。

基本权利调和的宪法基准体现于"司法院大法官"的三个解释:

释字第509号解释关于"刑法"第310、311条诽谤罪侵害言论自由的合宪性。

释字第656号解释关于法院依"民法"第195条第1项规定,命侵害他人名誉者向被害人为道歉启事,是否侵害"不表意自由"的违宪争议。

释字第689号解释关于"社会秩序维护法"第89条第2款所涉及的权利保护(行动自由、身体、隐私)及新闻自由(采访跟追)的调和。

兹将前揭三个"司法院"解释的争点、解释意旨及解释结果列表如下(请阅读解释文及解释理由):

释字 \ 意旨	系争法令	解释意旨	释宪结果	
第509号	"刑法"第310、311条诽谤罪	行为人对言论内容(表意自由)真实的合理查证义务	合宪性解释	保护建构调和的宪法基准言论自由与基本人格权
第656号	"民法"第195条第1项:恢复名誉的适当方法	因侵害名誉而由法院命为道歉启事,不得涉及加害人自我羞辱及人格尊严等情事(不表意自由)	合宪性解释	
第689号	"社会秩序维护法"第89条第2款:跟追他人	新闻采访自由与隐私权等人格法益保护的比例原则	合宪性解释	

前揭三个解释涉及人格权保护与言论自由的基本问题：

(1) 名誉保护与言论自由的调和。

(2) 名誉保护与道歉启事的不表意自由。

(3) 隐私权保护与新闻自由。[1]

前揭"司法院"解释均采合宪性解释，建立了调和人格权保护与言论自由的判断基准，将于相关部分再为讨论。

3. 私法(侵权行为法)宪法化[2]

言论自由系受"宪法"第 11 条保障的基本权利，为防止侵害他人的自由权利，得以法律作必要的限制("宪法"第 23 条)。所称法律主要指"刑法"第 310 条、第 311 条关于诽谤罪的规定、"民法"第 184 条关于侵权行为的规定，均涉及在宪法解释上如何调和人格权(尤其是名誉、隐私)与言论自由的思考方法及规范模式。

"言论自由"对人格权的侵害，得构成侵权行为。"民法"第 184 条第 1 项规定："因故意或过失，不法侵害他人之权利者，负损害赔偿责任。故意以悖于善良风俗之方法，加损害于他人者亦同。"此为限制言论自由侵害人格权的法律规定。基于法秩序的统一性，及基本权利客观价值体系的第三人效力，侵权行为的成立要件及效果在法律适用上应做符合"宪法"的解释，即参照"宪法"上的判断基准来调和人格权保护及言论自由，使二者得为和谐，学说上称为私法或侵权行为诽谤法的宪法化(Constitutionalization of Private Law, Constitutionalization of the Law of Defamation)，此乃"宪法"保护人格权不受新闻言论侵害的具体化。私法宪法化的过程、方式及程度因各国或地区私法与宪法结构而有不同，以下专就名誉保护与言论自由加以说明。

4. 侵权行为法上的调和机制

人格权保护(名誉)与言论自由涉及两种侵害态样：

(1) 以积极言论侵害他人言论，其应研究的是侵权行为(尤其是"民法"第 184 条第 1 项)的成立要件及法律效果(侵害除去、侵害防止请求权，"民法"第 18 条第 2 项)。

---

① 详细说明，参见拙著：《人格权法——法释义法、比较法、案例研究》，北京大学出版社 2013 年版，第 353 页。

② 详细说明，参见拙著：《人格权法——法释义法、比较法、案例研究》，北京大学出版社 2013 年版，第 351—385 页。

（2）因保护名誉而侵害言论自由（不表意自由），即法院依"民法"第195条第1项规定命败诉的侵权人对被害人为道歉启事，是否符合宪法保障言论自由的意旨。兹先将其基本法律问题，图示如下：

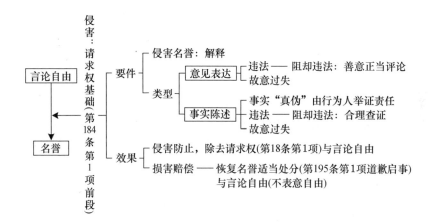

二、侵害行为：意见表达（评论意见）或事实陈述

为调和言论自由与名誉保护，首须区别侵害名誉的究为意见表达或事实陈述：

（1）意见表达。对事务表示自己的见解或立场，具主观的确信，包括赞同及非议。例如某政党刊登广告，指责其他政党的"立法委员"，系"谩骂官员，抹黑造谣，瘫痪政府，不顾民生疾苦"等，因其内容不明确，无实质内容，有不同的评断余地。[①]

（2）事实陈述，指陈述过去或现在一定的具体过程或事态，具描述或经验的性质。例如"某人为四海帮分子"[②]"某人私运黄金到美国"[③]"某人在发动群众集会期间到某处打麻将"。[④]

就公布的裁判资料加以分析，实务上的案件多属事实陈述问题，盖事实真假（如强奸某女、伪造学历证书、以假发票报销公款）攸关名誉甚巨。

---

① 参见台湾台北地方法院2006年诉字第808号判决（"立法委员"吴敦义诉民主进步党案）。
② "最高法院"2001年台上字第910号判决（"立法委员"廖学广诉"立法委员"沈智慧案）。
③ "最高法院"2004年台上字第829号判决（李曾文惠诉冯沪祥案）。
④ 台湾台北地方法院2004年重诉字第584号判决（宋楚瑜诉李登辉案）。

意见评论(如教书不力、误人子弟、生性风流、贪恋女色)是否侵害名誉,容有争议余地,案件较少。

关于"事实陈述"与"意见表达"的区别,"最高法院"2004 年台上字第 1805 号判决谓:"发表言论与陈述事实不同,意见为主观之价值判断,无所谓真实与否,在民主多元社会,各种价值判断均应容许,而受言论自由之保障,仅能借由言论之利伯维尔场机制,使真理愈辩愈明而达到去芜存菁之效果。因此对于可受公评之事,纵加以不留余地或尖酸刻薄之评论,亦受宪法之保障,盖维护言论自由即所以促进政治民主与社会之健全发展,与个人名誉可能遭受之损失两相权衡,显有较高之价值。惟事实陈述本身涉及真实与否,虽其与言论表达在概念上偶有流动,有时难期泾渭分明,若言论系以某项事实为基础,或发言过程中夹论夹叙,将事实叙述与评论混为一谈,在评价言论自由与保障个人名誉权之考虑上,仍应考虑事实之真伪,倘行为人所述事实足以贬损他人之社会评价而侵害他人名誉,而行为人未能证明所陈述事实为真,纵令所述事实系转述他人之陈述,如明知他人转述之事实为虚伪或未经相当查证即公然转述该虚伪之事实,而构成故意或过失侵害他人之名誉,仍应负侵权行为损害赔偿责任。"

三、意见表达(评论意见)与名誉保护:公共议题的评论与违法性[1]

(一)"刑法"第 311 条第 3 款关于适当公评阻却违法规定的适用

"最高法院"2006 年台上字第 766 号判决谓:"关于公共议题之言论,应先被推定为正当合法权利之行使,此乃合宪解释之当然结果,是当言论自由有侵占名誉权之虞时,即应就侵权行为之违法性为一定程度之调整,而刑法关于诽谤罪之免责事由即违法阻却事由之规定,旨在折中保护名誉及言论自由,是属开放概念之名誉之侵害是否构成'不法',基于法律秩序之统一性,为利益权衡之判断时,刑法之该免责事由亦应予以列入。换言之,该免责事由于民事侵权行为责任方面,亦同有阻却不法之效果而得予援用,是对于可受公评之公共议题,行为人有相当理由确信其为真实而出于善意为适当之评论者,即得直接或间接援引此项基本人权为正当权利之行使,以阻却不法而免责。"此为实务的基本见解。[2]

---

[1] 参见台湾高等法院 2004 年上字第 848 号判决;"最高法院"2004 年台上字第 1979 号判决。

[2] 参见拙著:《人格权法——法释义学、比较法、案例研究》,北京大学出版社 2013 年版,第 155—165 页。

（二）合理评论原则的解释适用

"意见表达"侵害他人名誉时,应类推适用"刑法"第 311 条,尤其是该条第 3 款"对于可受公评之事,而为适当之评论者"不罚的规定,阻却其侵权行为的违法性。本条立法理由谓:……盖保护名誉应有相当之限制,否则钳束言论,足为社会之害,故以善意发表言论,而有本条所列情形者,不问事之真伪,概不处罚。本条酌采多数国家或地区立法例,规定本条,庶于保护名誉及言论自由两者折中,以求适当。何谓"善意""可受公评之事"或"适当",均属不确定的法律概念,应依前揭立法意旨而为解释,兹参照学说及实务见解,提出关于合理评论原则的判断基准:

（1）善意,指其动机非专以毁损他人名誉为目的。

（2）可受公评之事须与公众利益有关,即依事件性质可接受公众评论的事务。

（3）评论乃主观意见,价值判断的表达,是否适当,应作较宽松的认定,其措辞得为尖锐,带有情绪或感情,对错与否,能否为多数人所认同,在所不问,惟不能做人身攻击（如辱骂某法官为蠢猪,某知名女性的行为犹如娼妓）。

（4）评论所根据或评论的事实,非众所周知时,应一并公开,俾公众得有所判断,而参与追求真理的言论市场。[1]

四、事实陈述与名誉保护:合理查证义务与真实恶意原则

关于事实陈述与名誉保护的调和涉及行为人合理查证义务与"最高法院"所提出的真实恶意原则,分述如下:

（一）真实恶意原则

1. "最高法院"见解

在著名的张俊宏告李敖案,"最高法院"提出了一个重要的法律见解,2004 年台上字第 1979 号判决谓:"行为人以善意发表言论,对于可受公评之事而为适当之评论,或行为人虽不能证明言论内容为真实,但所言为真实之举证责任应有相当程度之减轻（证明强度不必至于客观之真实）,且不得完全加诸行为人。倘依行为人所提证据资料,可认有相当理由确信其为真实,或对行为人乃出于明知不实,故意捏造或因重大过失、

---

[1] 参见台湾台北地方法院 2004 年诉字第 4592 号判决（赵少康诉陈水扁、苏贞昌案,甚具可读性）。

轻率、疏忽而不知其真伪等不利之情节未善尽举证责任者,均不得谓行为人为未尽注意义务而有过失。纵事后证明其言论内容与事实不符,亦不能令负侵权行为之损害赔偿责任,庶几与'真实恶意'(actual malice)原则所揭示之旨趣无悖。"

2. 分析检讨

"最高法院"2004 年台上字第 1979 号判决系继受美国法著名案件 New York Times Co. v. Sullivan, 376 U. S. 254 (1964) 的见解。在 New York Times Co. v. Sullivan 案,美国联邦最高法院将美国诽谤法加以宪法化,创设 actual malice 规则,以强化对言论自由的保护。台湾"最高法院"采"真实恶意原则"作为裁判理由者甚多,殆有成为实务通说的趋势。"最高法院"采真实恶意原则,旨在保护言论自由,自有其依据。惟贸然采美国诽谤法仍具有争议的法律见解,未能深究其在普通法上诽谤侵权行为(Defemation)的功能、政治背景、法律文化及其适用范围与解释上众多争议,自有检讨余地。本书作者在拙著《人格权法》(2012),曾作详细深入研讨(第 372 至 399 页),可供参考,兹综合四点说明如下:

(1) 比较法上的孤例。世界上主要国家各有其调和名誉保护与言论自由的方法,但绝大多数国家或地区的判例学说不采美国法上的真实恶意规则或使用此项概念。台湾"最高法院"明确使用所谓"真实恶意原则",特别附上 actual malice 的用语原则,堪称为比较法上的孤例。由此孤例可知"真实恶意规则"(不是"最高法院"所称的"原则"),具有美国本土特色,难以成为比较法的准则。

(2) 继受的依据及必要性。"司法院"释字第 509 号解释或受美国法重视言论自由的启发,但并未采美国法上的 actual malice rule(真实恶意规则),解释意旨所称合理查证的功能及内容(违法性认定基准),不同于美国法上的真实恶意规则。日本最高裁判所虽采"真实相当性法理",但殆无人认此系属美国法上真实恶意规则或受其影响而有其趣旨。"最高法院"所谓的"真实恶意原则"非属台湾法(宪法或民法)上的法律原则,"最高法院"所谓"庶几无悖于真实恶意(actual malice)原则",系径将美国法的真实恶意规则(actual malice rule)作为台湾地区法上所应遵循的法律原则,攸关台湾侵权行为法概念形成及体系发展,"最高法院"负有证立义务。所谓证立,简单言之,就是要说清楚,讲明白:什么是真实恶意原则? 为何在侵权行为法上要采真实恶意原则?

"最高法院"所创设的"真实恶意原则"有悖于美国联邦最高法院所

创立的真实恶意规则,其内容旨趣均不符美国法上真实恶意规则。

"最高法院"为说明其"所谓的真实恶意原则",使用了诸多不精确的法律用语,混淆侵权行为法上的"违法性"及"有责性"两个基本概念。

引进或继受外国法律规则,须先究明一个基本问题:其目的何在,即现行法有何解释适用所不能合理解决的难题,有何要填补的漏洞,有何必须变更的法律规则?"最高法院"对此问题未曾阐释,仅抽象笼统地提出"真实恶意(actual malice)原则",并未就个案作精确的论证,阐述采此原则的必要性及合理性。

(3)美国法上真实恶意规则的理念价值。美国法上真实恶意规则旨在促进保障言论自由,对民主宪政的发展深具意义。台湾地区言论自由长期受到压抑,确有强化维护的必要。惟美国联邦最高法院所以在1964年创设此项规则,有其法制及时代背景,例如普通法上的诽谤采无过失严格责任、巨额的惩罚性赔偿金、种族冲突严重,有赖言论市场发挥其追求真理的作用。真实恶意规则彰显维护言论自由的理念,诚值赞同,但绝非智慧的结晶[1],放之四海皆准的真理。"最高法院"径为采纳作为侵权行为法的原则加以适用,改变现行法的结构,则值商榷。"最高法院"所提出的"真实恶意原则",无论就现行法的解释、法之续造或法律原则的创设而言,均无必要。

(4)不要将自己困在以原告身份为法律适用基准的紧身衣里。名誉保护与言论自由的调和,系人格权法的重要问题。"最高法院"采用所谓"真实恶意原则",因未能深究此项法则的社会背景、构成要件、适用范围,致在解释上产生甚多争议。在比较法上绝大多数国家或地区均拒采此项规则,单就此种现象而言,即可推知此项移植必发生水土不服、体系不合的困难。美国法上的真实恶意规则彰显了言论自由的价值,应予高度肯定,但不能率予接受,而不顾及本地区法律体系。其应致力的,在使个人名誉及言论自由均能获得最大限度的保护,即一方面维护名誉所体现之人的尊严及人格发展价值,另一方面亦保障一个活泼自由的言论市

---

① Weaver and Partlett, Defamation, Free Speech, and Democratic Governance (2005), 50 N. Y. L. Sch. L. Rev. 57, 60: "We should be slow to celebrate Sullivan as a distillation of wisdom". Anderson, First Amendment Limitations on Tort Law (2004), 69 Brooklyn L. Rev. 755, 824. 认为 Sullivan 案及其所产生的案例的真实恶意宪法规定将诽谤法困住在一个紧身衣里(immobilized defamation law in a straitjacket for constitutional rules.)。

场,确保新闻自由呼吸(喘息)的空间,不致产生寒蝉效应①,造成媒体自我检查(self-censorship)、自我限制、难以充分自由表达。德国、日本、英国、加拿大、澳大利亚均未采真实恶意规则,并无碍于新闻媒体得自由、强烈、公开地报道新闻,尤其是进行公共事务的辩论。在台湾地区法上,应本着人格权与言论自由系同受宪法保障的基本权利,探究调和二者的宪法基准,而就侵权行为法作符合宪法基本权利的解释,不必采美国法上真实恶意规则就原告身份所采的"definitional balancing approach",将自己困住在一个紧身衣里,应采取大多数国家所采的"ad hoc balancing"(个案衡量),善为解释适用,期能因应社会变迁、促进法律的发展,以建立一个兼顾保障人格权与言论自由的规范机制。

3."真实恶意原则"的扬弃

真实恶意规则有助于强化了解人格权保护与言论自由的基本问题,可作为启迪反省启发法律发展的价值理念,但不应以此规则作为现行法的法律概念或法律原则。就法政策言,不应采此原则,就现行法言,亦无采此原则的必要。就内容言,"最高法院"所谓的"真实恶意原则"不同于美国法上 actual malice rule 的内容,难谓庶几无悖于其趣旨。值得庆幸的是,"最高法院"最近判决少见使用真实恶意原则,此项原则应予废弃!让我们回到民法侵权行为法的解释适用,探求如何调和名誉权保护与言论自由。

(二) 合理查证义务

1."最高法院"见解

其较适于调和言论自由与名誉保护的是行为人的合理查证义务,其理由有二:(1) 符合"司法院"释字第 509 号的解释意旨。(2) 可就个案依相关因素从事利益衡量(详后),调和言论自由与名誉保护,并认定何者应为让步。

近年来,"最高法院"多采此见解,取代"真实恶意原则",兹举两个"最高法院"判决,以供参照:

在一个涉及壹传媒公司出版的壹周刊刊登亚泥公司代理徐〇东开挖矿的案件,"最高法院"2012 年台上字第 545 号判决谓:按新闻自由攸关公共利益,政府应给予最大限度之保障,俾免限缩其报道空间。倘新闻媒

---

① Barendt/Lustqarten/Norrie/Stephenson, Libel and the Media: the Chilling Effect (1997).

体工作者在报道前业经合理查证,而依查证所得资料,有相当理由确信其为真实者,应认其已尽善良管理人之注意义务而无过失。惟为兼顾个人名誉权之保护,倘其未加合理查证率予报道,或有明显理由,足以怀疑消息之真实性或报道之正确性,而仍予报道,致其报道与事实不符,则难谓其无过失,如因此贬损他人之社会评价而不法侵害他人之名誉,即非得凭所述事实系出于其疑虑或推论遽指有阻却违法事由,自应负侵权行为之损害赔偿责任。"

在一个涉及转述他人言论的案件,"最高法院"2012年台上字第526号判决谓:"按发表评论意见与陈述事实,性质固有不同,然叙述某项事实以之为评论基础,或于评论中夹杂叙述某项事实,倘行为人所述事实足以贬损他人之社会评价,纵令该事实系转述他人之陈述,如明知该转述事实为虚伪或未经合理查证即公然转述该虚伪事实,仍构成故意或过失侵害他人名誉,而应负侵权行为损害赔偿责任。又凡因自己之行为致有发生一定损害之危险者,即负有防范危险发生之义务,如依其情形应防范而未予防范,致生他人之损害,其不作为与损害间有相当因果关系者,亦应负侵权行为损害赔偿责任。原审以证人董○森、张○松未告知上诉人关于被上诉人有外遇或情妇之事,中国时报、时报周刊、美华报导、联合晚报等之报导内容已明确界定为传闻或传言,复未采取任何防范措施;因认上诉人未尽合理查证义务,过失侵害被上诉人名誉,且不得以系争书籍由他人出版、发行、贩卖而卸责,难谓有何违背法令。"

2. 分析讨论①

(1)合理查证的功能。如前所述,合理查证义务具调和言论自由与名誉保护的功能,乃比较法上常用的机制(包括欧洲人权法院),可搜集各个相关案件作比较研究。

(2)违法性或过失。前揭"最高法院"2012年台上字第545判决涉及一个实务上的重要问题,即合理查证在侵权行为法构造上究系违法性层次或过失层次,实务上有不同见解。我侵权行为法区别违法、故意过失,违法性应先行认定。本书认为合理查证义务系属违法性问题,其理由有二:

---

① 参见拙著:《人格权法——法释义学、比较法、案例研究》,北京大学出版社2013年版,第405—425页。

符合释字第 509 号解释意旨,其认为经合理查证在刑法上为"不罚",在侵权行为法上乃阻却违法,相对应于在意见表达上的善意评论不罚,善意评论与合理查证在侵权行为法上均属阻却违法,而此实为实务上一贯的见解。

合理查证义务具有法益衡量功能,较适合于调和言论自由与人格权(名誉)保护。

(3)合理查证的判断基准。关于合理查证的判断,应综合考虑以下实体及程序的因素:

事实的性质、侵害行为所涉及之人(公共人物、私人)、议题(与公共利益的关系)。得以此为基础建构基本类型,合理运用认定基准。

① 侵害的严重性。

② 数据源的可信度。

③ 查证事实的紧急性、时效性及成本费用。

④ 有无征询被害人。

⑤ 陈述事实的地点及时间等。

"最高法院"就行为人是否尽其合理查证义务,多仅作简要论断,若能说明其判断因素及衡量过程,应可建立更明确的行为规则,而有助于达成侵权行为法的规范目的。

(4)合理查证的举证责任。"最高法院"2009 年台上字第 1129 号判决谓:"民法上名誉权侵害之成立要件,被害人对行为人陈述事实为不实之消极事实,本不负举证责任,上开攸关侵害他人名誉'阻却违法性'之合理查证义务,自应由行为人依个别事实所涉之'行为人及被害人究系私人、媒体或公众人物''名誉侵害之程度''与公共利益之关系''数据源之可信度''查证对象之人、事、物''陈述事项之时效性'及'查证时间、费用成本'等因素,分别定其合理查证义务之高低,以善尽其举证责任,始得解免其应负之侵权行为责任,俾调和言论自由之落实与个人名誉之保护。"本件判决采同于本书的四点见解:

① 以合理查证义务调和名誉保护与言论自由。

② 查证义务属违法性问题。

③ 综合相关判断因素,就个案认定行为人是否善尽查证义务。

④ 行为人(加害人)就其是否善尽查证义务,应负举证责任。

五、法律效果:恢复名誉适当处分(登报道歉)

言论自由与名誉保护不仅是侵权行为成立的问题,亦攸关法律效果(包含慰抚金、侵害除去及侵害防止请求权)。[①] 值得特别提出的是,"民法"第 195 条第 1 项后段规定:"其名誉权被侵害者,并得请求恢复原状之适当处分。"所称适当处分主要指登报道歉启事。此项规定是否因侵害行为人(加害人)的言论自由及人格尊严而违宪,颇生争议。"司法院"释字第 656 号解释谓:"'民法'第 195 条第 1 项后段规定:'其名誉被侵害者,并得请求恢复名誉之适当处分。'所谓恢复名誉之适当处分,如属以判决命加害人公开道歉,而未涉及加害人自我羞辱等损及人性尊严之情事者,即未违背'宪法'第 23 条比例原则,而不抵触'宪法'对不表意自由之保障。"(请阅读解释理由。)[②]

第五项　自　由　权

(1) 商店主人怀疑某顾客窃取物品而加以留置,加以检查时,如何认定其构成对自由的侵害?侵害自由是否包括诈欺?

(2) 公职人员竞选期间,甲登台为某候选人助选,乙切断电源,迫甲中断演讲时,是否构成侵害甲的言论"自由",而有"民法"第 195 条的适用?

不自由,毋宁死,古有名言。自由是受宪法所保障的基本人权(第 8 条、第 10 条以下)。侵害他人自由,在刑法上构成犯罪("刑法"第 296 条以下)。"民法"第 17 条规定:"自由不得抛弃。自由之限制,以不悖于公共秩序或善良风俗者为限。""民法"第 195 条明定自由为一种人格上的权利。此种受侵权行为法保护的自由,除行动的自由外,是否尚包括所谓

---

① 参见拙著:《人格权法——法释义学、比较法、案例研究》,北京大学出版社 2013 年版,第 403—425 页。

② 较详细的论述,参见拙著:《人格权法——法释义学、比较法、案例研究》,北京大学出版社 2013 年版,第 442 页。

"精神的自由"在内，尚有争议①，分述如下：

一、身体行动自由

（一）对身体行动自由的侵害

身体行动自由指身体的行动不受不法的拘束或妨碍而言。侵害行动自由的情形，例如拘禁"立法委员"于狗笼，使其不能离去；夺去入浴妇女的衣服，使其无法行动；强迫女友夜游，使其欲罢不能；出租车司机不让乘客下车，使其受困车内；置人于小舟漂流汪洋，使其难以脱身。侵害的方式得为直接强制（强制性交妇女），或未使用强制力而以间接方法（如诬告他人致遭逮捕）。对他人身体行动自由的剥夺，以不合理的方法可以离去为要件，如房门被锁，但可由窗户逃出时，尚不构成侵害自由；惟从高楼窗户逃出，有受伤或死亡之虞时，不能要求被害人冒此危险，乃属当然。侵害自由，多出于故意，出于过失的亦可成立，如百货公司提早打烊，因疏于注意而将顾客锁在地下室。至于因车祸而受困于车阵，动弹不得时，因得实时离车而去，并不构成对行动自由的侵害。

（二）须否以被害人知其自由被拘束或被妨碍为必要？

侵害他人行动自由须否以被害人知其自由被拘束或妨碍为要件？关于此点，应采否定说，故对睡眠者锁其门窗不使觉醒外出，将精神病患囚禁于山洞，均属侵害他人的自由。

（三）商店主人留置有窃盗嫌疑的顾客

商店主人留置有窃盗嫌疑的顾客，甚属常见，为兼顾人身自由及所有权的保护，应认为商店主人有正当理由相信某顾客窃盗物品时，得以合理的方式，在合理的时间限制其行动，而为合理的检查。受怀疑的顾客通常会接受检查，惟究系出于同意，抑或受不合理的强制拘束而构成侵害自由，应就个案加以认定，自不待言。②

---

① 德国通说对《德国民法》第 823 条 1 项所称自由（Freiheit）作狭义解释，指身体行动自由（Körperliche Bewegungsfreiheit），即离开特定地点的可能性，相当于英美法上的 False Imprisonment（不法监禁，限于故意）。关于德国法，Esser/Weyers, Schuldrecht, Bd II, Besonderer Teil, S. 459; Fikentscher, Schuldrecht, S. 731; Larenz/Canaris, Schuldrecht II/2, S. 385. 不同见解，参见 Eckert, Der Begriff Freiheit im Recht der unerlaubten Handlung, JuS 1994, 625.

② 美国法上的案例甚多，参见 Epstein, Cases and Materials on Torts, p. 1007（1012），尤其是关于 Coblyn v. Kennedy's Inc. 359 Mass. 319, 268 N. E. 2d 860（1971）案的评论。

二、精神的自由

在台湾地区学说上,对"自由"有采广义解释,认为除身体自由外,尚包括精神的自由,至其范围,有人认为指诈欺、胁迫等而言。[1] 更有认为妨害信教自由、言论自由、投票自由、契约订立自由均足成立侵害自由权。[2]

在实务方面,"最高法院"1978年度第13次民庭庭推总会议决定事项:"1974年4月9日本院1974年度第2次民庭庭推总会议议案(二)之决议所谓:'因受诈欺而为之买卖,在经依法撤销前,并非无效之法律行为,出卖人交付货物而获有请求给付价金之债权,如其财产总额并未因此减少,即无受损害之可言,即不能主张买受人成立侵权行为而对之请求损害赔偿。'旨在阐明侵权行为以实际受有损害为其成立要件。非谓类此事件,在经依法撤销前,当事人纵已受有实际损害,亦不得依侵权行为法则请求损害赔偿。"其所谓依侵权行为法则,究系适用"民法"第184条第1项前段,认为诈欺亦构成侵害自由,抑或适用同条第1项后段,未臻明确。值得注意的是,"最高法院"1992年台上字第200号判决谓:惟查所谓侵害他人之自由,并不以剥夺他人之行动或限制其行动自由为限,即以强暴、胁迫之方法,影响他人之意思决定,或对其身心加以威胁,使生危害,亦包括在内。故歹徒于凌晨持枪于理发厅准备绑架女理发师,警察及时赶到未能得逞时,被害人亦得以自由被侵害而请求慰抚金。[3]

据上开"最高法院"关于绑架未遂案件的判决可知,扩张解释侵害他人之自由的主要目的,在于使被害人就其精神上的损害亦得请求慰抚金,旨在强化对人格权的保护。此在民法将慰抚金请求权限定于若干列举的人格法益受侵害的情形,具有意义。惟过分扩大自由的概念及于所谓信教自由、投票自由、言论自由等,使侵害他人之自由成为一个概括条款,其保护范畴难以认定,亦值商榷。依"民法"第195条第1项规定:"不法侵害他人之身体、健康、名誉、自由、信用、隐私、贞操或不法侵害其他人格法

---

① 参见郑玉波(陈荣隆修订):《民法债编总论》,第169页。

② 参见史尚宽:《债法总论》,第143页;孙森焱:《民法债编总论》,第221页。

③ 《"最高法院"民事裁判书汇编》第10期,第85页。关于本件判决的评释,参见约翰逊林:《自由权之侵害与非财产上之损害赔偿》(上、下),载《万国法律》第69期,第2页,第70期,第8页。

益而情节重大者,被害人虽非财产上之损害,亦得请求赔偿相当之金额。"
"意思决定自由"可纳入其他人格权,俾作较具弹性适当的保护。

第六项 姓 名 权

　　试说明"民法"第 19 条的规范意义。请求损害赔偿,须否以加
害人有故意或过失为要件?本条是否为关于慰抚金的特别规定?甲
厂商未经乙歌星同意,擅以乙的姓名及肖像做商业广告时,乙得对甲
主张何种权利?

一、姓名权的意义

姓名权系使用自己姓名的权利。人的姓名旨在区别人己,彰显个别
性及同一性,并具有定名分、止纠纷的秩序规范功能。诚如歌德所云,姓
名系个人最美好、最有力的代表。德国民法虽未以明文承认一般人格权,
但对姓名权特设规定。① 台湾"民法"第 19 条规定:"姓名权受侵害者,得
请求法院除去其侵害,并得请求损害赔偿。"亦明定姓名权为人格权之
一种。

　　姓名,就其狭义言,指"姓名条例"第 1 条规定以户籍登记的姓名
("姓名条例"第 1 条),是为强制姓名。② 惟"民法"第 19 条姓名权的保护
客体应作广义的解释,包括由个人自己选定并得随时变更的字、别号、艺
名、笔名、简称等在内。关于"姓名条例"的姓名的更改,"司法院"释字第
399 号解释谓:"姓名权为人格权之一种,人之姓名为其人格之表现,故如
何命名为人民之自由,应为宪法第 22 条所保障。姓名条例第 6 条第 1 项
第 6 款规定命名文字字义粗俗不雅或有特殊原因经主管机关认定者,得
申请改名。是有无申请改名之特殊原因,由主管机关于受理个别案件时,
就具体事实认定之。姓名文字与读音会意有不可分之关系,读音会意不雅,
自属上开法条所称得申请改名之特殊原因之一。"此项解释肯定"宪法"第
22 条所谓"其他自由及权利"包括人格权,并强调人的姓名为其人格的表
现,具有意义。

---

　　① 《德国民法》第 12 条规定:"有权使用某一姓名者,因他人无权使用或妨害该姓名之使
用权,致受有损害时,得请求除去之。有妨害使用之虞时,得请求防止侵害。"
　　② 关于姓名的取得、变更、丧失,参阅"民法"第 1000 条、1059 条及"姓名条例"。

"民法"第19条系规定自然人的姓名权,惟应扩张其保护范畴而类推适用于法人(社团及财团)、非法人团体及商号。①"公司法"(第18条)②,"商业登记法"(第28条)、"商标法"(第23条第15款)有特别规定时,应优先适用之。③

二、姓名权的侵害

姓名权的侵害,指侵害他人使用姓名的权利,其主要情形有:

(1)干涉他人使用姓名,如强迫名歌星变更其艺名。

(2)盗用他人姓名,即擅以他人名义而为某种活动,如自称为某人之子而推销物品;擅以他人姓名推荐自己的书,或为自己的书作序。

(3)冒用他人姓名。此类侵害颇为常见,如夫的情妇与夫同宿旅馆,以妻名登记,应认系对妻的姓名权的侵害。④ "最高法院"1982年台上字第1313号判决谓:"'妇友'与'妇一友',一为二字,一为三字,但能使人误认,其系属类似之名称,要堪认定。妇友公司依公司法第18条规定,请求'妇一友'公司不得使用'妇一友'之名称,即非无据。"⑤盗用或冒用他人姓名是否构成侵害,应以"混淆危险"为判断标准,其无混用误认危险的,如数人合法取得同一姓名,原则上固不构成对姓名权的侵害,但有混淆误认之虞(如与某名人同姓同名之人,为他人之书作序或题字等),而

---

① 参照"最高法院"1931年上字第2401号判例:"(一)已经注册之商号,如有他人冒用或故用类似之商号,为不正之竞争者,该号商人得禁止其使用。(二)所谓商号之类似者,原指具有普通知识之商品,购买人施以普通所用之注意,犹有误认之虞者而言。"又须注意的是,实务上认为独资之商号性质上与人之姓名权同属人格权,乃从属于人格之权利,系属专属权,不得为强制执行之标的,参见《"司法院 秘台厅"民2字第02537号函》,载《民事法令释示汇编》1994年6月,第806页)。

② 关于公司名称专用权,"司法院"司法业务研究会第3期,作有研讨意见,可参见《民事法律问题研究》(二),第105页以下。

③ "行政法院"1986年判字第337号判决谓:"法人或商号团体之名称,须系依法律登记者,始有受保护之权利可言,其非依法律或法律授权制定之行政命令所为登记之英文名称,应不包括在内。按商标法第37条第1项第11款前段规定,商标图样有他人之肖像、法人及其他团体或全国著名之商号名称或姓名,未得其承诺者,不得申请注册,其立法意旨,乃在保护他人之肖像权、姓名权、全国著名之商号权、法人及其他团体之名称权。此项法人或商号团体之名称,须系依法律登记者,始有受保护之权利可言。其非依法律或法律授权制定之行政命令所为登记之英文名称,应不包括在内。"(《"行政法院"裁判要旨汇编》第6辑,第631页。)可资参照。

④ 参见史尚宽:《债法总论》,第149页。

⑤ 本件判决取自"最高法院"资料室。

故意未作必要的表示时，仍得构成对他人姓名权的侵害。[1]

（4）对他人姓名权的不当使用，如以他人的姓名称呼家中饲养的宠物；以某名女人的姓名作为应召站名称；将他人的姓名为不当的发音（如江居士读为或写为将去死）。

三、被害人的救济方法

（一）侵害除去请求权

"民法"第 19 条规定，姓名权受侵害者，得请求法院除去其侵害，并得请求损害赔偿。立法理由书谓："姓名权者，因区别人己而存人格权之一也。"姓名权既属人格权的一种，应适用民法第 18 条第 1 项规定："人格权受侵害时，得请求法院除去其侵害；有受侵害之虞时，得请求防止。"此种不作为请求权，以客观上违法侵害姓名权为已足，加害人有无故意或过失，则非所问。至侵害除去的方法，因侵害态样而不同，在妨害他人使用姓名的情形，姓名权人得请求勿加干涉，任自己自由使用。在盗用、冒用、或不当使用的情形，得请求中止其侵害，如取下冒名行医的招牌、销毁行骗的名片等。

（二）损害赔偿

"民法"第 19 条所谓姓名权受侵害时，得请求损害赔偿，适用上尚有争议。与第 18 条第 2 项对照之，其所谓损害赔偿，似指财产上损害赔偿。惟人格权受侵害时，本得依"民法"第 184 条第 1 项前段及第 213 条规定请求财产上的损害赔偿，第 19 条的规定不具实质意义。又姓名权系"民法"第 195 条第 1 项所称"其他人格法益"，被害人亦得依该条项规定就非财产损害请求相当金额的赔偿（慰抚金）。

被害人依"民法"第 19 条规定请求损害赔偿时，学说上有强调姓名权的侵害人应负担无过失损害赔偿责任。[2] 本书则认为仍须以故意或过失为要件，其理由有二：（1）"民法"第 19 条非属独立的请求权基础，侵害姓名权的成立侵权行为仍应具备第 184 条的要件。（2）生命、身体、健

---

[1]　关于侵害姓名权，实务上有两个案例，可供参照："法务部"1981 年法律字第 10934 号函释："查民法第 19 条规定之姓名权受侵害，系指冒用他人姓名或不当使用他人姓名而言。私人著作引用他人真实姓名，似非侵害姓名权，且与宪法第 23 条及民法第 148 条无涉。"《"法务部"行政解释汇编》第一册，1992 年版，第 73 页。

[2]　参见史尚宽：《民法总论》，第 68 页；洪逊欣：《中国民法总则》，第 103 页。

康、自由、名誉等人格权的重要性不亚于姓名权,前者的侵害既须以加害人的故意或过失为要件,后者若采无过失责任,人格权益的保护将失其平衡。

第七项 信 用 权

试说明名誉与信用的关系及区别。信用权被侵害时,被害人得否请求慰抚金? 是否因自然人或法人而有不同?

一、信用权的意义

信用权指以经济活动上的可靠性及支付能力为内容的权利,又称为经济上的信誉权。其与名誉权的区别在于前者系经济上的评价,后者为社会上的评价。二者有时难以明确区分,侵害他人信用的,得构成对名誉的侵害,例如不实散布某人赌博负债累累,业已潜逃出境。惟信用权与名誉权的保护范畴究属不同,信用的侵害,不必同时为名誉的侵害,例如传播某公司在东南亚某国家的工厂遭内战焚毁,不能继续生产。

台湾地区民法就名誉权设有规定,关于信用权原无明文("刑法"第二十七章设有妨害名誉及信用罪),为使被害人得获赔偿,实务上曾扩张解释名誉权使之包括信用权。[①] 但侵害内容不及于人格上评价的贬损时,难谓构成对名誉权的侵害。为强化对信用权的保护,民法债编修正(1999 年)于第 195 条第 1 项特增列信用,明定其为人格法益之一种,使被害人就非财产上损害亦得请求赔偿相当之金额。[②]

---

① "最高法院"1953 年台上字第 1324 号判决:"上诉人既有伪造各该被上诉人之商品专用商标或包装情事,自系不法侵害被害人之商品信誉权,而信誉权为名誉权之一种,依'民法'第195 条第 1 项之规定,纵非财产上之损害,亦得请求赔偿相当之金额。"《"最高法院"裁判类编:民事》(第 2 册),第 781 页。

② 《德国民法》第 824 条规定:"违背真实,主张或流布足以危害他人信用或引起其他职业或生计上之损失事实,如其非真实为其所知或应知者,对于该他人应赔偿因此所生之损害。通知人不知其非真实而通知者,如通知人或受通知人,就其通知有正当之利益时,通知人不负赔偿责任。"此项规定虽在保护信用,但并未承认信用权属一种人格权,其所谓损害赔偿,指财产上损害赔偿,被害人无慰抚金请求权。关于本条规定的解释适用,参见 Larenz/Canaris, Schuld-recht II/ 2, S. 463 f.

二、信用权的侵害

侵害信用权,一般认为系指主张或散布不真实的事实,致他人在经济活动上的可靠性或支付能力受到负面评价。[①] 侵害行为除故意外,尚包括过失,如轻信他人之言,未经查证而为散布。所谓他人包括自然人及法人,惟必须针对特定人,间接被害人不包括在内,以免因难以预见责任危险而妨害信息流通。其所主张或散布的须为不真实的事实,如某股商因股票亏损,业已宣告破产;某银行正受挤兑,即将倒闭;某食品公司的牛肉干混用马肉;某市场摊位的香肠系使用罹患口蹄疫的猪肉等。被害人就所主张或传播事实的不真实,负举证责任。

三、被害人的救济方法

"民法"第 195 条第 1 项明定信用权为人格权的一种,立法目的在使被害人得就非财产上损害请求慰抚金。信用权系以人在经济上的评价为保护利益,有无精神上痛苦,应就个案审慎认定之。值得注意的是,"最高法院"1973 年台上字第 2806 号判例谓:"公司系依法组织之法人,其名誉遭受损害,无精神上痛苦之可言,登报道歉已足恢复其名誉,自无依民法第 195 条第 1 项规定请求精神慰藉金之余地。"准此见解,公司的信用权遭受侵害,既无精神上痛苦可言,亦无请求慰抚金的余地。

第八项　贞　操　权[②]

贞操权,指以性的尊严及自主为内容的权利,男女皆有之,但以女子为重要。台湾"民法"对贞操原未设规定[③],实务上常认定侵害贞操亦构成对身体、名誉或自由的侵害,而适用"民法"第 195 条规定,使被害人就非财产上损害亦得请求相当金额的赔偿。[④] 惟在此情形,身体、名誉或自

---

①　参见史尚宽:《债法总论》,第 147 页。

②　参见马维麟:《"贞操权"观念在现代社会中的重新审视》,载《月旦法学杂志》第 11 期,第 65 页。贞操权的用语,是否妥当,尚有商榷余地,可称为性自主权。

③　《德国民法》第 825 条规定:"因诈欺胁迫或滥用服从关系使妇女允许为婚姻外之性交者,应负赔偿因此所生损害之义务。"被害人依《德国民法》第 847 条第 2 项规定得请求慰抚金。关于《德国民法》第 825 条的解释适用,参见 Palandt/Thomas, § 825.

④　参见"最高法院"1951 年台上字第 1508 号判决,《裁判类编(民事一)》,第 809 页;"最高法院"1957 年台上字第 1877 号判决,《裁判类编(民事四)》,第 657 页。

由的侵害,系贞操被侵害的结果,乃第二次所引起的现象。① 为保护性的人格价值,"民法"债编修正第 195 条第 1 项特明定贞操系人格权之一种。此种贞操权与夫妻互负的贞操义务不同。违反夫妻互负的贞操义务,构成离婚或别居的理由②,并得成立侵权行为,但非属对"贞操权"的侵害。

侵害贞操的主要情形有:(1) 强制性交妇女;对于妇女乘其心神丧失或其他相类之情形,使其不能抗拒;或对于因亲属、监护、教养、救济、公务或业务关系,服从自己监督之人,利用权势而为性交;或以诈术使妇女误信为自己配偶而听从其为性交等(参阅"刑法"第 221 条、第 225 条、第 228 条、第 229 条)。(2) 因诈欺(如以将来结婚为饵)或胁迫(如解雇或告发其犯罪),迫使妇女允为性交。

对贞操权的侵害,在其违反性的自主,故得依被害人出于本意的允诺而阻却违法。未满 16 岁者所为的允诺无效(参照"刑法"第 227 条),仍构成对贞操权的侵害。③ 16 岁以上的未成年人有识别能力时,得单独为允诺,不必得法定代理人的同意。法定代理人之代理不及于性的自主,其允许不能阻却违法性,自不待言。④

贞操权既以性的尊严及自主为内容,与传统上所谓"贞操"的意义自

---

① 参见史尚宽:《债法总论》,第 144 页。

② "司法院"释字第 147 号解释:"夫纳妾,违反夫妻互负之贞操义务,在是项行为终止以前,妻主张不履行同居义务,即有民法第 1001 条但书规定之正当理由;至所谓正当理由,不以与同法第 1052 条所定之离婚原因一致为必要。本院院字第 770 号解释(二)所谓妻请求别居,即系指此项情事而言,非谓提起别居之诉,应予补充解释。"并参见"最高法院"1981 年台上字第 4116 号判决:"男女双方之贞操义务,固于订婚后始发生,但庄○雄于尚未解决渠与黄○玉间之同居关系前,即与李○慧订婚,于性之纯洁及人格、名誉难谓毫无关系,衡之婚约之伦理性、公平性,李○慧主张有足以构成解除婚约之重大事由,因而声明解除婚约,于法洵无不合。"《"最高法院"民刑事裁判选辑卷 2》第 4 期,第 230 页。

③ 在台湾地区实务上侵害贞操多属此种类型,参见"最高法院"1951 年台上字第 1508 号、1957 年台上字第 1877 号、1964 年台上字第 540 号判决,《裁判类编·民事法(八)》,第 64 页。

④ "司法院"司法业务研究会第一期曾提出一则法律问题:甲男与乙女为儿时玩伴,隔数年后两人同在外地就学中相遇,忆儿时情意浓,念旧谊恋情事,终至双双坠入情网,发生奸淫情事,惜乙女之法定代理人以双方贫富悬殊,不同意其女与甲男来往,并以未成年之乙女法定代理人身份代理乙女以身体受侵害为由起诉请求甲男给付慰抚金,有无理由?研讨结论认为:"如乙女系未满十六岁之未成年人,依民法第 980 条及刑法第 227 条第 1 项规定之意旨观之,乙女之发育未健全,尚难认有同意性交之能力,而对贞操之侵害,在主观上有以不当性交之认识为已足,在刑法上既构成妨害风化罪,在民法上则应构成侵权行为。甲之奸淫行为即属对乙女之身体侵害,故得请求给付慰抚金。反之,如乙女当时已满十六岁,则应不构成侵权行为。"《民事法律问题研究(一)》,第 215 页。

有不同,故强制性交"娼妓"亦得构成对"贞操"的侵害,至于被害人已否结婚,是否为处女,更非所问,乃属当然。

第九项　隐私权①

(1) 试从宪法及民法说明隐私权的概念及功能,及其与名誉权的区别。

(2) 某甲为妓女,曾因犯罪被起诉,但无罪获释后,改过迁善,从事公益事业,备受敬重。十余年后,某乙探知其事,使用甲之原名,拍制电影。试就此案例说明公众"知之权利"(言论自由)与"隐私权"的冲突及调和。

第一目　隐私权:一个最具发展性的人格法益

一、美国法上的 Right to Privacy

在人格权的个别化过程中,最值得重视的是,"民法"债编修正第195条第1项明定隐私为一种特别人格权(人格法益)。隐私的权利化更进一步扩大了人格保护的领域,一方面是因为个人人格的自觉,一方面亦由于科技进步及大众传播的发展增加了侵害人格尊严的可能性及严重性,有特别加以规范的必要性。关于一个新的权利,最为困难的是如何界定其概念及保护范围。如所周知,隐私(privacy)之作为一种法律概念及权利,乃美国法的产物,"营销"各地,广被继受,台湾地区法亦深受其影响,因此探究美国法上 privacy 的演进②,对于法律的解释适用应具有实益。

1890 年 Samuel D. Warren 氏因不满其家居生活及女儿婚礼被 Boston Papers 详细报道,侵犯其私生活的平和,乃与其哈佛大学法学院同班同学,曾为律师合伙人的 Louis D. Brandeis 氏(其后担任美国联邦最高法院法官)共同在哈佛法律评论上发表"The Right to Privacy"论文,征引普通法(Common Law)的案例,主张应承认受侵权行为法保护的隐私权,而以

---

① 深入详细的论述,参见拙著:《人格权法——法释义学、比较法、案例研究》,北京大学出版社 2013 年版,第 177—247 页。

② Turkington, Trubow and Allen, Privacy: Cases and Materials (1992).

不受他人干扰为主要内容。① 本文发表于 1890 年,但直至 20 世纪初始受重视,之后逐渐为各州法院所接受,产生了许多冠以隐私权,但不具共同特征的判决,造成了混乱与争议。1960 年,Prosser 教授在其著名的论文"Privacy"中②,对相关案例从事类型分析,归纳为以下四种,认定系属四个不同侵权行为,并纳入由其所主编的美国侵权行为法整编(Restatement of Torts,Second)③,而成为通说④:

(1)侵扰原告的独居、自处或私人事务(Intrusion upon the plaintiff's seclusion or solitude,or into his private affairs)。主要案例如侵入他人家宅、旅馆房间;非法搜索随身行李或购物袋;窃听电话;偷录私人谈话;窥视银行账户等。

(2)公开揭露使原告难堪的私人事务(public disclosure of embarrassing facts about the plaintiff)。例如将原告借钱不还的事实,到处张贴海报,使全镇居民知悉;将原告曾为妓女并为谋杀案嫌疑犯的事实,拍成电影。

(3)公开某事故,致原告遭公众误解(publicity which places the plaintiff in a false light in the public eye):例如以原告名义,发表低劣的作品;误将原告列入刑事犯罪前科记录。

(4)被告为自己利益未经原告同意,而使用原告的姓名或特征(Appropriation for the defendant's advantage of the plaintiff's name or likeness)。此一类型最早出现,例如拍摄他人照片作为商品广告。

美国法上隐私权原属侵权行为法的问题,但逐渐提升到宪法基本权

---

① The Right to Privacy, 4 Harv. L. Rev. 193. 美国法学家公认此为对美国侵权行为法理论及实务发展最具影响力、最具典范的法学论文。本论文虽以英国普通法的案例为论证的基础,但英国法迄今仍未承认侵害隐私是一个独立的侵权行为。参见 Winfield, Privacy (1931) 47 LQR 23. 最近发展趋势,参见 Markesinis/Deakin, Tort Law, pp. 696-720(附有参考数据)。

② 48 Cal. L. Rev. 383 (1960).

③ § 652A-652L,参见"司法院"及政治大学法律研究所合译,美国法律整编,侵权行为法("司法院"1986 年印行)。

④ Epstein, Cases and Materials on Torts, Chapter 17 (pp. 1197 f.);Franklin/Rabin/Green, Tort Law and Alternatives, pp. 1121 f. 参见林建中:《隐私权概念初探——从美国法之观点切入》,载《宪政时代》第 23 卷第 1 期,第 53 页以下。美国学者对 Prosser 教授所提出四分类的批评,参见 Bloustein, Privacy as an Aspect of Human Dignity: An Answer to Dean Prosser, 39 N. Y. U. L. Rev. 34 (1967);W. A. Parent, A New Definition of Privacy for the Law, 2 Law and Philosophy 305 (1983);Robert C. Post, The Social Foundations of Privacy, Community and Self in the Common Law Tort, 77 Cal. L. Rev. No. 5. 957 (1989).

利的层次，并以美国宪法增补条文第 14 条规定的自由及（实体）正当法律程序为依据，用以规范使用避孕药、堕胎、个人生活相关数据的管制等重大争议问题。

二、隐私权的概念

无论是在侵权行为法或在宪法层次，美国法上的隐私权，均由个案累积而发展，为探讨其本质，界定其概念内容，判例学说曾提出各种理论。[①]独处说认为，隐私权是一种保留个人独处不受干扰的权利（the right to let alone）。私密关系自治说认为，隐私权的本旨在于保障个人私密关系（intimacy）不受侵害。一般人格权说认为，隐私权系在维护人性尊严。数据保留权说认为，隐私权在于保护个人相关信息，而不及于其他与个人无关的利益或领域，此说的目的在于使隐私权的概念明确化。由上述可知，美国法上隐私权具有多层面的复杂性及不明确性，涉及宪法及侵权行为法，实难以单一的理论作全面整体的说明。

第二目　隐私权系受宪法保障的基本权利

一、"司法院"释字第 293 号解释：银行存款资料案

宪法规定各种基本人权，但对隐私权未设明文。值得指出的是"司法院大法官"释字第 293 号解释谓："银行法第 48 条第 2 项规定银行对于顾客之存款、放款或汇款等有关资料，除其他法律或中央主管机关另有规定者外，应保守秘密。"旨在保障银行之一般客户财产上之秘密及防止客户与银行往来资料之任意公开，以维护人民之隐私权，惟公营银行之预算、决算依法应受议会之审议，议会因审议上之必要，就公营银行依规定已属逾期放款中，除收回无望或已报呆账部分，仍依现行规定处理外，其余部分，有相当理由足以认为其放款显有不当者，经议会之决议，在银行不透露个别客户姓名及议会不公开有关资料之条件下，要求银行提供该项资

---

① 　参见林建中：《隐私权概念初探——从美国法之观点切入》，载《宪政时代》第 23 卷第 1 期，第 59 页以下；朱柏松：《隐私权概念之演变及其损害防止立法之动向》，载《法学丛刊》第 134 期，第 89 页。

料时,为兼顾议会对公营银行之监督,仍应予以提供。①

此项解释具有几个重要意义:(1)肯定隐私权是宪法上的权利,应受宪法之保障。(2)隐私权的保护,并非绝对,为防止妨碍他人自由,避免紧急危难,维持社会秩序或增进公共利益之必要,得以法律限制之("宪法"第23条)。现行法律规定应保守秘密的,除上开银行法以外,尚有"医师法"第23条、"所得税法"第119条、"乡镇市调解条例"第19条第3项等,均涉及人民隐私权,而受"宪法"的规范。

二、"司法院"释字第603号解释:请领身份证捺指纹案

关于宪法上隐私权的发展,最值得重视的是释字第603号关于"户籍法"第8条第2项及第3项②违宪性的解释(请参阅解释文及解释理由)。解释意旨认为,维护人性尊严与尊重人格自由发展,乃自由民主宪政秩序之核心价值。隐私权虽非宪法明文列举之权利,惟基于人性尊严与个人主体性之维护及人格发展之完整,并为保障个人生活私密领域免予他人侵扰及个人资料之自主控制,隐私权乃为不可或缺之基本权利,而受"宪法"第22条所保障。其中就个人自主控制个人资料之信息隐私权而言,乃保障人民决定是否揭露其个人资料,及在何种范围内、于何时、以何种方式、向何人揭露之决定权,并保障人民对其个人资料之使用有知悉与控制权及数据记载错误之更正权。本件解释为隐私权提供了理论基础,保护范围及内容建构原则,实值肯定。③

第三目 隐私权在侵权行为法上的保护

一、隐私权与名誉权的区别

"民法"对于隐私权原未设规定,惟学说承认所谓的秘密权,指私生

---

① 关于银行存款秘密的宪法基础,参见 Lerche, Bankgeheimnis, Verfassungsrechtliche Rechtsgrundlagen, ZHR 149 (1985), 165.

② "户籍法"第8条第2项规定(现已删除):"依前项请领⋯⋯身份证,应捺指纹并录存。但未满十四岁请领者,不予捺指纹,俟年满十四岁时,应补捺指纹并录存。"第3项规定:"请领⋯⋯身份证,不依前项规定捺指纹者,不予发给。"

③ 隐私并包括基因隐私,参见 Laurie, Genetic Privacy, A Challenge to Medical-Legal Norms (2002).

活上或工商业上所不欲人知的事实,有不被他人得知的权利。① 实务上认为秘密权即属隐私权,有一个法律问题可供参考:甲男与乙男素有嫌隙,探悉乙男与丙女感情颇笃,某夜瞥见乙与丙相偕进入某旅店房间,竟秘将两人之幽会情节,予以录像后,频对丙女透露上情,丙女不堪其扰,精神痛苦不已,请求甲男赔偿其非财产上损失,有无理由?

"司法院"第一厅研究意见认为:"按民法虽未就秘密权(亦称隐私权)设有特别规定,惟秘密权亦属人格权之一种。秘密权旨在保护个人之私生活为其内容,侵害秘密权,固常伴随名誉权亦并受侵害,惟前者重在私生活之不欲人知;后者重在社会评价之低落,两者仍有区别。本题甲男之行为系故意以悖于善良风俗之方法加损害于丙女,丙女依民法第184条第1项后段规定,请求甲男赔偿其非财产上损失,应予准许。"②此项法律见解具有三点意义:

(1) 认定隐私权与秘密权系属同义。

(2) 区别隐私权与名誉权的不同。

(3) 肯定被害人得依"民法"第184条第1项后段规定请求赔偿其非财产上损失。

以"民法"第184条第1项后段作为隐私权被侵害时得请求慰抚金的依据,固在加强保护人格权,惟此本非属得为请求权的特别规定,方法论上有待商榷。"民法"债编修正第195条第1项增列隐私权,为慰抚金提供了一个明确的请求权基础。又隐私权既为人格权的一种,故在上开法律问题,被害人亦得依"民法"第18条第1项规定请求加害人销毁录像带,以除去其侵害。

二、对隐私权的侵害

(一) 隐私权的保护范围

隐私权是人格权分化过程中,"新生的"一种人格权,是一个发展形成中有待类型化的概念。依释字第603号解释,隐私权指个人生活秘密领域免予他人侵扰及个人资料自主控制的权利。如何界定隐私权保护范

① 参见史尚宽:《债法总论》,第148页。
② 《民事法律专题研究》(一),第225页。

围,实属不易,一方面须与名誉权、姓名权、肖像权等加以区别,另一方面亦须与"其他人格法益"有所间隔。关于隐私权的侵害,Prossor 教授曾提出四种态样,前已论及。False light in the public eye 类型中的典型案例,例如以他人姓名发表低俗的诗词,或周刊伪造对他人的访谈。Appropriation 类型中的典型案例,如以年轻貌美女士的照片作为香烟广告,在台湾地区法上属侵害肖像权,不必纳入隐私权的保护范围。

(二) 侵害隐私权的类型

兹以 Intrusion 及 Public disclose of private life 两个类型,分述如下:

1. 侵入私人独处生活领域

例如未经同意对他人谈话录音,窃听电话,在他人房间装设电眼,对他人幽会加以录像,窥视少妇入浴,长期深夜电话干扰他人等。此等侵害行为均具违法性。至于商店或银行装设闭路电视,对顾客加以录像,则不具有违法性,因此项行为乃在维护所有权,诚实的顾客不因此而受影响,有助于吓阻犯罪,澄清真相。秘密监视他人,例如夫自己或雇人跟踪其妻,查探行止,其侵害行为是否具有违法性,则应就个案衡量监视的事由(单纯嫉妒或有正当理由怀疑其妻与人通奸) 及被监视的行为加以认定。①

2. 公开揭露个人资料

例如擅行出版他人日记,公布他人病历或病史,离婚之夫传播其妻所告知的私事,公开他人电话或手机号码。然而最具伤害性(有时最可憎恶的)的是,媒体报道个人不名誉的陈年旧事,此常涉及隐私权的保护与社会公众"知之权利"(言论自由)的冲突,最难处理。

第四目　隐私权保护与言论自由

一、比较法上的两个著名案例

关于隐私权保护与言论自由(公众知之权利)的冲突及调和,实务上尚少相关案例,兹就美国法及德国法各举一个著名的经典案例加以说明:

① Larenz/Canaris, Schuldrecht II/ 2, S. 506.

(一) 美国法上 Melvin v. Reid(娼妓从良案)[1]

在 Melvin v. Reid 案,原告更名前曾为娼妓,因谋杀罪嫌而被起诉,但无罪获释。原告改过迁善而嫁入上流社会,获得许多不知其往事人士的友谊。数年后被告将原告的往事拍成电影。原告因被讥笑及遭朋友舍弃,受尽痛苦,而诉请损害赔偿。美国加州最高法院判决原告胜诉,认为在原告从良多年之后,被告拍制电影,并仍使用其名,衡诸任何伦理道德标准,均难谓正当,直接侵害了美国宪法所保障追求幸福之不可侵犯的权利。

(二) 德国法上 BVerfGE 35, 302(犯罪纪录片案)

在德国宪法法院 BVerfGE 35, 302(犯罪纪录片案),声请人曾参与抢劫德国某地弹药库,导致警卫数人死亡,其后被捕,被判处徒刑,正在服刑中。某德国电视公司认为此项犯罪案件具有社会教育意义,拍成纪录片,探讨作案的过程、罪犯的背景,包括声请人的同性恋倾向。此纪录片显示声请人的相貌,数度提到姓名。声请人即将刑满获释,要求禁止电视公司播放。地方法院和高等法院皆驳回此项禁播的请求,其主要理由为声请人已成为公众人物。德国联邦宪法法院废弃此项判决,以《联邦基本法》第2条第1项与第1条第2项作为依据,命令电视公司停止播放。在其长达数页的判决中,德国联邦宪法法院再三强调人的尊严是宪法体系的核心,人格权为宪法的基石,是一种基本权利。言论自由亦属宪法所保障,某种言论是否侵害人格权,应衡量人格权被侵害的严重性及播放犯罪纪录片所要达成的目的,就个案应审慎地加以衡量。在本案,犯罪事实发生于20年前,声请人行将获释,重入社会,开始新的生活,其不受干扰的权利应优先于言论自由而受保护。

二、公开场域隐私权的保护:全球化的重要议题

(一) 摩洛哥公主案:比较法上最著名的案件

隐私权在公开场域的保护,系当前比较法上的重要议题,最著名的案件是"刊登摩洛哥卡罗琳公主(Caroline von Monaco)私人生活照片案"

---

[1] Melvin v. Reid, 112 Cal. App. 285, 297 p. 91 (1931),参见 Epstein, Cases and Materials on Torts, p. 1158.

(以下简称摩洛哥公主案)。了解摩洛哥公主案已成为法律人的基本素养,特详为说明。①

卡罗琳公主是欧洲社交界的名流,因其属摩洛哥皇室成员,故其行止活动、个性、生活方式等受到各界人士的关注,成为欧洲各国大众媒体跟追报道的对象,大量刊登其在公开场域的私人生活照片。为保护其隐私权,卡罗琳公主乃在欧洲多国法院提起诉讼,请求禁止跟追报道及损害赔偿。法院因此创造了许多判例,卡罗琳公主被肯定对人格权法的发展作出了贡献。摩洛哥卡罗琳公主案可说是比较法上关于隐私权保护最著名的案件,之所以值得研究,其理由有三:

(1)卡罗琳公主案引发德国联邦宪法法院与欧洲人权法院作出不同法律见解的裁判。欧洲人权法院废弃了德国联邦宪法法院判决,这个来自 Strassburg(欧洲人权法院所在地)的炸弹,触及了德国法学的自尊心,产生了大量具有参考价值的论文著作,在台湾地区也受到了重视。②

(2)卡罗琳公主案先后经德国联邦宪法法院及欧洲人权法院裁判,建立了公开场域隐私权保护的宪法及欧洲基准,两者同属重要,均具价值,其论证结构及说理方法,最值参考学习,特作较详细的介绍。

(3)"司法院"释字第 689 号的解释意旨、解释理由书及若干"大法官"的协同意见或不同意见书,均受到了摩洛哥卡罗琳公主案的影响(详见下文)。

(二)德国联邦宪法法院判决

摩洛哥卡罗琳公主案涉及周刊杂志未经同意刊登其个人私生活的照片。这些照片可分为三类:(1)卡罗琳公主与其伴侣在餐厅隐秘处用餐。(2)卡罗琳公主在乡间散步、牧场骑马、上街购物、河上泛舟。(3)卡罗

---

① 参见拙著:《人格权法——法释义学、比较法、案例研究》,北京大学出版社 2013 年版,第374 页。

② 参见廖福特:《个人影像隐私与新闻自由之权衡——Von Hannover 及 Peck 判决分析与台湾借镜》,载颜厥安、林钰雄主编:《人权之跨国性司法实践——欧洲人权裁判研究》(一),2007 年版,第 223—270 页;陈仲妮:《论新闻自由与公众人物隐私权之冲突与调和——以欧洲人权法院卡罗琳公主诉德国案(Von Hannover v. Germany)为中心》,载《东吴大学法律学系硕士在职专班法律专业组硕士论文》,2008 年版;吴志光:《新闻自由与所谓的"政治人物标准"——由欧洲人权法院裁判谈起》,载《台湾法学》第 142 期,第 119 页;刘静怡:《说故事的自由——从欧洲人权法院近年隐私权相关判决谈起》,载《台湾法学》第 146 期,第 59 页。

琳公主与其未成年子女一起在小船上划桨。卡罗琳公主在德国汉堡地方法院提起诉讼,主张周刊杂志刊登此等私人生活照片系侵害其一般人格权(私生活领域)及受艺术著作权法所保护的照片。该法第 22 条第 1 项规定:"人像照片须经被拍照人同意,始得予以散布或公开展示。"同法第 23 条第 1 项规定:"当代历史领域的人像照片,无须依第 22 条的同意得予以散布或公开展示。此项散布或公开展示不得侵害被拍照之人的权益,或侵害被拍照人死亡时其家属的正当利益。"

1. 德国联邦法院判决(BGHZ 131, 332)

德国联邦法院在摩洛哥卡罗琳公主案,对隐私(私领域)的保护内容作成四项要旨:

(1) 时代历史人物享有人格权上隐私应受尊重的权利。此项权利包括独处不受干扰。

(2) 对隐私的保护应扩张及于所拍摄照片的公开,并不限于自己住宅的范围。

(3) 在自己房屋外面,当个人退居于一个隔离性的场所(örtliche Abgeschiedenheit),在客观上可知其愿独处,并在该具体情况相信其隔离性(Vertrauen auf die Abgeschiedenheit),而做在广大公开场合有所不为的行为时,亦得享有一个值得保护的隐私(私领域),在此种情形,秘密或利用出其不意地拍摄照片,加以公开时,应构成不法侵害。

(4) 在其他情形,时代历史的绝对人物必须忍受拍摄照片的公开,纵使此等拍摄非在显示其执行公务,仅涉及其广义的私生活。

2. 德国联邦宪法法院的裁判要旨

德国联邦宪法法院就卡罗琳公主所提出的宪法诉愿,对德国联邦法院判决的违宪审查,作成三项裁判要旨:

(1) 根据《基本法》第 2 条第 1 项(人格自由)结合同法第 1 条第 1 项规定(人格尊严)的一般人格权所保障的私人领域,不限于住家范围。个人必须原则上也要有在其他可看出的隐蔽处,不受被摄影干扰而从事活动的可能。

(2) 公开发表的照片涉及亲子活动时,父母的一般人格权的保障内容通过《基本法》第 6 条第 1 项和第 2 项规定得到增强,而受保护。

(3)《基本法》第 5 条第 1 项第 2 句规定对新闻自由的保障,亦包括娱乐消遣性的出版和文章以及插图。此项原则上亦适用于公开发表显示公共人物在日常或与私人有关联的照片。

卡罗琳公主不服德国联邦宪法法院关于散步、骑马、上街购物、泛舟、与友人在餐馆用餐且四周尚有其他用餐客人部分的败诉判决,认为德国联邦宪法法院裁判违反《欧洲人权公约》第 8 条保障私人生活的规定,而向欧洲人权法院诉请救济。

(三) 欧洲人权法院判决 Caroline von Hannover v. Germany[①]

1.《欧洲人权公约》上的私人生活保护与言论自由

1950 年的《欧洲人权公约》第 8 条第 1 项规定:"人人享有私生活和家庭生活、住所和通讯受尊重的权利。"第 10 条第 1 项前段:"每一个人都拥有表达自由的权利。"第 2 项规定:行使上述各项自由负有职责和责任,有可能受到限制,包括为保护他人的名誉或权利;出于防止披露秘密获得的信息等。关于《欧洲人权公约》第 8 条及第 10 条的适用,欧洲人权法院作出了许多创设性的裁判,构成欧洲人权法的主要内容,其中最受重视的是卡罗琳诉德国案。

2. 欧洲人权法院判决要旨

(1) 在私人生活保护与言论自由两者的衡量上,因为原告并未有任何公职,且所摄得照片与文章仅仅与原告私人生活的细节有关,对于公共议题的讨论并无贡献。

(2) 即使原告广为人知,大众对于得知她身在何处、在私人生活中通常都在做些什么,纵使出现在并非完全可被称之为隐蔽地点的场所,并无正当的利益可言。

(3) 即使刊登所摄得的照片与文章存有某种公共利益,同时对杂志社来说也有商业利益,此等利益也必须在原告私人生活应受到有效保护的权利前退让。

(4) 德国法院所建立的一些标准,并不足以确保原告可"合理期待"其私人生活受到保护。纵使国家于此领域享有评断余地,德国法院并未

---

① Caroline von Hannover v. Germany, (2005) 40 EHRR 1;《欧洲人权法院裁判选辑》(一),"司法院"印行 2009 年版,第 190 页(蔡宗珍节译),以下参照其译文加以整理。在本件判决时,摩洛哥公主 Caroline of Monaco 已与德国 Hannover 王子结婚,故改称为 Caroline von Hannover.

在相对立的利益间取得均衡。

据上结论,德国法院判决已侵害公约第 8 条所保障私人生活的利益。

前揭欧洲人权法院判决已成为欧洲及许多国家保护公开场域隐私权的基准。

三、"司法院"释字第 689 号解释:跟追他人与新闻采访自由

(一)"社会秩序维护法"第 89 条第 2 款规定的违宪争议①

根据"大法官"公布释字第 689 号时所提供的事实摘要,声请人是苹〇日报主跑娱乐演艺新闻的记者,因为分别于 2008 年 7 月间两度跟追神〇计算机集团副总苗〇斌及其曾为演艺人员之新婚夫人,并对彼等拍照,经苗某委托律师两度邮寄存证信函以为劝阻,惟声请人复于同年 9 月 7 日整日跟追苗某夫妇,苗某遂于当日下午报警检举,经台北市政府警察局中山分局调查,以声请人违反系争规定为由,裁处罚锾新台币 1 500 元。声请人不服,依同法第 55 条规定声明异议,嗣经台湾台北地方法院 2008 年北秩声字第 16 号裁定无理由驳回,全案确定后声请释宪。

本件解释的系争规定系"社会秩序维护法"(以下简称"社维法")第 89 条第 2 款规定:"无正当理由,跟追他人,经劝阻不听者,处新台币三千元以下罚锾或申诫。"裁罚机关为警察机关("社维法"第 33 条以下),不服警察机关处分时,得向简易法庭声明异议("社维法"第 43 条以下)。

(二)"司法院"释字第 689 号的解释意旨

释字第 689 号解释的解释文谓:"社会秩序维护法第 89 条第 2 款规定,旨在保护个人之行动自由、免予身心伤害之身体权、及于公共场域中得合理期待不受侵扰之自由与个人资料自主权,而处罚无正当理由,且经劝阻后仍继续跟追之行为,与法律明确性原则尚无抵触。新闻采访者于有事实足认特定事件属大众所关切并具一定公益性之事务,而具有新闻价值,如须以跟追方式进行采访,其跟追倘依社会通念认非不能容忍者,即具正当理由,而不在首开规定处罚之列。于此范围内,首开规定纵有限制新闻采访行为,其限制并未过当而符合比例原则,与宪法第 11 条保障

---

① 参见拙著:《人格权法——法释义学、比较法、案例研究》,北京大学出版社 2013 年版,第 353 页。

新闻采访自由及第 15 条保障人民工作权之意旨尚无抵触。又系争规定以警察机关为裁罚机关,亦难谓与正当法律程序原则有违。"

为本件解释声请案,"司法院"主动举行宪法法庭言词辩论(第六次),并首度以网络直播方式,全程转播辩论实况。在本件解释有 11 位"大法官"提出协同意见或不同意见,两个法学专业杂志特辟专栏研讨。[①]本件解释之所以受到重视,其意义有二:

(1) 借着一个以禁止盯梢妇女等行为以维护公共秩序社会安全为目的的规定,建立了调和新闻自由与隐私权等冲突的宪法基准。

(2) 有助于更深刻了解台湾信息社会的发展,促进建立新闻媒体的自律及强化保护隐私权所体现的人之尊严及人格自由。

(三) 侵权行为法上的解释适用

隐私权保护与言论自由(新闻自由)的调和是宪法上的问题,也是侵权行为法的问题。隐私权被侵害时,被害人得主张的请求权有二,一为"民法"第 18 条第 1 项规定的侵害除去或侵害防止请求权;二为依"民法"第 184 条第 1 项前段请求损害赔偿。此两种请求权均以侵害行为具有不法(违法性)为要件,"违法性"也成为调和隐私权保护与新闻自由的基准。被害人的允许(同意)得阻却违法。由于隐私权具开放性,侵害行为的违法性应就个案依利益衡量加以认定。

"司法院"释字第 689 号系以"社维法"第 89 条第 2 款为解释对象,但其关于新闻采访行为与隐私权等调和的解释意旨于侵权行为法亦应参照适用,其情形如同"司法院"释字第 509 号关于诽谤罪与名誉保护的解释意旨(合理查证、事实相当性),得适用于侵权行为法,以维护法秩序价值体系的一致性。释字第 689 号解释所称的正当理由系阻却跟追不法行为的阻却事由,在侵权行为则以违法性上的衡量利益判断侵害行为的不法性。

---

① 参见《台湾法学》,第 184 期特别企划的四篇论文:(1) 李建良:《新闻采访自由与个人生活保护的冲突与调和? ——简评释字第六八九号解释》;(2) 刘静怡:《为德不卒的释字第六八九号》;(3) 王文玲:《"跟追"六八九号解释》;(4) 汪文豪:《公民记者是否受新闻自由保障?》;载《月旦法学》第 197 期的"再探隐私与新闻自由"企划的论文:(1) 刘静怡:《"大法官"保护了谁? ——释字第六八九号的初步观察》;(2) 张永明:《狗仔跟拍之宪法议题——评"司法院"释字第六八九号"狗仔跟拍"解释》;(3) 黄维幸:《新闻采访与隐私的冲突与平衡——兼评释字第六八九号》。

第五目　个人资料保护法

个人资料与人格发展具有密切关系,信息自主已成为隐私权的主要保护范畴,而个人资料的搜集与利用多借助计算机。为规范计算机处理个人资料,以避免人格权受侵害,并促进个人资料之合理使用,1995 年 8 月 11 日公布施行"计算机处理个人资料保护法",而后更于 2010 年 5 月 26 日修正全文(2012 年 10 月 1 日施行),并更改名称为"个人资料保护法"(以下简称为本法),保护客体不再限于经计算机处理之个人资料,规范行为除个人资料之处理外,亦扩及至包括搜集及利用行为。新法共 6 章 56 条,简介如下:

本法所称个人资料,系指自然人之姓名、出生年月日、身份证统一编号、护照号码、特征、指纹、婚姻、家庭、教育、职业、病历、医疗、基因、性生活、健康检查、犯罪前科、联络方式、财务情况、社会活动及其他得以直接或间接方式识别该个人之数据。处理系指依系统建立而得以自动化机器或其他非自动化方式检索、整理之个人资料之集合(参照本法第 3 条)。在规范体系,本法区分公务机关之数据处理及非公务机关之数据处理(关于公务机关及非公务机关参阅本法第 3 条第 7 款、第 8 款),分别就处理个人资料的限制、为特定目的之利用、个人档案的公告、答复查询阅览、正确性的维护等相关问题,详设规定,并附有罚则。值得特别提出的是,本法第 3 条规定:"当事人就其个人资料依本法规定行使之下列权利,不得预先抛弃或以特约限制之:一、查询或请求阅览。二、请求制给复制本。三、请求补充或更正。四、请求停止搜集、处理或利用。五、请求删除。"关于当事人行使本条所定之权利的救济方法,本法第 33 条以下设有规定,敬请参照。

关于违反本法规定的损害赔偿,本法区别公务机关及非公务机关设有其规定:

1. 公务机关的无过失赔偿责任

第 28 条规定:"公务机关违反本法规定,致个人资料遭不法搜集、处理、利用或其他侵害当事人权利者,负损害赔偿责任。但损害因天灾、事变或其他不可抗力所致者,不在此限。被害人虽非财产上之损害,亦得请求赔偿相当之金额;其名誉被侵害者,并得请求为恢复名誉之适当处分。依前两项情形,如被害人不易或不能证明其实际损害额时,得请求法院依侵害情节,以每人每一事件新台币五百元以上二万元以下计算。对于同一原因事实造成多数当事人权利受侵害之事件,经当事人请求损害赔偿者,其合计最高总额以新台币二亿元为限。但因该原因事实所涉利益超过新台币二亿元者,以该所涉利益为限。同一原因事实造成之损害总额逾前项金额时,被害人所受赔偿金额,不受第三项所定每人每一事件最低赔偿金额新台币五百元之限制。第二项请求权,不得让与或继承。但以金额赔偿之请求权已依契约承诺或已起诉者,不在此限。"由此规定可知,公务机关,系负具有一定免责事由的无过失责任。损害赔偿请求权,自请求权人知有损害及赔偿义务人时起,因二年间不行使而消灭;自损害发生时起,逾5年者,亦同(本法第30条)。损害赔偿,除依本法规定外,公务机关适用国家赔偿法之规定(本法第31条)。

2. 非公务机关的推定过失责任

本法第29条规定:"非公务机关违反本法规定,致个人资料遭不法搜集、处理、利用或其他侵害当事人权利者,负损害赔偿责任。但能证明其无故意或过失者,不在此限。依前项规定请求赔偿者,适用前条第2项至第6项规定。"关于此项损害赔偿请求权的消灭时效,亦适用本法第30条。损害赔偿,除依本法规定外,非公务机关适用民法之规定(本法第31条)。

第十项 "民法"第195条第1项所称其他人格法益

依"民法"债编修正第195条第1项规定,不法侵害他人之身体、健康、名誉、自由、信用、隐私、贞操以外之"其他人格法益而其情节重大者",被害人就非财产上损害,亦得请求相当金额的赔偿。所谓情节重大,系针对"其他人格法益"受侵害而设的要件,视行为人的故意或过失的程度及所受侵害是否严重而定,避免被害人因轻微事件,动辄请求,趋于浮滥。

所谓其他人格法益,指特别法上具有人格权性质的权利,或未经明定为个别人格权的人格法益,此部分将随着人格自觉、社会进步、侵害的增加而形成具体的保护范围,兹举重要的,分述如下:

第一目 著作人格权

著作人格权,指基于著作人就其著作有公开发表、署名及保持著作完整的权利。"著作权法"于 1998 年修正时设专节详加规定(第 15 条至第 21 条),并于第 85 条明定:"侵害著作人格权者,负损害赔偿责任,虽非财产上之损害,亦得请求赔偿相当金额。前项侵害,被害人并得请求表示著作人之姓名或名称、更正内容或为其他恢复名誉之适当处分。"此属特别规定,其请求慰抚金不以侵害情节重大为要件。

第二目　肖　像　权①

一、一个未明文化的重要人格法益:肖像权的保护范围

肖像权,指以自己肖像的利益为内容的权利,肖像为个人形象及个性的表现,属于重要的人格法益,"民法"第 195 条第 1 项(现行规定及修正条文)未予明定,实为立法上的疏漏。

肖像权系个人对其肖像是否公开的自主权利,从而未经他人同意,就其肖像为摄影、写生、非以幽默为目的之漫画陈列、复制,或以肖像作营业广告的行为,均构成对肖像权的侵害。② 至于毁损照片或铜像则系侵害他人所有权。基于人群共处相互容忍的必要,及社会知之利益,肖像权的保护应受限制,而阻却违法③,例如拍摄公众人物(元首、国会议员、著名运动家、涉及重大刑案的被告等)、参与游行集会,仪式或意外灾变重大事

---

① 详细说明参见拙著:《人格权法——法释义学、比较法、案例研究》,北京大学出版社 2013 年版,第 131 页。

② 德国铁血宰相俾斯麦(Bismarck)逝世后,有两名记者潜入屋内,拍摄尸体照片,引起诉讼,德国帝国法院判决 RGZ 45,170 (1899)禁止被告使用照片并应销毁,因当时尚无关于一般人格权及肖像权的规定,此项判决理由受到批评。为解决此一因照片摄影产生的问题,德国乃于 1907 年制定关于绘画及肖像上著作权之法律(Gesetz betreffend das Urheberrecht an Werken der bildenden Künste und der Photographie),于第 22 条及第 23 条对肖像权(Das Recht am eingenen Bild)的保护及其违法阻却事由详设规定。肖像权的保护,是德国理论及实务重要问题,参见 Helle, Besondere Persönlichkeitsrechte im Privatrecht (1991), S. 45-225; Dasch, Die Einwilligung zum Eingriff in das Recht am eigenen Bild (1990)。

③ 肖像权既为人格权的一种,对于现在不法的侵害,自得主张正当防卫,台湾彰化地方法院检察署 1986 年 1 月份法律座谈会研讨结论认为:"对于现在不法之侵害,而出于防卫自己或他人权利之行为,不罚,刑法第 23 条定有明文。又肖像权为权利之一种。甲之工程废水纵使有阻塞乙之排水道,但当时并非在工作中,乙不得拍照甲之本人,甲为防卫其肖像权,出言阻止乙之拍照,系为防卫其权利,合于正当防卫之要件,甲应不成立恐吓罪责。"参见"法务部"检察司法检(二)字第 672 号函,载《(检)刑事法律问题汇编》,续 3 辑,第 8 页、第 277 页。

故之人的照片①;或拍摄风景、建筑、街道,而以人物为其点缀。

二、肖像权与言论自由

(一)"最高法院"2004 年台上字第 706 号判决:车商小开死亡纪事案

1. "最高法院"见解

"最高法院"2004 年台上字第 706 号判决谓:"正当行使权利,而不违反公共利益时,可以阻却违法。本件上诉人抗辩,以广播或电视方式表达意见,属于宪法第 11 条所保障言论自由之范围,有'司法院大法官'会议释字第 364 号解释可稽,亦即以广播电视之方式表达意见,不论其表达形式为新闻或戏剧或广告,均受言论自由之保护。上诉人三立公司制播之'车商小开死亡纪事',节目中所引用被上诉人之肖像画面,本系已在各新闻报道节目中公开播出,上诉人自无侵害肖像权可言。且不论是新闻性之节目抑或为戏剧、小说,只要故事具有新闻价值,有关公众兴趣之合法事物之报道,不论是否错误或虚构小说,除非恶意或轻率摒弃真实,新闻媒体不应负责任云云,自属重要防御方法,原审就上诉人此项抗辩,挈置不论,遽为不利于上诉人之判决,已有可议。"

2. 分析讨论

前揭"最高法院"判决的法律见解,应有商榷余地。关于所谓"恶意或轻率摒弃真实",似指真实恶意而言,前已论及,敬请参照。"车商小开死亡纪事"非关公共议题,或所谓的公众人物,不能为满足公众兴趣而率予报道死者家人肖像。纵得为报道,然业已在各新闻报道中公开播出,其后再反复重为报道,显逾言论自由的必要程度,不符比例性,应构成对肖像权的侵害。

(二)"最高法院"2012 年台上字第 2068 号判决:被骚扰的女性公开加害人照片案

1. 原审法院及"最高法院"见解

在"最高法院"2012 年台上字第 2068 号判决,某 B 男寄发简讯恐吓、骚扰 A 女,A 女乃搜集 B 男的照片公开报道。原审法院谓:"按肖像权系

---

① 关于肖像权的保护及其界限,日本实务上案例甚多,1961 年 1 月 23 日大阪地方法院判决认为,未经本人之承诺,拍摄参加集体示威运动者面部相片之行为,因有侵害宪法保障个人尊严之虞,故系违宪,参见《日本国宪法判例译本》第 3 集,第 298 页,"司法院"秘书处发行。

一般人格权之具体化权利,肖像权受有侵害而情节重大时,得依民法第 184 条第 1 项前段,同法第 195 条第 1 项所称之其他人格法益请求损害赔偿。肖像权与言论自由系同受宪法保障之基本权利,二者有所冲突时,应就个案衡量肖像之公开是否基于社会知之利益,及是否已顾及肖像权人之正当利益而符合比例原则,于媒体报道逾越上揭合理使用之基准,即属肖像权之侵害。"并进而认为:"被上诉人仅系将上诉人上开所为据实作成系争报道,使用系争照片于系争报道并非偷拍,亦未将上诉人之照片加以变造、丑化,或以侮辱之手段,或移作其他不法使用,自已顾及上诉人之正当利益而符合比例原则,应属新闻自由之正当范畴,而未逾合理之使用范围,且与公益无违,难认符合民法第 195 条第 1 项所规定侵害人格法益而情节重大之情形。"

值得提出的是,"最高法院"虽赞同前述原审法院所提出的判断基准,但仍认为:"查上诉人时为公务员,似无潜逃之虞,所涉犯罪事实仅系因与 A 女分手,心生不满,于电话简讯中传送恐吓危害 A 女安全语句,是否对于社会大众之治安有所明显影响,有无民众协助指认之必要,及被上诉人未经上诉人同意,刊登伊肖像,是否基于社会知之利益?是否已顾及肖像权人之正当利益而符合比例原则?均不无研求之余地。且此乃涉及上诉人本件请求是否有理由,原审就此未遑推阐明晰,径依上揭理由,为上诉人不利之判决,尚嫌速断。"

2. 分析讨论

在本案,原审法院提出调和肖像权与言论自由的见解,应值赞同。真正的困难在于将抽象原则性的判断基准,适用于具体个案,见解歧异,在所难免。所应强调的是,法院应提出较为明确的判断因素,透明化其衡量过程。

第三目　对声音语言的人格法益

声音语言系个人的重要特征,与姓名、肖像同,应属其他人格法益。姓名权最早被肯定,肖像权于照相机发明后,始受重视,声音语言则于因窃听器、录音机的广泛使用而益增其保护的需要,而被承认为一种特别人格权(Das Recht zum gesprochenenWort)①,以肯定个人对其声音语言的自主权利。其侵害的主要形态有三:(1) 对他人声音语言为录音,使本来瞬息即逝的因而物体化(Verdinglichung),得被保存或使用。秘密录音得同时构成对隐私的侵害。公开性的演讲、上课、评论及谈话等,除本人或主办者明示或默示同意者外,亦不得擅自录音或使用。(2) 窃听他人电话或谈话。(3) 模仿他人声音用于营业广告等。

第四目　意思决定自由

自主决定系人格权的主要内容,包括意思决定自由在内。台湾地区学说及实务上有认应扩大"自由"的概念及于意思自由决定。此在现行"民法"第195条修正前,自有所据。在本条修正之后,应可将意思决定自由纳入"其他人格法益",俾作合理的解释适用。其侵害意思自由决定的,例如某色情周刊记者伪称其为某妇女基金会杂志的主编,而访谈某遭强暴的妇女;胁迫分手的女友不得与某人结婚等。又例如为阻止某人信仰某宗教,于其祷告或诵经之际,以色情音乐或噪音加以干扰,均可认为系妨害他人意思决定自由的人格法益,情节重大的,被害人就其精神痛苦,得依"民法"第195条第1项规定请求相当金额的赔偿。

第五目　"居住安宁生活之精神及生活"的人格法益

"最高法院"2003年台上字第164号判决谓:"于他人居住区域发出超越一般人社会生活所能忍受之噪音,应属不法侵害他人居住安宁之人格法益,如其情节重大,被害人非不得依民法第195条第1项规定,请求赔偿相当之金额。"

值得注意的是在2004年台上字第2064号判决,上诉人主张因系争房屋倾斜,一楼、二楼、顶楼地板及墙壁发生严重龟裂,随时有倒塌之危险,致居住安宁生活之精神及生活自由,受到严重损害,被上诉人应赔偿25万元之慰抚金。"最高法院"认为:"上诉人请求被上诉人赔偿其精神上所受之损害25万元部分,虽然人格权受害时,对于财产上及非财产上

---

① Helle, Besondere Persönlichkeitsrechte im Privatrecht (1991), S. 229-334; Hubmann, Das Persönlichkeitsrecht (1967), S. 309 f.

之损害,均得请求赔偿。惟关于非财产上之损害,则仅能于法律有特别规定者,始请求赔偿相当金额,然观之现行民法之规定,并无许可上诉人主张所谓之'居住安宁生活之精神及生活自由'受侵害,亦可请求非财产上损害赔偿(精神慰藉金)之情形,上诉人依据民法第 18 条及修正后民法第 195 条第 1 项之规定请求此部分之款项,于法无据。"

据上所述,可知"居住安宁生活之精神及生活自由"的人格法益,应否认系"民法"第 195 条第 1 项所称"其他人格法益","最高法院"见解尚未一致。比较言之,应采肯定说,盖在人口日益拥挤、各种公害层出不穷的社会,居住安宁攸关人格自由发展甚巨,确有保护的必要。

第十一项　Wrongful Conception、Wrongful Birth 及 Wrongful Life

妇女某甲怀孕,因恐胎儿患有传染病,经乙医生检查,因过失未验出胎儿丙有唐氏症,未适时实施人工流产,致生下患有重病之丙。试问:(1) 甲得否向乙请求抚育丙的费用及慰抚金,分就契约责任及侵权责任加以说明。(2) 丙得否以其生而残障,精神痛苦,而向乙请求损害赔偿。试就此例说明子女的价值与损害赔偿。

第一目　问题提出

关于人格权的保护,最后要提出讨论的是因医学科技发展及社会伦理观念变迁而产生的 Wrongful Conception、Wrongful Birth 及 Wrongful Life 的问题。Wrongful Conception(Wrongful Pregnancy)的典型案例,如甲妇女为避孕而施行结扎,因乙医生手术疏误致结扎失败,甲妇乃怀胎生子丙,在此情形所生子女多为健康。Wrongful Birth 的典型案例,如甲妇女怀孕,恐胎儿患有疾病,由乙医生诊察,乙医生检查失误,告以胎儿健康,致未堕胎而生下患有残疾的婴孩丙。在此两种情形,甲妇得否对乙医生请求何种损害赔偿? 所谓 Wrongful Life 指于上述情形出生患有残障的子女,得否向医生请求损害赔偿。[①] 此已成比较法的热门研究课题[②],实务上亦有关于 Wrongful Birth 的案件,因具有比较方法论上的意义,特作较详细的说明。

第二目　Wrongful Birth

一、"最高法院"2003 年度台上字第 1057 号判决:唐氏症儿案

（一）案件事实

在"最高法院"2003 台上字第 1057 号判决,原告朱〇兰怀孕,因系高龄产妇,恐生下唐氏症等有身心障碍的儿童,乃到被告医院产检,因被告医院的医师从事羊水分析及判读具有过失,未验出胎儿染色体异常,患有唐氏症,并告此是男孩,胎儿正常,致未实施人工流产,且一再安胎,产下患有唐氏症候群、无肛症、动脉导管闭锁不全的重度残障男孩。原告朱〇兰及其夫(同为原告)乃以财产上及非财产上受有重大损害向被告医院请求损害赔偿。

（二）判决理由

1995 年由台湾台北士林地方法院作成判决,历经三审,"最高法院"1994 年台上字第 1057 号判决谓:"刑法堕胎罪所保护之客体固为在妇女内成长之胎儿,该妇女依优生保健法第 9 条所得施行之人工流产,仅属于刑法堕胎罪之阻却违法事由。但民法上侵权行为之被害客体为权利或利益,只要系权利或利益,即为侵权行为之被害客体,此与刑法堕胎罪之保护客体为何,及其违法阻却事由是否存在,实属二事。妇女已妊娠,于具备优生保健法第 11 条第 2 项所定'怀孕妇女施行产前检查,医师如发现

---

① 关于 Wrongful Conception、Wrongful Birth 及 Wrongful Life 的概念及其区别,参见 Prosser, Wade and Schwartz, Torts, p. 426, 434; Markesinis/Deakin, Tort Law, p. 253; Deutsch, Unerwünschte Empfangnis, unerwünschte Geburt und unerwünschtes Leben vergleichen mit Wrongful Conception, Wrongful Birth und Wrongful Life des anglo-amerikanischen Rechts, MDR, 1984, 793.

② 关于美国法及英国法,参见 Van Gerven, Tort Law (2000). 关于德国法,参见 Picker, Schadensersatz für das unerwünchte Kind (Wrongful Birth), AcP 195, 484; Picker, Schadensersatz für das unerwünchte eigene Leben (Wrongful Life) (1995). 关于德国法、美国法及英国法的比较, Markesinis/Unberath German Law of Torts, pp. 156 f. ;中文数据,Barry R. Frron 著,高凤仙译,The Causes of Wrongful Life Suit(《不当生命之诉因》),载《法学丛刊》第 121 期,第 89 页。

有胎儿不正常者,应将实情告知本人或其配偶;认为有施行人工流产之必要时,应劝其施行人工流产'之'医师发现有胎儿不正常'要件时,法律即课医师以'应将实情告知怀孕妇女本人或其配偶,认为有施行人工流产之必要时,应劝其施行人工流产'之义务,于此情形,就另一方面而言,应是给予妇女选择之权利(自由),即妇女对其体内未成独立生命,又患有法规所赋予妇女得中止妊娠之先天性疾病之不健康胎儿,有选择除去之权利,倘因医院及相关人员之疏忽,未发现已符合此一情况之事实,并及时告知怀胎妇女,使其依优生保健法第 9 条第 1 项,自愿施行人工流产,致妇女继续妊娠,最后生下不正常婴儿,自属侵害妇女对本身得决定施行人工流产之权利。"①

二、请求权基础

前揭"最高法院"判决涉及 Wrongful Birth,其请求权为契约,即医院未善尽其医疗上检验义务,而应负债务不履行损害,其侵害的是原告(产妇)的人格权(详后),亦有"民法"第 227 条之 1 规定的适用。就侵权行为言,得适用"民法"第 184 条第 1 项前段,问题在于其所侵害的,究为何种权利?

在 Wrongful Birth 案件,比较法上有人认为,其被侵害的是产妇的身体或健康。② 前揭"最高法院"判决认系侵害妇女本身得决定施行人工流产的权利,此项见解可资赞同,盖其所涉及的不仅产妇身体完整性的保护,更是生育的自主决定(Right of procreational autonomy),乃人格及其自主发展的核心,系属一种应受保护的人格利益。此种生育自主权并适用于 Wrongful Conception(如为避孕而结扎失败)的情形,亦得称为是家庭计划的权利(Recht auf Familienplanung)。

---

① 相关判决,参见台湾士林地方法院 1995 年重诉字第 147 号判决、台湾高等法院 1996 年重上字第 464 号判决、"最高法院"2001 年台上字第 468 号判决、台湾高等法院 2001 年重上更(一)字第 48 号判决。

② 此为德国实务见解,BGH NJW 1980, 1452; BGH NJW, 1995, 2407。学说上的讨论,Brüggemeiner, Haftungerecht, S. 225 f.

三、精神损害赔偿

在前揭唐氏症儿案,原告并未主张精神损害赔偿,"最高法院"未对此表示见解。如上所述,无论是 Wrongful Birth 或 Wrongful Conception 均涉及父母自主决定的人格利益,应认为被害人得依"民法"第 195 条第 1 项规定请求就其精神痛苦的非财产损害请求相当金额的赔偿(慰抚金)。

四、财产上损害:抚养费的请求权?

(一) 问题的提出:子女是否为一种损害?

在 Wrongful Birth 或 Wrongful Conception,产妇均得请求生产子女的相关费用(如住院费用、生育期间减少的收入),及须再为施行结扎避孕的费用。又在 Wrongful Birth 的情形,被害人兼得请求照顾残障子女相关的特殊费用(extra expenses associated with the child's disability),此为比较法各国法院实务的共识,前揭"最高法院"判决亦采此见解。

问题在于其得请求的财产上损害是否包括一般的抚养费用,此涉及损害的概念、子女的价值,最具争议。

(二) 比较法上的观察

1. 抚养费用请求权的肯定

德国法院上肯定抚养费(Unterhaltskosten)请求权。自 1967 年药剂师案(药剂师误胃药为避孕药)以来,德国联邦法院即依差额说(Differenztheorie)认为抚养费乃产妇因避孕失败而发生的财产上损害,应予赔偿。1992 年德国联邦宪法法院(第一庭)在一件关于孕妇及家庭辅助法的判决中突然表示,子女是一种攸关人格尊严的价值,不能被认为是一种损害,联邦法院的见解应予检讨。[1] 德国联邦法院在其后的相关判决[2],以详细论证维持其原来见解,强调其所涉及的,不是子女的价值,而是契约及侵权行为的损害赔偿,而获得联邦宪法法院第二庭的赞同。[3]

---

[1] BverfGE 88, 203, 296.

[2] BGHZ, 124, 128 = NJW 1994, 778m. Anm. Deutsch (S. 766). 本件判决理由展现了德国法院判决的学术风格,具高度可读性。判决全文参见 Markesinis/Unberath, The Genman Law of Torts, p. 164.

[3] BverfGE 96, 375; Stürner, JZ 1998, 317.

2. 抚养请求权的否定

在比较法上备受重视的是英国贵族院(House of Lords)在 McFarlane v. Tayside Heath Bord 案之判决。[①] 在本案,某外科医生因过失误对某对夫妻告知,夫因结扎而不能使其妻怀孕生子。该对夫妻基此告知而未采取避孕措施。妻怀孕生下一个健康子女,向有过失的医生请求抚养费等损害赔偿。Lord Steyn 综合整理美国、澳洲、德国、法国等国法院判决,认为从 corrective justice(平均正义)的观点,固得肯定此项抚养费请求权,但就 distributive justice(分配正义)言,则应为否定,强调此所涉及者,实乃一个社会中成员间的损失及负担的合理分配问题,应可对地下铁路通勤者提出如下问题:父母就其非所意欲所生出但健康之子女,得否诉请医生或医院赔偿相当于抚养子女至其成年,满 18 岁的费用(Should the parents of an unwanted but healthy child be able to sue the doctor or hospital for compensation equivalent to the cost of bringing up the child for the years of his or her minority, i. e. , until about 18years.)。纵未询问于伦敦地下铁的通勤者,我可确信大部分人,包括男女,皆会回答说"不"。此种回答乃基于何者在道德上可接受或不可接受的认知。父母不能自己拥有子女,而要他人承担照顾的悲伤与劳苦。父母必须在法庭上指称其必须接受及照顾的子女是一种负担,而非一种价值。地下铁的通勤者会直觉地认为一个健康子女的诞生,乃是一种具有价值的好事,侵权行为法不应对此提供法律救济。衡诸分配正义,此种抚养损害赔偿请求权不符正当公平及合理的要求。

3. 澳大利亚法院的见解及立法动向

在澳大利亚,亦发生 Wrongful Conception 的案件。在 Cattvnach v. Melchoir 案[②],澳大利亚高等法院(High Court)认为此属人身伤害,其"不法"(Wrongful),非指子女的出生,而是指医生的过失,强调此所涉及的,是产妇所受财产上的损害,此与生命价值、父母是否从其子女处获得利益无关,因而认定除生产费用、精神痛苦赔偿金外,并应有抚养费请求权。

---

① McFarlane v. Tayside Hearth Board House of Lords (Scotland) [2000] AC 59. 本件判决内容文情并茂,请参照阅读,以认识英国法院判决的风格。

② Cattanach v. Mvelchoir (2003) 215 CLR High Court of Australia. 参阅 Sappideen/Vines/Grant/Watson, Torts, Commentary and Materials (9th ed. 2006), p.778.

值得注意的是,在本件判决之后,澳大利亚的 New South Wales、Queensland 及 South Australia 三个州立即修改《民事责任法》(Civil Liability Act),明定法院不能判给关于赡养费及因抚养子女而发生收入减少的经济上损失。其得请求赔偿的,系对残障子女的额外抚养费用。①②

（三）台湾地区实务上见解:否定说

在前揭"最高法院"判决,关于生母(被害人)得否请求抚养费用,原审采士林地方法院判决采否定见解,其理由有二:

（1）父母对未成年人有抚养义务("民法"第 1084 条),不因子女为唐氏症儿而有不同,倘因所生子为唐氏症儿,即认为其父母无抚养义务,而令医院负担唐氏症儿之生活费用,则将使父母与子女间的伦理亲情沦丧,并使教养之权利义务形同具文。

（2）"最高法院"1973 年台上字第 2693 号判例意旨所指:"因被强奸所生子女而支出之抚养费,为侵权行为所生之财产上损害,被害人得依民法第 184 条规定请求赔偿损害。"系就强奸者侵害妇女身心健康之人格权导致生子支出费用而言,符合侵权行为要件所为之阐释,与本件情形有别,不得类推适用。

在士林地方法院及高等法院相继否定一般抚养费请求权之后,原告未提上诉。"最高法院"亦未对此表示意见,仅认为新○医院对唐氏症儿的特殊照顾费用,应负损害赔偿责任。

（四）分析讨论

在 Wrongful Conception 或 Wrongful Birth,父母得否请求子女的一般抚养费,众多各国法院卓越的法官及学者参与长期的论辩,仍未能获得共识,因其涉及损害概念、子女价值及人之尊严等带有文化、伦理的价值判断,体现于两个对立的见解:

（1）否定说:父母向医生请求其依法应为承担的抚养费,系以子女为

---

① High Court of Australia 系澳大利亚最高法院。在英国殖民时期,英国属地的最高审法院多称为 High Court,其终审法院为英国贵族院(Priricy Council),独立后仍称为 High Court。

② "the court can not award damages for economic loss for: a) the costs associated with rearing or maintaining the child that the claimant has incurred now or will incur in the future, of. b) any loss of earnings by the claimant while the claimant rears or maintains the child. (2) subsection (1) (a) does not preclude the recovery of any additional costs associated with rearing or maintaining a child who suffers from a disability that arise by reason of the disability."

损害,即以子女为"损害之源",乃对子女为无价值的评断。子女知其出生系非父母所意欲,并由第三人支付抚养费,势将影响亲子关系,妨害子女的人格发展。医生为避免负担抚养费,必会采取防御措施,劝使父母施行人工流产,以除去发展中的生命,侵害人之尊严及生命价值。

(2) 肯定说:抚养费损害系因医生的过失而发生,与子女生命尊严,系属二事,应予分开。被害人所请求的,乃其本身所受经济上损失,非认为子女为损害,并未对子女为否定的评价,而将其子女作为一种目的、工具或手段。抚养费的请求将使父母更能接受其子女,纳入家庭生活,有助于促进子女的人格发展。医生从事攸关人之生命健康的专门职业,应受法律规范,就其过失侵害他人权利的行为须为负责。关于可能的防御行为,应以伦理、自律及法律判裁加以节制,不能作为医生不必负责的理由。

如前所述,在唐氏儿症案,台湾士林地方法院及高等法院系采否定说,亦值赞同。子女不是一种损害而是价值的实现,子女的出生涉及全面性的亲属法上的关系,兼含各种财产及精神(包括亲情、欢乐)的构成部分,其权利义务不可分的结合构成一个整体,不宜将抚养义务单独抽离,认为系属一种应予赔偿的损害。

第三目　Wrongful Life:残障子女的损害赔偿请求权[①]

一、请求权基础

在前揭唐氏症儿案,父母系向医院请求自己的抚养费的损害赔偿,而未以"子女"名义诉请损害赔偿(生活费用、医疗费用或慰抚金),此种得由残障子女提出的损害赔偿请求权,乃所谓的 Wrongful Life Claim。子女生为残障,若父母早逝或因其他事由无法或无力抚养时,实有保护的必要。问题在于残障子女有无得请求损害赔偿的法律依据。对此,原则上应采否定的见解,其主要理由为[②]:

---

① Picker, Schadensersatz für das unerwünschte eigene Leben (Wrong Life) (2005); Brüggemeier, Haftungsrecht, S. 225 ff.

② 各国实务多同此见解的如美国的 Viccaro v. Milunski (406 Mass. 777, 551, N. E. 2d. 8, 1990);英国的 McKay v. Essex Area Health Authority (1982, QB 1166);德国法的 BGHZ 86, 240。最近学说上肯定残障子女请求权的,参见 Stathopoluos, Schadensersatz und Persönlichkeitsschutz des behinderten Kindes, in:Festschift für Claus-Wiehelm Canaris zum 70. Geburtstag (2007), S. 1213.

（1）婴儿自怀胎受孕自始即患残障，其残障非因医生过失所引起，侵权行为法的任务在于保护人身的完整，不受侵害，不在于防止残障者的出生。

（2）生命纵有残障，其价值仍胜于无，不能因此低估生命的价值，认为应属应予赔偿的损害。

（3）生命与其不存在之间的损害，难以计算。

（4）若肯定父母得依 Wrongful Birth 向被告医院请求赔偿人力照顾费用及特殊教育费用等，残障婴儿亦应因此而获保障。诚然在父母死亡时，残障的婴儿将因其本身无损害赔偿请求权而难免遭受不利益，但此种情形于父母明知怀有残障胎儿而不为人工流产，或已逾越法定人工流产期间时亦会发生。此种人生不幸境遇，不能责由何人承担，应由社会于其可能范围内负起照顾的责任。[①]

二、法国法上的发展：由侵权行为移向社会连带责任

法国破毁法院（Cour de cassation）在产前诊断错误，致妇女未施行人工流产而产下患有疾病子女的案件，认为父母不得请求一般抚养费；其得请求的，限于特殊照顾等费用。[②]

关于子女本身的请求权，法国下级法院以子女患有疾病与医生过失不具因果关系，而为否认。惟破毁法院于 2001 年在著名的 Perruche（生为残障之人）案肯定生而患有疾病者的损害赔偿请求权。法庭总会（Assemblée plénierè）更以《法国民法》第 1382 条的概括条款为依据，明确表示医生的过失与孩子的疾病之间具有因果关系，医生应负损害赔偿责任。[③] 对 Perruche 案作报道的法官在其说明中特别指出："对人及生命尊严的真正尊重究在何处：系抽象地驳斥任何赔偿，抑或相反地肯定对孩子在物质上应有所赔偿，使其能在符合人之尊严的条件下生活，而不必依赖

---

①　此类案件乃医学拜科技进步而引起法律与道德的邻界问题，涉及广泛社会政策的考虑，参见 Peter, Rethinking Wrongful Life: Bridging the Boundary between Tort and Family Law, 67 Tulane L. Rev. 397 (1992); Kelly, The Rightful Position in Wrongful Life Actions, 42 Hastings L. J. 505 (1991).

②　Cass. Civ. Ie, 25. 6. 1991, D. 556, note Le iourneau.

③　C. Cass. D. 2001, 332; C. Cass (13. 7. 2000), D. 2001, 2325. 相关实务上判决，参见 v. Bar, Wrongful life in Frankreich, ZeuP, 2000, 199; Winter, Leben als Schaden? Vom Ende eines französischen Sonderwegs, JZ 2000, 330.

家庭、私人或公共救助的偶然性。"此项理由系出于人道关怀，而非法学上论证。30 名法国著名学者曾公开撰文对 Perruche 判决表示抗议①，而被称为对该件判决的"十字军东征"，可见争论的激烈。

法国政府及国民议会迫于公众压力，乃于 2002 年 3 月 4 日第 20021303 号法律第 1 条(已移入成为《社会行动与家庭法典》第 L. 114-5 条)规定："任何人均不得单纯基于出生之事实，主张其受有损害(第 1 项)。因医疗过错导致生而身心障碍者，于该过错行为直接肇致或加重其身心障碍，或致其无法采取减免身心障碍之防范措施时，得就其损害请求赔偿(第 2 项)。因特别医疗过错，导致未能揭露怀孕中婴儿生而身心障碍之因素，使得医疗从业人员或医疗卫生机构应对婴儿父母负损害赔偿责任时，婴儿父母只能就其个人所受损害，请求赔偿。此一损害，不包括婴儿终其一生因身心障碍所生之特别负担。婴儿个人损害部分之填补，由全民连带制度予以承担(第 3 项)。"②

关于 Wrongful Life 残障子女的损害赔偿，由侵权行为移向具社会安全性质的连带制度，系一个具有启示性的重要发展。

第十二项　人格权的精神利益与财产利益
——死亡者人格权的保护

第一目　人格权保护的两个重要课题及两个重大开展

人格权保护须适应社会变迁，实践人性尊严的价值理念而不断发展，扩大其保护范围：其保护内容，应由精神利益扩张到财产利益；其保护期间，应由出生前继续到死亡之后(死者人格权)。此为当前人格权法的两大重要课题，彼此相关，同时进行。台湾侵权行为法正面临突破的困难。在法律上遇到新的问题，在法律未设规定或实务上有法之续造的必要时，得在比较法上探寻规范模式及发展可能性，因此特就美国法及德国法作简要说明。③

之所以选择美国法及德国法，其主要理由是，此两个具代表性的国家

---

① Labrusse-Riou/Mathieu Le Monde v. 24. 11. 2000，引自 Winter(注 130)，S. 330.
② 台湾大学法律学院陈忠五教授提供相关数据，并译为中文，谨致谢意。
③ 详细说明，参见拙著：《人格权法——法释义学、比较法、案例研究》，北京大学出版社 2013 年版，第 257 页以下。

对人格权上财产利益的保护有最深入的理论构成及丰富的案例,影响及于其他国家法律的发展。美国属于 Common Law(普通法)国家,以判例法为基础,德国是成文法国家,二者均以法院造法的方式,将人格权的保护内容扩大,提供了两种不同的思考方法及发展途径。

无论是在美国或德国,关于人格权上精神利益及财产利益的保护,均有超过一个世纪以上的演变,秉持一种法的实践精神,而能有持续不断累积上的成果,使新的权利得以诞生成长,原有的权利能够调整更新。此种法的创造与开展,实乃一个国家的文化、经济、政治及法律综合力量的展现。值得特别指出的是,理论与实务的协力及人民为权利而奋斗(提出诉讼寻求救济)的精神,亦具有关键性的作用。就美国法上的隐私权而言,先有 1890 年 Warren 及 Brandeis 二氏发表了划时代的论文,其后各州法院作成数百个判决,Prosser 教授于 1960 年综合分析相关判决,建构了隐私权体系。个人公开权(right of publicity)的发展亦是判例协力的产物(详下文)。德国法上人格权(尤其是肖像权)的保护,自 1899 年 Bismarck(俾斯麦)遗容偷拍案(RGZ 45,170)到 1999 年德国联邦法院在 Marlene Dietrich(著名歌星及演员)案(BGH NJW 2000,2195)肯定人格权财产利益部分的继承性,亦有长达一百年的发展过程。

人格权上财产利益的保护,调整了人格权的内容及性质,影响及于人格权上财产利益的让与性及继承性,具有重大意义。本书对美国法上 Right of Publicity 及德国法上一般人格权及死者人格权的介绍,乃在叙说一个关于人格理念及保护范围开展伟大壮观的故事。

在论述之前,先提出 3 个案例,以供参照思考:

(1)甲系职棒选手,乙无权擅用其肖像制造商品,使用其姓名于其所生产的球棒等运动用品时,甲得否向乙请求支付通常授权的酬金,或返还其所获利益?

(2)甲系著名模特儿,授权乙使用其肖像、姓名推销某种化妆品或服饰。某丙擅自使用甲的肖像、姓名推销同类商品时,乙得否诉请丙停止侵害行为或损害赔偿?

(3)甲系著名歌星,死亡后,有某乙以其肖像制造唱片,模仿其声音推销商品时,甲的配偶、子女就其所受痛苦,得否向乙请求慰抚金,请求支付通常授权的酬金,或停止其侵害行为?

第二目　美国侵权行为法上的隐私权(Right of Privacy) 及公开权(Right of Publicity)

一、隐私权与精神利益的保护

美国侵权行为法并无人格权的概念,从而亦无以保护人格权为内容的侵权行为(Tort)。在功能上相当于台湾地区法上人格权的隐私权(Right of Privacy)。隐私权系由 Warren 及 Brandeis 二氏所倡导,累积长期实务案件,经 Prosser 教授体系化为四个侵害类型,为美国侵权行为法整编(Restatement of Torts)所采纳,前已说明(本书第154页)。隐私权系以保护精神利益(人的尊严及精神情感)为内容,乃一种个人专属性的权利,不得让与或继承。

隐私权不以保护财产利益为目的。诚然隐私权亦保护个人的肖像、姓名等不被他人作商业上使用,Prosser 教授亦认识到此类侵害涉及财产利益,不尽同于其他三种侵害隐私权的类型,但仍将之纳入隐私权体系之内,不另创一种专以保护肖像等人格特征上财产利益为内容的权利。隐私权的性质及救济方法,对肖像等人格特征所具有的财产利益,不能提供合理、必要的保护,必须有所突破。美国法院所采取的方法系另外创造一个独立于隐私权以外、以保护人格特征的经济利益为客体、具财产权性质的个人公开权,使个人享有对自己肖像、姓名等人格特征得为控制、利用,尤其是作商业上用途的权利。

二、公开权的创设:财产利益的保护

(一) Haelan Laboratories, Inc. v. Topps Chewing Gum, Inc. (1953)

美国法上公开权诞生于 Jerome Frank 法官于 1953 年 Haelan Laboratories, Inc. v. Topps Chewing Gum, Inc., 202 F. 2d 866 (2d Cir. 1953)案所作具历史性的判决。本案原告 Haelan Laboratories 为一家口香糖制造公司,拥有某职业棒球选手所授予使用其姓名及肖像于一种名为 trading card(交易卡)的卡片上的专属权利,以促进销售其口香糖。该棒球选手其后又将此项权利授予其经纪人,该经纪人复将此项使用权让与被告 Topps Chewing Gum 公司。被告系原告的竞争对手,亦使用该棒球选手的姓名及肖像于商品之上。原告主张其基于第一次授权取得了一个绝对性

的法律地位,得禁止被告继续使用该棒球选手的姓名肖像。

本件系在纽约州起诉,应适用纽约州权利法案的规定(§50, 51 New York Civil Rights Law)。被告主张该法规定的隐私权并不保护商业上利益,该棒球选手授予原告契约上的排他性使用权,乃抛弃隐私权的行使,原告并未因第一次授权而取得一种绝对的法律地位,而得对被告有所主张。

Frank 法官亦赞同被告的见解,即依纽约州权利法案的解释及相关实务,商业上的利益并不受保护。惟 Frank 法官又强调,在隐私权之外,尚存有一种得保护此种商业利益的法律基础:We think that, in addition to and independent of that right of privacy (which in New York derives from statute), a man has a right in the publicity value of his photograph, i. e. , the right to grant the exclusive privilege of publishing his picture […] This right might be called a ' right of publicity. ' 〔吾人认为,在隐私权(此在纽约州系源自制定法的规定)之外,并独立于隐私权,个人对其肖像有一种公开的价值,即得授权他人排他地公布使用其肖像的特权。此种权利得称为公开权〕。

(二) Nimmer 氏关于公开权的论文:学者的协力

McCarthy 教授系美国研究公开权的权威,对此公开权的诞生,引用圣经创世纪的话语,认为犹如耶和华从亚当的肋骨制造夏娃,Frank 法官从一般隐私权塑造出了公开权。公开权之所以能够存活,继续成长,则应归功于 Melville Nimmer 氏于 1954 年所发表的"公开权"论文①,其对"公开权"发展的重要性,犹如 Prosser 论文对 Warren 及 Brandeis 二氏所创隐私权一样,具关键性的影响力。Nimmer 氏当时系好莱坞派拉蒙电影公司(Paramount Pictures Corporation)法律部门的律师,立即认识到 Haelan 案判决对娱乐界的重要性,乃在该篇划时代的论文中提出四项论点,肯定了 Frank 法官所创设的公开权:(1) 不可让与的隐私权不足保护人格特征上的财产利益。(2) 不正当竞争(unfair competition)亦难以保护此种财产利益,因其欠缺竞争的要件(competition requirement)。(3) 公开权的创

---

① Nimmer, The Right of Publicity, 19 Law & Contemporary Problems, 203 (1954). Nimmer 氏其后担任加州大学(UCLA)教授,撰写了美国著作权法上最重要的教科书及案例资料:Nimmer on Copyright(1963—1992,1985 年后系由 David Nimmer 续编)及 Cases and Materials on Copyright (1985).

设,使法律更能符合社会需要。(4)肖像、姓名等人格特征所体现的商业上利用价值,系来自个人耗费心力的投资及努力,使其取得对此商业上的使用利益,实符合普通法的基本理论及洛克(Locke)劳力说理论。

(三)美国联邦最高法院判决[Zacchini v. Scripps-Howard Broadcasting Co. (1977)]

在 Haelan 案创设公开权之后,美国各州赞成者有之,未采纳者亦有之,意见分歧。对公开权的发展发生关键性影响的是美国联邦最高法院1977 年 Zacchini v. Scripps-Howard Broadcasting Co. , 433 U. S. 562, 564 (1977). 案的判决。本件原告于俄亥俄州的一个博览会作所谓"human cannonball"(人体炮弹)的表演,即将自己从炮弹车中射出,而掉落于前面200 米的网中,整个表演过程约 15 秒。原告事先表示禁止任何录像或传播。被告认为其表演系博览会新闻的一部分而加以播放。原告主张该电视台非法侵占其职业上的财产(an unlawful appropriation of professional property),应负损害赔偿责任。本件上诉到美国联邦最高法院,此系该院对公开权第一次作成判决,其裁判要旨有三:(1)肯定一个被确认的法律原则,应区别一个以保护个人感情、思想等的隐私权,以及一个以保护个人特征财产价值为内容的公开权。(2)公开权之所以应受保障,乃在激励个人从事投资,得收取其努力的报酬,与个人感情的保护,实少关联,乃独立于隐私权外的一种类似专利权或著作权的权利。(3)本件所涉及的是一种现场表演,攸关个人职业生计,仍应受公开权的保障。

在 Zacchini 案,公开权获得美国联邦最高法院肯认之后,为许多州法院所接受,亦有立法加以承认。①

(四)公开权的意义、性质及保护

公开权指个人对其姓名、肖像、声音等个人形象特征,得为控制,而作商业上使用的权利。公开权具有财产权,可以让与,得为继承,其性质同于知识产权,亦采相同的保护方法。

第三目　德国法上人格权保护的再构成

德国民法关于人格权保护是一个历经百年法院造法的发展史,其重

---

① 详细论述参见拙著:《人格权法——法释义学、比较法、案例研究》,北京大学出版社2013 年版,第 261 页。

点在于创设一般人格权,扩大其精神利益及财产利益的范围,并强化对死者人格权的保护。

一、一般人格权的创设

德国民法对人格权未设一般规定,其主要理由系:(1) 普通法时代的德国法学者系以物权(尤其是所有权)为中心建立其权利体系,认为人格权不具可支配的客体,难已纳入包括权利主体及客体的权利概念之内。(2) 一般人格权内容广泛,影响法律适用安定。(3) 刑法设有诽谤名誉罪(《德国刑法》第 189 条)的规定,此属《德国民法》第 823 条第 2 项所称保护他人的法律,足以保护人格利益。

"二战"后,1949 年的基本法明定人的尊严及人格自由发展应受保障。为强化保护人格权而提出的立法草案因涉及新闻自由难以完成立法程序。其获共识的是,法院应担负起促进保护人格权发展的任务,即原为立法政策上的问题,变成了应予填补的法律漏洞。关于人格权的法院造法,在方法论上有两个途径可资采取。第一个途径是类推适用现行法上保护人格法益的特别规定,此在方法论上较为稳妥,但难以建构一般性、原则化的人格权。德国联邦最高法院采取第二种途径,以《基本法》第 1 条第 1 项、第 2 条第 1 项(人之尊严及人格自由发展)为依据,创设一般人格权(allgemeines Persönlichkeitsrecht),认系《德国民法》第 823 条第 1 项所称的"其他权利",而受侵权行为法的保护(BGHZ 13,334—Leserbriefe)。

二、人格权的精神利益与财产利益

德国人格权发展的第二个重大任务,首先系以《基本法》第 1 条第 1 项、第 2 条第 1 项作为被害人就一般人格权受侵害得请求精神损害赔偿金的依据。其次是肯定肖像权、姓名权、声音等系具财产价值的排他性权利,得采同于著作权、专利权受侵害的三种计算方式:(1) 具体财产损失(konkrete Vermögenseinbüsse)。(2) 适当的授权报酬(angemessene Lizensgebühr)。(3) 获利返还(Gewinnabschöpfung)。德国联邦最高法院并肯定原告的不当得利请求,认为无权擅以他人肖像做商品广告,节省了通常应支付的对价,系无法律上原因受有利益,至于权利人是否或愿否授权他人使用,以获得报酬,在所不问,盖不当得利请求权所调整的,不是请求权人的财产的损失,而是无法律上原因所受财产的增加(BGHZ 20,345—Paul Dahlke)。

三、死者人格权的保护:所期待的终于到来

(一)BGHZ 50, 153—Mephisto:死者人格上精神利益的保护

关于死亡者人格权的保护(Postmortales Persönlichkeitsschutz),在德国法上有重大的发展,体现于 1968 年的 Mephisto 案。著名作家 Klaus Mann 撰写了一部名为 Mephisto 的小说,影射德国著名演员 Gustaf Gründgens 生前为迎合纳粹德国的当权者,而改变政治理念,抛弃人道及道理伦理拘束。Gründgens 的养子且为唯一的继承人,依《德国民法》第823 条第 1 项规定提起诉讼,以该书侵害了 Gründgens 的人格权,请求法院禁止该书的复印、散布及出版。德国联邦法院肯定了原告的请求权,认为:"一般均承认,死者不仅遗留下可让与之财产利益,精神利益亦超越死亡而继续存在,其仍有受侵害之可能而值得在死后加以保护……在此种可能受侵害而值得保护之利益仍存续的情况下,没有理由在其结束生命而无法为自身辩护之时,使人格权作为一种请求权归于消灭。"德国联邦法院判决理由系以《基本法》第 1 条及第 2 条之人性尊严及人格自由发展为依据,并强调只有当个人可信赖其人格形象在死后不会遭到严重扭曲,而在此期待下生活,人性尊严及人格自由发展在个人生存时始能获得充足的保护。

(二)BGH NJW 2000, 2195—Marlene Dietrich:死者财产利益的继承性

在著名的 Marlene Dietrich 案①, Marlene Dietrich 系德国知名的电影巨星,被告于其死亡后擅自制作 Marlene 生平的音乐剧,并以 Marlene 的姓名、肖像推销商品,原告系 Marlene 的独生女及唯一继承人,且为遗嘱执行人,请求被告停止侵害行为并请求被告为损害赔偿。德国联邦法院判决原告胜诉,其判决要旨为:

---

① 本件为具历史性的重要判决,其全文中译参见黄松茂:《人格权之财产性质——以人格特征之商业利用为中心》,载《台湾大学法律学研究所 2008 年度硕士论文》,第 267 页。

（1）一般人格以及其特殊表现形式,如肖像权及姓名权,不仅保护人格权的精神利益,亦保护人格权的商业利益。当人格权的财产价值成分,因肖像、姓名或其他表现个人的人格特征遭无权使用而被侵害时,该人格权的权利主体均得请求损害赔偿,此项损害赔偿请求,不因侵害的强度而受影响。

（2）只要在人格权的精神利益仍受保护的期间内,人格权的财产价值成分于人格权主体死亡后,仍继续存在。人格权主体死亡后,与人格权的财产价值相关的权利转由继承人取得,且继承人得按照死者明示或可得推测的意思,行使此类权利。

德国学界长期等待德国联邦最高法院对死者财产价值(财产利益)的保护作成判决,肯定了 Marlene Dietrich 案的见解,表示所期待的终于到来了。

第四目 台湾地区民法上人格权保护的突破

一、人格权的精神利益与财产利益

（一）从精神利益到财产利益的保护

台湾地区"民法"关于人格权精神利益的保护设有尚称周详的规定("民法"第 18 条、第 184 条、第 194 条、第 195 条、第 227 条之 1 等)。问题在于应否肯定人格权的财产利益,如何加以保护,尤其是在擅自使用他人姓名、肖像等做商业广告的情形,被害人得否请求损害赔偿。

（二）财产利益保护的突破:艺人陈美凤代言广告案

在台湾高等法院 2005 年上易字第 616 号判决,被告为生产并销售料理米酒的厂商,发现艺人陈美凤因受邀主持数个美食节目,陆续出版多本料理书籍,并拍摄广告代言食品、餐具、家电等,在消费大众心目中奠定了美食代言人地位,遂未经其同意,在酒瓶外包装及广告物使用陈美凤姓名及照片。原告陈美凤提起诉讼,请求财产上及非财产上损害赔偿。

法院认定被告未经同意即将原告姓名及照片用于产品外包装及广告物的行为,成立对原告姓名权及肖像权之侵害。在法律效果方面,就财产上损害而言,法院不采原告以过去授权金额计算的主张,并以被告行为并未阻滞原告另接受他人广告合约,而否定原告受有"所失利益"的财产上

损害。惟法院仍肯认原告受有非财产上损害,就慰抚金之数额,认为应衡量"原告具有一定之公众形象,依社会通念,原告推荐之商品,必有助于商品之销路"及原告之身份、地位及被告误认已获授权之因素而为认定。

陈美凤料理米酒广告对人格权的发展,具有重要启示意义,分三点言之:

(1) 肯定姓名权人对其姓名权的使用具有自主权利。

(2) 肯定姓名权乃属于体现个人形象的特征,具有促进商品销售的经济利益,而于量定慰抚金时加以斟酌。

(3) 问题在于如何更进一步肯定姓名、肖像等一定的特征具有财产价值,而应受侵权行为法或不当得利法的保护。

二、死亡者人格权的保护:蒋孝严诉陈水扁侵害蒋介石名誉案

人格权具有两个特性:一为绝对性而为一种绝对权;二为一身专属性,即不可让与或继承。又人的权利能力始于出生,终于死亡("民法"第6条)。人死亡后,其人格权(尤其是名誉、隐私、肖像、姓名)遭受侵害时,在民事侵权行为法上应如何加以保护,乃成为侵权行为法的重要课题。

在蒋孝严告陈水扁案,原告主张被告于 2007 年 2 月 26 日举办的"二二八事件周年国际学术研讨会",公开诬指伊祖父蒋介石为"二二八事件"的元凶,诋毁伊祖父蒋介石之名誉,乃依侵权行为的规定,请求被告赔偿新台币一元,并为恢复名誉之适当处分。被告则主张其言论系就可受公评之事为适当的评论而阻却违法,不成立侵权行为。台湾台北地方法院 2007 年诉字第 2348 号判决采以下三点见解:

(1) 不成立对死亡者的名誉权的侵害。人之权利始于出生,终于死亡,从而人于死亡时即丧失作为权利义务之主体,包括名誉权在内之人格权与人身攸关,原则上具有专属性,纵经承认或已起诉,仍不得让与或继承(第 195 条第 2 项),故包括身体、健康、名誉、自由、信用、隐私、贞操等权利在内的人格应于死亡时消灭。

(2) 对死亡者亲属之其他人格权的侵害。所谓其他人格法益,系指一般人格权中未经明定为特别人格权(人格利益)的部分("民法"第 195 条第 1 项),此一概括部分将随着人格自觉、社会进步、侵害的增加而扩大其保护范畴,故人格权之侵害,不限于他人之身体、健康、名誉、自由、信

用、隐私、贞操,以中国传统风尚,对于死者向极崇敬,若对已死之人妄加侮辱诽谤,非独不能起死者于地下而辩白,亦使其遗族为之难堪,甚有痛楚愤怨之感,故而"刑法"第 312 条特规定侮辱诽谤死者罪,借以保护遗族对其先人之孝思追念,并进而激励善良风俗,自应将遗族对于故人敬爱追慕之情,视同人格上利益加以保护,始符宪法保障人性尊严之本旨。

(3) 言论自由及人格权保护在违法性上的利益衡量。判决理由是:"侵害人格权(人格利益)是否具有违法性,应斟酌整体法秩序之价值观,言论自由权与名誉权之限制是否符合比例原则、行为人之手段与目的、行为时所处之时空环境背景等予以综合评价,就行为人与被害人各项利益相互对照,依法益衡量加以认定。"对此法益衡量,法院认为:"依社会通常情形,咸认遗族对故人敬爱追慕之情于故人死亡当时最为深刻,经过时间的经过而逐渐减轻,就与先人有关之事实,亦因历经时间经过而逐渐成为历史,则对历史事实探求真相或表现之自由,即应优位考虑。"

基此见解,法院更进一步认为,"蒋介石先生系前任'国家元首',且在历史政治发展上具有重要地位,其动静观瞻影响人民福祉甚剧,而'二二八事件'亦为攸关人民公共利益重大之历史事件,此为众所皆知之事实,故蒋介石先生在'二二八事件'当时所为之政治判断、决策行为是否适当,就部分人民无辜牵连被害之事,是否应负责任? 与公众利益当有重大密切关系,并非单纯属于个人隐私之私人事务,应属可受人民客观评论之事。而为维护民主社会之言论自由,特别是前述探求历史真相及表现自由,与遗族就他人对其先人之批评言论可能造成人格利益之侵害相较,身为故总统蒋介石先生遗族之原告亦应有较高之容忍程度。"

第五目 异同发现与比较分析

人格权发展的两个重大课题系受保护利益应扩大于财产利益,及对死者人格利益的保护。兹整理美国法、德国法及台湾地区民法的基本问题,比较其异同如下①:

---

① 详细论述,参见拙著:《人格权法——法释义学、比较法、案例研究》,北京大学出版社 2013 年版,第 33 页以下、第 252 页以下、第 291—305 页。

人格利益的精神价值与财产利益及死者人格权保护

项目　法律	人格法益	受保护的利益		死者人格法益的保护
		精神利益	财产利益	
美国法	Right of Privacy	˅		
	Right of Publicity		˅	（1）得为继承 （2）有一定期间 （3）其救济方法同于知识产权
德国法	人格权 （姓名、肖像等）	˅		（1）死后由其亲属行使侵害除去、侵害防止请求权（直接保护），但无慰抚金请求权
			˅	（1）得为继承 （2）其保护期间同于精神利益
台湾地区	人格权 （姓名、肖像等）	˅		其亲属得以追慕敬爱之人格法益受侵害请求慰抚金（间接保护）
			?	未来发展课题

（1）美国法经由法院创设 Right of Privacy 及 Right of Publicity，分别保护人格的精神利益及财产利益，并肯定 Right of Publicity 得为继承，在一定期间同于知识产权的保护。德国法认为，人格权包括精神利益及财产利益两个部分。在人死亡后，其人格上的精神利益由其指定之人或亲属行使请求权（侵害除去、侵害防止），但受一定期间的限制。财产利益得为继承，并同于精神利益保护期间的限制。

（2）美国法及德国法上人格利益的保护主要系由法院以造法的方式所创设，持续数十年长期的发展，彰显不同的法律文化，及判例与学说协力，充分体现了这两个伟大法律体系维护及促进人格价值的创造力。

（3）民法制定于 1929 年，其关于人格权保护的规定，在立法当时领先于美国及德国的法律状态，但实务进展有限。直至1999 年"民法"债编修正第 195 条，始完善人格权精神利益的保护（慰抚金请求权的一般化）。但关于人格权财产利益及死者人格利益的维护（台北地方法院对死者精神利益采间接保护）仍有待突破。此所涉及的关键问题在于提升对人格尊严及价值理念的体认，增强法学的创造力，实务上能有持续不断累积性的实践。证诸美国法及德国法的发展过程，此非旦夕之功，所期待的犹未到达，须判例（法院）与学说（学者）继续共同努力。

第十三项 人格权保护的体系构成

请综合人格权保护在侵权行为法的基本问题,尤其是人在出生前、死亡后之人格权的保护、救济内容的建构及未来发展的课题的学习与研究。

人格权在侵权行为法中的基本特色在于其保护范围的扩大,保护时间扩张及于出生前及死亡之后(人的范围扩大)。在内容方面,系建构了日益完备的救济保护机制。为使读者有整体的理解,并把握其解释适用上的问题及发展趋势,列表如下,俾便参照:

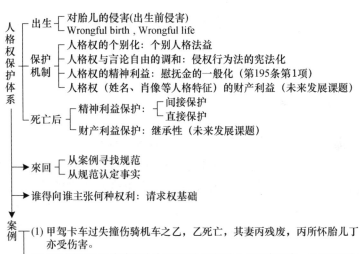

- (1) 甲驾卡车过失撞伤骑机车之乙,乙死亡,其妻丙残废,丙所怀胎儿丁亦受伤害。
- (2) 甲医院的乙医生疏未检验出丙孕妇所怀胎儿患有唐氏症,致丙未施行人工流产,产下重症婴儿丁,丙或丁得否向甲、乙请求抚养费及精神痛苦的慰抚金?
- (3) "民法"第195条第1项所称"其他人格利益"指何而言?试就实务案例加以说明。
- (4) 举例说明以"事实陈述"或"意见表达"的言论侵害他人的名誉,在侵权行为法上如何调和言论自由与人格权保护?并说明侵权行为法宪法化的问题。
- (5) 甲擅以乙的名义及丙的照片推销商品,乙、丙得向甲主张何种权利?甲伪造丁教授访问,推荐某增强性能力的药物,丁对甲得主张何种权利?
- (6) 甲杂志社出版专集,毁损某名人乙的名誉,因揭露其隐私,获利甚佳,乙的配偶或子女得向甲主张何种权利?
- (7) 请阅读:"吕秀莲诉新新闻周刊案""宋楚瑜诉李登辉案""蒋孝严诉陈水扁毁谤蒋介石案",说明名誉保护与言论自由及台湾地区社会民主实政的发展(请参照拙著《人格权法》)。

第三款　身　份　权

（1）甲与乙之妻丙通奸,常留宿丙女于家中。试问乙就其精神上的痛苦,得否对甲或丙请求慰抚金? 甲之妻丁得否请求法院禁止甲留宿丙女于家中。

（2）甲妇在乙医院生产男婴,因乙医院看顾疏忽被他人抱走时,甲就其精神上的痛苦,得否对乙医院请求慰抚金?

（3）甲酒醉驾车将乙童撞伤成植物人,其母丙提早退休,专心照顾乙童,身心痛苦不堪。试问丙得向甲主张何种权利?

第一项　身份权的意义及其侵害

身份权,指基于特定身份而发生的权利,其主要有亲权、配偶权及继承权,均属"民法"第184条第1项前段所称的权利。分述如下:

一、亲权

亲权指父母对于未成年子女有保护及教养的权利(第1084条以下)。例如甲带其幼子乙逛百货公司,丙擅行抱走乙时,系侵害甲对乙的亲权,甲得请求丙交还其子,并赔偿为寻找其子所支出悬赏广告的费用。配偶离婚后,母对未成年子女有单独监护权,而父扣留其子时,亦属侵害母的亲权,母得请求寻找其子的费用。[①] 又侵害父母之一方与其未成年子女交往的权利时,亦得成立侵权行为。

二、配偶权

配偶权指配偶间因婚姻而成立以互负诚实义务为内容的权利(参照"最高法院"1964年台上字第2053号判例)。甲男与乙之妻丙通奸时,甲与丙系共同侵害乙的"配偶权",乙得请求赔偿调查通奸事实的费用。在

---

① 本例参照德国联邦法院1990年4月30日判决(BGHZ 110, 168),肯定父母对未成年子女的照顾,是一种绝对权,在父母与子女间产生互负义务的内部作用,对第三人言,则具有绝对的外部效力。雇用私家侦探寻找受监护人系因监护权被侵害而生之损害,其费用是否合理或必要,应就个案加以认定。

通奸生子的情形,乙并得请求赔偿提起否认婚生子女之诉("民法"第1063条第2项)、离婚及对该子女生产及抚养所支出的费用。① 在一方配偶将通奸者带入家中同居而破坏婚姻生活的圆满及幸福时,他方配偶得请求相奸者搬离其家,以除去其侵害。②

甲女伪称与乙来往而怀孕,乙男遂与甲女结婚。此种情形虽不成立侵害配偶权,应得认甲系以悖于公序良俗方法加损害于他人,应负损害赔偿责任(第184条第2项)。③

三、继承权

继承权指继承人概括的继承被继承人财产上权利义务的地位,兼具身份权与财产权两方面。继承权的侵害因非继承人的第三人僭称为继承人而发生,例如兄于父之继承开始时,即已自命为唯一继承人,而行使遗产上的权利时,即侵害了弟的继承权(参照"最高法院"1940年上字第1504号判例)。

第二项　侵害身份权与非财产上损害赔偿(慰抚金)
——法制变迁及法学方法发展史

身份权被侵害时,被害人就财产上损害,得请求损害赔偿,已如前述。问题在于被害人就非财产上损害,得否请求相当金额的赔偿(慰抚金)。此为民法理论及实务上长期重大争议问题,法律见解历经变迁,在法律政策及法学方法上具有所谓理论发展史(Dogma-geschichte)的意义,可供回顾及瞻望、认识法之发展及价值变迁的过程,而有助于现行法的解释适用,特详为说明。

---

① 参见拙著:《奸淫未成年子女怀胎生子之侵权责任》,载《民法学说与判例研究》(第一册),北京大学出版社2009年版,第191页。

② 在德国民法上婚姻关系得否成立一种受侵权行为法保护的绝对权,虽有争论,实务上肯定"配偶对空间客体婚姻领域"的权利(Das Recht eines Ehegatten am räumlich—gegenstandlichen Ehebereich),使一方配偶得请求他方配偶不得将其相奸者带入婚姻居所(BGHZ 6, 361; 34, 80)。

③ 参见德国联邦最高法院判决 BGH NJW, 706; Fuchs/Pauker, Delikts- und Schadens-ersatzrecht, 8. Aufl. (Berlin 2012), S. 37.

第一目　"最高法院"见解的变迁

一、亲权(监护权)被侵害:于法无据

亲权或监护权被侵害时,"最高法院"原否定被害人的慰抚金请求权。"最高法院"1961 年台上字第 1114 号判例谓:"受精神之损害得请求赔偿者,法律皆有特别规定,如民法第 18 条、第 19 条、第 194 条、第 195 条、第 979 条、第 999 条等是。未成年子女被人诱奸,其父母除能证明因此受有实质损害,可依民法第 216 条请求赔偿外,其以监督权被侵害为词,请求给付慰藉金,于法究非有据。"(不再援用。)

二、配偶权被侵害(干扰婚姻关系):以"民法"第 184 条第 1 项后段为请求权基础——由"夫权"到"配偶权"

在干扰婚姻关系通奸案件,实务上肯定被害人的慰抚金请求权,惟数十年来一直在寻找其法律依据。分两点言之:

（一）以"民法"第 184 条第 1 项后段为请求权基础

"最高法院"1952 年台上字第 278 号判例谓:"民法亲属编施行前之所谓夫权,已为现行法所不采,故与有夫之妇通奸者,除应负刑事责任外,固无所谓侵害他人之夫权。惟社会一般观念,如明知为有夫之妇而与之通奸,不得谓非有以违背善良风俗之方法,加损害于他人之故意,苟其夫确因此受有财产上或非财产上之损害,依民法第 184 条第 1 项后段,自仍得请求赔偿。"本件判例否认所谓"夫权",而以"民法"第 184 条第 1 项后段为请求慰抚金的依据。

值得注意的是,"最高法院"1966 年台上字第 2053 号判例谓:"婚姻系以夫妻之共同生活为其目的,配偶应互相协力保持其共同生活之圆满安全及幸福,而夫妻互守诚实,系为确保其共同生活之圆满安全及幸福之必要条件,故应解为配偶因婚姻契约而互负诚实之义务,配偶之一方行为不诚实,破坏共同生活之圆满安全及幸福者,即为违反因婚姻契约之义务而侵害他方之权利。"本件判例肯定在配偶间因婚姻而成立一种以互负诚实义务为内容的权利,受侵权行为法的保护;并认为配偶之他方应与通奸者构成共同侵权行为,被害之一方配偶亦得向配偶之他方请求损害赔偿,离婚与否,在所不问。此项见解扬弃夫权,而肯认一种配偶间的权利,惟

其结论仍以"民法"第184条第1项后段作为慰抚金的请求权基础,则值商榷。其理由有二:

(1)"民法"第184条第1项后段与前段同在规定一般侵权行为,二者均非属慰抚金的特别规定,若后段规定得作为慰抚金请求权基础,则同项前段规定亦应作同样解释,从而凡权利(包括财产权)被侵害时,被害人均得请求慰抚金矣,其与现行民法规定不符,甚为显然。

(2)若以"民法"第184条第1项后段作为慰抚金的请求权基础,则凡因故意以悖于善良风俗方法"加损害于他人者",被害人皆得请求慰抚金,其范围至广。或谓得将之限于通奸的情形,此在解释上难以自圆其说,同时须以"故意悖于善良风俗"为要件,过于狭隘,作为一种法律原则,实非妥适。

(二)(旧)"民法"第195条规定的适用或类推适用

为使婚姻受干扰的被害人的慰抚金请求权有法律上的依据,"最高法院"曾肯定通奸系侵害自由,认为(旧)"民法"第195条第1项属例示规定,故得适用或类推适用第195条第1项的规定,但未成为判例。学说上有主张婚姻具有人格关系,通奸同时侵害他方配偶的人格权,得解为构成对名誉权的侵害,而适用"民法"第195条第1项的规定[1],但亦未被"最高法院"所采纳。

三、身份权被侵害:"民法"第195条的类推适用

(一)"最高法院"1996年台上字第2957号判决:抱走他人婴儿案[2]

如前所述,亲权或监护权被侵害时,"最高法院"原认为(当时)现行法上无被害人得请求慰抚金的规定;反之,在配偶权被侵害的情形,则肯定被害人得依"民法"第184条第1项后段规定请求慰抚金。在法益权衡上,"最高法院"显然认为婚姻较亲子关系为重要,应受较周全的保护。值得特别提出的是,"最高法院"在一个重要判决采取了一项突破性的见解,推翻了传统见解。

在"最高法院"1996年台上字第2957号判决,被上诉人在上诉人所

---

[1] 参见拙著:《干扰婚姻关系之侵权责任》,载《民法学说与判例研究》(第一册),北京大学出版社2009年版,第183页。通奸系对人格的侵害,系瑞士的通说及德国的有力学说,参见 Bohmer, AcP 155 (1955), 201; Coing, JZ 1952, 689.

[2] 参见《"最高法院"民事裁判书汇编》第26期,第139页。

开设之妇产科医院产下一婴,因上诉人雇用的看护疏于注意,致被不知名者将该婴儿抱走,仍未寻获。被上诉人失子心碎,精神痛苦,乃向上诉人请求赔偿慰抚金及刊登寻子悬赏广告的费用。原审判决被上诉人胜诉,关于慰抚金部分,原审谓按以故意或过失不法行为致他人受精神系统之痛苦,亦属健康权之侵害,被害人得依(旧)"民法"第 195 条规定请求之。"最高法院"则认为:"按身份权与人格权同为人身权之一种,性质上均属于非财产法益。人之身份权如被不法侵害,而受有精神上之痛苦,应与人格权受侵害同视,被害人自非不得请求赔偿非财产上之损害。故父母基于与未成年子女间之亲密身份关系,因受他人故意或过失不法之侵害,而导致骨肉分离者,其情节自属重大,苟因此确受有财产上或非财产上之损害,即非不得依民法第 184 条第 1 项前段,并类推适用同法第 195 条第 1 项之规定,向加害人请求赔偿。"

(二) 分析检讨

本件判决具有两个突破性的见解:(1) 肯定身份权被侵害,情节重大者,被害人就非财产上损害亦得请求赔偿慰抚金。(2) 在方法上系类推适用(旧)"民法"第 195 条第 1 项规定,作为请求权基础。此项判决变更了"最高法院"两个重要判例:在侵害亲权(监护权)的情形,变更了"最高法院"1961 年台上字第 1114 号判例关于不得请求慰抚金的见解,在干扰婚姻关系的情形,得以(旧)"民法"第 195 条第 1 项规定的"类推适用"取代"民法"第 184 条第 1 项后段("最高法院"1952 年台上字第 278 号判例),作为请求慰抚金的法律基础。

本件判决借着(旧)"民法"第 195 条规定的"类推适用",肯定身份权被侵害时,被害人受有精神上痛苦时亦得请求慰抚金,固具创意,但应予提出的有两点:

(1) 本件判决在方法论上有待商榷:(旧)"民法"第 195 条并未规定"人格权"受侵害时,被害人得请求慰抚金,此项前提的确立,其重要性远超过对身份权的类推适用,应有说明的必要。

(2) 所谓"身份权与人格权同为人身权之一种,性质上均属于非财产法益",乃权利体系上的分类,不足作为类推适用的规范基础。盖人格权被侵害之人得请求慰抚金,并非以"非财产法益"受侵害为立法理由(ratio legis),而是在于保护人格利益,因此本件判决应以亲子关系具有人格利益作为其类推适用的法律理由。

第二目　"民法"第 195 条第 3 项的增订修正
——由人格法益到身份法益

一、"民法"第 195 条第 3 项的制定及解释适用

"最高法院"1996 年台上字第 2957 号判决具有突破性的意义,已如上述,然则"最高法院"为何突然推翻数十年来坚持不变的法律见解?经查系受当时"民法"修正草案第 195 条规定的影响,即径将修正草案作为判决理由,提前实践了民法修正草案的立法意旨。

"民法"修正草案第 195 条规定:"不法侵害他人之身体、健康、名誉、自由、信用、隐私、贞操,或不法侵害其他人格法益而情节重大者,被害人虽非财产上之损害,亦得请求赔偿相当之金额,其名誉被侵害者,并得请求恢复名誉之适当处分。前项请求权,不得让与或继承。但以金额赔偿之请求权已依契约承诺,或已起诉者,不在此限。前两项规定,于不法侵害他人基于父、母、子、女或配偶关系之身份法益而情节重大者,准用之。"立法理由谓:"身份法益与人格法益同属非财产法益。本条第 1 项仅规定被害人得请求人格法益被侵害时非财产上之损害赔偿。至于身份法益被侵害,可否请求非财产上之损害赔偿?则付阙如,有欠周延,宜予增订。惟对身份法益之保障亦不宜太过宽泛。鉴于父、母、子、女或配偶与本人之关系最为亲密,基于此种亲密关系所生之身份法益被侵害时,其所受精神上之痛苦最深,故明定'不法侵害他人基于父、母、子、女或配偶关系之身份法益而情节重大者',始受保障。例如未成年子女被人掳掠时,父母监护权被侵害所受精神上之痛苦。又如配偶之一方被强奸,他方身份法益被侵害所致精神上之痛苦等是,爰增订第三项准用规定,以期周延。"此项修正已于 1999 年 4 月 21 日公布(2000 年 5 月 5 日开始施行),应说明者有四点:

(1)"民法"修正草案第 195 条第 3 项旨在加强保护身份权,固值赞同。惟以身份权与人格权同属非财产权作为理由,不具充分的说服力,前已论及。慰抚金请求权之应由人格权被侵害扩张及于身份权,非因其同属非财产权,而是因为身份权亦具有人格关系上的利益,此为关于人格权规定得"准用"于身份权的内在依据。①

（2）"民法"修正草案第 195 条第 3 项增订规定，非立法者凭空创设，而是有其学说上的渊源。"民法"第 18 条第 2 项规定，人格权受侵害者，以法律有特别规定者为限，得请求慰抚金。通说认为，所谓特别规定指"民法"第 19 条、第 194 条、第 195 条、第 979 条及第 999 条等规定（参照"最高法院"1961 年台上字第 1114 号判例，不再援用）。惟学者有人认为，"民法"第 194 条规定不法侵害他人致死者，被害人之父母、子女及配偶亦得请求相当金额的赔偿（慰抚金），亦可解为系对身份权的侵害。② 并强调"民法"第 979 条、第 999 条及第 1056 条第 2 项系以特定之身份为前提，非第 18 条第 2 项所指的特别规定，而是类推适用第 18 条第 2 项规定，从而主张在现行"民法"有"身份权受侵害者，除有法律特别规定外，不得请求慰抚金"的一般原则，并认为上开"最高法院"1961 年台上字第 1114 号判例认监护权之侵害无给付慰抚金的特别规定，乃"民法"第 18 条第 2 项规定的类推适用。③ 此等见解自有所据，但通说仍值赞同，"民法"第 194 条、第 979 条、第 999 条及第 1056 条等规定虽以一定身份为前提，但所以赋予慰抚金请求权，系因其人格关系被侵害，仍可认为系"民法"第 18 条第 2 项所称的特别规定。

（3）"民法"修正草案第 195 条第 3 项规定所称基于父、母、子、女关系的身份法益，指亲权（监护权）而言，立法理由书以未成年子女被掳掠时，父母监护权被侵害所受精神痛苦为例加以说明。有疑问的是，父母被绑架时，未成年子女得否以"子女权"受侵害请求非财产上损害的金钱赔偿？所称基于婚姻关系的身份法益，亦包括配偶权，立法理由书以配偶之一方被强奸为例。④ 立法理由书虽未举实务上最具争议的通奸案例，解

---

① 关于身份权的人格关系，参见 Bohmer, AcP 155 (1955), 201; Coing, JZ 1952, 689. 日本学者多将婚姻侵害或家庭侵害列入人格的诸利益的侵害，参见《不法行为法》，第 85 页以下；〔日〕前田达明：《不法行为法》，第 86 页、第 104 页。

② 参见郑玉波(陈隆荣修订)：《民法债编总论》，第 171 页；孙森焱：《民法债编总论》，第 224 页。

③ 参见孙森焱：《民法债编总论》，第 225 页。

④ "司法院"司法业务研究会第 1 期提出一个法律问题：某甲之妻，观剧后步行返家途中，被某丙强行推入停放路旁轿车，载往郊外僻静之处，使之不能抗拒予以奸污，某甲请求某丙赔偿其非财产损害，法院应如何处理。研究意见："按强奸行为甚于通奸，本件某丙如明知乙为有夫之妇而加以强奸，不得谓非有以悖于善良风俗之方法加损害于他人之故意，某甲就因此所受非财产上之损害，依民法第 184 条第 1 项后段，请求某丙赔偿，自属有理。"

释上应予肯定。

（4）此项增订规定在实体法，及方法论上具有重大意义。在实体法上，就亲权（监护权）言，废弃了"最高法院"1961年台上字第1114号判例。就配偶权言，废弃了"最高法院"以"民法"第184条第1项后段作为请求慰抚金的依据（"最高法院"1952年台上字第278号判例），而以"准用"新修正"民法"第195条第1项规定为其请求权基础。"最高法院"的判例变更匪易，法院造法因欠缺共识而难以突破，仅能借助立法修正而废除实务见解，创设较为合理明确的法律原则。

二、实务的发展：保护范围的扩大——子女身体健康受侵害、父母所受身心痛苦

"民法"第195条第3项关于身份利益保护的重要发展，系扩大及于被害人父母所受身心痛苦。在"最高法院"2007年台上字第802号判决（运动会悬挂布帽案），涉及公务员（学校老师），怠于执行职务（悬挂运动会布帽的危险工作），致人民（未成年学生）遭受侵害（视力严重受损），"国家"应负赔偿责任（"国家赔偿法"第2条第2项），而适用"民法"第195条第3项规定（"国家赔偿法"第5条）。"最高法院"谓："民法"第195条第3项条文并未限定侵害身份法益之类型，立法理由虽有记载强奸、掳掠未成年子女两种类型，但应解为例示规定，应不以此为限。上开所谓基于父母关系之身份法益，系亲权，其主要内容为对未成年子女之保护及教养权利及义务而言。本件甲因上诉人所属公务员之疏失致其右眼遭铁丝刺伤，视力降至0.01以下，与失明无异；乙、丙为甲父母，自甲受伤开始，终日担忧其视力恶化，经过一年多之治疗，仍无法治愈，已心力交瘁；更担心甲左眼视力亦因此受影响，并为甲之学业、事业、婚姻、家庭烦心，其等心理上所受冲击、压力之大，非常人所能想象，应无可置疑。按乙、丙对未成年子女甲有保护及教养之权利，而甲右眼伤后，其父母不仅较平时付出更多之心力，更支出较高之保护教养费用，不论从精神或物质而言，均已对保护及教养之实施造成额外之负担或支出，自属侵害其身份法益无误。又眼睛系重要器官，号称为灵魂之窗，毁损一目之机能，造成身体重大残缺，身为父母者所受之痛苦诚难以言喻，堪认乙及丙与子女甲间之身份法益受侵害情节重大，依上开规定，其等请求相当之精神慰抚金，即属有据（另参阅"最高法院"2003年台上字第1507号判决）。

第四款　物　　权

第一项　所有权

下列情形是否构成侵害他人的"所有权"：（1）甲银行职员乙与顾客丙勾结，故意高估信用，致甲对丙贷款，债权未获清偿。（2）甲向乙建商购屋，数月后该屋因房屋设计不当及水土设施不佳遭台风毁损。（3）甲向乙购买丙制造的电视机，该电视机因电路管线缺陷，发生爆炸而灭失。试就上揭三例说明所有权与纯粹经济上损失的区别。

第一目　所有权的意义及其侵害

所有权者，指全面支配某物，在法令限制范围内得为占有、自由使用、收益、处分的权利（第765条）。凡侵害所有权的权能的，即构成对所有权的侵害，其主要形态如下：

一、无权占有他人之物

例如占用他人土地摆设地摊、停车于他人的车位、盗窃他人之物，窃赃之牙保或寄藏①、擅自扣留他人所有的国民身份证、租赁关系终了后，承租人无正当理由拒不返还租赁物，仍继续使用时，亦应负侵权责任，而与"民法"第455条规定的债务不履行责任发生请求权竞合。

二、物之实体的侵害

例如毁损他人的汽车，或对他人的汽车轮胎放气、污损他人的名画、在他人的墙壁贴广告、开掘山坡地使邻地的地基动摇、水土保持不良致大量泥土堆积邻宅、工厂废水污染养鱼池、毁损计算机硬件（或软件）、因侵害他人之物，或因病毒侵入改变或销毁其者储存的数据，亦得构成对物的

---

① "最高法院"1975年台上字第1364号判例谓："盗赃牙保，系在他人犯罪完成后所为之行为，性质上难认为与该他人共同侵害被害人之权利，牙保之人与实施窃盗之人固不构成共同侵权行为。惟盗赃之牙保既足使被害人难以追回原物，因而发生损害，仍难谓非对于被害人为另一侵权行为，倘被害人因而受有损害，尚非不得依一般侵权行为之法则，请求牙保之人赔偿其损害。"关于盗赃之寄藏，参见"最高法院"1976年台上字第838号判例。

实体的侵害。

三、侵害所有权的归属或所有人的法律地位

例如无权处分他人之物,受让人因善意而取得其所有权(或其他物权)。甲寄托某件古董于乙处,乙擅以之作为己有,让售予丙,丙因而善意受让而取得该物所有权(第 801 条、第 948 条)。① 在此情形,乙系侵害甲的所有权,应负侵权责任,此外尚构成债务不履行责任及返还不当得利的义务。在善意取得情形,丙纵有过失,依法律保护善意受让人的意旨,应不构成侵权行为。在上举之例,如丙为恶意,经甲承认乙的无权处分,使其发生效力,而由丙取得古董所有权时,乙侵害甲的所有权,不因此而受影响。② 擅以他人的瓷砖水泥修补自己房屋,使瓷砖水泥所有权因添附成为不动产重要成分而消灭(第 811 条),亦属侵害他人的所有权,又,无权利人声请拍卖或扣押他人之物,虽经由官署为之,亦构成对所有权的侵害。

四、应有部分的侵害

共有,乃多数人共同享受一所有权,故各共有人本其所有权的作用,对于共有物的全部均有使用收益权,此使用收益权应按其应有部分而行使,不得损及他共有人的利益,若有侵害,则与侵害他人之所有权同,被侵害的他共有人,自得依侵权行为之规定,而行使其损害赔偿请求权。③

五、拍摄他人之物

例如拍摄台北 101 大楼,并供商业上使用(杂志封面、明信片等),是

---

① 值得注意的是,信托行为上的物权关系,"最高法院"1995 年台上字第 265 号判决谓:"信托行为之受托人在法律上为所有人,其就受托财产所为之一切处分行为完全有效。纵令其处分违反信托之内部约定,信托人亦仅得请求赔偿因违反约定所受之损害,在受托人未将受托财产移转返还信托人以前,不能谓该财产为信托人所有。受托人违反信托之内部约定,而处分受托财产,仅对信托人负契约责任而发生债务不履行问题,尚无侵权行为可言。"

② "最高法院"1934 年上字第 2510 号判例谓:"无权利人就权利标的物为处分时,如其行为合于侵权行为成立要件,虽其处分已经有权利人之承认而生效力,亦不得谓有权利人之承认,当然含有免除处分人赔偿责任之意思表示。"

③ 参见"最高法院"1962 年台上字第 3495 号判例、1992 年台上字第 1818 号判决。

否构成侵权行为,是一个值得研究的问题。① "著作权法"规定应受保护的著作包括建筑著作(第5条第1项第9款),但亦明定于街道公园建筑物外壁或其他向公众开阔之户外展示或建筑著作,除特定情形外,得以依法利用之(第58条)。准此立法意旨,应认为拍摄建筑物外壁加以利用,并不侵害所有权,即"著作权法"所允许的、非属所有权的保护范围。至于侵入他人庭院拍摄建筑物或客厅悬挂的名画,尤其是作商业上的利用系侵害所有人的排他使用权,应负侵权责任。②

第二目　侵害所有权或纯粹经济上损失?

值得特别提出讨论的是,侵害所有权与纯粹经济上损失的界定问题。为了保护被害人,须扩张所有权的概念,使其涵盖纯粹经济上损失,此涉及契约责任与侵权责任的规范范围,此乃近年来实务及理论的重大问题,整理若干"最高法院"判决,分述如下:

一、非法超额贷款与侵害银行的金钱

1988年11月1日,"最高法院"举行1988年度第19次民事庭会议,"院长"提议:"A银行征信科员甲违背职务,故意勾结无资力之乙高估其信用而非法超贷巨款,致A银行受损害(经对乙实行强制执行而无效果),A银行是否得本侵权行为法则,诉请甲为损害赔偿。"决议认为:鉴于"判例究采法条竞合说或请求权竞合说,尚未尽一致。惟就提案意旨言,甲对A银行除负债务不履行责任外,因不法侵害A银行之金钱,致放款债权未获清偿而受损害,与民法第184条第1项前段所定侵权行为之要件相符。A银行自亦得本于侵权行为之法则请求损害赔偿。"

本件决议旨在肯定侵权责任与契约责任的竞合,在台湾民法发展上具有重要意义。所谓不法侵害A银行之金钱,究系侵害"民法"第184条第1项前段所谓何种"权利","最高法院"未明确表示,可能的解释是不法侵害银行的"金钱所有权"。所谓金钱所有权,指货币所有权而言。货币系为物,属于动产,其被侵害主要情形有:(1)抢夺、窃盗他人货币。(2)使货币灭失,如烧毁他人货币。(3)无权处分他人货币,致被善意取

---

① MünchKomm BGB/Wagner § 823 Rdnr. 108: Brüggemeier, Haftungsrerecht, S. 344.
② Brüggemeier, Haftungsrecht, S. 334 f.

得。"民法"第801条及第948条,对于动产所有权的取得,设有善意受让制度,依"民法"第951条规定,金钱或无记名证券,纵属盗赃或遗失物,仍不得向善意占有人请求恢复,故善意受让制度对金钱亦适用之。在本件决议,银行因其职员高估顾客信用,而贷予巨款,系银行依自己的意思,移转货币所有权予顾客,不能认为系货币所有权被侵害,其情形犹如银行因职员低估银行所有的某笔土地价值而出售,致受损失时,不能认为该职员系不法侵害银行的土地所有权。实则,在本件,银行系因贷款予不具信用的顾客而受纯粹财产上不利益(纯粹经济上损失)。就侵权行为言,得适用"民法"第184条第1项后段(故意以悖于善良风俗之方法加损害于他人);就契约言,银行得依不完全给付的债务不履行规定,向其职员(受雇人)请求损害赔偿。[①]

二、物的瑕疵:侵害所有权或纯粹经济上损失?

(一) 台湾地区法上的解释适用

甲出卖乙制造之某物给丙,丙受让其所有权后,发现该物因具有瑕疵,致其减少价值,不堪使用,或该物因其瑕疵而灭失(商品自伤)时,甲对丙应负物之瑕疵担保责任(第354条以下)。问题在于丙得否主张"所有权受侵害",依侵权行为规定向乙(制造者)请求损害赔偿?

关于此点,原则上应采否定说。买卖标的物自始存有瑕疵,不能认系所有权受侵害。此项原则,于承揽亦适用之,例如甲为乙承揽建造某屋,因施工不当致发生严重漏水或倾斜,乙亦不能主张甲侵害其所有权而请求赔偿其修缮费用。[②] 易言之,在此等情形,非属所有权被侵害,而是发生纯粹经济损失,属契约责任的范围。[③]

---

① 参见拙著:《银行征信科员评估信用不实致银行因超额贷款受有损害的民事责任》,载《民法学说与判例研究》(第八册),北京大学出版社2009年版,第191页。

② 关于承揽工作物瑕疵的侵权行为,参见 Derleder, Deliktshaftung für Werkmangel, AcP 195 (1995),137.

③ 关于建筑物瑕疵的侵权责任,英国法上的发展具有启示性。在著名的 Anns v. Merton London Borough Council (A. C. 728, 1977)案,某建设公司建造公寓,因地基缺陷,造成墙壁发生剥裂,地板倾斜,买受人认为市政主管机关疏于检查,乃诉请赔偿其所支出的修缮费用。英国贵族院(House of Lords)判决原告败诉,认为此属物之实体损害(material physical damage)。此项见解,甚受批评,其后英国法院逐渐修正见解,造成分歧。贵族院在 Murphy v. Brentwood District Counci (1991, I AC 378)案废弃 Anns 的判例,认定此非对所有权的侵害,而系纯粹经济上损失。参见 Markesinis and Deakin, Tort Law, pp. 130 f.

(二) 德国法上 Weiterfresserschäden(继续侵蚀性损害)与所有权侵害

买卖标的物自始具有瑕疵,交付之后,物之本身因此项瑕疵而毁损灭失时,系物之瑕疵担保责任问题,原为德国的通说。[①] 但德国联邦法院在 1976 年 11 月 24 日一个重要判决(BGHZ 67, 359)改变了此项见解。在本件,K 向 B 购买其制造的游泳池清洁器,因开关转换器具有缺陷,致该清洁器因电线过热而毁损。由于物之瑕疵担保请求权已罹于时效[②],被害人乃主张所有权受侵害,依《德国民法》第 823 条第 1 项规定请求损害赔偿。在此著名 Schwimmerschalter Entscheidung(游泳池清洁器开关案),德国联邦法院肯定此属所有权受侵害,认为该移转所有权之物并非自始全部具有瑕疵,系功能上可界限的部分(开关转换器)具有瑕疵,延伸扩大及于其他原无瑕疵的部分,导致整个游泳池清洁器受有损害,应构成对受让人所有权的侵害。此种由物之部分瑕疵延伸扩大侵害其他部分的损害,德国判例学说上称为 Weiterfresserschäden(继续侵蚀性损害)。[③]

本件判决甚受学者批评[④],但德国联邦法院迄今仍维持其见解。在 BGH NJW 1978, 224 判决(轮胎爆破案),K 自 B 购买其制造的跑车,轮胎因具有瑕疵而爆破,致跑车受损时,德国联邦法院亦肯定跑车所有权受侵害。在因瓦斯管设计不当,致汽车自动加速,导致汽车毁损的情形,亦采相同见解(BGHZ 86, 256,瓦斯管案)。在此两件判决,德国联邦法院提出了所谓的"损害素材同一"(Stoff-gleichheit)说,认为买卖之物因其部分具有瑕疵而致损害,若其所生损害与"瑕疵无价值"(Mangelunwert),非属

---

① RG JW 1905, 367; BGHZ 39, 366.

② 《德国民法》第 477 条第 2 项规定:"解除契约或减少价金之请求权,及基于欠缺所保证质量之损害赔偿请求权,除出卖人恶意不告知其瑕疵外,在动产自交付后六个月间,在不动产自交付后一年间不行使而罹于时效。时效之期间得以契约延长之。"

③ 参见郭丽珍:《瑕疵损害、瑕疵结果损害与继续侵蚀性损害》,载《成功大学法律学研究所法学丛书》(六),1999 年版,该书论述德国法上判例学说甚为深入精细。参见 Balz, Zum Strukturwandel des Systems zivilrechtlicher Haftung: Mangelschaden, Mangelfolgeschaden und Weiterfressererschaden-eine Aufgabe für den Gesetzgeber? (1991).

④ Lieb JZ 1977, 432.

相同时,除物之瑕疵担保责任外,尚构成对所有权的侵害,而成立侵权责任。[①]

德国联邦法院关于 Weiterfresserschäden 案件所创设的见解,旨在保护买受人,尤其是使产品的消费者得向与其无契约关系的制造者,依侵权行为规定请求损害赔偿,自有其立法政策上的考虑。问题的关键在于如何区别物的瑕疵与所有权侵害,如何认定何者应受物之瑕疵担保责任制度所保护的"使用及等价利益"(Nutzungs-und Äquivalenzinteresse),何者系属侵权责任范畴之所有人对"物的完整利益"(Integritätsinteresse)。德国联邦法院前后提出了"功能上可限定"及"损害素材同一性"的判断标准,惟备受学者质疑,在学者之间亦见解歧异,迄并无定论。[②] 值得注意的是,1989 年的《德国产品责任法》第 1 条明定,商品责任仅适用于该具有缺陷商品以外之物,不包括该商品本身在内。

德国法上关于 Weiterfresserschaden 的发展,虽具启示性,但鉴于难以区别物的瑕疵与所有权侵害,并涉及契约责任与侵权责任的规范功能,在台湾地区法上仍应维持传统见解,认为出卖之物自始存有瑕疵,于交付后因此项瑕疵导致该物毁损灭失时,并不构成对买受人所有权的侵害,乃属物之瑕疵担保责任问题。为加强保护被害人,"民法"第 365 条关于买受人因物有瑕疵,而得解除契约或请求减少价金的期间,民法债编修正已作必要的调整,可供参照。[③]

---

① 德国联邦法院相关判决,BGHZ 67, 359(Schwimmschalter), BGH NJW 1978, 2241(Hinterreifen), BGHZ 86, 256(Gaszug), BGH NJW 1983, 812(Hebebühnen), BGH NJW 1985, 2420(Kompressor). 综合讨论,参见 v. Westphalen(Hrsg.), Produkthaftungs-handbuch, Bd. I. (1989), § 21.

② Weiterfresserschaden 是德国民法上甚为重要的争论问题,相关论文甚多,教科书上简要说明,参见 Kötz/Wagner Deliktsrecht, S. 64 f.; Fuchs, Deliktsrecht(2 Aufl., 2004), S. 18. 最近的专题研究,参见 Christian Katzenmeier, "Vertragliche und deliktische Haftung in ihrem Zusammen-spiel: dargestellt am Problem der weiterfressenden Mängel", 1993. 参见拙著:《商品制造者责任与纯粹经济上损失》,载《民法学说与判例研究》(第八册),北京大学出版社 2009 年版,第 162 页。

③ 第 365 条规定:"买受人因物有瑕疵,而得解除契约或请求减少价金者,其解除权或请求权,于物之交付后六个月间,不行使而消灭。""民法"债编修正改为:"买受人因物有瑕疵,而得解除契约或请求减少价金者,其解除权或请求权,于买受人依第 356 条规定为通知后六个月间不行使或自物交付时起经过五年而消灭。前项关于六个月期间之规定,于出卖人故意不告知瑕疵者,不适用之。"在德国,亦有学者主张应以合理解释或修正《德国民法》第 477 条关于物之瑕疵担保责任时效规定,以处理物之瑕疵担保与侵权行为责任竞合的问题,Walter, Kaufrecht(1987), S. 238.

三、所有权功能的妨害与纯粹经济损失

所有权受侵权行为法所保护的，除物之占有、实体及权利归属外，尚包括物得依其目的而被使用，此种使用功能的妨害亦足构成对所有权的侵害。例如擅行停车于他人车库之前，致所有人不能使用其车库，前已说明。① 严重扰乱依一定次序排列的数据、文件或文库，致所有人必须支付费用重新检查、整理、分类。② 至于拍摄他人房屋外壁既未侵害物的实体或功能，自无侵害所有权可言。③ 又经营私娼馆或应召站，致邻居房价滑落时，亦不构成所有权侵害，仅属纯粹经济损失，均不得依"民法"第184条第1项前段规定请求损害赔偿。④

值得提出讨论的是，因第三人的过失行为致能源供应中断或交通阻塞，使所有人不能依物之目的而为使用时，如何认定其究属所有权侵害抑或为纯粹经济上损失，系侵权行为法上颇具争论的问题，德国法上案例甚多，介绍如下：

（一）电缆毁损案

在电缆毁损案（BGHZ 41, 123），甲挖掘地道，因疏失毁损乙的电缆，丙养鸡场因电力供应中断，致孵卵器上的蛋孵出畸形的小鸡，就此部分，德国联邦法院认系侵害乙的所有权。至于丙因停电不能使用孵卵器孵鸡而受的不利益，则属纯粹财产上损害，不得请求损害赔偿。

（二）水道阻塞船舶受困案

在著名的水道阻塞案（Fleetfall，BGHZ 55, 153），被告因过失，致发生河堤崩溃，水道阻塞长达一年不能通航。原告所有的 A 船受困于水道之内，不能履行其与水道旁磨粉厂所订的运送契约。另 3 条船（简称 B

---

① 此为德国通说，参见 AG Heidelberg, NJW 1977, 1541; AG Karlsrule, NJW 1977, 1926; Dorner, Zivilrechtliche Folgen des Parkens vor Grundstückszufahrten, JuS 1978, 666; Larenz/Canaris, Schuldrecht II/2, S. 390. 于此情形，被害人得请求加害人赔偿因不能使用其车库所受损害，或赔偿拖吊该违规停泊之车所支出的费用。

② BGHZ 76, 216.

③ BGH NJW 1989, 2251; Larenz/Canaris, Schuldrecht II/2, S. 391.

④ 禁止色情行业的警察法规，旨在维持社会善良风俗，非属第184条第2项所称保护他人法律。是否构成"故意以悖于善良风俗之方法加损害于他人"（第184条第1项后段），应就个案认定之。相关问题，参见拙著：《捣毁私娼馆、正当防卫与损害赔偿》，载《民法学说与判例研究》（第八册），北京大学出版社2009年版，第147页。

船)则在水道之外,不能运货至磨粉厂。原告请求被告赔偿不能使用 A 船及 B 船所受损害。德国联邦法院区别"受困于水道之内的 A 船"与"被排除于水道之外,不能进入目的地的 B 船",而为不同的处理。

关于 A 船,德国联邦法院肯定所有权被侵害,判决理由认为对某物所有权的侵害,不限于实体,因事实上作用于某物,致妨害所有人对物之使用权能,亦属之,A 船因水道被阻塞而受困,必须搁置于磨粉厂装卸站,其作为一种交通工具的使用功能,实际上已被剥夺,应构成对所有权的侵害。

关于 B 船,德国联邦法院则否认所有权被侵害,判决理由认为,水道阻塞并未影响 B 船作为运输工具的功能,其自然的利用并未遭剥夺。诚然在水道阻塞期间,原告不能将该 B 船行驶到磨粉厂的装卸站,但此仍不足构成对该船所有权的侵害,仅系使原告如其他经营航运者一样,在其对公用水道的使用受到阻碍而已。

(三) 储油库爆炸案

在 BGH NJW 1977, 2264 案,被告因过失致其经营的储油库发生爆炸,为避免灾害,警察命令原告搬离其营业场所两个小时,其后为净空救火通路,又封锁交通 5 个小时。原告以在此 7 个小时期间不能送货营业,受有损害,请求赔偿。问题争点在于原告是否有所有权受到侵害。德国联邦法院区别两种情形加以处理:(1) 在搬离营业场所的两个小时期间,物的实体虽未遭毁损,但原告被排除于使用其物,仍构成对所有权的侵害,应由原审认定其所受损失。(2) 在封锁道路交通的 5 个小时,原告不能派车送货,因不能利用公共道路致遭致金钱上损失,应自己承担,不得请求赔偿。

上揭德国联邦法院判决相当程度地凸显德国法学的思考方法,即为界限所有权侵害与纯粹财产上损害,乃致力于区别案例,探寻合理的解决途径。[①] 此涉及侵权行为法上的利益衡量,在判断标准方面,应考虑功能

① 区别案例(Differenzierung, Distinction)是一种基本法学思考方法,旨在实现正义,但过分细微的区别,常造成法律适用的不安定,此在所有权侵害与纯粹经济损失,最易引起争论。建筑房屋因基地施工不当引起房屋裂缝,有危害之虞时,究是否属所有权侵害,抑或为纯粹经济损失,其区别是否可能,在英国自 Murphy v. Brentwood District Council (1991 1. AC 378)后,在文献上空前的辩论,参见 Sir Robin Cooke, An Impossible Distinction (1991) 107 LQR 46; O'Dais, A House Build on Firm Foundations? (1991) 54 MLR 561.

妨害客观上是否严重影响物的客观市场价值，及适当限制加害人责任的必要。准此以言，毁损他人电缆，致第三人之物的实体因电力供应中断而受侵害时，如孵卵器孵出畸形小鸡，冰箱内生鱼肉腐败，养殖的鲤鱼死亡时，应认为构成对所有权的侵害。至于机器、计算机、电梯等不能使用的不利益，则属纯粹经济上损失，盖停电时间通常不长，遭致金钱上损失之人众多，责任范围诚难控制。在电话、瓦斯等中断的情形，亦应依此原则处理之。① 在水道阻塞案件，德国联邦法院的见解应值赞同②：A 船长期受困于水道之内，物的使用功能尽被剥夺，市场价值大减，应认定其所有权被侵害。关于 B 船，则应采否定说，盖其受阻于水道之外，仍可自由行动，其作为运输工具的功能并未因此而受妨害。在储油库爆炸案件，德国联邦法院区别搬离营业场所两个小时及其后封锁交通的 5 个小时而为不同的处理，引起争议。③ 依吾人见解，在前两小时内，虽未搬迁房屋但不能营业者有之，车辆受困动弹不得者有之，不能使用其物则一，以搬迁与否作为区别标准，容有商榷余地，何况时间甚短，市场价值殆未受影响，认系纯粹经济上损失似较合理。综合言之，在现代社会生活，物的使用多赖电力、电话、瓦斯、公共道路或水道及各种网络。此等公共设施固属物之使用的外在条件，但不能因此认为个人享有此等公共设施不受妨害致影响其物使用的权利。其因加害人的行为使外在条件丧失，致物不能依其目的而被使用时，在何种情形得构成所有权侵害，应斟酌时间长短、物之市场价值、被害人范围、可预见性等因素，就个案加以认定。④

四、便利超商的受雇人在超商承租的房屋内自杀案

便利超商的受雇人在超商承租的房屋内自杀，使该屋成为凶宅，交易价值减少时，出租人（房屋所有人）得向超商经营者主张何种权利？

（1）"最高法院"2014 年台上字第 584 号判决谓："查被上诉人将系

---

① 参见拙著：《挖断电缆的民事责任：纯粹经济上损失》，载《民法学说与判例研究》（第七册），北京大学出版社 2009 年版，第 57 页。

② Larenz/Canaris, Schuldrecht II/2, S. 388.

③ 赞成者，参见 Larenz/Canaris, Schuldrecht II/2, S. 390；反对者，参见 Kötz/Wagner, Deliktsrecht, S. 62; Medicus, Bürgerliches Recht, S. 446.

④ Zeuner, Störungen des Verhaltnisse zwischen Sache und Umwelt als Eigentumsverletzung, in: Festschrift für Flume, 1978, Bd. I, S. 775.

争房屋出租与上诉人莱尔富公司经营便利商店,莱尔富公司交由上诉人成铃彦商行代为经营,成铃彦商行之受雇人陈〇〇于系争房屋自杀身故,致系争房屋成为凶宅,经济价值减损,此为原审确定之事实。似此情形,系争房屋本身未遭受任何物理性变化,所有权未受侵害,上诉人究系侵害被上诉人何种权利,而须负民法第184条第1项前段之损害赔偿责任,仍不无推求之余地。原审遽谓陈〇〇因执行职务,过失不法侵害他人权利,成铃彦商行自应依民法第188条第1项本文规定负雇用人连带损害赔偿责任,已有可议。次按,因承租人之同居人或因承租人允许为租赁物之使用、收益之'第三人应负责之事由',致租赁物毁损、灭失者,承租人负损害赔偿责任,民法第433条定有明文。倘陈〇〇不应依民法第184条第1项前段负损害赔偿责任,莱尔富公司即不应依民法第433条负赔偿责任,况系争房屋经济价值减损,是否即为租赁物毁损灭失,尚非无疑。原审徒以上开理由,遽谓莱尔富公司应负损害赔偿责任,亦有可议。"

(2) 又在一个承租房屋案件,"最高法院"2014年台上字第583号判决谓:"查本件上诉人林〇娜向被上诉人承租系争房屋,交林〇居住使用,林〇在系争房屋内烧炭自杀身亡,致系争房屋成为凶宅,价值减损,被上诉人受有经济上之损失,此为原审所认定之事实。林〇自杀属于极端终结生命之方式,虽为社会所不赞同,但是否即为有悖于善良风俗,不无疑义。且林〇烧炭自杀,虽主观上系出于残害自己生命之意思而为,但何以有侵害系争房屋财产上利益之故意,原判决未说明其理由,遽谓林〇有侵害被上诉人系争房屋财产利益之故意,进而推认林〇之法定代理人上诉人林〇娜,应依民法第184条第1项后段、第187条之规定负赔偿责任,已有可议。次按,因承租人之同居人或因承租人允许为租赁物之使用、收益之'第三人应负责之事由',致租赁物毁损、灭失者,承租人负损害赔偿责任,民法第433条定有明文。倘林〇不应依民法第184条第1项后段负损害赔偿责任,上诉人林〇娜即无依民法第433条负损害赔偿责任之余地。"

在前揭两个案件,原审法院均肯定房屋所有人得依"民法"第184条第1项前段(侵害所有权)或后段(故意以悖于善良风俗方式加损害于他人)请求损害赔偿。"最高法院"废弃原审见解,应值赞同。盖凶宅使房屋价值减少,并不构成对所有权的侵害,乃纯粹经济损失。又在他人所有房屋内自杀,通常实难谓其系故意以悖于善良风俗方式加损害于他人。

五、购买连动债所受的投资损失案

购买连动债所受的投资损失,系近年来美国雷曼兄弟控股公司破产后在台湾所引发的重大金融案件。投资人得否依侵权行为法的规定或连动债信托契约向其委托购买连动债的银行请求损害赔偿?

1. 关于侵权行为

"最高法院"2013 年台上字第 1485 号判决谓:"民法第 184 条关于侵权行为所保护之法益,除有同条第 1 项后段及第 2 项之情形外,原则上限于既存法律体系所明认之权利(固有利益),而不及于权利以外之利益特别是学说上所称之纯粹经济上损失或纯粹财产上损害,以维护民事责任体系上应有之分际,并达成立法上合理分配及限制损害赔偿责任,适当填补被害人所受损害之目的。本件上诉人请求之损害赔偿,系其购买或转换系争连动债所受之投资损失,为原审所合法认定之事实,乃独立于其人身或所有权之外而直接遭受财产上之不利益,而非因人身权或物权等既存法律体系所明认之权利被侵害而伴随衍生之损害,属于学说上所称之纯粹经济上损失或纯粹财产上损害。上诉人既未能证明被上诉人之行为有符合同法第 184 条第 1 项后段或第 2 项所规定之情事,自不得依侵权行为之规定,请求损害赔偿。""最高法院"的见解可资赞同。

2. 关于违约责任

"最高法院"2013 年台上字第 1189 号判决谓:"任何金融商品均有金融机构或发行机构到期是否能履约偿付之'信用风险',一般具备通常知识并有投资经验之人,应有'信用风险'之基本认识。而高报酬之投资工具,必然伴随高度之风险性,并为现代投资理财之基本知识。因此,连动债销售人员就该项告知、说明及契约内之揭露记载,若能合理期待使投资人知悉金融或发行机构可能存有到期不能履约之信用风险者,即可认其已善尽告知及说明义务。""最高法院"关于金融机构契约风险告知及说明义务的见解,亦值赞同。

第三目　物之毁损的损害

关于侵害物权,尤其是不法毁损他人之物,旧"民法"第 196 条设有特别规定:"不法毁损他人之物者,应向被害人赔偿其物因毁损所减少之价额。"1999 年债编修正时修正为:"不法毁损他人之物者,被害人得请求赔偿其物因毁损所减少之价额。"立法理由谓:物因毁损所减少之价额,有时难以估计,且被毁损者有恢复原状之可能时,被害人有时较愿请求恢复原状。为使被害人获得周密之保护,不宜剥夺被害人请求恢复原状之权利。爰参考《德国民法》第249条之立法例,加以修正,赋予被害人选择之自由,使被害人得向不法毁损其物者请求赔偿其物因毁损所减少价额,亦不排除其选择请求恢复原状。

第二项　所有权以外的其他物权、占有、期待权

一、所有权以外的其他物权及准物权

所有权以外的其他物权(用益物权及担保物权)及准物权,皆得为侵权行为的客体,分述如下:

(一) 用益物权

用益物权,指使用、收益他人土地的权利,包括地上权、永佃权、地役权及典权。侵害各该权利使用收益的内容时,即应成立侵权行为,例如无权占有或侵夺设定用益物权的土地,破坏土地建筑物(侵害地上权);污染土地致不能耕作(侵害农育权);水土保持不良,冲毁供役地的通路(侵害地役权);毁损典物(侵害典权)等。

在侵害用益物权的情形,被害人究应向所有人或用益权人为损害赔偿,不无疑问。为避免双重请求,及顾及权利人的利益,得认为应向权利人(用益权人及所有人)共同为给付。

(二) 担保物权

担保物权,指以物之交换价值为内容的物权,包括抵押权、质权及留置权,其侵害情形较为复杂,分三种情形加以说明[1]:

(1) 担保物权的消灭。例如违法涂销抵押权的登记;质权人因第三人的不法行为丧失其质物的占有,致其动产质权依"民法"第898条规定而归于消灭。

(2) 妨害担保物权实行。例如以不当手段妨害拍卖抵押物,致其价值减少,不足清偿债务。

---

[1] 参见郑玉波:《民法债编总论》,第172页;孙森焱:《民法债编总论》,第213页;〔日〕加藤一郎:《不法行为》,第110页;〔日〕几代通:《不法行为法》,第75页。

(3) 担保物的毁损灭失。债务人自己(或担保物受让人或物上保证人),毁损担保物(尤其是抵押物)时,应对担保权人(尤其是抵押权人)负侵权行为损害赔偿责任。须得注意的是,担保物毁损的剩余价额尚较被担保的债权额为多时,则不得请求赔偿。剩余价额不足清偿债权时,纵债务人尚拥有其他财产,抵押权人在实施抵押权前,仍得向加害人请求损害赔偿。[①]

在第三人毁损灭失担保物时,担保权人对担保物所有人因一部分灭失或全部灭失得受之赔偿金,得为物上代位(第 881 条但书、第 899 条)。[②] 在此情形,担保权人得否向第三人依侵权行为规定请求损害赔偿?学说上有认为担保物权人得依物上代位的方式获得救济,亦得直接向毁灭该标的物的第三人(加害人)请求损害赔偿(竞合说)。[③] 亦有认为竞合说会导致法律关系复杂,发生加害人双重给付的危险,并违反物上代位的本旨,乃强调应采所谓物上代位单一性理论,即抵押权人仅得依物上代位而获救济,不发生侵权行为损害赔偿请求权。[④] 比较言之,应以后说较值赞同。

(三) 准物权

准物权,指依特别法成立的物权,例如矿业权、渔业权、水权等。[⑤] 侵害矿业权的,如越矿区开采他人之矿。侵害渔业权的,如采捕他人专用渔业权一定水域内的动、植物。侵害水权的,如以化学药物或不洁之物污染享有水权的地面水或地下水。此等准物权视同物权,受侵害时,应准用关于不动产物权(尤其是用益物权)受侵害的规定加以救济。

二、占有

在下列情形,被害人得否主张"占有"被侵害而请求损害赔偿:
(1) 甲出租某屋给乙,租约终止后,乙拒不返还,甲强力取回该屋。

---

① 参见郑玉波(陈荣隆修订):《民法债编总论》,第 172 页。
② 参见"最高法院"1970 年台上字第 313 号判例。
③ 参见郑玉波(陈荣隆修订):《民法债编总论》,第 172 页。孙森焱:《民法债编总论》,第 213 页谓:"抵押权人亦得依民法第 881 条但书行使物上代位权,因而对该赔偿金成立权利(债权)质权。其效力较诸抵押权被侵害所生损害赔偿债权并无减损,自无行使损害赔偿请求权之实益。"
④ 参见刘得宽:《论抵押之物上代位性》,载《民法诸问题与新展望》,第 355 页。
⑤ 参见"矿业法"第 11 条、"渔业法"第 15 条、"水利法"第 15 条(阅读之!)。关于水利法,参见史尚宽:《债法总论》,第 131 页以下论述甚详。此等特别法应值重视,有加强研究的必要。

（2）甲有货车被乙所盗用，丙复自乙盗用该车。（3）甲承租乙的摊位，丙无权占用。

占有指对物有事实上的管领力，系一种事实，而非权利。[1] 侵害占有时，有无适用"民法"第 184 条第 1 项"前段"余地[2]，学者见解歧异。[3] 兹举两例加以说明：（1）甲出租某屋与乙，租约终止后，乙拒不返屋，甲强力迫乙搬迁。（2）乙窃取某甲之车使用，其后又为丙所侵夺。在此两种情形，乙得否以占有被侵害，依"民法"第 184 条第 1 项前段规定向甲请求损害赔偿？对此问题应采否定说。"民法"第 960 条以下对占有固设有保护规定，惟此仅属消极的排除权能，无权占有人亦享有之。在积极方面，占有人对占有物并无使用收益的权能，与所有权或其他物权（尤其是用益物权）之具有一定的支配归属内容不同。因此须占有人基于某种权利而享有积极的权能时，其占有始能强化为"民法"第 184 条第 1 项前段所称的权利。[4] 所谓某种权利，指租赁、买受人受领标的物但迄未受其所有权，及其他得作为占有基础的契约（债权）而言。[5] 另外一种理论构成系认为受保护的客体不是占有本身，而是得为占有的债权（obligatorisches Recht zum Besitz）。[6] 上开二说理论构造虽有不同，但基本上均认为占有系事实，债权仅具相对性，二者的结合使占有成为受保护的权利。

在台湾地区实务上，在对有物权基础的占有加以侵害时，多以该物权（如所有权或质权）作为被侵害的权利。[7] 在有债权基础的占有被侵害的情形，有以"占有"作为被侵害的权利，此系对有权占有的保护。亦有径

---

[1] 关于占有的基本问题，参见拙著：《民法物权》（第二版），北京大学出版社 2010 年版，第 409 页。

[2] 关于"民法"第 184 条第 2 项（违反保护他人之法律）的适用，参见本书第 344 页。

[3] 采肯定说者有史尚宽：《债法总论》，第 130 页；孙森焱：《民法债编总论》，第 211 页，采否定说者有郑玉波（陈荣隆修订）：《民法债编总论》，第 171 页、第 175 页。综合深入的论述，参见苏永钦：《侵害占有的侵权责任》，载《民法经济法论文集》（一），第 143 页。

[4] 在比较法上具有启示性的是，日本民法明定占有为一种权利（第 180 条），但学说上仍认为无本权或主张本权惟不能立证的单纯占有，除《日本民法典》第 189 条规定（善意之占有人，取得由占有物所生之孳息）的可能性外，就占有权自体的侵害无主张不法行为赔偿请求权余地，参见〔日〕几代通：《不法行为法》，第 66 页。

[5] 较详细的讨论，参见拙著：《侵害占有之侵权责任与损害赔偿》，载《民法学说与判例研究》（第三册），北京大学出版社 2009 年版，第 172 页；Medicus, Besitzschutz durch Ansprüche auf Schadensersatz, AcP 165 (1965), 117.

[6] Larenz/Canaris, Schuldrecht II/2, S. 396.

[7] 参见"最高法院"1964 年台上字第 1610 号判决。

以该债权(如租赁权)作为被侵害的权利①,此可解为系对"得为占有之债权"的侵害。诸此见解,均有其理论上依据,可值赞同。关于"占有"本身被侵害,"最高法院"1982 年台上字第 3748 号判决谓:"占有固为事实,并非权利,但究属财产之法益,民法第 960 条至第 962 条且设有保护规定,侵害之,即属违反法律保护他人之规定,侵权行为之违法性非不具备,自应成立侵权行为。至占有人对该占有物有无所有权即非所问。"②在此判决,"最高法院"似认"占有本身"非属"民法"第 184 条第 1 项前段的"权利",而适用"民法"第 184 条第 2 项,此项见解可资赞同。

三、期待权

期待权,指取得某种权利的先行地位,受法律保护而具有权利性质。期待权(尤其是物上期待权)亦属"民法"第 184 条第 1 项前段所称权利,兹举实务上最重要的附条件买卖(保留所有权买卖)买受人的期待权为例加以说明。③

甲向乙购买汽车,约定价金一百万,分期付款,在价金全部清偿前,乙保留所有权(参照"动产担保交易法"第 26 条)。在此情形,甲与乙间的买卖契约完全有效,移转所有权的物权行为附停止条件,在条件成就前,乙仍为该车所有人,甲则取得具有物权性质的期待权。在价金完全清偿前(如支付至第六期),若该车被丙毁损、窃盗或无权处分而由受让人善意取得其所有权时,则谁(甲或乙)得向丙请求损害赔偿,或丙应向谁(甲或乙)为给付?④

此项问题涉及保留所有权人(出卖人)与期待权人(买受人)的利益,而有不同见解:有人认为应依价金支付的比例,由保留所有权人及期待权

---

① 参见"最高法院"1968 年台上字第 558 号判决。

② 关于本件判决的评释,参见苏永钦:《侵害占有的侵权责任》,载《民法经济法论文集》(一),第 143 页。

③ 关于期待权及买受人期待权的基本问题,参见拙著:《附条件买卖买受人之期待权》,载《民法学说与判例研究》(第七册),北京大学出版社 2009 年版,第 177 页;拙著:《民法总则》,北京大学出版社 2009 年版,第 406 页。刘得宽:《分期付款买卖之法律上效力——以所有权保留买卖为中心》,载《民法诸问题与新展望》,第 1 页以下。

④ 保留所有权人、期待权人与第三人的关系尚涉及与不当得利及占有恢复请求权的竞合,在此难以评述,简要的说明,参见 Müller-Laube, Die Konkurrenz zwischen Eigentümer und Anwartschaftsberechtigten um die Drittschutzansprüche, JuS 1993, 529.

人分别向加害人请求损害赔偿;有人认为期待权人得请求全部损害赔偿,因其仍应对保留所有权人的出卖人支付价金。此两种解决方法皆有其理论上的依据,惟前者未完全顾及期待权人仍负有支付价金的义务,后者于期待权人不履行支付价金义务时,不利于保留所有权人。为兼顾双方当事人利益,较合乎事理的解决方法系类推适用"民法"第293条关于不可分债权的规定,使保留所有权人及期待权人仅得为其全体请求给付,而加害人亦仅得向其全体为给付。①

第五款 知识产权

试综合比较说明侵害商标权、专利权、著作权及电路布局权的要件及法律效果。

知识产权(智能财产权、知识产权、智能权),指以智能创作为内容的权利,包括著作权、专利权、商标专用权及电路布局权。此四者均系享有一定利益的排他权,属"民法"第184条第1项前段所称权利。关于此等权利的取得、变动及消灭,尤其是保护标的及要件,"著作权法""专利法""商标法"及"集成电路电路布局保护法"设有规定,为民法的特别法,未规定者,适用民法之规定。② 知识产权随着社会变迁、经济成长及科技进步,成为极为专门的法律领域,非本书所能详述,兹简要加以说明:

著作权指因著作完成所生之著作人格权及著作财产权。著作人格权指以著作人对于自己著作所有的人格、精神利益为内容的权利("著作权法"第15条以下)。侵害著作人格权的,如购买名家裸体艺术作品作为地下脱衣舞场的广告看版。著作财产权,指以著作物之财产上利益为内容的权利,包括重制、公开口述等九种权利("著作权法"第22条以下),侵害著作财产权最常见的是抄袭,即剽窃他人著作当作自己的创作。③

① 参见 Baur/Stürner, Sachenrecht (16 Aufl. , 1992), S. 658;拙著:《附条件买卖买受人之期待权》,载《民法学说与判例研究》(第一册),北京大学出版社2009年版,第177页。

② 例如关于损害赔偿请求权的消灭时效,"专利法"第84条第5项设有规定,相当于"民法"第197条第1项,惟其他法律未设规定,应适用"民法"第197条。关于"民法"第197条第2项规定的适用,参见蔡明诚:《发明专利法研究》,载《台大法学丛书》103,第237页。

③ 关于著作权的专门著作,参见萧雄淋:《新"著作权法"逐条释义》(一)(二)(三)(1993年—1996年);罗明通:《著作权法论》,1997年版;谢铭洋等:《著作权法解读》,1992年版;施文高:《比较著作权法制》,1993年版。

"专利法"规定发明、新型及新式样三种专利权,对发明专利权详设规定,而准用于其他二者。发明专利权指以专有制造、贩卖、使用或进口其发明为内容的权利(参阅第56条)。专利保护范围是申请专利的核心问题。2003年2月6日新修正公布"专利法"第56条第3项规定:"发明专利权范围,以说明书所载之申请专利范围为准。于解释申请专利范围时,并得审酌发明说明及图式。"对专利的侵害亦应以此为判断基准。关于侵害类型,"专利法"未设规定,有待于参酌国内外判例学说,建立诸如直接侵害、诱引侵害或补助侵害(帮助侵害)的侵害类型,以利法律适用。①

商标权指以商品、服务、证明、团体标章、物品标记之专用为内容的权利,以广告成果为保护标的,以特别显著性为其保护要件。关于商标专用权的侵害,系以有无混同之虞作为判断标准。"最高法院"1960年台上字第2627号判例谓:"上诉人曾经申请注册之'可利痛'商标,其名称中'利痛'二字,与业经核准被上诉人公司注册之第6448号'散利痛'商标名称主要部分'利痛'二字既属相同,而其英文商标Coridon与Saridon后五个字母完全相同,字型亦相若,此二商标极相近似,其'龙头图'形商标与'虎头图'形商标之布局形状亦属相似,尤其装盒图样文字排列构造均相仿效,如将两造所用之商标在异地隔离观察,均有足以引起混同误认之虞,自在不应准许之列。"此项原则于商标专用权的侵害亦应适用。有无混淆之虞,应就商品整个销售管道及实际市场运作情形加以认定。一般人施以普通注意,即可辨识二者的异同,不构成混淆,自不待言。② 真假商品的消费者及市场,泾渭分明,或两公司的产品并存使用多年,早已在消费者心目中建立其品牌形象及市场地位时,则难认为有混同误认之虞。

1995年制定的"集成电路电路布局保护法"规定,"电路布局权",为

---

① 参见黄文仪:《申请专利范围与专利侵害判断》,1994年版;蔡明诚:《发明专利法研究》,第175页以下。实务上重要案例,参见"最高法院"1985年台上字第972号判决:"专利权受侵害时,专利权人得请求赔偿损害,为'专利法'第81条所明定。原判决既认定被上诉人赖某为被上诉人中○塑料有限公司及第一审共同被告中○工业股份有限公司之负责人,以各该公司名义仿照上诉人已取得专利之'免刀塑胶带',亦即有侵害上诉人专利权之行为。依一般经验法则,此仿造专利品之行为,不惟侵害专利权人之商誉,更因而减少专利权人在同一时地贩卖专利品获利之机会。原判决竟谓不能因此认为上诉人受有损害。其立论殊有可议,亦与一般经验法则有违。"

② 参见"最高法院"1932年上字第1073号判例。

最近权利化的智慧财产。电路布局指集成电路上之电子组件及接续此组件之导线的平面或立体设计。此项权利应具备的要件有二:(1) 由于创作人之智慧努力而非抄袭之设计。(2) 在创作时就集成电路产业及电路布局设计者而言,非属平凡普通或习知者(第 16 条)。电路布局非经登记,不得主张本法保护(第 15 条),未经电路布局人同意,而复制电路布局之一部分或全部;或为商业目的的输入、散布电路布局或含该电路布局之集成电路,即构成对其权利的侵害(第 17 条)。

关于侵害知识产权的救济,基于知识产权的共通性,各相关法律设有若干共同规定[①]:(1) 不作为请求权,即权利人对于侵害其权利者,得请求排除之,有侵害之虞者,得请求防止之。此种请求权以加害行为具有违法性为要件,不以故意或过失为必要。(2) 侵权行为的成立,均以故意或过失为要件,采过失责任主义。数人共同不法侵害者,连带负损害赔偿责任。(3) 关于损害赔偿的请求设有多种方式,得依"民法"第 216 条规定请求所受损害;或依侵害人因侵权行为所得利益。(4) 侵害行为如属故意,法院得依情节酌定一定范围的赔偿额。(5) 被害人得请求加害人负担费用将判决书内容全部或一部分登载于新闻报纸、杂志。

第六款　社　员　权

社员权,指基于社员地位所生各种权利的总体,包括参与社团营运的共益权及利益分配等的私益权,公司的股份亦属一种社员权。社员权系"民法"第 184 条第 1 项前段所称"权利"。问题在于如何认定社员权的保护范围。侵害社员权的主要情形,例如无正当理由开除社员;非法拍卖他人的股份,致剥夺其社员的地位;以藏匿开会通知等方式妨害社员权的行使。至于毁损社团财产,减少其价值,则不构成对社员权的侵害,盖此项财产既不为个别社员所有,非属社员权的归属内容,不在保护范围。[②]

---

① 参见"著作权法"第 84 至 90 条;"集成电路电路布局保护法"第 29 至 34 条;"专利法"第 96 至 103 条;"商标法"第 61、66 至 71 条。务请细阅上开条文,确实比较其异同,并探究其理由、要件,简要说明参见蔡明诚:《发明专利法研究》,第 19 页(页30),此涉及各种权利的发生、性质及保护。

② Larenz/Canaris, Schuldrecht II/2, S. 394; Karsten Schmidt, Die Mitgliedschaft als Grundlage von Schadensersatzansprüchen; Reuter, Die Mitgliedschaft als sonstiges Recht im Sinne des § 823 I BGB, in: Festschrift für Lange, S. 707; Habersack, Die Mitgliedschaft-subjektives und sonstiges Recht (1996).

第七款　债　权

"民法"第184条第1项前段所称权利是否包括债权？在下列情形,债权人得否主张债务人或第三人侵害其债权,应负侵权责任:(1) 债务人给付迟延。(2) 甲承租乙的房屋,甲因过失(轻过失或重大过失)引发火灾致该屋毁损时,乙得否向甲请求损害赔偿？(3) 第三人毁损买卖标的物致债务人给付不能。(4) 丙明知甲出卖某屋给乙,仍以高价自甲购买该屋,受让其所有权。

债权,指基于债之关系一方当事人(债权人)得向他方当事人(债务人)请求给付的权利。所谓债之关系,包括契约、无因管理、不当得利及侵权行为等。关于侵害债权是否构成侵权行为,主要是针对契约而言。兹分债务不履行及侵害他人债权两种情形加以说明。

一、债务不履行

(一) 债务不履行与侵权行为

债务不履行指未依债的本旨而为债务的履行,如给付不能、给付迟延或不完全给付。债务不履行本身得否构成侵权行为？对此问题,实务上有两个判例,可资参照。"最高法院"1954年台上字第639号判例谓:"给付迟延与侵权行为,性质上虽属相同,但因债务人之迟延行为侵害债权,在民法上既有特别规定,自无关于侵权行为规定之适用。"又1954年台上字第752号判例谓:"侵权行为,即不法侵害他人权利之行为,属于所谓违法行为之一种。债务不履行,为债务人侵害债权之行为,性质上虽亦属侵权行为,但法律另有关于债务不履行之规定。故关于侵权行为之规定,于债务不履行不适用之。"

此两则判例的结论,应值赞同,若债务不履行本身皆得成立侵权行为,民法关于债务不履行的规定将失其规范功能。"最高法院"所以认为债务不履行为侵权行为的特别法,系以"债权"属"民法"184条第1项前段所称"权利"为前提。本书则认为此项权利原则上并不包括债权在内(详见下文),故债务不履行本身(如上开判例所指的给付迟延),并不构成对债权的侵害,原无关于侵权行为规定的适用。惟债务不履行(尤其是不完全给付)侵害债权人的人格权或财产权时,则应成立侵权行为,而与契约责任发生竞合关系。

（二）"民法"第434条关于承租人失火责任与侵权行为

"最高法院"2007年台上字第1456号判决谓:"按租赁物因承租人失火而毁损者,以承租人有重大过失为限,始对出租人负损害赔偿责任,民法第434条定有明文。而民法上所谓重大过失,系指显然欠缺普通人应尽之注意而言。系争火灾系因江○祥在房间内使用电暖器,其后在客厅用餐时,仍继续使用电暖器达十分钟之久,造成电力短路而引起,为原审认定之事实。果尔,江○祥并无不当使用电暖器之行为,仅系未注意电暖器是否用电量大不宜久用,能否谓其显然欠缺普通人之注意,尚非无疑。原审就此未详加研求,遽认其就系争火灾之发生有重大过失,已嫌速断。次查,债务不履行为债务人侵害债权之行为,性质上虽亦属侵权行为,但法律既另有债务不履行为债务人侵害债权之行为,性质上虽亦属侵权行为,但法律既另有债务不履行,并非当然适用。原审谓江○祥于系争火灾之发生,有重大过失,上诉人依民法第224条规定,应负同一责任。既认为上诉人应负债务不履行之责任,乃又谓被上诉人得依民法第184条第1项前段规定请求赔偿,不无可议。"关于本件判决,应说明的有两点:

（1）承租人因重大过失致租赁物毁损,系侵害出租人的所有物,应成立侵权行为,已如上述,其情形犹如医生因医疗疏误致病患身体健康受侵害,而应负侵权责任。

（2）在此情形,虽得成立侵权行为责任与不完全给付的债务不履行责任,但为贯彻保护承租人的立法意旨,承租人仅于有重大过失时,始负侵权责任。（请求权相互影响说,参阅"最高法院"1988年11月1日,1988年度第19次民事庭会议决议(二.)研究报告）。

二、侵害他人债权

（一）"民法"第184条第1项前段所称权利是否包括债权?

第三人侵害债权时,在何种情形构成侵权行为,其关键问题在于"民法"第184条第1项前段所称权利是否包括债权。关于此点,原则上应采否定说,其理由有二:

（1）债权系属相对权,存在于当事人间,债权人对于给付标的物或债务人的给付行为并无支配力;更重要的是,债权不具所谓典型的社会公开性,第三人难以知悉,同一个债务人的债权人有时甚多,加害人的责任将无限扩大,不合社会生活上损害合理分配原则。此并涉及债务人的意思自由及社会经济生活的竞争,应作限制的解释。

(2)"民法"第184条第1项后段规定,故意以悖于善良风俗之方法加损害于他人者,应负赔偿责任,此可作为侵害债权的规范基础,运用灵活,足以发挥保护债权的效能。

(二) 类型分析

1. 因第三人行为致债务人不能履行对债权人的给付义务

第三人的行为致债务人不能履行对债权人的给付义务,如甲侵害乙出卖给丙的标的物,致给付不能。于此情形,"最高法院"1983年台上字第599号判决谓:"买卖标的物经第三人侵害之结果,出卖人依民法第225条第1项之规定免给付义务者,买受人非不得依侵权行为之法则,径向该第三人请求赔偿所受损害。"所谓"侵权行为之法则"若指"民法"第184条第1项前段,则难赞同。其理由有二:

(1) 合理限制侵权责任的必要,如甲撞毁乙运送买卖标的物的货车,而其买受人之人数众多时,甲实难负担赔偿每一个买受人因其债权被侵害所生的损害。

(2) 在给付不能的情形,买受人得免对待给付义务(第266条),或得主张代偿请求权(第225条第2项),在契约法上有适当的救济方法。准上所述,甲驾车撞伤乙歌星无论出于故意或过失,亦不问债权是否因而消灭,就乙的债权人(歌厅、演唱会主办机构、经理人、唱片行等)因其给付目的未获实现所受的不利益,甲均不负赔偿责任。甲之行为须系出于故意以悖于善良风俗方法加损害于乙之债权人时,始依"民法"第184条第1项后段负赔偿责任。①

---

① "最高法院"1969年台上字第1504号判决谓:"按债权具不可侵性,依故意或过失侵害他人之债权者,固应负侵权行为上之责任,但此以第三人之行为对债权之存续或其法律上效力有直接影响者为限。例如第三人以侵害他人之债权之意思,毁灭其特定之标的物件时,或故意对债务人之身体加以拘束使其不能为债权标的之特定给付时等是。"此项判决要旨结论上可资赞同,但如何适用"民法"第184条第1项前段或后段之规定,未臻明确。

2．二重买卖

甲出卖某屋给乙,并交付该屋给乙,其后丙再向甲买该屋,并受让其所有权。在此情形,不论丙是否知悉甲、乙间的买卖契约,均无"民法"第184 条第 1 项前段的适用,其主要理由系基于经济的自由竞争,发挥物之效用。须注意的是,在上开情形,丙既已因登记而取得其所有权,自得向乙主张所有物返还请求权。至于丙是否故意以悖于善良风俗之方法加损害于乙,应就个案加以认定。①

3．诱使债务人违约

诱使债务人违约(干扰他人契约关系)系侵害他人债权的重要类型,例如甲使乙终止其与丙的雇佣契约或不与丙续约。② 如前所述,"债权"非属"民法"第 184 条第 1 项前段所称"权利",故其侵害行为纵出于"故意",仍无本段规定的适用,尚须系"悖于善良风俗"加损害于债权人,始有同条后段规定的适用。医生劝告受雇于矿场的病患中止工作,父母迫使子女脱离特殊行业,均不符此项要件。出高价使人违约跳槽亦然。盖此涉及劳动市场经济的自由竞争,且被害人(债权人)得依契约法获得救济。惟若高价唆使某科学家离职,旨在破坏其雇主的重要研究计划,或为报私怨唆使房东终止租赁契约,逼使承租人搬家,则得构成故意以悖于善良风俗方法加损害于他人。

4．债权归属之侵害

关于侵害他人债权,原则上应不适用"民法"第 184 条第 1 项前段规定,已详上述。学者有主张侵害债权归属时,应例外地认为系侵害"民法"第 184 条第 1 项前段所称的"权利"。例如甲对乙有价金债权,让与丙,乙于接获债权让与通知前,仍向甲为给付,甲受领之,致丙之债权因而

---

① 关于"二重买卖",参见拙著:《民法学说与判例研究》(第四册),北京大学出版社 2009 年版,第 114 页。

② 在英美法上无债权的概念,但有干扰契约关系(interference with contractual relations,或 inducement of breach of contract)的侵权行为(tort),系以故意(intention)为要件,确立于 Lumley v. Gye 案(1853, 118 E. R. 749)。本件原告在伦敦经营 Queen's Theater 与有名女歌剧家 Johana Wagner 订有某季节演唱契约,被告诱使 Wagner 氏违约而为其演出。法院肯定此种故意干扰契约关系成立不法侵权行为。关于其后发展,参见 Winfield and Jolowicz, Tort, 1996, p. 517(英国法);J. G. Fleming, The Law of Torts, p. 688(澳大利亚法);Prosser/Keeton, Torts, p. 978(美国法)。

消灭(第297条第1项)。于此情形,丙得否依"民法"第184条第1项前段规定向甲请求损害赔偿? 对此问题,台湾地区学者均持肯定说。[1] 德国通说采否定的见解,坚持债权系相对权的立场,强调债权与其归属不能分离,并认为在上举之例,若甲具有过失时,亦应负侵权责任,显将稀释民法保护债务人之目的,何况丙得本于原因关系向甲主张不当得利请求权,无认定侵害债权归属的必要。[2] 少数有力说则认为,债权作为一种财产客体,归属于债权人,具有一定归属内容及排他功能,应受保护,惟被侵害的不是债权的归属,而是债权本身。[3] 此项见解可供参考。

第四节　损　　害

(1) 甲酒醉驾车撞伤骑机车之乙,乙受重伤,精神痛苦,机车半毁。住院期间支出医疗费,收入减少,家中财物被盗。试说明乙受有何种损害,得否请求损害赔偿,如何赔偿?

(2) 甲受乙诈欺出卖某件古物,价金若干。甲于撤销权除斥期间经过后,得否向乙主张侵权行为损害赔偿,要求恢复原状? 乙得否抗辩甲获有请求价金之债权,其财产总额并未因此减少,未受有损害,不成立侵权行为?

一、损害:侵权行为损害赔偿请求权的成立要件

侵权行为的成立须以侵害他人权益为要件("民法"第184条第1项前段、后段、第2项)。[4] 侵权行为损害赔偿请求权,以受有实际损害为要

---

① 参见史尚宽:《债法总论》,第136页;郑玉波(陈荣隆修订):《民法债编总论》,第173页;孙森焱:《民法债编总论》,第214页。其构成侵害债权归属的,尚包括非债权人而以债权准占有人(第310条)或收据之持有人(第309条第2项)之方式受领清偿,致债权因而消灭。

② Medicus, Bürgerliches Recht, S. 442.

③ Larenz/Canaris, Schuldrecht II/2, S. 397.

④ 在英国法上若干侵权行为(Tort)的成立,不必证明受有损害,即可诉请损害赔偿(injuria sine dammo, actionable per se),例如擅自散步于他人土地(tresspass to land)。于此情形,法院通常判给数镑微少的赔偿,宣告原告的权利(declaration of right),警告被告及其他之人不得侵犯(参见 Williams and Hippel, Foundations of the Law of Tort, p.56)。在台湾地区现行法上若无损害,虽不成立侵权行为,但碍于主张不作为请求权(第767条)。

件,若无损害,则无赔偿。① 至赔偿的数额,自应视其实际所受损害之程度以定其标准,如实际确已受有损害,而其数额不能为确切的证明时,法院自可依其调查所得斟酌情形加以判断。② 故侵权行为损害赔偿之诉讼,法院认原告有赔偿请求权存在,及命被告赔偿损害之判决,如未于判决理由项下,记载原告受有如何损害之意见者,即属"民事诉讼法"第 469 条第 6 款所谓判决不备理由("最高法院"1959 年台上字第 680 号判例)。

须注意的是,赔偿权利人除有损害赔偿请求权外,同时享有对于第三人之请求权时,此乃权利之竞合,其损害赔偿请求权所具"受有损害"之要件,不能因此认有欠缺("最高法院"1969 年台上字第 1296 号判例)。例如甲有某陶壶寄托于乙处,因乙疏于保管,被丙毁损。甲依"民法"第 184 条第 1 项前段规定向丙请求损害赔偿时,丙不得主张甲对乙有契约债务不履行损害赔偿请求权,故未受有损害,不负赔偿责任。原告就现实损害的发生须为主张,于被告有争执时,须负举证责任。

二、损害的赔偿

"民法"第 184 条第 1 项前段所称损害包括财产上损害及非财产上损

---

① 参见"最高法院"1930 年上字第 363 号判例。"最高法院"1996 年台上字第 736 号判决:"抵押权系以确保债权之清偿为目的,而设定之担保物权,如故意以价值不实之担保物换取高额贷款,使贷与人取得不能确保其实现之债权,且于就担保物实行抵押权后,债权实际仅获得一部分清偿,能否谓贷与人未受有损害,殊非无疑。""最高法院"2009 年台上字第 1516 号判决:"按损害赔偿之债,以实际上受有损害为成立要件,倘无损害,即不发生赔偿问题;被害人实际上有否受损害,应视其财产总额有无减少而定。而银行与活期储蓄存款间,乃属金钱寄托关系,依民法第 603 条之规定受寄人之银行无返还原物之义务,仅须返还同一数额,该寄托物之利益及危险于该物交付时移转予受寄人,存款户得随时请求返还寄托物。活期储蓄存款倘确系为第三人所冒领,该银行仅得对该冒领人为损害赔偿之请求,不得以第三人冒领之事由,主张已生清偿效力,则受损害者乃为银行,存款户对银行仍非不得行使寄托物返还请求权,不能谓其权利已受侵害。"

② "最高法院"1997 年台上字第 416 号判决:"因故意或过失,侵害他人之权利者,应负损害赔偿责任。至赔偿之数额,自应视其实际所受损害之程度以定其标准,如实际确已受有损害,而其数额不能为确切之证明者,法院自可依其调查所得,斟酌情形为之判断(本院 1929 年上字第 2746 号判例参照)。若上诉人每日须做馒头销售,而其配偶仅系协同为之,则上诉人受伤住院或治疗期间,自不能再做馒头销售,即实际受有损害。而其数额纵不能为确切之证明者,法院非不得依其调查所得,斟酌情形为之判断。"参见"最高法院"1983 年台上字第 3986 号判决(溢流污水致养殖鱼死亡案)。

害。财产上损害指损害得以金钱加以计算，如医疗费支出、抚养费用、营业收入减少、物之价值减损或修缮费用等。非财产上损害指损害不能以金钱衡量的精神或肉体痛苦而言。被害人有仅受财产上损害的，如汽车被碰伤；有仅受非财产上损害的，如一方配偶与第三人通奸，他方配偶深受精神上折磨。侵害他人的身体健康时，如毁人脸容，通常同时发生上揭两种损害，被害人得并为请求。被侵害的，无论为财产权或非财产权皆可发生财产上损害或非财产上损害，被害人均得请求恢复原状（第213条以下）。惟关于非财产损害，以法律有特别规定者为限（第18条第2项、第194条、195条等），始得请求相当金额的赔偿（慰抚金）。①

三、因受诈欺而为买卖与侵权行为

关于侵权行为损害赔偿请求权须以现实损害发生为要件，实务上有一个具有启示性的重要案例，可资参照。1974年4月9日"最高法院"民庭庭推总会议提出一则法律问题：因受诈欺而订立买卖契约并已交货，未收到价金，此际出卖人能否以被诈欺受害为由，请求损害赔偿？或因侵权行为之损害赔偿请求权消灭时效已完成而请求返还不当得利？总会决议（二）采甲说："因受诈欺而为之买卖，在经依法撤销前，并非无效之法律行为，出卖人交付货物而获有请求给付价金之债权，如其财产总额并未因此减少，即无受损害之可言，即不能主张买受人成立侵权行为而对之请求损害赔偿或依不当得利之法则而对之请求返还所受之利益。"②其后1978年11月14日第13次民庭庭推总会议为澄清疑义，再作成一项决定："所谓'因受诈欺而为之买卖，在经依法撤销前，并非无效之法律行为，出卖人交付货物而获有请求给付价金之债权，如其财产总额并未因此减少，即无

---

① 关于慰抚金，参见拙著：《慰抚金》，载《民法学说与判例研究》（第二册），北京大学出版社2009年版，第176页。

② 乙说谓："按诈欺系属侵权行为，出卖人既因受诈欺而交货，显然受有损害，自得依侵权行为之法则，请求损害赔偿，并于此项损害赔偿请求权消灭时效完成后，请求返还不当得利。虽受诈欺而为之买卖，非无效之法律行为，出卖人之价金请求权依然存在。然仅系请求权之竞合，出卖人（债权人）可择一行使，不能因价金请求权依然存在，即谓出卖人不得请求损害赔偿或返还不当得利。"

受损害之可言,即不能主张买受人成立侵权行为而对之请求损害赔偿……'旨在阐明侵权行为以实际受有损害为其成立要件。非谓类此事件,在经依法撤销前,当事人纵已受有实际损害,亦不得依侵权行为法则请求损害赔偿。"①

"最高法院"1978 年度的民庭庭推总会议决定可资赞同。诈欺系施诈术于他人的意思决定,应构成侵权行为(第 184 条第 1 项后段),其损害赔偿请求权得与该得撤销的法律行为(如买卖)并存,此于撤销权罹于除斥期间(第 93 条)时具有实益。基于损害赔偿恢复原状的原则,被害人得请求加害人废除契约以免除其契约上的义务,倘能证明未受诈欺时得以更佳的条件缔结买卖契约时,得并为请求赔偿,例如买受人证明得以较低的价格买受标的物时,得请求出卖人返还其超过部分的价金。

四、侵权行为法与损害赔偿法

侵权行为法旨在填补因侵权行为而发生的损害,其所讨论系以侵害行为的成立要件为重点(第 184 条以下)。关于损害赔偿所涉及的损害概念(如差额说)、损害的种类(财产损害及非财产损害)、损害赔偿的方法(恢复原状及金钱赔偿)及损害赔偿的范围(损益相抵及与有过失)等,乃侵害行为的法律效果。"民法"关于损害赔偿设有一般规定(第 213 条至第 216 条),适用于所有损害赔偿(包括契约责任、缔约上过失、无因管理等),并就侵权行为设有特别规定(第 192 条至第 198 条)。侵权行为法与损害赔偿法密切相关,但在法学研究上通常分为两个领域,本书系以侵权行为的成立为重点,关于损害赔偿,预定另著专书加以论述。为有助于通盘了解,将其基本问题,简要图示如下:

---

① 拙著:《意思表示之诈欺与侵权行为》,载《民法学说与判例研究》(第二册),北京大学出版社 2009 年版,第 147 页。相关问题,参见"最高法院"2006 年台上字第 2409 号判决:"损害赔偿之债,以实际上受有损害为成立要件,倘无损害,即不发生赔偿问题;被害人实际上有否受损害,应视其财产总额有无减少而定。查原审既认定被上诉人就系争土地部分已撤销承买之意思表示,即属自始无效,及香蕉树部分之拍卖无效,则被上诉人依法得请求出卖人即债务人陈○吉返还价金,因而对之取得债权,其财产额并未因此减少,于其证明就系争价金追偿无效果前,似难认已受有实际损害。"

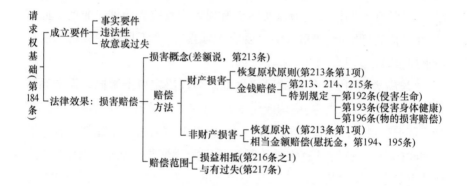

第五节 因果关系

第一款 问题、比较法及思考模式

一、问题提出及比较法

(1) 甲有货轮,停留于乙所经营的码头六百米外,因过失,泄漏原油,覆盖于海面,污染了该码头。该码头正进行焊接工作,工人的焊接铁片飞下码头,引燃棉花废弃物,使货轮所泄浮油燃烧,焚毁原告码头(货轮漏油案)。

(2) 在某火车月台,旅客某丙在火车开动之际,跳上火车。火车站管理员甲协助该旅客上车,推拉之际,旅客的行李掉落,该行李系以报纸包住,体积甚少,内有火药,外观无从得知。该行李掉落后发生爆炸,月台另一边的物品及磅秤掉落击伤候车的乙(旅客包裹爆炸案)。

(3) 甲驾车撞伤某歌星,致取消演唱会,主办单位乙因而受有损害(歌星受伤演唱会取消案)。

(4) 甲开车过失发生车祸,阻塞道路,有人不耐久等,乃驾车跨过乙门前绿地,肇致绿地受损(道路绿地案)。

前揭四个案例均涉及侵权行为上一个重要困难的问题,即甲的行为与乙的损害之间是否具有因果关系,而成立侵权行为,使甲(或其雇用人)负赔偿责任? (请先思考能否建构某种理论作为判断基准? 前揭案例在台湾地区法上如何处理?)

二、比较法实务案例

(一) 比较法上案例

前揭第一个案例(货轮漏油案)采自英国法上著名的 Wagon Mound(No. 1)。① 在本件判决,英贵族院(House of Lords)变更 Re Polemis 案② 所采直接结果说(direct consequence of conduct),认为此项标准撒了一个 过大的网(net),不能适当限制责任,而改采合理预见说(resonable foreseeability),强调泄油会肇致污染等损害固可预见,水上的油污会着火烧毁码 头,则非可预见,乃判决原告败诉。

第二个案例(旅客包裹爆炸案)系采自美国侵权行为法最著名的 Palsgaf v. Long Island R Co. 案,涉及不可预期的被害人(unexpected victim)。关于本案在过失侵权行为(Negligence)上的定位,有人认为涉及注 意义务范围(scope of the duty of care),有人认为其为因果关系。Cardozo 法官采注意义务范围说,提出了一个常被引用的判决理由:"The conduct of the defendant's guard, if a wrong in its relation to the holder of the package, was not a wrong in its relation to the plaintiff standing far away. Relative to her it was not negligence at all. Nothing in the situation gave notice that the falling package had in it the potency of peril to persons thus removed. "③(被 告的警卫的行为,对于持有行李的旅客纵属伤害行为,对于站在远处的原 告,则非如此,对该原告而言,警卫实无过失。当时情况难以使人知道,掉 落的包里竟有危害远在他处旅客的能量。)④

---

① Wagon Mound (NO. 1) [1961] AC 3880, Wagon Mound 系货轮的名称,之所以称为(NO. 1) 因为就该事故尚有第二个判决 Wagon Mound (NO. 2) 1967, AC 617。关于本件判决的详细讨 论,参见 Markesinis/Deakin, Tort Law p. 206.

② Re Polemis [1921] KB 560, CA.

③ Palsgraf v. Long Island R. Co. 162 N. E. 1928. 本件判决的评论汗牛充栋,参见 Franklin/Rabin/Green, Tort Law and Alternative, p. 425; Prosser, Palsgraf Revisited, 52 Mich. L. Rev. (1953). 在 Palsgraf 案未涉及被害人得否向携带包裹的旅客,请求损害赔偿的问题。

④ 本件诉讼过程中,Cardozo 法官(纽约州上诉法院首席法官)及 Andrews 法官不同意见的 形成过程甚具启示性,参见 Andrew L. Kaufman 所著 Cardozo 传记,张守东译,《卡多佐》,法律出 版社 2001 年版,第 291—317 页(该书具高度可读性)。

第三个案例(歌星受伤演唱会取消案),系采自法国法院判决。①《法国民法》第1382条规定因过失(faute)侵害他人的,应负损害赔偿,并不区别所侵害的权益。法国实务采明确及直接因果关系(certain et directe),以认定何种损害应予赔偿,具控制保护客体及范围的功能。在通常情形,法国实务多从宽认定,例如某电车公司因车祸交通阻塞致电车受阻不能营业而受损失,具有直接因果关系,得请求损害赔偿。② 但在前揭歌星因车祸取消演唱会案,法院则认为主办单位所受损失非属直接,不得请求损害赔偿。

第四个案例(道路绿地案)系采自德国联邦最高法院判决(BGHZ 58,162)。在本件,第一审及第二审均肯定相当因果关系判决原告胜诉。第三审联邦法院改判原告败诉,强调依传统的相当因果关系说,固得认定车祸与不耐心车辆驾驶人跨越行人道及绿地具有因果关系,但依法规目的说(Zweck der Norm)而作评价,被害人所受损害应不在保护范围之内(详见后文)。

(二) 分析说明③

关于因果关系各国法律多未规定,系由法院实务创造不同的概念或理论,以界定行为人就其行为所生损害,应予负责的范围,体现不同的法律文化及思考方法。最为宽广的是法国法上的直接说;最为传统的是英国法的预见说;最为精致的是德国法的因果关系说及法规目的论,有认为因为因果关系在某程度测度着法律人的抽象思考方法,因此纵无此一问题,德国学者也会创造出一些学说以展现他们的分析能力。④ 应综合说明的有三点:

(1) 各种判断基准(学说理论)均具抽象性及不明确,系供思考方法之用,并非在于提供确定的答案。

(2) 因果关系的认定具有法政策上的考虑,乃在判断具体案件上的公平合理。英美及德国法院的判决较常作法政策的说明。其考虑的因素

---

① Civ. 2e 14 Novemben 1958, Gag. Pal. 1955, 1, 31. (引自 van Dam, European Tort Law, p. 279.)

② Civ. 28 Aprie 1965, D1965, 777, Comm . Ermein(引自 Van Dam, European Tort Law, p. 278.)

③ 比较法分析整理,参见 Van Dam, European Tort Law, pp. 266-300.

④ Lawson/Markesinis, Tortious Liability, p. 106.

包括:加害人的故意或过失,加害行为出于故意的,原则上应就所生损害负责。① 所受侵害的法益究为生命身体健康或纯粹经济上损失,在前者常作较宽广的认定。总体言之,因果关系的认定倾向于保护被害人,例如在所谓的 eggshell skull(蛋壳头盖骨)等案例,行为人纵不知被害人有特殊的体质(如心脏病、白血病),仍不免于应负赔偿责任(A tortfeasor takes his victim as he finds him)。

(3) 在通常情形,因果关系的认定多不发生问题,例如故意伤害、毁损名誉、车祸案件。实务上的案例则多具争议性,学说上乃创设各种理论,提供分析的工具,期能有助于在个案作公平合理的判断。②

三、思考模式的再构成

"民法"第 184 条第 1 项前段规定:"因故意或过失不法侵害他人之权利者,负损害赔偿责任。"由此可知,侵权行为的成立,须权利系"因"加害人的行为而受侵害,而损害系"因"权利受侵害而发生。如前所述,侵权行为法上的因果关系,是最困扰法院与学者的问题③,值得说的已说过许多次,而不值得说的更说得不少。④ 研究方法上最要注意的是把握其思考方法,建立理论架构,并借此分析实务上的重要案例。所谓思考方法及理论架构所指的有二:

(1) 区别"责任成立因果关系"及"责任范围因果关系"。

(2) 就通说所采相当因果关系更明确地区别"条件关系"和"相当

---

① BGHZ79,259,262。英国法上 Quinn v. Leathem[1901] AC495,537:"(the)intention to injure the plaintiff disposes of any question of remoteness."

② 德国法上的因果关系理论最为丰富,参见 Kötz/Wagner, Deliktsrecht, S. 77 以下说明及所附资料。英美法上最重要的著作是 Hart 与 Honore 合著的 Causation in The Law (2nd ed. 1985),此为英语世界的经典巨著(中文本,张绍谦、孙战国译,《法律中的因果关系》,中国政法大学出版社 2005 年版)。关于比较法在分析实务上案例的运用,参阅陈聪富:《因果关系与损害赔偿》,2004 年版,该书收集 4 篇论文,均值参考,特别是《存活机会丧失之损害赔偿》,第 197 页。关此问题另参见 Mäsch, Chance und Schaden (2004); Taupitz, Propor-tionalhaftung zur Lösung von Kausalitätsproblem—insbesondere in der Arzthaftung, in: Fertschrift für Claus-Wilhelm Canaris zum 70. Geburtstag, Band I (2007), S. 1231.

③ J. G. Fleming, Law of Torts, p. 192:"Causation has plagued courts and scholars more than any other topic in the law of torts".

④ Prosser, 38 California Law Review (1950) 369:"Everything worth saying on the subject has been said many times, as well as a great deal more that was not worth saying". 该书关于因果关系部分的论述虽有 50 余页,但多在重复他人已说过的见解,并说了更多不值得说的话。

性"两个判断层次。

第二款　责任成立的因果关系与责任范围的因果关系

　　甲驾车不慎,撞到乙,乙受重伤住院,支出医药费;住院期间,家中财物被盗,丧失订约的机会,受有损失,因医院火灾,致受伤害,又因手术发现脑瘤,乃提早退休。试就此例说明如何认定甲应否对乙所受损害负赔偿责任?

一、学说与判例

　　关于侵权行为法上的因果关系,台湾地区学者有人认为系存在于加害行为与损害之间,郑玉波谓:"因果关系者乃加害行为与损害之间,有前因后果之牵连是也。"①孙森焱更进一步认为:"侵权行为的因果关系可分:(1)加害行为与损害发生之间的因果关系;(2)加害行为与损害赔偿范围之间的因果关系。"②值得注意的是,实务上对此两种因果关系采统一的思考模式,即:"损害赔偿之债,以有损害之发生及有责原因之事实,并二者之间有相当因果关系为其成立要件。"("最高法院"1941年上字第18号判例。)兹举二则实例加以说明:

　　(1)"最高法院"1987年台上字第158号判决(追撞车祸,乘客跳落桥下伤亡案)③谓:"侵权行为之债,固须损害之发生与侵权行为间有相当因果关系始能成立,惟所谓相当因果关系,系以行为人之行为所造成的客观存在事实,为观察的基础,并就此客观存在事实,依吾人智识经验判断,通常均有发生同样损害结果之可能者,该行为人之行为与损害之间,即有因果关系。原审既认定陈荣辉驾驶小客车,擦撞前车后,引起连环追撞,并因起火燃烧,相继波及中兴号大客车等三车,中兴号大客车旅客下车后,又见火势猛烈,惟恐车身爆炸,遂将桥缝误为安全岛纷纷跳下而造成伤亡。则依此项客观存在之事实观察,如车身爆炸而不及时走避,其造成之伤亡将更为惨重,且当时又系夜晚,更易引起慌乱,在此紧急情况之下,欲求旅客保持冷静,安然离开现场,殆无可能,故依吾人一般智识经验,上

---

① 郑玉波(陈荣隆修订):《民法债编总论》,第177页。
② 孙森焱:《民法债编总论》,第233页。
③ 参见《"最高法院"民、刑事裁判选辑》第8卷第1期,第30页。

述旅客在慌乱中跳落桥下伤亡,是否与陈荣辉驾车追撞而造成之上开车祸,无相当因果关系,非无研究余地。"本件判决旨在阐释所谓相当因果关系,就其案例事实言,乃在审究旅客跳落桥下"伤亡"(权利受侵害)与陈荣辉驾车追撞的"行为"间是否具有因果关系。

(2)"司法院"院字第1662号解释(被盗失牛,悬红寻觅案):"侵权行为之赔偿责任,以加害人之故意或过失与损害有因果联络者为限,问及所称事主被盗失牛,悬红寻觅,此项花红如有必要,即不能谓无因果联络,至其数额是否相当,则属于事实问题。"本件解释的重点,不在于被害人"牛只被盗"(所有权受侵害)与加害人故意或过失之"行为"间的因果关系,而是在于审究被害人为寻牛而支出的"花红"的损害,是否"因"加害人的"故意或过失"而发生,而应予赔偿。

由上述两例可知,实务上对被害人的权利是否受侵害,及被害人因权益被侵害所受损害得否请求赔偿,均以"侵害行为"与"损害"之间是否具有相当因果关系,作为判断基准。

二、两种因果关系的区别

关于侵权行为法上的因果关系,本书将其分为两种:一为责任成立的因果关系;二为责任范围的因果关系。[①]

责任成立的因果关系(Haftungsbegründende Kausalität),指可归责的行为与权利受侵害之间具有因果关系,如乙之"死亡"是否"因"遭甲下毒;乙之"身体受侵害"是否"因"食用甲公司制造的汽水;乙之"堕胎流产"是否"因"目睹甲撞死其爱犬等。责任范围的因果关系(Haftungsausfüllende Kausalität,责任填补因果关系),指"权利受侵害"与"损害"之间的因果关系,例如甲驾车撞伤乙,乙支出医药费,住院期间感染传染病,家中财物被盗时,其须探究的是,乙支出医药费,住院期间感染传染病,或家中财物被盗等"损害"与"其身体健康被侵害"之间是否具有因果关系。

关于上揭本书所采见解,应再强调的有二:(1)责任成立因果关系所欲认定的是,"权利"受侵害是否因其原因事实(加害行为)而发生,因权

---

① 此为德国法上的通说,参见 Deutsch/Ahrens, Deliktsrecht, 5. Aufl. (Köln 2009), S. 48, 613f; Kötz/Wagner, Deliktsrecht, S 209 ff.; Larenz/Canaris, Schuldrecht II/2, S. 353.

利被侵害而发生的损害,应否予以赔偿,系属责任范围因果关系的范围。
(2)责任范围因果关系所要认定的不是"损害"与"其原因事实"(加害行为)的因果关系,而是"损害"与"权利受侵害"间的因果关系,易言之,即因权利受侵害而生的损害,何者应归由加害人负赔偿责任的问题。兹再就上揭车祸之例而言,责任成立因果关系所要探究的是,被害人身体健康受侵害(跳河受伤),是否"因"加害人追撞造成车祸所发生。责任范围因果关系所探究的是,被害人支出医药费,收入减少,住院期间家中财物被盗等损害是否因其身体健康被侵害所致,而得请求损害赔偿。

责任成立因果关系与责任范围因果关系的区辨,可供认识二者的体系地位及功能。责任成立因果关系属于事实要件(Tatbestand),侵权行为是否成立,尚须受违法性及有责性(故意或过失)要件的规范。在"最高法院"1967年台上字第3080号判决,某甲为货车司机某乙的助手,甲于停车装货期间卧于车下轮间。装货完毕后,乙未候齐工人,遽而开车,致甲死亡。甲父诉请赔偿。"最高法院"判决谓:以故意或过失之侵权行为,致使他人权利受有损害,且其行为与损害二者之间具有直接之因果关系,为其构成要件。原判决既谓甲于停车装货时卧于车轮之间,为乙所不得知,亦即无从注意,则甲之辗伤轮下而致死,即非出于乙驾驶之过失,至谓乙如候齐工人始行开车,即不致发生甲死亡之车祸,惟甲如非卧于轮间,亦只是将其遗留装货现场,未必辗死轮下,是乙未候齐工人而开车之疏忽,与甲之死亡,似无直接因果关系。关于本件判决应注意者有三:

(1)因果关系及过失虽均系侵权行为的成立要件,但其规范阶层不同,应予区别。

(2)就思考层次言,应先检查因果关系,盖此属事实要件(Tatbestand)。

(3)将因果关系分为直接与间接,其区别标准尚有疑问。在本件甲之死亡,与乙之开车,存有因果关系,加害人有无过失,乃另一问题。①

---

① 关于因果关系与故意或过失之区别,"最高法院"1995年台再字第9号判决谓:"行为人就其行为须有故意或过失,以及该行为与损害间须有相当因果关系,虽均系侵权行为成立要件之一,但其领域各不相同,殊不能以加害人就其行为有故意或过失,遽认该行为与损害间有相当因果关系。申言之,行为人之行为虽有故意或过失,但其行为与损害间如无相当因果关系,仍不能课以侵权行为之责任。"

三、因果关系的构造

责任成立因果关系与责任范围因果关系是建立在侵权行为法区别事实要件(Tatbestand)、违法性及有责任(故意过失)之上,提供了一个判断何种损害应归由行为人负责的思考方法,兹以车祸为例,将其基本思考架构,图示如下:

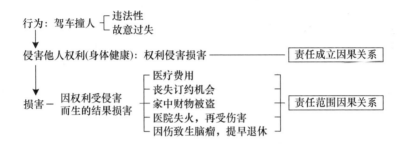

侵害行为(驾车撞人)与侵害他人权利(身体健康)之间的责任成立因果关系,又可称是初始侵害(Ersrtverlezung,侵害权利损害)。侵害他人权利所生的损害应否赔偿,乃属责任范围因果关系又可称为结果侵害(Folgeverletzung,结果损害)。加害人是否有过失系针对"初始侵害"并不及于"结果侵害",此等侵害,应否赔偿,系依因果关系加以认定。例如甲伤害乙的脚部,乙回家后因脚伤自楼梯掉落,脑部受伤,甲对"脑"受伤,虽无过失,仍应负责,盖所涉及的非属所谓"一般生活上的风险"(allgemeines Lebensrisiko),乃是伤害他人脚部特别危险的实现。①

在前揭车祸案件,其责任成立因果关系(相当因果关系)足堪认定。关于责任范围的认定,医疗费用与身体健康所侵害具有因果关系(相当因果关系),应予赔偿;其他损害项目,均不具因果关系(相当因果关系),不应归于行为人负责,相关问题将于下文再作说明。

四、因果关系理论及其在具体案件的涵摄适用:"最高法院"两个关于无照驾驶肇事致伤害判决的分析

因果关系系侵权行为法理论及实务的核心问题。最近"最高法院"

① Larenz/Canaris, Schuldrecht II/2, S. 353.

两个关于无照驾驶肇事的判决有助于更深刻认识"最高法院"如何建构因果关系理论,并将其涵摄适用于具体案件,因具法学方法上的意义,特作较详细的说明。

(一)责任成立因果关系

在"最高法院"2012年台上字第443号判决,黄○杰超速驾车违反交通规则自后方撞及邱○彬之机车,致搭乘邱○彬机车、未戴安全帽的上诉人头部发生伤害。上诉人(被害人)主张如邱○彬不让其搭载或无照驾车,伊亦不致头部受伤,邱○国将其机车出借邱○彬驾驶,应成立共同侵权行为。"最高法院"谓:"按侵权行为之债,固以有侵权之行为及损害之发生,并二者间有相当因果关系为其成立要件(即'责任成立之相当因果关系')。惟相当因果关系乃由'条件关系'及'相当性'所构成,必先肯定'条件关系'后,再判断该条件之'相当性',始得谓有相当因果关系,该'相当性'之审认,必以行为人之行为所造成之客观存在事实,为观察之基础,并就此客观存在事实,依吾人智识经验判断,通常均有发生同样损害结果之可能者,始足称之;若侵权之行为与损害之发生间,仅止于'条件关系'或'事实上因果关系',而不具'相当性'者,仍难谓该行为有'责任成立之相当因果关系'。"据此判断基准,"最高法院"认为:"上诉人头部受伤发生损害,系因黄○杰超速行驶等违反交通规则之过失行为,自左后方撞及邱○彬之机车发生车祸所致,二者间有相当因果关系,邱○彬于车祸之发生无从防免,既为原审所确定之事实,且车祸之发生,非因邱○彬无照或未让上诉人戴安全帽而予驾驶所致,邱○彬违反交通法规之行为,按诸一般情形,未必发生车祸受伤之结果,邱○彬之骑车搭载行为,与上诉人所受伤害,揆诸上揭趣旨并参照本院1934年上字第107号暨1944年上字第769号判例意旨,即不得谓有相当因果关系,亦难成立侵权行为责任。"

"最高法院"前揭判决最值得重视的是,提出了责任成立因果关系这个重要的概念。本书一再强调因果关系应分为责任成立因果关系及责任范围因果关系,"最高法院"采用责任成立因果关系,是思考方法的突破。但须说明的是,应更明确的认识责任成立因果关系系存在于侵权的行为(驾车)及权利受侵害(头部受伤)之间。其因头部受伤(身体健康)受侵害而发生的结果损害(如支出医药费等),则为责任范围因果关系。

(二)因果关系与过失

在"最高法院"2009年台上字第1921号判决,陈○文原领有职业大货车执照,其后因逾期审验被注销。上诉人将系争大货车出卖给陈○文,陈○文驾车发生车祸,致被上诉人(被害人)受伤。被害人以过失侵权行为向上诉人请求损害赔偿。"最高法院"谓:"按损害赔偿之债,以有损害之发生及有责任原因之事实,并二者之间,有相当因果关系为成立要件。又所谓相当因果关系,系指依经验法则,综合行为当时所存在之一切事实,为客观之事后审查,认为在一般情形上,有此环境,有此行为之同一条件,均发生同一之结果者,则行为与结果始可谓有相当之因果关系。反之,若在一般情形上,有此同一条件存在,而依客观之审查,认为不必皆发生此结果者,则该条件与结果并不相当,不过为偶然之事实而已,其行为与结果间即难认相当因果关系。"据此判断基准,"最高法院"认为:"上诉人将系争大货车出卖并交付陈○文时,陈○文虽无职业大货车驾驶执照,但其之前已考取职业大货车驾驶执照,其购买系争大货车后,亦驾驶该车载运钢材营业长达七年,足认其并非无驾驶大货车之技术。若此具体情事,陈○文虽属无照(职业大货车驾驶执照)驾驶系争大货车,终非无技术驾驶而必然会发生车祸肇事,与任意交由未曾考取驾驶大货车执照者驾驶之情形毕竟不同,原审以上诉人出售并交付系争大货车予无职业大货车驾驶执照陈○文,即谓其有过失而应负侵权行为责任,已属可议。其次,陈○文于上揭时地驾驶系争大货车肇事,似非其无照驾驶技术不良,而系其一时疏于注意致之(被害人周○祥并与有过失),此一时过失之偶然事实,与陈○文已持续驾驶该车长达七年,在一般情形有此同一条件存在,而依客观之审查,是否皆发生此结果? 不无再加研求之余地。而此与上诉人出售、交付系争大货车予陈○文供营业使用之行为,有无相当因果关系之判断,关系颇切,尤待澄清。"

关于本件判决应说明的有三点:

(1)本件判决提出了一个不同于"最高法院"2011年台上字第443号判决的相当因果关系的理论构造。

(2)本件判决未区分责任成立与责任范围因果关系。

(3)值得特别提出的是因果关系与过失。在思考层次上应先判断有无因果关系,再认定有无过失。前者属事实要件,若认定其侵害行为与权利受侵害之间无因果关系,则无讨论有无过失的必要。又过失的判断系针对侵害权利的行为,而不及于因权利受侵害而肇致结果损害问题。

第三款　相当因果关系

第一项　相当因果关系的结构

侵权行为法上的因果关系得分为责任成立因果关系及责任范围因果关系,已如上述。所谓因果关系,通说系采相当因果关系说,"最高法院"1934 年上字第 107 号判例谓:"甲之行为与乙之死亡间,纵有如无甲之行为,乙即不致死亡之关系,而此种行为,按诸一般情形,不适于发生该项结果者,即无相当因果关系。"学说亦采此见解,王伯琦谓:"无此行为,虽必不生此损害,有此行为,通常即足生此种损害者,是为有因果关系。无此行为,必不生此种损害,有此行为,通常亦不生此种损害者,即无因果关系。"①

相当因果关系是由"条件关系"及"相当性"所构成的,故在适用时应区别两个阶段:第一个阶段是审究其条件上的因果关系,如为肯定,再于第二个阶段认定该条件的相当性。台湾地区判例学说亦认知此点,惟未明确加以区分,医疗、公害或商品事故所涉及的,多属条件关系,概括以相当因果关系称之,未能凸显问题的争点。② 英美侵权行为法基本亦采此种两阶段思考方法,分别称为事实上因果关系(factual causation, cause in fact)及法律上原因(legal cause),前者以"but-for"(若无,则不)作为判断标准;后者以 direct(直接),proximate(接近、密切、近因)或 foreseeable(可得预见)作为判断标准。③ 最近日本学者亦将传统的相当因果关系分为

---

① 王伯琦:《民法债编总论》,第 77 页。

② 最近实务见解,参见 2005 年台上字第 2210 号判决,尤其是原审认为:"损害赔偿之债,以有损害之发生及有责任原因之事实,并二者间有相当因果关系为其成立要件。而所谓相当因果关系由'条件关系'与'相当性'所构成,条件关系是采'若无此行为,必不生此种损害',即'若无,则不'为认定,'相当性'系以行为人之行为所造成的客观存在事实,为其观察之基础,并就此客观之事实,依吾人智识经验判断,通常均有发生同样损害结果之可能者,该行为人之行为与损害之间即有因果关系。"

③ 英国法,参见 Markesinis/Deakin, Tort Law, pp. 163 f. ;澳大利亚法,参见 Trindade/Cane, Law of Torts in Australia, p. 447. ;美国法,参见 Franklin/Rabin/Green, Tort Law and Alternative, p. 401;R. W. Wright, Causation in Tort Law, 73 California Law Review pp. 1737-1828 (1985). 潘维大:《美国侵权行为法对因果关系之认定》,载《东吴法律学报》第 7 卷第 2 期,第 1 页。关于大陆法与英美法的比较分析,参见 Honoré, Causation and Remoteness of Damage, Ch. 7 in Tunc (ed.). International Encyclopedia of Comparative Law (1983), VI (Tort Law).

条件的因果关系(事实的因果关系)及相当的因果关系(保护范围)①,可供参照。

据上所述,相当因果关系的构造可分为"条件关系"及"相当性"两个组成部分,在分别论述以前,应说明的是所谓"条件关系"并非仅在观察自然的、机器的、无价值事物的发生过程,仍含有一定程度的规范性判断,故径以事实上因果关系称之,是否妥当,容有疑问。至于"相当性"则属于价值判断,具有法律上归责的机能,旨在合理地移转或分散因侵权行为而生的损害。②

第二项 条 件 关 系

一、意义及功能

侵权行为的成立,须侵害行为与权利受侵害之间,具有不可欠缺的条件关系(conditio sine qua non)。条件关系系采"若无,则不"(but-for)的认定检验方式。台湾地区判例学说所谓"无此行为,必不生此种损害",即指条件的因果关系,举例言之,"若无甲之下毒,乙必不死亡"(作为),若非医生迟不开刀,乙必不死亡(不作为)。"若无,则不"的程序是一种反证规则,旨在认定:"若 A 不存在,B 仍会发生,则 A 非 B 的条件。"德国学说称之为假设的消除程序(hypothetisches Eliminationsverfahren, Hinwegdenken),其功能在于排除与造成某种结果无关的事物,具有过滤的作用。

在条件关系得发生于责任成立及责任范围因果关系,但以责任成立因果关系,较具争议,实务上常见的案例,例如甲不法致乙死亡,乙之父向甲请求赔偿对乙支出的生前抚养费。诚如"最高法院"所云,此种生前支出抚养费,非"因"乙之死亡所致,应无因果关系。③

在英国 Barnett v. Chelsea and Kensington Hospital 案④,原告的遗产管理人认为医生因过失未能诊断原告系砒霜中毒,致其死亡。法院认为医

---

① 参见〔日〕几代通:《不法行为法》,第 116 页。
② 关于刑法上的因果关系,尤其是客观归责理论,参见苏俊雄:《刑法总论Ⅱ:犯罪总论》,第 89 页以下。关于侵权行为法上因果关系的经济分析,参见 Landes and Posner, The Economic Structure of Tort Law, pp. 228-255; Cooter and Ulen, Law and Economics, pp. 265-267.
③ 参见"最高法院"1951 年台上字第 1388 号、1954 年台上字第 920 号判决。
④ 〔1969〕1 QB 428; Markesinis/Deakin, Tort Law, p. 167.

生纵为正确的诊断,因原告病情严重,亦不能救治,故医生误诊与原告死亡之间并无因果关系。可与此案比较对照的,是"最高法院"1988年台上字第1876号判决。本件被上诉人开设综合医院,雇杜某为住院医师,对就诊病患知悉其患有心脏病,未为适时处理,致其死亡。"最高法院"判决谓:"医疗纠纷鉴定委员会上述鉴定书固谓:'急性心肌梗死死亡率颇高,虽经适当治疗,亦不一定有存活希望',然非谓急性心肌梗死症患者,纵经适当治疗,概无存活之希望,故如及时适当治疗,仍应有存活之可能。兹杜〇〇延误时间,未为适当治疗,致沈〇〇丧失存活之可能机会,杜〇〇之过失行为与沈〇〇之死亡间,自有相当因果关系存在,上诉人所辩伊之行为,与沈〇〇之死亡,无相当因果关系云云,尚非可采。"

甲驾车追撞某汽车,在桥上起火燃烧,乙跳落河下受伤(权利被侵害),住院支出医药费、收入减少、家中财物被盗、委任律师提出诉讼。在此情形,乙之权利受侵害及因权利受侵害所生损害,均具因果关系,得否成立侵权行为及请求损害赔偿,应再就因果关系的"相当性"加以认定。

二、特殊形态的因果关系

(一) 多数因果关系

一定结果的发生,因单一事实而发生的,其因果关系较易判断。多数原因事实存在,彼此相结合,具有关联时,如何判定其因果关系,分三情形加以说明[1]:

1. 聚合因果关系

甲、乙同时分别对丙下毒,其分量各足致丙死亡。甲乙同时持火把至油库,引起爆破,致丙屋烧毁。在诸此情形,数人中一人的个别行为均足肇致侵害他人权益,学说上称为 kumulative Kausalität(聚合因果关系、累积性的因果关系)。此际若适用"若无、则不"的判断标准,则甲或乙各得主张"若我不下毒,丙仍会死亡,故我的下毒非丙死亡的条件",皆得不负致丙死亡的责任,自非合理,故于此情形,"若无,则不"判断标准的适用应受限制,而认定甲、乙的下毒行为皆属丙死亡的条件。[2]

---

[1]　Deutsch/Ahrens, S. 41 ff. ; J. G. Fleming, Law of Torts, p. 196. ;参见〔日〕滨上则雄:《现代共同不法行为の研究》,信山社1993年版,第56页以下。

[2]　在德国法及英美法均同此见解,参见 Deutsch/Ahrens, S. 60 f. ; Markesinis and Deakin, Tort Law, p. 167.

2. 共同的因果关系

甲、乙对丙下毒,个别的分量,不足致丙死亡,但其共同作用而发生丙死亡的结果。甲、乙两个工厂排泄废水,个别的分量不足致丙养殖的鳟鱼死亡,但共同作用而发生鳟鱼死亡的结果,学说上称为 addierte Kausalität (共同因果关系)。对此问题,"民法"第185条第1项前段规定:"数人共同不法侵害他人之权利者,连带负损害赔偿责任。"依"司法院"例变字第1号,共同侵权行为人间不以有意思联络为必要,数人因过失不法侵害他人之权利,苟各行为人之过失行为均为其所生损害之共同原因,即所谓行为关联共同,亦足成立共同侵权行为。如甲、乙驾车过失共同撞伤路人某丙。惟若各该行为人之行为与损害间无因果关系者,不但其侵权行为无由成立,亦无成立共同侵权行为之余地。①

3. 择一的因果关系

甲、乙狩猎开枪,其中一弹伤害丙,但不知何人所射;甲、乙投掷汽油爆竹,其中之一引起丙屋失火,只是不知何人所投,学说上虽称为 alternative Kausalität(择一的因果关系)②,但实非属因果关系,而系其证明的问题。为保护被害人,减轻举证责任的困难,"民法"第185条第1项后段规定,不能知其中孰为加害人,连带负损害赔偿责任。③

(二) 假设因果关系④

假设因果关系(hypothektische Kausalität)所涉及的案例是,某种损害已因 A 加害行为而发生,然假若无此加害行为,损害的全部或一部分亦

---

① 在"最高法院"1995年台再字第9号判决,再审被告将未依法检验的小货车,交其他人驾驶致发生车祸。"最高法院"判决理由谓:"原确定判决系以本件车祸之发生,肇因于林圣翔驾车行经行人穿越道,未暂停让行人即林胡玉英先行通过,并非由于该小货车之机件因素所致,则该小货车未依规定参加定期检验,既非造成本件车祸之原因,是再审被告未为定期检验该小货车与林圣翔之肇事及林胡玉英之死亡间,即无相当因果关系存在,因认再审被告不负共同侵权行为之责任,再审原告请求再审被告为连带赔偿,不应准许,而为再审原告败诉之判决,要无适用法规显有错误可言。"

② 英美法则称之为 indeterminate cause(不确定因果关系),Markesinis/Deakin, Tort Law, p. 174.

③ 参见美国法上 Summer v. Tice (1948) 33 Cal, 2d 80, 199 P. 2d 1, 亦同此理由结论,可供参照。Prosser, Wade and Schwartz, Torts, Cases and Materials, p. 276.

④ 参见曾世雄:《损害赔偿法上之修补因果关系》,载《法学丛刊》第42期,第93页;陈哲宏:《假设因果关系与损害赔偿》,载《台湾大学法律学研究所1984年度硕士论文》,论述甚详,具参考价值,附外文重要数据,可资参照。

将因另一 B 原因事实而发生,例如甲驾车撞死乙,而医生证明乙罹患绝症,半年内即将死亡。甲毁坏乙所有房屋的落地窗,半小时后发生地震,该屋全毁。[①] 此类情形涉及两个因果关系:一为对损害的发生有事实上原因力的加害行为;二为对损害发生并无事实上原因力,若前一原因不存在时,损害必将因后一原因事实而发生。前者属真正原因,后者可称假设因果关系。假设因果关系对损害的发生既无事实上的原因力,故其问题不在于因果关系,而在于损害的认定或计算。在驾车撞死罹患绝症者的案例,其假设原因系存在于被害人本身,其损害赔偿应依下列原则处理:第三人为死亡者所支出的殡葬费(第 192 条第 1 项)仍得请求;关于抚养费请求权(第 192 条第 2 项)则应参酌抚养义务人可推知的生存期间而为计算;关于父母、子女、配偶的慰抚金(第 194 条),亦应参酌假设因果关系,即请求权人预知被害人短期内即将死亡对其精神痛苦所生程度而为酌定。[②] 在毁坏落地窗案件,假设因果关系则无斟酌必要,盖其系存在于被害客体之外,实际损害过程因加害行为而告结束,属于所谓的直接损害,加害人的赔偿责任不因此而受影响。[③]

三、条件因果关系的认定:案例类型上的观察

关于条件因果关系的认定,实务上形成若干重要类型,兹就车祸事故、劳工职业病、公害、医疗过失及商品缺陷等[④],分述如下:

(一) 车祸事故:车祸与精神分裂症

车祸事故的因果关系多涉及并发症。在"最高法院"1995 年台上字第 2170 号判决,上诉人搭乘台湾客运汽车,司机于行驶中紧急刹车,致其头部受伤,合并发生意识障碍,造成精神分裂症。关于其因果关系,台大医院鉴定略谓:"赖美媛(即上诉人)所患紧张型精神分裂病并非直接由车祸外伤所导致,其于事发前即已呈现精神病之前驱征兆,仅因该事件诱

---

① 关于假设因果关系的各种案例类型及解决方法,参见陈哲宏:《假设因果关系与损害赔偿》。

② 参见陈哲宏:《假设因果关系与损害赔偿》,第 79 页。

③ Fikentscher, Schuldrecht, S. 334;Larenz, Schuldrecht I, S. 335.

④ 因果关系在侵权行为类型上的分析,系初步的尝试,方法论上具有意义,仍待搜集更多的案例,作较深入的分析。

发其潜伏之病态,而呈现出明显之精神分裂病症。……精神分裂病之诱发原因甚多,……车祸外伤可为诱发原因之一,但非必要原因。所谓诱发原因,乃指恰与病患症状明显化或再发之时间相符之任何事件而言,此诱发原因与症状出现之连带关系,无法以科学方法来加以证明。车祸外伤仅为与赖美媛精神分裂病明显化在时间上相符之事件而已,对其病态之影响程度很少。车祸外伤虽有可能对其症状明显化有影响,但如无此次车祸外伤,赖美媛目前之病态亦可能因任何身体、生理、心理、社会压力因素而诱发。""最高法院"据此鉴定认为:"足征因车祸受有外伤,通常并不足以生有精神分裂症之结果,本件车祸与上诉人目前之病态并无相当因果关系。"①此之所谓相当因果关系,系肯定条件关系,但否定其具相当性。

(二) 劳工职业病:工厂粉尘与肺尘症

关于劳工职业病,有两个案例涉及肺尘症。"最高法院"1988年台上字第839号判决谓:"查王〇秀等因违反劳工安全卫生法,业经刑事法院判处刑确定,有刑事判决可稽。劳工安全卫生法系保护他人之法律,王〇秀等既违反该法,依民法第184条第2项规定,推定其有过失。原审谓王〇秀等并无任何过失,不无可议。陈〇福系因肺尘病而死亡,似为两造所不争。倘陈〇福之肺尘病乃因王〇秀等未注意工厂粉尘危害之预防所致,尚难谓陈〇福之死亡,与王〇秀等之行为间无相当因果关系,上诉人不得依侵权行为之法律关系,对被上诉人为本件请求。原审未查明陈〇福之肺尘病,是否因王〇秀等未注意预防工厂粉尘危害所致,遽以前述理由而为上诉人败诉之理由,自嫌速断。"在本件判决应予区别的是条件关系、条件关系的相当性及加害人的过失。

又在另一件涉及肺尘症判决,"最高法院"1988年台上字第479号判决以上诉人曾在其他矿坑工作达十余年之久,早已染有肺尘症,而认为:"上诉人之得有肺尘症而丧失劳动能力,与其受雇于被上诉人担任矿工间,无相当因果关系。"其所涉及的,乃条件关系。

---

① "最高法院"1993年台上字第2161号判决涉及败血症死亡与车祸间的因果关系,可供参照。

（三）公害案件①：排放废气与水稻枯槁

关于公害案件上的因果关系，"最高法院"1981 年台上字第 1005 号判决，可供参考。本件原告 116 人皆为彰化县花坛湾子口一带之农民，主张其所耕作之水稻，系受被告砖窑烧重油所排放之废气所危害，致最严重者，全部枯槁，轻者矮化歉收。因果关系存否，原审法院认为：本件因时过境迁，事实上无从用科学化验方法鉴定，而砖厂燃烧所排放之二氧化硫等废气对农作物而言，必将产生危害，其危害症状与水稻受害特征亦相符，再参酌被告未使用重油前，尚未发生此种现象，水稻离砖窑近者受害较重，远者受害较轻，以及同期稻作未受烟害地区收获正常等情况观之，被上诉人稻作损害与上诉人等使用重油所排放含硫烟气，二者之间确有相当因果关系。……省农林厅等单位实地勘查作成会勘意见，略称砖厂之烟害，包括二氧化硫及煤烟等，而受害之水稻经化验结果，复证实并非土壤病虫害或其他因素所造成，原告所受损害与被告使用重油，二者间确有相当因果关系。被告虽辩称其所排放之废气经环境卫生实验所得之结果，未超过环境空气质量标准，但"测验当时因大部分时间吹南风，烟气吹向山区，致测量结果较平时轻微，不能代表该地区长期之空气质量，自不足以证明稻作受害与被告燃烧重油间无相当因果关系"。②

（四）医疗过失③：关节手术与股神经受伤

此类案例的主要问题在于造成伤害或死亡的原因有多种时，难以认定何者具有因果关系。在"最高法院"1991 年台上字第 533 号判决④，甲医生为乙病患施入换置髋关节手术，发生股神经受伤，经送"行政院卫生署医事审议委员会"二次鉴定及长庚医院鉴定，均认为被害人虽有股神经损伤迹象，但股神经损伤是否直接由手术引起或手术感染形成，无法确定。甲医生曾辩称，外伤性神经瘤，不能断定即为开刀所引起，诸如裂伤、压碎伤、牵引、子弹伤、局部缺血、注射、糖尿病变等，均可能发生。但原审

---

① 参见"最高法院"1963 年台上字第 2851 号判决(葡萄树因煤烟枯萎案件)。参见邱聪智：《论公害之因果关系》，载《宪政时代》第 1 卷第 2 期，第 62 页；黄完全：《公害因果关系之研究》，载《文化大学 1991 年度硕士论文》；日本学者石川明：《公害诉讼因果关系之证明》，陈荣宗译，载《法学丛刊》第 114 期，第 123 页。

② 相关案例参见王昱之：《公害民事损害赔偿责任之研究——美国毒物侵权行为诉讼为中心》，1993 年版。

③ 参见谢炎尧：《药物相关医疗纠纷》，载《律师杂志》第 217 期，第 25 页。

④ 参见《"最高法院"民事裁判书汇编》第 3 期，第 139 页。

认为经查不足采信。"最高法院"则参酌甲医生所呈《美国骨及关节外科医学月刊》的论文等,认上诉人(甲医生)所提主张,"自属重要防御方法,原审并未详加审酌及说明其何以不足采之意见,竟以前揭说词,遽为上诉人不利之判断,而又未说明其所凭之证据,自嫌理由不备,难招折服……"

医疗过失涉及的另一个重要问题是"纵经适当医疗,概无存活希望"的判定。在"最高法院"1988年台上字第1876号判决,值日医生某甲对于医院已接受求诊之急性心脏病患疏于注意,未即亲自诊治,导致心肺衰竭死亡。医疗纠纷鉴定委员会鉴定书谓:"急性心肌梗死死亡率颇高,虽经适当治疗,亦不一定有存活希望。""最高法院"则认为:"然非谓急性心肌梗死症患者,纵经适当治疗,概无存活之希望,故如及时适当治疗,仍应有存活之可能。兹该医生延误时间,未为适当治疗,致病患丧失存活之可能机会,其过失行为与病患之死亡间,自有相当之因果关系存在。"

(五)商品缺陷:米糠油多氯联苯与皮肤病

因商品缺陷肇致侵害他人之权利而生损害的因果关系,值得提出讨论的是发生于20世纪七八十年代的多氯联苯中毒惨案。起先病例不多,以为是青春痘,后来情况严重,患者的鼻子、牙龈、指甲及背部都冒出异色素沉淀,并且经常疲倦、四肢无力及视力减退等现象,更可怕的是整个家族都罹患此症,姊妹有人生出皮肤黝黑的婴儿,经过锲而不舍的追踪,并延请美日专家协助,长期检验后,始确知被害人所食用的米糠油含有多氯联苯。①

(六)综合分析

据上述实务案例类型的整理,应说明的有三点:

(1)上开案例均属责任成立因果关系,多为条件关系的问题,"最高法院"认为其有相当因果关系的,系肯定其有条件关系与相当性。"最高法院"认定其无相当因果关系的,究系无条件关系,抑欠缺相当性,未臻明确。因此在论证上应分别说明有无条件关系,及该条件关系有无相当性。

(2)条件因果关系的探究,须借助专业鉴定,应由法院依经验法则综合所有证据加以认定,从多数的事由中认定何者系对一定结果应该负责的条件。此乃法之判断,属法律问题,而非事实问题,故得作为上诉第三审的理由。

---

① 参见"最高法院"1991年台上字第636号判决。

（3）诸种案例的因果关系常有不同的认定方法,如在医疗事故采用的统计的因果关系、盖然的因果关系,公害事故则多应用疫学因果关系,从事类型研究,实有必要。①

四、举证责任

(一) 举证责任分配原则

关于因果关系的举证责任的分配问题,"最高法院"在前揭判决多未提及。就一般原则言,应由请求损害赔偿的当事人负举证责任。惟因果关系多涉及科技及证据距离等专业问题,由原告负举证责任,有时不符侵权行为法救济被害人的理念,故合理地减轻举证责任,实有必要。其可资采取的途径,例如学术机关鉴定的利用、表见证据(Anscheinbeweis)的实行、事实上推定及疫学等相关科学的运用。②

关于流行病学因果关系的采用,台湾台北地方法院1994年国字第18号判决,足供参照。本件判决涉及建筑物中存在强烈辐射线与被害人肿瘤、流产、死胎等身体健康受侵害的因果关系。对于因果关系存否之争议,台北地方法院认为:"在辐射受害事件中,欲以此自然科学方法阐明事实性因果关系甚为困难,殆属不可能,日本学说与实务为因应公害事件的举证困难,乃发展优势证据说,事实推定说等盖然性因果关系理论。其见解大都认为在公害事件上,因果关系存否之举证,无须科学严密的检验,只要达到盖然性即为已足,其后并有疫学因果关系之发展。其判断模式即为:某种因素与疾病发生之原因,就疫学上可考虑之若干因素,利用统计学的方法,以'合理之盖然性'为基础,即使无法经由科学严密之实验,亦不能影响该因素之判断。而美国毒物侵权行为诉讼更是采用'增加罹病危险'之标准以资证明损害,换言之,仅须证明被告之行为所增加之危险,已达'医学上合理之确定性'(reasonable medical certainty)即可,无须进一步证明被告行为造成原告目前损害。揆诸上述诸项理论之发展,无非系因传统侵权行为举证责任理论在面临现代各种新型公害事件时,其举证分配结果将造成不符公平正义之现象,而此亦与侵权行为制度追求

---

① 简明的论述,参见〔日〕川井健:《不法行为法》,第107页以下。

② 举证责任的基本问题,参见王甲乙:《举证责任》,载《法学丛刊》第44期,第74页;骆永家:《民事举证责任之研究》,载《法学丛刊》第59期,第57页;雷万来:《论民事之事实认定与举证责任》,1986年版。

衡平原则之理念相悖。是采取前开台湾医界联盟基金会认定之流行病学因果关系,以认定原告之健康确已受损及其与长期辐射暴露间有因果关系,诚属必要。"①

（二）法律规定:推定过失与推定因果关系

关于侵权行为法上的过失,为减轻被害人的举证责任,法律有明定推定过失（第184条第2项,第188条第1项,第191条之1、之2、之3）,亦设有推定因果关系的规定（如"民法"第191条之1规定,其损害非因商品欠缺所致;第191条之3规定,损害非由于其工作或活动或其使用之工具或方法所致）。

值得提出的是《德国环境责任法》（Umwelthaftungsgesetz）第6条第1项规定某件设施（Anlage）依其个案的情状适于损害时,推定其有因果关系（Kausalitätsvermutung）。被害人应证明的有三:（1）特定物质的排放与该设施的经营有关。（2）排放的物质与所生损害具有空间及时间上的关联。（3）排放的物质适于肇致所生损害。② 又《德国遗传科技法》（Genetikgesetz）第34条亦规定,因遗传改变生物体而生的损害,推定其系因遗传科技研究生物体的性质所引起。但证明损害可能因其他生物体而发生时,推定失其效力。德国法上此两项因果关系推定的立法例,可供参考。③

第三项 因果关系的"相当性"④

第一目 概说

一、规范功能

关于侵权行为上的因果关系,首应肯定某一原因事实系某种结果的

---

① 关于流行病学因果关系,参见邱千芳:《流行病学在法律上之应用》,载《东吴大学1995年度硕士论文》;黄蔚纲:《流行病研究中常发生之谬误》,载《公共卫生》第14卷第2期,第207页。

② Hager, NJW 1991, 134; Fikentscher, Schuldrecht, S. 797.

③ 参见陈国义:《民法因果关系之理论、概念及举证责任在德国环境损害赔偿事件的适用及其转变》,载《法学丛刊》第160期,第54页。

④ 参见古振晖:《论相当因果关系之"相当"》,载《月旦法学》第22期,第86页;第23期,第87页;第24期,第88页。本论文系以刑法为重点。

条件,惟此尚不足即令加害人就所生的损害负赔偿责任。为避免因果循环,牵连永无止境,必须确定其界限,而各国或地区所采的判断基准,未尽相同,有采条件说或称等值说(The equivalence theory),有采直接效果说(The direct consequence theory),有采预见说(The foresee-ability theory)等。① 台湾通说系采相当因果关系说(The adequate cause theory, Adaquanztheorie)。②

相当因果关系旨在以条件的"相当性"来合理界限侵权责任的范围。此项理论源自德国,为生理学家 von Kries 氏所创,原在限制刑法上加重结果犯罪的构成要件,亦为民法所采用,并被瑞士、荷兰、希腊、日本等国所继受。③ 关于"相当性"的认定,各国判例学说所采的判断基准宽严不同,但具有一项共识,即相当因果关系不仅是一个技术性的因果关系,更是一种法律政策的工具,乃侵权行为损害赔偿责任归属之法的价值判断。

二、判断基准

(一) 判断基准的认定公式

关于相当因果关系,台湾的判例学说均采同一的认定公式:无此行为,虽必不生此损害,有此行为,通常即足生此种损害者,是为有因果关系。无此行为,必不生此种损害,有此行为通常亦不生此种损害者,即无因果关系。④ 应说明者有三:

(1) 所谓无此行为,虽必不生此损害,系采条件说,用以排除与损害不具因果关系的行为,前已提及,请再参照。

(2) 所谓有此行为,通常足生此种损害,系指因果关系的"相当性",并从积极方面加以界定之。所谓有此行为通常亦不生此种损害,则从消

---

① Lawson/Markenisis, Tortious Liability. pp. 118-126. 对相关学说作有简要说明,可供参考。比较法上较深入的论述,Honore, Causation and Remoteness of Damage, in A. Tunc (ed.), International Encyclopedia of Comparative Law, Ⅵ (Tort Law).

② "最高法院"1986 年台上字第 462 号判决谓:因违反保护他人法律之行为,而应负损害赔偿之责任者,仍须其行为与损害之间有因果关系存在为要件。关于行为与损害间之因果关系,台湾系采相当因果关系说。此观本院 1934 年上字第 107 号、1944 年上字第 769 号、1959 年台上字第 481 号判例至明。

③ 值得提出的是,近年来日本学者避免使用德国法上的相当因果关系说,而以保护范围代之,参见〔日〕几代通:《不法行为法》,第 127 页以下。

④ "最高法院"1934 年上字第 107 号判例;王伯琦:《民法债编总论》,第 77 页;郑玉波(陈荣隆修订):《民法债编总论》,第 178 页。

极方面加以界定,而其目的则在排除"非通常"的条件因果关系。

(3) 因果关系的"相当性"实务上多以"通常足生此种损害"为判断基准。

(二) 通常足生此种损害的判断:主观说与客观说

关于通常足生此种损害的判断,"最高法院"若干判决曾作较详细的说明,1987年台上字第158号判决谓:"按侵权行为之债,固须损害之发生与侵权行为间有相当因果关系始能成立,惟所谓相当因果关系,系以行为人之行为所造成的客观存在事实,为观察的基础,并就此客观存在事实,依吾人智识经验判断,通常均有发生同样损害结果之可能者,该行为人之行为与损害之间,即有因果关系。"又1993年台上字第2161号判决亦谓:"所谓相当因果关系,系以行为人之行为所造成的客观存在事实,为观察的基础,并就此客观存在事实,依吾人智识经验判断,通常均有发生同样损害结果之可能者,该行为人之行为与损害间,即有因果关系。"

关于判断通常性所应考察的范围,有采主观说,以行为当时所认识之事实为基础;有采客观说,以行为时所存在之一切事实及行为后一般人预见可能之事实为基础。有采折中说,以行为当时一般人有认识之事实及行为人特别认识之事实为基础。① 据上开两则判决内容观之,"最高法院"基本上系采客观说。②

(三) 故意侵害行为

应特别提出的是,在故意侵害行为的情形,加害人对于不具相当因果关系的损害,亦应负责,盖加害人对于某通常不足发生之结果,所以不必负责,系因此种结果在其可预见及得控制的事态之外。加害人既有意使发生此种非通常的结果,自无不必负责之理。例如甲放置炸药于某处,因电线走火引燃以致爆炸致乙死亡时,一般情形应认定甲放置炸药与乙被

---

① 参见史尚宽:《债法总论》,第161页。

② 德国通说系采所谓的 objektive nachträgliche Prognose,史尚宽译为客观的后征候说,德国判例常用的公式(Formel)为:Ein Ereignis im Sinne des Zivilrechts ist aber nur kausal, wenn es im allgemeinen und nicht nur unter besonderes eigenartigen, unwahrscheinlichen und nach der gewohnlichen Verlauf der Dinge ausser Betracht zu lassen den Umstande geeignet ist, einen Erfolg der eingetretenen Art herbeizuführen(BGHZ 7, 204; 57, 141)。依此公式,民法上之因果关系指一般适于发生所生类型损害者而言;惟因特殊、未必可能及依通常事态应不考虑的情事所致者,则不在此限。关于德国民法上相当因果关系的简要说明,参见 Kötz/Wagner, Deliktsrecht, S. 76 (Rn. 191) 的批评及讨论,H. Lange/Schiemann, Schadensersatz, S. 74 f., 83 f.

炸身死,不具有因果关系。① 惟甲如明知该处系经常走火,故意放置炸药,致乙于死时,对此不具相当因果关系的损害,自应负责。

三、举证责任

相当因果关系上的"条件关系",原则上应由被害人负举证责任,前已论及。至于"相当性"的举证责任,德国通说认为既采客观认定基准,应归由加害人负担证明该条件关系不具相当性。此项见解可供参考。②

第二目 责任成立上的相当因果关系

责任成立上的相当因果关系,指存在于行为与权利受侵害之间的因果关系。此种因果关系须分两个阶段加以认定,即先肯定条件关系后,再判断其相当性。关于条件关系的部分,前已论及,兹以相当性为重点,除分析台湾地区实务上重要判决外,并介绍比较法上具有启示性的案例。

一、寄放的炸药因电线走电引燃爆炸

在"最高法院"1944 年上字第 769 号判例,上诉人于 1938 年 6 月间,将其与某甲共同贩卖之炸药寄放于某乙开设之洗染店楼上,至 1940 年 8 月 13 日夜间,因该洗染店屋内设置之电线走电,引燃该项炸药,致将住宿于该店之被上诉人胞兄某丙炸死。"最高法院"认为:"纵令上诉人如无寄放炸药之行为某丙不致被炸身死,然寄放之炸药非自行爆炸者,其单纯之寄放行为,按照一般情形,实不适于发生炸死他人之结果,是上诉人之寄放炸药与某丙之被炸身死不得谓有相当之因果关系,被上诉人对于上诉人为赔偿殡葬费、抚养费之请求,无从认为有理由。""最高法院"此项认定可资赞同,无待详论。

---

① "最高法院"1944 年上字第 769 号判例。值得参考的是"最高法院"1996 年台上字第 2254 号判决:"查法官命妨害风化案件之被害人接受法医检查,该被害人并不当然会发生身心严重受创、精神分裂情形。从而,本件上诉人之身心受创、精神分裂与被上诉人之命其接受法医检查,难认有相当因果关系,既无相当因果关系,其对被上诉人自亦无侵权行为损害赔偿请求权。上诉人依侵权行为之规定请求被上诉人赔偿损害,难谓有据。"

② 参见史尚宽:《债法总论》,第 161 页;Fikentscher, Schuldrecht, S. 305.

二、旅客于连环车祸中跳落桥下伤亡

被害人自己的行为在何种情形影响相当因果关系？在前曾再三提及的"最高法院"1987 年台上字第 158 号判决,加害人驾车追撞前行车辆,造成连环车祸,并起火燃烧,被害人下车后,又见火势猛烈,惟恐车身爆炸,遂将桥缝误为安全岛纷纷跳下而造成伤亡。"最高法院"谓:"依此项客观存在之事实观察,如车身爆炸而不及时走避,其造成之伤亡将更为惨重,且当时又系夜晚,更易引起慌乱,在此紧急情况之下,欲求旅客保持冷静,安然离开现场,殆无可能,故依吾人一般智识经验,上述旅客在慌乱中跳落桥下伤亡,是否与陈荣辉驾车追撞而造成之上开车祸,无相当因果关系,非无研究余地。"易言之,被害人虽自己跳落桥下伤亡,加害行为相当性不因此而受影响。至于被害人跳落桥下的行为,对损害的发生是否构成与有过失(第 217 条),系另一问题。

三、堆置的保丽龙因焚烧冥纸引起火灾

在"最高法院"1986 年台上字第 462 号判决,甲将易燃物保丽龙堆置于骑楼,因某乙在楼梯口焚烧冥纸,火苗触及而燃烧,致上诉人下楼逃生时,被火灼伤。"最高法院"谓:"查被上诉人堆置之保丽龙,因高女焚烧冥纸之火苗触及而燃烧,为原审所确定之事实。堆置之保丽龙,既非自行燃烧,而单纯堆置保丽龙之行为,按照一般情形,实不适于发生燃烧致人死伤之结果。是被上诉人之堆置保丽龙,与上诉人之损害,不得谓有相当因果关系。"在本件,被上诉人甲在骑楼堆置保丽龙与乙焚烧冥纸,均属导致上诉人身体灼伤的条件,惟"最高法院"否认堆置保丽龙与上诉人的灼伤具有"相当"因果关系。

四、诬指他人窃取杂志致司法警察查扣杂志

在"最高法院"1994 年台上字第 2261 号判决,某甲向检察官诬告某乙窃取其杂志,而司法警察为扣押的处置,致乙遭受损害。原审认为:上开杂志之遭扣押,乃司法警察侦办前揭窃案时,认有扣押之必要,依职权所为,非被上诉人所能左右,虽被上诉人自承有意促使司法警察为扣押之处置,然对司法警察并无任何拘束力,不必然产生上开杂志被扣押之结果,故上开杂志之被扣押,与被上诉人之行为间,并无相当因果关系。是

上开杂志纵属上诉人所有,上诉人亦不得请求被上诉人赔偿该杂志因遭扣押致未能实时出售或无法出售所受价差损害 1 880 070 元,及被扣押杂志占用仓库所受相当于租金之损害 11 万元。

"最高法院"判决谓:按行为人故为虚伪之陈述,使司法机关为犯罪之追诉,致他人受有损害者,倘系利用司法机关有追诉犯罪之职权,以侵害他人权利,自属侵权行为,不因司法机关系依法追诉犯罪而阻却违法。又损害赔偿之债,固以有损害之发生及有责任原因之事实,两者之间,有相当因果关系为成立要件。惟所谓相当因果关系,系指无此行为,虽必不生此结果,但有此行为,按照一般情形即足生此结果者而言。须无此行为,必不生此结果,有此行为,按照一般情形亦不生此结果,始得谓为无相当因果关系。查检察官、司法警察官或司法警察侦办窃盗罪嫌,按照一般情形对于赃物均予以查扣,以为犯罪证据之用。被上诉人具状向检察官诬指上诉人窃取杂志,请求转令警方追赃,并向警察局提出失窃报告,被上诉人之行为与司法警察之查扣杂志,二者之间能否谓无相当因果关系,尚待推敲。原审以司法警察或司法警察官侦办上诉人所涉窃案扣押系争杂志,系依职权为之,非被上诉人所能左右,即谓两者之间无相当因果关系,难谓允洽。

在本件,"最高法院"认为,公权力的介入不影响诬告窃盗与查扣杂志侵害他人所有权间的相当因果关系,应值赞同。惟需注意的是,在强制执行之案例,如执行法院所为强制执行的方法不当,致侵害债务人的权利时,与债权人的声请强制执行,则无相当因果关系,盖强制执行应依法定程序为之,执行法院为违法的执行,应由执行法院自负其责。①

五、被害人的特殊性质

甲与乙因停车争吵,发生严重冲突。甲执木棍击乙头部,致乙成为植物人,甲得否不知乙天生为蛋壳头盖骨,而不必负责;或不知乙为巨富企业家而减少赔偿责任?

（一）蛋壳头盖骨的被害人

被害人的特殊体质对因果关系的成立不生影响,加害人不得主张被

---

① 参见孙森焱:《民法债编总论》,第 234 页。

害人患有严重心脏病、血友病、药物过敏、如蛋壳般的头盖骨,而不负侵权责任。[①] 此项"蛋壳头盖骨"(Eggskull)理论,是比较法上的共通见解,在台湾地区实务上迄未见其例,但亦应采之,盖此旨在保护被害人,属合理之法的判断。惟特殊体质之人,对于此种危险,未为必要的防范时,应认为其对损害的发生与有过失,而有"民法"第217条的适用。

(二)褴褛的百万富豪

常与"蛋壳头盖骨"加以比较的是所谓"褴褛的百万富豪"(shabby millionaire)。[②] 例如机车骑士撞伤某穿着破旧的路人,后来发现其为高所得的专业人士。在此情形,加害人对被害人因伤住院而丧失的巨额收入仍应负赔偿责任;惟损害非因故意或重大过失所致者,如其赔偿致赔偿义务人之生计有重大影响时,法院得减轻其赔偿金额(第218条)。

此种对被害人特殊体质的考虑,于物品所具易受侵害的性质,不能完全适用。因为人及物在法益保护的衡量上不能等同齐观,应有所区别。例如甲开车追撞乙车,乙车装运炸药引起爆炸,致该车全毁。按照一般情形及客观的事实,甲的追撞行为实不适于发生此种损害结果,二者之间不具相当因果关系。[③]

六、第三人对侵权行为被害人的救助

(1)甲为救助因火车事故被抛出车外即将坠落桥下的乘客,而失足掉落受伤,得否向火车公司请求损害赔偿?

(2)甲女因运动受伤,乙医师认定左肾受损而摘除,其后发现甲女仅有左肾。甲女之母丙捐肾移植,得否向乙医师请求损害赔偿?

(一)比较法

1. 英美法

值得特别提出讨论的是,英美法上著名的 Rescue 案件,例如甲过失驾车撞到乙,丙对乙施以救助,为丁驾车所撞伤。在此情形,甲对丙应否

---

① 此为比较法上的共识,参见 Van Dam, European Tort Law, p. 229. 关于德国法,参见 H. Lange/Schiemann, Schadensersatz, S. 129 f.(附有判决资料);英美法,参见 J. G. Fleming, The Law of Torts, p. 204:"Tortfeasor takes his vicitim as he finds him".

② J. G. Fleming, The Law of Torts, p. 206. 并参见 H. Lange/Schiemann, Schadens-ersatz, S. 131.

③ von Caemmerer, DAR 1970, 283; H. Lange/Schiemann, Schadensersatz, S. 133.

负侵权责任? 早期案例采否定说,其主要理由有二:丙自发的介入中断了加害行为的因果关系(novus actus intervenies);丙系自甘冒险(volenti non fit injuria)。20 世纪 20 年代以后,英美的法院废弃了此两项见解,认定加害人(甲)对救助者(丙)负有注意义务(duty of care),而改采肯定说。诚如 Fleming 教授所云,此项问题原为侵权行为法的灰姑娘,但很快转变为大家喜爱的娇儿,成为热烈讨论的课题。①

在美国纽约州 Wagner v. International Railway Company 案②,原告为救助因火车事故被抛出车外落在桥架上的侄儿,因天黑失足掉落而受伤,乃向火车公司请求损害赔偿。Cardozo 法官肯定原告的请求权,其判决理由特别强调:"危险招来救助,痛苦呼唤解困。"成为传诵至今的名言。③在此判决之后,加害人对救助者负有注意义务及赔偿责任,已成为英美侵权行为法的一项基本原则。④

2. 德国法

(1) 一般原则

德国判例学说亦肯定紧急救助案件(Nothilfe falle)上的相当因果关系,如为阻却脱逸之马伤人而致自己受害⑤;为救助乘客逃离失火的公交车而受伤⑥;司机肇造车祸致汽车发生燃烧;某加油站承租人之子为救助司机及乘客而被火灼伤。⑦ 德国通说认为,于诸此情形,救助者除无因管

---

① J. G. Fleming, Law of Torts, p. 170; Goodhart, Rescue and Voluntary Assumption of Risk (1934) 5 Cambridge Law Journal 1920; Linden, Rescuers and Good Samaritans, 34 Modern Law Review 241 (1971).

② 232 N. Y. 176, 133, N. E. 347 (1921). 关于本件判决及其评论,参见 Epstein, Cases and Materials on Torts, p. 512; Franklin/Rabin, Green Tort Law and Alternatives, p. 434; Prosser/Wade/Schwartz, Torts, p. 341 f..

③ "Danger invites rescue. The cry of distress is the summons to relief. The law does not ignore these reactions of the mind in tracing conduct to its consequences…. The risk of rescue, if only it be not wanton, is born of the occasion. The emergency begets the man. The wrongdoer may not have foreseen the coming of a deliverer. He is accountable as if he had. "(危险招致救助,痛苦的呻吟是解脱的召唤。法律在追究行为与其结果的事上,并不忽视人心灵上的各种反应。若非出于恣意,救助所带来的风险乃由事故而生。紧急的状况造成了救难的人。加害人或许未能预见救难者的到来,其亦应视如已为预见而对其行为负责。)

④ 相关案例及其解释适用要件的文献甚多,限于篇幅,非本书所能评论。

⑤ RGZ 50, 219.

⑥ RGZ 164, 125.

⑦ OLG, Stuttgart, NJW 1965, 112.

理的请求权(《德国民法》第677条以下)外,尚得依侵权行为规定请求损害赔偿。[1]

(2)母亲捐肾救女案(BGHZ 101, 215)

具有启示性的是母亲捐肾救女案。在BGHZ 101, 215判决[2],13岁的A女因运动受伤,H医生认定其左肾受伤而摘除之,因发生肾功能病变而转诊于某大学医院。经检查后发现,A女天生仅有左肾。基于医生建议,A女的母亲决定捐肾移植。各审法院认定H医生具有医疗过错,应对A女负侵权行为损害赔偿责任。诉讼的争点在于A女的母亲对H医生得否主张损害赔偿。原审认不成立无因管理,而否定捐肾救A女的母亲有费用支出请求权。关于侵权行为损害赔偿请求权,原审及联邦法院均为肯定。

德国联邦法院强调H医生的过失行为侵害了A女的身体健康,并因此而创造了一种危险状态,致A女的亲人为救助其生命健康而捐肾,而使自己的健康受损,符合侵权行为上"侵害他人权利"的要件。在应由H医生负责的摘肾行为与A的母亲的捐肾间具有因果关系。此项因果关系联络亦不因捐肾系基于捐赠者的自由决定而中断。盖此项决定系为因应医疗过失所创危险状态而生的救助行为,而此种经由心理或精神所媒介的因果关系(psychisch vermittelte Kausalität)亦足以作为责任成立的依据。[3] 捐肾者同意移植肾脏,对从事此项手术的医生固可阻却违法,惟对加害人言,其侵权行为的违法性不因此而受影响。

(二)台湾地区法上的解释适用

如上所述,英美法及德国法均肯定救助他人而致其身体健康受侵害者,得依侵权行为规定向加害人请求损害赔偿。在台湾地区法上亦应采此见解,盖人群共处,共谋团体生活,在侵权行为法上保护急公好义危难相助之人,诚属合理。[4] 至其成立要件应采如下的原则,即:(1)须因加害人故意或过失的行为造成一种危险的状态,惹起救助者介入;(2)因某种危害自己的行为致自己的身体健康受到侵害,与其介入所欲达成的效果须有适当的关联;(3)加害行为与救助者身体健康受侵害间的相当因果

---

① H. Lange/Schiemann, Schadensersatz, S. 134.

② JZ 1988, 150 mit Anmerkung Hans Stoll.

③ Deutsch, Unerlaubte Handlungen, Schadensersatz und Schmerzensgeld, S. 24.

④ 关于无因管理,参见拙著:《债法原理》(第二版),北京大学出版社2013年版,第308页。

关系,不因救助行为系受害人的自发介入而受影响。此种所谓 psychische Kausalität(心理或精神的因果关系)非基于自然规律,难在同一条件下予以重复,仅能依经验法则及几率加以判断,例如甲教唆乙窥探他人隐私;丙故意告诉丁妇其夫遭车祸死亡,致其受惊吓而流产,均足成立此种因果关系。

七、Nervous Shock

甲驾车超速,撞到乙,乙血流如注,甲之父丙、未婚妻丁、路人戊等目睹其事,深受惊吓,精神崩溃,试问丙、丁、戊得否向甲请求损害赔偿? 若肯定得为请求损害赔偿时,应否承担乙的与有过失而受减免的不利益?

(一) 问题说明

甲(加害人)驾车撞倒乙(以下称为受直接侵害对象,第一被害人),丙(被害人,第二被害人)当场目睹此事故,受到惊吓致生精神疾病。此类案例在英国法上称为 nervous shock,在美国法上称为 mental distress、mental harm,在德国法上称为 Schockschaden,已成为比较法上常用的概念,指因受惊吓致精神受侵害(psychiatric injury)者,得否主张侵权行为损害赔偿请求权。[①] 兹再以英国法上著名的 Alcock v. Chief Constable of the South Yorkshire Police 案[②]说明之:在 1989 年英国 Hillsborough 球场举行足球大赛,因警察允许过多观众登上看台,致看台倒塌,有 95 名观众死亡,超过 400 人受伤。原告计 16 人主张在球场或经由电视转播实况看到或听到自己的亲人遭遇灾难,致精神受到震撼导致疾病,而向主管警察局局长请求损害赔偿。由此可知,nervous shock 可能涉及不确定的多数被害人,如何合理的加以规范,涉及法律政策及法律技术,在法学方法上具有意义。

在台湾地区民法,被害人的请求权基础为"民法"第 184 条第 1 项前

---

① 英国法,参见 Markesinis/Deakin, Tort Law, p. 118; Street, Torts, p. 197;美国法,参见 Prosser/Wade/Schwartz, Torts, pp. 450-464;德国法,参见 Eike v. Hippel, NJW 1965, 189; Larenz/Canaris, Schuldrecht II/2, S. 380;比较法,参见 Markesinis/Unberath, The German Law of Torts, p. 109; Karczewski, Die Haftung für Schockschaden (1992);中文资料,参见拙著:《第三人与有过失》,载《民法学说与判例研究》(第一册),北京大学出版社 2009 年版,第 58 页;曾世雄:《非财产上之损害赔偿》,第 71 页;谢哲胜:《第三人精神上损害赔偿之研究》,载《戴东雄教授六秩华诞祝寿论文集》,第 163 页。

② [1991] 4 All ER 907,参见 K. J. Nasir, Nervous Shock and Alcock, Modern Law Review 55 (1992).

段,应具备如下要件:

(1)须加害人对事故的发生有故意或过失,直接受侵害对象(乙)究为死亡或受伤,在所不问。[①]

(2)须被害人的身体健康受到侵害,此主要指精神疾病而言,心脏病发作、孕妇流产并应包括在内,至于一般的痛苦、沮丧、惊恐、情绪不安均不属之。

(3)须加害人的行为与被害人的身体健康受侵害之间具有相当因果关系。[②] 被害人是否受有身体健康的侵害是医学上认定的问题。

相当因果关系为法之判断,乃危险分配及归责问题,其应考虑的因素包括:

(1)被害人(第二被害人)与受侵害对象(第一被害人)的关系,究为父母、子女、配偶、亲友或路人。

(2)被害人与侵害事故在时间或空间的关系,究为事故当场、附近或数日后始获知其事。

(3)导致被害人受侵害的方式,究为目睹、耳闻,由电视、新闻报道得悉,或经他人告知。

(4)加害人的行为究出于故意或过失。

为便于观察,图示如下:

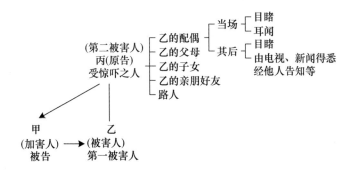

---

① 有认为亦应包括有惊无险的情形,参见 Eike v. Hippel, NJW 1965, 41.

② 在比较法学上值得注意的是,在德国,原则上亦适用因果关系,亦有主张应依法规目的加以处理(Kötz/Wagner, Deliktsrecht, S. 58)。在英美法上则属于过失侵权行为(Negligence)上的注意义务(duty of care)的范畴,Markesinis/Deakin, Tort Law pp. 99-110.

(二) 比较法

在此案例,完全否定或肯定被害人的请求权,均非妥适;盖前者不足保护被害人;后者过分加重行为人的责任,并可能引起虚伪不实的滥诉。因此各国判例学说均致力于探寻合理的判断标准以界定,兹就美国、英国及德国法简要加以说明。

美国各州法院的见解,并不一致,多数州的法院采取三个标准,据以认定被告对原告是否负有注意义务(duty of care),即:(1)原告是否在事故现场(nearness);(2)是否直接、同时目睹耳闻侵害事故(hearness);(3)与受侵害对象是否具有密切关系(dearness)。[1] 在 Thing v. La Chusa 案[2],原告之子遭被告驾车撞倒之际,原告适在车祸近处,并未目睹其事,经人告知后赶到现场,见其子血流如注,昏迷不醒,因受刺激导致精神系统受到伤害,加州最高法院以原告未目睹被告侵害行为及认知其子正遭受侵害为理由,判决原告败诉。

Nervous Shock 是英国侵权行为法上最具争议的问题之一,其见解历经变迁[3],在前述 Alcock v. Chief Constable of the South Yorkshire Police 案(足球场看台倒塌案),英国贵族院 5 位法官采一致见解,认为原告仅于具备下列要件时,始得请求损害赔偿:(1)原告与受直接侵害对象(primary victim)间具有足够的密切关系,即若其知悉侵害事故可预见将遭致精神惊吓而受损害。(2)原告对造成侵害事故或其直接结果,在时间及空间具有足够的密切关系。(3)原告目睹或耳闻侵害事故或其直接结果,致受有精神惊吓。英国贵族院据此判断标准,认为本件原告 16 人,有非当场目睹耳闻侵害事故,有与受侵害对象不具足够的密切关系,其损害赔偿请求权均不成立。

关于 Schockschaden,在德国实务上,原告多为直接受侵害对象的父母或配偶,法院认为不以目睹或耳闻侵害事故为必要,事后知悉而受惊

---

[1] 关于所谓 nearness、hearness 及 dearness 原则的适用及相关案例,参见 Prosser, Wade Schwartz, Torts, pp. 450-464.

[2] 关于本件判决的评论,参见 Prosser/Wade/Schwartz, Torts, pp. 456.

[3] 参见 Salmond/Heuston, Torts, pp. 214-215; Winfield/Jolowicz, Tort, pp. 119-124; Murphy, Negligently inflicted psychiatric harm: A Re-appraisal (1995)15 L. S. 145.

吓,致身体健康受侵害时,亦足成立侵权行为损害赔偿请求权。①

(三)台湾地区法上的解释适用

在台湾地区实务上尚无 nervous shock 的案件,关于相当因果关系的认定,不宜采固定格式化的判断标准。为兼顾被害人的保护及合理限制加害人的责任,应就个案综合前述各项因素加以判定。兹分四点加以说明:

(1)甲违规驾车撞伤乙,丙目睹或耳闻此一事故,受到惊吓致生精神疾病时,若丙是乙的配偶、父母或子女时,通常应认其具相当因果关系。此外,被害人丙与乙具有特别关系,如乙自幼父母双亡,由其祖母丙抚养长大,相依为命时,亦应肯定丙的损害赔偿请求权。若丙是乙的同学或路人时,则通常应不认其具有相当因果关系,盖人群共处,必须忍受意外事故所生的危害,不能令行为人对举世众人皆为负责。

(2)美国法及英国法基本上均要求原告当场或在附近目睹或耳闻侵害事故。此项要件限制过严,在台湾地区法上应不采之,例如在上举车祸之例,若丙是乙的配偶,于接获警察通知后,立即赶赴事故现场或医院,见乙的惨状,因受惊吓,致身体健康受损时,衡诸常情,实难否认甲的行为与丙之受侵害之间具有相当因果关系。

(3)加害人故意使被害人精神受惊吓,致身体健康受损,例如甲在丙的面前强制性交其未婚妻或女友某乙时,纵丙与乙之间并无身份法上的关系,亦应肯定其具相当因果关系,令甲负损害赔偿责任。

(4)被侵害的对象不是人,而是"物"时,因人与物在法律价值上轻重有别,如何认定其相当因果关系,实费考虑。② 甲故意焚毁乙多年撰写小说原稿,乙因目睹其事而受精神侵害,应肯定其相当因果关系,得向甲请求损害赔偿。在过失侵害情形,则应斟酌相关因素严格加以认定。

(四)间接侵害及与有过失

侵权行为可分为直接侵害和间接侵害。直接侵害指由加害人的行为直接侵害他人,例如驾车撞人、毁人名誉。间接侵害指经由第三人或其他

---

① BGHZ 56,163;NJW 1898,2313. 参见 Markerisinis/Unberath, The German Law of Torts, pp.115-144.

② 在美国夏威夷州 Compell v. Animal Quarantine Station 案(63 Haw. 587,632, P.2d 1066 1981),原告经由电话获知其年老的爱犬于前日因被告将其误置于无通风设备的货车,遭日晒死亡,致精神痛苦。法院判决原告胜诉,命被告赔偿一千元。此项判决所采认定标准颇为宽松,在美国法上亦属特例。参见 Markesinis/Unberath, German Law of Torts, p.119.

事由间接对致加损害于他人,例如对母亲输血,感染其后受孕的胎儿;将有缺陷的商品流入市场等。前面所讨论的惊吓案件(Schockschaden、nervous shock)亦属于间接侵害的一种类型,其所涉及的,除因果关系(归责评价)外,尚包括与有过失的问题,即第二被害人(间接被害人)须否承担第一被害人(直接被害人)的与有过失。例如甲驾车撞死乙,乙之妻丙目睹其事,精神崩溃,健康受损而向甲请求损害赔偿时,应否承担乙对车祸发生的与有过失?

　　须先说明的是第一被害人死亡,第二被害人请求殡葬费等损害时("民法"第192条),"最高法院"1984年台再字第182号判例认为:"此项请求权,自理论言,虽系固有的权利,然其权利系基于侵权行为之规定而发生,自不能不负担直接被害人之过失,倘直接被害人于损害之发生或扩大与有过失时,依公平原则,亦应有民法第217条过失相抵规定的适用。"在nervous shock的情形,第二被害人所主张的为独立的请求权,亦系基于侵权行为之规定而发生,依公平原则,亦须承担第一被害人的与有过失,而受减免损害赔偿的不利益。[①]

八、伤害与死亡

(一) 因伤致病,因病致死

　　受伤后因病身死,应视其病是否因伤所引起,如系因伤致病,因病致死,则侵权之行为与死亡之结果即具有相当因果关系,否则如系受伤后因他病而死,自无因果关系可言。依诊断书记载,被害人死亡之直接原因为郁血性心脏病、两侧肋膜积水、肺炎并呼吸衰竭、糖尿病、高血压、老旧下壁心肌梗死等病。若其系受伤后,因久未能痊愈导致身体衰竭引起上开病症而死,则受伤与死亡不能谓无相当因果关系;若其颅内出血,及多处骨折已痊愈,于进行复健中,因宿病或年老体衰感染引起上开病症而死,则受伤与死亡间即无相当因果关系。[②]

(二) 被害人自杀

　　在"最高法院"1956年台上字第520号判决,上诉人之子(或夫或

---

　　① 比较法上基本上亦同此结论,Brüggemeiner, Haftungsrecht, S. 84 f.；Markesinis/Unberath, The German Law of Torts, p. 115 (124)。德国法上的相关判决甚多,足供参阅:RGZ 157, II；BGHZ 56, 163；JZ 1972, 122附有Selb的评释;BGHZ 93, 351.

　　② 参见"最高法院"1997年台上字第1205号判决。

父),被被上诉人因细故殴打成伤,约一个月后自缢身死。上诉人以死者受伤无钱医治羞愤自缢,其死亡与伤害有因果关系,乃对被上诉人提起赔偿慰抚金之诉。"最高法院"谓:"原审就此部分认为刑事判决仅科被上诉人以普通伤害罪,并且诊断书所载陈水共前胸受打扑伤,治疗期间为十日,并无足以致死之情形,而自缢身死系在经过治疗十日以后,难认与伤害有因果关系之存在,而上诉人主张死者自缢之原因又乏相当之证明,因而为维持第一审驳回其诉之判决,洵无不合。"就本件事实言,"最高法院"见解可资赞同。惟被害人于事故后自杀,是否具有因果关系,仍应视所受伤害严重度及精神反应等因素,就个案加以认定。[1]

(三)被害人因医生的医疗过失而死亡

甲过失伤害乙的身体,乙因医生丙的医疗过错而死亡(或遭受重大后遗症伤害)时,甲对此种由第三人丙所造成结果损害应否负责?鉴于伤害他人身体时,医疗行为系属必要,不可避免,故医疗过错非由于医生的重大过失时,加害人对医疗行为伴随的危险仍应负责。[2]

(四)被害人因意外事故而死亡

被害人于住院医疗中因火灾,或感染疾病而死亡时,如何判断其因果关系?在一般情形应认为此属偶发情事,加害人不必负责。若被害人系因受伤行动不便、逃避火灾不及,或因受伤抵抗力减低遭受感染而死亡时,将此结果损害归由加害人负责,亦属合理。

第三目 责任范围上的相当因果关系

责任范围上的"相当"因果关系,旨在认定"某种损害"是否因"权利受侵害"而发生,以决定应归由加害人负赔偿责任。兹就台湾地区实务上重要案例说明如下:

一、悬红寻牛

"司法院"院字第1662号解释:"侵权行为之赔偿责任,以加害人之

---

① 在日本交通事故被害人因伤病及将来的痛苦而自杀之案例甚多,从来的判决例几皆否定交通事故责任与自杀间的相当因果关系,但最近采肯定说者甚多,参见〔日〕几代通:《不法行为法》,第146页(附有详细文献)。德国判例学说亦认,被害人自杀应视其情形,归由加害人负责,参见 H. Lange/Schiemann, Schadesersatz, S. 139.

② 德国通说采此见解,参见 RGZ 102, 230; H. Lange/Schiemann, Schadensersatz, S. 143 f.

故意或过失与损害有因果联络者为限,所称事主被盗失牛,悬红寻觅,此项花红如有必要,即不能谓无因果联络,至其数额是否相当,则属于事实问题。"易言之,必要的悬红寻觅与被盗失牛之间存有相当因果关系。准此以言,母亲因婴儿在医院被他人抱走,而支出的必要悬赏广告或侦探费用,亦得向医院请求损害赔偿。

二、律师费用

关于律师费用得否作为侵权行为所受损害,请求赔偿,"司法院"院字第 205 号谓:"民事诉讼非采用律师诉讼主义。当事人所支出之律师费用,自不在诉讼费用之内。至当事人之旅费及当事人确有不能自为诉讼行为,必须委任人代理之情形所支出之代理人费用,如可认为伸张权利或防御上所必要者,应属诉讼费用之一种,于必要限度内。得令败诉人赔偿。所谓必要限度,依讼争或代理之事件及当事人、代理人之身份定之。当事人如有争执。由法院断定。"[1]

三、伤害诊断书费用

当事人因伤害向医院或医师请求出给诊断书所支出的费用,得否请求损害赔偿,向有争论。"最高法院"1977 年度第 5 次民庭庭推总会议决议认为:"当事人因伤害所支出之诊断书费用,非系因侵权行为所生财产上之损害,不得请求赔偿。"

关于海上货物运送,受货人检验货损情形而委请公证公司检验所支出的公证费用,得否向应负侵权责任的运送人请求赔偿,亦迭生争讼。"最高法院"1977 年度第 6 次民庭庭推总会议决议(二)认为:"海上货物运送,货物有所毁损短缺,受货人为检验货损情形,委请公证公司检验所支出之公证费用,既不因货物之有无损害而有所不同,况系因提供证据而支出,与运送人之未完全履行运送契约或侵权行为,并无相当因果关系,参酌本院 1977 年 6 月 11 日第 5 次民庭庭推总会议决议(二): '当事人因

---

[1] "最高法院"1943 年上字第 3145 号判例:"当事人支出之旅费,并不在现行民事诉讼费用法所定费用之内,自无从认为诉讼费用,如依民法之规定,可认为因他造之侵权行为所受之损害者,得向他造请求赔偿,此项赔偿请求权,不因民事诉讼法定有诉讼费用之负担,及民事诉讼费用法定有诉讼费用之范围而被排除。"须注意的是,"民事诉讼法"第 466 条之 3 第 1 项规定:"第三审律师之酬金为诉讼费用之一部,并应限定其最高限额。"

伤害所支出诊断书费用不得请求赔偿'之决议,保险公司于给付被保险人(即受货人)此项赔偿金额后,自不得代位请求运送人赔偿此项公证费用。"

按伤害诊断书为证明损害程度或范围的必要方法,就行为人侵害身体健康所造成的客观存在事实加以观察,并依吾人智识经验加以判断,应认定均有发生同样损害结果可能,似应肯定"侵害他人身体健康"与"诊断书费用的支出",具有相当因果关系。

四、车祸受伤残废,丧失升迁机会

在"最高法院"1957 年台上字第 1232 号判决,被上诉人为装甲兵少校副营长,依"任官条例"积资 4 年及 6 年,原可自中校而升任上校,现因上诉人之过失受伤成残,已无升任之望。"最高法院"谓:"依任官条例,积资四年及六年,原可升任自中校而上校,现因上诉人之过失受伤成残,自无升任之望。其请求赔偿上项减少之生产费,计中校四年每月以差额新台币七十元计算,合为一万三千四百四十元,按霍夫曼计算法扣除期前利息,应为一万二千零十七元二角,难谓不当。"易言之,被害人不能升任上校所受损害与受伤成残间具有相当因果关系。

五、特别护士看护费、挂号费及看病出租车资

在"最高法院"1990 年台上字第 1809 号判决,被上诉人无照驾驶拼制农耕机,疏于注意将上诉人撞倒,致其骨盆骨折,膀胱破裂,不能人道,受永久残废重伤害,而请求损害赔偿。关于特别护士看护费,原审以上诉人未能就此举证以实其说,故不许之。易言之,若能举证,似可请求。关于挂号费及看病出租车资,"最高法院"认为与上诉人"所受伤害"具有相当因果关系,应值赞同。①

---

① 参见《"最高法院"民事裁判书汇编》第 1 期,第 192 页:"上诉人因被上诉人侵权行为所受伤势不轻,前往该竹围分院为治疗等行为,能否自提引流管搭乘公交车? 如需乘坐出租车来往,因目前出租车少有出具收据之情形,上诉人所提出者,倘能证明往返医院通常所需出租车费金额,即非不得凭以认定增加生活上需要所支出。原审疏未详查审理,遽为上诉人此部分不利之判断,难谓已尽审理之能事。"

第四项　法规目的说与相当因果关系

第一目　法规目的说的意义及机能

相当因果关系说源自德国,惟在德国盛行此项理论已由盛转衰,继之而起的,是所谓的法规目的说。[①] 法规目的说(Schutzzweck der Haftungsnorm,责任规范保护目的;Normzweck,规范目的)强调侵权行为所生损害赔偿责任应探究侵权行为法规之目的而为决定。其理论依据有二:

(1) 行为人就其侵害行为所生的损害应否负责系法律问题,属法之判断,应依法规目的加以认定。

(2) 相当因果关系说的内容抽象不确定,难以合理界限损害赔偿的范围。

法规目的说是由 Rabel 于 30 年代所提出[②],50 年代再经 v. Caemmerer 加以阐述发挥,而成为德国通说。[③] 尚有争论的是法规目的说与相当因果关系说的适用关系[④]:有认为前者应取代后者;多数学者则认为二者可以并存,即损害应否赔偿,首先须认定其有无相当因果关系,其次再探究其是否符合规定目的,易言之,即损害之发生虽具相当因果关系,但在法规目的之外者,仍不得请求损害赔偿,德国联邦法院亦采此见解。[⑤]

依法规目的而判定某项损害应否归于行为人负担,实具说服力。法规决定法律义务,因违反义务而肇致损害时,其赔偿责任应与法规具有关联性,乃属当然。此在"民法"第 184 条第 2 项关于违反保护他人法律的情形(《德国民法》第 823 条第 2 项),并无争论,即因违反法律而对其所保护之人应予赔偿的,乃该法律所欲防范的危险,因其实现而生的损害。例如法律禁止儿童夜间工作,而某童工夜间下班回家途中遭抢劫受伤时,其所生损害非属法律所欲防范危险的实现,被害人不得依"民法"第 184

①　H. Lange, Herrschaft und Verfall der Lehre vom adäquanten Kausalzusammenhang;参见曾世雄:《论相当因果关系说之衰微》,载《法学丛刊》第 40 期,第 81 页。

②　E. Rabel, Das Recht des Warenkaufs, Bd. I (1935), S. 504.

③　v. Caemmerer, Das Problem des Kausalzusammenhanges im Privatrecht (1956).

④　Fikentscher, Schuldrecht, S. 287;Stoll, Kausalzusammenhang und Normzweck im Deliktsrecht (1968).

⑤　BGHZ 27, 137;BGH JZ 69, 702;65, 196.

条第 2 项规定向雇主请求损害赔偿。问题在于适用"民法"第 184 条第 1
项前段规定的情形(相当于《德国民法》第 823 条第 1 项前段),如何探究
法规目的,以决定赔偿责任。

第二目 法规目的说的适用

《德国民法》第 823 条第 1 项规定:"因故意或过失不法侵害他人生
命、身体、健康、自由、所有权或其他权利者,对所生损害负赔偿责任。"德
国通说一方面认为法规目的于此规定亦应适用,另一方面表示法规目的
之探究非属容易,应就重要关键性的案例建立类型。兹分责任成立及责
任范围两种情形简述如下。

一、责任成立与法规目的

设有厨师某甲将鼠药放在食物罐内,放置架上,乙厨师非因过失而使
用,致侵害客人丙的健康。于此情形,甲违反了防范危险义务,而丙所受
损害乃此项危险的实现,应归由甲负责。在上举之例,设有丁童误认该罐
内所藏的是食物,于取用时自椅上掉下致摔伤其头时,甲对丁所受损害则
不必负责,盖此非属甲所应防范的危险。

关于德国侵权行为法上的因果关系的适用,争论最多的是所谓的"道
路绿地案"(BGHZ 58, 162)①,即甲驾车疏未注意,肇致车祸,致交通阻
塞,有人不耐久等,驾车跨越乙所有道路两侧绿地(或草坪)而离去时,甲
应否对该绿地所有人乙所受损害负赔偿责任? 德国法院曾肯定其相当因
果关系,备受批评。学说上认为于此类案件应依法规目的否认甲的赔偿
责任。驾车疏误对车祸的被害人固应负责,惟道路两侧绿地或草坪不受
侵害,则非属其所违反的行为义务所欲保护的范围。

二、责任范围与法规目的

关于如何依法规目的决定侵权行为赔偿责任的范围,兹举德国实务
上两个具有启示性判决加以说明。

---

① 关于道路绿地案(Grünstreifen-Fall)的评释,参见 Larenz, NJW 1955, 10; Deutsch, JZ
1972, 351.

(一) 刑事诉讼防御费用案(BGHZ 27, 318)

德国联邦法院于著名的"刑事诉讼防御费用案"(BGHZ 27, 318)①,首度采用法规目的之理论。本件原告骑机车与被告之夫所驾驶的小客车相撞,原告受伤,二人均因交通规则而受刑事追诉。被告之夫在起诉书送达前死亡,原告因违规超速被处罚金 30 马克,上诉后则被判无罪,原告以在刑事诉讼中支出的防御费用 686.88 马克,乃诉请被告分担五分之四。原审认为被告之夫驾驶违规行为与此项防御费用无相当因果关系而判决原告败诉。原告上诉亦遭驳回。德国联邦法院强调纵肯定其相当因果关系,亦难认原告得请求被告赔偿其防御费用。德国联邦法院认定原告为防御刑事诉讼所支出的费用系财产损害(Vermögensschaden),而财产本身非属《德国民法》第 823 条第 1 项所保护的客体,问题在于此项损害可否认系原告身体、健康受侵害而生的结果损害,而归由被告负责?

关于此点,德国联邦法院采否定见解,明确表示本件原告就身体受伤及车辆毁损得请求赔偿恢复原状的费用、丧失的营业收入及车辆的使用利益。至于刑事诉讼中的防御费用,则应为不同的判断,盖其非属法律于车祸事故中所欲防范危险的实现。此等费用支出与原告车祸受伤无关,因刑事处罚行为的追诉,为一般国民均可能遭遇的"一般生活风险",此种日常生活上的一般风险系独立于被害人所受身体或物之侵害之外,纵使在车祸中无人或物之损害,亦会发生,甚至违规驾驶根本不发生车祸,亦属难免。因涉及刑事诉讼而必须支付防御费用既对任何人皆会发生,非属《德国民法》第 823 条第 1 项保护生命、身体、健康或所有权所要防范的危险。易言之,不论加害人的行为与其发生损害间有无相当因果关系,此种刑事诉讼防御费用均在法律保护目的之外,故不得以《德国民法》第823 条第 1 项规定作为主张损害赔偿的请求权基础。

(二) 因车祸受伤发现脑疾提早退休案(BGH JZ 1969, 702)②

在"因车祸受伤发现脑疾提早退休案",原告遭被告驾车撞伤,住院治疗过程中,因医生发现脑疾,被其服务机关命令提早退休,乃以受有损

---

① 关于刑事诉讼防御费用案(Verteidigungskost-Fall)的评释,参见 Bohmer, JZ 1958, 742.

② 关于本件判决的评释,参见 Ulrich Huber, Normzweck und Adäquanztheorie, JZ 1969, 678.

害而向被告请求损害赔偿。原审以被告的侵权行为与原告提早退休受有损害之间具有因果关系,而判决原告胜诉。德国联邦法院废弃原审判决,认为被告的侵权行为固属原告提早退休的条件,衡诸一般经验,亦可认定其有相当因果关系,惟不得据此即肯定其损害赔偿请求权,盖诚如 BGHZ 27,318 判决所示,相当因果关系本身尚不足合理界限赔偿责任,应再检视其是否在法规目的范围之内。侵害他人健康致其提早退休,其所受损害系在《德国民法》第 823 条第 1 项规定的保护范围。至于因健康受损经检查发现原有的疾病而导致提早退休,则非属法律所欲防止危险的实现,因为疾病被发现系任何人皆难以抗拒的宿命,乃一般生活上的风险,不在《德国民法》第 823 条第 1 项保护范围之内。

第三目 法规目的说的继受

在台湾地区侵权行为法及损害赔偿法上应否继受"法规目的说"?著名的民法学者曾世雄是 v. Caemerer 教授的高足,早在 20 年前即已引入法规目的说[①],惜未获应有的响应和重视。曾世雄教授指出,相当因果关系此项被视为可能率的科学问题包含着许多阴暗部分,如可能率基数的不确定,全有全无原则的不合理,法院常以损害既已发生,或同情被害人而认定相当因果关系存在。[②] 曾教授更以被害人受伤自杀为例,深入分析探讨相当因果关系说的疑义,并阐释法规目的说的合理性,认为因车祸而伤人者,对被害人受伤部分应予负责,盖此属法律对人身不受伤害的保护范围。被害人因而自杀者,则应分别加以判断:原则上,驾驶人对自杀部分毋庸负责,因法律不保护残害己身;如车祸受伤情形严重而有使被害人自杀的自然趋势时,则自杀全部或一部分成为伤害的必要结果,驾驶人就自杀的损害部分仍应负全部或一部分责任。曾世雄教授以此为例,强调应以法规目的说取代相当因果关系,作为判断损害赔偿成立和范围(包括侵权行为及契约)的基本原则。[③]

---

① 参见曾世雄:《论相当因果关系说之衰微》,载《法学丛刊》第 40 期,第 81 页。
② 参见曾世雄:《损害赔偿法原理》,第 121 页。
③ 参见曾世雄:《损害赔偿法原理》,第 135 页。

第四款 结 语

一、思考层次:责任成立因果关系与责任范围因果关系;条件关系与相当性

因果关系理论系困扰法院与学者的难题,考验着法律人的抽象思考能力及具体案例上符合事理的判断。实务上,绝大多数的案件基本上不生问题,引起争议的皆属特殊情况。就"最高法院"判决观之,多属责任成立上"条件关系"的认定,涉及"相当性"判断的,尚属不多。在思考层次上应区别责任成立因果关系与责任范围因果关系、条件关系与相当性,俾作较精确的判断及理由构成。

二、相当因果关系说另一种损害归责之法的价值判断及案例实践运用

实务上对相当因果关系提出了一个相当抽象的公式:"无此行为虽必不生此损害,有此行为通常亦不生此种损害,即无因果关系。"最近判决提出较明确的判断基准,认为应以行为人之行为所造成的客观存在事实为观察的基础,并就此客观存在事实,依吾人智识经验判断,通常均有发生同样损害结果之可能者,该行为人的行为与损害间即具有相当因果关系。此种基于吾人智识经验所为的判断,在某种程度是常识(common sense)或直觉的判断。其所涉及的,非纯系科学或然率或价值中立的逻辑推理,实乃归责问题,即决定如何将发生的损害归由加害人负担之法的判断。因台湾地区实务上多未公开其作此归责判断所考虑的因素与过程,致难对其作深入的检视核验。

相当因果关系说在台湾地区实务上经数十年运用,仍具有合理规范责任成立和范围的机能。诚然此项理论对肯定"相当"因果关系所需的"通常可能性"未能提出精确的认定基础,惟此乃"不确定法律概念"所给予法官的判断余地,应经由案例比较而建立其类型,以维护其适用的妥当性,期能就个案作成符合正义的适用。① 所谓"规范目的""危险范围""生活上风险"等法规目的说所据以操作的概念,其不确定性并不亚于

---

① 关于案例比较(Fallvergleich),参见 Zippelius, Juristische Mehthodenlehre (6. Aufl., 1987) I'1 II, 12, 16 II, 19c.

"相当因果关系"。

在前揭因车祸受伤发现脑疾提早退休案件,德国联邦法院先肯定其条件关系,再肯定其因果关系的相当性,最后则否定其属《德国民法》第823条第1项(相当台湾地区"民法"第184条第1项前段)的保护范围。此项判决一方面突显了德国法院层次分明的严谨思考推理,但也引起对德国实务所采相当因果关系说的质疑。关于相当因果关系说在德国实务上系采所谓"客观事后判断"标准(objektive nachtragliche Prognose),以所谓的 optimaler Beobachter(最适判断者)就其所知或依其生活经验可得而知的情况作为判断基础。诚如 Larenz 教授所云,此种最适判断者几乎无所不知,而对无所不知者,任何非属通常事物均可预见,而据以认定其相当因果关系,实难不能合理限制侵权责任的成立或范围。为此,Larenz 教授建议应以"经验的判断者"(erfahrener Beobachter)取代"最适判断者",以免发生认定上的出入。① "最高法院"在判断相当因果关系时,常提到"依吾人的智识经验",似同此见解,就实务上案例加以检验,其适用结果多属妥当。

关于上举德国实务上因车祸受伤发现脑疾提早退休案件,在台湾地区应否认被害人身体健康受侵害与医疗中发现脑疾提早退休受有损害之间具有相当因果关系。盖侵害他人身体健康,通常无发生同样损害结果的可能。公务员所以提早退休系因其不适于继续担任职务,而此与意外事故无关。事实上存在的脑疾不被提早发现,对被害人言,固具有利益,惟在归责的判断上,脑疾被提早发现的损失,不应由车祸肇事者负担。

三、法规目的说提供了一个新的思考方向

法规目的说提供了一个新的思考方向。在"民法"第184条第2项情形,可从其历史、体系及规范意旨探究各该保护他人法律的规范目的,以决定其保护范围。在"民法"第184条第1项前段情形,如何判定法律规范目的及其所欲防范的危险,确非易事。法规目的说的引进涉及"学说继

---

① Larenz, Schuldrecht I, Allgemeiner Teil, S. 436.

受"(Theorierezeption),在法学方法上殊具意义,是一个值得正视的课题。① 若要继受法规目的说,除阐释其基本思想外,德国法上的实务经验不容忽视,相关案例系统的整理、归类及分析,应有必要。我们已习惯于相当因果关系的运用,要引进一种新的思考方式,予以"本土化",实赖学说的准备,实务的响应和协力。必须特别指出的是,如何建立一个有效率达成法学上共识的机制,使判例学说能够创新突破,是台湾地区法学及法律发展的重大课题。

四、判断因素及推理过程的公开,建立可资检验的论证准则

因果关系说困扰着各国或地区法院及学说,产生层出不穷,难以解决的问题。在台湾地区,原审的见解被"最高法院"推翻的亦多有之,而"最高法院"的认定不为学说所赞同,亦属难免。因其所涉及的非纯属事实认定,乃法之价值判断上的归责问题。在若干案件,见解歧异,不足为奇,所愿期待的是,各级法院应尽量公开其判断因素及推论过程,法学者应就个案从事较深刻的分析,并作案例比较,建立较客观、可资检验的论证准则,避免流于主观法律感情的恣意,以空泛的说辞,掩饰未经深思熟虑的论点。

第六节　违法性及违法阻却事由

第一款　违　法　性

请再阅读"民法"第184条规定,分析侵权行为的构造,并思考为何于故意或过失外,还要明定"不法"为要件。甲驾车撞伤乙,甲发表言论侵害乙的名誉或隐私,丙制造的商品具有缺陷,伤害了消费者的健康,如何认定其行为的不法性? 不法性究具何种功能? 其他国

---

① 关于学说继受,参见 Zentaro Kitagawa（北川善太郎）, Rezeption und Fortbildung des europäischen Zivilrechts in Japan（1970）; Canaris, Theorierezeption und Theorienstruktur, in: Festschrift für Zentaro Kitagawa（1992）, S. 59 f. 关于法学上学说的功能、结构等问题,Canaris, Funktion, Struktur und Falsifikation juristischer Theorien, JZ 1993, 377; Tze-Chien Wang（王泽鉴）, Rezeption und Fortbildung des amerikanischen Mobiliarsicherungsrechts in Taiwan, in: Festschrift für Zentaro Kitagawa（1992）, S. 601.

家或地区的侵权行为法是否均设有"不法性"的规定?

第一项　违法性的概念及功能①

侵权行为法旨在规定何种"行为",就其侵害的何种"权益",在何种要件下,应否损害赔偿责任。《法国民法》第 1382 条规定,因 Faute 侵害他人者,应负损害赔偿责任,侵权责任的要件系三个开放性的概念,dommage(损害)、cauralite(因果关系)及 faute(过失),其所保护的权益不受限制(即不区别权利或利益),由法院就个案依 dommage、cauralite 及 faute 加以认定。在法国侵权行为法上并没有所谓不法性的概念或要件,学说上虽有提及 illicete(不法),但未与 faute(过失)分离,将二者结为一起,正当防卫,被害人承诺等系排除 faute,而非作为所谓的违法阻却事由。②

德国民法系以违法性(Rechtswidrigkeit,又称为不法性,视行文方便互用之)为核心概念,建构了《德国民法》第 823 条、第 826 条所规定的"三个小的概括条款"侵权行为法架构,其特色在于以违法性对权利及利益作区别性的保护,前已再三提及,请参阅。③

在英美侵权行为法上,并无相当于德国法上"违法性"的概念,虽有 Wrong 或 Wrongfulness 的用语,然此并不具实质意义,乃使被害人应负侵权责任情状的简称。④ 惟需注意的是,在 Negligence 侵权行为,关于应受保护的利益(尤其是纯粹经济损失),系依 duty of care(注意义务)加以认定,故 duty of care 具有相当于德国法上不法性区别法益保护的功能。

---

① 关于侵权行为法上违法性问题的比较研究,参见 Koziol (ed.), Unification of Tort Law: Wrongfulness (1988).

② 参见 Wagner, Grundskturen des Europdischen Deliktsrechts, in: Zimmermann (Hrsg.), Grundstrukturen des europäischen Deliktsrechts (2002), S. 224.

③ 关于德国侵权行为法采违法性的立法过程,参见 Brüggemeier, Haftungsrecht, S. 42 (45). 德国法系国家的立法例多采违法性理论,各有不同的解释,参见《奥地利民法》第 1294 条、《瑞士债务法》第 41 条。

④ Rogers, Wrongfulness under English Tort Law, in: Koziol (ed.), Unification of Tort Law: Wrongfulness, p. 39.

第二项　"民法"第 184 条与违法性的功能

一、体系构成

"民法"第 184 条参照《德国民法》(第 823 条、第 826 条)而制定,从而亦继受德国法上传统不法性的理论[①],以建构侵权行为的体系。兹先参照前述侵权行为三阶层构造,图示如下,再为说明:

项目 "民法"条文	不法性	受保护权益	认定
第 184 条 第 1 项前段	不法侵害	权利	结果不法
第 184 条 第 1 项后段	悖于善良风俗	权利、利益	行为不法
第 184 条第 2 项	违反保护他人法律	权利、利益	行为不法

二、违法性的意义

对狭义违法性而言,系指违反禁止或命令(规范违反),指"民法"第 184 条第 1 项前段所称"不法"及第二项"违反保护他人之法律"。对广义违法性而言,包括悖于善良风俗方法。史尚宽谓:"原来悖于良俗,只是不当,并非不法,但与故意加害结合,始等于不法,而带有违法性。"[②]"最高法院"曾据此而认为:"民法第 184 条第 1 项前段规定,系以权利之侵害为侵权行为成立要件之一,同条项后段并规定故意悖于善良风俗方法加损害于他人者,亦同。则侵权行为系指违法以及不当加损害他人之行为而言,至于侵害系何权利,要非所问。"("最高法院"1966 年台上字第 2053 号判例。)违法性为侵权行为的成立要件,解释上应包括"民法"第 184 条第 1 项后段(悖于善良风俗),于违法性外,另外提出"不当",应无必要,

---

① 参见史尚宽:《债法总论》,第 107 页、第 120 页。最近重要论文,参见王千维:《由民法第一八四条到民法第一九一条之三——以违法性思考以及以客观证据负担的倒置为中心》,载《民法七十年的回顾与展望论文集》(一),第 105 页;陈聪富:《侵权违法性与损害赔偿》,2008 年版。

② 史尚宽:《债法总论》,第 120 页。

前已说明,兹再为强调。

三、侵害权利违法性的推定

须特别指出的是,之所以创设违法性概念,其主要功能在于界定及区别受保护的权益,即由侵害他人权利推定(德文为 indizieren,表征、指明)侵害行为的不法性(Vermutungsregel)。其理由为权利(如生命、身体、自由、所有权等)系受法律保护的重要价值,有一定的保护范围,并具社会公开性,特推定侵害行为的不法性,加以保护。此种由侵害结果而认定侵害行为的不法性,称为结果不法(Erfolgsunrecht)。

四、个案法益衡量

名誉、隐私等人格权,因其保护范围不确定,其侵害是否具不法性,应就个案斟酌相关情事,衡量权益(名誉保护与言论自由),加以认定,诚如"最高法院"2012 年台上字第 545 号判决谓:按新闻自由攸关公共利益,应给予最大限度之保障,俾免限缩其报道空间。倘新闻媒体工作者在报道前业经合理查证,而依查证所得资料,有相当理由确信其为真实者,应认其已尽善良管理人之注意义务而无过失。为兼顾个人名誉权之保护,倘其未加合理查证率予报道,或有明显理由,足以怀疑消息之真实性或报道之正确性,而仍予报道,致其报道与事实不符,则难谓其无过失,如因此贬损他人之社会评价而不法侵害他人之名誉,即非得凭所述事实系出于其疑虑或推论遽指有阻却违法事由,自应负侵权行为之损害赔偿责任(详见本书第 139 页)。

至于权利以外的利益(如同行竞争致收益减少,卡车停放巷口致出租车不能外出营业),其价值不尽同于权利,范围具不确定性,尚须以故意"悖于善良风俗加损害于他人",或"违反保护他人之法律为要件",始能成立侵权行为。其违法性系就侵害行为本身而为认定,称为行为不法(Handlungsunrecht)。

第三项　结果不法与行为不法

一、结果不法

传统的违法性理论认为"民法"184 条第 1 项前段规定系采所谓的

"结果不法"(Erfolgsunrecht),即凡侵害他人权利的,例如驾车撞伤路人、绑架杀人、烧毁他人房屋等,即属违法,学说称为因符合事实要件而推定违法性(Tatbestandsmässigkeit indiziert die Rechtswidrigkeit,学说上又称之为 Indikationsmodell)。加害行为之所以被法律非难而具违法性,乃因其肇致对权利侵害的"结果"。惟违法性得因某种事由而阻却(违法阻却事由,如正当防卫)。台湾学说及判例均采此见解。史尚宽先生谓:"权利之内容及其效力,法律上有规定者,其反面既禁止一般人之侵害,故侵害权利,即系违反权利不可侵之义务,而为法之禁止规定的违法。故此时,如无阻却违法之事由,则为不法。"①又"最高法院"1983 年台上字第 1469 号判决谓:"因过失不法侵害他人之权利者,原则上皆成立侵权行为,侵权行为人之行为,除有阻却违法之事由外,概属不法……"其有违法阻却事由,应由加害人负举证责任。

二、行为不法

德国学者近年来对"结果不法"提出批评,主张应改采行为不法(Handlungsunrecht),②其主要论点系认为,一个行为不能仅因其肇致他人的权利受侵害,即构成违法。此在故意侵害他人权利的情形,固值赞同,盖故意侵害他人权利为法律所当然禁止,其违法性可以径予认定。在过失侵害他人权利的情形,其违法性的成立,则须以行为人未尽避免侵害他人权利的注意义务为必要。注意义务的违反系违法性的特征。易言之,若行为人已尽其社会活动上必要注意义务时,纵因其行为侵害他人权益,亦不具违法性。③

三、分析讨论

(一) 不同的思考方法

结果不法及行为不法的争论是侵权行为体系及思考方法的问题。④

---

① 史尚宽:《债法总论》,第 121 页。

② Kötz/Wagner, Deliktsrecht, S. 44 f.; Nipperdey, Rechtswidrigkeit, Sozialadaquanz, Fahrlassigkeit, Schuld im Zivilrecht, NJW 1958, 137; Münzberg, Verhalten und Erfolg als Grundlagen der Rechtswidrigkeit und Haftung (1966).

③ Esser/Weyers, Schuldrecht II, Besonderer Teil, S. 558.

④ Esser/Weyers, Schuldrecht II, Besonderer Teil, S. 557.

例如在甲驾车撞伤乙的情形,依结果不法说,原则上先应肯定甲之侵害行为的违法性,再继而认定甲有无故意或过失。反之,依行为不法说,甲之侵害行为有无违法性,应径就具体案件检视其是否违反注意义务加以认定。

(二) 间接侵害的违法性

学说上争论最热烈的是间接侵害案件。甲制造汽车(剪草机、爆竹或其他家电用品)而使之流入市场,乙使用此等物品遭受伤害或侵害他人的权利时,如何认定甲之侵害行为的违法性? 在甲所制造汽车不具缺陷的情形,就结论言,应认甲制造汽车,使之流入市场的行为不具违法性,虽无疑问。对结果不法说,其理由如何构成确有困难,有认为鉴于甲的行为既为法律所容许,仅因与其无直接关联之事后权利侵害的单纯可能性,而溯及地认定其为不法,显悖事理。① 主张行为不法说的学者认为,甲的行为所以不具违法性,乃因其并未违反社会生活上防范危险(交易交往安全义务)的注意义务。从而甲所制造的汽车具有缺陷而仍使之流入市场致侵害他人权利时,因违反此种而具违法性。② 基此见解,德国学说上有主张对违法性应采折中说,即在直接侵害(如驾车撞人),采结果不法说,在间接侵害(如制造有缺陷汽车流入市场,发生伤人车祸),则采行为不法说。

(三) 结果不法说的适用

在理论上行为不法说确具相当的说服力。就实务言,加害人究因其侵害行为不具违法性,或因无过失而不成立侵权责任,其结论尚无不同。德国学者所以对此争议倾注了洪流般的墨水,系由于其善于争辩及问题本身具高度理论上的魅力。行为不法说虽为学者所力倡,但德国联邦法院仍然采取结果不法说,解释适用上并无疑义或困难。

"民法"第184条第1项前段明确区别违法性(不法)及故意或过失,前者系对"结果的非价值"(Erfolgsunwert)的判断,后者系对行为人的非难,在侵权行为体系构造上将违法性予以独立化,层次分明,有助于法律解释适用,自有其意义及功能,结果不法说原则上仍值维持,尚无改采行为不法说的必要。关于结果不法说的适用,应特别说明的有二:

---

① Larenz/Canaris, Schuldrecht II/2, S. 365.

② Kötz/Wagnes, Deliktsrecht, S. 44 f. , 参见"最高法院"1989年台上字第200号判决:"商品制作人生产具有瑕疵之商品流入市场,成为交易之客体,显已违反交易安全义务,因此致消费者受有损害,自应负侵权行为之损害赔偿责任。"此之所谓交易安全,乃指 Verkehrsicherungpflicht 而言,详见本书第316页。

（1）违法性系人之行为为评价对象。在结果不法说，其作为违法性评价的，乃是人的行为，而非侵害结果本身，侵害结果不是违法性评断的对象，"结果非价值"是该侵害行为被赋予违法性评价的理由。①

（2）违法性认定与利益衡量。侵害权利之所以被认为不法，系以权利的内容具有明确范围为前提，例如生命、身体、健康、自由、所有权等是。若权利的内容过于广泛不具明确保护范围时，例如名誉、隐私、信用等人格法益，多涉及言论自由，其违法性，应依利益衡量及价值判断加以认定，前已说明。在有违法阻却事由（如被害人允诺）时，则不必作此项认定违法性的利益衡量。

第二款　违法阻却事由

（1）试比较分析正当防卫、紧急避难及自助行为之作为违法阻却事由。

（2）甲、乙同住一栋大厦，乙在该大厦内经营应召店，甲率同其他住户捣毁乙的私娼馆。甲得否主张系行使权利，防卫公序良俗，不构成违法？乙就其所有权所受侵害及不能营业所受损失，得否向甲请求损害赔偿？

侵害他人权利的行为原则上莫不违法，惟得因某种事由可阻却其违法性。此等违法阻却事由，主要有六种，分述如下：

一、正当防卫

（一）构成要件及法律效果

"民法"第149条规定："对于现时不法之侵害，为防卫自己或他人之权利所为之行为。"称为正当防卫，性质上属适法行为，可阻却违法，不负赔偿责任。例如便利商店的店员或顾客持木棍击伤抢劫的暴徒。被强暴妇女为解除被侵害而咬伤施暴者的舌头。② 就成立要件言，"不法"指为法令所不允许，不以侵害行为构成犯罪为必要，对无意识能力人的侵害，

---

① Larenz/Canaris, Schuldrecht II/2, S. 365.

② 参见"最高法院"1963年台上字第103号判例："被告因自诉人压在身上强奸，并以舌头伸入口中强吻，无法呼救，不得已而咬伤其舌头，以为抵抗，是被告显系基于排除现在不法侵害之正当防卫行为，且未超越必要之程度，依法自属不罚。"就"民法"言，则不成立侵权行为。

亦可实施正当防卫。又正当防卫、紧急避难及自助行为性质虽有不同,但均非"不法",自不得对之再实施正当防卫。"现时"指已着手于侵害行为的实施而尚未结束。"自己或他人权利"包括公权及私权,而私权则兼指财产权或非财产权。配偶之一方通奸时,他方配偶得否为正当防卫,尚有争论,但应采否定说,夫妻虽负互守诚实,确保其共同生活之圆满安全及幸福义务,但非属得以实力防卫之权利。①

　　正当防卫系权利的自力救济,虽属以"正对不正",仍应受合理限制而有比例原则的适用,不得逾越必要程度,有多种防御方法时,应选择反击较轻而相当的方法为之,否则仍应负赔偿之责(第 149 条但书),如孩童闯入果园,驱逐即可,不必殴打;他人擅在自己屋前摆设摊位,可将之拆除搬离,无须加以毁损。② 正当防卫是否过当,应视具体客观之情事,及各当事人之主观事由定之,不能仅凭侵害人一方受害情状为断(参照"最高法院"1975 年台上字第 2442 号判例)。③

---

　　① 参见洪逊欣:《中国民法总则》,第 681 页(注 4)。1947 年院解字第 3406 号(汇编,第 3 册,第 662 页);本夫或第三人于奸夫奸妇行奸之际杀死奸夫,是否可认当场激于义愤而杀人,应依实际情形定之,但不得认为正当防卫。德国判例学说亦同此见解,Palandt/Heinrich, Burgerliches Gesetzbuch(73. Aufl., 2014), § 227 Anm. 2; Koln NJW 75, 2344.

　　② 出租人甲察觉承租人违约,将承租房屋转租给第三人开设工厂,表示不同意,而该第三人继续装设锅炉,意图开工营业。出租人即将第三人所有锅炉毁损。当时情形虽属现时不法之侵害,但防御行为应以将第三人之装设拆离其房间与基地为限,乃竟加以毁损,已超过防卫之必要程度,不得谓为正当防卫,应构成侵权行为(参见"最高法院"1953 年台上字第 97 号判决)。

　　③ 关于正当防卫的民事判决较为少见。"刑法"第 23 条规定:"对于现在不法之侵害,而出于防卫自己或他人权利之行为,不罚。但防卫行为过当者,得减轻或免除其刑。"其构成要件相当于"民法"第 149 条,以下刑事判决案例,可供参照:"于黑夜被伏匪多人撞门入室抢劫财物,起而抵抗,将盗伙之一人杀死,其行为自属排除危害应采取之手段,且盗匪于行劫时将其父母砍伤捆绑,则当此急迫之际,持镖戳伤该匪徒致死,亦不得谓逾越防卫必要之程度。"("最高法院"1939 年上字第 3115 号刑事判例。)"乙年仅十七岁,因回家撞见甲正向其妹施暴,情急之下,取用斧头仅向甲之右手臂砍伤两下,以解其妹之被致奸污,而未对其他要害攻击,自系对现在不法之侵害而出于防卫他人权利之行为,即属正当防卫之必要措施。"("最高法院"1969 年台上字第 2616 号刑事判决,"司法院公报"第 12 卷第 1 期。)"二人互殴,无从分别何方为不法侵害者,不得主张正当防卫。"("最高法院"1941 年上字第 1040 号刑事判例。)"甲认明乙黑夜无故侵入住宅时并未携有凶器,则此不法之侵害,显非除枪击外不能排除,竟持枪射击连续不已,致乙中弹身死,则其防卫显然逾越必要之程度。"("最高法院"1935 年上字第 4738 号刑事判例。)"甲见乙身带尖刀势欲逞凶,即用扁担打去,夺得尖刀,将乙杀毙,是乙只带刀在身,并未持以行凶,即非有不法之侵害,甲遽用扁担殴打,不得认为排除侵害之行为。"("最高法院"1938 年上字第 2879 号刑事判例。)

(二) 捣毁私娼馆与正当防卫

1. 法律问题

关于正当防卫的解释适用,值得提出讨论的是"捣毁私娼馆案件"。台湾高等法院 1991 年度法律座谈会曾提出一个法律问题:甲、乙同住一栋住宅区之大厦,乙则在该大厦内利用住宅非法经营私娼馆,甲劝乙迁移私娼馆,不得结果,报警取缔,亦无效果。一日,甲乃率同大厦内其余住户,捣毁乙之私娼馆,逐散妓女,致乙不能营业。乙诉请甲赔偿私娼馆被捣毁致不能营业之营业损失,每月新台币(下同)10 万元,提出历年账册为证据方法。经查核乙之私娼馆每月确有 10 万元以上之利润。甲则以乙在住宅区内经营私娼馆,有悖公序良俗,非合法之营业,不受法律保障,拒绝赔偿。甲之抗辩有无理由?

座谈会审查意见认为:私娼馆之营业行为为违背法令及违背公序良俗之行为,自不在保障之列,甲之抗辩为有理由:按损害赔偿以权利受侵害,所生之损害为要件。本件乙在住宅区之大厦内经营私娼馆,严重妨害住户之安宁,败坏社会善良风俗,系违法行为,无权利之可言,乙之请求欠缺法律上之基础。违背公序良俗之行为,不受法律之保障(参阅"社会秩序维护法"第 80 条第 1 条)。乙在住宅区内开设私娼馆,妨害社会风化,有悖善良风俗,甲经劝导乙迁移,并经报警取缔,均无效果,甲捣毁乙之私娼馆,使乙不能继续营业,其行为系不得已,旨在排除社会污染源,系权利之行使,且不为过当,乙不能营业之损失,甲不负赔偿责任。"司法院"第一厅研究意见认此结论核无不合。[①]

2. 分析讨论

依本书见解,捣毁私娼馆应不构成正当防卫,分三点言之:

乙经营私娼馆并未侵害甲或其家人之权利。甲、乙虽同住一栋大厦,甲的所有权或占有并未因乙经营私娼馆而受侵害,对所有权的妨害,不包括精神侵害在内。又甲或其家人的人格权亦难谓因其大厦内其他住户从事违反公序良俗行业而受侵害。

住宅区社会的公益,非属"民法"第 149 条所称他人之权利。所谓他人,除个人外,尚有国家等公法人,但不应包括"社会"在内。权利的概念虽可扩张解释,但不应包括"公益"。维护社会不受色情污染系国家任

---

① 参见《民事法律问题汇编》,"司法院"印行,1993 年 6 月,第 8 辑,第 99 页。

务,不能由个人依自力救济为之。"甲劝乙迁移私娼馆,不得结果,报警取缔亦无结果,事非得已",不应作为率众捣毁私娼馆的法律依据。在台湾,违反善良风俗的行业尚有色情三温暖、赌博性电动玩具店、赌场、色情表演等,报警取缔,并无结果,颇为常见,以此为理由,认为率众捣毁,旨在排除社会污染源,系权利之行使,具有正当性,则私力横行,法律秩序将告崩溃。

在德国联邦法院 BGHZ 64, 178 判决案,被告等人系法律系及神学系学生,见原告在火车站前摆摊出售色情刊物,劝原告搬离,原告拒绝。被告等乃强行取走书刊,并损毁其设施,原告诉请损害赔偿。被告主张正当防卫。德国联邦法院认为正当防卫不能成立,强调个人人格虽为宪法所保障,人民的道德价值亦应受尊重,但此并不表示每一个公民于他人从事悖于善良风俗或违反刑法之行为时,皆得采自卫的方法加以排除。被告采取攻击行为,使公益成为私事,使自己成为维护道德及社会秩序的检察官,不受宪法的保护。在一个法治国家,维持有秩序社会的小区生活,乃国家的职务,不能借助私力救济。此项见解,可供参考。①

二、紧急避难

"因避免自己或他人生命、身体、自由或财产上急迫之危险所为之行为",称为紧急避难,性质上为放任行为,亦可阻却违法,不负赔偿责任("民法"第150条第1项),例如狼犬追逐,夺刀击退(防御性紧急避难),恶徒追杀、驾他人机车逃避(攻击性紧急避难)。所谓急迫危险,指近在眼前,刻不容缓,例如为避免房屋延烧,将燃烧之油桶抱出至店外,因热度过高,被迫抛掷,燃烧他人之物,因其情危险,无考虑选择余地。② 此类案件应从严认定,故饥饿不能作为偷窃面包的借口,无屋栖身亦不足作为占用他人住宅的理由。③ 至于危险,指一切危害而言,如天灾地变、战乱、强盗绑架、恶犬追逐等均包括在内。为逃避暴政,海上遭难,仅有一小救生圈,得之则生,失之则亡,数人互夺,法律无从保护,只得任其发展,故紧急

---

① 关于损害赔偿问题,参见拙著:《捣毁私娼馆、正当防卫与损害赔偿》,载《民法学说与判例研究》(第八册),北京大学出版社 2009 年版,第 147 页。

② 参见"最高法院"1959 年台上字第 737 号判决,并参见"最高法院"1964 年台上字第 1498 号判决(煤油燃烧伤人案)。

③ 此例引自 J. G. Fleming, Law of Torts, p.96.

避难系属所谓放任行为。

由上述救生圈之例可知,紧急避难较诸正当防卫更涉及不同的利益的取舍及其牺牲,除必要性比例原则外,尚有所谓"法益权衡原则"的适用,即须以避免危险所必要,并未逾越危险所能致之损害程度,否则仍应负赔偿责任(第150条第1项但书),如见狼犬追逐某孩童,击伤足以避险时,不必击毙;不及避险时,则得击杀之,因人身安全重于财物利益也。[①]又在紧急避难的情形,其危险的发生,行为人有责任时,如挑逗邻居之狼犬,引起追逐,而在危险中将之击毙,亦须负赔偿责任(第150条第2项)。此之所谓行为人有责任,指因行为人的行为而引发危险,有无过失,在所不问。

三、自助行为

"为保护自己权利,对于他人之自由或财产,施以拘束、押收或毁损者",称为自助行为,为法律所容许之权利保全措施,亦不负赔偿责任,但以不及受法院或其他有关机关援助,而且非于其时为之,则请求权不得实行或实行显有困难者为限(第151条),如债务人变卖财物准备搭机潜逃国外,或在餐厅白吃白喝后,正欲乘车溜走时,得扣留其人或护照证件、取去其汽车钥匙,此等行为虽侵害他人权利,亦可阻却违法。关于自助行为须不逾越保全权利所必要程度,"民法"虽未设明文,但其与正当防卫、紧急避难同系例外救济途径,"民法"第149条及第150条规定,应类推适用之。需注意的是,依"民法"第151条规定,拘束他人自由或他人财产者,应即向法院声请处理(公力救济原则)。此声请被驳回或声请迟延者,行为人应负赔偿责任(第152条),"民事诉讼法"第537条之1至第537条之4设有关于自助行为之规定。

关于正当防卫、紧急避难及自助行为,已简述如上,三者均属权利的自力救济,为公权力救济制度的例外,而具违法阻却性,其法律性质、构成要件的不同,有助于认识立法上的权益衡量,增进法学上审思明辨的思考能力(为何作此区别? 有无检讨余地?),特列下表,用供参照:

---

① 参见苏俊雄:《刑法总论》Ⅱ(犯罪总论),第204页、第224页。

内容\类别	法律性质	构成要件				法律效果	
		受保护的权利	侵害方式	救济方法		符合要件	不符合要件
				方法	原则		
正当防卫	适法行为	自己或他人的权利	现时不法	反击行为	必要原则（比例原则）	阻却违法	损害赔偿
紧急避难	放任行为	自己或他人生命身体、自由或财产	急迫危险	避险行为	（1）必要原则（2）法益权衡原则		
自助行为	适法行为	自己权利	不及受有关机关援助、及时自助的必要	对于他人自由或财产施以拘束押收或毁损	（1）必要原则（类推适用）（2）诉求公力救济		

四、无因管理

"未受委任,并无义务,而为他人管理事务者",称为无因管理(第 172 条),如收留迷失之儿童,修缮他人遭台风毁损之房屋。此等行为虽系侵害他人的自由权或财产权,但法律为奖励善行益事,既规定无因管理为债之发生原因之一种,自应解为属适法行为,具有阻却违法性,不成立侵权行为。但需注意的是,无因管理成立后,管理人因故意或过失不法侵害本人之权利者,侵权行为仍可成立,非谓成立无因管理后,即可排除侵权行为之成立(参照"最高法院"1966 年台上字第 228 号判例)。如就收留迷失之儿童之例言,管理人于该童生病时,疏未适时送医诊治,其管理未依本人明示或可得推知之意思,以有利于本人之方法为之,致其身体健康受侵害,除构成债务不履行外,并应负侵权责任。[①]

五、权利行使

行使权利的行为,无论其为公权或私权,虽侵害他人权利,亦可阻却违法。就公权的行使言,如警察依法逮捕通缉犯,检察官依法枪决犯人。

---

① 参见拙著:《债法原理》(第二版),北京大学出版社 2013 年版,第 322 页、第 323 页、第 332 页。

就私权的行使言,如父母惩戒其子女,地上权人占有使用他人的土地。惟任何权利的行使,均应受合理的限制,若属滥用,则仍属违法,不得阻却违法,例如子女偷窃他人的铅笔,打其手心,饿其数餐即可,若殴打成伤或幽禁山洞,不给食物,致其健康受损,则属逾越正当的权利行使范围,不具违法阻却性,仍得成立侵权行为。

六、被害者的允诺

(一) 允诺的原则及其限制

允诺(承诺)阻却违法(volenti non fit iniuria)是比较法上公认的基本原则[1],表现个人主义的精神,使个人得自由决定如何处理其身体或财产等权益,如捐血救人,借书予他人允许其阅后得烧毁之。此亦符合侵权行为法旨在合理分配私法上负担的旨趣。惟承诺须不得违背强制或禁止规定,如"刑法"第275条禁止自杀之嘱托或得其承诺而杀之,第282条禁止伤害之嘱托或得被害人之承诺而伤害之,致成重伤或死亡,违反之者,不得阻却违法。又承诺亦须不得违背公序良俗,而此须就被侵害法益的种类(人身权或财产权)及加害人的主观意思(故意或过失)加以认定,如拳斗以得折断四肢为条件而为允诺,或骨牌游戏而赌取股肉,均属违背公序良俗,不生阻却违法的效力。[2] 运动竞赛符合游戏规则时,其侵害他人身体健康,仍得阻却违法。

(二) 允诺的法律性质

允诺非在于以发生一定法律效果为目的,不以具法效意思为必要,而系涉及自己权益侵害性,故非属意思表示,乃准法律行为[3],至于如何类推适用民法关于意思表示规定,应就个案决定之。允诺得为明示或默示,默示的允诺如举臂让护士抽血,女生让男友拥抱接吻。承诺于加害行为施行前,得撤回之。事后承认应解为是对已发生损害赔偿请求权的抛弃。对将来发生的损害赔偿请求权亦得抛弃(预先免除),其性质不同于允诺,自不待言。须注意的是,单纯被害的预期,如移住于工厂附近,不得径

---

[1] 关于罗马法,Hausmaniger, Das Schadensersatzrecht der lex Aquillia, S. 26; Ohly, Volenti non fit iniuria, Die Einwilligung im Privatrecht (2002).

[2] 参见史尚宽:《债法总论》,第124页。

[3] 此为德国通说,BGHZ 29, 361;台湾地区学者亦采此见解,参见史尚宽:《债法总论》,第123页;孙森焱:《民法债编总论》,第209页,均认允诺系准法律行为。

视为允诺,认被害人同意忍受煤烟废气之害。① 又允诺不得以错误为理由而撤销之,此仅涉及过失认定问题,受诈欺或胁迫而为承诺,则不生效力。

有争论的是所谓"允诺能力"。基于法律行为能力制度主要在于维护交易安全,而允诺系被害人对自己权益的"处分",故不能完全适用民法关于行为能力的规定,原则上应不以有行为能力为要件,而应以个别的识别能力为判定标准。② 学童参加棒球比赛,被坏球击中手部受伤,应认有效允诺,得阻却违法;预防注射、割双眼皮等亦应肯定限制行为能力人或受监护宣告之人亦得为允诺,惟重大手术原则上仍须得法定代理人允许。③

(三) 允诺与自甘冒险

与允诺应予区别的是所谓"自甘冒险",指明知某具体危险状态的存在,而甘愿冒险为之,如明知他人无驾照或酒醉而搭乘其车。在英美法上称之为 Assumption of Risk,主要适用于过失侵权行为(Negligence)④,如何处理,有两种见解。英国法院有认为被告自甘冒险时,原告并未违背其注意义务(duty of care),不成立过失侵权行为。亦有认为被告主张原告自甘冒险的抗辩时,得除去过失侵权行为的效力。无论采取何者,其结果均属相同,即原告不得请求过失侵权行为损害赔偿。在英美法上除 As-

---

① 参见史尚宽:《债法总论》,第 123 页;郑玉波(陈荣隆修订):《民法债编总论》,第 166 页。

② 此为德国通说,参见 Erman/Schiemann, BGB (12. Aufl. , 2008), § 823 Rz 147. 英美法基本上亦同此见解,J. G. Fleming, The Law of Torts: "minor's can give an affective consent if endowed with intellectual and emotional capacity to comprehend the nature and consequence of what is proposed (for example medical treatment or sexual intercourse) without acquiring parental consent." 史尚宽先生认为,限制行为能力人就财产上行为为允诺,须经法定代理人之同意,受监护宣告之人及未成年人对人格权加害之允诺,则应有识别能力(《债法总论》,第 123 页)。

③ 关于未成年人或受监护宣告之人的人工流产或结扎手术,参见 "优生保健法" 第 9 条及第 10 条规定。

④ 拉丁语谚 "volenti non fit iniuria" 在英美法上包括两种情形:一为固有意义的 consent,主要适用于故意侵权行为(intentional tort),如邀请他人散步于自己庭院;二为 Assumption of Risk,主要适用于 Negligence 侵权行为,如甲与乙某日共饮 17 杯威士忌,甲明知乙酒醉,而搭乘其所驾驶小型轻飞机,而发生事故受伤(Morris. v. Murray 1991, 2 QB 6)。其详情参见 Street, Torts, pp. 276-285. 关于美国法,参见 Prosser/Wade/Schwartz, Torts, pp. 581-594.

sumption of Risk 外,尚有 Comparative Negligence(比较过失)。① 由于 Assumption of Risk 使原告完全不能请求损害赔偿,过于僵硬,常造成不合理的结果,甚受批评,故法院(尤其是美国法院)常趋避 Assumption of Risk,而认定系属 Comparative Negligence。亦有试图将此两种抗辩融合为一,以利个案适用,发展趋势实值注意。②

在德国法上,自甘冒险称为 Handeln auf eigene Gefahr(或 Einwilligung in Risiko)③,实务上见解历经变迁,早期认为是默示合意免除责任,其后解释为是被害者的允诺,具阻却违法性。最近则强调此属于与有过失的问题。④

上述英美法及德国法的理论与实务发展,有助于台湾地区法的解释适用,即所谓自甘冒险不应定性为被害者的允诺,作为违法阻却的问题,而应将其纳入与有过失的范畴,适用"民法"第217条规定,由法院衡量当事人对损害或扩大的原因力,以合理分配其责任。在明知他人酒醉而搭乘其机车之例,其应斟酌的因素,包括驾驶者对其驾车安全性的判断,是否共同饮酒,被害人是否敦促或说服酒醉者驾车,驾车是否为被害人的利益(如赶搭出国班机)等。自甘冒险的情形严重时,得排除加害者的责任,此应就个案加以认定,乃属当然。

(四) 性行为的允诺

"最高法院"1953年台上字第319号判例谓:"与已成年未结婚之女子通奸,如系得该女子之自由承诺而为之,则其行为阻却违法性,不成立侵权行为,自无损害赔偿责任之可言。"此项见解可资赞同。所谓自由承诺,指其承诺须出自于自主决定,未受诈欺或胁迫而言。若女子对性行为的承诺系因误信男方有意结婚时,其误信对承诺的效力不生影响。如对性行为的承诺,系受男方欲与其结婚的诈骗时,则应认定其承诺非出于自由,不生阻却违法的效力。值得提出讨论的问题有二:

---

① 英美法原采 contributory negligence,其后改为 comparative negligence. 前者有译为助成过失,此项抗辩得完全排除加害人责任。后者是依当事人间的过失轻重,以定赔偿责任,相当于台湾地区民法上的"与有过失"。

② James, Assumption of Risk: Unhappy Reincarnation, 78 Yale Law Review 85 (1968); Diamond, Assumption of Risk After Comparative Negligence: Integrating Contract Theory into Tort Doctrine, 52 Ohio State Law Journal 717 (1991).

③ Stoll, Handeln auf eigene Gefahr (1961).

④ BGHZ 34, 355. 通说采此见解,参见 Fikentscher, Schuldrecht, S. 309.

（1）与成年已结婚之女子通奸，如系得该女子之自由承诺而为之时，其行为得否阻却违法？此涉及该女子的承诺是否违背公序良俗。衡诸目前社会通念，应采否定说，而不得主张人格权（贞操）被侵害。至于该女子的配偶得以其配偶间共同生活之圆满及幸福被破坏，而向相奸者请求损害赔偿乃另一问题。①

（2）与未成年女子通奸，如系得该女子之自由承诺而为之时，其行为得否阻却违法？在利用权势而奸淫（"刑法"第228条）及因略诱而得之承诺（"刑法"第298条），不阻却违法，自不待言。对于14岁以上未满16岁之男女为性交者，构成与幼年人性交罪（"刑法"第227条）。"最高法院"1974年台上字第3827号判例谓："'刑法'第227条第1项奸淫十四岁以上未满十六岁之女子罪，系因年稚之女子对于性行为欠缺同意能力，故特设处罚明文以资保护，其父之同意不能阻却犯罪……"至16岁以上未成年人对于性行为原则上具有同意能力，不必得其父之同意，亦可阻却违法。

（五）运动竞赛

关于运动竞赛所涉及违法阻却问题，"最高法院"1963年台上字第2771号判决可作为讨论的基础。② 本件被上诉人与上诉人系五年级同班同学均为11岁之未成年人，上诉人邀被上诉人作摔跤游戏，上诉人抱起被上诉人之脚，被上诉人则以残废之右手钩住上诉人脖子，同时仆地，上诉人压在被上诉人身上，猝致上诉人左大腿受伤，上诉人主张因医治腿伤及补充营养，与精神损失应由被上诉人赔偿。"最高法院"判决理由谓："按摔跤系以摔倒对方与否为决定胜负之运动方法，学校学生例多于课余之际作此游戏。上诉人左大腿受伤，既系因其邀同被上诉人摔跤跌倒后所致，殊难谓该被上诉人在当时有致上诉人受如此伤害之意识，亦即无识别能力之可言。核与民法第187条第1项前段：'限制行为能力人不法侵害他人之权利者，以行为时有识别能力为限，与其法定代理人连带负损害赔偿责任'之规定，已难使该被上诉人就上诉人因伤所受之损害负赔偿责任。该被上诉人与上诉人摔跤之处所，既在学校教室内，且被上诉人应上

---

① 参见"最高法院"1966年台上字第2053号判例。

② 参见拙著：《摔跤游戏之违法性》，载《民法学说与判例研究》（第一册），北京大学出版社2009年版，第168页。

诉人之邀而为此摔跤游戏,又非法令所不许……"

"最高法院"认为被上诉人无识别能力而否定其侵权责任,颇值商榷,因为识别能力并不以加害人有认识使致被害人"受如此伤害意识"的必要,只要有辨别自己行为在法律有某种责任的能力即为已足。本件的关键问题在于违法性。摔跤游戏既然是中、小学普遍的课外活动,亦非法令所不许,应认为参与运动或游戏者,默示在他人于不违反运动或游戏规则时,愿意承受通常由此而生的损害。① 本件被害人已 11 岁,从事此类普遍的课外活动,应认为其有识别能力,得为有效的承诺。如上所述,参与运动竞赛之阻却违法系以遵守运动规则为要件,就运动规则的违反,应由被害人负举证责任。②

因运动竞赛所侵害的被害人,除参与运动者外,尚有观众或其他第三人。于此情形,运动的主办人须采取可期待的安全措施,而观众则应承担其已知或应知的危险。例如棒球比赛,投出的球击中打者的手臂时,得因允诺而阻却违法;打出的全垒球击伤观众时,亦得认因承诺阻却违法;打出的高飞球击伤球场外的行人时,则应肯定其违法性,有无过失,则视球场所采取之安全措施而定。

第三款　医疗责任、医疗行为违法性、病人的告知后同意③

(1) 试说明医疗责任的请求权基础,契约责任及侵权责任的要件及适用关系,被害人得否请求非财产损害的金钱赔偿?

(2) 何谓 Informed Consent? 何谓病人规则或医生专业规则? 医生医疗上的特权,在侵权行为法上具有何种意义。

(3) 甲医生为乙开刀,发生严重副作用,乙得否主张甲医生未对此加以说明,应负侵权责任? 甲医生辩称已为必要之说明,发生争议时,由谁负举证责任? 甲医生得否主张若为说明,乙亦会同意手术,故就其未为说明,不必负侵权责任?

---

① 运动竞赛侵害他人权利时,得因承诺而阻却违法系属通说。此为德国通说,BGHZ 63,140 (147)。

② 参见史尚宽:《债法总论》,第 124 页;孙森焱:《民法债编总论》,第 210 页。

③ 医疗行为所涉及的问题甚广,以下讨论限于医疗行为的违法性及违法阻却事由,关于医疗责任的基本问题,参见陈聪富:《医疗责任的形成与开展》,台大出版中心 2014 年版。

第一项 医疗责任的请求权基础:契约责任与侵权责任

一、两个请求权基础:契约责任与侵权责任

人之生老病死皆与医疗行为有密切关系,因医疗行为侵害病患的身体健康等的损害赔偿,乃成为法律上众所关切的重大问题,并发展成为一个专门的法学领域。医疗责任有两个请求权基础:一为契约;二为侵权行为。

(一) 契约责任

医疗契约系一种委任或类似委任的契约("民法"第528条、第529条),实务上有一个关于健康检查契约的判决,可供参照。"最高法院"2008年台上字第2735号判决略谓:"按健康检查之契约为医疗契约,属劳务性契约,其受有报酬者,性质上即类似有偿之委任关系,依民法第259条及第535条后段规定,医疗机构应负善良管理人之注意义务,自应依当时医疗水平,对健检人或病患履行诊察、诊断或治疗之义务。本件被上诉人于1999年9月18日对上诉人健检所拍摄系争X光片发觉当时该X光片上已有肉眼清晰可见之肺部肿瘤,⋯⋯应负告知伊之义务。"医疗机构违反此项告知义务时,应依"民法"第227条第1项、第227条之1负损害赔偿责任。

(二) 侵权责任

医疗侵权责任的请求权基础为"民法"第184条第1项前段关于因故意过失不法侵害他人生命身体健康,应负损害赔偿责任之规定。"医疗法"第82条规定,医疗业务之施行,应善尽医疗上必要之注意。医疗机构及其医疗人员因执行业务致生损害于病人,以故意或过失为限,负损害赔偿责任。应特别指出的有两点:(1) 本条所规定的系侵权责任,应结合"民法"第184条第1项前段规定而适用(尤其是因果关系、违法性)。(2) 本条规定采过失责任,旨在明确医疗行为有无适用"消费者保护法"第7条服务责任的争议。兹举3个案例,以供参考:

(1) 医师未适时告知病人罹患子宫颈癌。"最高法院"2007年台上字第2032号判决提出两点法律见解:医师是否应告知病理检查结果,以利治疗。应详究医师未尽其告知病理检查结果,与病人存活率降低而提早死亡之间有无相当因果关系。

(2) 责任成立的相当因果关系。在一个涉及医师未提早给予万古霉

素以降低死亡率的案件,"最高法院"2010 年台上字第 2014 号判决谓:
"医师未为诊断或追踪、确认之检验结果,而未对病人施予必要之用药救
治,以致发生病人之死亡结果,有关责任成立因果关系,已难期待被害人
有举证之可能性,于此情形,如严守民事诉讼法第 277 条前段(当事人主
张有利于己之事实者,就其事实有举证之责任)之规定,将使被害人无从
获得应有之赔偿,有违正义原则,基于公平之衡量,依举证责任转换之原
则,就此不具相当因果关系,即应由医师负举证责任。"

(3) 医事鉴定书。"最高法院"2009 年台上字第 188 号判决认为:
"行政院卫生署"医事审议委员会所为之医事鉴定书,系依"医疗法"第 98
条第 1 项第 4 款受法院嘱托就所托事项,依法院提供之事证数据,基于医
学知识及医疗常规,出具之书面专业意见,并非不法行为。鉴定书亦仅系
供司法审判参考,司法机关并不受鉴定报告意见之拘束,仍应自行判断。
上诉人并无法举证证明被上诉人有何故意过失忽略有利于上诉人之证
据,而有偏颇不公情事,及登载不实事项于前述之鉴定书,而使上开法院
为不利于上诉人之判决。

二、医疗责任的体系构成

医疗责任虽可分为契约责任及侵权责任两个独立请求权基础,但长
期以来,病人在诉讼上多主张侵权责任,其主要理由之一系依旧"民法"
规定,因债务不履行致身体健康(人格权)受侵害,不得请求非财产损害
的金钱赔偿(慰抚金)。1999 年"民法"债编修正增订第 227 条之 1 明定:
"债务人因债务不履行,致债权人之人格权受侵害者,准用第 192 条至第
195 条及第 197 条之规定,负损害赔偿责任。"增订理由谓:"债权人因债
务不履行致其财产权受侵害者,固得依债务不履行之有关规定求偿。惟
如同时侵害债权人之人格权致其受有非财产上之损害者,依现行规定,仅
得依据侵权行为之规定求偿。是同一事件所发生之损害竟应分别适用不
同之规定解决,理论上尚有未妥,且因侵权行为之要件较之债务不履行规
定严苛,如故意、过失等要件举证困难,对债权人之保护亦嫌未周。为免
法律割裂适用,并充分保障债权人之权益,爰增订本条规定,俾求公允。"
此项修正将有助于病人主张医院或医师应负契约责任。

值得提出的是,"最高法院"2010 年台上字第 2428 号判决谓:"按对
人体施行手术所为侵入性之医疗行为,本具一定程度之危险性,修正前医

疗法第 46 条（现行法为第 63 条）第 1 项前段并规定：医院实施手术时,应取得病人或其配偶、亲属或关系人之同意,签具手术同意书及麻醉同意书;在签具之前,医师应向其本人或配偶、亲属或关系人说明手术原因、手术成功率或可能发生之并发症及危险,在其同意下,始得为之。寻绎上揭有关'告知后同意法则'之规范,旨在经由危险之说明,使病人得以知悉侵入性医疗行为之危险性而自由决定是否接受,以减少医疗纠纷之发生,并展现病人身体及健康之自主权。是以,医院由其使用人即医师对病人之说明告知,乃医院依医疗契约提供医疗服务,为准备、确定、支持及完全履行医院本身之主给付义务,而对病人所负之'从给付义务'（又称独立之附随义务,或提升为给付义务之一种）。于此情形,该病人可独立诉请医院履行,以完全满足给付之利益,倘医院对病人未尽其告知说明义务,病人固得依民法第 227 条不完全给付之规定,请求医院赔偿其损害。"应说明的有二:

（1）本件判决系关于契约责任,肯定医师未尽其告知说明义务得构成"民法"第 227 条规定之不完全给付,负损害赔偿责任。

（2）病人亦得依"民法"第 227 条之 1 准用第 195 条规定,向医院请求非财产损害的金钱赔偿,而与侵权责任发生竞合,有利于病人选择如何主张其权利。

综前所述,将医疗责任的法律结构图标如下:

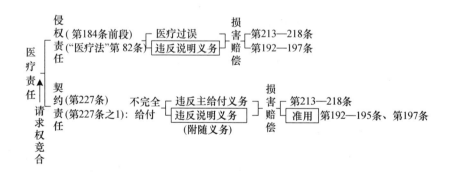

第二项 医疗行为的违法性及病人告知后同意

一、由医疗过错到说明义务的违反

医生未尽医疗上应尽的注意义务,侵害病人的权利时,应负医疗过失的侵权责任(或契约责任),其基本案例类型,如诊断错误、延误治疗、治疗不当、误用针剂、未作过敏试验、注射不当、消毒不良等。此为医生违反治疗义务的传统型态,近年来则另产生所谓的说明或告知义务,即医生违反时,亦应成立侵权行为,重大改变了医病关系及其法律责任。

医生从事医疗行为,小者如注射、拔牙、割双眼皮,大者如心脏手术、器官移植、连体婴分割,在法律上均构成对他人的权利(尤其是身体权)侵害,惟得因病患的允诺(在医疗关系多称为同意,以下采之)而阻却违法。此项见解常遭批评,认为医生从事符合医术的行为旨在医治疾病,根本不具侵害其身体的要件,不生违法问题。惟通说见解仍应值赞同,除法律技术上的理由外,主要在于尊重病人对其身体自主的权利。早在1914年美国著名的法官 Cardozo 即已提出"任何人有权决定如何处理其身体"的名言[1],肯定医疗行为应得病人的同意(consent)。病人须知悉其何者为同意,因此乃产生 Informed consent(告知后的同意),即医生应作必要说明,使病人得就某种医疗行为作成同意的决定。此项理论一般认为系建立于1957年加州上诉法院在 Salgo v. Leland Standford Jr. University Board of Trustees 案的判决[2],不但为美国其他各州所接受,并"输出"到国外,为台湾地区医疗法所接受。"医疗法"第63条规定:"医疗机构实施手术时,应向其本人或配偶、亲属或关系人说明手术原因、手术成功率或可能发生之并发症及危险,并经其同意,签具手术同意书及麻醉同意书,始得为之。但如情况紧急不在此限。前项同意书之签具,病人为未成年人或无法亲自签具者,得由其法定代理人、配偶、亲属或关系人签具。第一项手术同意书及麻醉同意书格式由中央卫生主管机关定之。"(并参阅同法第64条、65条,"医疗法细则"第52条。)

病人的同意及医生的说明义务虽基于病人自主的理念,因而扩大了医生的法律责任。关于说明义务的构成及内容,因各国法律文化、医病关

---

[1] "Every human being has a right to determine what shall be done with his own body", Schaloendorff v. Society of New York Hospital, 2 11 NY 125, 129-30, 105 NE 92, 93 (1914).

[2] 154 Cal/App. 2d 560, 317 P. 2d 170 (1957): "A physician violates his duty tohis patient and subjects himself to liability if he holds any facts which arenecessary to form the basis of an intelligent consent by the patient to theproposed treatment." 关于病人自主权,参见王皇玉:《患者之自我决定权与刑法》,载《月旦法学杂志》第11期,第134页。

系而异①,有赖学说与判例共同努力,期能建立合理的制度。以下拟就若干基本问题,作简要说明,以供参考。

二、医生的说明义务与病人的同意

(一) 说明义务与阻却违法

侵害病人身体的医疗行为得因同意而阻却违法,此项同意须以医生的说明为必要,故医生未尽说明义务时,其同意原则上不生效力,不阻却违法,纵其治疗行为并无过失,医生仍应就手术全部或一部分失败所生损害,负赔偿责任。手术虽属成功,其违法性亦不因此而受影响,惟因无损害,故不成立侵权行为。② 病人因医生的说明而为手术的同意,既系基于人格自主权,应认此项同意不得预先抛弃。

(二) 得为同意之人

"医疗法"第63条规定,医院实施手术前,应取得"病人或其配偶、亲属或关系人"之同意。对手术的同意是高度属人的自主决定,故此项规定非谓配偶、亲属或关系人(如孤儿院的院长)得替代病人而为同意,而是病人不能为同意时(如精神丧失、昏迷不醒、植物人),得例外地由其法定代理人、配偶、亲属或关系人为手术的同意。

(三) 同意的要式性与口头说明的必要

"医疗法"第63条规定,医院施行手术时应取得同意书。依此规定,同意系属要式行为,病人虽已为同意的表示,但未签具书面时,原则上不能阻却手术的违法性。此项规定旨在使病人为同意时,得因须签具书面同意而深思熟虑,并可保全证据,避免发生争议。医师的说明告知虽采书面形式,但原则上应有口头说明,俾病人与医师就病情相关问题讨论。仅交付说明书而未有口头说明,难谓善尽说明告知义务。③

---

① 美国法及所谓的美国经验(American experience),参见 J. G. Fleming, The American Tort Process;英国法,参见 Brazier, Medicine, Patients and the Law, (2nd ed. 1992), Ch. 4.; Giesen, Arzthaftungsrecht, (4 Aufl., 1995); Shaw, Informed Consent: A German Case, International Law and Comparative Law Quarterly, 35 (1986) 855.

② BGHZ 90, 98 (102) = JZ 1984, 629 m. Anm. A Laufs; JR 1984; Giesen, Zwischen Patienten Wohl und Patienten Wille, JZ 1987, 282.

③ BGHZ 144, 1 (5) = NJW 2000, 1784; Spichkoff, NJW 2005, 1694 (1699).

三、实务案例：白内障开刀案

(一) 法院见解

关于医生的说明义务与病人的同意，实务上有一个判决可供研究。在台湾高等法院 1997 年重诉更（一）字第 15 号判决案，某医院蔡医生为刘姓病患之白内障开刀，因开刀过程具有过失，导致左眼几近失明，乃诉请损害赔偿。刘姓病患立有手术同意书载明："立同意书人对于该项手术执行之性质、过程、危险性、并发症及可能发生之后遗症，既经贵院惠予说明，已充分了解，若有意外情事发生，深信贵院医疗人员必善尽诊疗责任，左列诸项同意贵院全权处理。一、必要之麻醉。二、手术时必要切除之器官组织。三、手术中或手术后有紧急情况发生，接受适当处理，特立此存照，此致台北市立○○医院。"另书有："此次复蒙左眼赐置水晶体手术，德泽似海，恩同再造，故不论后果如何，一切责任均由病患自负，空言无凭，立书为证。"手术同意书上尚记载坚持要放置左眼前房人工水晶体，若有并发症绝无任何异议，并于 1987 年 3 月 11 日前出院。被告主张可见该次开刀为原告所坚持，并同意自负一切后果，依同意不生违法之法理，被告已尽力为原告医治，并无不法侵害其权利之情事。

高等法院判决原告胜诉，认为医师为病患动手术，令病患或其家属书立同意书，以图事后卸责一事，为公众周知的事实。本案原告刘姓病患虽曾书立 3 张同意书，表明愿自负手术后的一切责任，但医师系一从事医疗业务的专业人员，其对病患是否须接受手术，或重复接受手术，应有相当的认知及独立判断的能力，原告仅系一病患，医疗常识本较被告贫乏，即使被告曾向原告说明手术可能发生的后果，病患也未必能领悟，病患因先前被告为其植入人工水晶体手术不适，在眼部已受害的情况下，仍愿书立同意书，想必当时的心情必然是相当无奈且饱受煎熬，因此被告不可以有同意书而脱责。原告刘姓病患于 1984 年 11 月间住进台大医院，由被告蔡医师施行左眼囊内摘除手术后，同年 12 月间再施行人工水晶体手术，未料被告左眼竟出现角膜代谢失常的后遗症，被告本应注意若再次施行同样的人工水晶体植入术，可能再次发生同样的后遗症，却未向刘姓病患详细说明，就擅自再次施行人工水晶体植入术，果然 3 个月后，刘姓病患左眼眼压再次上升，并出现角膜水肿。之后经过数次治疗，刘姓病患的左眼最终眼力仅余光觉，几近失明，系不法侵害他人之身体健康，应负损害赔偿责任。

(二) 分析说明

本件判决是实务上具有启示性的医疗案件,有助于阐释基本概念,分四点言之:

(1) 原告所立的3张同意书涉及两个问题:一为对手术的同意,此属违法阻却;二为手术过失责任的预先免责,此属免责条款的规制,二者法律性质及法律效果不同,应予区别。

(2) 原告对手术的同意须基于医生的说明,若原告因未能领悟医生的说明,而此系因医生未尽说明义务时,其同意不生效力。若认定医生未尽说明义务时,则其应就违反此项说明义务而生的损害负赔偿责任。

(3) 对施行手术的同意,是阻却对手术本身的违法性,医生因手术过失致侵害病人的身体健康时,仍应负侵权行为责任,不因立有手术书同意在先而受影响。

(4) 关于免责条款,首应适用"民法"第222条规定,即故意或重大过失的责任不得免除。其次,医院的免责条款系采定型化契约方式时,亦应受"消费者保护法"的规范(第11条以下)。

四、医生说明义务的范围及所谓医生医疗上的特权

(一) 医生说明义务的范围及其判断标准

"医疗法"第63条规定医生于取得签具同意书前,应说明"手术原因、手术成功率或可能发生的并发症及危险"。解释上应认此乃例示事项,其说明范围应视个别治疗行为并顾及患者主诉病情而定。如有多种治疗方法可供选择时,亦应告知,说明其利弊得失。为确保病人决定的自由,应尽量给予适当考虑时间。病人的同意系针对具体手术而为之,在手术过程中须为变更,或须做原同意所不包括的手术时,须再取得病人(配偶、亲属或关系人)的同意,于紧急必要的情形,虽不在此限,但其手术仍须依病人可推知的意思为之。

关于医生的说明义务范围有专业原则(professional rule)及病人原则(patient rule)两种判断标准。前者认为说明的内容应由医生作医学上的判断。后者强调说明的内容应依病人就该当医疗行为作成同意的需要加以衡量。前说具权威及家父的性质;后说符合病人自主权利,较为可采。采病人原则时,亦有客观标准及主观标准的区别,美国法采前者,依所谓

通常合理的病人而认定,德国法采后者,以个别病人为准,后者较可保护病人。在台湾地区应采病人原则,医生依"医疗法"第 63 条规定而为告知时,须顾及各该人的教育程度、职业、年龄等情况,对病人提出的特别问题,亦应为必要的说明。

(二) 医生的医疗特权

医院手术行为的阻却违法,须基于病人经医生说明后而为的同意。"医疗法"第 63 条第 1 项但书规定手术出于紧急者,不在此限。关于说明义务尚有所谓"医生的医疗特权"(therapeutic privilege)①,认为医生的说明有危害病人之虞,如自杀、精神崩溃、加重病情、拒不治疗时,医生得例外地为全部或一部分的保留。于此情形,其治疗手术应依病人可推知的同意为之。为探求病人的意思,医院须征询病人的配偶、亲属或关系人的意见。医疗特权的使用影响到医生及病人的权益,为避免争议,宜在病历表加以记载。

医生的说明须为适当,过度说明亦不符合说明义务的功能。对病人言,过度说明与说明不足均属未尽说明义务。病人因医生过度说明致健康受侵害时,亦得请求损害赔偿。其受惊吓而为的同意,得视其情节而认其不生同意的效力。②

五、举证责任

手术系侵害病人的身体,须得病人的同意。病人的同意则须基于医生的说明,性质上属于对违法性的抗辩,故关于病人的同意及医生的说明,均应由医生负举证责任。③

值得提出研究的是,医生得否主张无论是否为说明,病人均会同意手术,故其就未为说明所生损害,不必负责? 就性质言,此属因果关系的范畴④,在德国,则从合法性替代行为(rechtsmässiger Alternativverhalten)的

---

① Deutsch, Das therapeutische Privileg des Artzes: Nichtaufklärung zugunsten Patienten, NJW 1980, 1305.

② Deutsch, Das therapeutische Privileg des Artzes: Nichtaufklärung zugunsten Patienten, NJW 1980, 1308.

③ Deutsch, Schutzbereich und Beweislast der ärztlichen Aufklärungspflicht, NJW 1984, 1802; BGHZ 29,33 = NJW 1959, 811.

④ Shaw, Informed Consent: A German Case, International Law and Comparative Law Quarterly 35 (1986) 860.

观点加以讨论,即医生得否主张无论其行为合法与否,侵害行为所生损害同样均会发生,故其手术纵具违法性,在法律上亦与损害无关。对此问题,学说上有采否定说,认为医生的说明义务,在于使病人得斟酌考虑,与家人商议,请教专家,甚至另找其他医生,此项同意乃基于自主权的个人决定,不能事后经由法院的认定加以取代。① 实务通说及多数学者则持肯定的见解,并强调为合理兼顾医疗关系,在医生方面须严格其认定标准,即不以通常合理的病人为对象,而应以个别的病人的自主决定权为准据。在病人方面,则须述明其若知悉应说明的情况时,亦会拒绝同意,以避免病人事后以医生说明的疏懈作为损害赔偿的依据,防范对说明权利的滥用。②

第七节　故意或过失

第一款　概说

(1) 民法上的故意或过失与刑法上的故意或过失是否具同一意义?在刑法上因无过失不成立犯罪的,在民法上得否成立侵权行为?

(2) 民法上的过失应作如何解释,其认定标准及考虑因素如何,请参酌实务上案例,分就汽车事故、职业灾害、商品责任、医疗事故或公害说明之。

(3) 何谓过失客观化,过失举证责任的倒置或转换具有何种规范意义?

(4) 您是否知道著名的 Learned Hand Formula of Negligence?

第一项　故意或过失责任

一、过失责任原则

侵权行为的成立,除构成要件、违法性外,就"民法"第 184 条第 1 项

---

① H. Lange/Schiemann, Schadensersatz, S. 199.

② BGH NJW 1980, 1333;BGH NJW, 1984, 1397. (附有 Deutsch 的赞同的评论);MünchKomm BGB/Gursky, RdNr. 90a. vor 249.

前段言,尚须侵害行为系出于故意或过失,此属主观的归责。故意(Vorsatz)或过失(Fahrlässigkeit)在德国民法上合称为 Verschulden(过咎),其所谓 Verschuldensprinzip 在台湾地区,多译为过失责任原则,解释上应包括故意在内。

二、故意侵害债权

关于"民法"第 184 条第 1 项前段的适用,加害行为究出于故意或过失,并无不同。在英美法上的侵权行为(Torts)有须以故意为要件的(如 assault、battery、false imprisonment),亦有以过失为要件的(如 negligence、product liability、malpractice)。台湾地区民法不作此种区别。值得提出的是,关于侵害他人债权,有认为得适用"民法"第 184 条第 1 项前段,而以故意为要件。惟若肯定债权系属权利,则关于第 184 条第 1 项前段的适用,就其体系及规范目的言,不应限于故意,而将过失排除在外。为保护债权,在"民法"有第 184 条第 1 项后段可以适用,无另创一种"故意侵害债权"独立侵权行为类型的必要。

三、法律效果上区别故意或过失的实益

在侵权行为的法律效果方面,区别故意或过失,亦有实益,分五点言之:
(1) 关于非财产损害的金钱赔偿(慰抚金,第 194 条、第 195 条),于量定其数额是否相当时,应斟酌加害行为究系故意或过失,加害行为出于故意时,应特别加以斟酌。
(2)"民法"第 222 条规定:"故意或重大过失之责任,不得预先免除。"此于侵权行为责任的预先免除,亦有适用余地。
(3)"民法"第 339 条规定:"因故意侵权行为而负担之债,其债务人不得主张抵销。"
(4)"消费者保护法"第 51 条规定,依本法所提之诉讼,因企业经营者之"故意"所致之损害,消费者得请求损害赔偿额 3 倍以下之惩罚性赔偿金;但因"过失"所致之损害,得请求赔偿额 1 倍以下之惩罚性赔偿金。
(5) 依"强制汽车责任保险法"第 33 条规定,交通汽车事故,因被保险人或加害人家属的"故意"所发生者,保险人得于给付金额范围内代位行使被保险人对于该第三人之损害赔偿请求权。反之,若交通事故系由

其"过失"所发生时,保险人则无代位求偿之权利。

第二项 侵权行为法上的"故意或过失"与契约责任上的"可归责之事由"

一、区别

"最高法院"1993年台上字第2424号判决谓:"上诉人主张因被上诉人滥行诉讼,造成伊严重损害,本诸侵权行为法之法则,应由被上诉人负损害赔偿责任云云,原审就被上诉人是否应负侵权行为之损害赔偿责任,仅谓'似难归责于被上诉人','本滋疑问',而未予明确认定,已属可议,且侵权行为以"故意或过失"为构成要件,原审以"可归责之事由"论断,亦有违间。"此项判决具有启示性,特加以引申,说明侵权责任与契约责任在责任要件上的不同及其适用关系。

所谓"可归责之事由",系债务不履行(尤其是契约责任)的共同要件。如"民法"第226条第1项规定:"因可归责于债务人之事由,致给付不能者,债权人得请求赔偿损害。""民法"第220条第1项规定:"债务人就其故意或过失之行为,应负责任。"初视之下,似与"民法"第184条第1项前段规定"故意或过失"相近,实则不然,因为"民法"第220条第2项尚规定:"过失之责任,依事件之特性而有轻重,如其事件非予债务人以利益者,应从轻酌定。"更值得注意的是,债务人有仅就故意或重大过失而负责(如第410条);有就重大过失而负责(如第434条);有就事变亦应负责(如第525条),因契约的类型而异。准此以言,"最高法院"指摘原审"以可归责之事由"论断侵权行为的"故意或过失",确有所据。

二、法条竞合与请求权竞合

值得提出讨论的是,"民法"434条规定:"租赁物因承租人之重大过失致失火而毁损、灭失者,承租人对于出租人负损害赔偿责任。"依此规定,租赁物因承租人之过失(轻过失)致失火而毁损时,承租人对于出租人固不负契约上责任,问题在于出租人得否依"民法"第184条第1项前段规定以承租人因过失侵害其所有权,而请求损害赔偿?"最高法院"1933年上字第1311号判例谓:"租赁物因承租人过失失火而毁损灭失者,以承租人有重大过失为限,始对出租人负损害赔偿责任,民法第434

条已有特别规定,承租人之失火,仅为轻过失者,出租人自不得以侵权行为为理由,依民法第 184 条第 1 项之规定,请求损害赔偿。"

"最高法院"一向认为,契约责任是侵权行为的特别规定。[①] 最近已变更此项见解,改采请求权竞合说,故上揭"最高法院"1933 年上字第 1311 号判例已失其理论依据。另外,根本否定侵权行为请求权,不利于被害人,如"民法"第 410 条规定:"赠与人仅就其故意或重大过失,对于受赠人负其责任。"受赠人因赠与的汽车有缺陷,致身体、健康受侵害时,若仅得主张契约责任,将不能依侵权行为请求慰抚金的损害赔偿,显非合理。为期兼顾,应采所谓的相互影响说,即被害人仍得依侵权行为规定请求损害赔偿,惟应受法律关于特定契约所设的限制,如在上举租赁物失火、赠与之例,侵权责任的成立亦须以赠与人具有故意或重大过失为要件。[②]

第二款　故　　意

一、故意的意义

故意的意义,民法未设规定,"刑法"第 13 条则有明文[③],通说认为,民法上故意的解释亦应同于刑法,即故意者,指行为人对于构成侵权行为之事实,明知并有意使其发生(直接故意);或预见其发生,而其发生并不违背其本意(间接故意或未必故意)。就直接故意言,如明知有人夜行于小巷,有意致其于死而开车直接撞之。就间接故意言,如开车于小巷,预见有人夜行,虽认识到有撞到的可能,仍超速驾驶,致撞死路人。

二、民法的故意与刑法上的故意

民法上故意的成立,通说一向系采所谓的故意说(Vorsatz-theorie),认

---

① "最高法院"1988 年 11 月 1 日,1988 年度第 19 次民事庭会议决议(二)(银行征信科员违背职务高估信用案件),参见拙著:《银行征信科员评估信用不实致银行因超额贷款受有损害的民事责任》,载《民法学说与判例研究》(第八册),北京大学出版社 2009 年版,第 191 页。

② 参见拙著:《契约责任与侵权责任之竞合》,载《民法学说与判例研究》(第一册),北京大学出版社 2009 年版,第 204 页。

③ "刑法"第 13 条规定:"行为人对于构成犯罪之事实,明知并有意使其发生者,为故意,行为人对于构成犯罪之事实,预见其发生,而其发生并不违背其本意者,以故意论。"

为须有违法性(违反义务性)的认识,而违法性的错误当然排除故意。[1]
例如某医生为病人做某种手术,因误信其无说明义务而未为说明时,不构
成故意,仅是过失。[2] 在刑法理论上,除故意说外,尚有责任说(Schuldthe-
orie),认为故意与故意责任应加以区别,故意的要件是对构成要件该当事
实的认识,作为责任要件的故意则是对违法的认识或有认识可能性时,始
有责任非难的可能,从而违法性错误应否负故意责任,视对违法性认识可
能性有无而定。[3] 如甲明知某物为乙所有,但误信其有使用权(如基于租
赁契约)而为使用时,依故意说,此属客观的违法,仅得构成过失侵害他人
所有权;反之,依责任说则得成立故意侵害行为。[4] 德国学者有倡导关于
民法上的故意应采刑法学上已成通说的责任说。[5] 惟在刑法采责任说或
有所据,就民法言,则仍应维持传统的故意说,其主要理由是侵权行为法
不同于刑法,关于故意或过失的概念,在方法论上应各依其规范目的及功
能而为决定。[6]

第三款 过 失

第一项 过失的意义、客观化及经济分析

一、过失的意义及功能

关于过失,"民法"亦无明文规定,学者有认为应依"刑法"第14条规
定,而将侵权行为上的过失解释为:行为人虽非故意,但按其情节应注意
并能注意而不注意者,或对于构成侵权行为之事实,虽预见其能发生,而
确信其不发生者是,易言之,过失者乃怠于注意之一种心理状态。此项对

---

[1] 德国法上见解,参见 Larenz, Schuldrecht I, S. 279 f. 参见孙森焱:《民法债编总论》,第239页:"就故意言,对于违法性虽无认识,若对于客观上违法之事实有所认识,则虽不认识行为之违法性,仍足构成故意。"系采所谓限制的故意说(gemässigte Vorsatztheorie)。

[2] Deutsch/Ahrens, Rn. 119.

[3] 关于 Vorsatztheorie 及 Schuldtheorie 的说明,参见蔡墩铭:《刑法总论》,第182页;苏俊雄:《刑法总论》II,第322页。

[4] 此例取自 Larenz, Schuldrecht I, S. 280.

[5] Enneccerus/Nipperdey, Allgemeiner Teil des Bürglichen Gesetzbuches, § 210 1.2.

[6] 关于民法及刑法上故意过失的概念,在德国争论甚烈(尤其是20世纪50及60年代),目前已趋平静,在民法仍采意说。此项争论有助于认识过失的概念,参见 Baumann, Schuldtheorie und Verbotsirrtum im Zivilrecht, AcP 155 (1955), 495; Gielen, Strafrechtliches Verschulden im Zivilrecht, JZ 1964, 6; Nisse, Die Moderne Strafrechtsdogmatik und das Zivilrecht, JZ 1956, 457.

过失的解释本身,固值赞同。惟就方法论言,民法上过失的功能及其认定标准,应有别于刑法,因为二者的规范目的不同。申言之,即刑法在于行使公权力,对犯罪者加以处罚,从而关于过失的认定,应采主观说(或折中说);民法(尤其是侵权行为法)则在合理分配损害,过失的认定应采客观的标准。准此以言,在刑法因无过失(主观)而不成立犯罪的,在民法上得因过失(客观)而构成侵权行为。[①]

二、过失的客观化

(一) 过失的基本要件:侵害结果的预先性及可避免性

对过失的非难无论是指"应注意能注意而不注意",或"怠于交易上所必要的注意",均指行为人得预见其行为的侵害结果而未为避免而言,例如"加害人于 30 米远即已发现有人躺在前方道路上,竟未采取减速措施,仍以 50 公里时速而肇事,实难辞过失之责"。[②] 准此以言,对侵害结果的预见性及可避免性(或预防性),构成了注意的必要条件。关于此点,实务上有一个案例,可供参照:"最高法院"1972 年台上字第 1825 号判决谓:"经查 1969 年 9 月 27 日下午 7 时,龙某于撞车后将死者抱至建安诊所求治于被上诉人,据上诉人称当时死者仅前额有擦伤,头部伤口流血,惟意识清楚,言语正常,依台湾省医疗纠纷鉴定意见,足以推断死者头部受伤后,脑并未有严重之震荡,惟因颅内有血管破裂,因而发生颅内出血,形成血肿后压迫脑部以致死亡,又依台大医院鉴定意见,初诊病患若无意识障碍,则无法诊断有无脑挫伤或颅内出血诸合并症,或预见将来是否发生上述合并症,亦无法预防,故未能诊断或预见脑挫伤或颅内出血,医疗上并无过错。"[③]

(二) 善良管理人的注意:类型化的客观归责

过失应依何种标准加以认定? 对此关键重要问题,"最高法院"1930

---

① 此在医疗事故,甚为重要。台湾实务上迄未见关于刑法上过失及侵权行为上过失作不同认定的判决,一般多作相同的判断,如"最高法院"1973 年台上字第 998 号判决:本院按原审查据台湾省医疗纠纷委员会鉴定结果,认为死者生前因内脏器多处损伤,及下腹腔静脉刺伤破裂内出血,经诸医师手术后,仍不幸死亡,不能归咎于曾尽力救治患者之医师,及刑事法院已据以判决被上诉人无罪之情形,认定被上诉人对于死者之死亡并无过失可言。

② 参见"最高法院"1990 年台上字第 1678 号判决。

③ 《"最高法院"民刑事裁判专辑》(有关医疗纠纷之裁判),第 40 页。

年上字第 2746 号判例谓:"因过失不法侵害他人之权利者,固应负损害赔偿责任,但过失之有无,应以是否怠于善良管理人之注意为断者,苟非怠于此种注意,即不得谓之有过失。"又 1937 年鄂上字第 3 号判例谓:"因失火烧毁他人房屋者,除民法第 434 条所定情形外,纵为轻过失而非重大之过失,依民法第 184 条第 1 项之规定,亦应负损害赔偿责任。"由此可知,行为人的注意义务,应以善良管理人的注意(抽象的轻过失)为准。其认定过程系将加害人具体的"现实行为"(Ist-Verhalten),衡诸善良管理人在同一情况的"当为行为"(Soll-Verhalten),若认定其有差距,即加害人的行为低于注意标准时,为有过失。例如手术时将纱布遗留腹内或其他患处,显然未尽善良管理医生的注意义务,应负医疗上过失责任。

善良管理人的注意,乃通常合理人的注意,系一种客观化或类型化的过失标准①,即行为人应具其所属职业(如医生、建筑师、律师、药品制造者),某种社会活动的成员(如汽车驾驶人)或某年龄层(老人或未成年人)通常所具的智识能力。因此,小客车驾驶人不得以视力减损,甫获驾照经验不足,或妻儿遭绑架,心力交瘁而得不负通常驾驶者应具的注意义务。②

过失类型化含有客观责任的性质,与严格的个人责任未尽相符,在某种程度并具担保的因素,乃在实践侵权行为法填补损害及预防损害的机能。此依客观标准而为的过失非难,系就个别的行为人加以认定,基本上仍维持过失责任原则。在若干情形,此种客观化的过失标准事实上将导致某种危险责任,如天生弱视而驾驶者,必须就其视力不足而负责,此为采过失责任所要付出的代价。

---

① 此种通常合理人,在英美法上称为 reasonable man,亦采客观注意标准,其丰富的案例及深刻的说理推论,足供参考:英国法,参见 Winfield and Jolowitz, Tort, pp. 125-146; J. G. Fleming, pp. 105-124;美国法,参见 Prosser/Wad/Schwartz, Torts, pp. 145-200.

② 关于此点,英国著名的法官 Lord Denning 在 Nettleship v. Weston(1971. 2. QB 691)案判决有一段名言,可供参考:It is no answer for him to say: " I was a learner driver under instruction. I was doing my best and could not help it. " The civil law permits no such excuse. It requires of him the same standard of care as of any other driver. 'It eliminates the personal equation and is independent of the idiosyncrasies of the particular person whose conduct is in question' ... The learner driver may be doing his best, but his incompetent best is not good enough. He must drive in as good a manner as a driver of skill, experience and care, who is sound in wind and limb, who makes no errors of judgment, has good eyesight and hearing, and is free from infirmity.

三、过失认定的考虑因素

(一) 基本考虑因素

过失系违反预见及预防侵害他人权利的行为义务,并以是否尽善良管理人之注意为断,前已论及。在过失责任原则之下,"过失"的概念及其适用,至为重要。"最高法院"虽以善良管理人的注意为判断标准,但就相关认定因素未作必要的阐释。过失的判定一方面是据以认定加害人应负损害赔偿责任的理由,另一方面亦在确立行为的规范基准,在重要案例应更深入的说明过失的认定过程及其考虑的相关因素。"过失"是个不确定的法律概念,必须予以具体化,有待于从事案例比较,组成类型,以探究违反注意的实质基准。关于此项认定行为义务的考虑因素,其主要者有三:

(1) 危险或侵害的严重性。危险性愈高,所生侵害愈重时,其注意程度应相对提高,例如独眼之人从事某种易于伤害眼睛的工作时,雇主应为特别防范措施,避免因意外事故,而导致完全失明。

(2) 行为的效益。此指行为的目的及效用,如公共汽车减速,必会降低事故发生几率,但其所担负的交通运输使命必因此大受限制。医生为挽救病患的生命,从事某项困难手术时,应容许其发生副作用等可计算的危险,但应告知病人,得其同意。

(3) 防范避免的负担,即为除去或减少危险而采预防措施或替代行为所需支付的费用或不便。古典的案例系于人口稀少的地区容许无人看管的火车平交道,但纵属如此,亦须装置必要的警告或安全措施。在英国有两个判决可供参考:于邻近的蜜蜂觅食于花丛时,应延迟喷洒农药(Tutton v. Walter〔1986〕Q. B. 61)。为避免惊扰近处正在生育之貂,应降低修筑道路的噪音,因其防范甚易,危害至巨也(Grandel v. Mason〔1953〕3 D. L. R. 65)。

(二) 厨房调味料瓶内的毒鼠药物

兹举一例综合说明上述判定行为义务的考虑因素:某自助餐厅常闹鼠患,该餐厅主人经常使用毒鼠药物,而将之放在调味料瓶内,未加标记,放在厨房。某新雇的厨师误认该瓶所装为胡椒粉而使用于炸猪排之上,致食客中毒,健康受损。于认定该餐厅主人的行为义务时,应予考虑的是:鼠药放在厨房易被误用产生危险,致人伤亡,其侵害性甚巨;毒杀餐厅老鼠固有必要,但将毒药装在果酱瓶内,显然增高事故发生的危险性;又为防范厨师误用,其成本费甚少,例如不将毒药放于果酱瓶内,或将装毒鼠药的调味料瓶藏放他处,纵放在厨房,应作显著的标记,而置诸较为安全的地方。在此"以鼠药炸猪排"案例,就上述因素整体综合加以考虑,应认定该自助餐厅主人怠于尽善良管理人的注意义务,具有过失。又就此例可知,"过失"的认定是一个有待具体化的标准,应由法官就该事件的具体情况,考虑相关因素而为客观的判断。惟在所谓边界案件,法官个人的价值判断,亦具重要性,自不待言。

四、过失的经济分析

(一) 汉德公式(Learned Hand Formula of Negligence)

关于侵权行为法上过失(Negligence)的判断标准,值得重视的是经济分析的思考方法。美国著名的法官 Learned Hand 在 United States v. Carroll Towing Co. 案[1],为过失提出如下公式:若发生损失几率为 P,损失金额为 L,并用 B 表示预防成本,则在 B < PL(即预防成本小于损失金额乘以损失发生几率)时,加害人具有过失。此一所谓"The Negligence Formula of Learned Hand"(以下简称汉德公式),经 Richard Posner 教授积极阐扬以后,不仅对过失标准产生重大影响,也成为侵权行为法的核心概念。[2] 其基本思想系建立在所谓经济效益,即鼓励以合理费用预防意外事故,不鼓励在安全上的超过投资,而对财富予以极大化,对成本费用予以极小化。兹举两例阐释"汉德公式"的运用:

(1) 在英国法的 Blyth v. Birmingham Water Works Co. 案[3],其问题争点在于自来水公司未将水管埋得够深,以防其冻裂后损害原告的房屋时,是否构成过失。法院采否定说,强调此次冰冻的严重,前所未有,其发生几率甚低,损害不大,而将水管埋得更深,则须支付高额费用,故其事故

---

[1]　Circuit Court of Appeals, Second Circuit, 1947, 159 F. 2d. 169. 关于本件判决的评释,参见 Posner, Tort Law, 1982, pp. 1-9. Learnd Hand 是与 Holmes、Cardozo 及 Brandes 等同享盛名的美国法官及法学家,关于其生平,参见 Gunther, Learned Hand. The Man and The Judge, 1994.

[2]　Landes and Posner, The Economic Structure of Tort Law, p. 85; Cooter and Ulen, Law and Economics, p. 281. 德国法上的分析,参见 Schäfer/Ott, Lehrbuch der ökonomischen Analyse des Zivilrechts, 2. Aufl. , 1995, S. 127 f.

[3]　11 Exch 78, 156 Eng. Rep. 1047 (1856),参见 Posner, Tort Law, p. 208.

的预防成本大于损失金额乘以损失发生几率,应不成立过失。

(2) 在美国伊利诺伊州 Hendricks v. Peabody Coal Co. 案①,一个 16 岁男孩在被告废弃已盛满泉水的露天矿井游泳时,受到伤害。被告虽认识到该矿井将被用作游泳水湾,而且在小孩潜水和受伤地方水面之下有隐蔽突出物,可能造成危险,但未为必要的控制。法院认为:"只要用 1.2 到 1.4 万美元的钢丝就能封闭整个水面,此与小孩受伤害的风险相比,其成本实微不足道。"而作成有利原告判决。②

(二)"汉德公式"与过失的判断

上述"汉德公式"及对过失的经济分析,具有启发性。加害人活动的价值及防止危险的经济因素,应作为认定过失的相关因素,自值赞同。必须指出的是,侵权行为法上的过失,不应使之等同纯为经济上的方程式,应说明者有四:

(1) 传统的侵权行为法植根于个人的道德性,其所着重的是个人间的公平,而非在增进广泛的社会政策或福利。

(2) 过失的认定尚包括生命、身体、健康、自由、名誉、隐私等非经济的价值,难以金钱或财富加以计算衡量。

(3) 法官有无能力从事经济分析,甚有疑问,在人身侵害案件多欠缺精确数据,纵或有之,如何予以量化,显非容易。

(4) 综合言之,过失的概念实具功利的性质,过失的认定亦应考虑经济因素,诚有必要,然侵权行为法的理念在维护个人自由并合理地分配损害,非仅为成本效益的微积分,不能使侵权行为法上的善良管理人成为冷血、精于计算的经济人。③

---

① 115 111. App. 2d 35, 253 N. E. 2d 56 (1969),参见 Posner, Tort Law, p. 224.,在该书 Posner 以 Learned Hand 法官的肖像为主题人物,其第一章为:"The Learned Hand Formula for Determining Liability",足见 Learned Hand Formula 对侵权行为法经济分析的重要性。

② Posner 在担任美国联邦巡回法院法官后,曾在若干判决应用"汉德公式",备受重视,限于篇幅,难以详述,参见 Barnes and Stout, The EconomicAnalysis of Tort Law, 1992, pp. 39-48 所评论的两则判决: McCarty v. Pheasant Run Inc. (1987) 及 Davis v. Consolidated Rail Corporation (1986). 参见范晓玲、王元勋:《过失所致纯粹经济上损失》,载《月旦法学杂志》第 26 期,第 95 页;第 27 期,第 78 页。

③ 关于过失的经济分析的"分析检讨",参见 J. G. Fleming, Law of Torts, p. 118; Barnes/Stout, The Economic Analysis of Tort Law, p. 41, 45; Prosser/Wade/Schwartz, Torts, pp. 133-144; Epstein, Torts, pp. 150-168.

五、思考模式

现行民法系建立在过失责任之上,过失的认定最为关键,相关问题前已详论。值得注意的是,"最高法院"在吕秀莲告《新新闻》侵害名誉案,第一次对过失的认定基准有较为详细的说明,认为:"过失乃应注意而不注意即欠缺注意之义务之谓。构成侵权行为之过失,系指抽象轻过失即欠缺善良管理人之注意义务而言。行为人是否尽善良管理人之注意,应依事件性质之特性,分别加以考虑,因行为人之职业,危害之严重性,被害法益之轻重,防范避免危害之代价,而有所不同。"基本上同于本书所采见解。兹为便于观察,整理前揭说明提出如下思考模式,以供参照:

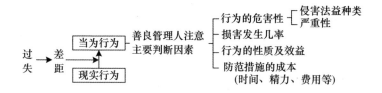

兹举4例简要加以说明:

(1)厨房放置杀鼠药。在前举餐厅主人将杀鼠药放在调味料瓶内的案例,其行为严重危及客人身体、健康,损害发生几率甚高,其行为纯为个人方便,防范措施几无成本可言,显然欠缺善良管理人的注意。

(2)吕秀莲控告《新新闻》案:新闻媒体的不实报道,严重毁损公众人物的名誉,损害几率甚高。惟新闻报道攸关言论自由,其注意程度应予斟酌,以认定是否尽其合理查证义务("最高法院"2004年台上字第851号判决)。

(3)板球伤人案。在英国 Belton v. Ston 案,在某场球赛(Cricket),球被击出到路上,伤害了原告,法院认为不成立过失侵权行为。依前揭思考模式加以分析:板球伤人涉及人身侵害,但仅为一人。其发生几率甚低(过去30年仅发生6次)。板球系一个有益的运动,尤其是在英国。设立高墙防范危险,费用甚巨(Bolton v. Stone〔1951〕AC850, 867—86, 8)。

(4)道路设立野生动物保护围栏案。在德国著名的野生动物保护栏案(Wildschutzzanm, BGH, NJW 1898, 2808),原告于1985年驾车经过某邦的森林道路与动物相撞,肇致人身伤害,以该邦未置动物保护围栏违反交通安全义务（Strassenverkehrssicherungspflicht），应依《德国民法》第 823 条规定负损害赔偿责任。德国联邦法院判决原告败诉，其主要理由系认为，在森林地区动物出入道路，乃自然现象。该段道路系地方性道路，非快速道路，1984 年到 1985 年共发生 50 到 60 件动物相撞交通事故，于危险地段设置警告标志，以提醒驾驶员注意，即为已足，未设置动物保护围栏并不违反交通安全义务。Kötz 教授曾对本案作法律经济分析，认为根据容易获得的统计资料，在该发生动物相撞车祸地段，设置动物保护围栏的费用低于事故造成的损害金额，故应认其未设置围栏防范危害，具有过失。①

第二项　实务案例类型

关于侵权行为上的过失，判例学说均以善良管理人的注意（抽象轻过失）为判断标准，已详上述。过失的认定，不仅是事实问题，也是法律问题，乃实务上重要课题。目前法律系学生多偏向法律抽象规范的记忆而忽略了细心、耐心研读案例事实，及如何将具体事实涵摄，或具体化于抽象过失概念之下。鉴于此种涵摄及具体化在法学研究和实务上的重要性，特就若干重要案例类型，摘述"最高法院"判决，以供参考：

一、车祸事故

（一）连环车祸乘客跳落桥下伤亡案：夜间驾驶大客车、未保持安全距离

"最高法院"1987 年台上字第 158 号判决，系具有典型性的车祸案例。"最高法院"采原审见解，认为："罗云晖驾驶中兴号大客车，于夜晚又未注意与前车保持安全距离，致追撞前车，此部分应由罗云晖负过失责任。至陈荣辉疏未注意与前车保持安全距离，亦造成相继追撞，且因陈荣辉驾驶之小客车起火燃烧，而波及其他三车，此项追撞肇事责任，固在于陈荣辉，但上诉人之中兴号大客车上乘客张星煌等 18 人所以死伤，并非由于前开车辆追撞肇事所致，而系因上述三车先后起火燃烧，其乘客于下车后见火势猛烈，惟恐车身爆炸，乃于未辨明周遭环境前，即贸然将桥缝误为安全岛而纷纷跳下所致，经刑事法院于罗云晖过失致人于死案件，认

---

① Kötz/Schäfen, Judex oeconomics (2003). 该书选择德国联邦法院 12 个判决作法律经济分析，结合理论与实务，具有方法上的意义。

定属实,并有车辆损坏情形照片、道路交通事故调查报告表、彰化县汽车肇事鉴定委员会鉴定书、汽车肇事复议鉴定委员会函附上开刑事卷宗可稽,并经证人供明在卷。是本件车祸之过失责任在于陈荣辉及罗云晖固堪认定。"

按汽车(尤其是大客车)行驶于高速公路,其危险性甚大,损害亦巨,实可预见,保持安全距离以预防事故,其成本费用甚少,原审的认定实值赞同。又由此案例可知,关于车祸事故之判定有道路交通规则可资依据,并有肇事鉴定委员会鉴定书可供参考,基本上多不生争议。

(二) 车祸诱发精神分裂案:未注意分段逐渐刹车而紧急刹车

汽车行驶中紧急刹车最属常见,在"最高法院"1994年台上字第613号判决,原审谓:"郑○远为台汽公司雇用之司机,于上开时地,驾驶台汽公司营业大客车,应注意分段逐渐刹车,以避免紧急刹车造成车身剧烈震动,导致乘客发生危险,乃竟疏于注意,于行驶中紧急刹车,致车身不稳,车内乘客即上诉人赖○媛因而头部外伤,合并发生意识障碍之事实,有出具之诊断书可稽。郑○远既为大客车职业司机,紧急刹车将导致车身剧动,易发生车内乘客受害之危险,为其所明知,自应为相当之注意,而疏于注意,此与紧急避难情形,亦属有别。应认为有过失。郑○远及台○公司就赖○媛坐于车内如何与有过失情形,亦不能举证证明,自不得主张赖○媛与有过失。郑○远及台○公司引用'交通部'1964年12月5日交路字第14300号函谓:汽车驾驶人在行驶中,因闪避行人,使用刹车使乘客受伤,不能依一般汽车肇事案件,责令驾驶员负全部责任。台中市区车辆行车事故肇事鉴定委员会及汽车肇事复议委员会之鉴定意见亦认定上开函示看法,惟查上开意见无非就驾驶员在内部责任之认定,尚不足以作为对外发生侵权行为责任分担之依据。"就本件事实言,"最高法院"采原审见解认定司机具有过失,固值赞同。但紧急刹车是否构成紧急避难(如躲避山崩落石),或乘客与有过失(如未依规定使用安全带),应就具体个案认定,乃属当然。

(三) 汽车内求欢案:关闭汽车门窗缺氧而导致死亡

关于使用汽车所涉及的过失,"最高法院"1991年台上字第173号判决,亦具趣味。在本件上诉人以自用轿车载某女外出游玩,途中因求欢而将汽车门窗关闭,但疏未注意调节车内空气,致使原患有心脏扩大症该女顿感呼吸困难,产生恶心,呕吐等现象,上诉人见状,复疏未注意采取适当之安全措施,仍任令汽车门窗紧闭,致该女由于缺氧引起急性心肺循环衰竭而死亡。原审及"最高法院"均认为上诉人应负过失侵权行为之责任。虽该女原患有心脏扩大症,以致加速缺氧,仍无解于上诉人所应负之过失责任。"最高法院"并认为上诉人对于该女之心脏病毫不知情,如该女未曾预促其注意,即系与有过失。

二、工业灾害：雇主违反操作起重机的安全规则

在实务上工业灾害案件尚不常见,多涉及雇主的过失[1],在"最高法院"1992年台上字第117号判决,原审认为:"进轮公司轧断巫荣奎手指之吊物起重机及出轨之反转机,系在特定场所使用动力,将货物吊升并将其作水平搬运为目的之机械,属起重升降机具安全规则所规范之机械,依该规则第38条第2款的规定,雇主对于固定式起重机,于从事检修、调整时,应指定作业监督人员,从事监督指挥工作。进轮公司于从事检修故障之反转机时,并未指定监督人员,从事监督工作,难谓无违反上开安全规则情事。又起重升降机具安全规则系依劳工安全卫生法而订定,进轮公司违反该规则,自属违反保护他人之法律。应推定其有过失。"

值得注意的是,关于某种具危险性机器的使用,相关职业团体(或制造厂商)常定有安全规则,或应遵守的检查监督事项。对其违反虽不能径推定其有过失,但可作为判定过失的考虑因素。

三、商品责任：多氯联苯米糠油案,经销者的注意义务

最为惨烈的商品责任系发生于20世纪70年代的多氯联苯案件,其诉讼拖延多时,主要争点在于故意或过失有无的问题。在"最高法院"1991年台上字第636号判决,被上诉人经营丰香油行,贩卖彰化油脂公司米糠油,是否明知或因过失不知其含有多氯联苯,原审法院认为:"被上诉人所销售之米糠油系彰化油脂公司于1978年间,在调配制造米糠油过程中,使用多氯联苯为热煤,疏未注意,致多氯联苯染及米糠油,销售各

---

① "最高法院"1997年台上字第283号判决谓:"劳工是否遭遇职业病,为一客观事实,与雇主是否有过失,似属二事,倘雇主对该项职业灾害之发生有过失情事,则其另有侵权行为损害赔偿责任,与无过失时有别,故不能将职业灾害与雇主必有过失相提并论,雇主对职业病所生之损害,是否负侵权行为损害赔偿责任,请求人仍须先证明雇主有何故意或过失情形。"(参见《"最高法院"民事裁判书汇编》第27期,第115页,本件判决理由甚长,请阅读之!)

地,批售予被上诉人经营之丰香油行,1979年4月间,惠明盲哑学校师生陆续发生不明皮肤病症,于同年5月11日向台中县卫生局提出报告,经该局于同年8月9日检验该项米糠油完成,并未发现不合规定,虽经参与诊治之彰化基督教医院、台湾大学附属医院会同台中医院皮肤科医师前往调查诊疗,仍不能确定其病因。嗣于同年5月又发现兴发工业公司员工有类似情形,乃依一般食品中毒检验项目检验该项米糠油,仍未发现结果。经收集有关食品中毒资料,始发现1968年10月,日本九州岛福冈县一带发生类似中毒事件,系因多氯联苯于制造食油过程中渗出掺入油中污染引起,因此做多氯联苯检验,结果五种检体含有多氯联苯。在未检验获有结果前,具有专门智识之卫生人员及医师尚且不知该项食油含有多氯联苯,被上诉人仅为食油经销商人,而该油品又系向合法厂商彰化油脂公司购入,并未参与制造,自难期被上诉人注意有无含有多氯联苯之能力,且被上诉人之家属曾因食用其出售之米糠油致多氯联苯中毒,在医院治疗。被上诉人在卫生机关确定该食油含有多氯联苯前,对是否含有多氯联苯并不知情,对惠明盲哑学校师生及兴发工业公司员工陆续发生皮肤病,亦不知其事,难谓其有注意能力,自无故意过失之可言。"

"最高法院"则谓:"惟查上诉人在原审主张:被上诉人贩卖米糠油,其在1979年4、5月间,即知悉凡食用被上诉人所开之丰香油行所出售之食用油,消费者有多人中毒,引起不明皮肤病,食油有问题,并且在台中县卫生局于1979年5月11日派人至油行抽取食用油检验后,被上诉人仍继续售油至1979年10月8日止,对消费者的生死毫不在乎,草菅人命,应负赔偿之责任云云。……原判决对此未予调查审认,并于判决理由项下,说明何以不足采取之意见,难谓无理由不备之违法。"

本件为典型商品责任案件,涉及商品出卖人的故意或过失,多年诉讼仍难认定,由此可知商品责任的归责原则及举证责任,确有检讨余地。[①]

四、污水溢流的公害:预见台风来临对排放污水的注意防范

关于公害,实务上涉及过失的案例甚少,在"最高法院"1983年台上

---

① 参见"消费者保护法"第8条第1项规定:"从事经销之企业经营者,就商品或服务所生损害,与设计、生产、制造商品或提供服务之企业经营者连带负赔偿责任,但其对损害之防免已尽相当之注意,或纵加以相当之注意而仍不免发生损害者,不在此限。"系采推定过失责任。

字第 3986 号判决①,其判决理由谓:"被上诉人对工厂污水之处理,似未尽妥,而有受主管机关依水污染防治法处罚之记录。台风季节,常挟有豪雨,为公知之事实。本件被上诉人在闻知台风来临之际,对其污水之溢流,有无做必要之防范?如有疏忽,对其因疏忽溢流之污水所造成之损失,能否谓无过失,即值推敲。又本件被上诉人之污水果系构成上诉人养殖鱼类死亡原因之一,即令其他工厂流入之污水,亦属构成养殖鱼类死亡之原因,仍应有民法第 185 条第 1 项后段规定之适用。原判决未注意及此,遽为上诉人不利之判断,自有未合。"

本件判决的重点有两点:

(1)过失的要素包括预见性(闻知台风来临)及预防性(对污水溢流做必要防范)。

(2)数个原因事实,个别均足为侵害他人权利的原因时,不能据此各自主张其对侵害的发生,不具因果关系,而应成立共同侵权行为。

五、医疗事故:过失认定上的争点

(一)过失认定的判断基准

医疗诉讼日益增多,而以过失的认定为主要争点,其被认定医师应负过失责任的,如怠于注意,不按时予以 X 光检查,以明了病情,作为应否开刀之决定,致未能为适时治疗②;欠缺善良管理人注意,未将病人之骨折处接合,致成陈旧性骨折畸形,且肿胀不愈合③;应知注射葡萄糖液,引发热性副作用致人于死,注射之初,未密切注意病人反应,对甫行手术之病人,注射 200CC,未审慎施用④;未经试验即注射盘尼西林针剂,致中毒发生过敏性反应,引发心脏肥大等症⑤;注射康必安未预作皮肤敏感测

---

① 参见林辰彦等编:《最新综合六法审判实务》,载《民法债编》(一),第 501 页。

② 参见"最高法院"1963 年台上字第 1155 号判决,载《"最高法院"民刑事裁判专辑》(有关医疗纠纷之裁判),第 1 页。

③ 参见"最高法院"1981 年台上字第 1079 号判决,载《"最高法院"民刑事裁判专辑》(有关医疗纠纷之裁判),第 5 页。

④ 参见"最高法院"1963 年台上字第 1180 号判决,载《"最高法院"民刑事裁判专辑》(有关医疗纠纷之裁判),第 13 页。

⑤ 参见"最高法院"1965 年台上字第 111 号判决,载《"最高法院"民刑事裁判专辑》(有关医疗纠纷之裁判),第 21 页。

试,致人于死①,手术纱布遗留于腹中。② 在诸判决,"最高法院"均作过失的认定。

(二) 双胞正常活胎误诊为单生异常死胎案:可容许的危险

在理论构成上具启发性的是"最高法院"1997 年台上字第 56 号判决。本件被上诉人到上诉人设立的妇产科诊所检查,因上诉人将怀孕 8 周之双胞正常活胎误诊为单生异常死胎,乃同意由上诉人施行人工流产手术。嗣上诉人发现手术失败,前往要求说明为何腹中尚有 11 周之胎儿时,上诉人未经其及其配偶同意,出具手术同意书,即进行第二次人工流产手术,不但仍未堕出胎儿,反导致子宫穿孔,产生腹膜炎,具有过失。在判决理由中,原审及"最高法院"提出两个重要法律见解:

(1) 人工流产手术之过程中,最常见之合并症为子宫穿孔,发生率为0.04% ~ 1.5%,此项发生率在子宫重度后倾可能更高,固经荣民总医院于鉴定函中叙述详细,惟第二次手术,并无不立即手术,将危及被上诉人生命安全之情形,被上诉人既然神志清醒,且有配偶陪伴在旁,上诉人即应说明手术之原因、手术成功率或可能发生之并发症及危险,由被上诉人自行选择是否承担手术可能之危险。上诉人未经被上诉人同意,擅自施行第二次手术,系违反"医疗法"第 46 条第 1 项保护病人之法律,依"民法"第 184 条第 2 项,推定上诉人为有过失。

(2) 上诉人辩称:第二次手术系因被上诉人子宫严重后屈且子宫角怀孕所致,此等特殊畸形生理构造,产生子宫穿孔等情形,应属"可容许之危险"云云。查所谓"可容许之危险",系指行为人遵守各种危险事业所定之规则,并于实施危险行为时尽其应有之注意,对于可视为被容许之危险得免其过失责任而言。如行为人未遵守各该危险事业所定规则,尽其

---

① 参见"最高法院"1982 年台上字第 5302 号判决,载《"最高法院"民刑事裁判专辑》(有关医疗纠纷之裁判),第 25 页。

② 此类案件颇为常见,在"最高法院"1996 年台上字第 1131 号判决一案,载《"最高法院"民事裁判书汇编》第 24 期,第 206 页,被上诉人于某年某月某日至上诉人医院生产手术,由上诉人雇用之甲医师为其剖腹产,孰料某甲竟将一块手术用纱布遗留伊腹中,致伊术后一直为阵发性之腹痛及腹泻所苦,直至术后两个月,方由另所医院为其取出。原审法官认为:"被上诉人主张之事实,有诊断证明书、手术纪录、其他类检查报告……可稽;自堪信为真实。查上诉人雇用之某医师甲于剖腹产手术后遗落纱布……于上诉人腹中,……确实有医疗上之疏失,有'行政院卫生署'医事审议委员会第 83191 号鉴定书为凭,足见被上诉人所受之身体健康伤害与某甲之手术过失间,应有相当因果关系……"

应有之注意,则不得主张被容许之危险而免责。[1]

关于本件判决兹分两点说明如下:

(1)并发症发生率。并发症发生率为 0.04%(即 4‰)时,医院仍应为说明,而说明的内容及给予病人考虑的期间应斟酌有无立即手术的必要及病人是否清醒而定。值得注意的是,"最高法院"认为,"医疗法"第 46 条第 1 项系属保护他人的法律,违反者,推定其有过失。按说明义务所涉及的是"违法阻却",违反说明义务时,不阻却违法,医生应负侵权责任。

(2)可容许之危险。值得重视的是,"最高法院"第一次将刑法学说上所谓"可容许之危险"理论适用于侵权行为之上。[2] 应提出的有两点:"可容许的危险"乃刑法上的理论,一般多认为构成"违法阻却","最高法院"则认为得"免其过失责任"。"阻却违法"不同于"免除过失责任"。如何将刑法上有争议的"可容许危险"理论,移用于民法上的侵权行为,是一个值得研究的问题。诚如"最高法院"所云,各种危险事业皆自定有其规则,就医疗事业言,例如医疗器材使用守则、手术应注意事项,通常惯行(common practice)等。此等规则,对于从事危险事业者过失的认定甚为重要,并应征询专家鉴定意见,作为判断"实施危险行为时尽其应有注意"的标准。

第四款　故意或过失的举证责任

一、被害人的举证责任

关于侵权行为上的"故意或过失",应由被害人(原告)主张有利于己之事实,而负举证责任。"最高法院"1969 年台上字第 1421 号判例谓:"侵权行为固以故意或过失侵害他人之权利为成立要件。惟关于假扣押裁定因自始不当而撤销,或因民事诉讼法第 529 条第 2 项及民事诉讼法

---

① 本件判决刊登于《"司法院"公报》第 39 卷第 7 期,第 116 页。

② 就吾人查阅所及迄未发现"最高法院"判决有采用"可容许危险"的理论。关于刑法上"可容许危险"(erlaubtes Risiko)的理论,参见苏俊雄:《刑法总论》Ⅱ,第 256 页;Maurach-Zipf, Straferecht Allgemeinee Teil (8. Aufl. , 1992), S. 401 ff. (如乡下医师因无法及时将子女送往医院,因欠缺专业训练及设备不足,而未能救助产妇与生命。)关于在民法上侵权行为(尤其是医疗事故)适用的检讨,参见邱聪智:《医疗过失与侵权行为》,载《民法研究》(一),第 438 页;Laufs/Uhlenbruck (Hrsg.), Handbuch des Artzrechts (1992), S. 139, 140.

第530条第3项规定而撤销者,债权人应赔偿债务人因假扣押或供担保所受之损害,同法第531条定有明文。故债权人所负此项赔偿损害责任,乃本于假扣押裁定撤销之法定事由而生,债务人赔偿请求权之成立,即不以债权人之故意或过失为要件,亦属于所谓无过失责任之一种。至债权人对于分配表声明异议,并对于他债权人起诉,虽受败诉判决,但法律上既无该声明异议人应赔偿他债权人因此所受损害之明文规定,则该他债权人对于声明异议人如请求损害赔偿,惟得依民法侵权行为之法则办理,亦即对于声明异议人之有故意或过失应负证明之责。"

此项举证责任的分配,系基于法律要件分类说,实乃过失责任原则的表现。侵权行为法既采过失责任,原则上均由原告负举证责任。[1]

在医疗事故,实务认为仍应由原告负举证责任[2],并涉及鉴定问题,兹举一则美容失败案[3],可供参考:"李女因其鼻梁较低,乃于1972年7月13日前往生生医院请求隆鼻,先后由孔某为其装置软鼻骨,张某为其在印堂注入人造脂肪,再经宁某于1973年5月19日将所装软鼻骨卸除,并施以针药治疗,终因注射硫胺剂过量而致脸部肿胀,引起剧烈反应扩及全身,皮肤奇痒,辗转前往台北市各大医院求医,始渐好转,但脸颊处仍留有三处红肿硬结、异样变化等事实,业经刑事法院调查属实,并有李女提出之生生医院挂号单两张,内载装置软鼻骨,注射人造脂肪及其收费金额等密码可证,李女脸部现存之三处红肿,先后经台湾大学附属医院、中兴医院、马偕医院及前'司法行政部调查局'诊断及鉴定结果,均认为系属异物反应所致。李女主张其脸部三处红肿硬结之伤害,系由于注入人造脂

---

① 德国法,参见 Deutsch, Haftungsrecht, Erster Band, Allgemeine Lehre (1976), S. 295;日本法,参见〔日〕前田达明:《不法行为法》,第53页;英美法,参见 Street, Torts, p. 241; Franklin/Rabin/Green, Tort Law and Alternatives, p. 86.

② 最近见解,"最高法院"2007年台上字第2738号判决谓:按当事人主张有利于己之事实者,就其事实有举证之责任。但法律另有规定,或依其情形显失公平者,不在此限。"民事诉讼法"第277条定有明文。依前开规定,并无医院或医师应就其医疗行为先负无侵权行为举证责任之情形,如由主张医院或医师有过失者,先负举证之责,尚无违反上开规定或有显失公平之情形,则上诉人主张本件应由被上诉人先就其医疗行为并无侵权行为负举证之责,显系就消极事实先负举证责任,违反前述举证责任之规定,自应由上诉人先就被上诉人有过失之事实负举证责任。

③ "最高法院"1981年台上字第538号判决:《"最高法院"民刑事裁判专辑》(有关医疗纠纷之裁判),第13页。本专辑选录民、刑事有关医疗事故判决,分为应负过失、不负过失责任及有无过失行为不明部分三类,足供参考分析。

肪及硫胺剂等异物所引起之结果，堪以采信。孔某等五人，自应令负过失侵权行为之连带损害赔偿责任。"

由前揭判决理由可知，原告要使法院认定被告有过失，诚属不易，须要有刑事法院的调查、挂号单、密码、多家医院及调查局的鉴定等，对原告言，须耗费心力，对社会言，须负担重大财政支出。

二、举证责任的减轻

法谚有云："举证责任的所在，败诉的所在。"由原告负举证责任固在维护过失责任原则，但为保护原告不因举证困难而遭败诉，基于公平原则，缓和举证责任实有必要，至其方法，在德国法系采所谓表面证据（Anscheinbeweis），英美法上有所谓 Res ipsaloquitur（事实说明自己）法则，在台湾地区则有"民事诉讼法"第 282 条规定："法院得依已明了之事实，推定应证事实之真伪。"可资适用。例如驾车开上行人道撞伤路人，手术纱布留于病人腹内，均可推定其有过失。

三、举证责任的转换

举证责任的转换，系在若干侵权行为类型，为保护被害人所采的一种方法，即将法律要件分类说所定的一般举证原则分配加以倒置，使被告（相对人、加害人）就相反的事实负举证责任，"民法"条文规定"但已尽相当之注意而仍不免发生损害者，不在此限"时，均属举证责任的转换，除"民法"第 184 条第 2 项规定违反保护他人法律的规定推定其有过失外，尚有第 187 条第 2 项（法定代理人责任）、第 188 条第 1 项但书（雇用人责任）、第 190 条第 1 项（动物占有人责任）及第 191 条（工作物所有人责任）、第 191 条之 1 至之 3。

对此等过失推定责任，学说上有人认为系由过失责任移向无过失责任的中间责任。值得提出的是，法院得否为实践当事人间的公平，而基于证据距离、危险控制领域或经验法则上的盖然性等理论，就某种特殊侵权行为作举证责任的分配。德国联邦法院曾在商品瑕疵所生损害、医疗事故或公害等，借此方法调整了侵权行为的归责原则。[①] 在台湾地区实务

---

① 简要说明，参见陈荣宗：《民事诉讼法》（中），2005 年版，第 491 页；H. Stoll, Haftungsverlagerung durch beweisrechtliche Mittel, AcP 176, 145.

上迄未发现此类案例。此种举证危险的变更必须是被害人确有"举证困境"时,始得审慎为之,以避免稀释或掏空过失责任原则。

第五款 责任能力

一、责任能力制度

加害人"因故意或过失"侵害他人权利者,具主观的"可归责性",此项可归责性须以责任能力(归责能力)为前提,此属侵权行为人负损害赔偿责任的资格,故亦称为侵权行为能力,在思考逻辑上应先肯定加害人有责任能力,再进而认定其有无故意或过失。

侵权行为能力属于广义行为能力,与法律行为能力(狭义的行为能力)原则上均以识别能力(意思能力)为判断标准。惟在法律行为,为免举证的困难及保护交易的安全,民法设有"行为能力制度",基本上以年龄为基准,采取划一的标准,分为无行为能力人(未满7岁的未成年人),限制行为能力人(满7岁以上之未成年人),及完全行为能力人(成年人、未成年而已结婚者)。① 然则侵权行为能力的有无,将依何标准而为决定?

关于责任能力的认定标准,各国或地区立法例不同。《德国民法》第827条规定,无意识状态或精神活动之病态上错乱,致不能自由决定意思之状态,加损害于他人者,不负赔偿责任;第828条规定,未满7岁的未成年人无识别能力,就其所加于他人之损害,不负责任。满7岁以上,18岁以下之未成年人,则以其行为时有无识别能力而决定其责任能力(聋哑之人亦同)。② 《日本民法》第712条规定,未成年人对他人加以损害时,如未具知能足以识别其行为之责任者,就其行为不负赔偿责任;第713条规定,于心神丧失中对他人加以损害之人,不负赔偿责任。

"民法"就责任能力的有无未设明文,系间接规定于"民法"第187条:无行为能力人或限制行为能力人,不法侵害他人之权利者,以行为时有识别能力为限,与其法定代理人连带负损害赔偿责任。行为时无识别能力者,由其法定代理人负损害赔偿责任。前项情形,法定代理人如其监

---

① 参见拙著:《民法总则》,北京大学出版社2009年版,第296页。

② 关于《德国民法》第827条及第828条的解释适用,参见 Palandt/Thomas § 827, 828 BGB; Larenz/Canaris, Schuldrecht II/2, S. 650.

督并未疏懈,或纵加以相当之监督,而仍不免发生损害者,不负赔偿责任。如不能依前两项规定受损害赔偿时,法院因被害人之声请,得斟酌行为人及其法定代理人与被害人之经济状况,令行为人或其法定代理人为全部或一部分之损害赔偿。前项规定,于其他之人,在无意识或精神错乱中所为之行为,致第三人受损害时,准用之。应说明的有二:

(1) 侵权行为责任的成立,须以识别能力为必要,无识别能力者无责任能力。无责任能力有:无行为能力人或限制行为能力人于行为时无识别能力。行为当时在无意识(如酣睡、酒醉、发狂、受催眠、精神病或心脏病发作)或精神错乱中时亦无责任能力。由此可知,侵权行为责任能力系就个别行为而判断,因其涉及对个人行为的非难,而非如行为能力制度之须顾及交易安全。

(2) 行为时无识别能力时,由其法定代理人负损害赔偿责任,但行为人无识别能力,且法定代理人举证免责时,则由行为人或其法定代理人负衡平责任。

二、识别能力

关于识别能力,"民法"未设定义规定,立法理由书认为系辨别是非利害的能力,而其所谓是非利害,非指善恶而言,乃指法律上的是非利害,即认识其行为为法律所不容许,而须对其行为结果有所负责。易言之,即指辨别自己的行为在法律上应负某种责任的能力。此种能力的认定,有时甚为困难,须借助受心理学训练的专家加以鉴定。兹举实务上3个案例,以供参考:

(1) 8 岁孩童,以毛尾针对冰贩设置用为赌博棒冰之旋盘射击,冀能赢取棒冰,不料毛尾针误中盘侧,受抵抗力反击射向在场 6 岁孩童左眼眼球,致视力全失而成残废。"最高法院"认为加害人有识别能力。[①]

(2) 某甲 17 岁就学商业学校,见乙在校内殴打同学,路抱不平出而劝止,遂生口角,被乙以手腕紧握颈项咽喉窒息而死。"最高法院"认为加害人"虽属限制行为能力人,但其识别能力则与成年人无异。"[②]

(3) "最高法院"1963 年台上字第 2771 号判决谓:摔跤系以摔倒对

① 参见"最高法院"1955 年台上字第 45 号判决,《裁判类编:〈民事法〉》(三),第 603 页。
② 参见"最高法院"1958 年台上字第 831 号判决,《裁判类编:〈民事法〉》(五),第 136 页。

方与否为决定胜负之运动方法,学生多于课余之际作此游戏,上诉人左大腿受伤,既系因其邀同被上诉人蔡生湾摔跤跌倒后所致,殊难谓该蔡生湾在当时有致上诉人受如此伤害认识,亦即无识别能力可言,难使该蔡生湾就上诉人因伤所受之损害负赔偿责任。[①] 本件判决对识别能力采较严格的认定标准,即须认识有使"上诉人受如此伤害之认识",是否妥适,尚有研究余地。

须注意的是,《德国民法》第 827 条第 2 项规定:"以酗酒或其他类似之手段,一时陷于前段所称之状态者,就其在此状态所不法惹起之损害,负担犹如因过失而应负之相同责任;非因过失而陷于此种状态者,不负责任。"《日本民法》第 713 条但书亦规定:"因故意或过失致一时之心神丧失者,不在此限。"民法虽未设此规定,亦应同样解释,例如故意吸食毒品,于心神恍惚中,骑摩托车奔驰,以致撞伤行人受伤时,应负赔偿责任。[②]

三、衡平责任

无责任能力人不法侵害他人者,不成立"民法"第 184 条第 1 项所定的侵权责任,法定代理人亦得证明其监督并未疏懈,或纵加以相当之监督,而仍不免发生损害,而毋庸赔偿。于此两种情形,法院因被害人之声请,得斟酌行为人及其法定代理人与被害人之经济状况令行为人或其法定代理人为全部或一部分之损害赔偿(第 187 条第 3 项),学说上称为衡平责任(或公平责任)。此项责任属于无过失责任(危险责任)之一种。其应斟酌的,除经济情况外,尚应包括加害的种类及方法,责任能力欠缺的程度,以及被害人是否已取得保险金等情事。[③]

值得特别提出的是与有过失的问题。被害人对损害发生或扩大之与有过失须否以有识别能力为必要,颇有争议,通说采肯定见解。[④] 于此情形,应认为有"民法"第 187 条第 3 项衡平原则类推适用的余地。例如富豪某甲因精神错乱,奔跑于交叉路口,为疏于注意的摩托车骑士乙所撞

① 参见《裁判类编,民事法》(七),第 749 页。
② 参见孙森焱:《民法债编总论》,第 238 页。
③ 参见史尚宽:《债法总论》,第 179 页。
④ 参见拙著:《间接受害人之损害赔偿请求权及与有过失原则之适用》,载《民法学说与判例研究》(第一册),北京大学出版社 2009 年版,第 198 页。

伤。甲虽因无识别能力,不成立与有过失,但于量定赔偿之数额时,甲的
经济状况及肇致损害的程度,亦应加以斟酌。

四、举证责任

关于加害人的故意过失,应由被害人负举证责任,前已论及。识别能
力则应由加害人负举证责任。至于"民法"第187条第2项规定的免责要
件①,应由法定代理人负举证责任。

第八节　交易往来安全义务(Verkehrspflicht):
　　　社会安全注意义务
——侵权行为法之续造的重要发展

(1) 甲经商超市,楼梯留大量色拉油,未予清除,惟贴有:"顾客
小心"的告示。乙到该超市观光但未购物,离去之际因踏到楼梯色拉
油跌倒受伤。
(2) 甲制造有毒奶粉销售,婴儿乙食用后健康受损。在前揭两
例,甲应否依"民法"第184条第1项前段规定,对乙负损害赔偿责
任,试就构成要件、违法性及过失(有责任)加以说明。

第一款　问题说明

一、不作为及间接侵害

"民法"第184条第1项前段规定:"因故意或过失不法侵害他人之
权利者,负损害赔偿责任。"此为侵权行为法上"小"的概括条款,在适用
上有加以具体化的必要。侵害他人权利的行为出于"作为""直接"时(例
如驾车伤人),具有不法性(结果不法),于有过失时,应负侵权责任。值
得提出讨论的有两种侵害态样:

---

① 参见"最高法院"1983年台上字第953号判决:"法定代理人对无行为能力人或限制行
为能力人之侵权行为,以负责为原则,免责为例外,故民法第187条第2项所定免责要件,应由法
定代理人负举证责任。"

（1）不作为。甲于深夜将汽车停放于小巷内，"未关车门"，乙骑机车撞到车门，身体受伤。

（2）间接侵害。甲制造汽车，使用乙的刹车机件，由丙销售，丁购车后因刹车机件缺陷，发生车祸，身受重伤。学说上称为间接侵害（mittelbare Verletzung），即其侵害系在加害人的行为过程完成后，因被害人自己的行为（如驾车）、他人行为（如母亲以有毒奶粉喂食婴儿）或其他事由而发生。[①]

在不作为及间接侵害均发生时，如何认定侵害行为及违法性的问题？

二、交通安全义务及交易安全义务的发生

"民法"第 191 条规定："土地上之建筑物或其他工作物所致他人权利之损害，由工作物之所有人负赔偿责任。但其对于设置或保管并无欠缺，或损害非因设置或保管有欠缺，或于防止损害之发生，已尽相当之注意者，不在此限。前项损害之发生，如另有应负责任之人时，赔偿损害之所有人，对于该应负责者，有求偿权。"立法理由谓："土地上工作物之自主占有人，不问其占有工作物之土地与否，以交通上之安全所必要为限，凡设置工作物保管工作物之方法，一有欠缺，即应修补，务必不生损害，此公法上之义务也。若因欠缺生损害于他人时，即应负赔偿之责。然工作物所有人对于防止发生损害之方法已尽相当之注意者，即可不负赔偿义务。若其损害之原因，别有负责任之人时，（例如建筑工作物之承揽人）工作物所有人，于向被害人赔偿后，自可对于其人行使求偿权。"所称"交通安全"指土地所有人应防范工作物不因其设置或保管的欠缺，而伤害道路往来通行之人。

在实务上，值得提出的是，"最高法院"1989 年台上字第 200 号判决谓："商品制造人生产具有瑕疵之商品流入市场，成为交易客体，显已违反交易安全义务，因此致消费者受有损害，自应负侵权行为之损害赔偿

---

① 关于"直接侵害"与"间接侵害"，得就美国法上著名的 Palsgraf v. Long Island R. Co. 案（本书第 227 页）加以说明。丙携带内有炸药包裹上火车，车站员推拉落上车，致包裹掉落爆炸伤害乙。甲的行为系直接侵害，丙系间接侵害，均涉及 negligence（过失侵权行为）上是否有 duty of care（注意义务）、注意义务的违反（breach of duty）及因果关系问题。"duty of care"与"交易往来安全义务"具有功能相当性。关于比较方法的功能性原则（Finalitätsprinzip），参见 Zweigert/Kötz, Einführung in die Rechtsvergleichung, S. 33 ff.

责任。"

在一件涉及"建筑法"第 39 条、第 87 条是否属于保护他人之法律，及其保护范围是否包括建筑物应有价值的财产损害（纯粹经济损失）的重要问题，"最高法院"2006 年台上字第 625 号判决谓："广合公司虽非实际施工之人，惟其既为建设公司，建造房屋使之流通进入市场，能否不负交易安全之注意义务？倘其明知或因过失而不知系争房屋未按图施工，影响结构安全，而仍交付房屋予购屋者使用，致损害他人之法益，被害人是否不得依侵权行为规定，请求其负损害赔偿责任？俱非无研求之余地。"

"民法"第 191 条立法理由所称"交通安全"涉及"不作为"的侵权责任。"最高法院"两个判决所提出的"交易安全义务"涉及"间接侵害"。交易安全义务的概念系采自德国法上的 Verkehrspflicht，对台湾的侵权行为法的发展具有重大意义，特参照德国判例学说就台湾地区侵权行为法的解释适用作简要说明。[①]

第二款　概念、功能、体系地位、法律构造及法之续造

一、概念

前述"民法"第 191 条立法理由所称的交通安全义务，在德国法称为 Verkehrssicherungspflicht，"最高法院"所使用的交易安全义务，系 Verkehrspflicht 的翻译。Verkehrspflicht 原指交通安全义务，例如清除路上积雪或撒盐。Verkehrspflicht 作为 Verkehrssicherungspflicht 的上位概念，包括从事职业活动、制造商品的安全义务。

将 Verkehrspflicht 译为交易安全义务，乃着眼于制造人使商品流入市场，进入交易过程（ins Verkehr zu bringen）。有另译为往来安全义务。此两种用语均符合 Verkehrspflicht 的字义，其所涉及的，实乃个人或企业在社会活动上应防范其所开启或持续的危险，以避免伤害他人。鉴于实务上已采用"交易安全义务"的概念，并为明确其内容，可称为交易往来安

---

① 德国法关于 Verkehrspflicht 资料文献甚多，参见 von Bar, Verkehrspflichten（1980）. Entwicklung und Entwicklungstendenzen im Recht der Verkehr（sicherungs）-pflichten，JuS 1988, 169 ff.；Mertens/Steffen, Verkehrspflichten und Deliktsrecht, VersR 1980, 397 ff；Kleindiek, Deliktshaftung und Juristische Person（1977），S. 20 ff. 中文著作，参见林美惠：《侵权行为法交易安全制度》，载《台湾大学法律学所研究博士论文》，2000 年版；李昊：《交易安全义务之研究》，载《清华大学硕士论文》，2005 年版；周友军：《交往安全义务理论研究》，中国人民大学 2008 年博士论文。

全义务,查其功能系保护不因他人不作为(如开挖道路未采安全措施)或间接侵害(如制造有毒食品流入市面)而受损害,亦可称社会安全或社会保障注意义务。

二、功能

交易往来安全义务(Verkehrspflicht),究具何种功能? 兹就德国实务上三个指标性判决加以说明。

(一) 枯树案(RGZ 52, 273)

1902年(《德国民法》施行后第二年)的枯树案。某位于公用道路为国库(被告)所有的一棵枯树倒下,侵害了原告的建筑物。原审法院(上诉法院)依普鲁士一般邦法规定,认为国库对道路保养义务的不作为,不负赔偿责任。关于民法的适用,帝国法院(Reichsgericht, RG)认为不适用《德国民法》第836条规定(相当于"民法"第191条),因为树木不是建筑物,或附着于土地的工作物,又当时并无法律规定树木所有人应检查树木安全的保护以他人的法律(《德国民法》第823条第2项,相当于"民法"第184条第2项)。帝国法院认为得适用《德国民法》第823条第1项(相当于"民法"第184条第1项前段),并以《德国民法》第836条(相当"民法"第191条)的类推适用为基础,肯定一项原则,即任何人若只要采取必要措施即可能防止他人损害发生时,应就自己支配之物所产生的损害负责。

(二) 撒盐案(RGZ 54, 53)

在1903年(枯树案后第二年)的撒盐案,被告(某市)于其所有供公众通行的石阶上未为除雪或撒盐,致原告因路滑跌倒受伤。帝国法院重申枯树案判决的意旨,并进一步认为,任何人以其道路供公众交通使用,应尽到交通安全所要求的照顾义务,国家或私人以作为或不作为的方式违反此项义务时,固属公法义务的违反,同时亦构成民法上的侵权行为。

(三) 兽医案(RGZ 102, 373)

某兽医(被告)为患有炭疽症(Milzbrand)的病牛作诊断,炭疽症具传染予人的危险性,该兽医疏于注意怠于为受委托屠杀病牛的屠夫(原告)消毒并诊断其伤口,致其被传染疾病,长年卧病在床。帝国法院判决原告胜诉,强调:任何从事特殊职业活动并提供服务予公众之人,承担一项责任,即行使职务时,应担保一个井然有序事物的进行。这种职业或营业活动促使产生具性质特殊的一般法律上义务(solche besonders geartete allgemeinen Rchtspflichten),得统称为 Verkehrsplchten(交易往来安全义务)。

前揭德国法院判决就《德国民法》第 823 条第 1 项(相当于"民法"第184 条第 1 项前段)建立了交易往来安全义务的一般原则,即开启或持续一定危险源之人,负有防范义务,其主要功能在于扩张不作为的侵权责任,并用于判断间接侵害的违法性,以认定在众多之人,何人应就其不作为或间接侵害负侵权责任。

三、体系地位:"民法"第 184 条第 1 项前段或第 2 项规定——保护权利或纯粹经济损失?

交易往来安全义务,就其发展史及功能而言,系针对"民法"第 184 条第 1 项前段"不法侵害"他人权利事实要件的具体化。此项安全义务的构造虽类似于"民法"第 184 条第 2 项保护他人之法律,但不能因此而认为得就此项规定建立一个以保护纯粹经济损害(纯粹财产损害)的侵权类型,盖此将破坏侵权行为法的基本体系,提升"民法"第 184 条第 2 项成为侵权行为法的基本规范,致使"民法"第 184 条第 1 项前段成为一个保护直接侵害的特别规定。

惟需说明的是,保护他人之法律亦得规定交易往来安全义务,而有"民法"第 184 条第 2 项的适用(参阅"最高法院"2006 年台上字第 625 号判决)。"最高法院"1978 年台上字第 2111 号判决谓:"上诉人明知加害人张某未领有驾驶执照,仍将该小客车交其驾驶,显违道路交通处罚条例21 条第 1 项第 1 款,第 28 条之规定,亦即违反保护他人之法律,应推定其有过失。"此属间接侵害,其所违反的乃交易往来安全义务,亦应有"民法"第 184 条第 1 项前段规定的适用。

四、交易往来安全义务与侵权行为构造

(一) 构造模式

"民法"第 184 条第 1 项前段的侵权行为包括三个层次,即事实要件、违法性及有责任(故意过失)。为便于了解,将其图示如下:

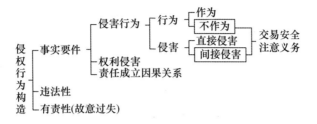

（二）交易往来安全义务与构成要件

如前所述,交易安全往来义务的功能在于扩大不作为的侵权行为,即于法定、契约、先行为义务所生的作为义务外,更使其他开启或持续危险之人负有作为义务,使违反安全义务的不作为等同作为而构成侵权行为。间接侵权与不作为有构造上的类似性,即其致他人权利受侵害,系由于被害人自己或第三人的行为,均因违反防范危险的安全义务而发生。在违反交易安全义务侵害他人权利,侵权行为三阶层构造属于构成要件(Tatbestand)的层次。①

（三）交易往来安全义务与违法性

"民法"第184条第1项前段规定针对权利受侵害系采"结果不法",尤其是在直接侵害的情形(如驾车撞人,毁损他人物品),因符合构成要件而推定其违法性,在间接侵权的情形,最近学说有认为其违法性非因侵害他人权利,乃是由于违反交易往来安全义务。然依传统见解,解释上仍可认为其违法性在于违反安全义务而侵害他人权利。此属理论争议,实际结论并无不同。

（四）安全义务与故意过失(有责性)

交易往来安全义务属构成要件层次,应与故意或过失(有责性)加以区别,因此应先肯定有安全义务存在(如树木所有人应清除掉落于人行道的腐烂枯叶),其后再认定义务人是否尽善良管理人的注意,有无过失,此项过失系针对权利的侵害,而非对安全义务的违反而言,应就个案斟酌考虑意外事故的后果、发生意外事故的可能性、危险的可认知性,以及防范

① 间接侵害常涉及因果关系,参见寄放之炸药因电线走火爆炸案("最高法院"1944年上字第769号判例,本书第248页);堆置保丽龙骑楼因焚烧冥纸引起火灾案("最高法院"1986年台上字第462号判决,本书第249页)。

意外事故危险的可能性与可归责性等因素合理加以判断。例如在幼儿园或小学附近建筑工事,不能仅悬挂"工地危险"的告示,亦应为必要的危险控制及防范措施(如设置篱笆等)。

五、交易往来安全与侵权行为法的"法之续造"

交易往来安全义务的创造系侵权行为法的"法之续造",即为防范危险的社会生活需要而创设,对"民法"第184条第1项前段"不法侵害他人之权利"的构成要件加以具体化,并已发展成为一个概括条款,以处理不作为及间接侵害的侵权责任,并有助于统合或补充"民法"第187条等特殊侵权行为的规定,使侵权行为法的规范体系更加完善,更能适应现代社会生活的需要。

第三款　发生原因、内容及保护范围

交易往来安全义务建立了一个概括性的原则,即开启或支配一定危险之人应有所作为,防范危险,避免侵害他人权益。兹简要说明其发生原因、内容、义务人及保护范围:

一、发生原因:危险的创造、支配

(一) 开启交通

开启交通系"交易往来安全义务"最主要的发生原因,所称交通系采广义,包括各种道路、电梯、手扶梯、过道及庭院走廊等交通的开启,例如商店营业,捷运输送乘客,举办演唱会招来观众。前揭德国法上的"枯树案""撒盐案",均属此种类型。又例如夜间停车于路旁,未熄火关门,致醉汉驾车伤人。

(二) 职业活动

从事职业活动亦常为交易往来安全义务的发生原因,前揭德国"兽医案"可供参照,从事职业活动的包括医院、建筑师、旅游营业人及各种运动的教练。例如精神病院应防范病患攻击他人,建筑师须遵守建筑安全法规(法定安全义务)。值得提出的是,德国实务认为售车之人将汽车交付予无驾照之人,违反了交通安全注意义务。[1]

---

[1]　BGH NJW 1979, 2309; Emmerich, Schuldrecht BT, S. 319.

二、义务内容

交易往来安全义务的内容,指应采取防范危险的措施,此须斟酌的危险的性质、严重性、对义务人期待可能性、行为效益、防范费用、被害人的信赖及自我保护可能性,以及法令规章等因素,就个案加以认定。[1] 前揭德国法上道路两旁设置野生动物出入围栏案(BGH NJW, 1989, 2803)所发生应否设置警告标志或围栏的争议,可供参照。

三、保护范围之人

交易往来安全义务保护范围的主要问题,系得受保护之人。捷运公司开启交通,其保护对象除乘客外,尚应包括经过捷运站通路之人,及未依规定购票的乘客。超市对来往之人,无论是否购物,皆应为保护。夜间闯入他人居室盗窃之人则不在保护范围之内。[2]

四、负安全义务之人

开启或持续危险源之人原则上应负交易往来安全义务,例如树木所有人、KTV 经营者、旅店主人或集会活动主办者。义务人得为数人,例如办公大楼所有人及某层楼的承租人对阶梯安全应共同负责。其由他人承担防范危险措施时(如由外保公司负责大楼清洁及维修工作),义务人应就其选任及监督的过失负责。

第四款　实例解说:请求权基础的构成

交易往来安全义务系新创的概念,关于其解释适用,就前揭问题一(超市楼梯色拉油案)加以说明。

甲经营超市,楼梯留有大量色拉油,乙因而滑倒受伤,得向甲主张损害赔偿的请求权基础为"民法"第 184 条第 1 项前段规定。甲因经营超市,开启交通,负有交易往来安全义务。楼梯留有大量色拉油,造成危险,应予防范,鉴于其高度危险性,应采必要可期待措施,张贴"上下楼梯,务

---

[1]　参见 Bamberges/Roth, Kommentar zum Bürgerlichen Gesetzbuch (2003), § 823 Nr. 233-258;周友军:《交往安全义务理论研究》,中国人民大学 2008 年度博士论文。

[2]　相关问题的讨论,参见 Schwab, Die deliktische Haftung bei widerechtlichem Verweilen des Verletzen im Gefahrenbereich, JZ 1967, 13 ff.

请小心",尚有不足,应速为清除或覆盖。被害人虽仅逛超市而无购物意愿,仍受安全义务的保护,盖此项事故对所有进出超市者皆会发生。甲违反交易往来安全义务的不作为,致乙的身体受伤,系侵害乙的权利(结果不法)。亦有认为系违反交易往来安全义务(行为不法,此属理论争议,结论并无不同)具有违法性,兼因其未尽善良管理人注意而有过失,应成立侵权行为。乙得依"民法"第184条第1项前段规定请求损害赔偿。兹以请求权基础构造简要说明交易安全义务所涉及的基本问题。

请求权基础:第184条第1项前段

1. 事实要件:

(1) 行为:不作为

作为义务:交易往来安全义务(社会安全注意义务)

① 发生:开启交通;创造、支配危险:经营超市

② 内容:适时采取必要防范措施,清除楼梯色拉油

③ 义务人:超市经管者

④ 受保护之人:来往超市之人

(2) 侵害他人权利

(3) 因果关系

2. 违法性:结果不法(通说)

3. 有责性(故意、过失):未善尽注意义务

第三章 "民法"第184条第1项后段

——故意以悖于善良风俗之方法加损害于他人

(1) 试说明"民法"第184条第1项"后段"与"前段"构成要件的不同及其规范功能。

(2) 债权被侵害时,究应如何适用"前段"或"后段",其理由何在?

(3) 甲女故意告知乙男怀孕,乙与甲结婚后,就其抚养所生子女损害,得否向甲请求损害赔偿?

(4) 甲为其因侵占财物遭解雇的受雇人乙出具"品行优良,信用可靠"的离职证明书,新雇主丙就其雇用乙后所受财物被乙侵占的损失,得否向甲请求损害赔偿?

(5) "民法"第184条第1项后段系属"概括条款",如何解释适用,予以具体化,并作案例比较,组成类型? 试就"最高法院"相关判例、判决加以分析整理。

第一节 规范功能及适用范围

第一款 规范功能

一、独立的请求权基础

"民法"第184条第1项前段规定:"因故意或过失,不法侵害他人之权利者,负损害赔偿责任。"后段则规定:"故意以悖于善良风俗之方法,加损害于他人者,亦同。""民法"第184条第1项前、后两段是台湾地区侵权行为法体系结构的基本规定,涉及侵权行为法的解释适用,至关重要,但常为初学者所误会。① 为期澄清,首先应该认识的是,"民法"第184条第1项"前段"与"后段"规定究竟有何不同?"后段"规定具有何种规范目的?为便于观察,兹再将其适用关系图示如下:

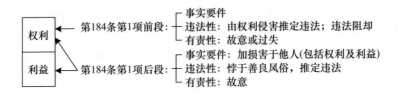

由上开图示可知,"民法"第184条第1项后段规定的主要特色有二,(1)其受保护的利益,除"权利"外,尚包括其他利益。(2)侵害行为须出于故意以悖于善良风俗的方法。与"民法"第184条第1项前段加以比较,后段所受保护的权益较为广泛,主观归责要件较为严格。

关于"民法"第184条第1项"前段"与"后段"的适用关系,"最高法院"2008年台上字第1352号判决谓:"按因故意或过失不法侵害他人之权利者,负损害赔偿责任,故意以悖于善良风俗之方法加损害于他人者亦同,民法第184条第1项定有明文。本项规定前后两段为相异之侵权行为类型。关于保护之法益,前段为权利,后段为一般法益。关于主观责任,前者以故意过失为已足,后者则限制须故意以悖于善良风俗之方法加损害于他人,两者要件有别,请求权基础相异。被上诉人依侵权行为规定,请求上诉人连带赔偿损害,原审未予阐明被上诉人所主张者,究系民法第184条第1项前段或系同条项后段之侵权行为类型,使上诉人就各该侵权行为类型之要件事实为充分答辩,所为诉讼程序已嫌疏略。"(另参照"最高法院"1997年台上字第3760号判决。)②所谓请求权基础相异,

---

① 考试时,有不少学生将"民法"第184条第1项后段规定为:"故意以悖于善良风俗之方法加损害于他人'权利'。"

② 区别"民法"第184条第1项前段与后段,系侵权行为法构造及适用的核心问题,诚如"最高法院"2009年台上字第1843号判决所强调:"……两者要件有别。原告起诉时固得一并主张,然法院于为原告请求有理由之判决时,依其正确适用法律之职权,自应先辨明究系适用该条项前段或后段规定,再就适用该规定之要件为论述,始得谓理由完备。原审为被上诉人胜诉之判决,仅认为其主张上诉人应就其受雇人之'故意或过失'所应负之'民法第184条第1项'侵权行为,依同法第188条规定与其受雇人负连带损害赔偿责任云云,对于上诉人抗辩纵认被上诉人受有拨付款项无法收回之损害,亦仅属'纯粹经济上损失',只得依民法第184条第1项后段规定请求赔偿,且以其受雇人有'故意'为限等语,未置一词,自有适用法律不明及判决不备理由之违背法令。"

乃指"民法"第184条第1项前段与后段系两个独立的侵权行为。此项判决有助于阐释"民法"第184条的体系结构及规范目的,甚值赞同。

区别"民法"第184条第1项前段与后段,系侵权行为法构造及适用的核心问题,诚如"最高法院"2009年台上字第1843号判决所强调:"……两者要件有别。原告起诉时固得一并主张,然法院于为原告请求有理由之判决时,依其正确适用法律之职权,自应先辨明究系适用该条项前段或后段规定,再就适用该规定之要件为论述,始得谓理由完备。原审为被上诉人胜诉之判决,仅认其主张上诉人应就其受雇人之'故意或过失'所应负之'民法第184条第1项'侵权行为,依同法第188条规定与其受雇人负连带损害赔偿责任云云,对于上诉人抗辩纵认被上诉人受有拨付款项无法收回之损害,亦仅属'纯粹经济上损失',只得依民法第184条第1项后段规定请求赔偿,且以其受雇人有'故意'为限等语,未置一词,自有适用法律不明及判决不备理由之违背法令。"

二、规范功能

"民法"第184条第1项后段具有两种重要的规范功能:

(一) 补充功能

针对"民法"第184条第1项前段而言,旨在扩大受保护的客体及于权利以外的利益(尤其是纯粹财产上损害),前已再三提及,惟以故意悖于善良风俗作为要件,加以合理限制,使侵权责任不致过于广泛。"民法"第184条第2项所规定之"违反保护他人法律"侵权类型(详见下文),亦兼具保护权利以外利益的功能,但须以违反保护他人法律为要件,不具此项要件者,仍有"民法"第184条第1项后段的适用。就此而言,"民法"第184条第1项后段"悖于善良风俗"的规定,具有概括条款的性质。

(二) 法律发展的功能

即以善良风俗此项概括条款作为判断侵权行为的基准,使侵权行为法得更开放,而与社会道德连接,以适应社会价值的变迁。此种功能可再分为三项:

(1) 继受功能。法院应探寻并适用人类社会生活上共同承认,但迄未具法规范性质的行为准则。

(2) 转换功能。社会道德价值变迁时,法院应注意观察采用,作为判决基础。

（3）正当化功能。使法院得据以创设新的行为规范，以促进法律的进步，对多元社会的法律发展具有重要意义。[①]

第二款　竞合关系

一、"民法"第92条：诈欺、胁迫

"民法"第92条关于被诈欺或被胁迫的规定，得与第184条第1项后段规定竞合，其主要实益在于撤销权因除斥期间（第93条）经过而消灭后，被害人仍得依第184条第1项后段规定请求废除契约，以恢复损害发生前的原状（第213条）。"民法"第72条关于"法律行为，有悖于公共秩序或善良风俗者，无效"的规定，其要件虽相当于"民法"第184条第1项后段，因其法律效果不同，不发生竞合关系。

二、公平交易法

"民法"第184条第1项后段悖于善良风俗的规定，其主要功能原在规范不正当竞争，"公平交易法"的制定（1999年制定，2015年全文修正）旨在设立更明确的规定（第二章不公平竞争，第18条以下），如第19条明定若干行为有碍公平竞争之虞者，事业不得为之。事业违反此等规定，致侵害他人权利者，应负损害赔偿责任（第29条以下）。"公平交易法"关于损害赔偿规定得与"民法"第184条第1项后段发生竞合关系；其消灭时效期间系属相同（"民法"第197条第1项，"公平交易法"第33条）。[②]

三、营业秘密法

营业秘密指方法、技术、制程、配方、程序、设计或其他可用于生产、销

---

　　① 值得特别提出的是，美国著名法学家Roscoe Pound（庞德）于1946年、1947年间担任国民政府司法部顾问曾提出"改进中国法律的初步意见"（Draft of a Preliminary Report to the Minister of Justice），其关于民法部分，略谓：民法第184条第1项后段规定故意以悖于善良风俗加损害于他人的赔偿责任，这一规定渊源于德国民法，已成为哲学家及法学家热烈讨论的问题，在中国久已讨论，这一规定在中国是否也有待专门性的学术性处理？参见张文伯编著：《庞德学述》，1967年版，第151页。

　　② 参见廖义男：《公平交易法之理论与立法》，载《公平交易法论集》，第9页、第169页；曾世雄：《违反公平交易法之损害赔偿》，载《政大法学评论》第44期，第351页；曾品杰：《从民法到公平交易法》，载《公平交易季刊》第6卷第1期，第91页。

售或经营之信息。关于营业秘密的法律性质甚有争论。有人认为营业秘密是一种具绝对性的专属权利。通说认为,其仅是一种受法律保护的利益①,原应适用"民法"第184条第1项后段规定,惟营业秘密涉及产业伦理、竞争秩序及社会公共利益,为期调和,政府1996年1月17日公布施行的"营业秘密法",对营业秘密的意义、取得与消灭、使用、受侵害的救济方法等详设规定,成为民法的特别法,但仍与第184条第1项后段规定发生竞合关系。

第二节　要件及法律效果

第一款　要件

"民法"第184条第1项后段系属一种独立的请求权基础,应具备三个要件:
(1) 加损害于他人。
(2) 悖于善良风俗。
(3) 侵害的故意。

第一项　加损害于他人

侵害行为包括作为及不作为,不作为须违反依善良风俗应为作为的义务。其所受保护的,除权利外,尚包括利益在内。所谓利益,则兼指纯粹财产上利益(纯粹经济上损失)及精神自由等非财产利益。例如甲与乙同在某地区经营"清除化粪池"业务,以电话对外联络,甲为不正当竞争,故意剪断乙的电线,或以他法干扰时,系以故意悖于善良风俗方法加损害于乙,乙就其减少的营业收入得向甲请求损害赔偿。雇主为其离职的会计出具服务证明书,明知其曾多次盗用公款,仍故意记载其忠实可靠,致新雇主遭受财务损失时,亦构成"民法"第184条第1项后段故意以悖于善良风俗方法加损害于他人,应负赔偿责任。

加害行为与权益受侵害之间须具因果关系。例如甲向乙购买某件古物,丙明知其事,为破坏甲的展览,故意以高价引诱乙违约出售予己,并愿

---

① 谢铭洋、古清华、丁中原、张凯娜:《营业秘密法解读》,第28页、第30页、第157页。

赔偿乙对甲应负的损害赔偿,甲精神大受刺激,心脏病发,健康受损。在此情形,丙系故意以悖于善良风俗方法侵害甲的债权;但对甲健康受损,则不必负责,因甲的债权受侵害与健康受损之间并无相当因果关系。惟若丙明知甲热爱该件古董,筹划特展,丙预期甲将深受刺激,有心脏病发作的可能,仍任其发生而不违背其本意时,则应认其有侵害的故意(未必故意),而不免于负损害赔偿责任。

第二项　悖于善良风俗

一、善良风俗的意义

侵害他人的行为须悖于善良风俗。此之善良风俗的意义相当于"民法"第72条所称的善良风俗,指一般社会道德观念而言。此种社会道德系事实上存在,历史上可变迁的观念,使侵权行为法得与法律外的社会体系相连接,而适应社会的变迁。值得注意的是,宪法关于基本权利的规定亦可经由"善良风俗"的概念,发生"第三人效力",适用于私人行为①,例如某信用合作社使其女性职员订立"结婚即离职"的条款时,此项条款违反宪法保障工作权及婚姻自由的意旨,应依"民法"第72条认系悖于善良风俗,无效,而被害人亦得依"民法"第184条第1项后段规定请求损害赔偿。在此意义上,"民法"第184条第1项后段规定具有实现宪法基本人权价值体系及维护实质正义的功能。

二、悖于善良风俗的主观认识

加害人对于其行为之"悖于善良风俗"须否有所认识? 关于此点应采否定说,加害人仅须认识构成"悖于善良风俗"的相关事实,即为已足,以避免被害人举证的困难,并使加害人不因其松懈的判断或误认而得免予负责。惟行为人确信其行为系为履行法律上或道德上义务,或为合法

---

① 参见拙著:《劳动契约单身条款、基本人权与公序良俗》,载《民法学说与判例研究》(第七册),第36页。

追求正当利益时,则应不受悖于善良风俗的非难。①

三、悖于善良风俗与违法性

"民法"第184条第1项前段规定故意或过失"不法"侵害他人权利,后段并未提及"不法",其违法性究应如何认定,而使加害行为成为"不法行为"?史尚宽先生认为狭义的违法,指违反禁止或命令之规定;广义的违法性包括形式的违法侵害(不法)及实质的违法侵害(不当)。"民法"第184条第1项前段规定的不法为狭义的违法,后段规定的故意以悖于善良风俗之方法加损害于他人,指广义的违法性而言。原来悖于善良风俗只是不当,并非不法。惟于故意加害,始等于不法,而带有违法性。②此项见解,固有所据,惟善良风俗与侵害故意,乃不同的要件,前者为客观归责,后者为主观归责,仍须加以区别。因此应认为侵害行为悖于善良风俗本身即足成立其违法性。③悖于善良风俗与违法性非同属一事,违反道德上中立的命令或禁止规定(如交通、经贸法规)虽具违法性,但不违背善良风俗。违背善良风俗较诸"侵害他人权利"更具不法内容,可称之为加重的违法性。④

第三项　侵害的故意

"民法"第184条第1项后段所谓故意,包括直接故意及间接故意(未必故意)。"故意"应别于"悖于善良风俗"而认定,但悖于善良风俗的行为常可供证明故意的存在。须特别注意的是,在"民法"第184条第1项前段规定,其故意过失系针对侵害行为,在第184条第1项后段,其故意过失系针对致生损害于他人。此种故意的成立,不以确知因果关系、个

---

① 参见史尚宽:《债法总论》,第117页;德国通说,Larenz/Canaris, Schuldrecht II/2, S. 455; BGHZ 101, 380, 388. 参见"最高法院"1989年台上字第1040号判决:"被上诉人为确保其损害赔偿债权,而声请假扣押,不能谓其主观上有故意以悖于善良风俗之方法,加损害于上诉人,盖假扣押究属债权人依法保全其债权得受清偿之正当方法,何有悖于善良风俗方法之可言。"

② 参见史尚宽:《债法总论》,第120页。

③ 德国通说Fikentscher/Heinemann, Schuldrecht, 10. Aufl., S. 796: "Die Rechtswidrig-keit ergibt sich aus der Sittenwidrigkeit."; Fuchs/Pauker, Delikts-und Schadens-ersatzrecht, 8. Aufl. (2014), S. 159: "Handelt jemand in dieser weise Sittenwidrig, so ist damit gleichzeitig die Rechtswidrigkeit zu bejahen."

④ Larenz/Canaris, Schuldrecht II/2, S. 431.

别被害人或损害范围为必要,惟仍须对其损害的过程及可能的损害有所认识。如在前揭雇主为离职的会计出具离职证明书之例,只要认识其故意隐瞒离职会计窃盗公款之事将使新的雇主遭受财务的不利益,即足成立故意,对于何种损失则无具体确知的必要。

为进一步强化"民法"第184条第1项后段的适用范围,德国实务有将故意扩张及于轻率或肆无忌惮等重大过失情形。[①] 史尚宽先生谓:"行为人并无须出于诈害的态度,苟行为人有严重过失之行为,可认为有不诚实之表现,虽非诈伪之意,亦不妨为违背善良风俗,此多发生于提供不实的信息。例如银行家轻易就信用为不实之报告,医生无充分之根据轻易鉴定某人为心神丧失而有宣告禁治产之必要,即为违背善良风俗,如此时知其鉴定可生损害于他人,而敢轻易为之,则为故意之加害,可构成侵权行为。"[②]准此以言,如某土木技师受委任鉴定某山坡地住宅的结构安全时,未经实地测量,仅凭书面资料即认定其安全无虞时,得认为就其鉴定的不正确及因此所生损害,具有未必的故意,系以悖于善良风俗的方法加损害于他人。

第四项　举证责任

第184条第1项后段的构成要件,如加害行为,悖于善良风俗及侵害的故意,均应由被害人(原告)负举证责任。

第二款　法律效果

故意以悖于善良风俗方法加损害于他人者,应负损害赔偿责任,其法律效果同于"民法"第184条第1项前段。应特别提出的有三点:

1. 恢复原状请求权

被害人得就其财产上或非财产上损害请求恢复原状(第213条),例如受诈欺而订立契约时,得请求废除契约;因性别或种族歧视而遭开除的社员,得请求恢复其社员资格。

值得提出的是在引诱他人违约的情形,例如甲出卖某名画给乙,丙故意以悖于善良风俗方法(详见下文)使甲将该画出卖予己,并受让其所有

---

① 参见 Larenz/Canaris, Schuldrecht II/2, S. 454; Medicus, Schuldrecht, Besonderer Teil, Rn. 838.

② 史尚宽:《债法总论》,第116页。

权时,乙如何向丙请求恢复原状的损害赔偿?德国通说认为,其恢复原状系加害之第三人(丙),应使受侵害的债权人(乙)得处于该买卖适当履行的地位,因此乙得向丙支付买卖契约的价金,同时请求丙交付契约标的物(名画),并移转其所有权。[①]

2. 强制缔约

某镇之内,仅有一家瓦斯公司,如无正当理由而拒绝供给瓦斯时,得构成违背善良风俗的侵权行为。于此情形,为使被害人恢复侵害前的原状,该瓦斯公司负有缔约的义务。[②]

3. 非财产损害相当金额赔偿

就非财产上损害请求相当金钱赔偿(慰抚金)应限于法律所特别规定的情形,如甲女被乙男强制性交时,得以故意悖于善良风俗方法侵害其身体权而依"民法"第 195 条规定请求非财产损害相当金额的赔偿(慰抚金)。

第三节 悖于善良风俗加害的具体化及案例类型

第一款 善良风俗的具体化及类型化

一、善良风俗的具体化

"民法"第 184 条第 1 项后段规定故意以悖于善良风俗侵害他人,应负损害赔偿责任,旨在维护社会生活最低的伦理,是侵权行为法上的一个小的概括条款,而善良风俗系一个相当不确定及高度抽象的概念,具有灵活、适应、发展及引入法律外道德规范的功能,诚如史尚宽先生所云,违背善良风俗之加害,有如侵权行为之蓄水池,尤有取用自如之妙。[③] 适用时须在个案就一定的生活关系予以具体化,使裁判成为可能,并实现法律的价值判断。[④] 具体化是一个结合认识和意志的创造性评价过程,其应斟酌的因素包括应受保护的各种法益、加害人的行为方式、动机、目的与手

---

① RGZ 108, 58 (59); MünchKomm/Wagner, § 826 Rn. 54, 57 f.; Grigoleit/Riehm, Schuldrecht IV, Deliktsrecht und Schadensrecht (2011 München), S. 55 (Rn. 182).

② 参见拙著:《债法原理》(第二版),北京大学出版社 2013 年版,第 111 页。

③ 参见史尚宽:《债法总论》,第 156 页。

④ 关于法律及法学上的具体化,参见 Engisch, Die Idee der Konkretisierung im Recht und Rechtswissenschaft unserer Zeit (2. Aufl., 1968).

段的关系,以及受害者所被侵害的基本权利等,须综合考虑,彼此交互作用,并使之公开,成为可供合理检验的评价观点。

又须注意的是,悖于善良风俗与市场经济的营业竞争及言论自由亦具有密切关系,将以下述相关案例加以说明。

二、善良风俗的类型化

经由概括条款具体化所形成的个别案例,可透过案例比较,使之同类相聚,组成类型,并进而建立体系,以促进法律适用的安定性。比较法的数据可供类型化的参考。① 为此特整理实务上重要案例,期能进一步了解"民法"第184条第1项后段解释适用的基本问题。应先说明的是,实务上案例多涉及权利以外利益(纯粹经济损失),凸显"故意以悖于善良风俗方法加损害于他人"的规范功能。

第二款 案例分析

一、婚姻及性之关系

婚姻及性之关系在违背善良风俗加害他人的案例中,最为突出,而此显与传统道德观念有关,其主要的案例,如与有配偶者相奸("最高法院"1952年台上字第278号判例);私娼馆容留有夫之妇与人通奸("最高法院"1963年台上字第225号判决);强制性交有夫之妇。② 实务上于此等案例肯定被害人得依"民法"第184条第1项后段请求非财产上损害的金钱赔偿(慰抚金)。

"最高法院"1940年上字第470号判例谓:"上诉人明知被上诉人之所在,竟主使被上诉人之夫甲,以生死不明已逾3年为原因,诉请离婚,并利用公示送达之方法,使被上诉人无法防御,因而取得离婚之判决,致被上诉人受有精神上之损害,对于被上诉人自应负赔偿责任。"是否以"民法"第184条第1项后段作为请求权基础,不得确知。

----

① 参见史尚宽:《债法总论》(第156—158页)曾依外国学说及判例广举事例,以宏其用,足供参考,惟未论及实务上案例,其主要理由应系当时(1954年)"最高法院"判决殊少刊载,欠缺资料。

② 参见《民事法律专题研究》(一),第202页;关于"妻因夫奸淫亲生女,诉请裁判离婚,可否请求赔偿慰抚金",同书,第199页。

二、侵害他人债权:债权保护与市场经济的竞争秩序

关于"民法"第 184 条第 1 项后段的适用,于侵害他人债权具有特别的意义,因其涉及"民法"第 184 条第 1 项前段是否包括债权的争议①,兹分四种情形加以说明:

(一)双重买卖

1. 唆使为双重买卖之第三人的侵权行为

"最高法院"1929 年上字第 2633 号判例谓:"债权之行使,通常虽应对特定之债务人为之,但第三人如唆使债务人合谋,使债务之全部或一部分陷于不能履行时,则债权人因此所受之损害,得依侵权行为之法则,向该第三人请求赔偿。"按本件判例系著于现行"民法"施行前,就结论而言,应值赞同。值得注意的是,"最高法院"其后在一则双重买卖的案例,明确认为应适用"民法"第 184 条第 1 项后段,1942 年上字第 891 号判例谓:"……至上诉人如果明知被上诉人乙已受有所有权之移转,乘其未经登记,唆使被上诉人甲更行移转于自己而为登记,致被上诉人乙受其损害,诚系故意以悖于善良风俗之方法加损害于他人,依民法第 184 条第 1 项后段之规定,应负赔偿责任。然此系另一问题,究不得因此遽认为上诉人所受之移转为无效……"分三点加以说明之:

(1)甲向乙购买某物,丙唆使乙将该物登记(不动产)或交付(动产)予己,以移转其所有权。在此情形,纵丙的行为对甲构成侵权行为,应负赔偿责任,丙取得该物所有权的物权行为不因此而受影响,诚如"最高法院"所云,不因此即认丙所受所有权之移转无效。

(2)在上举甲向乙购买某物之例,丙"明知"此项买卖,仍自乙购买该物而受让其所有权时,原则上应不认为其已构成悖于善良风俗方法加损害于乙,其主要理由系顾及市场的竞争秩序,使货畅其流,而甲仍得向乙依债务不履行规定请求损害赔偿("民法"第 226 条),亦有合理救济

---

① 参见拙著:《侵害他人债权之侵权责任》,载《民法学说与判例研究》(第五册),北京大学出版社 2009 年版,第 134 页。

方法。①

（3）依上揭判例，加害人丙除明知甲与乙之间的买卖外，尚须对乙有所"唆使"，始构成故意以悖于善良风俗方法加损害于甲。所谓"唆使"应就个案加以认定，出高价购买本身尚不属之，因为使某物归于愿以高价购买之人，符合物尽其用的原理。惟若丙对乙表示愿承担乙违约的损害赔偿时，因已排除法律对违约者的制裁，应认为系违背善良风俗。

2. 债务人的侵权行为

在双重买卖，受唆使而将标的物转售第三人，并移转其所有权的债务人，对债权人（前买受人）是否应负侵权责任？对此问题，"最高法院"1962 年台上字第 2806 号判决谓："不动产物权依法律行为取得丧失及变更者，非经登记不生效力，民法第 758 条定有明文。故不动产所有人已将不动产出卖予人，而在未为所有权移转登记之前，又另行出卖他人者，除负民法上违约责任及有诈欺故意应构成诈欺罪名外，更无成立侵权行为余地。"②

（二）虚伪设定抵押权，侵害债权

1. 与债务人通谋之第三人的侵权行为

"最高法院"1978 年 5 月 23 日 1978 年度第 5 次民庭会议决议（二）："债务人欲免其财产被强制执行，与第三人通谋而为虚伪意思表示，将其所有不动产为第三人设定抵押权，债权人可依侵权行为之法则，请求第三人涂销登记……"本件决议作成后，在 1978 年 6 月 6 日第 6 次民庭庭推总会，又有提案谓："关于第三人侵害他人债权问题，决议认债权人可依侵权行为之法则，请求第三人涂销登记，但未确定第三人侵权行为，属于权利之侵害（民法第 184 条第 1 项前段），抑利益之侵害（同条项后段），观念未臻明确，亦请复议，加以补充说明。"对此提案，本次总会虽未特别加

---

① 从法律经济分析的观点言，此种违约具有效率（effective breach），参见陈彦希：《契约法的经济分析》，载《台湾大学法律学研究所 1993 年度台大博士论文》（内容甚佳，可供参考），第 110 页；Cooter/Ulen, Law and Economics, pp. 215-21. Schäfer/Ott, Lehrbuch des Zivilrechts, S. 372 f.

② 值得注意的是，"最高法院"1995 年台上字第 897 号判决谓："按侵权行为，须以故意或过失不法侵害他人之权利为要件，而债务人于时效完成后，得拒绝给付，民法第 144 条第 1 项定有明文。则债务人于时效完成后，将给付标的物售予他人，能否谓系不法侵害债权人契约上之权利，而构成侵权行为，尚非无疑。"（《"最高法院"民事裁判书汇编》第 20 期，第 132 页。）于此判决"最高法院"是否认为于时效完成前将给付标的物售予他人，得构成侵权行为，不得确知。

以补充。惟 1978 年台上字第 1654 号判决则谓："债务人之财产,为债权人之总担保,如第三人有唆使或帮助债务人将其所有之不动产,对该第三人办理虚伪之抵押权设定登记,而使债权人受偿困难时,应认为第三人有以悖于善良风俗之方法加损害于他人,业已构成侵权行为,债权人为排除其侵害,不能谓无涂销该抵押权登记,以恢复其原利益状态之请求权。"

本件判决舍弃笼统的"侵权行为之法则",而明确地以"民法"第 184 条第 1 项后段规定为请求权基础,实值赞同。

2. 债务人的侵权行为?

与第三人通谋虚伪移转不动产所有权(或设定抵押权)的债务人,对债权人应否负侵权责任?"最高法院"采否定说,其理由为债务人与第三人通谋移转其财产,其目的虽在使债权无法实现,而应负债务不履行之责任,但将自己之财产予以处分,原可自由为之,究难谓系故意不法侵害债权人之权利,故与侵害债权之该第三人不能构成共同侵权行为。债权人如本于侵权行为诉请涂销登记时,仅得向该第三人为之,债务人既非共同侵权行为人,自不得对其一并为此请求。[1]

(三) 冒充抵押债权参与分配

无抵押债权存在,而以他人本票债权冒充抵押债权,就抵押物之卖得价金声明参与分配,使执行法院陷于错误而为分配,致被害人的第二顺位抵押债权未能获得清偿,亦属故意以悖于善良风俗方法加害于他人,应负赔偿责任。[2]

(四) 故买已受法院查封的动产再转售他人

"最高法院"1969 年台上字第 1626 号判决谓："执行标的物如为不动产,于查封未撤销前,债务人就该查封标的物所为之处分,对于债权人为无效,固无侵害债权人何种权利之可言。惟本件被上诉人所查封债务人之鸭子属于动产,上诉人向债务人买受,经出卖人交付即取得所有权,而债务人除上开蛋鸭外,别无其他财产可供执行,上诉人谓黄安心尚有其他财产,未能提出任何证明以实其说,上诉人明知该鸭已受法院查封而仍向黄安心买受,并即以之转售他人,自属不法侵害被上诉人之权利,按民法第 184 条第 1 项前段所指他人权利,包括债务人之债权以及将来可享之

---

[1] 参见"最高法院"1980 年 4 月 1 日第 7 次民庭会议决议(三)。

[2] 参见《民事裁判发回更审要旨选辑》(五),第 52 页。

利益,上诉人将系争鸭子转售他人,致被上诉人之债权无法受偿,焉得谓非侵害被上诉人之权利。"①

本件判决认为,债权系"民法"第 184 条第 1 项前段所称的权利,惟侵害行为须出于故意(明知)为要件。本书认为,于本件情形,其所侵害既为"债权及将来可享有之利益",应适用"民法"第 184 条第 1 项后段规定。

三、诈欺

(一)"民法"第 184 条第 1 项后段与第 92 条

诈欺系故意以悖于善良风俗加损害他人的典型案例。"民法"第 184 条第 1 项后段为第 92 条的损害赔偿规范,例如甲受乙诈欺出售某书,而移转其所有权时,其所侵害的,不是甲的所有权,而是纯粹财产上损害,故无适用"民法"第 184 条第 1 项前段的余地。又须注意的是,诈欺尚侵害被害人的精神自由,故纵无财产上损害,被害人亦得依"民法"第 184 条第 1 项后段规定(或认"民法"第 184 条第 1 项前段所称自由包括精神之自由,或"民法"第 195 条第 1 项所称其他人格法益)请求损害赔偿,以废除其因受诈欺而订立的契约。

(二)受诈欺而订立买卖契约

在因诈欺而订立买卖契约,"最高法院"原认为在经依法撤销前,并非无效之法律行为,出卖人交付货物而获有请求给付价金之债权,如其财产总额并未因此而减少,即无损害之可言,即不能主张成立侵权行为而对之请求损害赔偿。其后则强调在经依法撤销前,已受有实际损害时,仍得依侵权行为法则请求损害赔偿。② 此项见解可资赞同。"最高法院"所谓侵权行为法则系指第 184 条第 1 项后段而言,因其所涉及的不是"权利受

---

① 参见《"司法院"公报》第 12 卷第 2 期,第 2 页。
② "最高法院"1974 年 4 月 9 日第二次民庭庭推总会议决议(二);1978 年 11 月 14 日,第十三次民庭庭推总会议决议。参照"最高法院"1988 年台上字第 467 号判决:"被上诉人如实施诈欺属实,上诉人依民法第 92 条第 1 项规定,固得撤销其因被诈欺所为之意思表示,使买卖契约自始归于消灭,而请求被上诉人返还不当得利,然此项诈欺行为,倘同时构成侵权行为,上诉人非不得依侵权行为之法律关系行使损害赔偿请求权(按请求权竞合时,债权人得择一行使)。又上诉人如已付出高额价金(金钱)57 万元,似不能谓其总财产并无减少,纵上诉人已取得损害赔偿请求权,但此项请求权未获得实现以前,可否谓上诉人所减少之财产,已获得弥补,亦有斟酌余地。"

侵害",而是纯粹财产上损害。

（三）不能清偿债务的金融机构继续吸收存款

在"最高法院"1953 年台上字第 490 号判例,上诉人曾任高雄区合会储蓄有限公司桥子头办事处主任,代该公司吸收人民存款,迨至 1950 年 5 月 19 日,该公司停止付款,亦即不能清偿债务后,仍于同年同月 22 日收受被上诉人存款新台币 1750 元,致仅受偿 200 元,其余之 1550 元则因该公司倒闭无从取偿。"最高法院"谓:"被上诉人向某某储蓄有限公司办事处交存款项之日期,既在该公司停止付款,亦即不能清偿债务之后,则任该办事处主任职务之上诉人,自应负告知停止存款之义务,乃竟蒙蔽不为告知而仍吸收其存款,对于被上诉人因此不能受偿之损害,究难辞其赔偿之责任。"

此项判例未叙明被害人主张损害赔偿的请求权基础,惟其所侵害的并非权利,而是纯粹财产上损害,亦应认系适用"民法"第 184 条第 1 项后段规定。

四、借用他人名义输入物品逃漏税捐

"最高法院"1981 年台上字第 4347 号判决谓:"侵权行为,并非法律行为,不发生代理之问题。被上诉人中华公司系借用上诉人名义自岛外输入废橡胶。被上诉人于废橡胶中夹带旧轮胎而逃漏税捐之事实时,如应成立侵权行为,纵因其系该公司法定代理人,乃为该公司利益而为,其自己仍应负责（公司应否依民法第 28 条规定负责系另一问题）。又逃漏税捐侵害者固为政府课征税捐之权利,但此究属违背善良风俗之行为。中华公司借用上诉人名义输入废橡胶,于其输入之废橡胶中夹带旧轮胎,如被海关察觉,输入名义人之上诉人,乃必然遭受处罚,而发生损害。被上诉人如明知而仍然为之,即难谓非故意以悖于善良风俗之方法而加损害于上诉人。依民法第 184 条第 1 项后段规定,当应成立侵权行为。"①

在本件被害人所受损害,系遭受海关处罚,此乃纯粹财产上损害（纯粹经济上损失）。加害人的故意,系明知而仍然为之,应解为属于直接故

---

① 《民事裁判发回更审要旨选辑》（二）,第 26 页。

意,亦有"民法"第184条第1项后段规定的适用。

五、诉讼制度及权利的滥用

(一) 行使权利不悖于善良风俗原则

诉讼制度的滥用是故意悖于善良风俗加害的重要类型①,例如明知被上诉人之所在,主使被上诉人之夫,以生死不明已逾3年为原因诉请离婚,并利用公示催告之方法使被上诉人无法防御因而取得之离婚判决("最高法院"1940年上字第470号判例)。共谋以和解凭空创设的债权,申请法院执行某笔土地,致被害人不能行使依确定判决取得之土地登记请求权。②

"最高法院"2009年台再字第58号判决谓:"友○公司、佑○公司向中○信托等三家银行贷款时,切结承诺于建物完工时,设定第一顺位抵押权予中○信托台中分公司,惟友○公司、佑○公司于建物完工保存登记后,违约设定抵押权予再审原告,中○信托台中分公司不得已声请台中地院查封拍卖系争大楼及坐落基地,系依法行使权利、保全债权,难谓有何故意以悖于善良风俗之方法,加损害于再审原告之可言。再审原告不得依民法第184条第1项后段及第185条第1项前段规定,请求再审被告连带赔偿。"

(二) 以不法行为取得执行名义

诉讼制度滥用典型案例是在诉讼中故意作不实陈述,或贿赂证人而取得不正确判决(或执行名义),并据此而为强制执行。在"最高法院"1995年台上字第196号判决,上诉人明知并未执有被上诉人所签发之支票,利用督促程序,法院不审究文件正本之机会,持各该支票复印件,声请台中地方法院发给支付命令,命伊支付各该票款及利息,上诉人即执以声请强制执行。原审认为此乃故意侵害被上诉人之权利。"最高法院"更

---

① 此项案例范围甚广,涉及诉讼制度,值做深入研究。在英美法上侵权行为上有 malicious prosecution(恶意诉讼)或 misuse of legal procedure(滥用诉讼)。关于英国法,参见 Salmond and Heuston, Torts, pp. 390-400;关于美国法,参见 Prosser, Wade and Schwartz, Torts, pp. 996-1012;关于英美法、法国法与德国法的比较研究,参见 Hopt, Schadensersatz aus unberechtigter Verfahrenseinleitung (1968).

② 参见"最高法院"1982年台上字第2412号判决,(《"最高法院"民刑事裁判选辑》第3卷第2期,第47页。

表示上诉人请求被上诉人给付系争票款固发给支付命令确定在案,惟其以不法行为取得该执行名义,侵害被上诉人权利,应准被上诉人以侵权行为法律关系寻求救济,以臻平衡。本件诉讼标的为侵权行为损害赔偿请求权,确定支付命令之请求为票款请求权,二者既不相同,即无是否违背一事不再理原则之问题。① 关于本件判决,应说明者有二:

(1) 本件涉及既判力问题,"最高法院"认为,不违背一事不再理原则,应值赞同。侵权行为之诉并非在求除去依既判力所生的权利变更,乃在要求赔偿以诈欺手段取得执行名义,并据以强制执行而生的损害,并未反复审理同一法律问题。

(2) "最高法院"认为,上诉人系以不法行为取得执行名义,侵害被害人权利。惟解释上应认为系适用"民法"第184条第1项后段规定。据法院确定判决或执行名义而为强制执行的行为,固非不法,然出于诈欺的手段时,乃故意以悖于善良风俗加以损害于他人,应成立侵权行为。②

(三) 第三人异议之诉的权利滥用

权利滥用构成悖于善良风俗,实务上常见的是以加害于执行债权人之意图而提起第三人异议之诉。"最高法院"2009年台上字第1648号判决谓:"第三人依强制执行法第15条规定提起第三人异议之诉,系行使法律所赋予之诉讼权利,通常固欠缺不法性,且除有同法第18条所定停止执行之情形外,该第三人异议之诉之提起,原则上亦不致使执行债权人发生不利之影响,而无须对执行债权人负侵权行为之损害赔偿责任。但强制执行开始后,若第三人出于阻止强制执行程序之进行以加害于执行债权人之意图,透过提起第三人异议之诉之手段,达其声请停止强制执行之目的,而其行为已符合侵权行为之要件时,则其提起第三人异议之诉与声请停止强制执行之行为,即均属于权利滥用而具有不法性,如因此致执行债权人受有损害,该债权人自得依侵权行为之相关规定,请求第三人赔偿。"

---

① 参见史尚宽:《债法总论》,第123页(注一)。
② 参见史尚宽:《债法总论》,第123页。此为德国通说,BGHZ 41, 130; 50, 115; 101, 380.

六、企业活动的保护：专利警告函、杯葛、罢工

"民法"第 184 条第 1 项前段所称"权利"，是否包括所谓企业权，是一个值得研究的重要课题。如前所述，德国实务长期以来，创设营业经营（Recht am Gewerbebetrieb），肯定其系一种受《德国民法》第 823 条第 1 项保护的"其他权利"，因过失直接侵害企业活动范围时，应负损害赔偿责任。其主张侵害类型包括：（1）保护权利警告（Schutz-rechtsverwarnungen），即以一个不存在的专利权或商标权警告他人不得生产某种商品或不得买受该商品；（2）侵害企业的评价（如商品比较）；（3）杯葛；（4）违法罢工等。[①]

台湾地区实务及学说均未承认相当于德国法上的企业权，从而关于前揭德国实务所肯定侵害企业权的案例，原则上应适用"民法"第 184 条第 1 项后段关于不得故意以悖于善良风俗之方法加损害于他人的规定，以保护企业的权益。

七、公司竞争力的比较：悖于善良风俗与言论自由

值得特别强调的是，悖于善良风俗的判断与言论自由具有密切关系，"最高法院"2009 年台上字第 1498 号判决相当具有启发性。在一个关于公司竞争力比较的报道，是否成立故意以悖于善良风俗之方法加损害于他人的案件，"最高法院"在阐述"民法"第 184 条第 1 项前后段所保护的权益，包括权利或其他利益之后，认为："查原审审据上开事证，综合分析，并本于取舍证据、认定事实暨解释契约之职权行使，认定系争短文标题载为'请代投资大众请教灿○几个问题'，由标题文字之形式，已难认为对上诉人为恶意影射或不实指摘，且该短文系采询问方式，旨在厘清上诉人与全○公司之竞争力比较，促使与会之媒体记者进一步采访确认，尚无法直接使记者作出任何不利上诉人之结论及报导。该联○报刊登之报导全系单纯就台湾家电市场竞争情状之平衡报导，在客观上并无使阅报之读者对上诉人产生任何负面印象，亦难谓上诉人之'商誉、信用'（权利）或'营业、股价'（经济利益），因而受有损害，上诉人所提系争估价报告，仍

---

① 简要说明，参见 Fuchs/Pauker, Delikts-und Schadensersatzrecht, S. 66 f.

不能凭证其该权利或经济利益受有损害。原审本此理由而为上诉人败诉之判决,经核于法并无违背。"

本件判决的关键问题在于,如何就企业保护及言论自由作比较衡量。"最高法院"以该报道的标题文字形式难认有恶意影射或不实指摘,且采询问方式,并作平衡报道,在客观上无使阅报读者产生任何负面印象,而认定未成立故意以悖于善良风俗之方法加损害于他人。"最高法院"判决的结论及理由构成,均值赞同。

第四章 "民法"第 184 条第 2 项

——违反保护他人之法律①

（1）旧"民法"第 184 条第 2 项原规定："违反保护他人之法律者,推定其有过失。"究仅为举证责任倒置的规定,抑得解为系第三种独立的侵权行为类型？新修正"民法"将该项规定明定为一种独立的侵权行为具有何种规范功能？并就其构成要件说明与第 184 条的第 1 项前段的不同及适用关系。

（2）"最高法院"认为"民法"第 35 条、第 794 条、第 960 条等系"保护他人之法律",试说明其规范意义。

（3）甲建造房屋,出售予乙,其后发现该屋具有严重瑕疵,而甲应负"刑法"第 193 条关于违背建筑术成规罪时,试问乙就其身体健康所受侵害,或对房屋支出的修缮费用,得否依"民法"第 184 条第 1 项前段或第 2 项规定向甲请求损害赔偿？

第一节 独立侵权行为类型的肯定及其规范功能

第一款 第三种独立的侵权行为类型

一、"民法"第 184 条第 2 项发展史

要了解一个法律规定,须认识其理论基础、实务的发展史,始能把握

---

① 参见拙著:《违反保护他人法律之侵权责任》,载《民法学说与判例研究》(第二册),北京大学出版社 2009 年版,第 130 页;黄立:《民法债编总论》,2006 年版,第 292 页;陈聪富:《侵权归责原则与损害赔偿》,第二章论违反保护他人法律之侵权行为,2004 年版,第 77 页。

其立法政策,而作合理的解释适用。

"民法"第 184 条第 1 项规定:"因故意或过失不法侵害他人之权利者,负损害赔偿责任。故意以悖于善良风俗之方法加损害于他人者亦同。"系规定两种侵权行为类型。旧"民法"同条第 2 项原来规定:"违反保护他人之法律者,推定其有过失。"其所规范的,究仅为举证责任的倒置,抑或为"第三种"独立侵权行为类型,是台湾地区侵权行为法体系及立法政策上的重大争论问题。学说上有主张此仅系举证责任倒置的规定,认为:"故意或过失应由被害人负举证责任,是为成立侵权行为最不易证明之点,被害人往往以之不能获得赔偿,无过失责任主义的创立,即所以谋补救。民法以过失为构成侵权行为之要件,但多有推定过失之规定。第 184 条第 2 项规定:'违反保护他人之法律者,推定其有过失。'行为之过失既先推定,被害人的举证责任即被免除,但行为人得证明自己无过失而推翻法律之规定。故此之所谓推定实为举证责任之倒置。"①

本书则认为,该旧"民法"第 184 条第 2 项是一种独立的侵权行为类型,其理由有二:

(一)法律发展及立法意旨

《民律第一次草案》第 945 条第 1 项规定:"因故意或过失,侵害他人之权利而不法者,于因加侵害而生之损害,负赔偿之义务。"第 946 条规定:"因故意或过失违背保护他人之法律者,视为前条之加害人。"第 947条规定:"以悖于善良风俗之方法故意加损害于他人者,视为第 945 条之加害人。"又《民律第二次草案》第 246 条规定:"因故意或过失不法侵害他人之权利者,负损害赔偿责任,故意以有伤风化方法侵害他人之权利者,亦同。"第 247 条规定:"因故意或过失违背保护他人之法律者,视为前条之侵权行为人。"由是观之,《民律第一次草案》与《民律第二次草案》均认为,违反保护他人之法律,侵害他人权利,亦属独立构成侵权行为。现行"民法"将之浓缩为第 184 条,分为两项,乃立法体制的变更,应仅在于增设倒置举证责任的规定,并不改变违反保护他人之法律系属一种独立侵权行为的基本立场。

(二)侵权行为法的体系构成及被害人的保护

关于侵权行为法的体系构成,在立法技术上,有采列举主义,有采概

---

① 王伯琦:《民法债编总论》,第 75 页;胡长清:《中国民法债编总论》,第 152 页。

括主义,"民法"折中其间,即因故意或过失不法侵害他人"权利"者,应负损害赔偿责任。权利以外法益的保护,虽得依"民法"第 184 条第 1 项后段而受保护,惟其构成要件甚为严格,不易成立,若不承认"民法"第 184 条第 2 项是一种独立之侵权行为,在现行侵权行为法上存在着一个严重的缺漏,即因他人的过失行为致权利以外之利益遭受损害时,常难有请求损害赔偿的余地。史尚宽先生谓:"或以为依民法规定,苟侵害之客体为权利以外之利益,则不足构成侵权行为,似未免太狭。在民法,明白承认各种人格权较之德、日民法权利之范围,虽已为广泛,而违背良俗加害行为,其被侵害客体得为个人之一切利益,始有运用自如之妙。所遗漏者,仅为过失而侵害非关于权利之利益,然此不失为网开一面,其例亦不多见。"[1]实则,权利以外利益的保护,日益重要,其例亦颇常见,必须肯定"违反保护他人法律"为独立侵权行为,始能弥补漏网,保护被害人之利益,使侵权行为法的体系更臻周全。[2]

二、"民法"第 184 条第 2 项的修正

1999 年"民法"债编部分条文修正,将"民法"第 184 条第 2 项明定为:"违反保护他人之法律,致生损害于他人者,负赔偿责任。但能证明其行为无过失者,不在此限。"其修正理由为:"现行条文第 2 项究为举证责任之规定,抑或为独立侵权行为类型? 尚有争议,为明确计,爰将其修正为独立之侵权行为类型,凡违反保护他人之法律,致生损害于他人者,即应负赔偿责任。惟为避免对行为人课以过重之责任,仍维持其原规定之精神,如行为人虽违反保护他人之法律而能证明其行为无过失者,不负赔偿责任。增设但书规定。"此项明确规定违反保护他人法律为独立的侵权行为类型,将使侵权行为法律体系益臻完善,实具意义。

---

① 史尚宽:《债法总论》,第 108 页。

② 立法理由书谓:"查民律草案第 945 条及第 947 条理由谓无论何人因故意或过失,侵害他人之权利者,均须负赔偿之责任,否则正当权利人之利益,必至有名无实。又故意以悖于善良风俗之方法以损害他人者,(故意泄露他人之秘密或宣扬他人之书札之类)亦应负赔偿之责任,以维持适于善良风俗之国民生活。此第 1 项所由设也。又同律第 946 条理由谓以保护他人利益为目的之法律(警察法规),意在使人类互尽保护之义务,若违反之,致害及他人之权利,是与亲自加害无异,故推定其为过失加害,使负赔偿损害之责任。此第 2 项所由设也。"

第二款 规范功能

一、形式功能及实质功能

"民法"第184条第2项作为一种独立的侵权行为类型,兼具形式与实质的功能。

1. 形式功能

(1) 由"权利的侵害"移向"法律的违反",即以客观法律规范的违反作为侵权行为的事实要件。

(2) 将其他领域的规范迁入侵权行为法,使侵权行为法得与整个法律规范体系相连接,并具有使立法简化、合理化的作用。

2. 实质功能

在实质功能方面,除推定加害人过失外,应特别强调的是,"民法"第184条第2项的保护客体扩大及于权利以外的利益,尤其是纯粹财产上损害(纯粹经济上损失)。

二、雇主未帮受雇人办理劳工保险,致受雇人不能请领相关给付的侵权责任

在"最高法院"1975年台上字第2263号判决,上诉人之被继承人黄○干受雇于吉○公司,其董监事未为办理加入劳工保险,致被继承人于执行职务被杀伤死亡,上诉人不能依"劳工保险条例"请领相关给付,乃依"民法"第28条规定求为命被上诉人连带赔偿。最高法院认为:"民法第28条所谓因执行职务所加于他人之损害,并不以因积极执行职务行为而生之损害为限,如依法律规定,董监事负执行该职务之义务,而怠于执行时所加于他人之损害,亦包括在内。又公司之职员,合于劳工保险条例第8条规定时,该公司应为之负责办理加入劳工保险手续,如有违背,应受罚锾处分(劳工保险条例第12条、第83条)。从而被上诉人如有义务为黄○干办理加入劳保手续而怠于办理,致生损害于上诉人时,依上说明,

尚难谓不应负责。"①本件判决作成于"民法"第 184 条第 2 项规定修正前,有助于更深刻认识"民法"第 184 条第 2 项规定的规范功能,分两点加以说明:

(一)"民法"第 184 条第 1 项前段的适用

按"民法"第 28 条规定:"法人对于其董事或其他有代表权之人因执行职务所加于他人之损害,与该行为人连带负赔偿之责任。"系规定法人的侵权能力,而其侵权责任的成立则须符合"民法"第 184 条规定,关键问题在于被侵害的客体究为权利,抑或为权利以外的利益。雇主未为受雇人办理加入劳工保险,致受雇人于保险事故发生,不能请领保险给付时,受雇人并无权利遭受侵害,仅系受有财产上不利益,受雇人自不得依"民法"第 184 条第 1 项前段请求损害赔偿。又"民法"第 184 条第 1 项后段虽系在于保护权利以外之法益,但以行为人系出于故意悖于善良风俗加损害于他人为要件,雇主未为受雇人办理加入劳工保险,尚难即作如此认定。前揭"最高法院"判决是否认定劳工(或其继承人)未能领取劳保给付系权利受侵害,不得而知。须再强调的是,关于"民法"第 184 条的适用,首先要明确认定被侵害的究为权利或权利以外的利益。

(二)"民法"第 184 条第 2 项的功能

劳工因雇主未为其办理劳工保险,致劳工未能请领相关给付,其被侵害的不是劳工的权利,而是权利以外的利益(纯粹经济损失)。因此就该裁判当时适用的法律而言,应将旧"民法"第 184 条第 2 项解释为独立的侵权行为类型,扩大其保护范围及于权利以外的利益。"民法"修正明定第 184 条第 2 项为一种独立侵权行为类型,有助于解释适用及侵权行为法的发展。

第三款　请求权基础的构成

"民法"第 184 条第 2 项既系一种独立的侵权行为,应重新构成其请

---

① 本件判决的评释,参见拙著:《雇主未为受雇人办理加入劳工保险之民事责任》,载《民法学说与判例研究》(第二册),北京大学出版社 2009 年版,第 167 页。"最高法院"1997 年台上字第 3746 号判决谓:"劳工保险为强制保险,雇主如未为劳工办理劳工保险或将其退保,致劳工于退休时未能领取老年给付者,自属侵害劳工之权利,应负损害赔偿责任。又该老年给付之请求权,于劳工退休时始发生,其消灭时效应自斯时起算。"在本件情形,其被侵害者,非劳工之"权利",而是"财产上利益",应适用"民法"184 条 2 项规定。

求权基础如下：

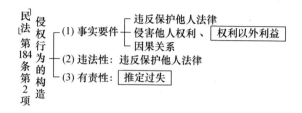

（请与本书第 326 页关于"民法"第 184 条第 1 项前段、后段侵权行为的结构加以比较。）

由前揭"民法"第 184 条第 2 项侵权行为的构造，可知其不同于"民法"第 184 条第 1 项前段（权利侵害）及第 184 条第 1 项后段（故意悖于善良风俗）规定，其立法政策、规范功能及解释适用上的问题：

（1）何谓保护他人的法律？其保护范围如何界定？

（2）如何认定其违法性？

（3）为何采过失推定？其过失是否仅针对保护他人的法律，或应及于权益的侵害？

须注意的是，"民法"第 184 条第 2 项规定在两方面扩大了侵权责任：一为受保护的权益（包括权利以外的利益）；二为推定过失，从而应审慎认定其成立要件。

第二节　违反保护他人的法律

关于违反保护他人法律之应负损害赔偿责任，在方法上应分两个阶段加以判断：

（1）其所违反的是否为保护他人之法律，此涉及保护他人法律的概念。

（2）保护范围，此应认定者有二：

① 被害人是否属于受保护之人的范围。

② 被害人所请求的是否为该法律所要保护的权益（物的保护范围）。

分述如下：

第一款　保护他人法律的概念

一、判断基准

保护他人的"法律",指法规范而言,除狭义的法律(公法或私法)外,尚包括习惯法、命令、规章等,而以其是否以保护个人的权益为判断标准,个人权益的保护得与一般公益的保护并存,但不包括专以维护国家社会秩序的法律。值得参照有两个"最高法院"判决:

1. 出租车司机行政管理规则

"最高法院"1988年台上字第1582号判决谓:"民法第184条第2项所谓保护他人之法律,系指保护他人为目的之法律。即一般防止危害他人权益或禁止侵害他人权益之法律。限制出租车以出租或其他方式交与他人驾驶营业之规定,纯系基于对出租车业者行政上管理之考虑,而非着眼于乘客安全之保障,尚难指为民法第184条第2项所谓保护他人之法律。"

2. 国有财产管理法规

"最高法院"1995年台上字第1142号判决谓:"民法第184条第2项所谓保护他人之法律,系指保护他人为目的之法律,即指任何以保护个人或特定范围之人为目的之法律而言,如专以保护国家公益或社会秩序为目的之法律则不包括在内。而依国有财产法第1条前段规定:'国有财产的取得、保管、使用、收益及处分,依本法规定',及由国有财产法第42条规定于第五章'收益'观之,该第42条规定显然纯系基于管理、使用及收益国有财产考虑而设,而非着眼人民财产之保障,自难指为民法第184条第2项所谓保护他人之法律。"

二、实务案例(请阅读相关的法律条文)

(一) 民法

1. "民法"第35条:董事声请法人破产

民法上的规定属于保护他人之法律的,例如"民法"第35条,"最高法院"1967年台上字第1353号判决谓:"上诉人等身为常务董事,依民法第35条规定,理应向法院声请破产宣告,如不为前项声请,致法人之债权人受损害时,其有过失之董事,即应负损害赔偿责任。上诉人等对于公司无法支付应付款之财产状态并不否认,则其违反保护他人之法律,未及时声请破产宣告,依民法第184条第2项之规定,要难辞其过失责任。同时因消极之不作为而共同侵害他人之权利,揆诸'民法'第184条第2项之规定,要难辞其过失责任。"

"民法"第35条第2项规定本身原属独立的请求权基础,适用"民法"第184条第2项的意义在于过失的推定。

2. "民法"第794条:开掘土地、为建筑而损害邻地

属于保护他人法律的,尚有"民法"第794条"土地所有人开掘土地或为建筑时,不得因此使邻地之地基动摇或发生危险,或使邻地之建筑物或其他工作物受其损害"的规定("最高法院"2011年台上字第1012号判决,详见后文,本书第358页)。

3. "民法"第961条、第962条:占有保护

民法关于占有保护的规定亦属之,"最高法院"1985年台上字第752号判决谓:"民法有关保护占有的规定,于无权源之占有,亦有其适用。故占有人事实上管理占有物,纵无合法权源,对其主张权利者,仍应依合法途径谋求救济,以排除其占有,如果违背占有人之意思,而侵夺或妨害其占有,非法之所许者,占有人对侵夺或妨害其占有之行为,得依民法第960条第1项规定,以己力防御之。民法第962条规定之占有保护请求权,于无权源之占有人亦得主张之。如果占有被不法侵害,占有人即非不得依侵权行为之法则,请求赔偿其所受之损害。"此之所谓侵权行为之法则,应系指"民法"第184条第2项规定而言。

4. "民法"第483条之1:雇用人之保护义务

"最高法院"2006年台上字第2692号判决谓:"基于社会政策之理由,使受雇人受有周全之保障,民法增订第483条之1,明定受雇人服劳务,其生命、身体、健康有受危害之虞者,雇用人应按其情形为必要之预防。此即属民法第184条第2项所指保护他人之法律。本件上诉人一再主张:被上诉人指示曲坤成前往台大医院美食商场安装洗碗机设备,对于曹○成在工作中之一切可能发生危险之情事,均负有积极保护义务,不因该工作场地是否被上诉人所提供而有不同。雇主指派受雇人前往非雇主提供之场地工作,明知其工作场所不健康安全,却未向场所负责人要求改善,或协调加设警告标示,遽而指派受雇人前往施作,雇主即违反民法第483条之1之规定,为有过失,并该当民法第184条第2项之过失责任。"

(二) 刑法

保护他人之法律亦包括刑法上的规定,惟实务上相关案件不多,就法律适用言,最具意义的是关于保护财产及行为自由不受侵害的规定,因其扩大了"民法"第184条第2项规定的保护范围。故买赃物是否侵害物主的权利,曾有争论,但"刑法"第349条关于赃物罪的条文,属于保护他人之法律,故买赃物自应成立侵权行为。刑法规定以故意为要件时,"民法"第184条第2项的适用亦须以故意为必要。关于法规错误问题,亦应依刑法理论加以决定。

(三) 道路交通安全法规

道路交通安全法规是实务上最属常见。例如依道路交通管理处罚条例第92条所订之道路交通安全规则第122条第1款及第128条分别关于"脚踏车载物宽度,不得超过把手""慢车在夜间行车,应燃亮灯光"。①道路交通管理处罚条例第21条第1项、第28条关于未领有驾照执照驾车的规定等。② 车祸为主要的意外事故,依"民法"第184条第2项推定加害人之过失,有助于保护被害人。

(四) 医疗法规:医疗责任的加重:因果关系举证责任的倒置

在一个涉及医师是否及时使用万古霉素,救治感染抗药性黄金葡萄球菌危险因子之病患的争议案件,"最高法院"2010年台上字第2014号判决谓:"按医师对于危急之病人,应即依其专业能力予以救治或采取必要措施,不得无故拖延,医师法第21条定有明文。准此,基于对病患之保护,而对医师课以救治之义务,若医师有违反此项义务,依民法第184条第2项规定,自得认定具有过失。且医师未为诊断或追踪、确认之检验结果,而未对病人施予必要之用药救治,以致发生病人之死亡结果,有关责任成立因果关系,已难期待被害人有举证之可能性,于此情形,如严守民事诉讼法第277条前段之规定,将使被害人无从获得应有之赔偿,有违正义原则,基于公平之衡量,依举证责任转换之原则,就此不具相当因果关系,即应由医师负举证责任。"

本件判决提出关于医疗责任的三个重要问题:(1) 肯定"医师法"第

---

① 参见"最高法院"1977年台上字第1015号判例。

② 参见"最高法院"1978年台上字第2111号判例:"上诉人明知加害人张某未领有驾驶执照,仍将该小客车交其驾驶,显违道路交通管理处罚条例第21条第1项第1款、第28条之规定,亦即违反保护他人之法律,应推定其有过失。"

21 条系保护他人的法律,推定医师的过失。(2)肯定医师对医疗侵权行为的责任成立因果关系,应负举证责任。(3)肯定"最高法院"亦认为"医疗法"第 46 条第 1 项关于医院手术应得病人同意,亦属"民法"第 184 条第 2 项保护他人的法律。"最高法院"为保护病患权益,显然加重了医师的责任。

（五）其他法律

其他属于保护他人的法律,尚有"工厂法"第 7 条第 7 款、第 11 条、第 12 条规定,童工不得从事危险性之工作,每日工作时间不得超过 8 小时,不得于午后 8 时至翌晨 6 时之时间内工作①;"饲料管理法"第 27 条第 2 项规定,不得贩卖未经核准擅自制造饲料②;"水污染防治法"第 34 条关于排放污水标准的规定③;"劳工安全卫生法"④;"精神卫生法"第 21 条、第 22 条关于精神病患者住院的规定⑤;"消防法"第 6 条第 1 项、第 13 条第 1 项关于防火管理人、消防安全设备、用电安全等规定。⑥ 此外,尚有"建筑师法"第 20 条等。⑦

第二款 保护范围

保护他人的法律所保护的对象,有其一定的范围,即被害人本身,其受侵害的法益,或所生损害,均须属于该当法律的保护范围。此种法规目的的思考方法对侵权行为及损害赔偿法的发展,深具意义,简述如下:

---

① 参见"最高法院"1967 年台上字第 540 号判决。

② 参见"最高法院"1981 年台抗字第 406 号判例:"饲料管理法第 27 条第 1 项规定,为保护他人之法律,如刑事判决认定相对人违反该条项之规定,抗告人并受骗而购买此等未经核准擅自制造之饲料,予以使用,致其饲养之猪只死亡,依民法第 184 条第 2 项规定,即应推定相对人为有过失。虽于刑事法上所犯之罪,由于牵连关系不另单独宣告其刑,抗告人仍非不得于刑事诉讼程序附带提起民事诉讼,对该相对人及其他依民法应负赔偿责任之人请求赔偿其损害。"

③ 参见"最高法院"1983 年台上字第 5141 号判决。

④ 参见"最高法院"1988 年台上字第 839 号判决。

⑤ 参见"最高法院"2007 年台上字第 2524 号判决。

⑥ 参见"最高法院"2007 年台上字第 1457 号判决。

⑦ 参见"最高法院"2011 年台上字第 390 号判决:"查建筑师法第 20 条规定:建筑师受委托办理各项业务,应遵守诚实信用之原则,不得有不正当行为及违反或废弛其业务上应尽之义务。盖建筑师受托办理建筑物之设计、监造等业务,若未遵守诚实信用之原则,或有不正当行为及违反或废弛其业务上应尽之义务,不仅与保护社会秩序之目的有违,亦影响委托人之权利甚巨,难谓毋庸负损害赔偿责任。原审谓该条项非为保护他人之法律,所持见解尚属可议。"

一、人的保护范围

（一）人的保护范围的认定

"民法"第 794 条关于开掘土地或建筑时，预防发生危险的规定，系保护他人的法律，前已论及，其所要保护的，是邻地所有人，而非邻地的买受人或承租人，从而土地所有人开掘土地或建筑使邻地地基动摇或发生危险时，邻地买受人或承租人（如不能开店营业）不得依"民法"第 184 第 2 项规定请求损害赔偿。

"饲料管理法"第 27 条第 2 项规定不得贩卖未经核准制造的饲料，其所要保护的是因食用饲料而死亡猪只等的所有人，至于拍卖销售猪只的商人或消费者则不在保护范围之内。

（二）"财政部"防范诈欺集团伪造身份证盗领存款函释

关于人的保护范围，值得提出的是"最高法院"2007 年台上字第 1891 号判决，略谓："查财政部 2002 年 8 月 6 日台财融（六）字第 0916000231 号函主旨记载：'为防范诈骗集团于客户开立存款账户后，以伪造该客户之身份证于联行开立第二存款账户，并以电话语音转账盗领存款案件发生，各金融机构应依本部 2001 年 6 月 5 日台财融（二）第 90706967 号函径研商'如何防范诈骗集团以伪造身份证盗领存款相关事宜'加强存款户之身份确认，以维存户权益，请查照转知各会员机构。'及说明栏第一点记载：'各金融机构办理存户于联行开立第二存款账户时，应向原第一开户营业单位照会，并比对其留存之身份证正、反面复印件、照片、笔迹及印鉴等是否均与原开户营业单位相同，以确实确认客户身份。'足见该函旨在保护与金融机构往来之全体客户之财产权益，丕非狭隘地仅在保护在金融机关开立账户之个人，原审认依该函整体观之，该函保护之对象仅为在金融机构开立存折账户之个人，上诉人并非存户，不属于该函保护对象，因而为上诉人败诉之判决，已有可议。"

本件判决的意义有二：

（1）保护他人的法律亦包括行政命令。

（2）其受保护的，非属权利，系财产利益（纯粹经济上损失）。

二、物的范围

于肯定被害人系属受保护之人的范围之后，应再检讨的是，被侵害的法益或损害是否受该当法律所保护。有的法律在于保护被害人的生命健康;有的法律在于保护所有权;有的法律以纯粹财产上损害为保护对象,亦有限于某种财产上损害,应依法规目的及内容认定之,兹举五例加以说明:

（1）"民法"第960条、第961条、第962条关于占有保护的规定系属保护他人之法律。物的实体损害不在其保护范围之内。有权占有人得请求使用收益的损害。无权占有人得否为此主张,不无疑问。鉴于无权占有人对于占有物并无使用收益的权能,应采否定说,例如甲有货车被乙盗用,甲自力取回该车时,乙不得以使用利益被侵害而向甲请求损害赔偿。

（2）"公司法"第211条第2项规定,公司资产显有不足抵偿其所负债务时,董事会应即声请宣告破产。此项规定是否为保护他人的法律,"最高法院"1957年台上字第419号判决曾采否定说,略谓:"民法第184条第2项所谓保护他人之法律指违反损害预防发生之法律而言。公司法第195条第2项仅公司资产显有不足抵偿债务时,董事应即声请宣告破产,至不为此项声请致公司之债权人受损时,该董事对于债权人应否负责,在公司法并无规定,则该公司法第195条第2项,已难认为与民法第184条第2项所谓保护他人之法律相当。况法人之董事依民法第35条第1项向法院为破产之声请,依同条第2项规定致法人之债权人受损时亦以其有过失之董事为限,始负赔偿责任,此与民法第184条第2项之规定保护他人之法律有别,是上诉人执此指被上诉人违反保护他人之法律,推定其有过失,应负连带赔偿责任,显非足采。"

"最高法院"上开见解,似值商榷。原"公司法"第195条(现行"公司法"第211条第2项)虽未如"民法"第35条第2项明定,董事应对债权人负赔偿责任,但不得据此而认其非属保护他人之法律。一个法律是否属于保护他人之法律,并不以该法律明定对被害人负损害赔偿为要件①,而应斟酌法律规范的目的而决定之。现行"公司法"第211条第2项既在

---

① "最高法院"1934年上字第204号判例谓:"特别法无规定应适用普通法,公司法(旧)第147条第2项仅载公司财产显有不足抵偿债务时,董事应即声请宣告破产,至不为此项声请破产致公司之债权人受损害时,该董事对于债权人应否负责,在公司法既无规定,自应适用民法第35条第2项之1规定。"

"预防损害之发生"①,自应认其系属保护他人之法律。关于其保护范围,应解为包括于应声请宣告破产时对公司既有债权之人(旧债权人),及其后与该公司从事交易之新的债权人。债权人所得请求赔偿的,不限于因延迟于声请宣告破产而减少的破产分配额,而应包括因与无支付能力公司所定契约而生的全部损害。②

(3)"刑法"第193条关于违背建筑术成规罪的规定③亦属于保护他人之法律。其规范目的系在防范对于人身的侵害。建筑物本身具有瑕疵并不构成对所有权的侵害,无适用"民法"第184条第1项前段规定的余地。然则定作人得否依同条第2项规定请求修缮建筑物所支出的费用?对此问题,应采否定说,因"刑法"第193条的目的,非在于防范此类财产上损害的发生,被害人仅能依民法关于承揽契约的规定请求损害赔偿。

(4)"工厂法"第12条禁止童工在午后8时至翌晨6时之时间内工作。若有雇主要求被害人于夜间加班,而被害人拇指被工厂机器压断时,应有"民法"第184条第2项规定的适用。反之,被害人于夜间工作休息期间到附近电动玩具店,而被电动玩具机件伤害时,此项损害非属"工厂法"规定所要预防的危险,不得依"民法"第184条第2项规定请求赔偿,自不待言。

(5)"建筑法"第13条、第39条、第60条、第70条等关于建筑物施工等规定,均属保护他人之法律,其应赔偿的损害,不以人身之损害为限,亦包括建筑改良物应有价值之财产损害在内("最高法院"2006年台上字第395号判决)。

第三节　违法性及违法阻却

加害行为的违法性,因违反保护他人之法律而具备,惟得因有正当事由而阻却违法,例如驾车超速伤害路人,系违反保护他人之法律("道路

---

① 《德国股份有限公司法》第64条第1项设有相当于台湾地区"公司法"第211条2项规定,通说亦肯定其为保护他人之法律(BGHZ 29, 100)。

② 此为德国实务见解(BGHZ 126, 181)。

③ "刑法"193条规定:"承揽工程人或监工人于营造或拆卸建筑物时,违背建筑术成规,致生公共危险者,处三年以下有期徒刑、拘役或三千元以下罚金。"参见林山田:《刑法各罪论》(下),第354页以下。

交通管理处罚条例"第 40 条)，但得因紧急避难而阻却违法。

第四节　过失推定

"民法"第 184 条第 2 项规定系以过失为要件，惟此项过失由法律推定，以转换其举证责任①，以保护被害人的利益，盖既有保护他人法律的存在，行为人自有注意之义务。由此可知保护他人法律的违反非属无过失责任，从而依该当保护他人之法律的内容，无过失亦得违反时，仅于行为人有过失时，始生损害赔偿责任。又保护他人的法律以故意为要件时，其侵权行为的成立亦须以故意为必要。

问题在于所谓过失究系针对何者而言。德国通说认为系针对保护他人之法律，故其过失不及于该当法益之受侵害。② 在德国联邦法院一个关于车祸的判决③，被告违反道路交通安全规则在交叉路口超车，轧死某机车骑士，被告主张车祸的发生，系由于死者突然右转，实难预见。德国联邦法院认为此项主张纵属真实，被告亦应负损害赔偿责任："因违反保护他人法律侵害他人者(《德国民法》第 823 条第 2 项)，其所要求行为人的故意或过失，与《德国民法》第 823 条第 1 项规定不同。《德国民法》第 823 条第 2 项侵权行为的成立要件，既系违反保护他人之法律，故行为人的故意或过失应针对违反法律本身而言，至于行为人对其行为的结果(权利或法益的侵害)于尽适当注意时可否预见，则所不问。"上述德国通说(BGHZ 103，196)，自值重视。本书认为，在台湾地区法上，仍应采固有意义之侵权行为的过失，即其非仅系针对法律违反本身而言，尚应兼及对法益的侵害。④

---

① 参见"最高法院"1980 年台上字第 2927 号判决谓："查违反保护他人之法律者，依民法第 184 条第 2 项规定，不过得推定其有过失而已。兹被上诉人王聪华既获有证据足以证明其无过失，已见前述；即得推翻上开法律上之规定，自己不能按该条规定令负侵权行为责任。"引自林辰彦等编：《综合六法审判实务》，载《民法债编》(一)，第 481 页。

② Larenz/Canaris, Schuldrecht II/2, S. 445: Da Gegenstand des Schuldvorwurfs die Tatbestandsverwirklichung ist, braucht sich dieser hier nur auf den Gesetzesverstoss als solchen und nicht auf die Verletzung des betreffenden Rechtsguts zu beziehen.

③ BHG 22.6 1995, LM § 823 BGB Nr. 10.

④ Fikentcher, Schuldrecht, S. 761, 765; Hans Stoll, Kausalzusammenhang und Normzweck im Deliktsrecht (1968), S. 21 f. 台湾地区的法院及实务未特别论及此项问题，似仍采固有意义侵权行为的过失。

第五节　"最高法院"一个具有指导性的判决

　　关于"民法"第 184 条第 2 项保护他人法律之解释适用的众多裁判中,值得提出的是"最高法院"2011 年台上字第 1012 号关于"民法"第 794 条的判决,摘其主要内容如下:

　　"民法第 184 条第 2 项规定:'违反保护他人之法律,致生损害于他人者,负损害赔偿责任。但能证明其行为无过失者,不在此限。'其立法旨趣系以保护他人为目的之法律,意在使人类互尽保护之义务,倘违反之,致损害他人权利,与亲自加害无异,自应使其负损害赔偿责任。该项规定乃一种独立的侵权行为类型,其立法技术在于转介立法者未直接规定的公私法强制规范,使成为民事侵权责任的规范,俾侵权行为规范得与其他法规范体系相联结。依此规定,凡违反以保护他人权益为目的之法律,致生损害于他人,即推定为有过失,若损害与违反保护他人法律之行为间复具有因果关系,即应负损害赔偿责任。至于加害人如主张其无过失,依举证责任倒置(转换)之原则,应由加害人举证证明,以减轻被害人之举证责任,同时扩大保护客体之范围兼及于权利以外之利益。因此,民法第 794 条规定:'土地所有人开掘土地或为建筑时,不得因此使邻地之地基动摇或发生危险,或使邻地之工作物受其损害',既系以保护相邻关系中邻地地基及工作物之安全维持社会之公共利益,避免他人遭受损害为目的之法律,土地所有人如有违反,自应按上开规范旨趣,依民法第 184 条第 2 项规定,对被害人负侵权行为之损害赔偿责任。本件上诉人拆除系争土地上旧建筑,开挖系争土地、兴建房屋,致被上诉人所有系争建物受有损害,而系争建物之受损,与上诉人拆除开挖行为有因果关系,且上诉人亦不能证明其行为无过失,乃原审所合法确定之事实。又被上诉人为上诉人所有系争土地之邻地建物(为工作物之一种)所有人,属于法律规定所欲保护之人的范围,其所受之损害亦属于法律规定所欲保护物的范围,自可依民法第 184 条第 2 项规定,请求损害赔偿。原审因而为上诉人不利之判决,经核于法并无违误。次查民法第 184 条第 2 项与同条第一项前段、后段,为 3 个独立的侵权行为类型,本件被上诉人依民法第 184 条第 2 项之规定请求,既已达其请求之目的,根据诉之重叠合并之审理原则,法院即毋庸再就同条第 1 项规定之请求予以审究。"

　　"最高法院"本件判决明确肯定"民法"第 184 条第 1 项前段、后段、第 2 项系 3 个独立的侵权行为类型。关于"民法"第 184 条第 2 项的适用,判决理由详细明确地阐述其立法目的,认定保护他人的法律及其所保护的人的范围及物的范围,堪称典范,实值肯定。

第五章　纯粹经济损失与侵权
　　　行为法的发展

（1）请再思考民法为何不规定：因故意或过失不法侵害他人者，应负损害赔偿责任，而要分设"民法"第184条第1项前段、后段及第2项规定。

（2）何谓"纯粹经济损失"或"纯粹财产损害"，此种损害具有何种特色？

（3）在下列情形，被害人得否依"民法"第184条规定请求损害赔偿：① 甲驾车撞到乙（受伤或死亡），乙的父母得不到赡养；乙妻丙辞去工作在家看护乙；乙的雇主因乙不能上班受有损失。② 甲挖断乙的电缆，丙等因电力供电中断，不能生产或营业，收入减少。③ 甲兴建房屋出售予乙，乙发现该屋的构造有重大瑕疵会减少房屋价值，乙得否以甲犯"刑法"第193条违背建筑术成规罪，依"民法"第184条第2项规定向甲请求损害赔偿。④ 甲委任乙律师书立遗嘱，赠某公寓予丙，因乙疏误，该遗嘱无效，致丙不能获得遗赠。

第一节　行为自由、法益保护与纯粹经济损失

第一款　问题提出

一、两个案例

关于纯粹经济损失（纯粹财产损害），前曾在相关部分加以说明，兹增列本章，参照比较法的模范模式，综合分析讨论现行法的特色、解释适用的问题及发展方向。兹先举两例加以说明：

（1）商品自伤。甲购买乙制造的电视机，放在客厅观赏节目，因该电视机具有瑕疵而爆破，致甲受伤，电视机旁的音响设备毁损。在此情形，甲所受财产上损失可分为两类：因人身（身体、健康）受侵害而支出的医药费，因音响设备毁损所减少的价值或修缮费用。电视机本身爆破，此非所有权受侵害，是"纯粹"经济损失。就此种损害，甲得否依侵权行为法规定向乙请求损害赔偿？

（2）挖断电缆。甲施工不慎，挖断乙电力公司的电缆，致丙工厂的机电毁损，丁工厂的机器未受毁坏，但因电力中断不能生产受有损失。在此情形，乙电力公司的电缆被挖断，所有权受侵害，得请求因此所受经济上损失。丙工厂的机器受毁损，系所有权受侵害，得请求赔偿修复费用及修复后在停电期间不能使用所受损失，系属纯粹经济损失。丁工厂的机器未受毁损，因电力中断不能生产而遭受财产上不利益，亦为纯粹经济损失。

二、概念用语：权益、权利以外利益、纯粹经济损失

侵权行为法上受保护的法益，在判例学说上多称为权益，权益包括权利与权利以外的利益，所称利益指纯粹经济损失或纯粹财产损害。在台湾，纯粹经济损失的用语似系由本书作者首次使用[1]，逐渐成为判例学说上常用的概念，并为"最高法院"所采用。"最高法院"2009年台上字第1961号判决谓："债务不履行与侵权行为在民事责任体系上，各有其不同之适用范围、保护客体、规范功能及任务分配。债务不履行（契约责任）保护之客体，主要为债权人之给付利益（履行利益）（民法第199条参阅），侵权行为保护之客体，则主要为被害人之固有利益（又称持有利益或完整利益）（民法第184条第1项前段参阅），因此民法第184条第1项前段所保护之法益，原则上限于权利（固有利益），而不及于权利以外之利益，特别是学说上所称之纯粹经济上损失或纯粹财产上损害，以维护民事责任体系上应有之分际，并达成立法上合理分配及限制损害赔偿责任，适当填补被害人所受损害之目的。"可资参阅。

---

① 参见拙著：《挖断电缆的民事责任：经济上损失的赔偿》，载《民法学说与判例研究》（第七册），北京大学出版社2009年版，第57页；《商品制造者责任与纯粹经济上损失》，载《民法学说与判例研究》（第八册），北京大学出版社2009年版，第162页。

第二款　纯粹经济损失的意义及态样

一、纯粹经济损失的意义

纯粹经济损失(pure economic loss)系英美法的用语,在德国法称为纯粹财产损害(reines Vermögensschaden),前者已成为比较法通用的概念。纯粹经济损失(或纯粹财产损害)系指非因人身或所有权等权利受侵害而产生的经济或财产损失①,例如购买的电视机或房屋因具有瑕疵而减少其财产价值;在雪山隧道发生车祸,阻断交通,致他人受困不能上班、开店、交货、签约受有财产损失。因人身或所有权等权利被侵害所生的财产损失(例如医药费、修缮费等),则称为 consequential economic loss (结果经济损失)。关于此等概念前已说明(本书第114页),敬请参阅。

二、纯粹经济损失的态样

为了解纯粹经济损失保护的问题,须认识纯粹经济上损失的多样性,可分为两类:

1. 直接侵害

例如营业竞争降价促销;车祸阻塞巷口致出租车不能外出营业;引诱债务人违约;制造销售有瑕疵的商品;专门职业者提供不实信息或不良服务(如律师书立无效的遗嘱)等所造成的财产损失。

2. 间接侵害

此在英美法上称为关系损失(relational loss),其主要情形有:侵害某人的人身(死亡或伤害),致其他与该被害人有亲属或契约关系之人受有财产损失;侵害某人之物,致其他之人(尤其是债权人)遭受财产上损失,例如甲有某屋出租予乙,丙毁损该屋,甲不能交付予乙,乙因而不能如期开店营业,遭受损失。

兹将纯粹经济损失的意义及态样,图示如下:

---

① van Dam 在 European Tort Law(p. 711)所提出的定义:pure economic loss is the financial loss someone suffers and which is not the consequence of death, personal injury or damage to movable or immovale objects.

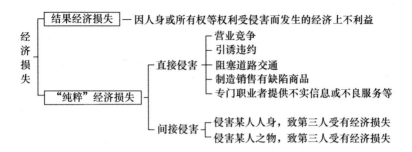

三、法律规范问题:损害的不确定性

由前面关于纯粹经济损失的意义及类型的说明,可知纯粹经济损失的特色在于"不确定性",包括人的不确定性及责任范围的不确定性。当事人间有契约时,其不确定性得因其系特定人间的关系及约定而受控制,因此契约法乃成为保护纯粹经济损失的重要机制。在侵权行为,加害人具有侵害他人的故意,例如甲绑架某歌星迫使乙取消其主办的演唱会时,甲应对乙的纯粹经济损失负赔偿责任("民法"第184条第1项后段),其理由不仅是因为加害行为出于故意,更是其侵害的对象及范围,得为预见。关键问题在于因过失侵害他人的经济利益时,应在何种情形认定其得成立侵权行为而负赔偿责任。兹再举车祸之例加以说明。甲在高速公路因过失发生车祸,阻塞南北交通两个小时,受困车阵之人,有的不能准时开店;有的耽误出国旅游;有的不能如期交货;有的不能参加就业面试。被害人及损害范围的不确定性,产生了如何合理规范的难题。

第二节 纯粹经济损失与比较法

第一款 比较法上的研究课题

纯粹经济损失之所以成为热门讨论课题,主要是因为欧洲私法整合。为研拟侵权行为法的基本原则,欧洲法学者发现纯粹经济损失是一个具有争议的问题,体现各国不同的法律文化,乃深入研究,发表许多论著,其中最受重视的是欧洲私法共同核心的 Trento 大学研究计划(The Common Core of European Private Law, Trento Project)出版的 Pure Economic Loss in

Europe(欧洲法的纯粹经济损失)①,使我们对纯粹经济损失所涉及的问题有较深刻的认识。

第二款 比较法上的规范模式

关于侵权行为法上受保护的法益,尤其是纯粹经济损失,在比较法上有法国、德国、英国及日本四种基本规范模式。

一、法国法:概括保护的开放模式

《法国民法》第1382条规定,因过失(faute)侵害他人的,应负损害赔偿责任,对受保护的法益未设限制,包括权利及利益,因此在法国判例学说上多未使用纯粹经济损失的用语或概念。须注意的是,法国法对法益的保护虽采概括开放方式,但实务上对纯粹经济损失的保护亦有所限制,其所采主要的方法,系就 Faute 采不同的认定基准,尤其是运用因果关系,即纯粹经济损失与侵害行为间须有直接性的因果关系,始得请求赔偿,此应就个案加以认定。例如甲撞伤歌手乙,致丙取消其主办的演唱会时,法国最高法院(Cour de Cassation)认为丙的损失非属直接,不得向甲请求赔偿。② 又在另一个案件,甲的债务人乙被丙驾车撞死,乙无资力,乙的继承人抛弃继承,甲向丙请求损害赔偿时,法国最高法院亦以甲所受损失系属于间接,不得请求赔偿。③

须注意的是,尽管有直接因果关系作为控制机制,关于纯粹经济损失的赔偿,法国实务最为宽大。例如汽车公司得向车祸肇事者请求赔偿因公交车延迟所受的营运损失④;工厂因瓦斯公司的管线被人挖断,就其因瓦斯供应中断不能生产所受损失,亦得对加害人请求赔偿。⑤

---

① Bussani/Palmer (eds.), Pure Economic Loss in Europe (2003),张小义、钟洪明译,林嘉审校:《欧洲法中的纯粹经济损失》,法律出版社 2003 年版。其他重要著作,参见 Van Boon/Koziol/Witting (ed.), Pure Economic Loss (2004); Banakas (ed.), Civil Liability for Pure Economic Loss (1997); Palmer/Parasi, Liability for Pure Financial Loss in Europe, AJCL 51 (2003), 113-162. 邱琦:《纯粹经济上损失之研究》,载《台湾大学法律学研究所 2002 年度博士论文》。

② Civ. 2e 14 November 1958, Gaz. Pal. 1959. 1. 31.

③ Civ. 2e 21 February 1979, D, 1979. IR 344, JCP 1979. IV. 145

④ Civ. 2e 28 April 1965, D. 1965, 777.

⑤ Civ. 2e 8 May 1970, Bull. Civ. II, no 1220. 以上关于法国法上的判决,参见 Van Dam, European Tort Law, p.171; Van Gerven, The Common Law of Europe Casebook, Tort Law, pp.197-198.

二、德国法：区别法益保护的保守模式：以三个小的概括条款取代一个大的概括条款

德国民法制定时，曾考虑是否采取类如《法国民法》第1382条的概括条款，后以其过于抽象，不利于法律适用，乃创设了"侵害权利""违背保护他人法律"及"故意悖于善良风俗"三个小的概括条款（《德国民法》第823条、第826条），前已详为说明（本书第89页），其特色在于以不同的要件，对法益作区别性的保护。关于纯粹财产损害（纯粹经济损失）仅限于违背保护他人法律或故意以悖于善良风俗的方法致加损害时，始得请求赔偿，属于保守型的规范模式。关于德国实务上的发展，将于讨论法的相关部分时，再行参照说明。

三、英国法：实用型的模式

英国侵权行为法系由个别独立的侵权行为（torts）所构成，以不同的要件，保护不同的法益，不受某种方式的侵害，其中有专以保护经济利益（纯粹经济上损失）为内容的侵权行为，称为 economic torts，例如 deceit（诈欺），conspiracy（共谋），inducing breach of contract（引诱违约）等。此类侵害经济利益的侵权行为均以故意为要件（intentional interference with economic interests），以维护市场经济的自由竞争。[1]

过失侵权行为（negliegene）对纯粹经济损失的保护，其关键在于如何认定行为人负有注意义务（duty of care）。英国法院基本上系采取过失纯粹经济损失责任排除原则（exclusionnary rule）。在实验室口蹄疫细菌逸出致牛只交易市场关闭案[2]、电缆案[3]，均否定了被害人的纯粹经济损失的损害赔偿请求权。

值得提出的是，在1964年的 Hedley Byrne 案[4]，英国贵族院认为，银行对特定人提供关于客户信用的不实信息，致其误为投资而遭受损失时，因当事人间具有特殊信赖关系，应成立违反注意义务而负侵权责任。此项 Byrne 原则其后被扩大适用于其他专门职业者提供信息及服务的注意

---

[1]　Tony Weir, Economic Torts (1997).

[2]　Weller & Co. v. Foot & Mouth Diease Research Institute (1966) 1 QB 569.

[3]　Spartan Steel and Alloys Ltd. v. Martin & Co (Contractors) Ltd. (1973)1 QB 27.

[4]　Hedley Byrne & Co Ltd. v. Heller & Parstners Ltd. (1964) AC 465.

义务。在著名的 White v. Jones 案①,贵族院认为律师(Solictor)未能适时书立新的遗嘱,致第三人不能获得遗赠时,应负损害赔偿责任。1990 年的 Capro 案②,涉及会计师的法定年度审计查账报告,因内容不正确,致第三人遭受投资损失时,应否赔偿的问题。英国贵族院认为在当事人间(会计师与第三人)需有一种特殊关系(可预见性及密切性),即会计师须明知或应知其年度查账报告将传达于某个人或可确定群体的成员,原告可能基于其信赖而决定是否从事某种特殊交易,始发生注意义务而得成立过失侵权责任。Hedley 及 Capro 两个重要判决确立了英国法上过失纯粹经济损失得请求损害赔偿的原则,即此项损失须得为预见,请求人与被告人之间须有密切关系,得公平、合理地使被告负有注意义务。此项原则的提出,旨在提供一个控制水闸(floodgate)的机制,但以此单一简单抽象的基准,处理各种情况,诚非易事,难如登月。③

　　应再提出的是,纯粹经济损失是英国、新西兰、澳大利亚、加拿大等普通法国家的重要问题④,但在美国法上甚少相关案例或学说,并未受重视。有人认为其原因之一,系美国侵权行为法在过去数十年间的发展集中于商品责任,以人身保护为重点,商品缺陷虽亦涉及纯粹经济损失,但得依契约担保责任加以处理,原则上并不受侵权行为法的保护。近年来亦渐有纯粹经济损失的诉讼,例如若干州政府向香烟或枪支制造商请求为烟害疾病或防止枪支犯罪所支出的费用。⑤

四、日本法:兼采法国法及德国法的规范模式

　　法国、德国及英国法提供了侵权行为的基本规范模式,而为各国所继

---

① White v. Jones (1995) 1 All ER 691.

② Capro Industries plc v. Dickman (1990) 2 AC 605

③ Merrett v. Babb (2001) 3 WLR at 41, Pen May LJ:"It would be…reaching for the moon…to expect to accommodate every circumstance which may arise within a single short abstract formulation.

④ 关于英国法,参见 Markesinis/Deakin, Tort Law, p. 112 f. 关于澳大利亚法,参见 Sappideen/Vines/Grant/Watsoon, Tort, Commentary and Materials (2006), p. 363 f.

⑤ Jane Stapleton, Extra-contractual Recovery of Pure Economic Loss in Europe, in: European Tort Law, Eastern and Western Perspectives (ed. Bussani, 2007), p. 225; Schwartz, American Tort Law and the Supposed Economic Loss Rule in:Pure Economic Loss in Europe(eds. Bussani and Palmer, 2007), p. 94.

受。① 关于日本民法的侵权行为,前已论及,其所以值得重视的主要理由,系台湾地区学者多援引日本的实务及理论解释侵权行为法。如前所述,旧《日本民法》第 709 条系参照《法国民法》第 1382 条而制定,判例学说扩大解释权利,包括权利以外的利益。侵害权利原则上具有不法性,利益的保护则依相关理论,就侵害行为,尤其是行为人的故意或恶意认定其违法性。此种区别权利及法益,依违法性判断其应否受保护的思考方法,系受德国民法的影响。② 新修正《日本民法》第 709 条参照判例学说的发展明定:"因故意或过失侵害他人权利或受保护利益之人,对因此所发生的损害负赔偿责任。"

五、比较法上的规范模式

综据前述,就权利及纯粹经济损失(权利以外利益)在侵权行为法保护的基本规范模式,表列如下:

纯粹经济损失 国家或地区	法律规范	控制机制及发展	保护范围
法国	不区别权利、益	须有直接因果关系	立法开放、实务节制
德国	区别权利与权利以外利益。利益保护限于违反保护他人法律(第 823 条第 2 项)或故意悖于善良风俗(第 826 条)	(1)扩大解释第 823 条第 2 项,第 826 条 (2)扩大契约法的适用	立法保守、实务扩大
中国台湾	第 184 条,基本上同于德国民法	扩大解释第 184 条第 1 项前段	立法保守、实务审慎
英国	Economic torts 过失侵权行为 (Negligence)	依 duty of care 认定	过失责任排除原则,例外肯定专门职业者负有提供正确信息的注意义务
日本	权利及法律上利益	关于利益保护采相关理论,依违法性加以认定	兼采法国及德国的规范机制

---

① 在东欧国家,纯粹经济损失亦成为热烈讨论的问题,参见 Bussani (ed.), European Tort Law, Eastern and Western Perspectives. p. 225 f.

② Kunihiko Okuba, Compensation for Pure Economic Loss Under Japanese Law, in: Boom/Koziol/Withing (eds.), Pure Economic Loss (2004), p. 56.

第三款　案例比较与异同分析

第一项　比较法研究方法的创新

一、案例比较与共同核心研究

比较法的研究不应仅止于法条的对比,更应深入于案例比较,以发现活的法律,此乃比较法研究方法的创新,更能深刻精确了解各国法律的异同,而运用于本国或本地区法的解释适用及法律整合与法律统一。比较法研究应采功能性方法,分两个阶段进行:(1)异同发现。(2)比较分析。

此种案例比较研究,有赖于组织化的集体合作,前面提到的"欧洲私法共同核心 Trento 计划"①,曾以纯粹经济损失为研究对象,设计以 20 个案件就欧洲 13 个国家的立法及判例进行比较分析,动员了数十位学者定期研讨。研究结果发现,各国或地区关于纯粹经济损失的规范缺少共识,并无所谓的共同核心(common core)。兹为便于了解前揭法、德、英三个规范模式在实务上的适用,特就前述 20 个案例中选择 7 个较具典型的案例(请先阅读本章附录的案例),列表如下②:

---

① The Common Core of Eurpean Private Law Projet 系由意大利 Trento 大学于 1993 年所创办,由 Bussani 及 Mattei 两位教授担任主编,采用 Schlesinger 及 Sacco 两位伟大比较法学家的方法设计案例,对欧洲私法从事比较研究,此系比较法研究的创举,已出版的研究报告,除 Pure Economic Loss in Europe 外,尚有 Good Faith in European Contract law (eds. Zimmenmann and Whittacker, 2000), The Enforceability of Promises in European Contract Law (ed. Gordley, 2001)等。阅于 Schlesinger 及 Sacco 的生平及比较方法论,参见 Annelise Riles (ed.), Rethinking the Masters of Comparative Law (2001), p. 237 f.

② Bussani and Palmer (ed.), Pure Economic Loss in Europe, p. 526;张小义、钟洪明译,林嘉审校:《欧洲法中纯粹经济损失》,第 395 页。

国家或地区 案例	法国	德国	英国	中国台湾
反射损失:电缆案件Ⅱ	是	否	否	比较研究课题:诸此案例在台湾法上如何处理?
间接损失:意大利全明星队的安魂曲	是	否	否	
产品责任:放映室里的火灾	是	是	否	
转移损失:尽职的妻子	是	否	否	
专门职业:糟糕的法律服务	是	是	是	
审计人的责任	是	否	否	
公共设施:被关闭的高速公路	是	否	否	

二、异同发现

据前揭表列的 7 个案件加以比较观察,可以发现如下的异同:

(1) 其全被肯定的是法律专业服务,即公证人(或律师)书立无效的遗嘱,对受遗赠人不能获得遗赠的不利益,应负赔偿责任。

(2) 法国法对 7 个案件均为肯定,其主要原因系《法国民法》第 1382 条设概括规定。

(3) 德国法上否定的有 5 个案件,英国则有 6 个案件,不同的是产品责任(放映室里的火灾)。因电影放映机电线线路中的人为缺陷致电影放映机着火,致放映机本身全毁,剧院所有人所受侵害的是纯粹经济损失,而非所有权,依《德国民法》第 823 条第 1 项规定,原不得请求损害赔偿。惟德国实务认为此属所谓的 Weiterfresserschaden(继续侵蚀损害)所创设的例外,其主要目的在于克服德国法上瑕疵担保请求权的短期消灭时效(本书第 204 页)。

三、异同分析

关于纯粹经济损失保护,欧洲各国立法及实务并无共同核心。比较法的功能不仅在于发现异同,更要分析解释异同。此涉及两个相互关联的问题:(1)法国、德国及英国为何有不同的规范模式?(2)纯粹经济损失(利益)的保护为何不同于权利?

(一)法国法、德国法及英国法为何设不同的规范模式?不同的文化与法学思考方法

法国民法不区别权利与利益,德国民法则作区别性的保护,其理由为,有人认为,法国民法受自然法的影响,重视博爱(fraternité),德国及英国则重视自由(liberté)及平等(equdité)。[1] 又德国法所以不采法国的概括原则,系认为,此项规定过于抽象,不利于法律的解释,此并涉及德国法学的概念体系的思考方法,直至今日,德国法学家仍多认为德国的类型化规范模式优于法国民法的大的概括条款模式,更能调和行为自由与法益保护。权威民法学者 Canaris 撰文更强调认为,法国的规范模式是一种没有思想遁入概括条款的规定。[2] 学说有称之为法学上的普法战争。

(二)权利与利益的区别及区别理由

英国法及德国法均对纯粹经济损失(纯粹财产损害)设限制性的保护。因此发生了为何纯粹经济损失(权利以外利益)应为不同待遇的问题。(Why should pure economic loss be treated differently.)

英国法院对于过失纯粹经济上损失所以采排除原则,常被提出的主

---

[1]　Van Boom, Pure Economic Loss: A Comparative Perspective in: Van Boom/Koziol/Withing (ed.), Pure Economic Loss (2004), p. 31; Dansen, (2001) ZEuP, 36-37.

[2]　Claus-Wilhelm Canaris 系 Karl Larenz 教授的高足,承继其民法学及方法论,更为发扬光大,系当代德国最具创造力的伟大法学家之一。德国学者有人认为,德国法学就是 BGB(德国民法),而 BGB 就是 Canaris:《Jurisprudenz, das heißt Bürgerlicher Recht, und BGB das heißt Canaris》, Ralf Seinecke, Methode und Zivilrecht bei Claus-Wilhelm Canaris (geb. 1937), in: Rückert/Seinecke (Hrsg.), Methodenlehre der Zivilrecht—von Savigny bis Teubner (2. Aufl., 2012), S. 350. Canaris 关于德国侵权行为构造的论述,参见 Canaris, Grundstrukturen des deutschen Deliktsrechts VersR 2005, 584: Dieses könnte das deliktrechtliche "Urproblem", die Interessen von Geschädigtem und Schädiger unter Wahrung der beiderseitigen Freiheitsräume zum Ausgleich zu bringen, ebenso angemessen lösen wie die Aufgabe einer jeden sinnvollen Gesetzgebung erfüllen, sowohl in wertungsmässiger als auch in tatbestandlicher Hinsicht einigermassen klare Vorgaben für die Rechtsfindung und Fortbildung zu machen. Der geistlosen und anachronistischen Flucht in eine "grosse" deliktsrechtliche Generalklausel wäre es allemal überlegen.(侵权行为法的原始问题系在维护被害人与加害人双方的自由空间,调和其利益,并为合理的处理,以及实现任何一个具有意义的立法的任务,在符合价值判断及构成要件方面,为法的发现及法的续造作出明确的规划。此较诸欠缺思想及时空错误地植入一个大的侵权行为法概括条款,实在更为优越。)

要理由有二：

(1) 纯粹经济损失的"不确定性"，包括责任数量及责任范围的不确定。[①]

(2) 水闸理论(floodgate)，即对纯粹经济损失请求赔偿者众多，法院诉讼增加，难以负荷，其请求赔偿将无止境。(There would be no end of claims.)[②]

德国法对纯粹财产损害作不同于权利的限制性的保护，其主要理由有四[③]：

1. 损害处理的集中

德国立法者所以广泛排除纯粹财产损害，乃在限制请求权人的范围，将其损害的处理集中于加害人与权利被侵害的第一个被害人之间，避免将整个损害分散于多数请求权人，造成众多诉讼，以减少损害处理的费用。

2. 纯粹财产损害涉及私人损害，不发生社会损害

对所有权等绝对权的侵害，其所产生的不利益留存于被害人的私有财产，同时构成国民经济损失，而为一种资源损害。在纯粹财产损害，私人的不利益并不相当于社会损失。例如，在营业竞争，某个企业以正当行为从事竞争(例如降价促销)，致他人遭受财产损害时，对社会而言，此种行为(甚至是故意)所造成的损失，不但不是不利益，可能是更符期望，因为在一个市场经济中，营业竞争有助于提高商品或服务的质量，降低成本。所应防范的是不正当竞争，即不得使用不当手段牺牲他人，获取利益，此应由不正当竞争法加以规范。

3. 契约法的保护

对纯粹财产损害无限制的侵权赔偿责任将破坏契约法危险分配的机制。契约法主要于在规范财产变动的危险配置，即财产经由契约而取得，

---

① 常被引用的是美国著名法官 Cardozo 的经典名言，认为会计师不应因过失而须对第三人负责，因为此将使被告遭受不确定的赔偿责任，"a liability in inderminate amount for an indetrsminate time to an indetrsminate class"，Utramares Corponation v. Touche, Niven & Co., (1931) 255 NY170, 174 NE 411.

② Spantan Steel & Alloys Ltd v. Martin & Co. (Contractors) Ltd (973) QB 27, at 38 (per Lord Denning).

③ MünchKomm BGB/Wagner § 826. RdNr. 11-16; Wagner, Grundstrukturen des Europäischen Deliktsrechts, in: Grundstrukturen des Europäischen Deliktstrechts (ed. Zimmermann, 2002), S. 230 f.

财产损失依契约责任而调整,侵权行为法不应过度介入,否则债务不履行及瑕疵担保责任的规定将成为具文。《法国民法》第1382条对权益采概括保护原则,乃发展出所谓不竞合(non-cumul)原则,以确保契约法的适用,即当事人有契约关系时,应适用相关的债务不履行及瑕疵担保规定,排除侵权行为法的适用(法条竞合说)。反之,在德国,因对侵权责任的保护范围设有限制,乃采请求权竞合说,若将纯粹财产损害全部纳入侵权责任,将使契约法丧失其规范功能。

4. 赔偿责任扩散的排除

纯粹经济损害犹如波浪,扩散及于多数之人(如高速公路的车祸,阻塞交通),有的甚为微小,有的难以证明,有的宜由被害人自己防范,若全得依侵权行为法请求赔偿,其责任范围将永无边际,诉讼群起,成本费用甚巨,与加害事故不成比例,应设水闸加以必要的管制。

第二项　欧洲侵权行为法

法益的保护系侵权行为法的核心问题,关于纯粹经济损失欧洲各国法律并无共同核心,已如上述。[1] European Group of Tort Law 的研究计划于2005年提出的 Principles of European Tort Law 第二篇归责原则(General Conditions of Liability)于2.102条对受保护利益(protected interests)设如下规定:

(1)某一利益受保护的范围取决于该利益的性质,其价值越高,定义越精确,利益越明显,对该利益的保护范围越广泛。

(2)生命,人身或精神上的完整性,人格尊严和人身自由享受最广泛的保护。

(3)财产权,包括无形资产享受广泛的保护。

(4)对纯粹经济损失和契约利益的保护范围相对受限。在此情况下,应适当考虑行为人与受害方的接近程度,或考虑到行为人明知其行为将造成损失的事实(尽管其利益的价值被议为低于受害方的利益)。

(5)利益保护范围也受责任性质的影响,因此对利益造成的损害的

---

[1]　European Group on Tort Law 是一个由奥地利著名学者 Kozial 等20位著名欧洲学者组成的研究组群。Principles of European Tort Law (2005)包括条文及批注,除法、日、韩文外,尚有中文译本(p. 185),可供参照。

保护应比其他情况下的保护更广泛。

（6）决定利益保护范围时，应考虑行为人的利益，尤其该行为人行动与行使权利的自由，以及公共利益。

欧洲侵权行为法原则关于受保护利益的规定，系建立在奥地利国学者 Wilburg 所倡导的法律动态体系（bewegliches System）之上①，该体系是采取一种法益价值衡量的立场，认为对纯粹经济损失和契约（合同）利益的保护，不应全被排除，或全予赔偿，其范围应相对受到限制。此项规定具有妥协性及弹性，是否能被各国所采纳，如何解释适用，实值注意。

第三节　纯粹经济损失在台湾地区法上的保护及发展

第一款　现行规范及发展途径

一、现行规范机制

关于纯粹经济损失（纯粹财产损害、权利以外的利益）的规范，有法国模式（概括开放）、德国模式（法益区别）及英国模式（实用主义）。台湾地区"民法"第184条规定三个类型侵权行为，基本上系采德国模式，具有如下特色（参阅本书第89页）：

（1）区别权利与权利以外的利益。

（2）关于权利的保护，适用"民法"第184条第1项前段，以不法性及故意或过失为要件，并得适用"民法"第184条第1项后段及第2项。

（3）关于"权利以外利益的保护"，限于两种情形：故意以悖于善良风俗方法，加损害于他人（"民法"第184条第1项后段）；违反保护他人的法律，而该法律具有保护权利以外利益的意旨（"民法"第184条第2项）。

关于特殊侵权行为，民法亦建构于权利与利益的区别之上，例如"民法"第184条（共同侵权行为）、第186条（公务员侵权行为）、第187条（法定代理人侵权行为）、第188条（雇用人侵权行为）、第189条（定作人

---

① Wilburg, Die Elemente des Schadensrecht (1941); Wilburg, Entwicklung eines beweglichen Systems im bürgerlichen Recht (1950).

侵权行为)、第 191 条的(工作物所有人侵权行为)均规定:"侵害他人之权利或致第三人之权利受损害。"第 190 条第 1 项规定:"动物加损害于他人者,由其占有人负赔偿责任。"立法理由谓:"动物因占有人不注意而伤害他人之生命身体,或毁损物体者,应使占有人负赔偿责任。"亦限于侵害他人的人身及所有权,而不及于"利益",例如甲养数犬,整日在乙经营的面包店前嚎叫,致影响顾客上门,乙所受营业损失应不在保护之列。

值得注意的是 1999 年民法债编修正时,将"民法"第 186 条关于公务员侵权行为的保护客体由"致第三人之权利受损害",修正为"致第三人受损害",使保护客体及于"利益"。① 又新增设第 191 条之 1(产品制造人侵权责任)、第 191 条之 2(动力车辆驾驶人侵权责任)及第 191 条之 3(危险制造人侵权责任),均未规定"侵害他人之权利",而明定"致他人损害"或"加损害于他人",其保护客体是否于权利外,尚及于"利益",立法理由未作说明。

纯粹经济损失多涉及市场经济的竞争秩序,关于不公平竞争所涉及的要件及损害赔偿,"公平交易法"设有特别规定,值得提出的是第 30 条规定:"事业违反本法之规定,致侵害他人权益者,被害人得请求除去之;有侵害之虞者,并得请求防止之。"又第 31 条规定:"事业违反本法之规定,致侵害他人权益者,应负损害赔偿责任。"所谓权益,包括权利及利益(纯粹经济损失)。

据上所述,可知现行法关于法益的保护,可分为三种类型:

(1) 因故意或过失不法侵害他人"权利"(第 184 条第 1 项前段、第 185 条、第 187 条、第 189 条)。

(2) 加损害于"他人"("民法"第 184 条第 1 项后段,第 191 条之 1、第 191 条之 2、第 191 条之 3)。

(3) 侵害他人"权益"("公平交易法"第 30 条、第 31 条)。

二、权利与利益区别保护的立法政策及法律技术

侵权行为法所受保护的法益,应否区别权利与利益,异其要件或法律

---

① 立法理由书谓:"现行条文第 1 项规定以第三人之'权利'受损害者,公务员始负赔偿责任。范围太过狭窄,无法周延保障第三人利益。为扩大保障范围,且为配合第 184 条第 2 项之修正,爱仿《德国民法》第 839 条第 1 项规定,删除第 1 项内'之权利'等字,使保护客体及于'利益'。"

效果？

如前所述,法国民法对受保护的法益,在立法上不为区别(《法国民法》第1382条)。德国民法和中国台湾地区民法系立法明确加以区别(《德国民法》第823条、第826条相当于"民法"第184条)。英国判例法亦区别故意及过失(negligence),关于negligence侵权行为系依个案加以认定,基本上采排除原则(exclusionary rule)。德国法及英国法对纯粹经济损失之所以采保守及限制性的规定,其主要理由系纯粹经济损失的不确定性及水闸理论,避免诉讼泛滥,增加行为人负担,限制其行为自由。对此种权益区别的不同保护,学说上有不同的见解,认为:

(1) 纯粹经济损失在现代经济社会有应受保护的价值,不亚于财产权,其所体现的是一种金钱购买力及投资。例如在电缆案件,机器受损,可获赔偿,不能生产所受纯粹经济损失,则无救济,法益权衡,有失平衡。

(2) 肯定纯粹经济损失的赔偿,会导致诉讼泛滥的水闸理论,是一个有待实证研究的命题。在产品责任,其因人身伤害而诉讼者众,仍有适当解决之道。行为人负担沉重时,可由法律设减免损害赔偿的衡平条款,加以调整。

关于纯粹经济损失在侵权行为法上的保护,不是全有或全无的简单问题。此种损失具有不确定的特性,不能径认"权利"和"利益"应作相同或平等对待。各种法益应如何加以保护与一个国家或地区的社会经济发展具有密切关系。在英国法,迄今仍以众多的个别侵权行为(torts),以不同的要件,对不同的侵害方式,作不同方式的保护。在美国法上,几乎不发生纯粹经济损失保护的问题。

法国民法对受保护的法益虽不加区别,但实务上针对纯粹经济上损失亦设有限制,例如采直接因果关系,或以故意为要件(如干扰契约关系),并采不竞合理论(non-cumul),以确保契约法的适用。《日本民法》第709条明定权利及法律上利益同受保护,但其违法性判断,何种法律上利益应受保护的认定并不相同。欧洲侵权行为法原则特别强调纯粹经济损失及契约的保护应受限制,均足说明权利与利益的保护应有区别,至于应如何区别对待涉及法律政策、立法技术及法律文化,体现于不同的法律规定及实务发展。

三、权利与利益的差别性保护与法律解释适用①

(一) 利益保护的强化:现行法的解释适用及法之续造

现行"民法"第184条区别权利与利益,作不同的保护,关于利益的保护,主要限于故意以悖于善良风俗方法加损害于他人。史尚宽先生认为,违背良俗加害之行为,其被侵害客体得为个人一切之利益,始有应用自如之妙。所遗漏者,仅为因过失而侵害非关于权利之利益,然此不失为网开一面,其例亦不多见,前已再三提及。然必须指出的是,侵害他人权益之行为须以悖于善良风俗为要件,并须出于故意,过于严格,难以灵活运用。因过失而侵害非关于权利之利益,其例不少,网开一面,全不为保护,难谓合理。现行法对权利以外利益的保护过于狭窄,如何突破,有赖于对"民法"第184条作合理的解释适用。

(二) 权利与利益区别保护系侵权行为法的基本构造

权利以外的利益的保护,究应如何保护,系立法政策、法律技术及法律文化的问题,各国法律并无"共同核心"的规范模式,前已说明。"民法"第184条第1项前段系以"权利"为保护客体,后段系"权利"及利益为保护客体,乃侵权行为法的基本架构及价值判断,实务上基本上亦同此见解,"最高法院"1997年台上字第3760号判决谓:"因故意或过失不法侵害他人之权利者,负损害赔偿责任,故意以悖于善良风俗之方法加损害于他人者亦同,民法第184条第1项定有明文。本项规定前后两段为相异之侵权行为类型。关于保护之法益,前段为权利,后段为一般法益。关于主观责任,前者以故意过失为已足,后者则限制须故意以悖于善良风俗之方法加损害于他人,两者要件有别,请求权基础相异,诉讼标的自属不同。"可资参照。

值得再提出说明的是,"最高法院"判决再三强调:"按民法第184条第1项前段之规定,系以权利之侵害为侵权行为要件之一,非侵害既存法律体系所明认之权利,不构成侵权行为。惟同法条后段规定故意以悖于善良风俗之方法加害于他人者,亦同。则侵权行为系指违法以及不当加

① 　相关问题,参见陈聪富:《侵权违法性与损害赔偿》,2008年版,第一章论侵权行为法之违法性概念(第4—71页);陈忠五:《契约责任与侵权责任的保护客体》,2008年版。这两本书是近年来民法学上的重要著作,对台湾地区民法学的研究及发展,具有贡献。

损害于他人之行为而言,至于侵害系何权利,要非所问。而所谓违法以及不当,不仅限于侵害法律明定之权利,即违反保护个人法益之法规,或广泛悖反规律社会生活之根本原理之公序良俗者,亦同。""最高法院"提出此项见解的目的在于创设新的权利,尤其将夫妻间互负诚实义务加以权利化("最高法院"1966 年台上字第 2052 号判例),亦系建立在权利与利益区别保护法律基础上所作的法律解释适用。

为扩大对纯粹经济上损失,在法学方法上,得就权利作广义解释(如侵害所有权的使用功能),甚至将若干值得保护的利益,于不能适用"民法"第 184 条第 1 项后段或第 2 项规定或扩大契约法的适用时,加以权利化,德国判例学说创设营业权为其著例(详见本书第 385 页),此亦系基于现行法区别权利及利益保护基本架构上的法之续造。

(三) 不区别权利与利益,以违法性作为控制手段?

1. "民法"第 184 条规定的改造

应强调的是,不能概括的认为"民法"第 184 条第 1 项的权利包括利益,而将利益与权利并列,作为"民法"第 184 条第 1 项规定的保护,即将"民法"第 184 条第 1 项规定改造为:"因故意或过失不法侵害他人之权利或利益者,应负损害赔偿责任。"此等见解不是解释法律,而是创造新的法律,推翻现行"民法"第 184 条区别权利与利益的体系架构及价值判断,使"民法"第 184 条第 1 项后段成为具文。就方法论言,系以法国模式取代德国模式,以概括抽象的违法性概念取代基于法益衡量精心设计的类型构造,回到 Canaris 教授所谓侵权行为法的原始问题。在德国或采德国规范模式的国家或地区,未曾有人采此见解,作此解释。

《日本民法》第 709 条规定因故意或过失侵害他人权利者,负赔偿责任。日本判例学说认为,第 709 条规定侵害客体以权利为限,未免过狭,故主张"权利之侵害"不过为违法性的表示方法,法律所保护之个人利益,亦为侵害的客体。须注意的是,日本侵权行为法系采法国模式,并无台湾地区"民法"第 184 条第 1 项后段,或第 2 项规定,此项解释自有所据,且有其合理的必要性。"民法"第 184 条以不法性为基础,规定三个类型的侵权行为明确区别权利及利益的保护,采不同的规范体系,不应与《日本民法》作相同解释,不能以概括的不法性理论取代精致设计的规范计划。实务上不采此等见解,实值赞同。

2. 比较法与本国或本地区法的解释适用

前述学说上关于不分权利与利益,以违法性控制其在具体案件适用的见解,攸关比较法的功能及方法论的核心问题,有稍加说明的必要。比较法可作为本国法解释适用的重要因素,但须能稳妥、合理、必要地纳入本国或本地区法的规范体系,在其基本构造上作符合体系的法律解释及法之续造。中国台湾地区民法(及其他法律)多继受自德国法,参考引用德国判例学说自有其必要的合理性,但仍应注意体系的融合性及本土的实践性(参照本书第385页关于营业权的说明)。

学者解释适用法律,常受其留学国家法律或所专攻外国法律的影响。留学法国的倾向于采法国法的见解(如《法国民法》第1382条不区分权利及利益的概括保护原则,王伯琦先生所倡导的契约责任与侵权责任的法条竞合说);专攻日本法的多参照日本的判例学说(如《日本民法》第709条的解释);留学德国的强调应采德国法的规范体系(如大陆关于物权行为无因性的争论);留学英国的学者或会主张关于纯粹经济损失应采negligence(过失侵权行为)的duty of care,以认定谁得向谁就何种损害请求损害赔偿。此将导致本国或本地区法上比较法的战争,造成众说纷纭、各有所据而难有定论的现象,影响法律稳定的实践与发展。如何在现行法的规范体系下整合协调、达成共识,作合理必要的调整,促进法律进步,实为值得研究的重要课题。①

四、实务发展:对台北地方法院一则判决的分析

关于纯粹经济损失的保护,应以现行法的规范体系为基础,就"民法"第184条第1项前段、后段及第2项作宽广的适用,对纯粹经济损失作合理必要的保护。实务上基本亦采此在方法论上较为稳妥的法律适用方法。值得注意的是,下级审对所涉及问题有较清楚的认识,其法律见解具有关键的重要性,常有突破性的见解,往往能带动法律的进步与发展。

台北地方法院2004年劳诉字第106号判决谓:"因故意或过失,不法侵害他人之权利者,负损害赔偿责任。故意以悖于善良风俗之方法,加损害于他人者亦同。违反保护他人之法律,致生损害于他人者,负赔偿责

① 参见拙著:《比较法与法律之解释适用》,载《民法学说与判例研究》(第二册),北京大学出版社2009年版,第1页。

任。但能证明其行为无过失者,不在此限。民法第 184 条定有明文。本条第 1 项前段所称权利,系指私权言,即人格权、身份权、物权与知识产权等,至于债权应否包括在内,学说与实务见解不一,然债权系属于对特定人之权利,为相对性之权利,如均将之纳入前开条文之权利范围,对社会经济活动及竞争活动均有不利之影响,是故,关于债权之侵害,于债务人侵害债权,致债权不能履行,是为债务不履行问题,于第三人有侵害债权之事实,始为前开条文第 1 项所规范。又前开条文第 1 项后段'故意以悖于善良风俗方法加损害他人者,亦同'规定,所保护之法益为受害人之利益,即因权利被侵害而生'纯粹经济上损失'或'纯粹财产上损害','纯粹经济上损失'是对'不确定的人,于不确定期间而负不确定数额的责任',与因权利受侵害者不同,是故法律条文限定须以违背善良风俗之方法为之。"①本件判决理由,基本上同于吾人所主张的论点,分三点言之:

(1) 本件判决扬弃传统上"依侵权行为法则"认定侵权责任的思考方法,明确区别"民法"第 184 条第 1 项前段,后段及第 2 项所保护的法益及要件,使侵权行为法成为更具操作性的制度。

(2) 本件判决使用"纯粹经济损失"的概念。须注意的是,纯粹经济损失,系侵害权利之外的利益,不是因权利被侵害而发生的损失。

(3) 本件判决强调,纯粹经济损失与权利的不同,在于其系对不确定的人,于不确定期间而负不确定数额的责任,此乃引用美国著名法官 Cardozo 的经典名言,作为民法区别权利与纯粹经济损失,设不同要件保护的理由。

五、共识与通说

值得特别提出的是,前揭下级法院关于"民法"第 184 条对区别权利

---

① 此项判决的基本见解,已逐渐成为下级审法院实务通说,参见台湾高等法院 2003 年上易字第 1155 号判决:"按因故意或过失,不法侵害他人之权利者,负损害赔偿责任。故意以悖于善良风俗之方法,加损害于他人者亦同,民法第 184 条固定有明文。惟查该条项前段所保护者为他人之'权利',如加害人有'故意或过失',侵害他人之权利者属之;后段所保护者,不限于权利,兼具其他法益,包括纯粹经济上损失,因后段保护之范围较广,故加害行为须出于'故意以悖于善良风俗之方法',始得成立,二者之构成要件不同。而某种利益之所以成为侵权行为所保护之权利,必须具有社会公开性及排他的归属范畴,如所有权或人格权,而债权及纯粹经济上损失非属右开条项所称之权利,即非民法第 184 条第 1 项前段所保护之客体。"

及权利以外利益保护的规范机制,已为"最高法院"众多判决采用①,并为学说所赞同,达成共识而为通说,稳定了侵权行为法的基本结构体系。兹举两个"最高法院"判决如下,以供参考:

(1)"最高法院"2009年台上字第1961号判决:"民法第184条第1项前段所保护之法益,原则上限于权利(固有利益),而不及于权利以外之利益特别是学说上所称之纯粹经济上损失或纯粹财产上损害,以维护民事责任体系上应有之分际,并达成立法上合理分配及限制损害赔偿责任,适当填补被害人所受损害之目的。本件上诉人请求赔偿之损害为因参展斥资承租场地、派遣人员前往准备所费住宿交通,造成营业额之损失,核均非因人身或物被侵害而发生之损害(上诉人未请求系争仪器之损害),亦即与系争仪器之丧失无关之损害,而系直接遭受财产上之不利益,乃属纯粹经济上损失,并非民法第184条第1项前段所保护之客体,纵上诉人主张之损害属实,其依民法第184条第1项前段请求被上诉人连带赔偿损害,亦属无从准许。"

(2)"最高法院"2009年台上字第1843号判决:"本项规定(民法第184条第1项)前后两段为相异之侵权行为类型。关于保护之法益,前段为权利,后段为一般法益。关于主观责任,前者以故意或过失为已足,后者则限制须故意以悖于善良风俗之方法加损害于他人,两者要件有别。原告起诉时固得一并主张,然法院于为原告请求有理由之判决时,依其正确适用法律之职权,自应先辨明究系适用该条项前段或后段规定,再就适用该规定之要件为论述,始得谓理由完备。原审为被上诉人胜诉之判决,仅认其主张上诉人应就其受雇人之"故意或过失"所应负之'民法第184条第1项'侵权行为,依同法第188条规定与其受雇人负连带损害赔偿责任云云,对于上诉人抗辩纵认被上诉人受有拨付款项无法收回之损害,亦仅属'纯粹经济上损失',只得依民法第184条第1项后段规定请求赔偿,且以其受雇人有'故意'为限等语,未置一词,自有适用法律不明及判决不备理由之违背法令。"

---

① 关于"最高法院"见解的整理及解说,参见林大洋:《纯粹经济上损失实务之变迁与发展》(上)(下),载《司法周刊》2010年8月第1506期、2010年9月第1057期。

第二款　"民法"第184条第1项前段规定:纯粹经济损失(纯粹财产损害)的权利化

"民法"第184条第1项前段规定:"因故意或过失不法侵害他人之权利者,负损害赔偿责任。"为强化对纯粹财产损失的保护,实务上有将某种经济利益加以"权利化",或将纯粹经济损失认系"权利"被侵害所生的损害,分别说明如下:

第一项　债权在侵权行为法的保护

一、"最高法院"2006年台上字第294号判决:债权是否为"民法"第184条第1项前段所称权利?

债权在侵权行为法上的保护,是一个古老的问题,德国法上的争论,长达百年①,在英美法等无债权概念的国家,其所涉及的,乃契约在侵权行为法的保护,属于纯粹经济损失的范畴,台湾地区法上的争论,得就"最高法院"最近一个判决加以说明。

在"最高法院"2006年台上字第294号判决,原审法院(高等法院2004年上字第522号判决)谓:"按民法第184条第1项前段所称之权利,系指私权而言,包括人格权、身份权、物权及知识产权等。而债权虽属私权,然为相对权,存在于当事人间,债权人对于给付标的物或债务人的给付行为并无支配力,且债权不具有所谓典型的社会公开性,第三人难以知悉,同一个债务人的债权人有时甚多,如谓加害人因过失侵害,即应负损害赔偿责任,加害人责任将无限的扩大,似属过苛,不合社会生活上损害合理分配原则,且有碍于经济自由之发展,此并涉及债务人的意思自由及社会经济生活的竞争,应作限制的解释,是以债权应非属民法第184条第1项前段所称之权利。查上诉人主张被上诉人侵权行为之客体为债权,然依上开说明,债权应非属民法第184条第1项前段所称之权利,自难认被上诉人有何故意或过失不法侵害上诉人债权之事实存在。"

---

① 最近判例学说的整理分析,参见 Picker, Der deliktische Schutz der Forderung als Beispiel für das Zusammenspiel von Rechtszuweisung und Recktsschutz, in: Festschrift für Claus Wilhelm Canaris zum 70 Geburtstag, Bd. I (2007), S. 1002.

"最高法院"则强调:"债权之行使通常虽应对特定之债务人为之,但第三人如教唆债务人合谋,使债务全部或一部分陷于不能履行时,则债权人因此所受之损害,得依侵权行为之法则,向该第三人请求赔偿(本院1929年上字第2633号判例参照),准此,债权既属权利,即应受尊重,第三人如予以侵害,是否不成立侵权行为,自非无疑。"

二、分析讨论

1. 债权不被认为系权利的理由

原审见解甚为深刻精要,可资赞同。债权之所以不被认系"民法"第184条第1项前段所称权利而受过失侵权行为的保护,因其不具有社会公开性,不能因为"过失"侵害债权的客体或债务人的人身而令行为人对所有的债权人负损害赔偿。举世各国殆无此立法例或法院判决,包括对权益保护采开放概括原则的法国民法。又诚如Esser/Weyer所云,此乃基于债之关系欠缺社会公开性(sozialtypisch offenkundigkeit),与相对权或绝对权概念的区别无关。①

2. 债权归属的保护

有争论的是债权归属(Fordenungszuständig-keit)得否认为系受"民法"第184条第1项前段所保护的权利,得因"过失侵害"而成立侵权行为。

在台湾地区,学者多认为,此系对债权直接侵害,应采肯定见解。② 德国学者亦有主张债权归属具绝对权的地位,应受绝对的保护,因过失致债权归属变更时,应负侵权责任。③ 德国通说系采否定说,例如债权人甲将其对乙的债权让与丙,乙未获通知,不知其事,仍对甲为清偿,在此情形,乙对甲的债务得获免除(《德国民法》第407条,"民法"第297条第1项),乙对甲为给付使甲的债权消灭,虽系直接侵害甲的权利归属,若使乙须对甲负侵权责任,将掏空民法保护债务人的意旨。又在此情形,甲应依不当得利或甲与丙间的原因关系(如债权买卖)负责,无适用《德国民法》

---

① Esser/Schmidt, Schuldrecht Bd. II, Besonderer Teil, S. 550.

② 参见史尚宽:《债法总论》,第136页;郑玉波(陈荣隆修订):《民法债编总论》,第173页;孙森焱:《民法债编总论》,第217页。

③ Larenz/Canaris, Schuldrecht II/2, S. 397.

第 823 条第 1 项规定(相当于"民法"第 184 条第 1 项前段)的必要。①

3. 古老的判例

"最高法院"判决引用古老的 1929 年上字第 2633 号判例,认为债权既属权利,即应尊重,第三人如予以侵害,得依侵权行为之法则,向该第三人请求赔偿。依此见解,设有甲歌星,预定 3 个月内在 10 个剧场演唱,乙因过失车祸致甲受伤,3 个月内不能演唱,乙是否要对包括 10 个剧场等的众多债权人负赔偿责任?甲进口重要机器零件,供应全省百家厂商,乙驾车不慎,撞到甲的货车,致机器毁损,乙应否对甲的债权人(百家厂商)因零件短缺所受损害负侵权责任?对此类情形,显然应采否定说,盖诚如原审法院所明确指出,债权不具典型的社会公开性,第三人难以知悉,同一个债务人的债权人有时甚多,如谓加害人因过失侵害,即应负赔偿责任,加害人责任将无限的扩大,不合社会生活损害合理分配原则。

4. 侵权行为之法则

"最高法院"所谓"侵权行为法则",是一个极不精准的用语,不具法律上涵摄功能,非属请求权基础,容易掩饰问题的争点。此项法则应包括"民法"第 184 条第 1 项前段、后段及第 2 项。债权非属"民法"第 184 条第 1 项前段所称权利,但得受第 184 条第 1 项后段所保护。第三人如教唆债务人合谋,致使债务全部或一部分陷于不能履行时,系故意以悖于善良风俗之方法加损害于他人,应负损害赔偿责任。

第二项　间接侵害发生的纯粹经济损失

一、"民法"第 192 条规定:不法致人于死与第三人纯粹财产损害的赔偿

"民法"192 条第 1 项规定:"不法侵害他人致死者,对于支出医疗及增加生活上需要之费用或殡葬费之人,亦应负损害赔偿责任。"第 2 项规定:"被害人对于负有法定抚养义务者,加害人对该第三人亦应负损害赔偿责任。"此两项规定的第三人所受"损害",系属"纯粹财产损害"(纯粹经济损失),依"民法"第 184 条第 1 项前段规定,原不得请求损害赔偿。"民法"第 192 条,系就"不法侵害他人致死"的情形,创设例外。之所以

---

① Medicus, Bürgerliches Recht (19. Aufl. ,2002), S. 406 f.

设此例外,在支出医疗费等情形,乃在避免辗转求偿(参见"民法"第192条立法理由书),法定抚养义务系属于所谓"移转性损失"(transferred loss),乃间接侵害(关系损失)的一种,即通常被害人所受的损害,因被害人与第三人具有特殊关系而事实上于第三人发生。在不法致人于死的情形,死者就其死亡并无损害赔偿请求权①,其损害转由法定抚养请求权承担,民法特明定其得请求损害赔偿。此种移转性损失并无"损害不确定"问题,各国法律或实务多为肯定。②

由"民法"第192条规定可以反面推论,在不法侵害他人致死的情形,其他受有纯粹财产损害之人,除"民法"第184条第1项后段规定外,原则上不得请求损害赔偿,例如甲驾车因过失撞死乙(歌星、工程师或模特儿),其债权人因乙死亡,不能履行债务所受经济上不利益,不能以债权受侵害对甲请求损害赔偿。

二、人身伤害与亲属看护的损害赔偿:"最高法院"1999年台上字第1827号判决

不法侵害他人身体健康时,第三人支出医疗费用,丧失法定抚养请求权的,就其所受纯粹财产损害,民法未设相当于第192条规定,原则上应认为第三人不得请求损害赔偿,被害人的债权人,亦不得以债权受侵害,请求损害的赔偿。

须注意的是,"最高法院"1999年台上字第1827号判决谓:"亲属受伤,而由亲属代为照顾被上诉人之起居,固系基于亲情,但亲属看护所付出之劳力,并非不能评价为金钱,只因两者身份关系密切而免除支付义务此种亲属基于身份关系之恩惠,自不能加惠于加害人即上诉人。故由亲属看护时,虽无现实看护费之支付,但应衡量及比照雇用职业护士看护情

---

① 参照"最高法院"1965年台上字第951号判例:"不法侵害致死者,其继承人得否就被害人如尚生存所应得之利益,请求加害人赔偿,学者间立说不一。要之,被害人之生命因受侵害而消灭时,其为权利主体之能力即已失去,损害赔偿权亦无由成立,则为一般通说所同认,参以民法不法侵害他人致死者,其继承人得否就被害人如尚生存所应得之利益,请求加害人赔偿,学者间立说不一。要之,被害人之生命因受侵害而消灭时,其为权利主体之能力即已失去,损害赔偿请求权,亦无由成立,则为一般通说所同认,参以民法就不法侵害他人致死者,特于第192条及第194条定其请求范围,尤应解为被害人如尚生存所得之利益,并非被害人以外之人所得请求赔偿。"

② Boom/Koziol/Withing (ed.), Pure Economic Loss, p. 193.

形,认被害人,即被上诉人受有相当于看护费之损害得向上诉人请求赔偿,乃现今实务上所采之见解,亦较符公平正义原则。"本件判决肯定纯粹经济损失的损害赔偿,具有重大意义,分三点加以说明:

(1)"最高法院"所谓亲属看护所付出之劳力,并非不能评价为金钱,系认此项付出的金钱,乃属纯粹经济损失,看护的亲属不得依"民法"第184条第1项前段定请求损害赔偿。为不使加害人因此而受惠,"最高法院"乃解释被害人本身受有相当于雇用看护的损害,得依"民法"第184条第1项前段及第193条规定请求损害赔偿。

(2)在采法国民法开放模式的国家,在此类案例,看护的亲属多能以自己受有损害,而请求损害赔偿。在德国及英国,看护的亲属均不能就其纯粹经济损失请求损害赔偿,系由被害人主张损害赔偿请求权,其理由有二:不应使加害人免责受惠;此种纯粹经济损失系属移转性损失(transfered loss),具确定性,无水闸失控的疑虑。

(3)在前揭"最高法院"判决,发生一个疑问:被害人得否终局保有相当看护费用的损害赔偿?看护的亲属向被害人请求返其所取得的损害赔偿或损害赔偿请求权时,应如何处理?

三、间接侵害所生第三人纯粹经济损失赔偿的两项原则

"民法"第192条规定及"最高法院"1999年台上字第1827号判决涉及因不法侵害他人的人身(死亡或伤害),致第三人遭受纯粹经济损失的类型,可导出两个基本原则:

(1)该第三人就其所受纯粹经济损失,对加害人原则上无损害赔偿请求权。

(2)"民法"第192条及"最高法院"1999年台上字第1827号判决特设例外,系以此类损失属于移转性损失,不发生损害赔偿请求权人或责任范围不确定的问题。

第三项　"营业权"的创设

一、台湾的学说及判决

史尚宽先生在其巨著《债法总论》曾提到营业权,认为系一种营业财产的独立价值,即就营业的规模布置及其经营客观的具体化,为一独立的

无体财产权。营业权被侵害时,例如直接妨害营业或因有效处分使事实上缩减或丧失其权利,则有营业权的侵害,依"民法"第184条第1项前段规定,构成侵权行为。①

实务上值得注意的是"最高法院"2002年台上字第2096号判决认为,被上诉人于1999年3月5日上午将上诉人经营之餐厅电源切断,上诉人于当日下午1时许雇工修复时,复遭被上诉人阻止,以强暴方法妨害上诉人行使营业之权利,为原审确定之事实;则上诉人自该餐厅遭被上诉人断电时起至依通常情形可复电时止,不能营业,因而受损,似难谓与被上诉人之行为无因果关系。

学说上有人认为,本件"最高法院"并未指明被害人餐厅无法营业,究属权利之侵害或一般法益之侵害。然查其文义,"最高法院"认为,加害人切断被害人餐厅之电源,"妨害被害人行使营业之权利",似乎系指被害人之营业权受侵害,得成立侵权行为。但因营业权系属"框架权"(Rahmenrecht),具备浓厚的一般条款性质,非属外延明确且具有显著性之权利,因而必须加害人"以强暴方法"故意予以侵害,具备较高之违法性时,始成立侵权责任。② 此项见解系认为营业权亦为"民法"第184条第1项前段所称权利,而以违法性认定其应否受保护,其思考方式系不区别权利及利益(或将营业活动加以权利化),而以违法性作为控制手段,乃采日本判例学说解释适用《日本民法》第709条规定的见解,前已说明(本书第367页)。

实则在本件判决应无创设营业权的必要。餐厅无法营业,为纯粹财产损害,以强暴方法故意予以侵害,系属故意以悖于善良风俗之方法加损害于他人,被害人得依"民法"第184条第1项后段规定请求损害。问题在于何谓营业权,有无创设营业权的必要? 其保护范围及违法性如何认定? 由于"营业权"的概念来自德国法,应有参照比较说明的必要。③

---

① 参见史尚宽:《债法总论》,第134页。

② 参见陈聪富:《侵权违法性与损害赔偿》,2008年版,第62页。

③ Buchner, Die Bedeutung des Rechts an eingerichteten und ausgeübten Gewerbbetrieb für den deliktsrechtlichen Untenehmensschutz (1971),简要说明 Jauernig/Teichmann BGB (10. Aufl., 2003), § 823 Rn. 95 f. ; Ermann/G. Schiemann BGB, 12. Aufl. (2008), § 823 Rn. 49-74.

二、德国法上的营业权

为强化对经济利益(纯粹财产上利益)的保护,德国判例创设了一个"对已设立及实施营业的权利"(Das Recht am eingerichteten und ausgeübten Gewerbebetrieb,简称 Das Recht am Gewerbebetrieb,暂译为营业权)。营业权在德国法上历经百年的发展,肇始于 1904 年德国帝国法院的判决(RGZ 54, 24)。在本件,被告据其在登记簿上的商标,要求原告中止仿冒其商标。原告停止生产使用此项商标的纺织品后,发现被告的商标于声请时已属众所周知,不具商标能力,乃向被告请求赔偿因停止生产所受的损害。在此情形,被告所侵害的不是权利,而是财产上利益,无《德国民法》第 823 条第 1 项规定的适用。又被告并非出于故意以悖于善良风俗方法加损害于原告,亦不符《德国民法》第 826 条的要件。为克服此种侵权责任体系上的限制,德国帝国法院特创设所谓营业权,认为就已设立及实施的营业,应承认存有一种得被侵害的权利。第二次世界大战后,德国联邦法院继续维持此见解,肯定营业权是《德国民法》第 823 条第 1 项所称的权利。

德国实务创设的营业权,属于所谓的"框架权"(Rahmenrecht),具概括条款的性质,即因故意或过失不法侵害他人的商事企业活动时,应就所生损害负赔偿责任。其保护客体包括企业活动的整个范畴,但不及于构成企业经营的财产及其成员。关于营业权的侵害行为要件及保护范畴,德国联邦法院提出了所谓侵害直接性(Unmittelbarkeit)理论,而以企业关联性(Betriebsbezogenheit)作为判断标准。所谓企业关联性侵害,系指其侵害系针对企业本身,不包括与企业本身可以分离的权利或法益,例如伤害企业的员工、毁损企业的机器、使企业所有的船只受困于因河堤崩溃被阻塞的水道等。在挖断他人电缆致企业因电力供应中断不能营业等情形,德国联判法院否定系属侵害企业权,其主要理由系因电力供应中断而受损害的,尚有其他电力用户,此项侵害非企业所特有。企业关联性侵害的要件旨在合理控制因过失侵害纯粹财产上利益的侵权责任,具有一定的功能,但其概念颇为抽象,造成界定上的困难,例如开具不实的劳工离职证明书,是否侵害新雇主的企业经营权,引起争议,关于侵害行为的违法性,德国联邦法院强调不能径采由权利侵害推定(indizieren)不法的原则,而应依利益衡量加以认定。

营业权的创设系在补充德国侵权行为法对纯粹经济上利益保护之不足,为限制其适用范围,德国通说认为,其因营业权被侵害的损害赔偿请求权仅具补助性的性质(Subsidiarität),与其他请求权竞合时,应不适用之,例如基于不正当竞争而侵害营业权时,应仅适用不正当竞争相关法律。侵害企业的所有权时,应适用《德国民法》第823条第1项规定。惟《德国民法》第826条系关于故意悖于善良风俗的规定,非属特别法,得竞合适用。营业权在德国实务长达百年的发展中形成了案例类型,其重要者有:(1)保护权利警告(Schutzrechtsverwarnungen),即主张自己不存在的商标或专利权,警告他人须停止某种商品的生产,此为促使营业权诞生的案例。(2)传播伤害企业的事实,如无正当理由将迟延付款客户的黑名单散布于不相关之人。(3)杯葛,如出于竞争目的时,适用不正当竞业法;非出于经济目的时,得构成对营业权的侵害。(4)不法罢工。

三、台湾地区法上未来的发展

在台湾地区法上应否参照德国判例创设所谓的营业权? 史尚宽采肯定说,前已说明。郑玉波认为:"营业权之侵害,亦可成立侵权行为,例如不正当竞业及同盟抵制(Boycott)等,皆构成营业权之侵害,故应视其情节,成立侵权行为。"本书认为,在台湾地区的侵权行为法不应创设营业权,分两点加以说明:

(1)企业经营上活动包括企业构成部分、组织与顾客、商品、劳务,及与资金供应者的关系等,经常变动,其客体难以具体化,欠缺权利所应具的社会典型公开性,尤其是归属及排他的功能。德国判例虽创设了营业权,但关于侵害行为的要件、保护范围的认定(营业关联的侵害理论)、违法性判断(利益衡量),以及请求权竞合关系(补助性功能)等,历经百年的发展,仍未获定论。德国法上的营业权从其诞生迄至今日始终受到质疑,认为此项权利的创设在法源理论及方法上均有争议。由于不正当竞争法的扩大适用,人格权保护的扩张及于法人团体,以及《德国民法》第826条(相当于"民法"第184条第1项后段)适用的强化,营业权已无继续存在的必要,其适用范围将更被限制,而预备其逐渐走向其本来应有的安静的死亡(safte Tod)。[1]

（2）营业权为德国实务所创设,日本判例学说采用之,作为《日本民法》第 709 条的一种权利。如前所述,营业权在德国已被宣告逐渐走向死亡,在台湾地区不应使其"复活",其理由为此项权利的性质及保护范围难以掌握,尤其是其所涉及的问题,得依公平交易法、信用权("民法"第 184 条第 1 项前段、第 195 条第 1 项)及"民法"第 184 条第 2 项规定加以处理,基本上应无创设一个庞大难以驾驭的权利,陷入德国法百年争议的营业权的必要。在前揭"最高法院"2002 年台上字第 2096 号判决,以强暴方法切断餐厅电源,系故意以悖于善良风俗之方法加损害于他人("民法"第 184 条第 1 项后段),根本无保护不足,而须创设营业权的问题。又切断电源或杀伤企业的人员,德国通说均不认其系侵害营业权,不宜以该判决有妨害行使营业的权利的用语,而径认"最高法院"业已创设了营业权。

第三款　"民法"第 184 条第 1 项后段:故意以悖于善良风俗之方法加损害于他人

一、保护纯粹经济损失的基本规范

关于"民法"第 184 条第 1 项后段规定解释适用的基本问题,前已详述,应再强调的是,在侵权行为法规范体系设计上,第 184 条第 1 项后段规定旨在保护权利及利益,由于权利的保护已于本条前段规定,故本段规定的规范功能乃在保护权利以外的利益(纯粹经济损失),即利益受侵害时,除第 184 条第 2 项或法律另有规定外,原则上仅能依本段规定请求损害赔偿。

"民法"第 184 条第 1 项后段系参照《德国民法》第 826 条立法例而制定,《德国民法第一草案》原仅规定以悖于善良风俗之方法加损害于他人时,应负赔偿责任,并不以故意为必要,"故意"的要件系其后所增列,

---

[1] Canaris, Grundstrukturen des deutschen Deliktsrechts, VersR 2005, S. 582: Die Ausweitung des Schutzes gegen unlauteren Wettbewerb, die Erstreckung des allgemeinen Persönlichkeitsrechts auf juristische Personen und Verbände sowie die"Schärfung" von § 826 BGB, die diese Vorschrift in der Rechtsprechung des BGH erfahren hat, werden daher vermutlich das Recht am Gewerbebetrieb immer mehr verdrängen und ihm so nach und nach den verdienten sanften Tod bereiten.

窄化了其适用范围,因此对故意及悖于善良风俗,应作"现代化"的解释,以加强对纯粹经济损失的保护。[1]

二、实务案例:盗领他人银行存款

关于"民法"第184条第1项后段的适用,实务上案例不多,可能是因为侵害较为微少,被害人自甘忍受,亦可能是其成立要件须兼具"故意"及"悖于善良风俗方法",证明不易。实务上被认定不适用的案件,例如医生为假冒夫妻关系的妇女为人工受孕术,怀孕生子,致配偶减少继承遗产的金额[2];在他人房屋前道路摆设摊位,致房屋不能出租。[3]

具有讨论价值的是,"最高法院"2007年台上字第414号判决谓:"民法第184条第1项前段规定,系以权利之侵害为侵权行为成立要件之一,同法条后段并规定故意以悖于善良风俗之方法加损害于他人者,亦同。则侵权行为系指违法以及不当加损害于他人之行为而言,至于侵害系何权利,要非所问。本件上诉人于事实审陈称'系争账户系由伊使用,该账户之提款卡、存折及印鉴章迄今均由伊保管,被上诉人明知存款为伊所有,竟未经伊同意擅予领取,致伊受损害','被上诉人明知系争账户内之金钱非其所有,在未得伊同意且明知系争账户存折、印章及提款卡均在伊手中,竟向银行谎称印鉴、存折遗失,向银行变更印鉴、补发存折将账户内之款项提领一空,使伊丧失对该账户存款之支配管理权利,被上诉人有故意以不法行为侵害伊之财产权甚明,属第184第1项前后段之侵权行为'等语。可见上诉人除主张存款所有权遭侵害外,亦并主张被上诉人系故意以悖于善良风俗之方法加害于伊。而系争存款如系由上诉人存入之财产,被上诉人明知该账户存折、印章及提款卡均由上诉人持有,竟谎称遗失,向银行申请变更印鉴、补发存折以提领该存款,致上诉人无从使用、支配该存款,能否谓非故意以悖于善良风俗之方法加害于上诉人?"

对此判决应说明的有三点:

(1)本件判决所谓:侵权行为系指违法以及不当加损害于他人之行为而言,至于侵害系指何权利,要非所问。其所称"不当"系属赘语,前已

---

[1]　Münch Komm BGB/Wagner, § 826 RdNr. 19.

[2]　参见"最高法院"2007年台上字第1530号判决。

[3]　参见高雄地方法院2004年诉字第3115号判决。

再三提及。

（2）盗领他人的银行存款，不是侵害存户的存款所有权。存户对账户内的存款，并无所有权或其他财产权，无"民法"第184条第1项前段的适用。

（3）盗领他人银行存款，系侵害他人的纯粹财产利益，"最高法院"认系故意以悖于善良风俗之方法加损害于他人，实值赞同。

三、由"民法"第184条第1项后段"遁入"前段规定

应特别指出的是，实务上多扩大解释"民法"第184条第1项前段，而不适用后段规定，例如认为：（1）权利包括"债权"，第三人教唆债务人合谋，使债务全部或一部陷于不能履行时，得依"民法"第184条第1项前段规定请求损害赔偿。（2）认为银行职员违背职务故意勾结无资力之人多估其信用而非法超贷巨款，致银行受损害，系侵害银行的金钱，而有"民法"第184条第1项前段规定的适用。[1]（3）故意切断餐厅电线，系侵害餐厅经营者行使营业之权利。[2]

就"民法"第184条第1项规定的体系及功能言，前述"最高法院"三个判决均有研究余地，因其所侵害的不是权利，而是权利以外的利益，就其案例事实言，均可成立"故意以悖于善良风俗方法加损害于他人"，而有"民法"第184条第1项后段规定的适用。在某种意义上，可以认为"最高法院"在前揭三个案例系由"民法"第184条第1项前段规定"遁入"后段，便于操作运用，致未能对"民法"第184条第1项后段规定作更精致具体化的解释适用。

四、符合规范意旨的功能性解释[3]

"民法"第184条第1项后段规定旨在保护权利以外的利益（纯粹财产损失），须兼具"故意"及"违背善良风俗"两个要件，过于狭窄，为强化对纯粹经济损失的保护，调和行为自由与法益保护，应作符合其规范意旨的解释。

---

[1]　参见"最高法院"1988年11月1日，1988年第19次民事会议决议（二）。

[2]　参见"最高法院"2002年台上字第2096号判决。

[3]　MünchKommBGB/Wagner，§826 RdNr. 10 f.

(一) 故意的"限制"解释

对故意的要件,应予限制,加以缓和而作如下解释:(1) 故意,除直接故意外,包括间接故意(未必故意),即预见损害的发生,而其发生并不违背其本意的,亦得成立故意。(2) 故意系针对利益侵害,不必及于结果损害。(3) 故意不以认识其行为系"悖于善良风俗"为必要。(4) 在一定的情况下,得将"轻率"的行为视同故意,尤其是在银行、会计师等应提供正确信息的专门职业者。

(二) 善良风俗功能性解释

"民法"第184条第1项后段规定的"善良风俗",文字上同于国法第72条关于法律行为,有悖于公共秩序或"善良风俗"者无效之规定,但其功能不同。"民法"第72条的善良风俗旨在规范私法自治,限制契约自由的范围。① "民法"第184条第1项后段的善良风俗,则在权衡行为自由与纯粹财产损害的保护,二者虽同以社会伦理为基础,在"民法"第184条第1项后段则应作符合其规范意旨的解释,分三点言之:

1. 自由竞争

遭受纯粹经济损失的,多因"竞争失败",自由竞争乃市场经济赖以运作的机制,应予维护,因此明知某屋业已出售予他人仍为购买而受让其所有权;贱价出售农产品,数人各逞己能,以争取某个工作职业,虽致他人遭受损失,均无悖于善良风俗。

2. 组成类群具体化

善良风俗应就个案适用,组成类群,予以具体化,例如教唆债务人合谋,不履行债务;强暴方法切断电源,使餐厅不能营业;银行员与他人共谋,高估信用,冒贷巨款,均系以悖于善良风俗方法加损害于他人。

3. 直接侵害与间接侵害的区别

在以悖于善良风俗之方法加损害于他人的情形,亦应区别直接侵害与间接侵害。例如甲故意切断乙餐厅的电线,乙系直接被害人,就其所受营业利益的损失,得请求赔偿。对该餐厅供应鱼肉的商贩,系间接被害人,就其损失,不得请求赔偿。又甲等对乙公司非法罢工,乙就其不能营运的损失,得向甲等请求损害赔偿,丙等原料供货商或经销权系属间接被

---

① "民法"第72条解释适用,参见拙著:《民法总则》,北京大学出版社2009年版,第278页。

害人,不得请求损害赔偿。"民法"第184条第1项后段的保护范围原则上应不及于间接被害人。

第四款　"民法"第184条第2项规定:违反保护他人之法律与纯粹经济损失

一、违反保护他人之法律所保护的纯粹财产损害

"民法"第184条第2项规定,违反保护他人之法律,致生损害于他人者,负赔偿责任。但能证明其行为无过失者,不在此限。本项所保护的法益包括权利或利益,纯粹财产损失得否请求损害赔偿,应就该保护他人法律之目的加以认定,实务上肯定的,例如:

(1)"民法"第35条关于"法人之财产不能清偿债务时,董事应即向法院声请破产"的规定(本书第350页)。

(2)"财政部"防范诈骗的相关函令,系在保护与金融机构往来全体客户的"财产权益"。[1]

(3)"银行法"第29条第1项关于"非银行不得经营收受存款"的规定。[2]

二、"刑法"第193条关于违背建筑术成规罪,违反保护他人法律与纯粹财产损害

(一)"最高法院"2006年台上字第637号判决

"刑法"第193规定:"承揽工程人或监工人于营造或拆卸建筑时,违背建筑术成规,致生公共危险者,处三年以下有期徒刑、拘役或三千元以下罚金。"本条规定是否为"民法"第184条第2项所称保护他人之法律,其保护是否包括财产法益(尤其是建筑物本身的瑕疵),系理论及实务上的重要争议问题。

在"最高法院"2006年台上字第637号判决,原审法院认为,修正前"民法"第184条第2项所谓保护他人之法律,系指保护他人为目的之法律,亦即一般防止妨害他人权益或禁止侵害他人权益之法律而言。而"建

---

① 参见"最高法院"2007年台上字第1891号判决。
② 参见"最高法院"2002年台上字第1221号判决。

筑法"之立法目的,乃为实施建筑管理,以维护公共安全、公共交通、公共卫生及增进市容景观,其所保护之对象系属公共利益及个人之生命安全,非个人之财产安全。依"司法院大法官"释字第 394 号解释意旨,可知营造业管理规则之立法目的在于对于营造业者之行政管理,规范目的亦非在于保护个人之财产安全,建筑技术规则亦同此旨。"刑法"第 193 条违背建筑术成规罪之规范目的在于防范对于"人身"之侵害,建筑物本身具有瑕疵并不构成对于所有权之侵害,自无该条项规定之用。则上诉人请求之财产上损害,即非属保护之利益,纵朱○○犯违背建筑术成规及过失致死罪,已经刑事判决确定,亦不得援引修正前"民法"第 184 条第 2 项规定,请求个人财产损害之赔偿。

"最高法院"则认为:"刑法第 193 条所定违背建筑术成规罪,虽规定于以保护社会法益为主之公共危险章,惟条文既以'致生公共危险'为犯罪构成要件之一,而刑法所保护之个人法益中,除生命、身体外,尚包含财产法益,则不特定或多数人之生命、身体或财产之安全应均在该条所保护之法范围。而建筑技术规则建筑构造编第 12 条(2001 年 9 月 25 日修正前)亦规定建筑物之基础设计及施工时,对邻近建筑物为安全防护设施,以防止邻屋之损害;则建筑法第 1 条所定以维护公共安全为目的所实施之建筑管理法是否已排除对不特定或多数人"财产利益"之保护?已非无疑;何况,上诉人叶简○雀及叶○和之子叶○华系因系争建物倒塌致死,生命法益已受侵害,应否无修正前民法第 184 条第 2 项规定之适用?亦非无研求之余地。"①

---

① 参见"最高法院"2004 年台上字第 381 号判决:"民法第 184 条第 1 项规定之侵权行为,系指违法及不当加损害于他人而言,至于受侵害者系何项权利,要非所问,所谓违法及不当,非仅限于侵害法律明定之权利,即违反保护个人法益之法,或广泛悖于规律社会生活根本原理之公序良俗,亦均属之,此观同条第 2 项之规定自明。因建筑改良物类皆价格不菲,又必关涉使用者之人身安全,故建筑法第 39 条、第 87 条特别规定:起造人于兴建时,应依照核工程图样及说明书施工,如有违反,应受处罚俾建筑改良物得以具有一定质量。此规定应属以保护他人为目的之法律,起造人如有违反,致建筑改良物发生损害者,即应对建筑改良物所有人负侵权行为之损害赔偿责任。且此所谓损害,不以人身之损害为限,建筑改良均应有价值之财产损害,亦包括在内。本件系争房屋因柱心轴线偏离,致有柱角前后、左右方向倾斜及水平差异沉陷等瑕疵,为原审合法认定之事实,则上诉人主张起造人广合公司违反建筑法之保护他人规定,应负侵权行为损害赔偿责任,揆诸首揭说明,尚非全然无据。原审竟为相反认定,已有适用法规不当之违法。"另参见"最高法院"2003 年台上字第 2406 号判决,关于本件判决评释,参见刘昭辰:《侵权行为法体系上的保护他人之法律》,载《月旦法学杂志》,第 146 期,第 232 页。

（二）分析讨论

1. 纯粹财产损害与请求权基础

甲建造房屋出卖予乙，该屋具有结构瑕疵时，甲对乙应负出卖人的物的瑕疵担保责任（"民法"第 354 条以下）。乙将该屋转售予丙时，丙得向乙主张物的瑕疵担保责任。问题在于乙或丙得否以其买受房屋因瑕疵受有价值减少的损失，而向建造人甲主张侵权行为损害赔偿请求权？

（1）应说明的是，出卖的房屋因具有瑕疵而减少价值，非系房屋所有权受有侵害，而是纯粹财产损害（纯粹经济损失）。建造具有瑕疵房屋出售，涉及商品制造人责任（商品责任）。商品除动产外，尚包括不动产。其得主张侵权行为损害赔偿的请求权基础，包括"民法"第 184 条、第 191 条之 1 及"消费者保护法"第 7 条。

（2）应说明的是，本件情形，无"民法"第 184 条第 1 项前段的适用，因被害人所受侵害的，系纯粹财产损害（利益），不是权利。建筑商明知房屋具有瑕疵而为出售，通常亦难认系故意以悖于善良风俗之方法加损害于他人。争点问题在于有无"民法"第 184 条第 2 项所称保护他人之法律，可资适用。"民法"第 191 之 1 条规定，商品制造人因其通常使用或"消费所致他人之损害"负赔偿责任，是否包括纯粹财产损害，又"消费者保护法"第 7 条规定商品危害消费者生命、身体、健康、"财产"，是否亦包括纯粹财产损害，均有疑问，暂置不论。针对前揭"最高法院"判决，应讨论的是，"刑法"第 193 条是否为保护"建筑物财产价值"的法律。

2. "刑法"第 193 条规定系以保护纯粹财产损害为目的？

"刑法"第 193 条规定违背建筑术成规罪，系属"民法"第 184 条第 2 项所称保护他人之法律，应予肯定。"最高法院"认为其保护客体及于财产损害，即建筑物本身应有价值，房屋买受人得请求其因建筑物本身具有瑕疵而减少的价值，容有商榷余地，应以原审见解较为可采，分五点说明如下：

（1）"最高法院"认为，"刑法"第 193 条所保护的法益，除生命、身体外，尚包括"财产法益"，所称"财产利益是否包括建筑物以外他物的所有权（如危害邻居的房屋安全），尚有研究余地，但不应认为系包括建筑物本身因具瑕疵减少的价值，盖此与公共危险无关，非属"刑法"第 193 条保护的法益。①

承揽工程人或监工人不能仅因建筑物本身减少其价值,而应负违背建筑术成规罪。"最高法院"谓:"何况,上诉人叶简○雀及叶○和之子叶○华系因争系建物倒塌致死,生命已受伤害,是否无修正前第 184 条第 2 项规定的适用,亦非无研求之余地。"须注意的是,生命法益受侵害,须受保护,固应肯定,但在法律逻辑及规范目的上,不能据此而认为生命法益受侵害时,建筑物的财产价值因此亦应受保护;或认为建筑物本身具有瑕疵时,纵未侵害生命法益,其财产价值亦在保护范围之内。人身法益的保护与建筑物财产法益的保护,系属二事,不宜混为一谈。②

(2) 关于保护他人法律的保护客体的认定,应顾及整个侵权行为法的体系。依"最高法院"见解,承揽工程人或监工人因"过失"违反建筑术成规罪时,应就建物减少价值(纯粹财产损害),负赔偿责任,超越"民法"第 184 条第 2 项规定意旨,若要加以保护,须有特别目的性的正当理由,"最高法院"负有说明义务。

(3) "刑法"第 193 条规定相当于《德国刑法》第 330 条规定,德国通说认为,其保护的客体系为生命及健康,并不包括纯粹财产上损失。德国联邦法院(BGHZ 39, 366)明确表示:"因建筑承揽人或建筑师的过失,致建筑物具有瑕疵时,对此契约瑕疵所生之财产损害,不得依《德国民法》第 823 条第 1 项或第 2 项、《联邦刑法》第 330 条规定请求损害赔偿。"③

(4) "最高法院"1970 年台上字第 625 号判决谓:"又广合公司虽非实际施工之人,惟其既为建设公司,建造房屋使之流通进入市场,能否不负交易安全之注意义务？倘其明知或因过失而不知系争房屋未按图施工,影响结构安全,而仍交付房屋予购屋者使用,致损害他人之法益,被害人是否不得依侵权行为规定,请求其负损害赔偿责任？俱非无研求之余地。"按所谓交易安全之注意义务,系德国侵权行为法上概念(Verkehrsflicht),旨在处理不作为侵权行为及间接侵害的违法性,德国通说明确认

---

① 参见蔡墩铭:《刑法各论》(修订六版),2008 年版,第 367 页谓:本罪之成立,须具备致生公共危险(结果),即因其违背建筑术成规之行为,而有危害及不特定多数人之生命、身体与健康。

② 相同见解,参见刘昭辰:《侵权行为法体系上的保护他人之法律》,载《月旦法学杂志》,第 146 期,第 245 页。

③ BGHZ 39, 366.

为,此项义务不在于保护纯粹财产损害,不得径以因违背此交易安全义务作为请求纯粹财产损害的依据,致破坏整个侵权行为法的体系构造(本书第320页)。[①]

(5) 依"最高法院"判决,关于建筑物本身具有瑕疵的财产损害,买受人除物的瑕疵担保或债务不履行外,尚得依"民法"第184条第2项规定请求赔偿,此项请求权竞合将掏空物的瑕疵担保规定,此为在产品责任,不认为于物因瑕疵伤害自己(产品自伤)的情形,得主张侵权责任的一个重要理由,以避免契约法淹没于侵权行为法的汪洋大海。"最高法院"在2003年台上字第2406号判决为建筑法规("建筑法"第39条、第60条、第70条),系属保护他人为目的之法律,其保护客体不以人身之损害为限,亦包括建筑改良物应有价值之损害在内,并强调:"侵权行为之损害赔偿请求权与债务不履行之损害赔偿请求权竞合时,债权人得择一行使之,关于债务人应负之损害赔偿责任,若于债务不履行有特别规定者,债权人于依侵权行为之规定请求赔偿时,除另有约定外,仍应受该特别规定之限制。准此而言,原审以上诉人与东正公司有买卖移转所有权关系,即谓上诉人不得于本侵权行为请求损害赔偿,立论尚欠允洽。"问题在于债务不履行的特别规定究指何而言,若包括关于物之瑕疵担保规定,则基本上将无将侵权行为法规定适用的余地。

第五款 "民法"第191条之3危险制造人之侵权责任与纯粹经济损失

一、重要的法律问题

"民法"债编修正(1999年)增订了3个现代侵权行为。于第191条之1规定商品制造人的侵权责任,第191条之2规定动力车辆的侵权责任,第191条之3规定危险制造人的侵权责任(详见本书第602页并阅读条文)。此3条规定的内容有两个特色:其一,系采推定过失;其二,系关于其保护客体均明定"致他人之损害"(第191条之1)、"加损害于他人"(第191条之2)、"生损害于他人"(第191条之3)。此三者所保护的权益,除权利之外,是否包括其他利益(纯粹经济损失)?此系理论及实务

[①] Larenz/Canaris, Schuldrecht II/2, S. 425.

上的重大问题。最近发生的蚵苗着床案涉及"民法"第191条之3的解释适用,深具研究价值。

二、"最高法院"2011年台上字第250号判决:蚵苗着床案

(一) 案件事实

在"最高法院"2011年台上字第250号判决,被告自2000年10月间起,在云林县台西乡海域做抽砂工作,造成海水混浊,加上海流及气象推波影响,浊泥有飘至邻近系争海域。原告多人在邻近海域定置放养,采集海中蚵苗之蚵条,面积达800多公顷,因海沙浊度突然提高,造成蚵苗无法成长及附着,致原告受有相当程度之损害。原告以被告违反"民法"第191条之3"经营一定事业或从事其他工作或活动之人,其工作或活动之性质或其使用之工具或方法有生损害于他人之危险者,对他人之损害应负赔偿责任"之规定,请求赔偿所受损害。

(二) 法院见解:保护客体包括纯粹经济损失

本件判决涉及两个问题:(1) "民法"第191条之3所称"生损害于他人"是否包括纯粹经济损失。(2) 本件所生损害究为权利受侵害,抑为纯粹经济损失。本件历经三审,多次更审,均判决原告胜诉。高等法院台南分院2012年公上更(三)字第1号判决再度判决原告胜诉,并认定原告所受之损害为"纯粹经济上损失",其主要理由为:"按部分学者虽有认为该条之损害,系指被害人生命、身体、健康、财产等固有法益,因从事危险工作或活动而遭受损害而言,不包括直接遭受财产上不利益(非因人身或物被侵害而发生)之纯粹经济上之损失在内。实务上亦有纯粹经济上之损失仅得适用民法第184条之规定,请求损害赔偿之见解(并非'最高法院'判决)。……民法第191条之3自增定施行以来,其适用范围如何,一直是理论与实务上极具争议性之问题。该条所保护之客体,是否包括纯粹经济上之损失在内,学者间见解不一,'最高法院'亦无判决可资遵循。……该条既无明定法益之保护范围仅及于权利,故无论权利或利益受侵害,均应有适用。否则,如认利益受侵害并无该条之适用,就本件公害而言,受害海域面积辽阔,被害蚵民众多,果仅能依民法第184条之规定请求赔偿损害,而上诉人又抗辩从事抽砂工作并无不法性,且非故意以悖于善良风俗之方法加损害于人,则被上诉人等人将无求偿之道,其有悖于法律所蕴含之公理与正义,而非事理之平,甚为显然。上诉人辩称纯粹

经济上之损失,并无该条之适用,虽非无见,但就个案而言,为本院所不采。"被告提起上诉后,"最高法院"以 2013 年台上字第 2218 号裁定驳回上诉,至此判决确定。

"最高法院"采取三个基本见解:

(1) 本案被害人(被上诉人)所受侵害,系纯粹经济损失。

(2) "民法"第 191 条之 3 所生"生损害于他人",除权利受侵害外,尚包括纯粹经济损失。

(3) 之所以采此见解,系为实践法律所蕴含的公理与正义。

(三) 学说见解:纯粹经济损失的权利化

陈忠五教授在其详释本件判决的精辟论文中,将纯粹经济损失加以权利化。其主要论点有二:(1) "纯粹经济上损失"概念上具有补充性,解释上如有可能经由"权利"的扩张解释认定某种权利被侵害时,即不宜诉诸"纯粹经济上损失"概念。而单纯对所有物使用目的或利用功能的剥夺或妨碍,亦足以构成所有权的侵害。本件蚵条使用目的或功能,即是蚵苗得以顺利着床成长,对之加以剥夺或妨碍,可解为所有权的侵害。(2) 蚵条定置于系争海域中,具有典型社会公开性,一般人得以从外观上合理预见其背后存在的利益、其归属主体以及此一利益的内容或范围,性质上得以具体特定,较接近"权利"的特性,解为所有权的侵害,较能妥适保护蚵农在系争海域养殖培育蚵苗的利益。此项见解重点有三:

(1) "民法"第 191 条之 3 所称"生损害于他人"不包括纯粹经济损失。

(2) 本件被害人所受侵害系纯粹经济损失。

(3) 在本件情形,得将纯粹经济损失加以权利化,认系所有权受侵害,因其具有典型的社会公开性。

(四) 分析说明

1. 权利与利益的区别

在本件判决,"最高法院"系采"民法"第 184 条区别权利与利益保护的基本体系,陈忠五教授亦以此作为讨论的基础。

2. 纯粹经济损失

"民法"第 191 条之 1、第 191 条之 2、第 191 条之 3 所保护的法益,应不包括纯粹经济损失。就文义言,其保护客体虽不明确,但就法律体系言,应作如此解释。依现行"民法"第 184 条规定,得请求纯粹经济损失的损害赔偿,限于故意以悖于善良风俗之方法(第184条第1项后段)及违反保护他人之法律(第184条第2项)。"民法"第191条之1、第191条之2、第191条之3为推定过失责任,系采严格责任,若更扩大其保护客体及于纯粹经济损失,不符"民法"第184条的规范体系。"最高法院"认为:"该款既无明定法益之保护范围仅及于权利,故无论权利或利益受侵害均应有适用。"纯就文义立论,实难赞同。就本件而言,设浊泥污染海滩,致旅馆不能营业、餐厅关门、船只不能出海捕鱼,应否就此等纯粹经济损失负赔偿责任?

3. 纯粹经济损失的权利化

本件被害人因蚵苗不能着床所受的损失,系纯粹经济损失,原不为"民法"第191条之3所保护的客体,陈忠五教授认为应将其权利化,其论证内容相当于德国联邦最高法院在"船舶在水道阻塞受困案"(BGHZ 55, 153,本书第206页)所运用的思考方法。

4. 法学方法

将某种纯粹经济损失加以权利化,一方面维护"民法"第184条维持区别权利及权利以外利益的规范体系,一方面扩大纯粹经济损失的保护,在法学方法论上较值赞同。德国联邦最高法院创设营业权或扩大所有权的保护范围及于物的功能(前揭船舶在水道阻塞受困案),均采此法之续造的方法。此种方法较诸不区别权利及利益,以违法性作为控制手段,更为妥适。

纯粹经济损失的权利化,应就个案依三个基准加以认定:(1)纯粹经济损失保护的必要性。(2)被害人及损害得为预见。(3)须不能适用"民法"第184条第1项后段或第2项。

应强调的是,不能动辄将纯粹经济损失予以权利化,挖空破坏现行法的规范体系及基本结构。

第六款　纯粹经济损失、侵权行为与契约[①]

一、遗嘱案件

关于纯粹经济损失在侵权行为法上的保护,"民法"第184条设有限

---

① Kötz, Economic Loss in Tort and Contract, RabelsZ 58 (1994), 423.

制,原则上不成立过失侵权责任,实务上虽采扩张解释,但仍有其适用的界限。在若干应受保护的案例类型,如何突破,实值研究,兹就遗嘱案件加以说明。

遗嘱案件的典型情形系甲委任乙律师订立或修改遗嘱,对丙有所遗赠,因乙律师过失未适时订立或修改遗嘱,或因疏误过失使遗嘱无效,致丙不能获得遗赠,受有纯粹经济损失。丙与乙律师无契约关系,不得主张债务不履行损害赔偿责任。乙律师系因过失未提供符合契约本旨的服务,如何保护第三人丙的纯粹经济损失,系比较法重要研究课题。

二、比较法的规范机制

《法国民法》第 1382 条规定,保护客体包括纯粹经济损失,第三人就因遗嘱未适时订立、修正或无效不能获得遗赠所受损失,于证明律师有过失,其过失与损失具有因果时,得请求侵权行为损害赔偿。德国民法对纯粹财产损害的保护,仅限于故意悖于善良风俗方法或违反保护他人法律的情形,在 BGH NTW 1965, 1955 判决,律师因过失未适时安排公证人订立公证遗嘱,指定被害人(继承人)为唯一继承人,致被害人必须依照法律与他人共同继承,受有遗产差额的损失时[1],德国联邦法院采取扩大契约的处理方法。按德国判例学说,为保护契约外第三人,创设了"附保护第三人作用契约"(Vertrag mit Schutz-wirkung für Dritte)[2],认为债务人对与债权人具有密切关系的第三人亦负有保护的注意义务(如出租人对承租人的父母、子女),债务人因过失违反此项义务,致第三人受损害时,亦应依债务不履行规定,负损害赔偿责任。德国联邦法院认为,此项制度于纯粹经济损失亦有适用,盖律师及时履行委任契约,对立遗嘱人及受遗赠的第三人至为重要,该第三人应受该订立遗嘱委任契约的保护,得对有过失的律师请求损害赔偿。

---

[1]　参见拙著:《契约关系对第三人之保护效力》,载《民法学说与判例研究》(第二册),北京大学出版社 2009 年版,第 23 页。

[2]　本件判决评释,参见 Lorenz, Some Thoughts about Contract and Torts, Essays in Memory of Professor F. H. Lawson (Wallington/Markesinis eds. 1986), 86 ff.

在英国法上的 White v. Jones 案①,原告的父亲生前因与原告发生争吵,乃于其遗嘱将原告除名。嗣后父亲改变心意,指示某律师修改遗嘱,使原告得以继承价值9 000 英镑的遗产。律师一再延误,于原告的父亲死亡前,仍未遵照指示修改遗嘱,原告主张律师应负过失侵权行为(negligence)的损害赔偿责任。卓著声誉的法官 Lord Goff 整理分析英国实务发展及法、德、美等国判例学说,认为英国法受限于有契约约因(consideration)理论,难以采用德国法的具保护第三人作用契约制度。多数法官赞同 Lord Goff 的见解,延伸适用 Hedley Byrne 案关于银行误告顾客信用信息致第三人受有纯粹经济损失所创设原则,认为律师对于书立遗嘱契约关系外第三受益人,亦负有注意义务(duty of care),应就其过失负侵权责任。

三、台湾地区法上的发展:侵权行为或契约?

第三人因律师未适时订立、修改或致遗嘱无效,而不能获得遗赠所受"纯粹经济损失"时,在比较法上多肯定有过失的律师应负损害赔偿。其主要理由系在此种情形,受损害的第三人及其责任范围得为预见,不发生不确定性问题。在台湾地区法上,若要肯定不能获得受遗赠人的损害赔偿请求权,关键问题在于请求权基础。就侵权责任言,被害人所受的侵害系纯粹经济损失,而非权利("民法"第 184 条第 1 项前段);律师并非以故意悖于善良风俗方法加损害于他人("民法"第 184 条第 1 项后段);关于此类问题,并无保护他人的法律("民法"第 184 条第 2 项),第三人难依"民法"第184 条规定请求损害赔偿。又第三人非系委任律师书立遗嘱契约的当事人,原则上亦不成立利益第三人契约,第三人对有过失的律师并无契约债务不履行损害赔偿请求权。此类过失侵害他人纯粹经济损失案件,突显了在现行民事责任体系的"法律不备"的难题。

在法律政策上,或有认为此为现行侵权行为法对过失侵害纯粹经济损失保护"网开一面"。诚如 Lord Goff 在 White v. Jones 案所强调,此将

① White v. Jones, House of Lords [1995], AC207. 在本件判决理由,Lord Goff 应用比较法,深入分析契约及侵权行为的解决方法,尤其是特别讨论德国法的经验(german experience),其论证说理的风格,深具研读价值,参见 Markesinis/Unberath, The German Law of Torts, pp. 328-356.

导致有过失律师不必负赔偿责任,基于实践正义(Practical justice),此项法律不备应予填补(There is lacuna in the law which needs to be filled),不能使有过失的律师不必负责,受损害的第三人不能获救济。问题在于究应扩大契约责任,抑或扩大侵权行为法的适用。德国系采扩大契约责任方法,适用具保护第三人作用契约,体现德国法学概念的思考方法及法学的创造力。此项制度为奥地利判例学说所接受。[①] 著名的比较法学者 Markesinis 认为,英国法亦可借鉴德国经验(german experience),采此理论。在 White v. Jones 案,Lord Goff 认为,此将重大改变英国契约法的约因理论,未采此种契约解决方法(contract solution),仍适用过失侵权行为(tort approach)。[②]

台湾的法院遇见"遗嘱案件"时,将如何处理? 依目前实务思考方法,或会"扩大"适用"民法"第 184 条第 1 项前段,认系第三人"权利"受侵害。在德国,未见有学者提出类此见解,盖其违反德国区别权益的侵权行为法体系及基本价值判断。具保护第三人作用契约的制度的创设,涉及精致契约责任的建构,非属易事,若不采扩大契约法的方法。在某类结论上应值保护的纯粹经济损失,例外地拟制系权利受损害,较为简便,不必去构造细致的契约责任的理论,与德国法的发展加以比较,其所体现的乃法律思考方法及法律文化的问题。

四、民事责任体系的调整

民事责任系由契约责任与侵权责任所构成,二者相互关联。民事责任的发展体现于责任的扩大,一为侵权行为法的扩大,其重点在于强化对纯粹经济损失的保护;二为契约责任的扩大,其重点亦系针对纯粹经济损失的保护,因而创设契约过失、不完全给付的附随义务,以及附保护作用的契约。纯粹经济损失的保护重构了民事责任体系,民事责任体系的重构促进了民法的发展,期望兼顾平衡个人行为自由及被害人权益的保护。

[①]　Közioe, Österreichisches Haftpflichtrecht (3. Aufl., 1997), 4/36, 42 f. (S. 155, 161 ff).

[②]　Markenisis, An Expanding Tort Law-The Price of a Rigid Contract Law (1987) 103 LQR 354, 363.

第七款 结语:回顾与展望

一、规范体系及实务发展

为调和行为自由与纯粹经济损失(权利以外利益)的保护,"民法"第184 条设有法益区别保护的 3 个侵权类型(第 1 项前段、后段,第 2 项),关于实务发展前已详论,兹综合整理如下:

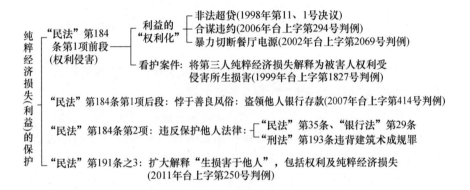

二、侵权行为法的法律政策、法律技术及演变发展

(一) 纯粹经济损失(利益)的权利化

"民法"第 184 条第 1 项后以"权利"为保护客体,以"故意或过失"为要件,具概括条款的性质,将若干类型的纯粹经济损失加以权利化(权利侵害的拟制),系促进法律进步的方法,但须注意的有两点:(1) 在行为自由与法益衡量上须该纯粹经济损失确值保护。(2) 须不能适用"民法"第 184 条第 1 项后段(故意悖于善良风俗)或第 2 项规定(违反保护他人法律)。准此以言,"最高法院"认为,非法超贷系侵害"银行金钱所有权";债权系属"民法"第 184 条第 1 项前段规定的权利而适用于"合谋违约";第三人暴力切断电源系侵害他人"行使营业的权利"的法律见解均有研究余地。盖于此等案例,均有"民法"第 184 条第 1 项后段规定适用,无予以权利化的必要。

在方法论上,最具启示性的是亲人看护伤者案("最高法院"1999 年台上字第 1827 号判决),"最高法院"一方面认为亲属看护所付出之劳力,得评价为金钱(纯粹经济损失),另一方面则衡量及比照被害人雇用职业看护的损害,即将看护者不能依"民法"第 184 条第 1 项前段请求赔偿的"纯粹经济损失",作为被害人权利(身体健康)所受侵害而发生的结果损害,是一个值得肯定的"法院造法"的法律见解。

(二)"民法"第 184 条第 1 项后段规定功能的强化

"民法"第 184 条第 1 项后段系保护纯粹经济损失的核心规定。为强化为纯粹经济损失合理保护的必要,应对"故意"作扩张解释,包括间接故意在内,对"善良风俗"(违法性)作符合其规范目的的功能性解释,以促进法律的发展。

(三)保护他人之法律与纯粹经济损失的保护

"民法"第 184 条第 2 项规定的"保护他人之法律"是否具保护纯粹经济损失的内容,应就其规范目的加以认定。值得注意的是,"最高法院"再三强调建筑法令,尤其是"刑法"第 193 条违背建筑术成规罪所保护的法益,除人身安全外,尚包括建筑物本身因具瑕疵的财产价值(纯粹经济损失),其目的虽在保护消费者,但违背"刑法"第 193 条的规范目的及"民法"第 184 条关于法益保护的体系,应有商榷余地。消费者所受财产价值损害,得依物的瑕疵担保责任及债务不履行规定请求救济,不应就"刑法"第 193 条作违反其规范意旨的解释。

(四)判例学说与侵权行为法的发展

纯粹经济损失的保护系侵权行为法的重要课题,近年来学说上的热烈讨论及实务见解的演变,使我们对侵权行为法的功能、规范机制、基本构造及思考方法有更深刻的认识。判例与学说的共同协力使侵权行为法能够继续不断发展,应对参与此项过程的法院及学者表示敬意。

第四节　纯粹经济损失的案例比较研究

第一款　案例比较方法

法律实践于具体个案,乃抽象规范的具体化。案例研究,尤其是案例比较研究,具有多种功能。法院得参照相关案例,维护法律适用的统一性及平等原则。学者可以借案例比较,组成类型,有助于概括条款的解释适用。教学上的案例比较可以增进学习的效果,培养法学想象力,为将来的实务工作而准备。

案例比较得以本国或本地区法为对象,例如整理分析"民法"第184条关于因果关系、纯粹经济损失的案件。值得特别提出的是,不同国家或地区案例的比较研究。英国法院及学者盛赞德国法(尤其是德国民法)理论体系的博大精深,但长年以来敬而远之,甚少参照引用。Basil S. Markesinis 教授撰写 The German Law of Tort:A Comparative Treatise (4. ed. 2002),倡导实用比较法,英译了94个德国联邦最高法院及德国联邦宪法法院的判决,并与英国法及美国法上的相关案例比较其异同,分析讨论,使其顿时成为畅销书,广为法院(包括英国贵族院)所引用,并因该书等比较法上的著作获颁爵位。"司法院"翻译出版德国联邦宪法法院、美国联邦最高法院、日本最高裁判所、欧洲人权法院等的判决,可供案例比较,对扩大视野、提升论证能力与环球化法律发展的接轨作出了巨大贡献。本书在某种程度亦采案例比较方法,期望案例比较能够成为台湾地区法律教学研究的方法。

第二款　欧洲法中的纯粹经济损失案例

为促进欧洲私法统一,整合侵权行为法的基本原则,The Common Core of European Private Law Project(欧洲私法核心研究计划)出版了由 Bussani 及 Palmer 两位教授所主编的 Pure Economic Law in Europe (Cambridge University Press, 2003;张小义、钟洪明译,林嘉审校,法律出版社2005年),就欧洲13个国家的法律,适用 Schlesinger 及 Sacco 两位比较法大师的方法论,参考各国的实务案例,设计了20个案件(cases),从事比较研究,以探寻法规范的异同,发现共同核心(common core)。此为法比较方法的突破与创新。这20个案件可供了解纯粹经济损失的基本问题,各国的规范模式,分析台湾地区法的解释适用,尤其是可供教学之用。兹参照张小义、钟洪明的中译,作为本章附录,并请阅读原著或中译本,作进一步的研究。

案例1　电缆案件 I ——停电

艾克美(Acme)道路工程公司的一位受雇人在操作挖掘机时,切断了公用电缆设施,该电缆为贝塔(Beta)厂输送电源。这一意外的停电,导致该厂的机器设备受到损害,工厂因此停工两天。工厂所有人就此提出损害赔偿请求权,请求赔偿的范围除机器设备损失外,还包括因停工而导致的生产损失。

案例2　电缆案件Ⅱ——工厂停工

事实与案例1相同,另一个工厂所有人加托(Cato)虽然没有遭受到机器损坏,但是工厂被迫停工,致遭受了停工两天的损失。

案例3　电缆案件Ⅲ——日常工作者

同样的案例,停工导致加托不得不解雇许多日常工人。这些工人向艾克美公司提出请求赔偿两天的工薪损失。

案例4　康复中的受雇人

一名工人被车撞倒,因此3个月没有上班。法律(或者劳动契约)要求雇主支付受雇人病休期间的全部薪水。雇主向加害人请求赔偿所有开支(工资、保险费等),因为他已经支出了上述费用,但却没有接受到工人回报的服务。

案例5　意大利全明星队的安魂曲

托马斯是全明星篮球队的核心球员。在锦标赛结束的前几天,托马斯被汽车撞伤并且3个月无法参赛。由于失去了最好的选手,该球队从联赛排名榜首跌至第四名,球队所有人由此遭受巨大损失。全明星球队能否对汽车驾驶人提起诉讼,请求损害赔偿?

案例6　受感染的乳牛

奶牛饲养人放任受感染的动物从其建筑物中逃出。由于受感染的动物逃出,迫使当局关闭牲畜和肉菜市场达10天。以下之人员对奶牛饲养者提起诉讼:

(1) 其他动物饲养人,10天以来他们无法出售牲畜;

(2) 市场交易者,他们失去了商品供应;

(3) 屠宰人,在此期间他们无法从事其职业。

案例7　疏忽的建筑师

某业主雇用承包人建设房屋,同时雇用了一位建筑师为其监督施工。由于建筑师不适当的监理,承包人不得不就相同的工作进行两次作业。如果业主没有义务对附加的工作支付报酬时,承包人能否对建筑师提起诉讼,要求赔偿其损失?

案例8　被取消的航行

一次碰撞事故导致一艘客轮无法航行达1个月。租赁该客轮的船舶公司,被迫取消加勒比的两个航班。船舶公司得否对应为碰撞负责之人提起诉讼,请求赔偿碰撞之前所付出的无益成本,以及取消两个航班所造成的收入损失。

案例 9　放映室里的火灾

某晚,在费恩艺术剧院(the Fine Arts Theatre)放映一部动画片的过程中,由于电线线路中的人为缺陷,电影放映机突然着火。火势很快被扑灭,除了放映机本身完全损坏外,没有发生任何人身伤害或者财产损失。电影院被迫关闭 5 天,直到另一台放映机安装完毕。影院所有人对意大利光学公司即放映机的生产商提出诉讼,请求赔偿影院关闭期间的客户损失和收入损失。影院购买放映机的当地零售商已经宣告破产。

案例 10　尽职的妻子

某人遭受重大人身伤害,被迫躺在病床上达两个月,在此期间他完全不能自理。其妻拥有并且经营着一个小店,由于照顾丈夫,其生意被迫停止。她向肇事人提起诉讼,请求赔偿生意关闭期间的收入损失。

案例 11　艺术家的错误

吉尔吉奥(Giorgio)打算从弗兰科(Franco)购买一幅著名画家奎林纳里斯(Quirinalis)所绘的具有相当价值的画。在支付价款前,吉尔吉奥拜访了奎林纳里斯,后者保证该作品是真品。根据这一专家意见,吉尔吉奥买下了那幅画。后来,专家鉴定确定地表明,该画系专业伪造品。由于无法联系到弗兰科,吉尔吉奥决定对奎林纳里斯提起诉讼,请求损害赔偿。

案例 12　双重销售

安东里奥(Antonio)将其公寓出售给贝蒂(Betty),而后又卖给辛奇亚(Cinzia),后者知道或者也可能不知道前面发生的买卖。后来安东里奥很快就带着价款出国了。辛奇亚先于贝蒂办理完毕公寓交易的手续。贝蒂有权就其遭受的经济损失要求辛奇亚赔偿?

如果是一台计算器先卖给贝蒂而后又卖给并交付予辛奇亚,答案会是一样的吗?

案例 13　分包人的责任

劳拉(Laura)雇用克劳罗斯(Cronos)公司为其公寓进行整修。克劳罗斯公司招来一位独立的承包人乔瓦尼(Giovanni)铺设地板。但是,工作完成极差,劳拉被迫雇用另外的工人完全替换了地板。劳拉知道克劳罗斯公司已经破产,无法对其提起诉讼。劳拉得否向乔瓦尼要求赔偿经济损失?

案例 14 糟糕的法律服务

祖父罗伯托(Roberto)希望吉亚科莫(Giacomo)继承其大部分不动产。但是,他的这一愿望受挫,因为在公证人为其起草的遗嘱中存在许多错误。对于公证人,吉亚科莫就自己遭受的损失获得赔偿的机会有多大?

案例 15 被关闭的高速公路——时间的价值

由于驾车人莱德(Ned)的过失,一辆装满化学制品的卡车在高速公路上翻车,此时交通流量特别大。事故没有牵涉到其他车辆,也没有发生实际损害。但是,当局被迫关闭高速公路达 12 小时。有些车辆困在随后发生的交通堵塞之中,而另外一些驾车人由于及时接到通知而转向了旁道。卡车所有权人马里奥(Mario)因为在高速上被堵 5 小时,到达目的地已经迟到,由此无法在当天完成另一个交付,他要提起诉讼,结果会如何?而另一位货车司机,因为高速公路堵塞被迫绕道几百公里,消耗了大量的汽油并且浪费了相当多的时间,他提起赔偿之诉并获得成功的机会如何?

案例 16 堵塞商业大厦入口的卡车

戴维将自己的大卡车横停在通往彼得花园中心的入口。由于对发动机缺乏充分维护,卡车在两天内不能启动或者被移走。由此,顾客不能进入花园中心,彼得因销售收入下降而遭受巨大损失。

案例 17 审计人的责任

多娜不正确地审计了凯特皮勒公司的账目,保罗依据这些被公开的财务资料发出了收购要约,收购成功了,但保罗随之发现财务资料高估了公司的价值,保罗为每股支付的价格是其实际价格的两倍。

案例 18 不当的工作推荐函

罗布科服务公司(Robco)向彼得提供了一份工作,条件是它能收到一份满意的对其品行的推荐函。彼得请其前任雇主戴维发送该推荐函。戴维照此办理,但错误地把彼得当作了另一个有不诚信记录的前任雇员。当罗布科服务公司收到了提及"彼得的不诚实"的推荐函时,它把工作给了另一个人。彼得希望能起诉戴维,请求损害赔偿。

案例 19 违反承诺

理查德在谈判将自己的土地出售给山姆。只有当所有的建筑物都被清理完毕,山姆才会准备购买上地。谈判很复杂,双方同意在契约被双方以书面方式签字之前,契约不能成立。山姆向理查德保证,需要解决的只是一些更多的细节,因此理查德平整了那块土地所在地,山姆也知道这点。理查德拒绝了他人在最后一分钟的购买要约，根据那个要约他原本可以获得5万欧元的利润。山姆最终决定不继续购买。理查德就其平整土地的开支和失去的5万利润得否诉请山姆赔偿？

案例20 匿名电话

迪特（Dieter）是一家小企业的所有人，和第一国民银行有长期协议。某日，一家信用评级机构克雷特公司（Credit Inc.）接到一个匿名电话，说迪特的企业即将破产。克雷特公司没有做进一步的调查，因此也不知道该指称是毫无根据的。相反，克雷特公司致电第一国民银行报告这个消息。第一国民银行立即取消了所有迪特的贷款。迪特因此遭受了经济损失，乃起诉克雷特公司，希望赔偿自己的损失。

第六章 "民法"第184条的体系构成与案例研究

　　侵权行为法最重要的发展系由"最高法院"早期常用的"侵权行为之法则"进展到肯定民法规定的3个小的概括条款,作为3个独立的请求权基础。"最高法院"近年来在此基础上解释适用"民法"第184条,对侵权行为法的进步作出了重大的贡献。兹提出如下的体系构成及案例研究,期望能够更进一步阐释"民法"第184条的规范功能及实务的基本问题。

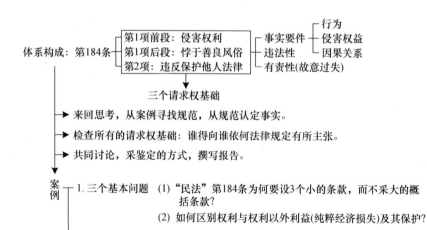

体系构成：第184条
第1项前段：侵害权利
第1项后段：悖于善良风俗
第2项：违反保护他人法律

事实要件 → 行为、侵害权益、因果关系
违法性
有责性(故意过失)

三个请求权基础

→ 来回思考，从案例寻找规范，从规范认定事实。

→ 检查所有的请求权基础：谁得向谁依何法律规定有所主张。

→ 共同讨论，采鉴定的方式，撰写报告。

案例

1. 三个基本问题　(1) "民法"第184条为何要设3个小的条款，而不采大的概括条款？

　　　　　　　　(2) 如何区别权利与权利以外利益(纯粹经济损失)及其保护？

　　　　　　　　(3) 如何区别责任成立因果关系与责任范围因果关系，如何认定因果关系？

2. 甲驾车超速撞到上学途中的16岁之乙，乙受重伤（或成为植物人）。乙住院期间，其手机被盗，医院内感染病毒，病情加重，其父母先雇人看护，之后其母丙辞去工作，日夜陪伴。其父丁见乙病情严重，忧郁成疾，乙的祖父戊获知其独孙遭遇车祸，心脏病发作住院治疗，试问乙、丙、丁、戊得向甲主张何种权利？

3.甲提出事实，严厉指责乙官员有婚外情，品德恶劣，未善尽职责，应辞职下台。乙官员证明其无婚外情，认为甲毁其名誉。甲表示曾详为查证，严苛批评系为公益。试就此例所论述名誉保护与言论自由的核心问题。并讨论"最高法院"所提出的"真实恶意原则"（actual malice）。

4.甲受乙诈欺低价出售某画。甲出售前曾请丙鉴定，丙因过失（故意或轻率）认定该画系属赝品，告知甲若有机会应早出售。甲得向乙、丙主张何种权利？其所受侵害，究系所有权或纯粹经济损失？

5.甲向乙购屋，支出费用筹备开设第二家受欢迎的餐厅。丙在附近开高级料理店，为避免竞争，乃以高价向乙购买该屋，愿负担乙对甲的损害赔偿，并受让其所有权。试问甲得向乙、丙主张何种权利？若丙成立侵权行为，甲得否向丙要求移转该屋所有权？

6.甲开掘其所有土地，兴建房屋，损及乙所有的邻地建筑，致其屋顶工作物大量掉落伤害乙，毁损邻居丙的汽车及伤害路人丁，并严重影响邻居戊的营业。试问甲应依何法律规定对谁负侵权责任？

7.请再阅读分析本书各章所提出的问题。

8.运用想象力，发现问题，设计案例！

第三编　特殊侵权行为

第一章 特殊侵权行为的类型构成及规范体系

(1) 侵权行为分为"一般侵权行为"及"特殊侵权行为",设计某种特殊侵权行为时,应如何考虑其特殊性而规定不同于一般侵权行为,异于其他特殊侵权行为的要件或法律效果?

(2) 如果您参与立法,您将如何设计"动物"责任或"动力车辆"责任或"商品"责任? 如何区别其异同而加以规定? 学习法律亦应培养法律政策的思考方法、立法及设计法律制度的能力。

台湾地区法上的侵权行为分为"一般侵权行为"及"特殊侵权行为",教科书亦分为一般侵权行为(或称通常侵权行为)及特殊侵权行为加以论述。本书第二编曾详细讨论了一般侵权行为。第三编系以民法及特别法上的特殊侵权行为作为研究对象。首先拟先作综合性的整理,期能有助于了解个别侵权行为的"特殊性",掌握其规范内容及解释适用的问题。

第一节 一般侵权行为的体系构成与基本构造

一、"民法"第184条规定的一般侵权行为

要了解"特殊"侵权行为,先要认识"一般"侵权行为,把握其一般性及特殊性。关于一般侵权行为,"民法"系规定于第184条第1项:"因故意或过失,不法侵害他人之权利者,负损害赔偿责任。故意以悖

于善良风俗之方法,加损害于他人者亦同。"第 2 项:"违反保护他人之法律,致生损害于他人者,负赔偿责任。但能证明其行为无过失者,不在此限。"关于本条规定,前已详为说明,为与特别侵权行为对照,应说明者有二:

1. 3 个小的概括条款:3 个请求权基础

民法就一般侵权行为设 3 个类型:(1) 因故意或过失不法侵害他人之权利。(2) 故意以悖于善良风俗之方法,加损害于他人。(3) 违反保护他人之法律。此三者为个别独立的侵权行为,3 个请求权基础得成立请求权竞合。在处理案件时,应逐一检讨之,针对案例事实,分别加以认定。

2. 权益区别性的保护

区别被侵害者,究为权利或其他法益而为不同的保护。侵害他人之权利者,加害人有故意或过失时,即应负损害赔偿责任("民法"第 184 条第 1 项前段)。被侵害者,系权利以外之利益时,须加害人系故意以悖于善良风俗致加损害("民法"第 184 条第 1 项后段),或违反保护他人之法律时,被害人始得请求损害赔偿。此种区别权益,以不同的要件加以保护的规范模式,乃在合理界限行为自由与权益保护,对了解"民法"第 184 条规范意旨及解释适用,至为重要。常有学生在考试时,将"民法"第 184 条第 1 项后段书为:故意以悖于善良风俗加损害于他人"之权利",此或为笔误,或根本不知"民法"第 184 条的规范内容,应特别注意及之。兹为便于观察,再将"民法"第 184 条的规范结构,图标如下:

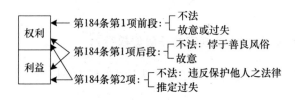

二、一般侵权行为的"一般原则"

如前所述,要认识特殊侵权行为的"特殊性",需要明了一般侵权行为的"一般原则"。兹分就成立要件及举证责任简述如下:

(一)成立要件

关于"民法"第184条第1项前段规定一般侵权行为的要件,兹依三层结构理论的事实要件、违法性、有责性,说明如下:

(1)事实要件。须有加害行为。学说上称为自己责任。须侵害他人之权益。

侵害行为与权益被侵害之间,须有因果关系(责任成立因果关系)。权益侵害与损害之间亦须有因果关系(责任范围因果关系)。

(2)违法性。加害行为须具不法性。不法性旨在界限权益的保护。

(3)有责性。须有故意、过失(采过失责任)。行为人须有责任能力。

(二)举证责任

(1)被害人的举证责任。被害人须就加害行为、权益被侵害、损害及因果关系、加害人的过失,负举证责任("民法"第184条第2项采推定过失)。

(2)加害人的举证责任。侵害他人之权利、悖于善良风俗、违背保护他人法律,原则上构成不法(推定模式,Indikationsmodel),加害人得证明有阻却违法事由,排除其行为的不法性,而不负侵权责任。

三、一般侵权行为的重要性

"民法"第184条规定一般侵权行为,建立了侵权行为法上行为、违法性、过失(有责性)、权利或利益、损害、因果关系等基本概念。此等基本概念旨在体现法律上的利益衡量或价值判断,在法律思考上极具重要性,于处理具体案件时不应因有特殊侵权行为的适用,而疏于探究侵权行为法的正义内涵及其哲学基础。

第二节　特殊侵权行为的类型及 规范内容的形成

一、特殊侵权行为的类型

(一) 民法上的特殊侵权行为

就比较法史观之,侵权行为系由个别特殊侵权行为,逐渐发展成为一般侵权行为。因此各国民法除一般侵权行为外,多另设有特殊侵权行为。中国台湾地区"民法"参酌《德国民法》(第 827 条以下) 及《日本民法》(第 710 条以下),设有共同侵权行为(第 185 条)、公务员侵权责任(第 186 条)、法定代理人侵权责任(第 187 条)、雇用人侵权责任(第 188 条)、定作人侵权责任(第 189 条)、动物占有人侵权责任(第 190 条)、工作物所有人侵权责任(第 191 条)、商品制造人侵权责任(第 191 条之 1)、动力车辆驾驶人侵权责任(第 191 条之 2) 及危险制造者侵权责任(第 191 条之 3)。

(二) 特别法上的特殊侵权行为

特别法所设特殊侵权行为,其最主要者系"消费者保护法"(以下简称为"消保法")规定的产品责任及服务责任(第 7 条以下)。"铁路法"(第 62 条)、"公路法"(第 64 条)、"民用航空器法"(第 89 条以下)、"大众捷运法"(第 46 条)、"核子损害赔偿法"等,亦规定有侵权行为的损害赔偿。

综据上述,特殊侵权行为日益增多,除传统者外,尚有因应社会经济变迁及侵害形态而创设的种类,可称之为特殊侵权行为的现代化。兹为便于观察,将本书所要研究的,列表如下①②:

---

① 公务员侵权责任涉及"国家赔偿法",在本书不列入讨论。

② 危险责任,在德国法上称为 Gefährdungshaftung,乃属无过失责任。"民法"第 191 条之 1、191 条之 2、191 条之 3,系采推定过失,应予注意,俟于讨论相关条文时,再行详述。

```
                ┌─1. 故意或过失不法侵害他人权利("民法"第184条第1项前段)
        一般侵权行为─┤─2. 故意违背善良风俗("民法"第184条第1项后段)
                └─3. 违反保护他人法律(第184条第2项)

侵                ┌─共同侵权行为("民法"第185条):复数侵权行为者的责任
权                │─公务员侵权责任("民法"第186条):公务员侵权责任的减轻
行                │─法定代理人侵权责任("民法"第187条)─┐
为                │─雇用人侵权责任("民法"第188条)      ├─就他人加害行为的责任
        民        │─定作人侵权责任("民法"第189条)──┘
        法        │─动物占有人侵权责任("民法"第190条)─┐就物所生损害的责任
                │─工作物所有人侵权责任("民法"第191条)─┘
  特殊            │─商品制造人侵权责任("民法"第191条之1)─┐特殊危险的推定过失责任
  侵权            │─动力车辆驾驶人侵权责任("民法"第191条之2)─┘
  行为            └─危险制造者侵权责任("民法"第191条之3)一般危险的推定过失责任

        特        ┌─"消费者保护法"第7─11条之1 ─ 商品责任─┐无过失责任
        别                                     服务责任─┘
        法        └─其他:"铁路法""公路法"等
```

二、规范内容的形成

(一) 问题的思考

关于特殊侵权行为,在立法政策及解释适用上,须思考下列两个问题:

(1) 为何要创设此种特殊类型的侵权行为? 该侵害行为适用"一般侵权行为"的规定,有何困难,或不足保护被害人之处? 易言之,要思考的是,若无特殊侵权行为的规定,此种侵害行为依一般侵权行为应如何处理?

(2) 如何就该类型的加害行为规定其要件,调整一般侵权行为的"一般要件"?

(二) 规范内容的整理

特殊侵权行为的"特殊性",在于针对某种类型的侵害行为,规定异于一般侵权行为的要件,包括归责原则、受保护的法益、因果关系、责任的形态(连带责任)及举证责任等。兹为便于观察,先将一般侵权行为及主要特殊侵权行为的规范内容,列表如下:

	条项	侵权行为类型	归责原则		受保护客体	因果关系的举证责任
一般侵权行为	第184条	权利侵害(第184条第1项前)	故意或过失		权利	
		悖于良俗(第184条第1项后)	故意		权利利益	
		违反保护他人法律(第184条第2项)		推定过失(举证责任倒置)	权利利益	
特殊侵权行为	第185条	共同行为	故意或过失		权利	举证困难之克服
	第186条	公务员责任	故意或过失		权利利益	
	第187条	未成年人行为	(1)故意或过失 (2)无识别能力:衡平责任		权利	
		法定代理人责任	(1)监督过失:连带责任 (2)举证免责:衡平责任	推定过失	权利	推定:第187条第2项
	第188条	雇用人责任	(1)选任监督过失:连带责任 (2)举证免责:衡平责任	推定过失	权利	推定:第188条第1项但书
	第189条	定作人侵责任	定作指示过失		权利	
	第190条	动物占有人责任		推定过失	加损害于他人	推定:第190条第1项但书
	第191条	工作物所有人责任	设置或保管欠缺	推定过失	权利	
	第191条之1	商品制作人责任	商品具有欠缺	推定过失	致他人之损害	推定:第191条之1第1项但书
	第191条之2	动力车辆驾驶人责任		推定过失	加损害于他人	
	第191条之3	危险制造者责任		推定过失	生损害于他人	推定:第191条之3但书
	"消保法"第7条	商品责任	商品欠缺安全性:推定("消保法"第7条第1项)	无过失责任 无过失时得减轻责任	生命、身体健康、财产	
	"消保法"第7条	服务责任	服务欠缺安全性:推定("消保法"第7条第1项)	同上	同上	

上揭图表有助于整体了解特殊侵权行为的体系构成及其"特殊性"，请读者自行归纳分析。须注意的是，切勿强行记忆，而是要理解法律所以设此规定的理由。学习法律，一定程度的记忆，诚有必要。但要先有理解，探究其规范意旨，把握基本概念、体系及原则，始可"长久记忆"，而能思考、推理及论证，以处理"未曾记忆"的法律问题。

第三节　规范体系及解释适用

一、规范体系的调整

特殊侵权行为的创设，旨在调整侵权行为法的规范体系。法律规范体系可分为外在体系及内在体系。① 前者指规范形式结构，例如民法上的一般侵权行为、民法上的特殊侵权行为、特别法上的特殊侵权行为。内在体系指其法律原则及价值判断。无论何者，均要求其具有一贯性及合理性。准此以言，关于商品责任，"民法"（第 191 条之 1）及"消保法"（第 7 条以下）分别设有规定，内容不同，造成多层次的"一般"与"特殊"关系，是否妥适，应有研究余地。

二、特殊侵权行为的解释：受保护的权益

前曾再三指出，特殊侵权行为规范内容的形成，涉及四个基本问题：（1）归责原则，（2）受保护的权益，（3）因果关系，（4）举证责任，将于相关特殊侵权行为再行论述。② 应先提出讨论的，是受保护的权益。

细心的读者必会发现，法律有规定"侵害他人之权利"（如第 185 条、第 187 条、第 188 条、第 189 条、第 191 条），亦有规定"致他人（第三人）损害""加损害于他人"等类此规定（如第 186 条、第 190 条、第 191 条之 1、第 191 条之 2、第 191 条之 3）。"消保法"第 7 条第 2 项则规定，"商品或服务具有危害消费者生命、身体、健康、财产之可能"。保护权益的范围不

---

① 关于法律上及法学上的体系思考及体系概念，参见 Canaris, Systemdenken und Systems-begriff in der Jurisprudenz, entwickelt am Beispiel des deutschen Privatrechts（2. Aufl. , 1983）；Bydlinski, System und Prinzipien des Privatrechts（1996）.

② 参见王千维：《由民法第一百八十四条到民法第一百九十一条之三：以违法性的思考以及客观证据负担的倒置为中心》，载《民法七十年之回顾与展望纪念论文集》，1998 年版，第 109 页以下。

同,立法意旨何在?

旧"民法"第186条第1项前段规定:"公务员因故意违背对于第三人应执行之职务,致'第三人之权利受损害'者,负赔偿责任。""民法"债编修正时,将"民法"第186条第1项前段修正为"致第三人受损害",修正理由谓:"现行条文第1项规定以第三人之'权利'受损害者,公务员始负赔偿责任。范围太过狭窄,无法周延保障第三人利益。为扩大保障范围,且为配合第184条第2项之修正,爰仿《德国民法》第839条第1项规定,删除第1项内'之权利'等字,使保护客体及于'利益'。"由此立法说明,可知立法者亦明确认识到"侵害他人之权利"与"侵害他人致受损害(或侵害他人)"的不同,后者将保护客体扩大及于利益,以保障被害人。就立法政策及解释适用言,应提出研究者有二:

(1)为何就商品责任(商品制造人责任)设不同的规定,异其保护范围?甲向乙购买丙制造的货车,该车因设计不良,发生车祸,致该车毁损时,甲得否依"民法"第191条之1或"消保法"第7条规定,向丙请求该车毁损或不能营业的损害赔偿?

(2)"民法"第191条之2、第191条之3系新创的两种重要特殊侵权行为,其所谓"加损害于他人"或"对他人的损害",是否包括所谓的"纯粹经济损失"(纯粹财产损害)?例如甲驾车肇致车祸,阻塞巷口,致乙经营的早餐店生意锐减时,乙就其所受营业上损失,得否向甲请求损害赔偿?又甲经营工厂发生爆炸,附近的乙商店3日不能营业时,乙就其营业上损失得否向甲请求损害赔偿?(并请参阅本书第398页所讨论的蛔苗着床案。)

三、特殊侵权行为与一般侵权行为的竞合

同一行为具备特殊侵权行为与一般侵权行为的,亦属有之。例如甲向乙购买丙制造的电视机,该电视机因设计不良发生爆炸,致甲身体健康受损。在此等情形,被害人得依"民法"第184条第1项前段规定、"民法"第191条之1、"消保法"第7条规定,请求损害赔偿。特殊侵权行为的规定多在"减轻"其要件以保护被害人,衡诸法律规范目的,与一般侵权行为的规定,原则上不具"特别法排除普通法"的效力,得成立请求权竞合关系。

四、"民法"第 192 条以下关于侵权行为损害赔偿规定的适用

因侵权行为须负损害赔偿者,应依"民法"第 213 条至第 218 条之 1 的一般规定及第 192 条至第 197 条的特别规定,负恢复原状或金钱赔偿的责任。应指出者有两点:

(1)"民法"第 192 条至第 197 条对"民法"第 213 条以下规定言,系属特别规定;就侵权行为法言,则属一般原则,于特别法上的特殊侵权行为亦适用之。

(2) 在德国法,于危险责任(无过失责任,例如《产品责任法》第 8 条规定),多排除慰抚金(德国法上称为痛苦金,Schmerzensgeld),其主要理由系认为,加害者的非难性较低,有限制其责任的必要。2002 年 8 月 1 日制定的德国第二次损害赔偿法修正废除此项限制,于相关法律明定就非财产上损害,亦得请求相当金额的赔偿(痛苦金)。[①] 台湾地区法并无此类无过失侵权责任不得请求慰抚金的限制,故于"消保法"上的产品责任或服务责任或其他无过失侵权责任,被害人均得依"民法"第 194 条或第 195 条之规定,请求慰抚金。

第四节　特殊侵权行为与侵权行为法的发展

特殊侵权行为的创设旨在规范具一定危害性的侵害行为,综合观之,其要点有三:

(1) 调整归责原则。民法上的特殊侵权行为仍维持过失责任,但多采过失推定,倒置其举证责任。在特别法则采无过失责任,如"消保法"上产品责任及服务责任。

(2) 扩大保护客体。除权利外,并及于利益。

(3) 因果关系的推定。使较接近、能控制侵害事故及证据者,负举证

---

① 例如旧《德国产品责任法》第 8 条规定:"在身体或健康受侵害的情形,应赔偿医疗费用及被害人因受损害时或永久丧失或减少其劳动能力或增加其需要而生的财产上不利益。"修正条文则规定:"就非财产损害之损害,亦得请求赔偿相当金额。"参见 Huber, Das neue Schadensersatzrecht (2003), S. 115 (121).

责任。①

　　侵权行为法的变迁②,分两方面同时进行之。在一般侵权行为方面,系经由实务及学说更深刻的诠释行为(作为与不作为)、过失、违法性(结果不法与行为不法)、因果关系(责任成立因果关系及责任范围因果关系、相当因果关系说与法规目的说)、权利(权利范围的扩大)及利益(纯粹经济上损失的保护)等基本概念及要件,建立更具规范能力的理论架构。在特殊侵权行为方面,则系修正传统类型,创设新的种类,以因应社会经济发展的需要。二者的协力将使侵权行为法更合理、更有效率地分配危害,填补损害,实践正义。③

---

① 参见王千维:《民事损害赔偿责任法上因果关系之结构以及损害赔偿之基本原则》,载《政大法律评论》,第 60 期,第 201 页。

② 参见朱柏松:《侵权行为理论发展之新趋势》,载《法学丛刊》,第 39 卷第 1 期,第 41 页。德国学者 v. Caemmerer 撰有 Wandlungen des Deliktrechts, FS zum 100-jährigen Bestehen des Deutschen Juristentages, Bd. II (1960), S. 490, 论述德国侵权行为法的变迁,在方法上甚具启示性。参见 Börgers, Von den "Wandlungen" zur "Restrukturierung" des Deliktrechts? (1993). 关于契约法的变迁,参见 Canaris, Wandlungen des Schuldvertragsrechts—Tendenzen zu seiner "Materialisierung", AcP 200 (2000), 273.

③ 关于侵权行为法、私法的理念及正义(平均正义与分配正义),参见 Weinrib, The Idea of Private Law (1995); Honoré, Responsibility and Fault (1999).

第二章　共同侵权行为

（1）甲、乙、丙、丁四人共谋绑架戊，甲、乙执行，丙于租屋藏匿。丁看守时对戊为强制性行为。试说明戊得对甲、乙、丙、丁主张何种赔偿？

（2）甲、乙两人开车超速互撞，伤害路人丙，各有 50% 的过失。试问甲或乙得否主张对丙仅各负 50% 的损害赔偿责任？

（3）甲、乙在山区丢弃废石，其中之一击中丙。丙是否须证明为何人丢弃废石所击中，始能请求损害赔偿？法律宜否规定甲、乙应对丙连带负损害赔偿责任，或各负一半的赔偿责任？

（4）某工业区有 20 家工厂排放废气，附近学校学生呼吸道受到伤害，难以查出加害人时，得否使 20 家工厂连带负赔偿责任？

（5）您是否知道所谓"Market Share Liability"，在台湾地区法上得否适用？

第一节　共同侵权行为的"特殊性"

一、问题提出

一人侵害他人权益时，应适用"民法"第 184 条规定。加害人为多数时，其侵害态样甚多，兹举四种情形，说明其问题：

（1）甲、乙二人，共谋杀伤丙，丙中一刀，不知甲或乙所为。

（2）甲与乙有仇，甲唆使丙绑架乙，丁提供车辆供丙使用。

（3）甲、乙二人，在山上丢弃废石，丙的头部被一块废石击中，不知加害人究为甲或乙。

（4）甲、乙二人驾车不慎，互撞，致丙身受重伤，甲或乙的加害部分，难以认定。

在前揭情形,被害人请求损害赔偿时,应如何适用"民法"第184条规定(尤其是第1项前段)? 关键问题,系被害人必须举证证明谁为加害人,加害行为与权益被侵害,尤其致生损害之间具有因果关系。就案例一言,丙须证明其所受一刀系甲或乙所为;丙于证明系遭甲杀伤,欲并向乙请求损害赔偿时,尚须证明乙与甲的共谋,对丙被甲杀伤具有因果关系。在例题二,乙须证明甲(造意人)、丁(帮助人)与其被绑架具有因果关系。在例题三,丙须证明加害人究为甲或乙,始能向其请求损害赔偿。在例题四,丙不能证明甲或乙的加害部分时,如何决定甲或乙的赔偿责任?

二、"民法"第185条的规范结构

为规范多数加害人的侵权责任,各国法律多设有特殊规定。[1]"民法"参照德国民法及日本民法立法例[2],于第185条第1项规定:"数人共同不法侵害他人之权利者,负连带损害赔偿责任。不能知其中孰为加害人者,亦同。"第2项:"造意人及帮助人,视为共同行为人。""民法"第185条所规定者,区别为三种情形:(1) 狭义的共同侵权行为(第185条第1项前段);(2) 共同危险行为(第185条第1项后段);(3) 造意及帮助(第185条第2项)。兹略调整其次序,将其规范结构表列如下:

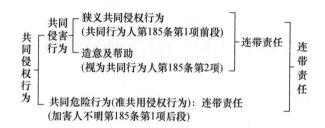

---

① 关于共同侵权行为在比较法的研究,参见 v. Bar, Gemeineuropäisches Delikts-recht, Band 1, S. 62 f. ; Brüggemeier, Prinzipien des Haftungsrechts, S. 155 f. ;参见〔日〕滨上则雄:《现代共同不法行为の研究》,信山社1993年版。

② 《德国民法》第830条规定:"数人因共同之侵权行为,加以损害者,各自就其损害负责。数个关系人中,不能确定孰为加害人者,亦同。造意人及帮助人视为共同侵权行为人。"《日本民法典》第719条:"数人因共同不法行为,加损害于他人者,各自连带负赔偿责任。共同行为者中不知孰为加害者,亦同。教唆人及帮助人,视为共同侵权行为人。"

据上所述,可知"民法"规定第 185 条共同侵权行为,其特殊性有二:
(1) 减轻被害人对因果关系的举证责任;(2) 明定数加害人连带负损害赔偿责任。此项特殊规定有助于保护被害人,并规范数加害人的内部求偿关系,对交通事故、商品缺陷、公害等现代社会常见的损害,深具意义,实值研究。①

第二节　狭义的共同侵权行为

第一款　加害行为的"共同性"

一、主观说及客观说

"民法"第 185 条第 1 项前段规定:"数人共同不法侵害他人之权利者,负连带损害赔偿责任。"其所称"共同",究何所指,学说上有主观说及客观说两种理论。主观说认为,各加害人间须有意思联络(共同意思)及行为分担。客观说认为,各加害人间不须有意思联络,只要数人的行为客观上发生同一结果,即应成立共同侵权行为,其主观上有无意思联络,在所不问。

二、实务上传统见解

(一)"最高法院"判决

1. "最高法院"1931 年上字第 1960 号判例:各就其所加害部分,分别负责

"最高法院"1930 年上字第 1202 号判例谓:"数人共同为侵权行为加损害于他人,各有赔偿其损害全部之责任。"对于"共同",未加说明。"最高法院"1931 年上字第 1960 号判例谓:"他人所有物而为数人个别所侵害,若各加害人并无意思上之联络,只能由加害人各就其所加害之部分,分别负赔偿责任。"此判例内容简要,含蕴两个基本原则:(1) 各加害人有意思上之联络者,应就全部损害连带负赔偿责任。(2) 各加害人无意思上之联络者,仅各就其加害部分分别负赔偿责任(部分损害责任),学说

---

① 参见林廷瑞:《论共同侵权行为》,载《法学丛刊》第 122 期,第 57 页;李木贵:《共同危险行为之研究——以要件论为中心》,载《"司法院"研究年报》,1999 年第 19 辑;温汶科:《共同侵权行为之研究》(1973 年版)。

上称之为部分因果关系(Teilkausalität)。① 例如:

(1)丙因停车与甲、乙发生争吵,甲、乙各自起意,甲毁损丙之车的前窗,乙毁损丙之车的后窗。

(2)甲、乙无意思联络,各自窃取丙的名贵兰花。

(3)甲、乙二周刊各自侵害丙的名誉、隐私。

兹为便于观察,将其基本法律关系简示如下:

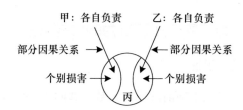

2."最高法院"1966 年台上字第 1798 号判例:各按过失责任程度范围负责

"最高法院"1966 年台上字第 1798 号判例谓:"本件车祸系出租车与卡车司机驾驶不慎肇事,依'司法院'第 2383 号解释,无共同过失之侵权行为,法院仅得就各该司机应负过失责任程度之范围内,令其与雇用人连带赔偿。"此项重要判例宣示两个基本原则:"民法"第 185 条第 1 项前段所称"共同"不法侵害他人之权利,须有意思上的联络(采主观说)。数人无意思联络者,应就同一损害,依过失程度定其赔偿范围,此项见解,是否合理,实有研究余地(详见下文)。

(二)"司法院"例变字第 1 号

1.判例制度

首须说明者,系台湾地区设有所谓判例制度,"法院组织法"第 57 条第 1 项规定:"最高法院"之裁判,其所持法律见解,认为有编为判例之必要者,应分别经由院长、庭长、法官组成之民事庭会议、刑事庭会议或民、刑事庭总会议决议后,报请"司法院"备查。第 2 项规定:"最高法院"审理案件,关于法律上之见解,认有变更判例之必要时,适用前项规定。

---

① Brüggemeier, Prinzipien des Haftungsrecht , S. 164.

2. 例变字第 1 号

"司法院"于 1977 年作成例变字第 1 号①,其所变更的即为前揭"最高法院"1966 年台上字第 1798 号判例,变更理由谓:"民事上之共同侵权行为,(狭义的共同侵权行为,即共同加害行为,下同)与刑事上之共同正犯,其构成要件并不完全相同,共同侵权行为人间不以有意思联络为必要,数人因过失不法侵害他人之权利,苟各行为人之过失行为均为其所生损害之共同原因,即所谓行为关联共同,亦足成立共同侵权行为。'最高法院'1966 年台上字第 1798 号判例应予变更。至前'大理院'1916 年上字第 1012 号及最高法院 1931 年上字第 1960 号判例,则指各行为人既无意思联络,而其行为亦无关连共同者而言,自当别论。"

三、共同过失行为的规范模式

例变字第 1 号系针对"最高法院"1966 年台上字第 1798 号判例,其所涉及的,系数人共同过失行为肇致同一损害,对此有不同的规范模式:

(一)《德国民法》

关于共同过失加害行为,《德国民法》未设明文,判例学说上称为 Nebentäter(并行加害人)。按《德国民法》第 830 条第 1 项前段规定:"数人因共同(gemeinschaftlich)为加害行为致生损害者,应各就该损害负责;"同条项后段规定:"数参与人致生损害,不知谁为加害人者,亦同。"值得注意的是,《德国民法》第 840 条第 1 项明定:"数人须就同一损害并为负责者,应以连带债务人负责。"②又在加害部分不明时,德国通说认为不知孰为加害人时,其参与者即须负连带责任,则加害人已明,仅加害部分不明者,自应使其负连带赔偿责任。

(二)《日本民法》

《日本民法》对于过失共同加害行为,亦未设明文,因《日本民法》无相当于《德国民法》第 840 条第 1 项规定,为使加害人负连带责任,仍扩大

---

① 参见拙著:《"司法院"例变字第一号之检讨》,载《民法学说与判例研究》(第三册),北京大学出版社 2009 年版,第 1 页。

② BGB § 840 I: Sind für den aus einer unerlaubten Handlung entstehenden Schaden mehrere nebeneinander verantwortlich, so haften sie als Gesamtschuldner. 关于本项规定解释适用,参见 Jauernig/Teichmann, Bürgerliches Gesetzbuch, § 840 Anm. 1. f. ; Keuk, Die Solidarhaftung der Nebentäter, AcP 168 (1968), 175.

解释《日本民法》第 719 条"数人因共同不法行为,加损害于他人者,各自连带负损害赔偿责任"的规定,认为所谓"共同",亦包括行为关联共同,使加害人连带负损害赔偿责任。[①]

四、共同加害行为的两个类型

"民法"对过失共同侵权行为亦无明文,为使加害人负连带责任,在方法论上有两个途径可资采取:

(1) 对"民法"第 185 条第 1 项前段所称"共同",仍采主观说,以意思联络为必要。

关于过失共同加害行为,台湾地区民法上未设相当于《德国民法》第 840 条连带责任的规定,在方法论上得类推适用民法关于侵权行为连带责任的规定,使加害人连带负赔偿责任。[②]

(2) 对"民法"第 185 条第 1 项前段所称"共同",采广义解释,认为亦包括过失共同加害行为。

究采何种途径,乃法学方法上选择的问题,例变字第 1 号系采扩张解释的方法,变更传统主观说的见解,而创设两个共同加害行为的类型:(1) 主观(意思联络)加害行为;(2) 客观(行为关联)加害行为。[③] 两者法律构造不同,难作统一的说明,兹分就其规范意旨及成立要件,加以论述。

第二款　主观的意思联络共同加害行为

一、规范意旨

主观共同加害行为,指数加害人有意思联络而为加害行为(意思共同加害行为),此乃"民法"第 185 条第 1 项前段"固有"的类型。立法意旨在使加害人就"可能的因果关系"(mögliche Kausalität)负责,使被害人免

---

① 关于日本法上的"共同不法行为",论著甚多,参见〔日〕几代通着(德本伸一补订):《不法行为法》,有斐阁 1993 年版,第 224 页以下(附有详细文献资料)。

② 参见拙著:《"司法院"例变字第一号之检讨》,载《民法学说与判例研究》(第三册),北京大学出版社 2009 年版,第 1 页。

③ 例变字第 1 号谓"行为关联共同","亦足"成立共同侵权行为,乃在说明此为共同侵权行为的另一种类型。"最高法院"1996 年台上字第 1143 号判决谓:"共同侵权行为责任之成立,必以数人共同不法侵害他人之权利,而各行为人之过失均为其所生损害之共同原因者,始足当之。"易使人误会系以行为关联共同取代意思关联共同。

予就各行为部分的因果关系负举证责任。[①] 盖数人既有意思联络,共同协力造成被害人陷于举证困境,自应就行为分担所生结果负责。要言之,即主观意思联络正当化了对被害人举证责任的免除。兹举数例如下:

(1)甲、乙共谋杀害丁,丁中一刀,不知甲或乙所为,丁只需证明甲、乙共谋伤害,其杀伤者究为甲或乙,则无举证的必要。甲与乙应为其可能因果关系负连带责任。

(2)甲、乙、丙共谋抢夺丁的财物。何人杀伤丁,何人抢夺财物,何人搬运,虽不得而知,甲、乙、丙因有意思联络,应就行为分担所致损害,连带负赔偿责任。参阅下图:

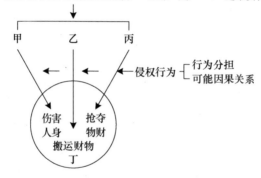

二、成立要件

须注意的是,依"民法"第185条第1项规定,共同侵权行为人固连带负损害赔偿责任,惟同条项前段所谓共同侵权行为,须共同行为人皆已具备侵权行为之要件始能成立。若其中一人无故意过失,则其人非侵权行为人,不负与其他具备侵权行为要件之人连带赔偿损害之责任。[②] 然须指出的是,就主观共同加害行为言,"民法"第185条第1项前段,非仅系举证责任的规定,实乃属一种独立的责任规范(请求权基础)[③],即加害人

---

① Bydlinsik, Mittäerschaft im Schadensersatz, AcP 158 (1958), 410; Larenz/Canaris, Schuldrecht 2/Ⅱ, S. 564 f.

② 参见"最高法院"1933年上字第3437号判例、1989年台上字第765号判决。

③ 德国通说,参见 Larenz/Canaris Schuldrecht 2/Ⅱ, S. 565.

纵使能证明其行为分担部分,对权利受侵害并无因果关系,仍不能免予负连带损害赔偿。兹就主观共同加害行为的要件,说明如下:

(一) 事实要件

(1) 须有加害行为。此指互相利用、彼此支持的行为分担。①

(2) 须侵害他人。"民法"第185条第1项前段虽规定"……侵害他人之权利……"但不以此为限,数人故意以悖于善良风俗加损害于他人时,其所侵害者,纵非属权利,例如甲、乙共谋对丙为不正当竞争,亦足成立共同侵权行为。又数人共谋违反保护他人之法律者("民法"第184条第2项),例如侵占他人财物(参照"刑法"第335条),亦得成立共同加害行为,其保护客体及于纯粹财产上利益。②

(3) 因果关系。依一般原则,被害人须证明各加害人的行为与其权益被侵害之间具有因果关系。如前所述,"民法"第185条规定共同加害行为,乃在免除被害人的举证责任,使加害人就"可能因果关系"负责,被害人不必证明各分担行为的因果关系。

(二) 违法性

共同加害行为具违法阻却事由者,得阻却违法,不成立侵权行为。例如共同击伤追杀的暴徒(正当防卫),夫妻共同收留迷途的幼童(无因管理)。

(三) 故意过失

数加害人对加害行为须有意思联络,即须有故意,包括未必故意在内。此项故意系针对各共同行为人的行为部分,无须及其法律效果。例如数人对某屋纵火,虽不知屋中有人,仍须就该人的伤害或死亡负责,盖此乃纵火客观上可归责的结果。③

共同加害人之一人所为逾越共同计划者,就此部分无"民法"第185条第1项前段的适用。例如,甲、乙、丙共谋绑架丁女,勒索金钱,甲趁乙、丙不在,对丁女施暴,乙、丙就该施暴行为,不负连带责任。

共同加害中之一人,因无识别能力,不具侵权能力时("民法"第187条),不能因此免除他共同加害人的侵权责任。

---

① 参见"最高法院"1989年台上字第2479号判决:"所谓共同侵权行为,系指数人共同不法对于同一之损害,与以条件或原因之行为。加害人于共同侵害权利之目的范围内,各自分担实行行为之一部分,而互相利用他人之行为,以达其目的者,仍不失为共同侵权行为人,而应对于全部所发生之结果,连带负损害赔偿责任。"

② Larenz/Canaris, Schuldrecht 2/II, S. 565.

③ Larenz/Canaris, Schuldrecht II/2, S. 567.

甲、乙、丙共谋抢劫丁银楼,甲虽未到现场,或甲对乙、丙表示退出时,若其先前的共谋对乙、丙的抢劫行为仍具作用,与造意或帮助具等同价值者,仍应就乙、丙抢劫丁银楼所致损害,连带负责。

三、案例类型

(一) 通谋虚伪买卖、侵害债权

按债务人与第三人通谋移转其财产,其目的虽在使债权无法实现,而应负债务不履行之责任,但将自己之财产予以处分,原可自由为之,究难谓系故意不法侵害债权人之权利,故与侵害债权之该第三人不能构成共同侵权行为,债权人如本于侵权行为诉请涂销登记时,仅得向该第三人为之,债务人既非共同侵权行为人,自不得对其一并为此请求。①

(二) 与有配偶者通奸

婚姻系以夫妻之共同生活为其目的,配偶应互相协力保持其共同生活之圆满安全及幸福,而夫妻互守诚实,系为确保其共同生活之圆满安全及幸福之必要条件,故应解为配偶因婚姻契约而互负诚实之义务。配偶之一方行为不诚实,与人通奸,破坏共同生活之圆满安全及幸福者,即为违反因婚姻契约之义务而侵害他方之权利,应与通奸者对他方配偶构成共同侵权行为。②

(三) 共同诈欺

甲与乙共同在场与丙签约,且明知某地不得开采砂石,竟出示有关图件及计算表,骗使丙签约,甲与乙间有意思联络及行为分担,虽由甲向丙收款,亦无解于共同诈欺责任。③

---

① 参见"最高法院"1978年5月23日第5次民事庭庭推总会决议;"最高法院"1980年4月1日第7次民事庭会议决议(一)。类似案例,参见:(1)"最高法院"1982年台上字第2412号判决:"查张〇传与王〇贮等共谋以和解'凭空创设'之债权,声请法院执行该土地,致被上诉人依确定判决取得对王〇贮之土地移转登记请求权,不能行使,在张〇传等方面言,固难谓非侵害债权之侵权行为,但就王〇贮言,仅属债务之违反,不过负债务人履行之责任,原审认为同应负侵权行为责任,自有误会。"(2)"最高法院"1999年台上字第1677号判决:"出租人于租赁物交付后,纵将其所有权让与第三人,其租赁契约,对于受让人仍继续存在,亦为民法第425条所明定。此种房屋租赁关系之法定移转,系为保护承租人之利益而设。如债务人出卖其出租之房屋并移转房屋所有权予第三人,致第三人承受债务人之出租人地位并取得租金收取权,乃法律规定之结果,债权人自不能因此而谓债务人与第三人共同侵害其债权。"
② 参见"最高法院"1966年台上字第2053号判例。
③ 参见"最高法院"1991年台上字第2774号判决。

（四）罢工

罢工，系指多数劳工为继续维持或变更其劳动条件，或为获取一定之经济利益，依法律所定程序，经工会宣告，所为之协同的停止劳务提供之劳资争议行为。其行为仅得停止劳务之提供，不得借机妨碍公共秩序，或加害他人生命、身体、自由、财产。于罢工期间，罢工之工人占据雇主之厂房、生产设备或营运设备，使雇主无法营运，系属违法，应成立共同侵权行为，就雇主无法营运所受损害，连带负损害赔偿责任。[①]

（五）抗议、示威游行

数人互相联络、聚集为抗议活动者，例如在某工厂、某报社、"行政院"劳工委员会门前，要求停止排泄废水，不刊登某种言论或减少引进外劳等，系属表现自由的范畴。所实行行为系不法侵害他人权益者（如丢鸡蛋、喷漆、毁损财物），应成立共同加害行为（或造意及帮助行为）。

值得提出的是，大规范游行所涉及的共同侵权行为，德国实务上有一个案例可供参照。[②] 1977 年 3 月 19 日，德国不同政治团体号召于某核能电厂工地举行一场大规模示威游行，参加者多达两万人。游行者与警察发生冲突，有丢掷石头及其他物品，造成核电厂财物毁损及警察受伤。原告（邦政府）对 18 名参与者，以共同加害人及帮助人请求损害赔偿。德国联邦最高法院（BGHZ 63，124）判决认为：

示威游行，其共同行为或帮助的意思系针对在空间或时间上可概括知悉的行动场所，由自己或其他人采取一致行动，互相支持者所为的行为而言（如霸占某新闻媒体建筑物，阻其发行周刊报纸）。在大规模示威游行，参与者的动机、目的不一，有主张和平抗争者，有于必要时不排除使用暴力者，若非参与具体计划或担任实行暴力行为的领导职务，不能认系共同加害人或帮助人。示威游行者，纵使参与个别暴力行为，诸如为突破封锁，而以石头投掷使用水龙的警察，亦不能据此认其有意参与使用致命武器或物品的意思，不应就其他参与者所为的侵害行为负连带责任。

关于示威游行者是否为共同加害人或帮助人，在法律上判断必须考虑宪法所保障表现及集会自由（《德国基本法》第 5 条第 1 项、第 8 条第 1 项），而

---

①　参见"最高法院"2000 年台上字第 1795 号判决。

②　BGHZ 89，383；Ballerstedt，Zur zivilrechtlichen Haftung für Demonstrationshaftung，JZ 73，105.

严格认定其要件。对参与示威游行者,不能仅因其表示支持、同情的信念,而使其遭受刑罚或民事责任的威胁。令消极参与游行的同情者就游行过程中所生损害负责,系属违宪,盖其使游行权利的行使与不可估计、难以承担的危险相结合,系对意见的公开表现为不当的限制(BGHZ 89, 383(388))。

第三款 客观的行为关联共同加害行为

一、意义及要件

例变字第 1 号创设"行为关联"的共同加害行为,即"数人因过失不法侵害他人之权利,苟各行为人之过失行为均为其所生损害之共同原因,即所谓行为关联共同,亦足成立共同侵权行为。"此一类型共同加害行为的特色为:

1. 须各行为人无意思联络

2. 须各加害行为系造成损害的共同原因(共同因果关系,Mitkausalität)

例如甲、乙各自排泄废水,其本身各不足致丙的鱼死亡,因共同作用而致鱼死亡的结果,此种共同原因,又称为补充因果关系(Komplementäre Kausalität)。

3. 须造成同一损害,包括损害不可分(如致人死亡、物灭失)

兹须再强调的是,数人因过失,侵害他人权益,具有共同原因,依"民法"第 185 条第 1 项前段规定,应各自成立侵权行为,而各对所生损害负全部赔偿。客观行为关联的共同加害行为的创设,并非在使其成立侵权行为,之所以使各加害人对被害人负连带责任,乃在使被害人不能就同一损害获得多数赔偿,并规范各加害人间内部求偿关系。参照下图:

行为关连共同侵权责任(第185条第1项):连带责任

(加害人)甲 ——— 共同原因 ——— 乙(加害人)

侵权行为 ← ← → 侵权行为

事实要件 ┤ 行为 / 侵害权益 / 因果关系
违法性
故意过失

丙 被害人 ← 同一损害

与行为关联的"共同因果关系"应予区别者有二：

（1）部分因果关系（Teilkausalität），即数人个别侵害他人权利，并无意思上的联络者，应由加害人各就其加害之部分，分别负赔偿责任。关此，前已论及，请参阅之。

（2）竞合因果关系（Konkurrierende Kausalität），即数危害行为，各均足致生损害，例如，甲、乙排放废水于丙的鱼池，其数量各均足致鱼死亡。[1] 在此情形，甲、乙应各依第184条规定负赔偿责任。若甲排泄废水在前，先致丙的鱼死亡；乙排泄废水在后，并不发生致丙鱼死亡的结果，盖死亡之鱼，不能再成为侵害致死的客体，乙不负侵权责任。

二、成立要件

在客观行为关联的共同加害行为，各行为人须具备侵权行为的要件，简述如下：

（一）事实要件

（1）须有加害行为，例如排泄废水、驾车肇事、共举重物落地、挖掘地道疏未加盖、制造商品流入市场。

（2）须侵害他人权益。

（3）须有"共同原因"的因果关系，此须由被害人负举证责任。

（二）违法性

加害人证明有违法阻却事由，例如甲为紧急避难，而与驾车不慎的乙相撞致丙受伤时，甲不成立侵权行为，乙不因此免其侵权责任。

（三）故意过失

各加害人须有故意或过失，其中一人故意，他人为过失，亦得成立。数人或其中一人应负无过失责任时（如"消费者保护法"上的产品责任或服务责任），亦足成立行为关联的共同侵权行为。[2]

---

[1] 学说上有人认为此系 Kumulative Kausalität，亦有人认为此系 Kumulative Kausalität（累积因果关系）系指甲、乙排放废水于丙的鱼池，其数量各不均致鱼死亡，但共同协力，致鱼死亡的情形，参见 Larenz/Canaris, Schuldrecht II/2, S. 580. 关于多因果关系的用语概念迄未统一，有人称之为巴比伦语言混乱（Babylonnische Sprachverwirrung），参见 Brüggemeier, Prinzipien des Haftungsrecht, S. 156.

[2] Ebel-Borges, § 830 BGB und die Gefährdungshaftung, AcP 196(1996), 491.

（四）因果关系:"最高法院"2010 年台上字第 529 号判决:骑车撞上堆高机案

因果关系系客观上共同侵权行为的核心问题。"最高法院"2010 年台上字第 529 号判决涉及一个常见的案例。甲骑机车撞上乙驾驶的堆高机而受伤,乙驾驶的堆高机有过失,系因丙占用道路堆置货物及指示乙停车卸货不当所致。本件判决对共同因果关系的论述颇为详尽,认事用法足供参考,特详为摘述如下。参见下图:

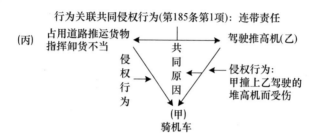

1. 因果关系的累积共同判断基准:法律规则

"最高法院"认为:"按数人共同不法侵害他人之权利者,对于被害人所受损害,应负连带赔偿责任,系因数人之行为共同构成违法行为之原因或条件,因而发生同一损害,具有行为关联共同性之故。民事上之共同侵权行为,并不以共同侵权行为人在主观上有犯意联络为必要,如在客观上数人之不法行为,均为其所生损害之共同原因,即所谓行为关联共同,已足以成立共同侵权行为。则数过失行为具有共同原因关系者,因果关系之判断,自应累积共同判断,不得割裂分别判断,经判断认具有共同原因之各行为与结果间,即有因果关系存在。"

2. 事实认定及法律适用的涵摄

"最高法院"谓:"被上诉人系因骑机车撞上官○进所驾驶之堆高机,致受有重伤害之结果,官○进驾驶堆高机有过失固应负责任,然苟非上诉人将万伟公司货物堆置在肇事路段,使路面缩减影响往来行车安全,及间接指示官○进停车以堆高机横越道路来回堆卸货物,增加往来行车风险,被上诉人当不至于发生本件事故。故上诉人堆置万伟公司货物及间接指示官○进停车卸货之过失行为,暨官○进驾驶堆高机之过失行为,均为本件事故发生时同时存在之客观条件，……与被上诉人重伤害间，具有直接之相当因果关系。本件事故既系因上诉人与官○进之过失行为，累积共同判断与被上诉人所受之重伤害结果间，具有相当之因果关系，而应负侵权行为之损害赔偿责任，亦不得以上诉人指示长期占用道路堆置货物之行为，未致其他用路人发生实害危险，为其有利之认定。"

三、案例类型

（一）新闻媒体侵害他人的权利

新闻媒体的报道多由编辑、记者多数人为之，其报道不实，侵害他人名誉、隐私、信用等人格法益，得成立"行为关联共同加害行为"。在备受注目的吕秀莲"副总统"诉新新闻周刊案件，"最高法院"认为采访撰文、共同讨论决定封面标题、参与编辑等人，于报道前，自相关人员查证结果，已有明显理由，足以怀疑系争报道的正确性，且于封面加以耸动报道等，自难谓无过失，其系争报道等足以贬损原告（被上诉人）在社会上评价，应系侵害被害人的名誉。既有过失，尚难认为系权利的正当行使，而有阻却违法之事由，应负共同侵权行为责任。[1]

（二）医疗行为

医疗行为常由多数人协力为之，亦不免发生共同过失，例如甲医师因过失误判检验报告，乙医生疏未发现而为手术，致侵害病患身体健康时，应成立行为关联共同加害行为。[2]

（三）车祸事故

"司法院"例变字第 1 号系针对"共同过失车祸"案件而创设行为关联共同加害行为。车祸态样甚多，兹分就常见情形，说明如下：

（1）甲、乙驾车过失相撞，侵害他人权利，其加害部分可分者，应各自负责（部分因果关系，"民法"第 184 条第 1 项前段）。

（2）甲、乙两车追逐，撞到丙车，其损害系同一不可分者，应依行为关联，共同负连带损害赔偿责任（共同原因因果关系，"民法"第 185 条第 1 项前段）。

---

① 参见"最高法院"2004 年台上字第 851 号判决。此判决涉及"司法院大法官"释字第 509 号解释，意旨在侵权行为法上的适用。本件判决攸关名誉保护及表现自由，具指标性重大深远意义，参见拙著：《人格权法》，2012 年版，第 399 页以下。

② Giesen, Arzthaftungsrecht (1995), S. 157.

(3) 甲驾车撞乙,乙倒在路上,丙车经过时,又撞到乙,乙多处受伤,不知谁为加害人。在此情形,甲与丙构成共同危险行为,应依"民法"第185条第1项后段,就丙的损害,连带负责。

(4) 甲驾车不慎撞伤乙,送医院救治,因丙医师的过失,致乙伤势转剧。此与甲的过失行为不具相当因果关系,不成立"共同加害行为",甲对乙加剧的损害,不负侵权责任。[1]

(5) 甲夜间驾车不慎撞到乙,乙受伤倒在公路上,甲逃逸,乙遭驾车经过之丙碾毙。甲与丙应成立共同侵权行为[2],盖在此情形,应认为甲之行为与乙遭他车碾毙,具有相当因果关系。

(6) "最高法院"2003年台上字第2280号判决谓:"原审认系争小客车在路口违规停车,同为本件车祸发生之原因。果尔,该小客车之驾驶人与被上诉人邵〇维自系共同不法侵害纪〇山及纪〇丽之权利,对上诉人应连带负损害赔偿责任,即上诉人得对被上诉人邵〇维或该小客车之驾驶人为全部损害赔偿之请求。乃原审竟将小客车驾驶人之过失责任予以扣除,仅依被上诉人邵〇维应分担之过失责任比例,作为核计上诉人得请求赔偿金额之依据,已有可议。"本件判决可资赞同。

(四) 公害

关于公害上的"行为关联共同加害",其最典型的案例系甲、乙两家工厂排泄废水、废气,丢弃废料,共同肇致侵害第三人权利,前已再三提及。公害涉及多数污染源的组合形成,较为复杂,俟于论及公害侵权行为("民法"第191条之3)时,再行详论。[3]

(五) 产品责任

产品责任上的共同侵权行为[4],有发生于同一企业之内的,例如某企业内的数从业人员因共同过失设计或制造具有缺陷(不具安全性)的产品,致消费者或第三人因此受到侵害。较常见者,系在数企业间成立共同

---

① 参见孙森焱:《民法债编总论》,第278页。

② 参见孙森焱:《民法债编总论》,第279页。

③ 参见王千维:《环境损害中多数污染源之组合形成及其在侵权行为法上责任归属之基本原则》,载《政大法学评论》,第63期,第203页。

④ Foerste, Haftung mehrerer Unternehmen, in: v. Westphalen (Hrsg.), Produkthaftung I (2. Aufl., 1997), § 42.

侵权行为(尤其是行为关联共同加害行为),例如:

(1) 甲制造不安全的汽车零件,乙使用于制造汽车,致其所生产的汽车具有缺陷,发生车祸,侵害他人的身体健康。

(2) 甲、乙各制造 A、B 两型汽车,因各具缺陷,肇致车祸,撞伤路人丙时,甲、乙应成立行为关联共同加害行为,对丙连带负损害赔偿责任。

四、主观与客观共同加害行为的比较

"司法院"例变字第 1 号扩大解释"民法"第 185 条第 1 项前段的"共同",即于主观(意思联络)共同加害行为外,另创设所谓客观行为关联加害行为。此二者具有不同的规范目的及要件,前已详为说明,兹为便于观察,列表整理如下:

项目 类别		类型构成	功能	故意、过失	因果关系
共同加害行为	主观	意思联络	(1) "民法"第 185 条(请求权基础) (2) 连带责任	故意	(1) 可能因果关系 (2) 不能举证免责
	客观	行为关联	(1) "民法"第 185 条(请求权基础) (2) 连带责任	故意、过失或无过失责任	(1) 共同原因 (2) 被害人负举证责任

兹各举一例综合加以说明:

(1) 甲、乙、丙三人基于意思联络,共谋枪杀丁,丁身中一枪。甲、乙、丙应依"民法"第 185 条第 1 项规定负连带损害赔偿责任,立法目的在扩大侵权责任,保护被害人。丁不必证明开枪者究为甲、乙或丙;纵甲、乙或丙证明其未开枪,亦不能免予侵权责任。

(2) 甲、乙、丙三人无意思联络,排放废水,共同致丁鱼池的鱼死亡时,无论系出于故意或过失,均各应依"民法"第 185 条前段对丁负损害赔偿。例变字第 1 号创设行为关联共同加害行为,乃在使数加害人负连带损害赔偿责任,使被害人就同一损害不得请求多数赔偿,并规范各加害人内部求偿关系,就此而言,具有限制责任的功能。甲、乙或丙得证明其行为对丁之鱼的死亡不具因果关系,而不负侵权责任。

第三节　造意人与帮助人的共同侵权行为

第一款　规范意旨及实务变迁

"民法"第 185 条第 2 项规定："造意人与帮助人,视为共同行为人。"所谓共同行为人指同条第 1 项所称的共同不法侵害他人之权利者。立法意旨系在保护被害人。例如:甲教唆乙、丙杀害丁,戊提供手枪。丁中一枪死亡,纵不能证明开枪者究为乙或丙,甲、乙、丙、戊均应对丁的死亡负连带损害赔偿责任。

关于造意人与帮助人的共同侵权行为,传统见解系以故意为要件。实务上肯定有所谓的过失造意及过失帮助。以下拟分故意造意、故意帮助及过失造意、过失帮助两个类型的共同行为加以说明。

第二款　故意造意与帮助的共同侵权行为

传统见解认为,"民法"第 185 条第 2 项所称造意及帮助相当于刑法上的教唆及帮助。造意,指教唆他人使生侵权行为决意;帮助,指给他人以助力,使他人易于为侵权行为,其助力包括物质及精神在内。造意及帮助均须出于故意。主行为人须为侵权行为,造意人或帮助人始与其负共同侵权责任。被教唆者或被帮助人未为侵权行为时,造意人或帮助人无连带责任,此与刑法不同,盖刑法处罚教唆犯,系重于其抽象危险,而民事责任重在实害,须有损害,始能成立侵权责任。

关于造意与帮助的共同侵权行为,实务上案例甚少,其最具争议的是,盗赃的故买、寄藏等得否成立共同侵权行为。"最高法院"著有数则判例[①],认为赃物之故买(或收受、搬运、寄藏或为牙保)已在被害人因窃盗、抢夺、强盗等侵权行为有损害之后,盗赃之故买人(或收受、搬运、寄藏或为牙保之人)对被害人系成立另一侵权行为,与实施窃盗之人,不构成

---

① 参照"最高法院"1975 年台上字第 1364 号判例、1976 年台上字第 838 号判例。

共同侵权行为。① 此项见解,基本上固值赞同。然须注意的是,在窃盗实施前,表示愿意购买盗赃或寄藏者,得成立造意或帮助的共同侵权行为。故买、寄藏、搬运,致被害人难以恢复其物,侵害其所有权,就此所生损害,应成立共同侵权行为,连带负损害赔偿责任。②

第三款　过失造意与帮助的共同侵权行为

一、"最高法院"判决

(一)过失教唆:屋顶滴水修缮案

"最高法院"2009 年台上字第 1790 号判决谓:"民法第 185 条第 2 项所规定造意人,乃教唆为侵权行为之造意,其与刑法不同者,不以故意为必要,亦得有过失之教唆,倘若欠缺注意而过失之造意教唆第三人,该第三人亦因欠缺注意过失不法侵害他人之权利,则造意人之过失附合于行为人之过失,侵害他人之权利,造意人视为共同行为人,即应与实施侵权行为之人,负连带损害赔偿责任。查原审既认定林○蓁前委托被上诉人以涂石棉胶之方式修漏,仍发生漏水现象,被上诉人乃要求林○蓁找铁工李○江配合,李○江之施作,系由被上诉人带往漏水处之屋顶,由李○江以氧气乙炔焊接广告牌之铁架使之固定,被上诉人之修漏工程,系待李○江施作完成后,再以石棉胶填补缝隙之事实,且李○江陈称:'被上诉人要伊带氧气乙炔及电焊到场,伊施作时,被上诉人均在旁边监看','被上诉人说漏的地方石棉胶太大头(坨),要伊把石棉胶烧掉,才能够将铁架焊接牢固,伊照其意思去做'等语,似谓烧熔石棉胶、焊接广告招牌铁架乃被上诉人治漏之方法,且李○江系听从被上诉人指示,进行以乙炔焊烧过程中引发本件火灾,果尔,以乙炔烧熔石棉胶等行为所可能存在之危险,能

---

① "最高法院"1977 年台上字第 526 号判例谓:"……惟盗赃之故买人依民法第 949 条之规定,被害人本得向之请求恢复其物,如因其应负责之事由,不能恢复时,依同法第 956 条之规定,亦应负损害赔偿责任。"本则判例业经"最高法院"2003 年 2 月 18 日 2003 年度第 3 次民事庭会议决议废止。理由:"民法第 949 条系以受让人之善意为前提要件,为同法第 948 条动产善意取得之例外规定,盗赃之故买人,应无适用之余地。"此项理由,实值赞同。惟应注意的是,被害人仍得依"民法"第 184 条第 1 项前段、后段或第 2 项规定向故买人等请求损害赔偿,或依"民法"第 767 条请求返还其物,并仍有"民法"第 956 条的适用。
② 参见拙著:《盗赃之牙保、故买与共同侵权行为》,载《民法学说与判例研究》(第二册),北京大学出版社 2009 年版,第 157 页;孙森焱:《民法债编总论》,第 283 页。

否谓被上诉人全然无预见,而无防止危险发生之义务? 被上诉人是否毋庸负侵权行为'造意'人之共同行为人责任? 亟待研求厘清。前经本院发回意旨就此一再予以指明,乃原审仍未详加研求,且对被上诉人有无造意过失行为? 是否与李〇江之过失侵权行为,致使上诉人之财产权受有损害? 均未予论断,遽以上开理由,为上诉人败诉之判决,自嫌速断。"

（二）过失帮助:出借汽车予无驾驶执照未成年人案

"最高法院"2010 年台上字第 1058 号判决谓:"按帮助人视为共同行为人,如受其帮助者不法侵害他人之权利,该帮助人应与受帮助之行为人连带负损害赔偿责任。且违反保护他人之法律,致生损害于他人者,除能证明其行为无过失者外,均应负赔偿责任。此观民法第 185 条第 1 项前段、第 2 项、第 184 条第 2 项等规定即明。此所称帮助人,系指帮助他人使其容易遂行侵权行为之人。帮助人倘违反保护他人之法律而为帮助行为,致受帮助者不法侵害他人之权利,除帮助人能证明其帮助行为无过失外,均应与受帮助之行为人连带负损害赔偿责任。此时判断侵权行为损害赔偿责任所应审究之因果关系,仍限于加害行为与损害发生及其范围间之因果关系,至帮助人之帮助行为,仅须于结合受帮助者之侵权行为后,均为损害发生之共同原因即足,与受帮助者之侵权行为间是否具有因果关系,则非所问。查系争车祸事故为蔡〇勋违规闯红灯所致,而蔡〇勋于肇事时未满 18 岁,尚未领有驾驶执照,被上诉人明知此情仍出借机车,致蔡〇勋骑乘该机车并违规闯红灯而撞及薛〇英致死,被上诉人出借机车之所为,违反道路交通管理处罚条例第 21 条第 1 项第 1 款、第 3 项、第 5 项等保护他人即用路人公共安全之法律等情,为原审所认定。准此,两造对于已经第一审判决败诉确定之蔡〇勋及其法定代理人应连带负侵权行为之损害赔偿责任一节,似无争议。果尔,则倘无被上诉人出借机车之帮助行为,蔡〇勋应不致骑乘该机车肇事,即被上诉人违反保护他人法律之帮助行为,结合蔡〇勋之过失侵权行为,均为造成薛〇英死亡之共同原因,上诉人请求被上诉人负连带赔偿责任,即非全然无据。"

二、分析讨论

教唆、帮助在概念上须出于故意,乃传统的见解。"最高法院"例变字第 1 号将"民法"第 185 条第 1 项所称"共同"不法侵害他人之权利作广义解释,适用于无意识联络的客观的行为关联共同,如客观上数人之不法行为均为其所生损害的共同原因,即足以成立共同行为。由于"民法"未明定相当于《德国民法》第840条关于数侵权行为得成立连带责任的规定,因此创设行为关联共同侵权行为以保护被害人,确有必要。关于教唆、帮助概念的过失化,值得提出的是,在前揭"最高法院"两个判决得否适用行为关联共同侵权行为? 在出借汽车予无驾照之人案,"最高法院"2010年台上字第1058号判决明确指出:"至帮助人之帮助行为,仅须于结合受帮助者之侵权行为后,均为损害发生之共同原因即足。"依此见解,"最高法院"为何不径适用例变字第1号所创设的行为关联共同侵权行为,而必须要将帮助(或教唆)过失化,仍有研究余地。

第四节　共同危险行为

第一款　规范意旨

一、意义及要件

"民法"第185条第1项前段规定:"数人共同不法侵害他人之权利者,连带负损害赔偿责任。"后段规定:"不能知其中孰为加害人者,亦同。"本条前后段系各自规定要件不同、功能有别的两个独立侵权行为类型(两个独立的请求权基础)。前段规定共同加害行为,包括主观(意思联络)共同加害行为及客观行为关联共同加害行为,前已详论。后段规定的适用须数人无意思联络,其行为非造成同一损害的共同原因。兹举3例说明之:

(1) 甲、乙共谋,以车撞丙,丙究为甲或乙所撞伤不得确知,因甲、乙有意思联络,应连带负责("民法"第185条第1项前段)。

(2) 甲、乙驾车不慎,共同撞伤丙,具行为关联性,甲、乙亦应连带负责("民法"第185条第1项前段,例变字第1号)。

(3) 甲、乙驾车违规超速,甲撞倒丙,乙复撞及之,丙死亡,不知致丙死亡者,究为甲或乙。此为"民法"第185条后段所欲规定的情形。

兹依前述3例个案,整理共同危险行为要件如下:

（1）数人须无意思联络。

（2）数人行为须非造成同一损害的共同原因。

（3）数人须具备侵权行为要件，但不知孰为加害人。

数人参与危险行为。

其中一人肇致损害，其损害须非由自己，或可能由被害人自己所引起。

不能确定损害全部或部分系由参与人中的何人所引起。

二、规范功能

通说称"民法"第185条第1项后段所规定者，为准共同侵权行为，与前段所谓"狭义共同侵权行为"加以区别，又另称为"共同危险行为"。须注意的是，此所谓"共同"不同于前段的"共同"，乃在表示数危害他人权利的行为，应具一定的关联，始足成立连带责任。《德国民法》第830条第1项后段规定："数'参与人'（Mehere Beteiligten）中不知孰为加害人者，亦同。"旨在区别"共同加害行为"与"参与危险行为"。

在台湾地区实务上，虽罕见共同危险行为的案例，但其对车祸、公害、产品责任、医疗行为有一定的规范功能，并饶富理论上的趣味，而成为比较上的重要研究课题。[①]

三、择一因果关系及举证责任

共同危险行为涉及可能的因果关系，系数人的行为皆具侵害他人权益的可能性，但不确知孰为加害人，学说上称为择一因果关系（alternative Kausalität）[②]，其加害人称为择一行为人（Alternativetäter）。在此种择一行为人关系，其所涉及的，不是因果关系是否存在，乃因果关系证明的问题，为便于观察，图示如下：

---

① 参见李木贵:《共同危险行为之研究——以要件论为中心》,载《"司法院"研究年报》1999年第19辑),对法国法、德国法、日本法、美国法、中国法作有简要论述(附有文献资料),可资参照。Buxbaum, Solidarische Schadenshaftung bei ungeklärter Verursachung im deutschen, französischen und angloamrikanischen Recht (1965).

② Larenz/Canaris, Schuldrecht II/2, S. 570 f.

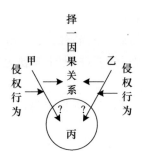

四、三种规范模式

如前所述,共同危险行为的关键问题在于择一因果关系的证明,其规范模式有三:

(1)被害人不能证明孰为加害人者,不得请求损害赔偿。此乃贯彻肇致损害原因原则(Verursachungsprinzip),即在侵权行为法上应负损害赔偿责任的,须其行为系肇致损害的原因,此应由被害人证明之。

(2)令数参与危险行为者对被害人依危害程度或平均负损害赔偿责任,使被害人得获赔偿,并承担其他参与人难以查知或无资力的风险。

(3)由数参与危险行为者连带负损害赔偿,以减轻被害人的举证,并使参与人间得有求偿关系,分担危险。德国学者 Canaris 称之为所罗门氏的解决方法。① 《德国民法》第830条第2项采此规范模式,"民法"第185条第2项从之。

五、立法政策及利益衡量

关于数人参与危险行为不知孰为加害人,"民法"第185条第1项后段规定须负连带责任,就立法政策言,应值赞同。此项连带责任,对可能未为加害之人,难免过苛,但使确实受有损害之人求偿无门,绝非合理。权衡当事人利益,令参与危险行为者,负连带责任,与正义原则尚无违背。再者,就法律技术言,其所规范者,乃在推定各危险行为的因果性,参与人

---

① Larenz/Canaris, Schuldrecht 2/II, S. 572.

得举证推翻之,而免予侵权责任。

第二款　共同危险侵权行为的成立要件

一、须具备侵权行为的要件

（一）一般侵权行为（过失责任）

共同危险行为的成立,须各参与人具备"民法"第184条所定侵权行为的要件,即各须有加害行为、违法性及故意或过失（除因果关系外）;其因果关系,则由法律加以推定。关于此项侵权行为的成立,应依一般原则,由被害人负举证责任（因果关系除外）。参与人不具备侵权行为要件者,无"民法"第185条第1项后段规定的适用,兹举两例加以说明:

（1）甲、乙、丙某日下午使用丁的图书馆。确知当日下午有某珍本书失窃,但不知何人所为。在此情形,甲、乙、丙不成立共同危险行为,而负连带责任。盖使用图书馆的行为本身,并不构成侵害该珍本书所有权的侵权行为。

（2）甲于某道路被车撞死,不知加害者为何人,经查有乙、丙、丁违规超速经过该路段。在此情形,亦不能令乙、丙、丁连带负责,因仅违规超速本身,尚未足构成不法致甲死亡的侵权行为。

（二）无过失责任

"民法"第185条第1项关于加害人不明的连带责任,对无过失责任（如"消费者保护法"第7条规定的产品责任）有无适用的余地?

关于此点,或有认为法律所以使参与危险行为者负连带责任,乃因其有故意或过失,具主观上可非难性,无过失责任不以有主观上的可非难性为要件,不应使其参与人负连带责任。惟"民法"第185条第1项后段的规范意旨乃在缓和被害人举证的困难,此于无过失责任,亦应适用。例如甲服用乙、丙、丁三家药厂以血液制成的药物,后来发现各该药物均含有病毒,未为必要的警告,甲究先服用何家药厂所制造药物而感染,不得确知。在此情形,应类推适用"民法"第185条第1项后段规定,令乙、丙、丁负"消费者保护法"第 7 条规定的无过失损害赔偿责任。[①]

二、危险行为的"参与"

(一)"参与"危险行为的认定基准

共同危险行为的核心问题,系如何认定是否参与危险行为,以使多数人就择一因果关系侵害他人权利所生损害,连带负损害赔偿责任,具有正当性。兹分三点说明如下:

1. 不以主观上彼此知悉为必要

危险行为的"共同"或"参与",不以数人有一定主观上意思的关联,即彼此知悉参与某种活动为必要,例如一起参加狩猎。狩猎系各自为之,纵彼此不知其事,就其开枪致生损害的危险,仍应依"民法"第 185 条第 1 项后段连带负损害赔偿责任。

2. 不以从事集体行为为必要

学说上有认为在共同危险行为,数人所为的行为,虽未能具体的辨别孰为侵害他人权利的行为,但均有侵害权利的危险性,故共同危险行为的共同关联性即为数人共同为不法的行为。共同行为人间无须有意思联络,凡参加集体行为的共同行为人即足当之。共同行为人对于集体所为有危险性的行为所致损害,应负连带赔偿责任。[②] 例如参与车辆竞赛之甲、乙二车,在特定时间及道路上将行人撞伤而不知其中孰为加害人者,则因其参与竞赛之行为即为具有危险性之行为,自足构成共同侵权行为。[③] 衡诸该段规定系为缓和被害人举证困难的规范意旨,其适用不限于须参与"集体行为",例如甲殴伤乙,乙受伤后经丙医师治疗,丙因诊疗过失,乙终致不治。倘甲之加害行为虽使乙受伤严重,但是否有致乙死亡之危险,尚难确定;而丙之诊疗过失是否为不能适时治愈乙,防止伤情恶化致死之原因,亦不能判断,仍应构成共同危险行为,而有"民法"第 185

---

① 例采自 Produkthaftungshandbuch/Foerste, § 42 Rz. 21, in: Produkthaftungshandbuch Band I. (Hrsg. v. Westphlen, 1989).

② 参见孙森焱:《民法债编总论》,第 279 页。

③ 参见孙森焱:《民法债编总论》,第 280 页。

条第 1 项后段规定的适用。[①]

3. 须有一定空间与时间上的关联

此为德国实务上所采见解。[②] 学说上虽有认为危险行为的参与,不以在空间或时间上具有一定关联为必要,应径就参与者的侵权行为加以认定。然各侵权行为是否具足以导致某种损害的危险性,一定空间或时间上的关联性基本上仍应斟酌,并就行为危险性的程度,其与侵害法益的接近性及损害同类性等因素加以判断。[③]

(二)案例分析

1. 肯定的案例

准据前述,得构成共同危险行为,而有"民法"第 185 条第 1 项后段规定的适用的,例如:

(1)数人互殴。

(2)数人在山上往某处丢弃废石,一石击中路人。

(3)数人在某房间吸烟,丢弃烟蒂,引起火灾。

(4)服用某家药厂制造不具安全性药物,罹患癌症。

(5)究在甲医院或乙医院输血感染病毒,不得确知。

(6)与数人发生性行为,而感染 HIV,此数人均明知其系 HIV 带原者。

(7)甲、乙、丙驾车超速,发生连环车祸,丁被撞及死亡,不知加害人为谁。在此情形,无论甲、乙、丙系约定一起飙车,或一般车祸,均足成立共同危险行为。

2. 否定的案例:施放天灯案

其采否定的,有"最高法院"2006 年台上字第 2388 号判决谓:"民法第 185 条第 1 项后段规定之共同危险行为,须数人共同不法侵害他人权利,即数人'均有'侵害他人权利之'不法'行为,而不能知其中孰为加害人为要件。本件被上诉人施放天灯当时,即非法令所禁止之行为,则施放

---

① 参见孙森焱:《民法债编总论》,第 281 页。

② BGHZ 25, 274; 33, 292.

③ Larenz/Canaris, Schuldrecht 2/II, S. 574.

天灯纵经易道学会理监事会开会决定举办,尚难因此决定遽令负侵权行为之责;且上诉人又主张被上诉人仅系参与易道学会所举办放天灯活动,而施放天灯又系个别为之,仅因一只天灯施放失败致引发系争火灾,显系个别施放者施放失败所致,核与数人'均有''不法'侵害他人权利之共同不法侵害行为之情形有别,要无责令全体施放者同负共同危险行为之连带损害赔偿责任之理。原审因以上述理由为不利于上诉人之判决,经核于法洵无违误。"

三、举证免责

"民法"第185条第1项后段规定数人就择一因果关系,肇致损害,应负连带责任,系以参与危险行为人具备侵权行为的要件,并就因果关系采推定的立法技术,以缓和被害人举证的困难。依此规范意旨,危险行为的参与人得证明以下事由,而免予负连带责任:

(1)具有阻却违法事由,例如因紧急避难、驾车撞及路人。

(2)无故意或过失。

(3)意外事故。例如甲、乙在山上丢弃废石,适逢地震落石,路人亦可能为落石所击中。

(4)被害人自身可能肇致损害。例如在高速公路开车超速翻覆后,复为他人撞及,其伤害究因翻车或被他车所撞,难以认定。

须注意的是,危险行为参与人中之一人为前揭举证免责时,其他参与人亦同免连带责任。此乃贯彻"民法"第185条第1项后段规范意旨,盖不能使其他参与人承担该举证免责之人实系择一加害人的危险。

四、"民法"第185条第1项后段对加害部分不明的类推适用

"民法"第185条第1项后段系规定"加害人部分不明"。在多数人的侵权行为,亦常发生损害"加害部分不明"的情形,例如甲、乙驾车不慎,撞及丙之车,甲、乙所侵害部分,难以判定。在此情形,应类推适用"民法"第185条第1项后段规定,使甲、乙连带负损害赔偿责任。盖加害人不明即应连带负责,在加害人已明,仅加害部分不明时,自应使其负连带

责任。

五、产品责任上的市场占有率责任(Market Share Liability)

关于产品责任,"民法"第 185 条第 1 项后段,亦得适用之,前已多次论及。在产品责任,常发生制造者人数众多,难以认定谁为加害人的问题。兹举美国法上著名的 DES 案例加以说明:

DES(Diethystibestrol)系 1937 年英国科学家所合成刺激女性荷尔蒙药物。1947 年美国联邦食品安全管理局准许将 DES 使用于防止流产,1953 年认定该药安全性高,无须于贩卖前得到许可。因其药方相同,制造商多达 200 家,皆以 DES 药名销售,药剂师所保留的处方亦无特定制造者的商标。在 1971 年发现,使用 DES 者的女子的生殖系统罹患癌症。被害人诉请损害赔偿的难题,系事隔多年无法确认究使用何家制造者的 DES,而陷于无法证明孰为加害人的困境。

按在美国法上,亦有所谓择一因果关系(alternative causation)。在 Summers v. Tice 事件①,有三人同为狩猎,其中两人同时向同方向开枪,一弹打中原告,不知孰为加害人,加州最高法院为保护被害人,乃转换因果关系的举证责任,认为被告不能反证证明因果关系不存在者,应连带负赔偿责任,学说上称为 alternative liability(择一损害赔偿责任)。②

在 DES 案件,因其可能加害者多达 200 人,法院认为不能适用 Summers v. Tice 案③所采的择一损害赔偿责任。加州最高法院于著名的 Sindell v. Abbetts Laboratories 案创设市场占有率责任理论(market share liability),认为被告制造厂商未能提出反证时,应各就其产品在市场上占有率,对原告负损害赔偿责任。此项以统计替代因果关系(statistical substitutes for causation)④的判决,使制造者成为一个责任危险共同体,在台湾地区现行法上固不能径为采用,但实具研究价值。

---

① 33 Cal. 2d. 80, 199, P. 2d 1 (1948).
② Dobbs, The Law of Torts (2000), p. 426.
③ 163 Cal Rptr. 132, 607 P. 2d 924 (1980).
④ Dobbs, The Law of Torts, p. 430.

第五节　共同侵权行为的法律效果:连带债务

"民法"第185条规定的"特殊性"在于创设连带债务。连带债务具有对外效力及对内效力,分述如下:

一、连带债务的对外效力

对外效力指债权人对各债务人之间的关系,主要为债权人请求权的问题。"民法"第273条第1项规定:"连带债务之债权人,得对于债务人中之一人,或数人,或其全体,同时或先后请求全部或一部分之给付。"此项规定旨在保护债权人,但亦限制其仅能请求全部的支付,不能因有多数债务人而得请求各为全部之给付而获利。

二、连带债务的对内关系

对内效力指连带债务人间之相互关系,此主要为求偿权的问题。"民法"第280条前段规定:"连带债务人相互间,除法律另有规定或契约另有订定外,应平均分担义务。"关于共同侵权行为的连带债务人间的分担部分,"民法"未设规定,然不能因此径认应平均分担义务,其应优先考虑者,乃类推适用"民法"第217条关于与有过失的规定,依各加害行为对损害的原因力及与有过失之轻重,以定其应分担损害赔偿义务的部分。[①]例如甲、乙排泄污水共同致丙的鱼死亡时,原则上应以原因力(包括污水的毒性或数量)定其应分担义务。在甲、乙各自驾车,共同致丙受伤的情形,原则上应以过失轻重作为认定分担义务的基准。

第六节　结　　论

"民法"第185条规定了共同侵权行为,因涉及多数因果关系,乃采连

---

① 参见拙著:《连带侵权责任与内部求偿关系与过失相抵原则之适用》,载《民法学说与判例研究》(第一册),北京大学出版社2009年版,第46页。

带责任的方式规范损害赔偿的问题。此项连带责任制度,具有不同的机能,有为责任的扩大,旨在保护被害人,如"民法"第 185 条第 1 项前段规定的主观共同加害行为,及后段规定加害人不明的连带责任。有为责任的限制,如例变字第 1 号所创设的客观行为关联加害行为亦具有限制责任的作用,盖于此情形,数加害人对损害发生既具有因果关系,本应各负全部责任,使其负连带责任,乃在不使被害人多得赔偿,并解决内部求偿问题。共同侵权行为旨在处理因果关系难以认定证明的问题,简示如下:

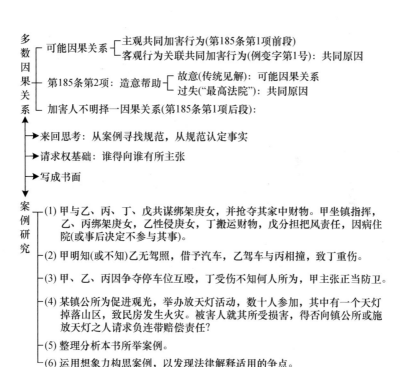

多数因果关系
- 可能因果关系
  - 主观共同加害行为(第185条第1项前段)
  - 客观行为关联共同加害行为(例变字第1号):共同原因
- 第185条第2项:造意帮助
  - 故意(传统见解):可能因果关系
  - 过失("最高法院"):共同原因
- 加害人不明择一因果关系(第185条第1项后段):

→ 来回思考:从案例寻找规范,从规范认定事实
→ 请求权基础:谁得向谁有所主张
→ 写成书面

案例研究
- (1) 甲与乙、丙、丁、戊共谋绑架庚女,并抢夺其家中财物。甲坐镇指挥,乙、丙绑架庚女,乙性侵庚女,丁搬运财物,戊分担把风责任,因病住院(或事后决定不参与其事)。
- (2) 甲明知(或不知)乙无驾照,借予汽车,乙驾车与丙相撞,致丁重伤。
- (3) 甲、乙、丙因争夺停车位互殴,丁受伤不知何人所为,甲主张正当防卫。
- (4) 某镇公所为促进观光,举办放天灯活动,数十人参加,其中有一个天灯掉落山区,致民房发生火灾。被害人就其所受损害,得否向镇公所或施放天灯之人请求负连带赔偿责任?
- (5) 整理分析本书所举案例。
- (6) 运用想象力构思案例,以发现法律解释适用的争点。

第三章　无行为能力人及限制行为能力人的侵权行为与法定代理人责任

——"民法"第187条

（1）6岁的甲与同班同学某乙发生口角争吵以剪刀刺伤乙的眼睛（或甲舞弄利器过失伤害了乙的眼睛）。试问：甲应否负侵权行为损害赔偿责任？何谓"侵权能力"，何谓识别能力，如何判断，究以一定的年龄为基准抑或就个案加以判断？

（2）设甲无侵权行为能力，应否斟酌甲与乙的经济情况，使甲负担所谓的"衡平责任"？

（3）甲的父、母（法定代理人）须否负侵权责任，应如何规定其要件：① 须否以未成年人甲成立侵权行为为前提？② 法定代理人监督的过失，应否由被害人负举证责任？本诸"教不严，父之过"的古训，应否使法定代理人负无过失责任？

（4）未成年人19岁，受雇于某快餐店，骑机车外送商品撞伤路人时，其法定代理人应否负侵权责任？

（5）加害人为精神病患者，应如何规定其侵权责任？

第一节　重要问题、规范特色

一、问题的提出

（一）3个案例

在台湾未成年人多达8 889 593人（2013年8月统计），占人口总数的

38.1%，由此可知未成年人在民事上的法律关系是个重要的问题。在法律行为方面，民法设有行为能力及法定代理制度。① 在侵权行为方面，有未成年人及法定代理人的侵权责任，在台湾，相关论者不多，特作较详细的研究。兹先举3例加以说明：

（1）10岁之甲，不当使用其父乙赠予的手枪玩具，伤害丙的眼睛。

（2）6岁之甲因其父乙疏于注意，突然闯入快车道，机车驾驶人丙为避免撞到甲，紧急刹车，致生车祸，丙身受重伤。

（3）18岁之甲，无照驾车，撞伤6岁之乙，乙或其法定代理人丙对损害的发生，与有过失。

（二）法律规范

关于前揭未成年人的加害行为，法律规范设计上所应考虑的主要问题为：

（1）侵权行为的成立须否以具备一定的认识能力（识别能力）作为要件？对此识别能力，应如何加以规定？行为人不具识别能力时，应否负某种损害赔偿责任？

（2）关于法定代理人的侵权责任，应采何种归责原则（过失责任、推定过失责任、无过失责任），如何规定其要件及法律效果？其侵权责任的发生，须否以未成年人的加害行为成立侵权行为为要件？法定代理人证明其对未成年人的监督已尽必要的注意时，是否不必负任何责任？

（3）未成年人得为加害人，亦得为被害人。其为被害人时，多涉及对损害发生与有过失。此项与有过失，须否以一定的认识能力为要件？其无识别能力时，如何处理？未成年人在何种情形，应承担其法定代理人的与有过失？

二、"民法"第187条的"特殊性"

关于未成年人及法定代理人的侵权责任，"民法"第187条第1项规定："无行为能力人或限制行为能力人，不法侵害他人之权利者，以行为时有识别能力为限，与其法定代理人连带负损害赔偿责任。行为时无识别能力者，由其法定代理人负损害赔偿责任。"第2项规定："前项情形，法定代理人如其监督并未疏懈，或纵加以相当之监督，而仍不免发生损害

---

① 参见拙著：《民法总则》，北京大学出版社2009年版，第307页。

者,不负赔偿责任。"第3项规定:"如不能依前两项规定受损害赔偿时,法院因被害人之声请,得斟酌行为人及其法定代理人与被害人之经济状况,令行为人或其法定代理人为全部或一部之损害赔偿。"第4项规定:"前项规定,于其他之人,在无意识或精神错乱中所为之行为致第三人受损害时,准用之。"其规范内容的特殊性有四:

(1) 其所规定的,系无行为能力人(未满7岁未成年人及受监护宣告之人)或限制行为能力人(满7岁未成年人)与其法定代理人的侵权责任。未成年人已结婚者,有行为能力("民法"第13条第3项),无本条的适用。本条系以未成年人为主要规范对象,为行文方便,常以未成年人称之,先此说明。

(2) 侵权行为的成立,须以行为人有识别能力为要件。

(3) 明定法定代理人须负监督疏懈推定过失责任,其责任态样有二:与行为人连带负损害赔偿责任;行为人无识别能力时,单独负责。

(4) 创设未成年人或法定代理人的衡平责任,并准用于无意识或精神错乱的行为人。

三、研究课题

"民法"第187条的规范内容,甚为复杂,系为适当权衡未成年人保护与被害人权益而设的特别规定。近年来,因社会经济发展,交通事故剧增,对未成年人心理学研究的进步,并由于未成年人在人口比例上的重要性,其侵权责任影响及于家庭及社会甚巨,实有研究的必要。其重点有二:

(1) 综合整理判例学说,探究"民法"第187条的规范意旨,阐释其解释适用上的基本问题。

(2) 以德国民法修正及法国判例学说为重点,分析检讨比较法上的规范模式及其发展趋势。

第二节　侵权行为人的识别能力

一、故意或过失与识别能力

"民法"第184条规定:"因故意或过失,不法侵害他人之权利者,负损害赔偿责任。故意以悖于善良风俗之方法,加损害于他人者亦同(第1项)。违反保护他人之法律,致生损害于他人者,负赔偿责任。但能证明其行为无过失者,不在此限(第2项)。"系采过失责任原则。此项故意或过失,须以行为人有识别能力为前提,此系规定于"民法"第187条第1项。此项识别能力又称为过失责任能力(Verschuldensfähigkeit),乃侵权行为的责任能力。其所以设此规定,主要理由系以侵权行为法具有指导行为及预防损害的功能,无识别能力时,不能认识其行为的危险,而在其行为上有所选择或控制,不应径使其负侵权行为损害赔偿,以保护无识别能力的行为人。

二、谁无识别能力?

如何决定谁无识别能力? 比较法上有两种规范模式:

明定未达一定年龄者,根本无识别能力(绝对无识别能力),如《德国民法》第828条规定,未满7岁之未成年人无识别能力①,满7岁的未成年人(18岁)是否有识别能力,就行为时个别认定之。

未设绝对无识别能力制度,采个别认定方式,台湾地区民法采之,说明如下:

(1) 无行为能力人或限制行为能力人:其有无识别能力,应就各个行为具体加以认定。

(2) 有行为能力人:此为"民法"第187条所谓"其他之人",原则上为有识别能力,但在无意识或精神错乱中所为之行为者,不具识别能力。无意识者,如酒醉、中风。精神错乱者,如精神病发作。在此等情形,不成立故意或过失,行为人不负侵权行为责任,仅承担所谓的衡平责任。

须注意的是,行为人因故意或过失使其自陷于无意识者,例如酗酒或使用药物致丧失意识,侵害他人权利时,仍应依"民法"第184条等规定,

---

① 《德国民法》第828条规定:"未满七岁之人加害于他人者,不负责任(第1项)。七岁以上十八岁未满者为加害行为时,不具有认识责任所必要之判断能力者,不负责任(第2项前段)。"关于《德国民法》第828条的修正,详见后文。

负侵权行为损害赔偿责任。①

三、识别能力的意义、认定、举证责任及实务案例

(一) 识别能力的意义及认定

何谓识别能力？德国民法规定为认识责任的必要之判断能力。"民法"未设定义,可解为系认识其行为的不法或危险,并认知应就其行为负责的能力。② 至于其是否具有基此认知而为行为的能力(即所谓的行为支配能力,Steurungsfähigkeit),在所不问。关于识别能力,"民法"未设绝对无识别能力,应就个案具体决之,前已提及,此固具弹性,但应顾及法律适用的安定性。根据德国实务及最近儿童心理学的研究,10 岁以下的孩童,常难辨别交通的危险性,其是否具有识别能力,应为审慎的认定。

(二) 举证责任

侵权行为的故意或过失,应由被害人负举证责任。无识别能力,则由行为人(加害人)负举证责任。被害人应就加害人系自陷于无意识,负证明责任,惟加害人得证明其无过失。

(三) 实务案例:学校学生的摔跤游戏

关于识别能力的认定,实务上有一个甚具启示性的案例。"最高法院"1963 年台上字第 2771 号判决谓:摔跤系以摔倒对方与否为决定胜负之运动方法,学校学生多于课余之际作此游戏,上诉人左大腿受伤,既系因其邀同被上诉人蔡〇湾摔跤跌倒后所致,殊难谓该蔡〇湾在当时有致上诉人受如此伤害之认识,亦即无识别能力可言,难使该蔡〇湾就上诉人因伤所受之损害负赔偿责任。况该蔡〇湾应上诉人之邀,而为此摔跤游戏,又非法令所不许,且其摔跤处所系在学校教室内,是被上诉人蔡〇般对于蔡〇湾之监督,亦无疏懈之可言,自亦不负赔偿之责。对此判决理由,应说明者有三点:

---

① 参见《德国民法》第 827 条规定:"于无意识或排除自由意思决定之精神病的状态中,加损害于他人者,不负损害赔偿责任。因酒精饮料或类似之方法,一时自行陷于此种状态而违法加害时,应与有过失之情形负同一责任;如无过失而陷于此种状态时,不负责任。"关于本条解释适用,参见 Jauring/Teichmann, § 827 BGB.

② 关于识别能力,实务上多未为阐释,学者用语不同,但意旨相同,郑玉波谓:"识别能力,指足以辨别自己行为在法律上应负某种责任之能力而言,并非指辨别其行为善恶之能力而言。"郑玉波(陈荣隆修订):《民法债编总论》,第 180 页;孙森焱:《民法债编总论》,第 239 页谓:"识别能力谓对于自己的行为,为不法侵害他人权利或利益之行为,有正当认识的能力。"

（1）识别能力，以行为人认识其行为的危险性为已足，不以认识其致何种伤害为必要。

（2）法定代理人责任的成立，须以未成年人（无行为能力人或限制行为能力人）的行为不法侵害他人权益为要件。摔跤游戏系学校学生于课余从事的运动，其未逾越游戏规则而致损害者，应认系基于当事人的允诺，而阻却违法。①

（3）"最高法院"认为法定代理人监督并无疏懈，可资赞同（详后文）。

四、适用范围

（一）不适用于无过失责任

识别能力系针对故意或过失而言，仅适用于过失责任或推定过失责任，不适用于无过失责任。

（二）对债务不履行的准用？

1. 学说争论

"民法"第 221 条规定："债务人为无行为能力人或限制行为能力人者，其责任依第 187 条之规定定之。"按"民法"第 187 条共有四项，如何适用，学者间意见极不一致：甲说认为可以全部适用。乙说认为除该条第 4 项之规定外，余则全部适用。丙说认为除该条第 1 项及第 2 项关于法定代理人责任之规定外，余者均能适用。丁说认为只适用该条第 1 项之一部分（即债务人为无行为能力人或限制行为能力人者，以行为时有识别能力为限，就故意或过失负责任，如行为时无识别能力，则其行为为一种事变，不负何等责任），至有关法定代理人责任之规定，则不能一并适用。②

2. 立法者意思

立法者的意思，系认为全部适用，立法理由谓："谨按债务人为无行为能力人或限制行为能力人，其责任依第 187 条之规定者，即未成年或禁治产之债务人，应负赔偿责任之情形有四：债务人有识别能力者，使与法定

---

① 参见拙著：《摔跤游戏之违法性》，载《民法学说与判例研究》（第一册），北京大学出版社 2009 年版，第 168 页。

② 参见郑玉波（陈荣隆修订）：《民法债编总论》，第 338 页。

代理人连带负责,无识别能力者,使法定代理人负责。法定代理人监督并未疏懈,或纵加监督,而其行为仍不能免者,不应使法定代理人负责。不能依此种规定负责时,应斟酌债务人与债权人之经济状况,令债务人负全部或一部分之责。于其他之人,在无意识或精神错乱中所为之行为,致第三人受损害者,亦应斟酌债权人债务人双方之经济状况,使负全部或一部之责。均须明白规定,以杜绝无益之争论也。故设本条以明示其旨。"

3. 实务案例

值得注意的是,台湾屏东地方法院在一个判决对此重大争议问题表示明确意见。台湾屏东地方法院2011年小上字第18号判决谓:"石○如于申请系争移动电话时为未成年,属限制行为能力人,故依民法有关规定,须得其法定代理人即被上诉人石○华之允许,契约方属有效,故依民法第221条准用第187条第1项前段之规定,法定代理人疏于对未成年子女之监督责任,导致未成年人不履行债务有损相对人之权利时,应与该未成年人连带负责,而法定代理人之连带责任,并非本于契约当事人之责任,而系因法律规定之无过失责任。民法第187条所以使法定代理人负损害赔偿责任,立法意旨在于保护侵权行为之被害人,盖因侵权行为之被害人,系单纯的毫无凭借遭受损害,法律上有特加保护之必要,此与债务不履行系以债之关系存在为前提,以特定人间的特定关系为标的者,有所不同,是故,民法第187条第1、2项关于法定代理人责任之规定,于债务不履行不适用之,因此本条规定仅在决定行为人之责任能力,第187条有关法定代理人责任及衡平责任之规定,均无适用。"

4. 本文见解

前揭屏东地方法院判决认为仅准用"民法"第187条第1项关于责任能力的规定,实值赞同。在方法论言,所谓"依……规定定之",具准用的性质,应比较侵权行为与债务不履行不同,而定其准用范围,并不当然受立法者意思的拘束。准此以言,诚如前揭判决所云,债务不履行系以债之关系存在为前提,以特定人间的特别信赖关系为标的,其债务不履行的责任,不应扩张及于法定代理人责任及衡平责任的规定。应附带说明的是,前揭判决认为法定代理人的连带责任,系因法律规定之无过失责任,尚有斟酌余地,容后再为详述。

五、无行为能力人或限制行为能力人为被害人：与有过失

无行为能力人及限制行为能力人得为加害人，但亦常为被害人，尤其是在交通事故方面。例如18岁之甲驾车违规超速撞到6岁的孩童乙；12岁之丙，明知丁无照驾车而搭乘之，甲因事故而受伤。

其损害赔偿涉及与有过失的问题，兹分被害人本身与有过失及法定代理人与有过失两种情形加以说明。

（一）被害人与有过失

1. 被害人有识别能力

"民法"第217条第1项规定："损害之发生或扩大，被害人与有过失者，法院得减轻赔偿金额，或免除之。"第2项规定："重大之损害原因，为债务人所不及知，而被害人不预促其注意或怠于避免或减少损害者，为与有过失。"此项与有"过失"，不同于侵权行为或债务不履行的过失（违反对他人权益保护应为注意的义务），乃属未尽维护自己利益的注意，学说上称为"不真正过失"。① 通说认为，此项过失的成立须以被害人具有识别能力为必要。

2. 被害人无识别能力

与有"过失"的成立，须以被害人有识别能力为前提，被害人无识别能力时，应如何处理？是否有"民法"第187条第3项衡平规定的类推适用？此项问题应予肯定，将于论及该项规定时，再为讨论。

（二）未成年人应否承担法定代理人的过失？

1. "最高法院"见解

被害人应否承担法定代理人的与有过失，系实务上重要问题。兹以一个法律问题加以说明：甲驾驶机车后载其子6岁之乙，自支线道行至无标志之交叉路口，疏未减速及让干线道车先行，适有丙驾驶小客车沿干线

---

① 参见拙著：《债法原理》（第二版），北京大学出版社2013年版，第51页。与有过失系损害赔偿法上的重要问题，关于其基本理论，"最高法院"2002年台上字第1433号判决作有如下阐释，可供参照："损害之发生或扩大，被害人或其代理人或使用人与有过失者，法院得减轻赔偿金额，或免除之，为民法第217条第1项及第3项所明定，其立法目的在于平衡被害人与加害人之赔偿责任，即于被害人本身，或其代理人或使用人对于损害之发生或扩大与有过失时，由法院斟酌情形，减轻或免除加害人之赔偿金额，以免失诸过酷。此时，不论加害人之行为系故意或过失，仅须被害人或其代理人或使用人就损害之发生或扩大，有应负责之事由，不问其系出于故意或过失，基于衡平原则及诚实信用原则，即有与有过失规定之适用。"

道亦疏未注意超速驶至,二车擦撞,乙因此受伤甚重,其医疗费用于刑事诉讼程序中,附带提起损害赔偿之诉(原告为乙、法定代理人列为甲),请求丙赔偿,法院得否因丙主张甲与有过失,斟酌减轻其赔偿金额?

"最高法院"1979 年 3 月 21 日、1979 年度第 3 次民事庭会议决议认为,"民法"第 224 条可类推适用于同法第 217 条被害人与有过失之规定,亦即在适用"民法"第 217 条之场合,损害赔偿权利人之代理人或使用人之过失,可视同损害赔偿权利人之过失,适用过失相抵之法则。[①] 1999 年"民法"债编修正时,于"民法"第 217 条增设第 3 项规定:"前两项之规定,于被害人之代理人或使用人与有过失者,准用之。"立法理由谓:"按学者通说及实务上之见解('最高法院'1979 年 3 月 21 日民庭会议决议参考),均认为民法第 224 条之规定,于过失相抵之情形,被害人方面应有其类推适用。亦即第 1 项及第 2 项之规定,关于被害人之代理人或使用人之过失,应视同被害人之过失,方得其平。"

2. 分析讨论

"民法"第 217 条第 3 项系参照《德国民法》第 254 条第 2 项而制定。[②] 其所称代理人应系指法定代理人而言。诚如修正理由书所云,"民法"第 217 条第 3 项乃"民法"第 224 条于过失相抵的类推适用,而"民法"第 224 条前段规定:"债务人之代理人或使用人,关于债之履行有故意或过失时,债务人应与自己之故意或过失,负同一责任。"其关键问题在于此项准用(或类推适用),应否以加害人与被害人(未成年人)具有债之关系(特别关系)为前提? 实务上系采否定说,本文则认为应采肯定说,以保护未成年人,不使其承担法定代理人对损害发生的与有过失。是在前揭法律问题,6 岁之乙,向丙请求损害赔偿时,应不承担其法定代理人甲的与有过失。[③] 侵害事故发生后,未成年人与加害人有损害赔偿债之关

---

① 此项决议系针对拙著:《第三人与有过失》,载《民法学说与判例研究》(第一册),北京大学出版社 2009 年版,第 58—69 页所采见解。

② 《德国民法》第 254 条规定:"损害之发生,被害人与有过失时,赔偿之义务及范围,应斟酌损害之发生,主要由何当事人所惹起者定之。重大损害之危险,存于债务人所不知或不可得知之被害人,不促其注意者为与有过失,又怠于防止或减轻其损害者,亦同。于此情形准用第 278 条之规定。"

③ 参见拙著:《第三人与有过失》,载《民法学说与判例研究》(第一册),北京大学出版社 2009 年版,第 58—69 页。

系,其法定代理人未为必要医治,致损害扩大时,未成年人则应承担其过失。[1]

第三节　无行为能力人或限制行为能力人的侵权行为与损害赔偿责任

一、无识别能力与衡平责任

无行为能力人或限制行为能力人无识别能力,不法侵害他人权益时,固不成立侵权行为。惟应依"民法"第 187 条第 3 项规定负衡平责任,俟后再行论述。

二、侵权行为成立:识别能力与过失的判断基准

无行为能力人或限制行为能力人有"识别能力"时,就其因"故意或过失"不法侵害他人权益的行为,应依"民法"第 184 条等规定负损害赔偿责任。识别能力者,指对行为一般危险性的认知。过失则指对具体危险未尽其应有的注意。关于此项注意义务,通说系采客观说,认为过失之有无,应以是否怠于善良管理人之注意为断,苟非怠于此种注意,即不得谓之有过失。[2]

值得提出的是,无行为能力人或限制行为能力人,除少数受监护宣告之人外,皆系未成年人,其过失应如何认定? 有人认为仍应以善良管理人的注意为判断基准。本书认为,应以未成年人年龄层者通常的注意为准据。此在某种程度降低未成年人的注意程度,乃顾及民法保护未成年人

---

[1]　在此法律问题,实务上曾认为未成年人应承担法定代理人对损害发生的与有过失,其所采见解为:"乙说:准用民法第 224 条'债务人之代理人或使用人,关于债之履行有故意或过失时,债务人应与自己之故意或过失负同一责任'之规定,赔偿权利人之代理人或使用人,关于损害之发生或扩大与有过失时,可视为赔偿权利人自己之过失(《德国民法》第 254 条第 2 项末段,则有准用之明文,可参照)。本件赔偿权利人乙为无行为能力人者,其法定代理人甲之过失,亦应斟酌,法院自得减轻丙之赔偿金额。"("司法院"1981 年 1 月 26 日厅民一字第 047 号函复台高院。)此项见解系参照《德国民法》第 254 条第 2 项末段。应注意的是,德国通说认为,此项准用应以加害人与被害人(未成年人)间具有一种特别法律关系为必要,无此关系存在时,未成年人并不承担法定代理人的与有过失。参见 Looschelders, Die Mitverantwortlichkeit des Geschädigten im Privatrecht (1999), S. 562 ff..

[2]　"最高法院"1930 年上字第 2746 号判例。

的原则,比较法上多采此判断标准,可供参照。[①]

三、连带责任与单独责任

无行为能力人或限制行为能力人有识别能力,因故意或过失不法侵害他人权益时,应依"民法"第 184 条等规定,负损害赔偿责任,其态样有二:

(1)与法定代理人负连带损害赔偿。

(2)法定代理人举证免责时,由无行为能力人或限制行为能力人单独负责。

四、未成年人侵权责任与未成年人的保护

(一)德国民法上未成年人侵权责任的违宪争议

当未成年人具有识别能力,成立侵权行为,应负损害赔偿责任时,涉及未成年人保护,有特别加以论述的必要。

未成年人的侵权行为损害赔偿责任,系近年来德国民法理论及实务上的重要问题。[②] 按依《德国民法》第 828 条第 2 项规定[③],未满 7 岁的未成年人有识别能力时,就因过失不法侵害他人权益的行为,应负损害赔偿。德国法学界有一项共识,即此种损害赔偿将使未成年人长期负担债务,致影响其生计,未来生涯规划(包括结婚、就业),而妨碍其人格发展,因而发生如何保护未成年人的问题,尤其是此项使未成年人负侵权行为损害赔偿的规定是否违宪的争议。[④]

德国 Celle 高等法院于 1989 年 3 月 29 日依《德国基本法》第 100 条规定,向德国联邦宪法法院提出释宪声请案。其审理案件事实为两个 15、16 岁的未成年人在某屋内燃烧电话簿取暖,离开时因疏于注意,未完全扑灭尚在燃烧中的电话簿,致酿成火灾,造成高达 33 万马克的损害。火灾保险公司对被害人为赔偿后,转向加害人求偿。被告据《德国民法》

---

① v. Bar, Gemeineuropäisches Deliktsrecht, Erster Band (1996), S. 86.

② Goecke, Die unbegrenzte Haftung minderjähiger im Deliktsrecht (1997).

③ 《德国民法》第 828 条规定:"未满七岁之人加害于他人者,不具有辨别责任所必要之判断能力者,不负责任。聋哑之人亦同。"此系旧规定,其修正条文参见本书 457 页注 1。

④ Cararis, Die Verfassungswidrigkeit von § 828 II BGB als Ausschnitt aus einem grösseren Problemsfeld, JZ 1990, 679.

第 828 条所定的识别能力,其行为有轻过失,应依《德国民法》第 823 条第 1 项及第 828 条规定负过失侵权行为损害赔偿责任。被告之一投有责任保险,Celle 高等法院判其应负赔偿责任。另一名被告未投责任保险,Celle 高等法院以赔偿责任所生财务及心理效果与其应受非难的行为失其合理的比例,强调因轻过失而导致足以毁灭其生存的责任(existenzver-nichtende Haftung),违反《德国基本法》第 2 条第 1 项及第 1 条第 1 项关于人格自由发展基本权的规定,应属无效。本件释宪声请案因损害赔偿当事人和解,德国联邦宪法法院未为审理。①

1991 年 Bremen 地方法院又向德国联邦宪法法院提出释宪案。其案件事实系 16 岁的被告无照驾车,发生车祸,保险公司对被害人为赔偿后,向被告求偿 15 万马克。Bremen 地方法院所提出释宪理由亦认为此乃典型年轻人的过失,无限制的损害赔偿责任势将毁灭其生存,侵害其人格发展。② 对此备受瞩目的释宪声请案,德国联邦宪法法院于 1998 年 8 月 13 日作成判决,予以驳回,其理由系《德国民法》第 828 条第 2 项规定系基本法施行前的法律,不具备声请释宪的要件。在其判决理由中,德国联邦宪法法院对 Bremen 地方法院亦有指责,认其未善尽对德国现行法上相关规定(例如破产法)的解释适用,尤其是未探讨《德国民法》第 242 条关于诚实信用原则在个案情形的适用性。③

德国法学界对关于未成年人侵权行为损害赔偿的释宪案,期待甚厚,对联邦宪法法院不为受理的决定,颇感意外,仍冀望于《德国民法》第 828 条第 2 项规定修正后,能再声请释宪。此项释宪案的重要意义在于增进对未成年人侵权行为及损害赔偿责任的重视,并使德国法学界获得一项共识,即必要时,得适用诚实信用原则,以减轻未成年人的损害赔偿责任,尤其是在被害人已获得赔偿,而由保险公司向未成年人求偿的情形。

(二) 台湾地区民法上的解释适用:"民法"第 218 条的适用

德国民法关于未成年人侵权行为损害赔偿所以产生热烈讨论及违宪

---

①　OLG Celle 26.05.1989, VersR 1989, 701.

②　LG Bremen 15.02.1991, NJW-RR 1991, 1432-1435.

③　BVerfG 13.08.1998, NJW, 1998, 3557. 学者对此判决评释甚多,参见 Goecke, Unbegenzte Haftung Minderjähriger?, NJW 1999, 2305-2310; Looschelders, Verfassungsrechtliche Grenzen der deliktischen Haftung Minderjähriger—Grundsatz der Totalreparation und Übermaßverbot—Zugleich Anmerkung zum Beschluß des BVerfG vom 13. 8. 1998—VersR 1999, 141-151; Rolfs, Neues zur Deliktshaftung Minderjähriger, JZ 1999, 233-242.

争议,其主要原因之一,系德国民法对损害赔偿系采"全有或全无"(Alles oder Nichts Prinzip)①,未设相当于台湾"民法"第 218 条:"损害非因故意或重大过失所致者,如其赔偿致赔偿义务人之生计有重大影响时,法院得减轻其赔偿金额。"此项规定仿自《瑞士债务法》第 44 条第 2 项。② 德国法学界及立法草案曾深入研究应否采此损害赔偿酌减条款,因顾及被害人的保护及法律安定性,终未被采纳。

关于"民法"第 218 条的适用,实务上案例甚少。③ 值得特别提出的,实务上有一则判决,可供参照。被告某甲未成年人(限制行为能力人)某日骑乘重型机车,搭载原告,因超速而失控,滑入水沟中,致原告身受重伤,而向被告请求损害赔偿,被告主张有"民法"第 218 条规定的适用,台湾桃园地方法院认为:"法院得以此规定减轻赔偿义务人赔偿金额者,以损害非因其故意或重大过失所致者为限甚明。查本件原告所受损害,系因被告陈○熊驾驶重型机车,行经弯路时非但未减速慢行,更以超过当地限速(40 公里)约 1 倍(80 公里)之速度行进,又未注意车前状况,为闪避同方向汽车而失控所致,被告陈○熊显欠缺普通人之注意,为有重大过失,其纵因赔偿致生计有重大影响,上开说明,亦自不得求为减免赔偿金额。"④

未成年人侵权行为损害赔偿责任攸关未成年人未来生涯,并涉及法定代理人责任及其家庭生计,"民法"第 218 条规定提供一个合理的规范依据。例如某甲久病失业,未成年子女众多,其中一人某乙因轻过失肇祸,应负巨额损害赔偿时,法院得依"民法"第 218 条规定,减免其赔偿金额。

---

① 参见 Medicus, Schuldrecht Ⅰ, Allgeminer Teil (15. Aufl., 2004), S. 274 (278).

② 《瑞士债务法》第 44 条第 2 项规定:"非因故意或过失所生损害,赔偿义务人因给付赔偿而陷于穷困时,法院得因之减轻其赔偿责任。"参见 Oftinger/Stark, Schweizerisches Haftpflichtrecht, Band I (1995), S. 405 ff..

③ 有两则判例可供参照:损害系因侵权行为人之故意或重大过失所致者,依"民法"第 218 条之规定,纵令该侵权行为人,因赔偿致其生计有重大影响,亦不得减轻其赔偿金额,其不能以侵权行为人之无资力,即谓受害人不应请求赔偿,更无待言("最高法院"1944 年上字第 551 号判例)。损害系因侵权行为人之故意所致者,纵令该侵权行为人,因赔偿致其生计有重大影响,亦不得减轻其赔偿金额,其资力如何,自可不问("最高法院"1934 年上字第 3057 号判例)。

④ 台湾桃园地方法院 2000 年重诉字第 271 号判决。

第四节　法定代理人的侵权行为责任

第一款　基本理论

一、为他人行为负责

台湾地区"民法"规定的特殊侵权行为有两个基本类型：一为他人行为负责。二为就保管、使用、制造的物品而负责（参阅"民法"第189条以下规定）。

关于为他人行为负责，其情形有二：（1）法定代理人责任；（2）雇用人责任（"民法"第188条）。二者的法律构造，形式上固相类似，其规范意旨则异。"民法"第188条的立法旨趣系以雇用他人，因扩大其活动范围而获益，雇用人应负选任监督义务。"民法"第187条系因法定代理人对未成年子女依法有保护及教养的义务（"民法"第1084条），对其侵害他人权益的行为负有监督义务。

二、"民法"第187条的特殊性

"民法"第187条规定作为一种特殊侵权行为，其特色有二：

（1）法定代理人就其监督过失，应与为侵权行为的无行为能力人或限制行为能力人，负连带损害赔偿责任。行为人无识别能力时，则应单独负责（"民法"第187条第1项）。此系关于不作为侵权行为的特别规定。

（2）法定代理人应依"民法"第187条第3项规定与无识别能力的行为人负衡平责任，此系1999年"民法"债编修正时所增设，乃比较法上罕见的立法例。

三、法定代理人责任的性质：推定过失责任

关于"民法"第187条规定法定代理人侵权行为责任的根据或性质，学说上曾提出无过失责任、推定过失责任或所谓中间责任。① "民法"第187条第2项规定："前项情形，法定代理人如其监督并未疏懈，或纵加以

---

① 参见孙森焱：《民法债编总论》，第290页。

相当之监督,而仍不免发生损害者,不负赔偿责任。"可知系采推定过失责任,学说上称之为中间责任,指介于无过失责任与过失责任之间的责任。此项所谓中间责任的概念,不能使人望文生义,惟有助于认识归责原则的发展过程,即以举证责任倒置的方法缓和了过失责任。

"民法"对法定代理人之所以采推定过失责任,系以监督系法定代理人与行为人间的内部事项,属于法定代理人支配的领域,应由其就监督并未疏懈负举证责任,较为合理,以保护被害人。

四、适用范围

(一)保护对象

"民法"第187条所保护的,系行为人以外的第三人,例如甲有乙、丙二子,均未成年,乙不法侵害丙之权利时,在理论上,亦有本条的适用。至于甲因监督疏懈,致未成年子女乙或丙权益受侵害时,则应适用"民法"第184条规定。

(二)限于法定代理人责任

"民法"第187条所规范的,系法定代理人的责任。其因违反契约上监督义务,致被监督者不法侵害他人权益者,如学校老师疏于注意,致学生伤害他人时,无本条的适用或类推适用。于此情形,应适用"民法"第184条规定。在公立学校,则有"国家赔偿法"的适用。

第二款　法定代理人与行为人的连带责任

一、连带责任的成立

"民法"第187条第1项前段规定:"无行为能力人或限制行为能力人,不法侵害他人之权利者,以行为时有识别能力为限,与其法定代理人连带负损害赔偿责任。"此项连带责任的成立须具备两个要件,即:

(1)须无行为能力人或限制行为能力人的行为成立侵权行为。

(2)须法定代理人监督有过失,其过失与第三人权益受侵害具有因果关系。

兹先将其法律结构图标如下,以便观察,再分别加以说明:

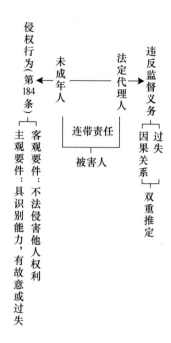

（一）须无行为能力或限制行为能力人的行为成立侵权行为

依"民法"第187条第1项前段连带责任的规定可知,在"民法"上法定代理人连带侵权责任的成立,须以无行为能力人或限制行为能力人具备一般侵权行为的客观要件(不法侵害他人权益)及主观要件(有识别能力及故意或过失)。所谓一般侵权行为,包括"民法"第184条第1项前段(权利侵害)、后段(故意悖于善良风俗加损害于他人)及第2项(违反保护他人的法律),其保护的,不限于权利,并及于其他权益。[1]

值得注意的是,违反婚约系不履行结婚义务,并非不法侵权行为,对未成年子女之违反婚约,其法定代理人不应依"民法"第187条,连带负损害赔偿责任。[2]

---

[1]　参见"最高法院"1963年台上字第2370号判决:"上诉人王甲为被上诉人之堂弟,同屋居住,竟与被上诉人之妻通奸2次,自系违背善良风俗加损害于人。又上诉人王甲年18岁,与被上诉人之妻通奸时已有识别能力,上诉人王乙为王甲之法定代理人,自应与王甲负连带赔偿责任。"

[2]　参见"最高法院"1970年台上字第1629号、1970年台上字第1322号判决。

(二) 法定代理人违反监督义务

1. 法定代理人

法定代理人,指无行为能力人或限制行为能力人的法定代理人(参阅"民法"第 1086 条、第 1098 条、第 1110 条)。如父母虽为其未成年子女的法定代理人,但父母一方监护权暂时停止者,即无从对于未成年子女为监督,自不能令其就未成年子女之侵权行为负责赔偿。[①] 父母共为法定代理人时,其中一人的监督过失,亦应归由他方承担,成立连带责任。[②] 例如夫在外工作,妻管理家务,照顾小孩,因妻监督疏懈致孩童肇祸时,夫仍应负责。

2. 监督义务

(1) 监督义务的认定基准。法定代理人的监督义务应就具体行为的危险情况加以决定,兼顾未成年人的人格发展及被害人的保护[③],应考虑者有二:① 无行为能力人或限制行为能力人的个性、年龄、发育程度及先前行为等。② 行为或活动的性质,例如使用电动玩具、嬉戏于街道巷口、在路边玩儿球、驾车等;又法定代理人的情况亦应顾及之,例如子女众多、

[①] "最高法院"1991 年台上字第 1327 号判例:"父母对于未成年子女,有保护及教养之权利义务,为民法第 1084 条第 2 项所明定。此项因身份关系所生之权利义务,性质上固不得抛弃,但夫妻协议离婚后,关于子女之监护,依民法第 1051 条之规定,原则上由夫任之,亦得约定由一方监护。于此情形下,他方监护权之行使,即暂时停止。此与亲权之抛弃尚属有别。监护权之行使暂时停止之一方,既无从对于未成年子女为监督,当然不能令其就该未成年子女之侵权行为负责赔偿。""最高法院"2011 年台上字第 1123 号判决:"按父母对于未成年之子女,有保护及教养之权利义务,为民法第 1084 条第 2 项所明定。此项因身份关系所生之权利义务,性质上固不得抛弃,但夫妻协议离婚后,关于子女之监护,约定由一方监护时,他方监护权之行使,即暂时停止。而监护权之行使暂时停止之一方,既无从对于未成年子女为监督,当然不能令其就该未成年子女之侵权行为连带负损害赔偿责任。"

[②] 参见"最高法院"1986 年台上字第 82 号判决:"限制行为能力人不法侵害他人之权利者,以行为时有识别能力为限,与其法定代理人连带负损害赔偿责任。民法第 187 条第 1 项规定甚明。而父母为其未成年子女之法定代理人,则为同法第 1086 条所明定。上诉人林某行为时尚未成年,其余上诉人为林某之父母,被上诉人诉求其与林某连带负损害赔偿责任,要无不合。上诉人以法定代理权之行使,应先父而后母。原判决列上诉人林妇(即林某之母)为被告,命负赔偿,即系违法等词,亦属误会。"

[③] 此为德国通说,参见 BGB NJW, § 832 Rdnr. 52, 1984. 2575; 1990, 2553; 1993, 1003; Staudinger/Belling/Eberl-Borges, § 832 Rdnr. 52. 值得注意的是,孙森焱认应采广泛的监督义务(《民法债编总论》,第 294 页):"法定代理人不但应证明就该加害行为已尽监督义务,以防范其损害之发生,且应证明就受监护人生活的全面已尽监护的义务,始得免责。例如子不良,当发觉其将抢劫某家时,已尽其监督之责,仍被乘隙逃逸,实行抢劫,尚不足以免责,犹应证明自小养育其子已尽监督之责,养子不良非其监护疏懈所致,始得免责。"

在外就业、配偶生病等。此等因素应综合衡量而认定法定代理人所应采取监督措施的必要性(如训诫、不准其使用某种物品、禁止从事某种活动等)及合比例性。

(2) 教养与监督。"民法"第1084条第2项规定,父母对未成年子女有保护及教养的义务。"民法"第187条所规定的乃监督义务。教养及监督,究具何种关系? 如前所述,监督义务系就个别具体行为危险性加以决定,亦须斟酌平日教养,盖未成年人须经由长期反复的教导、学习,始能知道如何趋避危险,逐渐养成自我负责的生活方式,从而平日教养与监督具有互补作用的关系,平日教养不足者,应严格其具体行为的监督义务。①

3. 监督义务的委任他人行使

法定代理人将其对未成年子女的监护委任他人行使者,颇为常见,如将孩子交由保姆照看、寄宿学校等,此在实务上颇具重要性。"最高法院"1963年台上字第3723号判决谓:"未成年人之父母(法定代理人)对于未成年之子女有保护及教养之权利义务(民法第1084条),故父母对于未成年子女之行为,当然负监督之责,不得以其将监护责任暂时委托于他人而主张免责。"此项判决可作为讨论的基础,分三点加以说明:

本件判决肯定监督责任得委托于他人,实值赞同。监督不具属人的专属性,得依契约或事实行为,移转予第三人。

因监督的移转产生所谓直接监督(如保姆、寄宿学校、安亲班负责人的监督)及间接监督(法定代理人的监督)。德国通说认为,监督移转使间接监督者负所谓组织义务(Organizationspflicht),包括选任直接监督者(auswählen)、指导(instruiern)、控制(kontrollieren)及提供信息(informieren)四种义务。法定代理人(直接监督人)尽其组织义务者,不负侵权责任。直接监督人就其过失,应依侵权行为一般规定负责(《德国民法》第

① 关于教养与监督,台湾高等法院2001年上易字第251号判决谓:"查上诉人林○富为林○洁之父,被上诉人二人为杨○仲之父母,上诉人林○洁对于过失致被害人死亡之侵权行为事实,既已认定为真实,上诉人林○富依法即应与上诉人林○洁对被上诉人二人负连带损害赔偿责任。次按'法定代理人如其监督并未疏懈,或纵加以相当之监督,而仍不免发生损害者,不负赔偿责任'固为民法第187条第2项所明定。然上诉人对此有利于己之事实,自应负举证责任,上诉人并未举证以实其说,且查林○洁已就读中学,对于行路交通规则及个人安全之维护与遵守应能注意,而竟不注意,任意跨越马路,能谓法定代理人平日教养并无疏懈之处乎? 再者民法第187条第3项亦规定法院尚得斟酌其情,令法定代理人为全部或一部分之损害赔偿,尚非得恣意卸责。"

823 条)。① 德国学者对通说甚有批评,认其将法定代理人的监督义务降低为一种组织义务,改变其性质,有违法律规范意旨,不足以保护被害人。②

"最高法院"以父母不得以其将监护责任(监督之责)暂时委任于他人而主张免责,系认为法定代理人的监督义务不因监督的移转而受影响,在方法上应认为系类推适用"民法"第 224 条,即法定代理人应就直接监督者的故意或过失与自己代理人的故意或过失,负同一责任。在此情形,法定代理人与直接监督人应依"民法"第 185 条第 1 项前段规定,连带负损害赔偿责任。

(三) 监督过失与因果关系:双重推定与举证免责

法定代理人侵权行为责任的成立,须其违反监督义务具有过失,及此项监督义务的违反与第三人权益受侵害具有因果关系。"民法"第 187 条第 2 项规定:"前项情形,法定代理人如其监督并未疏懈,或纵加以相当之监督,而仍不免发生损害者,不负赔偿责任。"其规范意义在于推定法定代理人监督上过失及因果关系(学说上称为双重推定),旨在合理分配举证责任③,此为法定代理人责任的重要问题。

(四) 实务案例

1. 未成年人的侵权行为

未成年人的侵权行为与法定代理人侵权责任系民法上的重要问题,不能纯为理论上抽象的论述,应观察其在实务的发展,兹就查阅所及的各级法院裁判,分四项加以说明:

(1) 加害人。无行为能力人或限制行为能力人,包括未成年人(未结婚者)及受监护宣告之人,在实务上迄未见有受监护宣告之人为加害人的案例,其理由当系其人数较少,并多在家看护,较少从事社会活动。

(2) 加害行为。未成年人不法侵害他人权益的行为,其态样甚多,涵盖各种社会活动,例如:违规驾车(包括汽车及机车),常见者为超车、无照驾驶、酒醉开车等;任意跨越马路;运动游戏;互殴;以铅球棒或棍棒伤人或杀人,或毁损他人之物;性交或猥亵未满 14 岁的女子;与有夫之妇

---

① BGH NJW 1996, 1146.

② Hartmann, Unmittelbare und Mittelbare Aufsichtflicht in § 832, VersR 1998, 22.

③ 关于举证责任分配,参见杨淑文:《从特定类型之实务见解观察举证责任分配之判断标准》(上)(下),载《台湾本土法学杂志》第 60 期,第 49 页;第 61 期,第 17 页。

通奸。

（3）未成年人的识别能力。关于未成年人的识别能力,实务上多未作较深入的阐释,最具启示性的是"最高法院"1963年台上字第2771号关于摔跤运动的判决(本书第283页),敬请参阅。

2. 法定代理人的监督过失与举证责任

（1）肯定案例。监督义务及举证责任系法定代理人责任的核心问题,实务上案例多肯定监督义务的违反,值得提出的有:

① 查林○洁已就读中学,对于道路交通规则及个人安全之维护与遵守应能注意,而竟不注意,任意跨越马路,能谓法定代理人平日教养并无疏懈之处乎?[1]

② 上诉人吴○镇对于其未成年之子吴○南,如自始即注意教养勤加监督,不稍疏懈,当不致发生犯案潜逃,又再刀戕许○明致死事端,是本件吴○南构成侵权行为时纵已远离家庭,吴○镇无从对其行为加以注意监督,究与未懈于监督及纵加以相当之监督仍不免发生损害之情形有间,原审依"民法"第187条第1项之规定命上诉人负连带赔偿责任,并无不当。[2]

③ 上诉人因与其他女子同居而径自迁往台北,致对子女之管教有困难,究与法律上及事实上不能行使亲权,监督其子女之情形有别,自不能借口其已迁往台北未与子女居住一处而听任其子女侵害他人之权利。[3]

④ 上诉人之子范○○,8岁,于1954年6月29日,在彰化市竹巷里,以毛尾针对案外人冰贩谢○武设置用于赌博棒冰之旋盘射击,冀图赢取棒冰,毛尾针误中盘侧受抵抗力之反击,射向在场旁观之被上诉人左眼眼球,此为两个不争之事实。查旋盘射击为一种有赌博性及危险性之行为,法定代理人平时对其所监护之人宜有预为防范不使参加之教诫,俾免发生意外,否则纵对其他事务已尽相当之注意,仍不能免监督疏懈之责。上诉人在原审虽据提出范○○操行证明书,以证明该行为人平时操性良好,监督并未疏懈,然此不过范○○所肄业之学校就其一般情形而言,对于本件争执并无若何关系。[4]

---

① 参见台湾高等法院2001年上易字第251号判决。
② 参见"最高法院"1980年台上字第3422号判决。
③ 参见"最高法院"1980年台上字第3813号判决。
④ 参见"最高法院"1955年台上字第450号判决。

(2) 否定案例。其认法定代理人无监督上的疏懈的,有两个判决:

① 周某为其子之法定代理人,但远居嘉义县布袋镇,对于受雇台中市之子纵加监督,亦因鞭长莫及仍不免发生损害,依"民法"第 187 条第 2 项之规定,自不负赔偿责任。[①]

② 蔡○湾应上诉人之邀,而为此摔跤游戏,又非法令所不许,且其摔跤处所系在学校教室内,是被上诉人蔡○般对于蔡○湾之监督,亦无疏懈之可言,自亦不负赔偿之责。[②]

3. 实务案例综合分析

实务上关于监督义务及举证责任的判决,其理由构成多属简略,难就其判断基准,加以分析。上举 6 个判决涉及两个基本问题,一为平日教养与监督,一为监督义务的移转,前已论及,兹不赘述。学说上有强调为保护被害人,应严格认定法定代理人的监督义务。[③] 在"民法"第 188 条规定的雇用人,实务上殆无雇用人得举证免责的案例,盖使用他人扩大其活动范围,应负较重之责任。在法定代理人责任,则仍有举证免责的案例,此应于具体个案综合考虑行为人本身及其行为的危险性,就监督措施的必要性及合比例性,而为合理的认定。监督措施攸关未成年人的人格发展,不能过度严苛要求,应使未成年人有学习及成长的机会,及人格形成的自由空间。

二、连带责任与求偿关系

法定代理人与无行为能力人或限制行为能力人应连带负损害赔偿时,被害人得对其中一人,或数人,或其全体,同时或先后请求全部或一部分之给付("民法"第 273 条)。关于连带债务人的内部分担求偿关系,应适用"民法"第 280 条规定:"连带债务人相互间,除法律另有规定或契约另有订定外,应平均分担义务。"关于法定代理人与无行为能力人或限制行为能力人相互间的分担义务,法无明文,通常亦无契约订定,然不能因此认为应平均分担义务。在此情形,应类推适用"民法"第 188 条第 3 项规定所蕴含"为侵权行为人应终局负责的基本原则",使法定代理人于赔

---

① 参见"最高法院"1965 年台上字第 2750 号判决。

② 参见"最高法院"1963 年台上字第 2771 号判决。

③ 关于监督义务宽严的问题,参见拙著:《未成年人及法定代理人之侵权责任》,载《民法学说与判例研究》(第三册),北京大学出版社 2009 年版,第 102 页。

偿损害后,对于为侵权行为之无行为能力人或限制行为能力人得为求偿。①

第三款　法定代理人的单独责任

一、无行为能力人或限制行为能力人无识别能力

无行为能力人或限制行为能力人不法侵害他人权益,行为时无识别能力者由其法定代理人单独负损害赔偿("民法"第 187 条第 1 项)。在此情形,法定代理人亦得证明其监督并未疏懈,或其违反监督义务与损害不具因果关系而免责。

二、无行为能力人或限制行为能力人有识别能力,但无过失

无行为能力人或限制行为能力人有识别能力,但无过失时,就其不法侵害他人权益,不成立侵权行为("民法"第 184 条)。在此情形,其法定代理人应否负侵权责任,"民法"未设明文,判例学说多未论及,有提出讨论的必要。

关于此问题,容有不同见解。或得认为民法未设明文,法定代理人不负侵权责任。亦得主张法定代理人应依"民法"第 184 条规定负责,或应类推适用"民法"第 187 条第 3 项规定(衡平责任)。本文认为,应类推适用"民法"第 187 条第 1 项规定,使法定代理人负损害赔偿责任。应说明者有二:

(1) 无行为能力人或限制行为能力人不法侵害他人者,行为时无识别能力时,其法定代理人既应负损害赔偿,其有识别能力,而无过失时,法定代理人就其监督过失,自不能免予赔偿责任。类推适用"民法"第 187 条第 1 项规定,使法定代理人须证明其监督并未疏懈,始得免责,以保护被害人。

(2) 在比较法上,法定代理人责任的成立,多以未成年人不法侵害他人权益为已足(客观要件),不以具备故意或过失(主观要件)为必要。②

---

①　较详细的讨论,参见拙著:《连带侵权债务人内部求偿关系与过失相抵原则的适用》,载《民法学说与判例研究》(第一册),北京大学出版社 2009 年版,第 46 页。

②　参见《德国民法》第 827 条;v. Bar, Gemein europäisches Delikts recht, Erster Band, S. 160.

法定代理人责任具独立性,不必从属于未成年人的侵权行为,此乃"民法"第187条第1项后段的规范意旨,于未成年人有识别能力而无过失时,亦应贯彻之。

<h1 style="text-align:center">第五节　无识别能力行为人及其法定
代理人的衡平责任</h1>

第一款　基本理论

一、问题的提出

无行为能力人或限制行为能力人不法侵害他人之权利,行为时无识别能力者,不成立侵权行为("民法"第187条第1项)。法定代理人能证明其监督并未疏懈,或纵加以相当之监督,仍不免发生损害者,不负赔偿责任("民法"第187条第2项)。在此情形,行为人或其法定代理人是否即可不必负责,抑或仍须对被害人负某种损害赔偿责任?

二、比较法上的观察

(一) 比较法的观察

关于前揭问题,"民法"第187条第3项规定:"如不能依前两项规定受损害赔偿时,法院因被害人之声请,得斟酌行为人及其法定代理人与被害人之经济状况,令行为人或其法定代理人为全部或一部之损害赔偿。"学说上称之为衡平责任。[①]

衡平责任(Billigkeitshaftung)的理念,源自1794年普鲁士邦法。[②]1812年的《奥地利民法》采之(第1308条、第1310条)。《德国民法》的第一草案不设衡平责任,认为其背离一般法律原则,使法官得依衡平而为裁判,欠缺可资准据的规范。德国民法第二次委员会强调此种责任符合法律感情,不能因立法者不能形成其内容而拒不采之。现行《德国民法》第829条规定:"第823条至第826条所揭情形中之一,加害于他人,而因有

---

① 参见郑玉波(陈荣隆修订):《民法债编总论》,第203页。
② Preussisches Allgemeine Landrecht v. 1.6.1794 I, 6 § 41-440.

第 827 条及第 828 条之理由无责任者,以有监督义务之第三人不能赔偿损害为限,依其情形,尤其视当事人之关系,其损害之填补适于公平之要求,于无碍于为维持其身份相当之生计及履行法律上扶养义务所需资力之限度,应赔偿其损害。"①欧陆国家设衡平责任的,尚有《希腊民法》(第918 条)、《意大利民法》(第 2047 条第 2 项)、《葡萄牙民法》(第 489 条)、《瑞士债务法》(第 54 条)。《法国民法》未设衡平责任,《比利时民法》则于 1935 年增订第 1386 条,继受《德国民法》关于衡平责任的规范模式。②值得注意的是,《日本民法》虽设有责任无能力者的监督者责任(第 712 条至第 714 条),但无衡平责任的规定,盖日本民法虽采民法第一草案,但侵权行为(不法行为)甚受法国民法的影响。③

(二) 台湾地区"民法"规定的特色

台湾地区"民法"第 187 条第 3 项原规定:"如不能依前两项规定受损害赔偿时,法院因被害人之声请,得斟酌行为人与被害人之经济状况,令行为人为全部或一部之损害赔偿。"1999 年"民法"债编修正时,增列"行为人之法定代理人"亦应负衡平责任。修正理由谓:"无行为能力人或限制行为能力人之经济状况,在目前社会殊少有能力足以赔偿被害人之损害。苟仅斟酌行为人之经济状况,而不及其法定代理人,则本条项立法之目的,实难达到。为期更周延保障被害人之权利,第 3 项爰予修正,增列'法定代理人',其经济状况亦为法院得斟酌并令负担损害赔偿之对象。"此项使法定代理人负衡平责任的规定,在比较法上似无其例,乃台湾地区"民法"特有的制度。

三、衡平责任的法律性质及理论依据

(一) 衡平责任的定性:独立的损害赔偿归责原则

关于"民法"第 187 条第 3 项规定的赔偿责任,学说上有认为其不以

---

① 关于《德国民法典》第 829 条的立法史,参见 Erwin Deutsch, Allgemeines Haftungs-recht (Köln, 2. Aufl. , 1995), S. 305 f. (Rdnr 479).

② Rainer Borgelt, Das Kind im Deliktsrecht (Regensburg, 1995), S. 71 f. , 并附有各国相关立法例(S. 137 f.)。

③ 关于日本民法上的责任无能力者的监督责任,参见〔日〕前田达明:《不法行为法》,青林书院新社 1980 年版,第 137 页以下。

行为人及其法定代理人具有过失为要件,乃无过失责任之一种。[1] 德国学者 Canaris 氏更进一步将之定性为一种危险责任(Gefährdungs-haftung),盖以无识别能力人的行为具有危害性,应承担其行为所生的损害。[2] 此等见解均有所据,然在理论上实径可将此项责任定性为衡平责任,作为一种与过失责任、无过失责任(尤其危险责任)独立并存的损害赔偿归责原则,以体现其规范内容。

(二) 理论依据:富人责任、法律道德化与分配正义

衡平责任的规范特色在于由法院斟酌当事人间之经济状况,而定其损害赔偿。德国学说上多称之为富人责任(Millionärhaftung, richerse oblige)[3],此种富人责任不是"劫富济贫",乃是基于某种理念。学者王伯琦教授认为,此种规定系法律特别体恤贫弱,令经济力较强之行为人,予以相当之补恤。此全属一种道德规范之法律化,与所谓无过失责任主义之法理,判属二事。无过失责任者,不以过失为构成责任之要件。第 187 条第 3 项,虽仍用损害赔偿等字样,惟其性质,已迥异其趣。损害赔偿,系以补偿所受损害为目的,以所受损害为权衡之中心。该条项之规定,则将其权衡之中心整个移置于双方当事人之经济状况。行为人经济状况愈佳者,应愈多给付,其经济状况不如被害人者,依条文解释,即可不必给付,与损害赔偿之原旨,相去甚远。[4]

此种将衡平责任认系道德规范之法律化,乃在实践分配正义的理念,即法律一方面使无识别能力人得不负侵权行为的损害赔偿,其法定代理人亦得举证免责,另一方面为保护被害人,亦应使经济能力较佳的行为人及其法定代理人,负全部或一部分的赔偿责任。须注意的是,此种衡平责任,系属例外,立法上应予慎重,并依其立法目的而为合理的解释适用。

---

① 郑玉波教授谓(《民法债编总论》,第 203 页):"行为人及其法定代理人之此种责任,称为衡平责任(Billigkeitshaftung),属于无过失责任之一种,但与结果责任不同。盖结果责任固亦为无过失责任,然其赔偿,纯以损害之有无为准以定,一有损害,即不得不赔偿。而衡平责任之是否赔偿? 或赔偿多寡? 须由法院斟酌行为人及其法定代理人与被害人双方之经济状况定之。被害人贫穷,行为人及其法定代理人富有,则可令其全部赔偿;被害人富有,行为人及其法定代理人贫穷,则可令其一部分赔偿,或全不赔偿,故与结果责任不同,但不失为无过失责任之一。"需说明的是,在德国学说上,有人认为此种衡平责任为"结果责任(Erfolgshaftung)"。

② Larenz/Canaris, Schuldrecht II/2, S. 465.

③ Larenz/Canaris, Schuldrecht II/2, S. 652.

④ 参见王伯琦:《民法债编总论》,第 89 页。

第二款　要件、准用及类推适用

一、"民法"第 187 条第 3 项规定的成立要件

依"民法"第 187 条第 3 项规定,衡平责任的成立要件有四:

(1) 须无行为能力人或限制行为能力人不法侵害他人之权利,此包括"民法"第 184 条第 1 项前段、后段及第 2 项规定。

(2) 须行为人于行为时无识别能力。

(3) 须行为人的法定代理人证明其监督并未疏懈或纵加以相当之监督,仍不免发生损害,而不负赔偿责任。

(4) 须因被害人的声请,法院不得依职权为之。

二、"民法"第 187 条第 3 项规定对无意思能力者的准用

"民法"第 187 条第 4 项规定:"前项规定,于其他之人,在无意识或精神错乱中所为之行为致第三人受损害时,准用之。"所谓"其他之人",指有行为能力之成年人。所谓无意识或精神错乱中所为之行为,如驾车之际中风、癫痫发作,其故意或过失致自己于无意识或精神错乱,因而为侵权行为者,例如服用药物或酗酒伤人,仍应依"民法"第 184 条规定负损害赔偿责任。前已论及,兹不赘述。

三、"民法"第 187 条第 3 项规定是对"无过失"行为者的类推适用?

无行为能力人或限制行为能力人,不法侵害他人之权利者,其行为时"有识别能力",但"无过失"者,不成立"民法"第 184 条的侵权行为而负损害赔偿责任。在此情形,应否使行为人负衡平责任?

《德国民法》第一次草案曾明定于前揭情形,行为人应负衡平责任,现行《德国民法》虽不采之,实务上仍类推适用《德国民法》第 829 条规定,使"无过失"的行为人负衡平责任,其理由系为保护未成年人。关于过失的认定,既不采客观注意义务,而以未成年人同年龄者的注意程度为基准,应借衡平责任保护被害人。①

在台湾地区"民法"关于未成年人过失的认定,亦应采同年龄层者的

---

① BGHZ 39, 284 ff.

注意程度,于未成年人无过失时,亦须借衡平责任,以资平衡。

四、"民法"第187条第3项规定对无识别能力被害人"与有过失"的类推适用

无行为能力人或限制行为能力人对损害的发生与有过失,具有识别能力时,法院得减轻赔偿金额或免除之("民法"第217条)。其无识别能力时,不成立与有过失。在此情形,应类推适用"民法"第187条第3项规定,法院得斟酌加害人与被害人的经济状况,减轻赔偿金额或免除之。例如某甲骑机车,撞伤6岁孩童某乙,某乙无识别能力,但对损害的发生有重大原因力,若甲贫困交迫,乙因经济情况甚佳时,法院得减轻甲的赔偿金额。①

第三款 法律效果

一、衡平的损害赔偿

(一) 损害赔偿的范围

"民法"第187条第3项规定的损害赔偿,具侵权行为的性质。"民法"第192条以下关于侵权行为损害赔偿的规定(如第197条第1项规定的消灭时效)自有其适用。其损害赔偿包括慰抚金,究为全部或一部分的损害赔偿,由法院定之。

(二) 量定的因素

关于衡平责任量定因素或基准,立法例上有不同的规范模式。有规定法官得依衡平原则而决定全部或一部分的损害赔偿(参照《瑞士债务法》第54条第1项、《葡萄牙民法》第489条第1项)。《德国民法》第829条规定应依其情形,尤其视当事人之关系,其损害之填补适于公平之要求,于无碍于为维持其身份相当之生计及履行法律上扶养义务所需资力之限度,应赔偿其损害。亦有规定应斟酌经济或财产状况者(如《奥地利民法》第1310条、《意大利民法》第2046条)。台湾地区"民法"第187条第3项明定得斟酌行为人及其法定代理人与被害人之经济状况。

经济状况主要指财产状况而言,包括财产的收益(如租金)及其他收

---

① 德国通说同此见解,BGH NJW 1962, 1199. 较深入的论述,参见 Dirk Looschelders, Die Mitverantwortlichkeit des Geschädigten im Privatrecht (1999), S. 361 ff. , 384 ff.

入(如法定代理人的营业或薪资所得)。责任保险得否纳入计算? 衡诸"民法"第187条第3项规定衡平责任的立法目的及责任保险,旨在保护被害人,应采肯定说,即无论是强制责任保险或一般责任保险,在酌定行为人及其法定代理人应否负损害赔偿或其损害赔偿额时,均应斟酌之。[1]

二、赔偿义务人及求偿关系

依"民法"第187条第3项规定,法院得斟酌"行为人及其法定代理人与被害人之经济状况,令行为人或其法定代理人为全部或一部分之损害赔偿"。准此以言,法院得为如下的决定:

(1) 令行为人为全部或一部分损害赔偿。

(2) 令法定代理人为全部或一部分赔偿。

(3) 令行为人及其法定代理人各为一部分赔偿。此项损害赔偿不得超过被害人依法得请求的全部损害赔偿。

值得提出的是,行为人及其法定代理人间的求偿关系。鉴于衡平责任旨在斟酌当事人各自的经济状况,彼此间不具补充性,应各自承担法院所定全部或一部分损害赔偿责任,不生求偿问题。申言之,即法院令法定代理人为全部或一部分损害赔偿时,法定代理人于赔偿后,无向行为人求偿的余地。[2]

三、共同侵权行为规定的适用及类推适用

(一) 限制行为能力人、法定代理人及学校老师的共同侵权行为

"最高法院"1999年台上字第267号判决略谓:查被上诉人张〇维系已满7岁之限制行为能力人,依现今一般社会情况,7岁之人对于持铅笔刺向他人之眼睛会造成他人眼睛之伤害,及此一行为非老师及家长所能容许之情形应皆有认识,故被上诉人张〇维在上开时地以铅笔刺伤上诉人简〇佑时,应具有识别能力。应认为上诉人简〇佑主张被上诉人张〇维依法应负过失侵权行为责任为真实。而被上诉人张〇维会以此种危险行为处理争执,显见被上诉人张〇维之父母,在平日生活教育之监督上容

---

[1] 于量定衡平责任上的损害时,责任保险应如何斟酌,系德国实务及理论上甚其具争议的问题,参见 Eogon Lorenz, Einfluss der Haftphlichtversicherung auf die Billigkeitshaftung nach § 829 BGB, in: Festschrift für Dieter Medicus zum 70 Geburtstag (1999), S. 353 ff.

[2] 同此见解,参见孙森焱:《民法债编总论》,第267页。

有疏失,应认为上诉人简○佑主张张○钦等应就本件损害负连带赔偿责任为真实。又上诉人乔○玲在从事教学辅导期间,未为任何适当之管理、辅导措施,亦未对可能发生于教室内不安全因素采取必要之预防作为,使被上诉人张○维在教室内与上诉人简○佑发生争执时,未能得到适时之管理及辅导,致使被上诉人张○维持铅笔误伤上诉人简○佑之右眼,上诉人乔○玲之过失不作为行为,自系上诉人简○佑右眼受伤结果之原因。故本件上诉人乔○玲既因过失不法侵害上诉人简○佑之权利,且其过失行为与上诉人简○佑之损害间有相当因果关系,又其与张○维之侵权行为,均系上诉人简○佑本件受伤之共同原因,具行为关联共同,其依法应与张○维负连带赔偿责任。

在本件判决,“最高法院”肯定行为人有识别能力,其法定代理人监督有疏懈,应依“民法”第 187 条第 1 项规定负连带损害赔偿。又学校老师管理及辅导具有过失,应与行为人依“民法”第 185 条第 1 项前段规定成立行为关联共同的共同侵权行为。“最高法院”未为说明者,系法定代理人与学校老师间应否成立连带责任,而有求偿关系,此为实务上甚有争议的问题,有待研究。①

(二) 衡平责任与共同侵权行为

“最高法院”1999 年台上字第 4 号判决略谓:“查被告颜○德肇事当时已无‘应注意、能注意而不注意’之自制力,应认为其行为当时已达于心神丧失之状态,准此,虽被告颜○德于行为时系无责任能力人,然其行为在客观上已对原告之身体造成伤害,其行为与本件损害结果之发生,自有相当之因果关系。又被告杨○元既经营机车出租业务,对上揭未领有机车驾驶执照者,不得驾驶机车之法律规定,理应知之甚明,其将机车借予他人骑用,无论有偿无偿,对于借用人是否领有机车驾驶执照,自有探

---

① 此类问题,发生于数个未成年人之法定代理人间是否成立连带赔偿责任。实务上有一则法律问题:未成年人甲、乙两人各驾一车不慎相撞致丙受伤,问:丙能否请求甲、乙及甲、乙之法定代理人丁、戊四人连带负责赔偿?“司法院”第一厅研究先采肯定说,认为依上述说明,甲、丁连带,乙、戊连带,丁、戊连带,甲、乙又连带,法定代理人系就未成年人之侵权行为负责,未成年人之加害人甲、乙两人对被害人丙既应负连带赔偿责任,故法定代理人丁、戊两人对被害人丙亦应负连带责任,因此丙可请求甲、乙、丁、戊四人连带负责赔偿(1982 年 6 月 14 日厅民 1 字第0452 号函复台高院)。其后改采否定说,认为法无负连带责任之规定,核其性质为不真正连带债务,并无求偿关系(1985 年 12 月 9 日院台厅 1 字第 6759 号函)。此涉及连带债务与不真正连带债务,将于拙著:《损害赔偿法》作较详细的讨论。

究之注意义务,其能注意而疏未注意,将上开机车借予未领有机车驾驶执照之被告骑用,显然违反上揭保护他人之法律,自应推定其有过失。查被告颜○德于本件车祸发生当时,系处于心神丧失状态,依前揭民法第187条第4项规定,其所负之责任属'衡平责任',乃无过失责任之一种;而被告杨○元之过失行为亦同为本件车祸之原因,已如前述,其所负之责任属一般侵权行为之过失责任,然被告二人之行为致生同一损害结果,具有客观的共同关联性,应类推适用前揭民法第185第1项共同侵权行为之规定,负连带赔偿责任。"

关于本件判决,首应提出的是,"最高法院"以行为人肇事当时,已无"应注意、能注意而不注意"之自制力,而认为其行为当时已达心神丧失之状态。此项见解似未能明辨无意识或精神错乱者的无识别能力(侵权能力)与过失系属不同层次的问题。行为人于行为时,心神丧失,不具意思自主能力,不成立侵权"行为",非属"注意"自制力有无的问题。

其值得赞同的,系"最高法院"认为机车出借人明知借用人未领有驾驶执照,违反社会安全注意义务,应依"民法"第184条第2项规定成立侵权行为,并类推适用"民法"第185条第1项共同侵权行为,使其与行为人(机车借用人)的衡平责任,负连带赔偿责任。其所以应类推适用,系行为人无识别能力,不成立"民法"第184条规定的一般侵权行为。在此种连带责任,被害人向无意思能力人请求损害赔偿时,法院应斟酌当事人间的经济状况,令行为人为全部或一部分损害赔偿。关于连带债务人间的内部求偿关系应类推适用"民法"第217条规定,依各加害人对损害发生的原因力及行为人所应负衡平责任的赔偿数额而定。

第六节　比较法与发展趋势

未成年人的侵权行为与法定代理人责任系最近比较法上重要的课题,兹分就《德国民法》《法国民法》的规定及其修正以及判例学说的变迁,简要说明其规范模式、思考方法及发展趋势。

第一款　德国民法:未成年人的保护

一、《德国民法》的规定及其解释适用

《德国民法》关于未成年人侵权行为与其法定代理人责任的规定,前已于相关部分有所说明,兹不赘述。以下分四点说明其基本问题。须先强调的是,未成年人的保护系德国民法的基本原则,为德国侵权行为法解释适用及修正的重要课题。[①]

（一）侵权能力、识别能力与行为支配能力

《德国民法》第827条规定,未成年人侵权行为的成立,须以行为时有识别能力(Einsichtfähigkeit)为要件。其特色系将此项侵权能力(Deliktsfähigkeit)区别为绝对无侵权能力及附条件侵权能力(bedingte Deliktsfähigkeit)。前者指未满7岁的未成年人;后者指7岁以上未满18岁的未成年人,以及喑哑人(Taubstummen),其有无侵权能力,应就行为时判断之(《德国民法》第828条)。

德国学说上有认为,未成年人的侵权能力,除行为人得否认知就其行为应有所负责外,尚应包括支配其行为的能力(Steurungsfähigkeit),始足保护未成年人。德国实务始终未采此项见解,认为此项行为支配能力应于认定行为人是否有过失时,才予以考虑。[②]

（二）全有全无的损害赔偿责任

未成年人于行为时有识别能力者,就其不法侵害他人权益所生损害,应负损害赔偿责任(参照《德国民法》第828条第2项),并适用损害赔偿的一般规定。由于德国民法系采全有、全无损害赔偿原则,未设相当于台湾地区"民法"第218条衡平性减免赔偿的规定,为保护未成年人,乃发生《德国民法》第828条第2项规定是否侵害未成年人的人格的违宪争议。德国宪法法院一方面驳回Celle高等法院等释宪声请案,一方面则采多数学者的见解,认为应合理解释破产法等相关规定,并于必要时,适用《德国民法》第242条诚实信用原则,以减轻或免除未成年人的赔偿责任,前已

---

①　Larenz/Wolf, Allgemeiner Teil des Bürgerlichen Rechts (9. Aufl., 2004), S. 110 (117).

②　Scheffen, Vorschläge zur Änderung des § 823 Abs. 1 und 2 BGB. 1st die Deliktshaftung Minderjähriger ab Vollendung des 7. Lebensjahres und ohne Rücksicht auf ihre "Steurungsfähigkeit" noch gerechtfertigt?, FuR 1993, S. 82-89.

提及,请参阅之。

（三）未成年人衡平责任的补充性

《德国民法》第 829 条规定了无侵权能力的衡平责任,此项责任以被害人不能依第 832 条规定向法定代理人请求损害赔偿为要件(衡平责任补充性,Subsidiarität der Billigkeitshaftung)。

（四）法定代理人的侵权责任

在《德国民法》上,法定代理人侵权责任具有两点特色:（1）其责任成立,以未成年人不法侵害他人权益为已足,不以有故意或过失为必要。未成年人有故意或过失时,应与法定代理人成立连带损害赔偿责任。（2）法定代理人应负推定过失责任。法定代理人能证明其监督并未疏懈时,不负侵权行为责任。德国民法并未规定法定代理人的衡平责任,惟德国联邦法院若干判决于认定未成年人的衡平责任时,亦曾斟酌及于其父母的财产状况。[1]

二、《德国民法》第 828 条关于未成年人及喑哑人侵权能力的修正

关于应如何修正《德国民法》,以强化对未成年人的保护,议论甚多,其获共识者,系应提高绝对无识别能力未成年人的年龄。2002 年 8 月 1 日第二次公布施行的德国《损害赔偿法》修正法（Das 2. Schadensersatzrechtsänderungsgesetz）,将《德国民法》第 828 条作如下的规定:第 1 项（未修正）:"未满七岁者,就其所加致他人损害,不必负责。"第 2 项:"满七岁,但未满十岁之人,就其于动力车辆、轨道、高架铁道事故,致他人损害者,不负赔偿责任。此于侵害系因故意所引起者,不适用之。"第 3 项:"未满 18 岁之人,其责任未依第 1 项或第 2 项排除时,当其于为侵害行为时,不具认知责任所必要的判断能力者,就其所致他人之损害,不负责任。"

此项修正规定旨在明定满 7 岁,但未满 10 岁的未成年人就道路交通所生事故,不具有识别能力,不负侵权行为责任。立法意旨系基于多年来对儿童心理学的研究及实证调查,认为此等年龄的幼童,不具有判断车速、距离、交通复杂性的能力,应有特别保护的必要。其适用范围限于动力车辆交通,不包括自行车事故在内。对故意加害行为(如对道路上行驶

[1]　BGH NJW 1979, 2098; BGHZ 37, 102.

的汽车丢掷石头），不适用之。须注意的是，未成年人因无识别能力，不成立侵权行为时，仍应依《德国民法》第829条规定负衡平责任。①

　　应特别指出的是，此项提高绝对无侵权能力人年龄的规定，对未成年人为被害人时，亦有类推适用余地。例如某甲驾车撞伤未满10岁的孩童某乙，因乙不具有识别能力，对损害的发生不成立与有过失，而无《德国民法》第254条（相当于"民法"第217条）规定的适用。

　　又须注意的是，《德国民法》第827条的修正，删除关于"喑哑人"的特别规定，其原设规定系出于保护喑哑人的意旨，但残障团体认此种责任特权系属差别待遇，衡诸当前对喑哑者的教育及其心智发展程度，无设此规定的必要。此项建议获得采纳，立法理由同时指出，此项删除不致影响对喑哑人的合理保障，盖于认定其行为有无过失时，乃应就其类群采客观判断标准。②

第二款　法国民法：被害人的保护

　　法国民法关于未成年人侵权行为及其父母侵权责任的特色偏重于被害人的保护，此非因立法上的修正，而是实务上见解的变更。兹分就未成年人的侵权行为及其父母的侵权责任，简述如下：③

一、未成年人的侵权行为

（一）识别能力与过失

　　法国民法关于未成年人的侵权行为未设特别规定，应适用《法国民法》第1382条的规定："任何造成他人损害之人的行为，具有过错（faute）之该人，应负赔偿责任。"（Tout fait quelconque de l'homme, qui cause à autrui un dommage, oblige celui par la faute duquel il est arrivé, à le réparer.）本条规定旨在实现法国大革命平等的理念，具有人权宣示的意

---

　　①　以上说明，参见 Bollweg/Hellmann, Das Neue Schadensersatzrecht（2002）, S. 60ff.; Dauner/Lieb/Heidel/Lepa/Ring（Hrsg.）, Das Neue Schuldrecht（2002）, S. 462 ff.

　　②　Thomas Hoeren, Gehörlose im Zivilrecht, JZ 1999, 653.

　　③　本书作者不谙法文，以下论述系参照德文资料：Christian v. Bar, Gemein-europäisches Deliktsrecht, Erster Band（1996）, S. 82 f.（Rdnr. 66-68）; Rainer Borgelt, Das Kind im Deliktsrecht（1995）, S. 64, 82 ff.; Frédérique Niboyet, Die Haftung Minderjähriger und ihrer Eltern nach deutschem und französischem Deliktsrecht, zwischen Dogmatik und Rechtspolitik（2001）. 法国条文及相关判决承陈忠五教授协助译为中文，谨致谢意。

涵。关于其核心概念 faute,学说上有主观说及客观说两种见解。主观说
(Théorie de la faute subjective)认为 faute 包括两个因素:行为的可非难性
(L'imputabilité)及不法行为(un fait illicite),而行为的可非难性(主观要
件)须以行为人有识别能力(discernement)作为前提①,从而心智障碍者
及孩童(infantes)因欠缺识别能力,不负侵权责任。客观说(Théorie de la
faute objective)区别故意或过失行为,前者须具可非难性,应以识别能力
为要件,后者则以具备客观要素,即行为的不法性(illiceite)为已足,心智
障碍者及孩童亦得成立侵权行为。②

　　法国实务传统上系采主观说。值得特别提出的是,1968 年《法国民
法》增订第 489 条之 2 规定:“在心智障碍下所造成他人之损害,仍不免予
赔偿损害之义务。”(Celui qui a causé un dommage à autrui alors qu'il était
sous l'empire d'un trouble mental, n'en est pas moins obligé à réparation.),
立法意旨系认为,心智障碍者侵权行为的成立不应以有识别能力为要件,
以保护被害人。其解释上最具争议的是,此项不以识别能力作为侵权行
为要件的规定,应否适用于孩童。在 1984 年 5 月 9 日,法国废弃法院
(Cour de Cassation,此为法国最高法院)全院联席会议作成 5 个革命性的
判决:Djouab、Derguin、Lemaire、Gabillie 及 Fullenwarth。前 3 则判决一方
面肯定故意侵权行为须以识别能力为要件(Djouab 判决),一方面则表示
关于未成年人不具识别能力者,亦得成立与有过失(Derguin 及 Lemaire 判
决)。其后则更进一步肯定,未成年人过失侵权行为的成立,亦不以具有
识别能力为必要,以客观说取代了主观说。③

　　在法国,未成年人过失侵权行为的成立,不以识别能力为要件,已如
上述。应特别指出的是,关于“过失”的认定,法国实务系采家父之注意
的客观抽象判断基准(faute in abstracto)④,不以同年龄层者的注意为认
定方法,亦系出于保护被害人之目的。

---

　　①　Carbonnier, Droit civil tom IV; Les obligations, 1994, p. 361, n°223.

　　②　Mazeaud/Mazeaud/Tunc, Traité théorique et pratique de la responsabilité civile délictuelle et
contractuelle, tome I, 1965, p. 528, n°464.

　　③　Jourdain, note sous Ass. plén. 09. 05. 1984, J. C. P. éd. G. 1984. II. 20256; Huet,
obs. sous Ass. plén. 09. 05. 1984, RTD civ. 1984, 505 (508, 509); Civ. 2, 12. 12. 1984, Bull.
Civ. II. n°193, S. 137.

　　④　Dejean de la Batie, Appréciation in abstracto et appréciation in concreto en droit civil
français, thèse Paris 1965.

（二）未成年人关于其管理之物所致损害的责任

《法国民法》第 1384 条第 1 项规定："人不仅应就自己行为所造成之损害而负责，尚应就其所应负责之人之行为，或其管理下之物，所造成之损害而负责。"（on est responsable non seulement du dommage que l'on cause par son proper fait, mais encore de celui qui causé par le fait des personnes dont on doit répondre, ou des choese que l'on a sous sa garde. ）所谓对物的管理（garde），法国实务系以 3 个词表示之，即对物为使用（usage）、支配（direction）及控制（contrôe）。法国实务原认为，未成年人因处于父母的监护之下，不得独立为物的管理。在 1984 年 9 月 5 日的 Gabillet 判决，法国废弃了法院认为对物为管理，不以具有识别能力为要件的主张，扩张了《法国民法》第 1384 条第 1 项的适用范围，使未成年人就因管理之物，致他人受损害时，亦应负责。

二、未成年人之父母的侵权责任

关于未成年人之父与母的侵权责任，《法国民法》第 1384 条第 4 项规定："父与母，基于其监督权之行使，对于与其同居之未成年人子女所造成之损害，应连带负责。"（Le père et la mère, en tant qu'ils exercent le droit de garde, sont solidairement responsables du dommage causé par leurs enfants mineurs habitant avec eux. ）关于本条的解释适用，法国废弃了法院全院联席会议 1984 年 5 月 9 日作成 Fullenwarth c/Felten 的判决，因其内容足以显现法国最高法院的判决风格，录其全文如下①：

"开庭：—针对唯一的上诉理由：——按，依原审判决（Metz 上诉法院 1979 年 9 月 25 日判决）所示，1975 年 8 月 4 日，当时年仅 7 岁的 Pascal Fullenwarth，以其自制的弓箭射向同学 David Felten，造成 David Felten 眼睛失明。被害人之父 Guillaume Felten 先生，以 Raymond Fullenwarth 先生必须为其子 Pascal 的行为负民事责任为由，依民法典第 1384 条第 4 项规定，起诉请求损害赔偿。——按，Raymond Fullenwarth 先生不服原审法院宣告其应就系争事故结果负全部责任之判决，依其上诉理由，其认为上诉法院未调查 Pascal Fullenwarth 是否具有足够之识别能力，以认定其行为具有过错，据此所为之判决，欠缺法律基础，违反民法典第 1382 条及第

---

① 本件判决系由陈忠五教授翻译为中文。各国法院判决风格的比较，是一个值得研究的问题。

1384 条第 4 项规定。惟按,依据民法典第 1384 条第 4 项规定,只要未成年子女之行为是被害人损害之直接原因,与该未成年子女同居之父母责任,即被推定成立。基于此一纯粹的法律理由,代替上诉理由中指责的法律理由,原审判决于法并无不合。基于上开理由,上诉驳回。"

前揭 Fullenwarth c/Felten 判决对法国侵权行为法的发展,具有革命性的意义:

(1) 未成年人之父母侵权行为的成立,不以未成年人的行为成立侵权行为为要件(所谓父母责任的从属性),只要未成年人的行为系他人损害的直接原因,其父母即应负赔偿责任。

(2) 未成年人之父母所负的责任,不是传统上所谓的推定过失(présomption de faute),而是责任推定(présomption de responsabilité)。值得注意的是,法国废弃了法院民事第二庭 1997 年 2 月 19 日作成 Bertrand c/Domingues 的判决①,略谓:

按依原审判决(Bordeaux 上诉法院 1994 年 10 月 4 日判决)所示,1989 年 5 月 24 日,12 岁的 Sébastien Bertrand 骑乘的自行车,与 Domingues 驾驶的轻型机车发生碰撞。受伤的 Domingues 以 Jean-Claude Bertrand 须为其子的行为负民事责任为由,乃请求 Jean-Claude Bertrand 及其保险人 UPA 公司赔偿其损害。原审法院宣告系争事故完全可归责于 Sébastien Bertrand 一人,判决 Jean-Claude Bertrand 不必负责。Domingues 上诉主张原审法院宣告 Jean-Claude Bertrand 应不负责任之判决,令人不服。上诉理由指出,民法典第 1384 条第 4 项规定父母为其未成年子女所负之推定责任,不仅在不可抗力或被害人与有过错之情形,得被排除,而且在父母举证证明其对子女之监督或教养并无过错之情形,亦得被排除。上诉法院却以唯有不可抗力或被害人与有过错,始得免除父母之当然责任为由,拒绝考虑 Jean-Claude Bertrand 是否确实未尽监督之责,已违反民法典第 1384 条第 4 项规定。原审判决正确地指出,唯有不可抗力或被害人与有过错,始得免除 Jean-Claude Bertrand 与其同居之未成年儿子所造成损害之当然责任,上诉法院自无须调查认父亲是否未尽监督之责。从而,此项上诉理由并不成立。②

①　Blanc, La responsabilité des parents du fait de leurs enfants, Thèse Paris 1952. 33, n°21; Jourdain, note sous Civ. 2, 19. Februar 1997. D. 1997. jur. p. 265.

②　判决内容,系采陈忠五教授关于法国废弃法院民事第 2 庭 1997 年 2 月 19 日判决(Bertrand c/Domingues 判决)的中译。

此项判决具有重大意义,肯定未成年人的父母应依《法国民法》第1384条第4项规定负无过失责任,惟有不可抗力或被害人与有过失时,始得免责。[①]

第三款　《中华人民共和国侵权责任法》

《中华人民共和国侵权责任法》(2010年7月1日起施行,简称《侵权责任法》)系21世纪最新的侵权行为法,共分12章92条。其立法目的系为保护民事主体的合法权益,明确侵权责任,预防并制裁侵权行为,促进社会和谐稳定(第1条)。

《侵权责任法》第32条第1项规定:"无民事行为能力人、限制民事行为能力人造成他人损害的,由监护人承担侵权责任。监护人尽到监护责任的,可以减轻其侵权责任。"第2项规定:"有财产的无民事行为能力人、限制民事行为能力人造成他人损害的,从本人财产中支付赔偿费用。不足部分,由监护人赔偿。"《侵权责任法》第33条第1项规定:"完全民事行为能力人对自己的行为暂时没有意识或者失去控制造成他人损害有过错的,应当承担侵权责任;没有过错的,根据行为人的经济状况对受害人适当补偿。"第2项规定:"完全民事行为能力人因醉酒、滥用麻醉药品或者精神药品对自己的行为暂时没有意识或者失去控制造成他人损害的,应当承担侵权责任。"

《侵权责任法》第32条第1项规定与"民法"第187条试加比较,应说明的有三:(1) 侵权责任主体系监护人。无行为能力人、限制行为能力人不承担侵权责任。(2) 无行为能力人、限制行为能力人造成他人损害,须否成立侵权行为(《侵权责任法》第6条、第2条)? 须否以加害人具有过失及识别能力为要件? (3) 监护人尽到监护责任的可以减轻其侵权责任。在此情形,有财产的未成年人其赔偿责任是否亦相应的减轻?

关于《侵权责任法》第32条第2项规定,应提出的是无行为能力人、限制行为能力人依同条第1项规定,既然不承担侵权责任,为何应由其财产支付赔偿费用? 此项规定实际上肯定有财产的无行为能力人、限制行为能力人应负侵权责任。此种以财产的有无决定谁应承担侵权责任,创设了承担侵权责任之人与应支付赔偿费用之人的分离制度,比较法上尚属少见,理论是否允洽,是否足以保护未成年人? 似值研究。

---

① Civ. 2, 19. 02. 1997 (Bertrand), D. 1997, jur. p. 265, note Jourdain.

《侵权责任法》第33条第1项规定所称"对自己的行为暂时没有意识或者失去控制造成他人损害有过错的",应系指行为人使自己成为没有意识或行为失去控制,而非指其造成他人损害的行为有无过错而言。"民法"未设相当于《侵权责任法》第34条之规定,但通说基本上采相同见解。

第七节　结　　论

关于无行为能力人及限制行为能力人的侵权行为及法定代理人责任,"民法"第187条设有规定,兹参照德国民法及法国民法的最新发展,归纳四点说明其基本问题:

一、未成年人保护及被害人保护的平衡

如何平衡未成年人的保护及被害人的保护,系立法政策及解释适用的核心问题。《德国民法》第828条的修正倾向于保护未成年人。法国废弃了法院1984年以来一连串判决,乃在强化对被害人的保护。"民法"力求兼顾二者,而建构了现行法的规范体系。

二、未成年人的侵权行为:识别能力及过失

"民法"第187条第1项规定,无行为能力人及限制行为能力人侵权行为的成立,须行为人有识别能力,以此项能力作为过失的前提,具有伦理性,实值赞同。立法例上有明定一定年龄的孩童绝对无识别能力,以保护未成年人。"民法"系采具体个案认定方法,固具弹性。在车辆交通事故,德国经多年实证调查研究,认未满10岁的未成年人不具有识别能力,不必负责,应具参考价值。

关于具有识别能力的未成年人"过失"的判断,台湾地区实务上未有明确的见解,以同年龄层者的注意程度作为认定基准,较能保护未成年人。

三、法定代理人的侵权责任:推定过失、衡平责任及无过失责任

"民法"对法定代理人的责任,系采推定过失。1999年"民法"债编修正时,于未成年人衡平责任外,增设法定代理人衡平责任,此乃"民法"独有的制度,比较法未见类似的立法例。立法者所以未就法定代理人设无过失责任,其理由应有三点:(1)法定代理人的推定过失、衡平责任在相当程度已足保护被害人。(2)现行民法系采过失责任原则,并借过失推定,

以资缓和(参阅第191条之1、第191条之2、第191条之3规定),就法律规范体系言,不应专就法定代理人设无过失责任。(3)无过失责任的理论依据系持有危险物品或从事危险活动而获有利益者,应承担其危险所致损害的责任。未成年子女是否为一种危险,容有争议,父母不因养育子女而获有利益,使其负无过失责任,是否符合分配正义的内涵,仍有研究余地。

四、责任保险制度

关于未成年人及其法定代理人(父与母)的侵权责任,在德国及法国均有责任保险,尤其是所谓的家庭责任保险(Familienhaftpflichtversicherung, Assurance de resposabilité civile familiale)。在德国约有70%的家庭投有此项保险,学说上认为应予以扩大,使未成年人不必承担足以影响其未来生涯的赔偿责任。在法国,更以此种责任保险作为使未成年人之父母负无过失责任的一项依据。[①] 在台湾地区尚无此类责任保险,责任保险具分散损害的功能,与侵权责任的发展有密切的互动关系,是一个应受重视的课题。[②]

---

① 以上说明,参见 Frédérigue Niboyet, Die Haftung Mindesjähriger und ihrer Eltern nach deutschem und französischem Deliktsrecht, S. 183 ff. ; von Hippel, Nochmals: Existenzvernichtung Jugendlicher durch Deliktshaftung? VersR 1998, 26.

② 关于"民法"第187条规定的适用,实务上最具争议的问题系就数未成年人的共同侵权行为,其法定代理人应否连带负损害赔偿责任,前已论及,兹补列两则法律问题,以供参照:

(1)法律问题。未成年人甲、乙两人各驾一车不慎相撞致丙受伤,问:丙能否请求甲、乙及甲、乙之法定代理人丁、戊4人连带负责赔偿?研究意见:同意研讨结论,采乙说(1982年6月14日厅民1字第0452号函复台高院)。附乙说:依上述说明甲、丁连带,乙、戊连带,丁、戊连带,甲、乙又连带,法定代理人系就未成年人之侵权行为负责,未成年人之加害人甲、乙两人对被害人丙既应负连带赔偿责任,故法定代理人丁、戊两人对被害人丙亦应负连带责任,因此丙可请求甲、乙、丁、戊4人连带负责赔偿。

(2)法律问题:某甲与某乙共同伤害原告之身体,某丙为某甲之法定代理人,某丁为某乙之法定代理人,法院是否得命某丙与某丁连带赔偿原告之损害?研究意见:连带债务须以契约明示或有法律规定者为限。("民法"第272条参照)依题意所示,某甲与其法定代理人某丙、某乙与其法定代理人某丁依"民法"第187条第1项规定,固应连带赔偿原告所受损害,至于某丙与某丁间,对于原告虽负同一给付,但其发生之原因各别,即丙因甲之侵权行为而负责,丁因乙之侵权行为而负责,丙与丁则无负连带赔偿责任之规定,核其性质为不真正连带债务,而不真正连带债务,与连带债务在性质上并不相同,因此法院不得命某丙与某丁连带赔偿原告所受之损害,即以甲说为当(1987年11月2日厅民一字第2991号函复台高院)。附:甲说:(否定说)查连带债务之成立,以债务人数人负同一债务而明示对于债权人各负全部给付之责任,或法律有规定者为要件,此观"民法"第272条第1项及第2项之规定自明。本件某甲与某丙,某乙与某丁依"民法"第187条第1项之规定固应连带赔偿原告所受损害,某丙与某丁则无负连带赔偿责任之规定,核其性质为不真正连带债务,不得遽命其连带赔偿原告所受损害。

第八节　体系构成、案例解说

　　限制行为能力人、无行为能力人(简称未成年人)的侵权行为与法定代理人的侵权责任系实务及理论上的重要问题,为兼顾未成年人与被害人的利益以及法定代理人的责任,设计了颇为复杂的制度,兹整理现行法的规范体系、设计案例,期能更进一步较精确地认识其法律构造与解释适用:

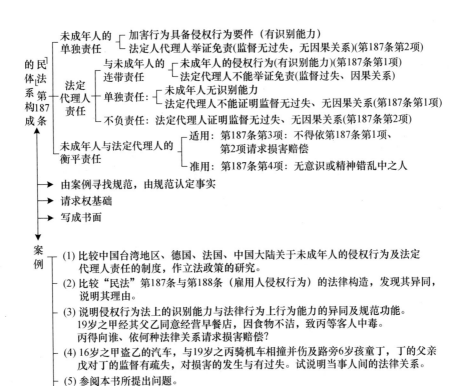

　　(1) 比较中国台湾地区、德国、法国、中国大陆关于未成年人的侵权行为及法定代理人责任的制度,作立法政策的研究。

　　(2) 比较"民法"第187条与第188条（雇用人侵权行为）的法律构造,发现其异同,说明其理由。

　　(3) 说明侵权行为法上的识别能力与法律行为上行为能力的异同及规范功能。
19岁之甲经其父乙同意经营早餐店,因食物不洁,致丙等客人中毒。
丙得向谁、依何种法律关系请求损害赔偿?

　　(4) 16岁之甲盗乙的汽车,与19岁之丙骑机车相撞并伤及路旁6岁孩童丁,丁的父亲戊对丁的监督有疏失,对损害的发生与有过失。试说明当事人间的法律关系。

　　(5) 参阅本书所提出问题。

　　(6) 运用想象力,精读法条,构思案例,发现"民法"第187条解释适用的问题。

第四章 雇用人侵权责任
——"民法"第 188 条

（1）甲公交车公司雇用乙为司机，来往市区与机场，试问乙发生车祸撞死路人丙，致乘客丁、戊受伤时，甲对丙、丁、戊应如何负侵权责任，在规范设计上是否须以乙成立侵权行为为要件，抑或仅须不法侵害他人权利为已足，不以有乙之过失为必要。（2）甲得否主张其选任监督乙并无过失，而不负侵权责任？（3）甲对被害人为赔偿后，得否向乙求偿？（4）就乙下列行为，甲公司应否负责：乙与乘客发生争吵，故意紧急刹车，致乘客跌倒受伤；搬运行李时，窃取乘客财物；在夜班车对单身旅客为性骚扰；因急事回家，擅自请朋友代为开车，发生车祸。

第一节 绪 说

一、问题的提出

在现代分工的社会生活及经济活动，事必躬亲，殆不可能，无论个人或企业，均须借助他人以从事一定的工作或事业。于此情形，被使用之人（受雇人）因执行职务，不法侵害他人权益时，应如何规定其雇用人的损害赔偿责任，乃成为法律上的重要课题。兹举一例加以说明：甲为修建屋顶花园，招乙施工，乙雇用的工人丙因疏失致鹰架倒塌，撞伤路人丁。在此案例，其应探讨的有两个问题：

（1）被害人丁得否向甲请求损害赔偿？

（2）被害人丁得否向乙请求损害赔偿？

关于丁的请求权基础，首先应考虑的是，"民法"第184条第1项前段规定："因故意或过失不法侵害他人之权利者，负损害赔偿责任。"关于本项的适用，应由被害人就甲（或乙）对丙的侵害行为的发生具有过失，及此项过失与丁身体健康受侵害具有因果关系，负举证责任。此项举证责任涉及甲或乙与丙间的内部关系，显有困难。为保护被害人，须创设一种"雇用人侵权责任"的"特殊侵权行为"。在规范设计上应思考以下核心问题：

（1）如何规定雇佣关系的当事人，就前举例题言，应否区别甲或乙？如何区别？

（2）如何规定其归责原则：过失责任、过失推定或无过失责任？

（3）雇用人责任的成立，须否以受雇人的加害行为具备侵权行为的要件（尤其是具有过失）？

（4）雇用人对被害人为赔偿后，得否或如何向受雇人求偿？

二、雇用人特殊侵权行为及其重要性

"民法"第188条关于雇用人侵权责任设有3项规定：

（1）第1项规定："受雇人因执行职务，不法侵害他人之权利者，由雇用人与行为人连带负损害赔偿责任。但选任受雇人及监督其职务之执行，已尽相当之注意或纵加以相当之注意而仍不免发生损害者，雇用人不负赔偿责任。"

（2）第2项规定："如被害人依前项但书之规定，不能受损害赔偿时，法院因其声请，得斟酌雇用人与被害人之经济状况，令雇用人为全部或一部之损害赔偿。"

（3）第3项规定："雇用人赔偿损害时，对于为侵权行为之受雇人，有求偿权。"

第188条系"民法"上最为重要的规定之一。其适用范围甚广，实务上的案例，包括车祸、公害、医疗、建筑、新闻报道、证券交易等各种社会活动。其责任主体多为厂商企业，因此亦具有规范企业责任的功能。

"民法"第 188 条规定雇用人侵权责任与"民法"第 28 条、第 184 条、第 224 条及第 227 条的适用关系,构成民事责任的架构,亦将作较详细的说明。

第二节　"民法"第 188 条的规范模式、立法政策 及解释适用

第一款　两种规范模式

要了解"民法"第 188 条规定,必须先作比较法的观察。[①] 关于雇用人侵权责任,自古有之,各国法律多设有特别规定,就其基本规范模式言,可分为两类,一为无过失责任;二为推定过失责任。分析如下:

(一) 无过失责任

罗马法对雇用人侵权责任并未发展出一般原则,仅就个别情形设其规定,例如主人应对其奴隶侵害他人的行为负责。近代法律对雇用人侵权责任设一般规定的,系《法国民法》第 1384 条第 5 项的规定:"主人及业主,就其仆役及受雇人于执行事务所生损害,负赔偿责任。"法国通说认为,本条系采一种担保性质的无过失责任,主人及业主不能证明对其仆役及受雇人的选任及监督,已尽必要注意义务而免责。

值得注意的是,英国及美国侵权行为法上有一种称为 vicarious liability 的侵权行为(Tort)[②],即雇主(Employer, master)对其受雇人(Employee, servant)于雇用过程中,(in the course of employment)因侵权行为所致

---

① 关于雇用人侵权责任的比较研究,参见 Zweigert/Kötz, Einführung in die Rechts-vergleichung (3. Aufl. 1996), S. 632 ff.; Christian v. Bar, Gesamteuropäisches Deliktsrecht (1996), S. 189 f (Rdnr. 189-205). 最近著作,参见 Paula Giliker, Vicarious Liability in Tort, A Comparative Perspective (2010, Cambridge).

② 参见史尚宽:《债法总论》,第 180 页谓:"雇用人就受雇人侵权行为之责任,为侵权行为之代理责任(vicarious liability)。"Vicarious liability 如何译为中文,诚为困难,译为代理责任,有待斟酌,盖"代理"在台湾地区法上有其固有意义。又"民法"上的雇用人责任不同于英美法,不能以 vicarious liability 称之,自不待言。

他人损害应负赔偿责任。[①] Vicarious liability,系就他人行为负责,不以雇主本身具有过失为必要,乃属一种严格责任(无过失责任,strict、no-fault liability)。

《法国民法》第1384条第5项及英美法上的 vicarious liability,所以使雇用人负无过失责任固有其不同的社会经济背景,但均出于保护被害人,主要系认为使用他人以扩张自己活动者,应就使用之人所致损害,负赔偿之责,即受其利者,亦须任其害(报偿理论)。[②] 此种无过失责任的特色,系将受雇人的侵权行为归由雇用人负责(respondeat sperior,归责于上),使雇用人就受雇人的侵权行为负损害赔偿责任,学说上称为雇用人客观或间接责任(objektive、indirecte Haftung),为便于观察,图示如下:

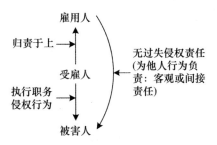

(二) 推定过失责任

关于雇用人侵权责任的另一种规范模式,系采推定过失责任,即推定雇用人对于受雇人的选任、监督具有过失(culpa in eligendo vel in vigilando),雇用人须证明其对选任、监督已尽必要注意,始得免责。《德国民法》第831条规定:"为某事业雇用他人者,对他人为其事业之执行,不法加损害于第三人时,负赔偿义务,雇用人对受雇人之选任,及雇用人装置

[①] 英国法,参见 Atiyah, Vicarious Liability in the Law of Torts (1967); Fleming, The Law of Torts, p. 409; Markesinis/Deakin, p. 532 f.;美国法,参见 Dobbs, Law of Torts, p. 509; Epstein, Cases and Materials on Torts, p. 429.

[②] 采雇用人无过失侵权责任的国家,除法国法系及英美法系国家外,尚包括《希腊民法》(第922条)、《意大利民法》(第2049条)、《葡萄牙民法》(第500条)及北欧诸国民法。值得特别提出的是,社会主义国家多采雇用人无过失责任,参见王利明主编:《民法侵权行为法》,中国人民大学出版社1993年版,第490页。

机械或器具及指挥为其事业之执行时,如其装置或指挥,已尽交易必要之注意,或纵加以注意,仍不免发生损害者,不在此限。"①德国民法所以设推定过失责任,其理由有四②:

(1)坚持19世纪德国法学界对过失责任的信念,德国伟大法学家Jhering氏曾谓,其所以使人负损害赔偿责任的,不是因有损害,而是因行为人有过失,其道理浅显明白,犹如使蜡烛燃烧的不是火光,而是空气中的氧。

(2)为顾及家庭及小型企业的负担能力。

(3)德国民法立法者曾经检讨《法国民法》第1384条第5项关于雇用人无过失责任的规定及实务案例,认为其乃基于一种功利思想,与德国人的法意识相去甚远,不宜采纳。③

(4)推定过失乃举证责任的倒置,足以保护被害人而不背离过失原则。

第二款　"民法"第188条规定的特色

一、三个特色

(一)推定过失

关于雇用人的侵权责任,"民法"系于第188条设其规定,前已提及,系采"推定过失"的规范模式。

---

① 采此种推定过失规范模式,尚有《瑞士债务法》第55条:"雇用人就其使用人或劳动者为执行职务上或营业上之事务所加之损害,如不能证明依该损害之类已为相当之注意,或纵加以相当之注意仍不免发生损害者,应负责任。雇用人对于加害之人,于其人有损害赔偿之义务时,得请求偿还。"《日本民法》第715条规定:"为某种事业而使用他人者,就被用人因执行其事业,所加于第三人之损害,负赔偿责任;但使用人对于被用人之选任及事业之监督,已为相当之注意,或纵为相当之注意而仍可发生损害者,不在此限。代使用人监督事业者,亦负前项之责任。前两项规定,不妨碍使用人或监督人对被用人行使求偿权。"关于瑞士法,参见 Oftinger/Stark, Schweizerisches Haftpflichtrecht, Band II (1995), S. 144ff. ; Heinrich Honsell, Schweizerisches Haftpflichtrecht (3. Aufl. 2000), S. 122f. 关于日本法,参见〔日〕前田达明:《不法行为法》,日本青林书院新社1980年版,第141页;〔日〕几代通:《不法行为法》,有斐阁1993年版,第195页;〔日〕川井健:《不法行为法》,日本评论社1986年版,第144页;〔日〕吉村良一:《不法行为法》,有斐阁2005年版第3版,第186页。

② Seiler, Die delikische Haftung in historischer Sicht, JZ 1967, 530.

③ Christian v. Bar, Europäisches Deliktsrecht Ersten Band, S. 194,认为此突显了德国人的高傲(hochnäsig)。德国民法制定时,曾深入分析检讨法国民法关于侵权行为规定及其解释适用,但多不采之。

（二）连带责任

各国立法例上多仅规定雇用人的责任,台湾"民法"则明定雇用人应与受雇人负连带赔偿责任("民法"第 188 条第 1 项),其所涉及的问题,将于相关部分再行说明。

（三）衡平责任

被害人因雇用人举证免责,不能受赔偿时,法院依其声请,得斟酌雇用人与被害人之经济状况,令雇用人为全部或一部分之赔偿,此种所谓"衡平责任",乃各国立法例上所无,系"民法"所独有,此一方面表示,台湾地区"立法"乃采过失责任原则,但借"推定过失"加以缓和,另一方面亦不采无过失责任,借衡平责任,以保护被害人,乃是一种归责原则的折中、妥协,但实务上则为具文(详见后文)。

二、立法政策与解释适用

（一）立法政策:推定过失责任的检讨

关于雇用人责任有"无过失责任"及"过失推定责任"两种规范模式,已如上述。衡诸今日的社会经济状况及人民的法律意识,在立法政策上,实应采无过失责任。[①] 就公平正义言,雇用人利用他人扩大其活动范围,理应承担受雇人侵害他人权利所生损害赔偿责任,始足保护被害人(损益兼归原则)。又从经济分析的观点言,雇用人(通常为企业),得以较少的成本预防损害的发生,并透过价格机能或保险分散损害,较具资源分配的效率。[②] 基于此认识,在采推定过失责任的国家,如何排除或限制雇用人的"举证免责",成为立法修正或法律解释的重要课题。

（二）解释适用:举证免责的规避

在德国,为克服《德国民法》第 831 条关于雇用人责任举证免责的规定,曾于 1967 年由联邦司法部提出《损害赔偿法草案》,明定采无过失责任:"使用他人从事一定事业者,应就其于实施事业中因故意或过失所为

---

① 参见拙著:《雇用人无过失责任的建立》,载《民法学说与判例研究》(第一册),北京大学出版社 2009 年版,第 1 页。

② 关于雇用人侵权责任的经济分析,Kötz/Wagner, Deliksrecht, S. 122 f.；Sykes, The Economics of Vicarious Liability, 93 Yale L. J. 1230 (1984)。关于法律经济分析在德国法院判决中的适用及分析,参见 Kötz/Schäfer, Judex Oeconomicus, 12 höchstrichterliche Entscheidungen kommentiert aus ökonomischer Sicht (2003),甚具阅读价值。关于法律经济分析的一般理论及在台湾地区法的应用,参见简资修:《经济推理与法律》,元照出版公司 2004 年版。

不法行为致第三人受损害，与该行为人同负损害赔偿责任。"此项草案并未能完成立法程序。2002 年 8 月 1 日施行的德国第二次损害赔偿法修正法根本未提及雇用人责任问题，其理由系德国实务上已探取各种方法排除《德国民法》第 831 条关于举证免责的规定，其主要的规避策略（escape devices），除严格认定举证免责外，系于《德国民法》第 823 条（相当台湾地区"民法"第 184 条）创设雇用人的"组织过失责任"（Organizationsverschulden），并扩张契约法的适用（如缔约上过失、积极侵害债权）等①，此项发展对"民法"的解释适用具启发性，俟于论及"民法"第 188 条与民事责任体系时，再作更进一步的说明。

（三）举证免责的严格认定

在台湾地区，"法务部"于 1987 年所提出的"民法"债编修正草案初稿，曾设有修正规定，其后则被删除。② 实务上所采策略系对雇用人的举证免责，作严格的认定，其能举证免责者，罕见其例。需说明的是，法律既然设有举证免责规定，雇用人常因此不愿和解，在诉讼上多方设法证明其选任监督已尽相当注意，此难免导致浪费资源；改采无过失责任，较能保护被害人，并具经济合理性。

第三节　雇用人推定过失的侵权责任

第一款　规范结构

依"民法"第 188 条第 1 项及第 2 项规定，雇用人应负"推定过失"的侵权责任，其要件有四：

（1）须有雇用人及受雇人关系。

（2）须受雇人不法侵害他人之权利，成立侵权行为。

（3）须受雇人执行职务。

（4）须雇用人选任受雇人及监督其职务之执行具有过失。

（5）其过失与损害发生，具有因果关系。此二者（过失和因果关系）

---

① Kötz/Wagner, Deliktsrecht, S. 115 以下。

② "民法"债编修正草案初稿增订第 188 条之 1，规定从事一定事业者的无过失责任："一定事业之受雇人因执行职务，不法侵害他人之权利者，由雇用人与行为人连带负损害赔偿责任。雇用人赔偿损害时，对于为侵权行为之受雇人有求偿权。但雇用人监督受雇人职务之执行有过失者，法院得减少其求偿之金额。前项但书之情形，受雇人赔偿损害时，得请求雇用人分担相当之金额。"（前"司法行政部"：《债编修正草案初稿》，第 42—43 页。）

均由法律推定(所谓的双重推定),雇用人得反证推翻之。

兹为便于观察,将此项雇用人推定过失责任的规范结构图标如下:

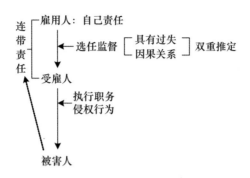

关于前揭规范结构,应说明者有二:

(1) 雇用人的侵权责任系采推定过失责任。[①] 非属"为他人行为而负责",乃是"自己责任",即选任受雇人及监督其职务,未尽相当注意,其所违反者,系一种社会安全义务(交易安全义务,Verkehrs-pflicht),即使用他人以从事一定工作者,应为必要的注意,以保护他人不因此而受损害。

(2) 前揭雇用人侵权责任的第一、二、三个要件,乃在规定雇用人的负责范围,各国立法例无论采何种规范模式,基本上均属相同,在解释上可供参照。第四个要件系免责规定,乃属所谓的消极要件。

第二款　成立要件

第一项　雇佣关系:谁为受雇人

一、规范功能的解释

"民法"第188条所使用的概念"受雇人与雇用人",同于雇佣契约的"受雇人与雇用人"。"最高法院"1967年台上字第1612号判例谓:"雇佣

---

①　关于雇用人责任的性质或依据,台湾学者有采过失责任说、中间责任说、无过失责任说(不纯粹无过失责任说、准无过失责任),参见史尚宽:《债法总论》,第179页;孙森焱:《民法债编总论》,第297页。见解的不同系因雇用人侵权责任的结构特色,一方面以雇用人选任监督过失为依据,另一方面又以受雇人为侵权行为为要件,着重于前者,可称之为推定过失;顾及后者,有称之为不纯粹无过失责任。

契约于当事人间，固以约定一方于一定或不定之期限内为他方服劳务，他方给付报酬为其成立之要件，然其与第三人间之关系，受雇人既系以听从雇用人之指示而作为，倘受雇人确系因服劳务而生侵害第三人权利之情事时，雇用人即不能借口曾与受雇人有何约定，而诿卸其对第三人之责任。"须注意的是，不能据此而认两者同其意义。盖诚如"最高法院"1968年台上字第1663号判例所强调："民法第188条第1项所谓受雇人，并非仅限于雇佣契约所称之受雇人，凡客观上被他人使用为之服劳务而受其监督者均系受雇人。"此系依法律规范意旨而为解释，乃适用侵权行为法规定所应采取的解释方法。例如"民法"第190条规定的动物"占有人"，应不同于民法物权编所称占有人；"民法"第194条规定："不法侵害他人致死者，被害人之父、母、子、女及配偶，虽非财产上之损害，亦得请求赔偿相当之金额。"其所称之"子、女"应包括非婚生子女在内。此等问题将于相关部分再为说明。

二、受雇人的认定基准

（一）一般原则

"民法"第188条第1项所称"受雇人"，旨在规定雇用人关于"人"的负责范围。按"民法"第188条规定雇用人应负损害赔偿责任，系以选任或监督受雇人有过失为原因，依此规范意旨，所谓受雇人，系指客观上被他人（雇用人）使用，从事一定劳务，而受其监督，服从其指示之人。受雇人于侵权行为时，若已失其"受雇人"的资格，雇佣关系不复存在，自不得本于最初的雇用，令原雇用人负责，例如船舶之出租人选任之船员，于船舶出租后，受承租人之雇用而为船员者，如因执行职务不法侵害他人之权利，仅承租人应依"民法"第188条之规定负损害赔偿责任。[①]

受雇人的特征在于受雇用人的监督，纳入其组织，服从其指示。监督上的指示包括受雇人从事一定劳务的时间、地点及方式，得为概括或具体。至于劳务的种类、报酬的有无、时间长短，其所从事的究为事实行为或法律行为，有无代理权限，均非所问。雇用人得为自然人或法人，受雇人通常为自然人，但亦得为法人。其属受雇人的，例如公交车的司机、公司的送货员、周刊杂志社的编辑、快餐店或加油站的工读生。

医生、飞机驾驶员、船长虽具专业性，但因纳入雇主的组织，须遵守服

---

① 参见"最高法院"1932年上字第257号判例。

务规则,仍属受雇人。律师从事专业服务,为司法的一环(参阅"律师法"第1条),具独立自主性,应认为非属当事人的受雇人。

须注意的是,父母子女间亦得成立"雇佣关系",例如父、母嘱其子女送客至机场,妻授权夫管理其财产,合伙人之间互不为他方的受雇人。

(二) 车辆靠行营业;乘客与出租车司机

1. 车辆靠行营业

车辆(尤其是出租车)靠行营业,是否成立"雇佣关系",而有"民法"第188条的适用,系实务上重要问题。[①]"最高法院"向来采肯定的见解,1988年台上字第665号判决论述甚详,强调:目前在台湾经营交通事业之营利私法人,接受他人靠行(即出资人以该交通公司之名义购买车辆,并以该公司名义参加营运),而向该靠行人(即出资人)收取费用,以资营运者,比比皆是,此为周知之事实。是该靠行之车辆,在外观上既属该交通公司所有,乘客又无从分辨该车辆是否他人靠行营运者,则乘客于搭乘时,只能从外观上判断该车辆系某交通公司所有,该车辆之司机即系受雇为该交通公司服劳务。此种交通企业,既为目前台湾社会所盛行之独特经营形态,则此种交通公司,即应对广大乘客之安全负起法律上之责任。盖该靠行之车辆,无论系由出资人自行驾驶,或招用他人合作驾驶,或出租,在通常情形,均为该交通公司所能预见,苟该驾驶人系有权驾驶(指非出自偷窃或无权占有后所为之驾驶),在客观上似应认其系为该交通公司服劳务,而应使该交通公司负雇用人之责任,方足以保护交易之安全。[②]

"最高法院"前揭判决的结论,实值赞同。其所以认定成立雇佣关系的主要理由系乘客仅能从客观上辨认该车辆是否为某交通公司(车行)所有,使车行负雇用人责任,始足保护交易安全。关于此点,应说明者有二:此所涉及者,乃侵权行为,而非契约责任,其受保护者,不限于乘客,并及于路人等,不能单纯从乘客的观点作为准据。其雇佣关系的成立,乃因车辆靠行在一定程度纳入该交通公司的组织,受其监督,尤其是由车行办

---

①　有系统的整理分析讨论,参见林更盛:《车行对靠行司机侵权行为的雇用人责任》,载《台湾本土法学杂志》2004年第57期,第123页。

②　参照"最高法院"1984年台上字第2691号判决:"'民法'第188条第1项所谓雇用人,只须外观上行为人为其服劳务即足,本件裕○公司允许黄某驾驶靠行该公司之大货柜车,以该公司之名义发给所得税扣缴凭单,并投保劳工保险,已据证人王某证述在卷,在外观上显已足认裕○公司为黄某之雇用人,被上诉人依民法第188条第1项规定,请求裕○公司与黄某负连带赔偿责任,自无不合。"

理保险,此乃认定雇佣关系的重要基准。

2. 乘客与出租车司机

关于出租车,尚需说明的是,乘客与司机之间不具"雇佣关系",对乘客言,司机为自主独立营业者,不受其监督,乘客就车祸不依"民法"第188条负其责任。乘客嘱司机违规超车而肇致事故时,得成立共同侵权行为("民法"第185条第1项前段)。

(三) 多数受雇人

受雇人以自己名义,更选任其他之人服务,以执行其职务时,其所雇佣关系应分别情形加以认定:(1) 受雇人有选任次受雇人的权限时,次受雇人为第一雇用人及第二雇用人所支配时,次受雇人同时为第一雇用人及第二雇用人的受雇人。(2) 受雇人无选任次受雇人权限,或虽有权限,次受雇人仅服从第二雇用人的监督时,第一雇用人非次受雇人的雇用人,就次受雇人的行为,不负"民法"第188条责任,就受雇人选任次受雇人的过失,则应负责。①

(四) 多数雇用人

1. 共同雇用

数人为共同事务共雇一人,实例甚多,在合伙最为常见。在此情形,数合伙人对其受雇人因执行职务不法侵害他人所生之损害,应负连带赔偿责任。若受雇人因执行职务致侵害另一雇用人的法益时,其他共同雇用人应否负责,应分别情形加以处理,即侵权行为系因执行通常职务发生者,受害的雇用人,不得请求赔偿。若侵权行为系针对某特定雇用人者,例如诈欺或诽谤,则其他雇用人仍应负责,但由于受害的雇用人对损害的发生,亦有选任监督的过失,应适用民法第217条过失相抵规定,分担其损害。

2. 出借受雇人(burrowed servants)

雇用人(一般雇用人)基于契约或其他关系,将其受雇人让与他人使用(临时雇用人),而于执行职务时致生损害,颇为常见,例如某百货公司增建房屋,以自己的司机供建筑商使用,搬运材料,司机于执行职务之际侵害他人权益。在此种情形,首应说明者,系一般雇用人与临时雇用人之间纵有求偿的约定,亦属内部关系,对被害人依侵权行为法规定请求赔偿

---

① 参见史尚宽:《债法总论》,第182页。

的权利,不生影响。受雇人因执行职务侵害一般雇用人之权益时,应由谁负责,原则上应解释当事人间的契约内容而定之。"出借"的受雇人侵害第三人时,究应由一般雇用人或临时雇用人负责?此应适用"民法"第188条第1项规定,视发生损害时,谁监督受雇人的行为而定。有疑义而不能决定时,应使一般雇用人与临时雇用人负连带责任。

关于"出借受雇人",实务上有一个法律问题:甲雇用乙为怪手车司机,丙营造公司向甲承租以乙为司机之怪手车进行整路工程,某日乙于施工时因过失而挖断电缆,则应由何人负连带赔偿责任?"司法院"第一厅研究意见认为:题意丙与甲、乙间之法律关系并不明确。因怪手车司机乙不能作为租赁之客体。本题丙如系向甲租用怪手车,另商得乙同意帮忙操作怪手车并受丙监督或另由丙雇用乙操作怪手车,进行整路工程,则丙为雇用人,乙为受雇人("最高法院"1968年台上字第1663号判例参照),甲、丙仅为机器出租人与承租人之关系,此时应由乙、丙负连带赔偿责任;如系甲向丙承揽整路工程,甲雇用乙为怪手车司机,则甲为雇用人,乙为受雇人,甲、丙则仅为承揽人与定作人之关系,此时,应由甲、乙负连带赔偿责任。[①]

值得比较研究的是英国 Mersey Docks v. Coogins 案。[②] Mersey Docks 公司拥有数部起重机,某日将一部起重机出租予某公司,起重机之操作师亦随同前往。当事人的约定,超重机的操作师系为承租人的受雇人。但由出租人支薪,并仅其有权免职。操作师于搬运货物之际,因疏懈致伤害他人,于事故发生时,承租人对于运搬何种货物虽得为指示,但对于起重机的操作,则无权指挥。英国上议院认为,Mersey Docks 公司系一般雇用人,故应负责。Porter 法官指出:"处理类此案件,并无固定标准,可资遵循,责任谁属,应斟酌由何人支薪,何人有权免职,以工作时间及使用之工具而决定之。"其尚应考虑的是,一般雇用人从事出租机器设备及人员的业务,较能符合经济地吸收事故的成本,并基于对特定事故危险的经验而为必要的保险。

(五) 派遣劳工

所谓劳动派遣系指派遣公司之雇主,与劳工订立劳动契约,于得到劳

---

① 参见"司法院"1993年7月23日厅民1字第13700号函复台高院。

② 〔1974〕AC 1. 关于此件判决的讨论,参见 Fleming, Law of Torts, p.419。

工同意,维持劳动契约关系之前提下,使其在要派公司事业主指挥监督下为劳务给付,该劳工与要派公司事业主间并无劳动关系存在而言,要派公司与派遣劳工间,仅存有劳动力使用之指挥命令关系,至于基于劳动契约关系成立而发生之雇主义务,则系存在于派遣公司,只由派遣公司雇主负担法律上之主体责任,此种特殊之劳动关系,可视为派遣公司将其劳动请求权乃至劳务指挥权让与要派公司后所发生,依据"民法"第484条之规定,派遣公司于得到受雇人同意后,得将其劳务请求权利让与要派公司,劳动契约仍存在于派遣公司与受雇人之间。①

"民法"第188条的受雇人不以有劳动关系存在为必要,要派公司对派遣员工若有指挥管理权限,该派遣员工即为要派公司的受雇人,对其执行职务不法侵害他人的行为,应负连带责任。派遣公司应否与要派公司依"民法"第188条第1项规定负连带责任,应视其是否有指挥管理权限而定。②

(六) 非属受雇人的独立营业者

1. 独立营业者与受雇人的区别

其非属"受雇人"者,系独立自主从事一定营业之人,例如运送人、旅馆经营者、建筑业者、水电业者、手工艺者等(英美法上称为 independent contractors,德国法上称为 selbständige Unternehmer)。此等独立营业者的特征在于独立执行业务,不纳入他人的组织而受其监督,惟此并不排除其须受一定范围的指示。究为"受雇人"或"独立营业者",有疑义时,应视何人得为有组织的控制及掌握其危险,并适于为保险而定。③ 准此以言,在前揭甲招乙修建屋顶花园之例,乙无论其为公司或个人,均属独立营业者,而非甲的受雇人。

2. 侵权责任及请求权基础

兹举一例说明使用"雇用人"或"独立营业者"的侵权责任。甲参加乙旅行社所举办的台东红叶温泉三日游。甲住宿于丙旅馆,因阳台具有缺陷,甲掉落身受重伤。在此情形,其应检讨者,系甲在侵权行为法上得向乙请求损害赔偿的规范基础(请求权基础):

---

① 参见台湾台北地方法院2012年诉字第1523号判决。
② 参见台湾台北地方法院2012年北简字第1532号判决。
③ v. Cammerer, Reformprobleme der Haftung für Hilfspersonen; ZfRV 1973, 241.

甲得依"民法"第188条第1项规定向乙请求损害赔偿,须以丙为乙的"受雇人"为要件。旅馆业者丙系独立、自主营业,不受旅游营业人乙的监督指示,非属其受雇人,无"民法"第188条的适用。

甲得以"民法"第184条第1项前段规定为请求权基础。乙经营旅行社,乃旅游营业人("民法"第514条之1以下),须依债之本旨履行其安排旅程及提供交通、膳宿等义务。此外,乙并因其开启营业,而负有社会交易安全注意义务,防范危险,对旅客住宿旅馆的安全应为适时必要检查。乙违反此项义务时,就因其过失不法侵害甲身体健康,应负损害赔偿责任。

第二项 须受雇人为侵权行为

"民法"第188条第1项规定:"受雇人因执行职务,不法侵害他人之权利者,由雇用人与行为人连带负损害赔偿责任。"所谓"不法侵害他人之权利",文义未臻明确,应说明者有四:

一、侵权行为的要件及保护客体

就法律规定雇用人与受雇人的连带责任及雇用人为赔偿后得向受雇人求偿的规定观之,所称"不法侵害他人之权利",须具备"民法"第184条所定一般侵权行为的要件,除该条第1项前段(权利侵害)外,尚包括第1项后段(悖于善良风俗方法加损害于他人)及第2项(违反保护他人的法律)。[①] 其保护的客体,除权利外,尚及于其他利益(纯粹经济损失),此点甚为重要,应请注意。

---

① 关于"民法"第184条第2项及第188条的适用,其值得参照者,系"最高法院"2002年台上字第1221号判决:"按银行法系为健全银行业务经营,保障存款人权益,适应产业发展,并使银行信用配合金融政策而制定,为该法第1条所明定。由是以观,银行法之制定目的,并非仅在保护金融秩序而已,尚括存款人权益之保障,故该法第29条第1项规定,自难谓仅保护金融秩序,并非保护他人之法律。查台湾境外金融机构派员来台直接吸收存款,财政部金融局认系违反银行法第29条第1项关于'非银行不得经营收受存款'之规定,且被上诉人瑞士银行于原审亦自承认另一被上诉人陈○长自香港来台招揽客户,则上诉人主张陈○长来台游说其在瑞士银行香港分行开立账户从事外汇保证金买卖并存款于该分行,系违反保护他人之法律,依上说明,是否不足取,即有再推敲之余地。倘陈○长上开行为系违反保护他人之法律,又致生损害于上诉人,则上诉人请求被上诉人负连带赔偿责任,依民法第184条第2项前段及第188条第1项前段规定,要非无据。乃原审竟以银行法第29条第1项规定旨在保护金融秩序,难谓系保护他人之法律,而为上诉人不利之判断,自属可议。"

二、过失的要件及过失的判断基准

（一）受雇人须有过失

在采雇用人"推定过失责任"的立法例，有仅以受雇人不法侵害他人之权利为要件，不以具有过失为必要（如《德国民法》第831条、《瑞士债务法》第55条）。"民法"则必须以受雇人具有过失为要件。受雇人于行为时无识别能力，不成立过失时，雇用人虽不负"民法"第188条雇用人侵权责任，但对其选任监督的过失，仍有"民法"第184条第1项前段规定的适用。

（二）判断基准

受雇人的过失，应以交易上应有的注意（善良管理人注意）为判断基准。值得提出的是，新闻媒体（雇用人）对其编辑人员（受雇人）所为不实报道导致侵害他人名誉，亦应负责。"最高法院"在最近一则重要判决（2004年台上字第851号判决）认为，新闻自由攸关公共利益，政府应予最大限度之保障，俾新闻工作者提供信息，监督各种政治及社会之功能得以发挥，倘严格要求其报道之内容必须绝对正确，则将限缩其报道空间，造成钳制新闻自由之效果，影响民主多元社会之正常发展。故新闻媒体工作者所负善良管理人之注意义务，应从轻酌定之。倘其在报道前业经合理查证，而依查证所得资料，有相当理由确信其为真实者，应认其已尽善良管理人之注意义务而无过失，纵事后证明其报道与事实不符，亦不能令负侵权行为之损害赔偿责任。惟为兼顾个人名誉法益之保护，倘其未加合理查证率予报道，或有明显理由，足以怀疑消息之真实性或报道之正确性，而仍予报道，致其报道与事实不符，则难谓其无过失，如因而不法侵害他人之名誉，即应负侵权行为之损害赔偿责任。此项关于媒体工作人员（受雇人）过失的认定，对媒体（雇用人）责任甚属重要。

三、被害人的范围

其被不法侵害之"他人"，包括同一雇用人的其他受雇人，例如甲公司的乙业务员驾车送货，因超速肇事，致同车的丙业务员受伤时，亦有"民法"第188条第1项的适用。[①] 实务上有一个法律问题：甲、乙二人同为

[①] 英国的普通法（Common Law）曾认为，受雇人共同受雇于同一雇主（common employment），自谋冒险（assumption of risk）或有助成过失（contributory negligence）者，不得向雇主请求损害赔偿（学说上称之为3个不神圣的规定，unholy trinity），今则已因立法而遭废除，关于其社会背景分析，参见 J G Fleming, Law of Torts, p. 327, 568, 571.

丙公司受雇之劳工,在同一场所工作,某日甲移动其工作场内机械,疏未防范,致乙经该处为倒塌机械压断腰椎骨,下肢瘫痪残废,甲因过失伤害并经判处罪刑确定,问某乙得向丙公司请求何项赔偿?

研究意见认为:按雇主依"劳动基准法"第 59 条规定所负之补偿责任,系法定之补偿责任,并不排除雇主依民法规定应负之侵权行为赔偿责任,此由该法第 50 条规定"雇主依前条规定给付之补偿金额,得抵充就同一事故所生损害之赔偿金额"而自明。本题雇主对受伤之劳工乙除依"劳动基准法"第 59 条规定予以补偿外,并应依"民法"第 188 条规定就劳工甲之侵权行为连带负损害赔偿责任,得以补偿金额抵充损害赔偿金额。①

四、举证责任

关于受雇人的侵权行为,应依一般原则,由被害人负举证责任。被害人应证明行为人系雇用人的受雇人,其能证明行为人确系受雇人,但不能知其中孰为加害者(例如甲有受雇人乙、丙,在山上丢弃废石,伤害路人丁,不知加害人究为乙或丙),亦得成立侵权行为(参照"民法"第 185 条第 1 项后段),而使雇用人负损害赔偿责任。②

---

① 参见"司法院"1985 年 10 月《司法业务研究会》第 7 期。

② 关于此问题,可资参照的,系台湾台北地方法院 2000 年海商字第 15 号判决,其事实为:原告主张:其所有圣文森籍"救难皇后号"救难船,于 1998 年 6 月 19 日,于高雄港第 15 号码头准备加油出航时,为被告登记所有之巴拿马籍"明益轮"操船不当,致该船碰撞受损。虽不知何人实际操作该肇事轮船,仍依据"民法"第 184 条、第 188 条起诉请求损害赔偿。法院判决略谓:可认定肇事轮船上之船员乃被告所雇用,则本件不慎撞及"救难皇后号",不论是肇因于船长指挥错误或是海员操作或机械故障,皆系船舶上船员之责任,原告无从得知被告之何受雇人之过失所致,但被告之受雇人既有故意或过失侵害原告权利之情事,被告之受雇人对于原告所受之损害,自应负赔偿之责。又侵权行为之发生,究系为何受雇人之故意或过失所致,原告显难以证明,若令原告就此负举证责任,始得请求损害赔偿,对原告显失公平。况于现代社会生活中,营利法人以受雇人为其手足扩展其社会生活之活动范围,并为其创造更多的利润,是雇用人以受雇人为履行辅助人从事社会活动,附带产生风险及成本,雇用人自应就其创造之风险负责,是应肯认雇用人之侵权行为责任。至于何人系有过失之受雇人,则系被告公司间内部求偿之问题,与本件无涉。本件判决之结论,可资赞同。但所谓"营利法人"的受雇人,尤其是所谓雇用人以受雇人为"履行辅助人"从事社会活动,未能明辨"民法"第 188 条受雇人与"民法"第 224 条履行辅助人的不同,应值注意。(本件判决系由台北地方法院林鸿达法官所提供,并承其整理内容,谨致谢意。)

第三项 执行职务:实务上的重要问题

一、法律适用上的涵摄

雇用人侵权行为的成立须以受雇人"执行职务"不法侵害他人之权利为要件。"执行职务"的认定,首先须提出判断基准,其次再就个案事实为法律适用上的涵摄。此实为困难的问题,实务上争议甚多,"最高法院"难免与原审采不同见解,认为原审"殊嫌速断""不无可议""要难谓当",而要求原审法院详加审究①,特详为说明。

二、判断基准

(一) 外观行为的客观上判断基准

1. "最高法院"1953 年台上字第 1224 号判例:客观说

"最高法院"1953 年台上 1224 判例谓:"民法第 188 条第 1 项所谓受雇人因执行职务不法侵害他人之权利,不仅指受雇人因执行其所受命令,或委托之职务自体,或执行该职务所必要之行为,而不法侵害他人之权利者而言,即受雇人之行为,在客观上足以认为与其执行职务有关,而不法侵害他人之权利者,就令其为自己利益所为亦应包括在内。"据此见解,"最高法院"认为,某氏为高雄市商会(上诉人)的秘书兼业务组长,掌管配布事宜,以配布名义向被上诉人诈欺布款,系"因执行职务"不法侵害他人权利。

2. "最高法院"2001 年台上字第 1991 号判决:行为外观理论

在一个关于证券公司营业员盗卖股票的案件,"最高法院"2001 年台上字第 1991 号判决就"因执行职务"的认定基准,作出了更进一步的阐

---

① 法律适用上的涵摄包括逻辑及评价,为使读者了解其过程的困难,举"最高法院"2011 年台上字第 609 号判决,以供参考:"原审认定江○玲为上诉人之会计,其职务为'开立票据、转账',以伪造之印章盖用在上诉人所领取之真正支票上,再以其夫洪○田名义及账户提示领款,乃系利用执行职务上机会、时间、处所所为,因认外观上属江○玲执行职务行为等语。惟查发票人之票据开立行为,须由发票人于票据上签名或以盖章方式代之,原审认定江○玲之职务包括'开立票据',是否包括被授权以上诉人之名义签发票据,或保管使用上诉人开立票据所需之印章? 抑或仅负责填具空白票据(如日期、金额)后,尚须由他人用印始能完成发票行为? 原审关此部分未详予说明,径予认定其职务包括'开立票据',尚嫌速断,且有判决不备理由之失。又本件依原审认定之事实,系争支票均系由江○玲以伪造印章方式签发,并以其夫洪○田名义及自己账户提示,惟查江○玲纵有'接触'真正印鉴章机会,惟系争发票行为要属伪造行为,被上诉人所受损害原因,直接因该伪造行为所致,该'伪造行为'外观上是否为执行其职务? 抑或系'伪造后持以行使'之外观,令他人误以为系执行职务? 如为后者,得否认系客观上足认为与其执行职务有关? 均有详加审究之必要。"

释。"最高法院"强调:"民法第188条第1项所称之'执行职务',初不问雇用人与受雇人之意思如何,一以行为之外观断之,即是否执行职务,悉依客观事实决定。苟受雇人之'行为外观'具有执行职务之形式,在客观上足以认定其为执行职务者,就令其为滥用职务行为,怠于执行职务行为或利用职务上之机会及与执行职务之时间或处所有密切关系之行为,亦应涵摄在内。"①本件判决的特色,在提出"以行为之外观断之"的见解,成为"最高法院"判断受雇人执行职务的判断基准。

（二）内在关联的判断基准

关于执行职务范围的认定,"最高法院"提出两个基本见解:(1)以"外观行为"的客观上判断基准。在客观上足以认为与其执行职务有关,而不法侵害他人之权利者,就令其为自己利益所为亦应包括在内。然若于客观上并不具备受雇人执行职务之外观,或系受雇人个人之犯罪行为而与执行职务无关者,即无本条之适用("最高法院"2011年台上字第609号判决)。(2)将执行职务范围分为:受雇人执行雇用人的命令;滥用职务等。

受雇人的行为是否属于执行职务,不能依雇用人与受雇人的意思而决定,实值赞同。但悉以雇用人的行为外观而认定,亦值商榷。其所涉及者,系在决定雇用人的责任范畴,乃价值判断问题,含有法政策的意涵,不能单就行为外观加以论断,行为外观理论不足以说明雇用人应就受雇人行为负其责任的实质理由。②

雇用人责任的依据,系使用他人,享用其利者,应承担其害,负其责

---

①　"最高法院"在本件判决使用"涵摄"此一在法学方法论具有重要意义的用语。"涵摄"乃德文Subsumtion的迻译,意指将具体事实涵摄于抽象的法律概念之下,例如某甲的送货员某乙送货途中发生车祸,撞伤路人丙,此一具体事实可涵摄于"因执行职务"不法侵害他人之权利。参见拙著:《民法思维——请求权基础理论体系》,北京大学出版社2009年版,第157页。

②　"最高法院"2000年台上字第2941号判决谓:"查上诉人抗辩郭○东于凌晨1时许之非上班时间,与友人聚会饮酒,因接获其妻来电要求回家探视生病之女儿,未经上诉人同意擅自取用上诉人公司小客车,驾车返家处理私事途中肇事,与其职务并无直接、密切关系,即非职务行为等语,此观郭○东于刑事诉讼侦审程序中,自陈其上班时间为上午10时至晚上10时,肇事当时系下班时间,前晚11时许与同事同往卡拉OK饮酒,临时获接妻子来电告知孩子生病,乃至停车场开车回家途中肇事等语,与证人康○铭(上诉人之法定代理人)、高○雄(事发前与郭○东共同饮酒之同事)、徐○奇(停车场管理员)等人于该程序所为之证言尚属相符,上诉人之抗辩,似非全然无据。参以上诉人公司小客车车身之外观,并无公司名称,为被上诉人所不争,则郭○东于下班时间,擅自驾驶外观上无公司名称之上诉人公司小客车肇事,究与其职务有何关联性?其行为外观如何凭证与其执行上诉人公司职务相关?殊非无疑。原审未加任何调查审认,说明上诉人抗辩之取舍意见,徒以郭○东为上诉人雇用,负责驾驶上述小客车,于驾驶该小客车途中肇事,即谓与其职务有关,径为不利于上诉人之判决,自嫌速断。"值得提出的问题是,若该小客车外观上有公司名称时,雇主应否负责,为何要以肇事汽车外观上有无公司名称作为判断基准?

任,雇用人并具有较佳能力,得借商品劳务的价格或保险分散损害。关于执行职务范围的认定,亦应考虑"内在关联",即须与雇用人所委办职务具有通常合理关联性,雇用人对此可为预见,事先防范,并计算其可能的损害,内化于经营成本,予以分散。[①]

三、案例类型

将执行职务的认定,分为若干类型,加以观察,具有实益。其属执行职务"概念核心"领域的,较为明确。其属"边缘地带"的,难免争议。类型具开放性,得为不同的组合,并作必要的调整。关于雇用人侵权责任的成立,各国法律不论采取何种规范模式,均以"因执行职务"不法侵害他人权益为要件,其实务上的案例,可供参照。本书以"最高法院"所提出的各种情形作为基础,并借用比较法的若干案例,作较详细的分析讨论。

(一)职务的执行

其属执行职务范围的,乃职务本身的执行,其情形有三:

1. 雇用人命令的执行

此指受雇人执行雇用人关于职务的指示,例如在某处丢弃废料,在某地埋设管线致挖断电缆,而侵害他人权利。此亦包括不作为在内,例如受雇人依雇用人指示,未在工地设置安全防范措施。

2. 委托职务自体

此指受雇人执行雇用人委办事项,此最属常见,乃典型情形,例如店员驾车运送货物,水电工装设冷气,医生手术开刀时,不法侵害他人权利。

3. 执行职务的必要行为

此究指何而言,实务上有一个某军人奉命采购军用品的案件,可供参考。"最高法院"2000 年台上字第 1161 号判决引用 1953 年台上字第1224 号判例认为:"奉命采购军用品完毕后,如以其私有轿车载送采购军用品回部队,是否非执行职务之必要行为,亦有再事研求之余地。"[②]应补充说明的是,类此案例亦可认系执行职务的方法,例如百货公司的保全人员误认顾客正在偷窃物品,而强制拘留;车站人员误认乘客搭错班车,将

---

① "内在关联理论"(innerer Zusammhung)系德国通说所采见解,参见 Jauernig/Teichmann, § 831 Rdnr. 8; Fikentscher, Schuldrecht, S. 783.

② 参见吴瑾瑜:《受雇人执行职务之行为》,载《中原财经法学》第 6 期,第 124 页。

其拉下,致乘客受伤。①

(二) 职务的违背与执行方法的违背

受雇人违背职务,尤其是违背雇用人所为的指示,是否属于执行职务范围,应视其所违背的,究系职务本身或执行方法而定:

其属违背职务本身的,例如医院护士擅自为病人开刀。② 公交车车掌因司机迟到而擅自开车。③ 此等行为与职务的执行不具内在关联,雇用人不必负责。

其属违反职务执行方法的,德国实务上有一个案例可供参照。雇用人甲嘱其受雇人乙以 A 车运送货物。乙自认 A 车容量过小,须二次搬运,甚不经济,乃擅自使用 B 车,因 B 车具有缺陷,发生车祸。德国联邦法院认为乙的行为与其执行职务具有内在关联,雇用人应为负责。④

(三) 职务给予机会的行为

受雇人因职务给予机会,而为侵害他人的权利,多属故意行为,如何认定其属执行职务范围,颇为困难,将于下文再为讨论,兹先就两种情形说明之:

(1) 滥用职务的行为。此指以执行职务为手段,而为不法行为,例如邮差私拆信件,窃取汇款⑤;宅急便送货员窃取托送物品;歌剧院衣帽间管理员窃取寄托物品,此等行为与其职务具有内在关联,均应由雇用人负责。

(2) 与执行职务具空间、时间或事物上有密切关系而具内在关联的,例如运送瓦斯的司机吸烟,引起爆炸。其不具有内在关联的,例如前揭运送瓦斯的司机丢弃烟蒂于车外,致他人农舍引起火灾;清洁公司的工人在

---

① 本例系参照 Bayley v. Manchester, Sheffield and Lincolnshire Railway Co. (1983, LR CP, at 153); Markesinis/Deakin, Tort Law, p.551.

② 孙森焱认为,医院护士穿着制服为病人治病,致人于死时,系滥用职务之行为,参见氏著:《民法债编总论》,第301页。

③ 英国法上的判决,参见 Igbal v. London Transport Executive (1973) 16 KIR 329 (CA); Contrast LCC v. Cattermoles (1953) I WIR 977 (CA).

④ BGH NJW 1971, 31.

⑤ 参照"最高法院"1929 年上字第 875 号判例:"邮政局员所为开拆信件抽换内容之侵权行为,邮局应否负赔偿责任,既为邮政条例及邮局章程所未规定之事项,当然依普通法则,应负赔偿之责。"

客户的场所擅自打电话,增加费用。[1]

(四) 犯罪行为与执行职务:营业员盗卖股票,证券公司应否负责?

1. "最高法院"的判决:歧异见解

证券公司从业人员盗卖客户股票的行为,在何种情形构成违反职务,系实务上近年来的重要争议问题。"最高法院"判决前后见解不同,实值注意,特列专项加以讨论。

(1)"最高法院"2001 年台上字第 1235 号判决:肯定说

在 2001 年台上字第 1235 号判决,"最高法院"采用 1953 年台上字第 1224 号判例的"外观形式理论"认为,"证券商负责人与业务人员管理规则"第 2 条及第 3 条虽规定:业务员之职务仅为证券之承销、买卖之接洽或执行,不包括股票交割,同规则第 16 条亦明定禁止营业员代客户保管股票、金钱、存折或印章,但营业员如利用代客买卖股票之机会,于营业时间内,在其雇用人之营业场所,私下代客户保管股票、印章或存折,或代客户办理股票交割等事务,乃系利用职务上予以之机会,而为与其执行职务之时间及处所有密切关系之行为,在客观上足认与其执行职务有关。本件被上诉人侯○彤系被上诉人雇用之营业员,受上诉人委托代为买卖股票,为两个所不争之事实,上诉人交付印章、存折予被上诉人侯○彤,无论仅为代办股票交割,或系包括代领股票及领取存款,既系于营业场所及营业时间内为之,尚难认与被上诉人侯○彤职务上之行为毫无关联,乃竟利用职务上予以之机会,不法侵害上诉人之权利而造成损害,上诉人主张其雇用人即被上诉人大华证券公司应负连带赔偿责任,似非全然无据。即令上诉人将其印章、存折等资料交予营业员即被上诉人侯○彤,致其有机会盗卖股票侵占股款,亦属上诉人是否与有过失之问题而已。[2]

(2)"最高法院"2003 年台上字第 485 号判决:否定说

关于证券公司营业员盗卖股票,证券公司应否负责,"最高法院"2003 年台上字第 485 号判决采取否定见解:按"民法"第 188 条所定雇用人之连带赔偿责任,以受雇人因执行职务不法侵害他人之权利,始有其适用。倘系受雇人个人之犯罪行为而与执行职务无关,即与该条规定之要

---

[1] 英国法上判决,参见 Heasmans v. Charity Cleaning Co. Ltd. (1987) ICR 949; Markesinis/Deakin, Tort Law, p. 545.

[2] 采相同见解者,尚有"最高法院"1997 年台上字第 1497 号判决,关于本件判决的评析,参见陈聪富:《受雇人执行职务之行为》,载《侵权归责原则与损害赔偿》,第 135 页。

件不合,殊无因受雇人滥用职务或利用职务上之机会及与执行职务之时间或处所有密切关系之行为,其外观在客观上认为与执行职务有关,不法侵害他人之权利,遽认为雇用人应与该受雇人负连带赔偿责任。查证券经纪商为受托买卖有价证券而雇用营业人员为直接有关有价证券买卖之行为者,必该营业人员因执行与有价证券买卖有关之行为而不法侵害他人之权利者,始得令证券经纪商与该营业人员负连带赔偿责任,倘系营业人员个人之犯罪行为而无关有价证券买卖之职务者,尚难谓系因执行职务而不法侵害他人之权利。依"管理规则"第2条规定,业务人员之职务既系为证券商从事有价证券之承销、买卖之接洽或执行。同规则第16条第11款复明定,证券商之负责人及业务人员执行职务应本诚实及信用原则,不得挪用或代客户保管有价证券、款项、印鉴或存折。本件叶○真为大昌公司营业员,"私下"代客户保管股票、存折及印章,并代客户操作股票买卖,而盗卖客户股票或侵吞款项,其因业务侵占罪,业经法院判处有期徒刑3年确定,为原判决所是认。则能否因其系在大昌公司营业场所及营业时间内"代"客户操作买卖股票,即谓其行为系为公司执行买卖有价证券之职务行为而非其个人之犯罪行为,尚非无研求之余地。①

2. 分析讨论②

(1)盗卖股票

营业员违法私下代客户保管股票等,利用机会盗卖股票,"最高法

① 其采相同见解者,尚有"最高法院"2001年台上字第1440号判决,鉴于其重要性,为便于参照,摘录如下:"民法第188条所定雇用人之连带赔偿责任,以受雇人因执行职务不法侵害他人之权利,始有其适用。倘为受雇人个人之犯罪行为而与执行职务无关,即与该条所定成立要件不合,尚难令雇用人与受雇人负连带赔偿责任。查证券经纪商为受托买卖有价证券而雇用营业人员为直接有关有价证券买卖之行为者,必该营业人员因执行与有价证券买卖有关之行为而不法侵害他人之权利者,始得令证券经纪商与该营业人员负连带赔偿责任,倘系营业人员个人之犯罪行为而无关有价证券买卖之职务者,自难谓系因执行职务而不法侵害他人之权利。杨○娟为诈取伊前交付上诉人供担保借款债务之股票,而利用其先父杨○成于富顺公司之账户,及其为富顺公司营业人员之身份,盗盖其先父印章于富顺公司买进卖出报告书,又无力缴纳股款而未完成交割手续,其伪造文书、违反证券交易法之犯行,固经判处有期徒刑10个月确定,惟其持富顺公司之买进卖出报告书向上诉人骗取原供担保之股票,则纯属个人之犯罪行为,与执行证券经纪商之股票买卖职务无关联,自难仅凭被上诉人杨○娟盗盖其先父杨○成印章于富顺公司之买进卖出报告书,并交付予上诉人之事实,遽认被上诉人杨○娟所为系执行业务之行为,而令富顺公司应负雇用人之连带赔偿责任,上诉人依民法第188条规定,请求富顺公司连带赔偿,自属无据。"

② 较详细深入的论述及案例资料,参见林庆郎:《论受雇人执行职论——从盗卖股票事件检视执行职务之判断标准》,台湾大学法律学研究所2005年度硕士论文。

院"原肯定仍属职务范围,证券公司应连带负责。最近若干判决采否定说,此种歧异见解,究出于偶然,抑或有意让二说并存,抑或系以"后之判决"推翻"前之判决",不得确知。为维护法律安定及促进法律进步,事关人民权利,"最高法院"应尽速以较详尽的理由,明确表示采取究何种见解。

"最高法院""后之判决"的重要意义在于修正1953年台上字第1224号判例所采的客观说(外观行为),就此点而言,应值赞同。应强调的是,不得据此而认为受雇人的个人犯罪行为根本与执行职务无关,雇主不必负责。其是否与执行职务有关,而属于雇用人负责范畴,应依其是否与职务具有"内在关联"而定。其应特别考虑的是,其所执行的职务是否增加此项犯罪行为危险性,雇用人得否预见,并为防范。具有此种内在关联的,例如歌剧院衣帽间服务人员偷窃客人交付的物品,前已提及。比较法上值得参考的是,德国通说认为委办职务具典型增加犯罪行为危险性的,雇用人亦应负责。[1] 法国实务上认为,戏院带位员在戏院内对询问前往洗手间女客为强制性交,并予谋杀,乃职务的滥用(abus de fonctions),雇主应予负责。[2] 澳洲法院认为,橄榄球员故意伤害他方球员,使其俱乐部打败对手,雇主亦须负责。[3] 美国法院有认为,临床治疗师(therapist)的受雇人对就医者为不当性行为时,雇用人应不免予负责,盖此种医疗职务,存在有信赖关系,被害人有特别保护的必要。[4]

前揭"最高法院""后之判决"认为,营业员盗卖客户股票等行为,非必与有价证券买卖有关之行为有关,尚难谓系执行职务而不法侵害他人之权利,乃对执行职务采取较严格的解释。必须说明的是,营业员利用代客买卖股票,在营业场所及营业时间内,为客户保管股票、存折、印章及代客操作,并趁机盗卖股票,此乃其职务(代客买卖股票)所给予的机会,特别增加其危险性,雇用人得为预见,并加防范,客户对证券公司亦有一定的信赖关系,雇用人并因营业员代客买卖股票而获利,认其代客买卖等行

---

① MünchKomm BGB/Mertens, § 831 RdNr. 40.

② Cass. Crim. 1953年11月5日判决,引自Murad Ferid, Das Französische Zivil-recht, S.851.

③ Cantebury Football Club v. Rogers (1993) ATR 81-246 (NSWCA).

④ Dan B. Dobbs, Law of Torts, p.114. 此项信赖关系多存在于医师与病人、神职人员与教友之间,被害人有特别保护的必要。

为乃属受雇人执行职务范围,雇用人应为负责,难谓无据。须特别指出的是,纵采"最高法院"见解,认为其与执行职务无关,雇用人未善尽其组织管理证券公司的业务,任由营业员私下代客操作,买卖股票,有机会为盗卖客户股票的犯罪行为,违反交易上社会安全义务,仍应依"民法"第184条第1项前段规定,负损害赔偿责任。

（2）理财专员侵占客户财产

值得注意的是,"最高法院"2007年台上字第2532号判决银行理财专员招揽业务而侵占客户的财产利益（理专侵占客户财产案）,亦得成立"执行职务侵害他人权利,雇主（银行）应依民法第188条第1项规定负连带责任"。①

（3）营业员擅自利用投资人交付保管的存折印鉴取款

投资人自行将银行存折、印鉴交付营业员或由其保管,营业员擅自将投资人之银行存款取出,是否仍属"在业务上可资利用,并具执行职务外观"。"最高法院"2009年台上字第763号判决谓:"营业员之所以有侵占投资人银行股款之机会,如系基于投资人之授权（经由自行交付存折、印章予营业员,或对于营业员持有自己之存折、印章不为反对之意思表示等方式为之）,或配合营业员之指示,径行将款项汇入营业员指定之人头账户,则营业员借此机会对投资人银行存款为侵占行为,是否非属营业员（薛○香）个人之不法行为? 不无疑义。……能否谓甲○○不知存折、印鉴章由营业员薛○香保管,并非营业员之业务范围? 其明知此非属薛○香执行业务之范围,却基于多年同窗好友之信赖关系,任由薛○

---

① "最高法院"2007年台上字第2532号判决:"上诉人对贵宾所承诺之专属礼遇包括:'一对一专属理财专员,提供量身定做贵宾专属优惠''专属快速作业柜台,节省宝贵时间''专人到府服务,代为处理银行事务'等项,有网页数据在卷可稽。邱○志既经指定为对被上诉人提供服务之理财专员,其对被上诉人提供服务,自无需事事请示或经银行主管逐一指定;且银行对往来交易金额较大之客户提供较周全之贵宾服务,其目的无非在与客户建立关系,以收招揽生意、增加银行营收之效,理财专员受雇于银行所提供劳务之范围,绝非仅止于表面上向客户提供'投资理财之服务咨询',对银行而言,理财专员工作之重点毋宁是在为银行商品或服务之营销,此观邱○志所证述之内容即明。而被上诉人之所以委请邱○志至宝华银行取款转存于系争账户,系因邱○志为上诉人向被上诉人招揽存款,此据邱○志证述在卷,邱○志既系招揽存款业务而侵占被上诉人之现金,自系因执行职务而不法侵害被上诉人之财产利益,上诉人依民法第188条第1项规定,应与邱○志连带负损害责任,洵堪认定。至于邱○志未经上诉人之其他行员或保全人员陪同,单独前往拿取现金,系上诉人未尽监督责任,致邱○志有可乘之机,尚不得指为邱○志非在执行受雇之职务。"

香持有其存折、印章,致有机会盗领、侵占其银行存款。迨于事后,甲○○始主张薛○香之侵占行为,具有'客观上执行职务之外观',是否无违经验法则? 均非无研求之余地。原审未遑详为钩稽审认,遽为金鼎公司不利之判决,殊嫌速断。"据此理由观之,"最高法院"系否认营业员的行为系属执行业务范围。

(五) 受雇人驾车肇事与执行职务

车祸系现代社会的意外事故,其驾车奔驰于道路的,多为受雇人,或为司机,或为业务员,或为各种事业的从业人员,如何认定其肇事行为系"因执行职务"不法侵害他人权利,"最高法院"著有若干判决,兹分就肯定及否定两部分,先整理如下,再加说明。

1. 与执行职务有关

(1) 某公司的司机虽于下班后肇事,仍难谓驾驶该公司汽车非属职务之行为(1962 年台上字第 365 号)。

(2) 受雇的倾卸车司机将汽车交予无驾照工人驾驶,致车翻覆山谷,压毙与司机商请搭车之人(1962 年台上字第 1390 号)。

(3) 大卡车违规停车,为警员取缔,其时该司机不在,遂由该车司机助手驾驶该车择地停放,发生车祸,致人伤亡(1957 年台上字第 493 号)。

(4) 司机驾驶卡车载货北行,半夜由随车工人代为驾驶,因行车过快及方向盘失灵而翻车,致车上随车工人某氏跌伤致死(1962 年台上字第 3223 号)。

(5) 司机违规,经被害人(交通警员)鸣笛命其停车,并以手攀车门索阅驾驶执照,该司机开车猛进,致警员受伤(1966 年台上字第 2002 号)。

(6) 车主命司机就修理后的汽车进行试车,司机自叫他人代为试车,自己坐于司机右边指挥,不慎撞伤路人(1970 年台上字第 4252 号)。

(7) 值得提出的是,受雇人非在工作期间驾驶雇用人客车访友途中,因车祸伤害他人是否为"执行职务"? "最高法院"2007 年台上字第 1312

号判决采肯定见解。①

2. 与执行职务无关

（1）甲受雇于乙自行车厂，职司宣传。于司机内急如厕之际，私自玩弄汽车将丙撞伤（1955 年台上字第 1704 号）。

（2）某甲系"财政部"雇用之三轮车夫，该项三轮车由"财政部"指定，供该部某参事上班下班之用，至于参事眷属则在不准使用之列。嗣某参事夫人愿另给报酬，某甲以该三轮车载运某参事夫人前往菜市场买菜，肇致车祸（1959 年台上字第 787 号）。

（3）受雇充任技工而非司机，自驾空车出游，撞伤他人（1963 年台上字第 1069 号）。

（4）大货车司机与小货车司机吵架，撞毁小货车（1982 年台上字第 63 号）。

3. 分析讨论

前揭"最高法院"关于受雇人车祸的判决，提供了丰富的案例，可供研究。首须提出的是，受雇人是否因执行职务而侵害他人之权利，"最高法院"系就客观上而为认定，若采"内在关联"说，较能作合理的判断。兹就常见案例分四种情形说明之：

（1）受雇人上班或下班途中的行为，与执行职务范围通常不具内在关联。受雇人使用雇用人提供的交通工具上、下班，亦不因此当然使其行为属于职务范围。

（2）受雇人在上班期间来回不同工作场所，或从事巡回性工作（如检查瓦斯表），途中发生车祸与其职务具有内在关联，雇用人应予负责。

---

① 此为日常生活上常发生的问题，"最高法院"2007 年台上字第 1312 号判决谓："民法第 188 条第 1 项所谓受雇人因执行职务不法侵害他人之权利，不仅指受雇人因执行其所受命令，或委托之职务自体，或执行该职务所必要之行为，而不法侵害他人之权利者而言，即受雇人之行为，在客观上足认为与其执行职务有关，而不法侵害他人之权利者，就令其为自己利益所为亦应包括在内。丙虽辩称：乙肇事当时并非在工作中，系要前往寻访友人途中，伊对乙驾车自行外出并不知情云云。然查，乙受雇于其父丙所经营之国顺冷冻冷气行，从事外出修理电线、装设冷气之业务，本件事故发生当时，乙所驾驶之第 J619919 号自用小货车，属丙所有，为丙所不争执，并有上开自用小货车之行车执照可稽；另乙于刑事案件侦查中供称：'现职在家里工作，都是驾驶第 J619919 号车到处接电线、装冷气'等语，乙肇事时所驾驶之车辆既系丙所有供执行业务所用之小货车，且该小货车载有冷气之工具，为上诉人所不否认，在客观上足以认为与其执行职务有关，纵令其当时系在前往寻访友人途中，对此职务上予以机会之行为，仍应认为与执行职务有关。"

(3)受雇人执行职务中变更其行程,例如车辆故障,于赴修车厂途中发生车祸,与执行职务具有内在关联。反之,若受雇人转往他处,如探视女友,其肇致事故,非属雇用人应予负责的范畴。

(4)司机途中搭载他人,与其执行职务不具内在关联,就车祸所致侵害该他人权利,雇用人不必负责。

(六)受雇人为性骚扰与雇用人责任

性骚扰多发生于就业及工作场所,攸关两性平等及人格法益,应受重视。受雇人对他受雇人为性骚扰亦涉及"民法"第188条雇用人责任。[1] 在"最高法院"1978年台上字第2032号判例,甲男与乙女均为丙的受雇人。甲、乙相奸年余,嗣因乙女拒再与甲往来,甲男乃张贴乙女的裸体照片于丙的厂房墙壁上供全体员工观览或传阅,致乙女深感羞愤而自杀。乙女的配偶及子女以丙为甲的雇主,就前开事实的加害行为与被害的发生,均在值勤时间与地点,疏于选任,怠于防范,应与甲连带负损害赔偿责任。"最高法院"采原审见解,认为"民法"第188条所定雇用人之连带赔偿责任,以受雇人因执行职务不法侵害他人之权利者为限,始有其适用。甲男所犯与乙女相奸及诽谤等罪责,均由于其私生活不检所致,显与其执行职务无关,即与该条所定成立要件不合。

由前揭"最高法院"判决可知,此类在工作场所环境的性骚扰,难以"民法"雇用人责任为合理的规范。2002年1月16日公布(同年3月8日施行)的"性别工作平等法"对性骚扰的定义(第12条)、防治措施、申诉及惩戒(第13条)、损害赔偿等救济及申诉程序(第26条以下)等设有详细规定,敬请参照。

第四项　故意过失及因果关系:双重推定及举证免责

雇用人侵权责任的成立,须其对受雇人的选任及监督具有过失,此项过失与被害人所受损害具有因果关系,二者均由法律推定之,学说上称为双重推定,分述如下:

---

[1]　参见高凤仙:《性骚扰之行为人与雇用人民事赔偿责任之分析》(上)(下),载《万国法律》,第125期(2002.10),第22页;第126期(2002.12),第100页。

一、选任监督受雇人的过失推定及举证责任

雇用人选任受雇人及监督其职务之执行,已尽相当之注意者,雇用人不负赔偿责任("民法"第188条第1项)。此项规定以倒置举证责任的方法,保护被害人,盖选任监督系雇佣关系当事人间的内部事务,属雇用人得为控制的领域,被害人难以查知,由雇用人承担不能举证的不利益,实属合理。

雇用人所应举证证明的,系其已尽相当注意。即雇用人于选任受雇人时,应衡量其从事职务的能力、品德及性格适合性等是否足以胜任委办职务,并于任职期间随时予以监督,俾预防受雇人在执行职务期间发生不法侵害他人权利之情事。在通常情形,检查证件即为已足,但特殊或专业技能,应斟酌情形实地考察测验,对于司机等应留意及于其生活习惯,尤其是防范酗酒肇事。雇用人是否尽其注意义务,应就受雇人从事职务时加以认定。须注意的是,在员工较多的企业,雇用人对所有受雇人自为选任监督,就企业管理言,殆不可能,故多采分层负责制度,基于此,关于对受雇人的选任监督,应采双重免责基准,即企业者必须证明:(1)对其管理阶层人员的选任监督已尽相当注意。(2)管理阶层人员对肇事员工的选任监督亦无疏懈。①

应特别指出的是,实务上对雇用人的举证免责,采取严格的要求,以保护被害人,此为雇用人侵权责任的关键问题,兹举两个"最高法院"判决加以说明:

(1)1929年上字第2041号判例谓:使用主对于被用人执行业务本负有监督之责,此项责任,并不因被用人在被选之前,已否得官厅之准许而有差异,盖官厅准许,系仅就其技术以为认定,而其人之详慎或疏忽,仍属于使用主之监督范围,使用主漫不加察,竟任此性情疏忽之人执行业务,是亦显有过失,由此过失所生之侵权行为,当然不能免责。

(2)1931年上字第568号判例谓:法律上所谓雇用主必须注意之趣旨,系预防受雇人执行业务发生危害之意,故注意范围,除受雇人之技术是否纯熟而外,尚须就其人性格是否谨慎精细亦加注意,盖性格狂放或粗

---

① 较详细的讨论,参见拙著:《雇用人无过失侵权责任的建立》,载《民法学说与判例研究》(第一册),北京大学出版社2009年版,第1页。

疏之人执此业务,易生危害乃意中之事。

二、因果关系的推定及举证免责

雇用人侵权责任的成立,须其选任监督过失与受雇人不法侵害他人权利,致生损害,具有因果关系,此亦由法律推定之,已如上述,雇用人得举证证明,纵加相当之注意,仍不免发生损害,而不负赔偿责任。

在吾人查阅所及的资料中,殆未发现有雇用人就推定过失及推定因果关系举证免责成功的案例。法律所规定的过失推定,因实务上对举证免责采严格认定,已成具文,实际上雇用人应负无过失责任。

第三款　法　律　效　果

一、雇用人与受雇人的连带责任

受雇人因执行职务不法侵害他人之权利者,雇用人应与受雇人负连带损害赔偿责任("民法"第188条第1项)。此种连带责任,系台湾地区民法特有的规范方式,就其规范结构言,包括三个部分:(1)受雇人的侵权责任。(2)雇用人的侵权责任。(3)雇用人与受雇人的连带责任。同此规范模式的,有"民法"第28条规定:"法人对于其董事或其他有代表权之人因执行职务所加于他人之损害,与该行为人连带负赔偿之责任。"及第187条第1项规定:"无行为能力人或限制行为能力人,不法侵害他人之权利者,以行为时有识别能力为限,与其法定代理人连带负损害赔偿责任。"

应强调的是,在台湾地区"民法"上似可从前述规定导出一项基本原则,即数人各依侵权行为规定,就同一损害负损害赔偿者,应连带负赔偿之责任。此乃本着现行规定的规范意旨,而为之法之续造,以促进法律进步,并用以合理解决实务上难以处理的争议问题,例如数未成年人或数受雇人共同不法侵害他人权利时,其法定代理人或雇用人间是否成立连带债务,而有内部求偿的难题。

二、连带债务的外部关系

雇用人与受雇人应负连带损害赔偿责任时,被害人(债权人)得对于债务人中之一人或数人,或其全体,同时或先后请求全部或一部分的损害

赔偿("民法"第273条)。关于此项连带责任,应注意者有三:

（一）慰抚金请求权的量定

受雇人因执行职务不法侵害他人权利,被害人就其非财产上损害依法得请求慰抚金("民法"第194条、第195条),而依"民法"第188条规定请求受雇人及其雇用人负连带损害赔偿责任时,法院对于慰抚金的量定,应斟酌及于雇用人的资力。①

（二）雇用人就受雇人时效利益援用

连带债务人中之一人消灭时效已完成者,依"民法"第276条第2项规定,固仅该债务人应分担之部分,其他债务人同免其责任,"民法"第188条第3项规定,雇用人赔偿损害时,对于侵权行为之受雇人有求偿权,则雇用人与受雇人间并无应分担部分可言,倘被害人对侵权行为之受雇人之损害赔偿请求权消灭时效业已完成,雇用人自得援用该受雇人之时效利益,拒绝全部给付,不以该受雇人已为时效抗辩为必要。②

（三）被害人与受雇人因和解抛弃部分损害赔偿请求权,对雇用人的效力

实务上有一个法律问题:受雇人因执行职务,不法侵害他人之权利,依"民法"第188条第1项前段规定,应与雇用人连带负损害赔偿责任时,若被害人与受雇人成立诉讼外和解,约定被害人支付之医药费30万元,由受雇人赔偿其中10万元,其余20万元被害人保留向雇用人请求,惟不得再向受雇人提起民事诉讼,嗣被害人于和解后,另行提起民事诉讼,请求雇用人赔偿其余损害金20万元,雇用人抗辩被害人抛弃其余部分之请求权,效力及于雇用人,是否有理由?

研究意见认为,连带债务未全部履行前,全体债务人仍负连带责任,又债权人向连带债务人中之一人免除债务,而无消灭全部债务之意思表示者,除该债务人应分担之部分外,其他债务人仍不免其责任,固为"民

---

① 参照"最高法院"1987年台上字第1908号判例:"受雇人因执行职务,不法侵害他人致死者,被害人之父、母、子、女及配偶受有非财产上之损害,依民法第194条及第188条第1项规定,请求受雇人及其雇用人连带赔偿相当金额之慰抚金时,法院对于慰抚金之量定,应斟酌该受雇人及应负连带赔偿责任之雇用人,并被害人暨其父、母、子、女及配偶之身份、地位及经济状况等关系定之,不得仅以被害人与实施侵权行为之受雇人之资力为衡量之标准。"最近见解,参见"最高法院"2006年台上字第465号判决。

② 参见"最高法院"1998年台上字第1440号判决。

法"第273条第2项及276条第1项所明定,然若他债务人无应分担之部分(例如"民法"第188条之雇用人),而债权人向有负担部分之债务人(如受雇人)免除部分债务时,其他债务人就该免除部分即因而免其责任,否则其他债务人(雇用人)于为全部之清偿后,依"民法"第188条第3项规定,尚得向有负担部分之债务人(受雇人)行使求偿权,则债权人向该有负担部分之债务人(受雇人)免除部分债务,将毫无意义。[①]

三、内部求偿关系

(一)"民法"第188条第3项规定:雇用人对受雇人的求偿权

"民法"第280条规定:"连带债务人相互间,除法律另有规定或契约另有订定外,应平均分担义务。""民法"第188条第3项规定:"雇用人赔偿损害时,对于为侵权行为之受雇人,有求偿权。"此乃"民法"第280条所称法律另有规定,立法理由谓:"雇用人赔偿损害时,不问其赔偿情形如何,均得于赔偿后向受雇人行使求偿权,盖以加害行为,究系出于受雇人,当然不能免除责任也。"在比较法上,雇用人与受雇人应负连带损害赔偿责任的,均设有雇用人得向受雇人求偿的规定,其主要理由系认受雇人为加害人,因其行为直接肇致损害,不设求偿规定,有违肇致损害者应负赔偿责任的一般原则,并使受雇人疏懈于执行其职务。

雇用人对受雇人有求偿权,是否公平、合理,备受质疑。盖使受雇人因其轻微疏误,而须负担全部赔偿责任,实属苛酷。将损害由有资力的雇用人移转予资力薄弱,实际上多不能投保责任保险的受雇人负担,不符损害分散的经济原则。又求偿权的行使,亦不利于劳资关系的和谐。基于上述理由,如何限制雇用人的求偿权,乃成为各国或地区法律所面临的共同问题,而发展出各种不同的解决途径。值得提出的是,雇用人本身多投有责任保险,保险人于赔偿后,得向受雇人求偿,实违反此项责任保险的目的,英国政府基此认识,乃对保险业者警告应放弃其求偿权,否则将立法废止之,保险人乃与雇用人(被保险人)订立"君子协定"(gentleman's agreement),保险公司同意除受雇人有故意者外,不为求偿权的行使。[②]

---

① 参见"最高法院"1988年台上字第2966号判决、"司法院"1988年10月8日厅民1字第1199号函复台高院。

② Markesinis/Deakin,Tort Law, p.553.

（二）雇用人求偿权的限制

1. "民法"第 217 条规定的类推适用

"民法"第 188 条第 3 项明定雇用人赔偿损害时,对受雇人有求偿权,此项求偿权应受限制,其理由前已论及,在方法论上系类推适用"民法"第 217 条第 1 项规定:"损害之发生或扩大,被害人与有过失者,法院得减轻赔偿金额,或免除之。"本项规定蕴含一项基本原则,即数人对损害的发生均与有责任时,应依责任轻重,定其分担部分,盖依公平原则,无论何人均不得将基于自己过失所生的损害转嫁他人负担。[①] 其责任轻重,依雇用人对损害发生与有过失及原因力(例如雇主提供的机器具有缺陷,对工作为不当的指示,对损害的发生未为必要的防范等)及依职务内容、劳动条件、勤务时间等相关因素认定之。

雇用人及受雇人间就赔偿义务有约定者,亦属有之,此多发生于劳动契约的情形。其损害分担的约定,对受雇人有利时,例如完全排除受雇人责任时,依其约定。其约定内容系使受雇人负全部赔偿责任者,仍应有前述"民法"第 217 条第 1 项规定的类推适用,盖此为一般法律原则,于当事人约定的损害赔偿责任,亦应有其适用。

2. 实务见解

在企业实务上,雇用人向受雇人行使求偿权的,当属罕见,盖受雇人多无资力,强为求偿,不利于劳资关系的和谐。在诉讼实务上,"最高法院"1982 年台上字第 749 号判决[②],可供研究。兹简化其事实如下:甲受雇于乙为小货车司机,某日受乙之命令,驾驶乙所有的小货车载客营业,因疏于注意而发生车祸,撞死路人 A,并撞伤路人 B。乙于赔偿 A 的家属及 B 的损害后,依"民法"第 188 条第 3 项规定向甲行使求偿权,请求甲偿还全部赔偿金额。原审审斟甲、乙的过失程度,类推适用"民法"第 217 条第 1 项规定,减轻甲应偿还的金额至 1/4。"最高法院"判决理由略谓:"按过失相抵之原则,须被害人对于赔偿义务人请求赔偿时,因被害人之行为,与赔偿义务人之行为,为损害之共同原因,且须被害人于其行为亦有过失,始有其适用。本件乙系依民法第 188 条第 3 项规定对甲行使求

---

① 参见拙著:《侵害债务人内部求偿关系与过失相抵原则之适用》,载《民法学说与判例研究》(第一册),北京大学出版社 2009 年版,第 46 页。

② 关于本件判决的评释,参见约翰逊林:《雇用人行使求偿权时与有过失原则之类推适用》,载《民事法理与判决研究》,第 319 页。

偿权,乙既非被害人,原审依过失相抵之原则,减轻中之赔偿金额,自属不合。"

"最高法院"前揭见解过于保守,拘泥法律文义,难值赞同。原审并非"适用""民法"第 217 条第 1 项规定,而是"类推适用"该项规定所含"依责任轻重,分配损害赔偿各自分担部分"的基本原则,在法学方法上实属妥当,在结论上亦属公平合理,前已论及,兹再强调之。

(三) 受雇人对雇用人的求偿权(免责请求权)

雇用人与受雇人应负连带损害赔偿责任时,在其内部关系应有"依责任轻重,分配义务"原则的适用,已如上述。在此情形,被害人(债权人)向受雇人请求损害赔偿时,受雇人不得主张仅就其依内部关系应分配的部分,负损害赔偿责任,仍属当然。兹发生一个重要问题,即受雇人于为损害赔偿后(或损害赔偿前),得向雇用人主张何种权利?

在德国劳动法上,于劳动者因过失不法侵害雇主的权利时,为保护劳动者,避免因一时疏懈而承担难以负荷的赔偿责任,实务上认为应对其损害赔偿责任作合理的限制,乃类推适用《德国民法》第 254 条第 1 项(相当于"民法"第 217 条第 1 项)与有过失的规定,并以实践宪法保障劳动者人格权为依据,创设依过失程度决定劳动者责任的原则,即劳动者仅具极轻微过失时,不必负责。其具通常过失时,则衡酌劳动者的过失与雇主的企业危险性,而定其责任。劳动者具有重大过失时,通常不能减轻责任,其出于故意时,须负全责。兹应特别指出的是,此项责任分配原则,于劳动者对第三人应负侵权行为损害赔偿责任时,亦适用之。实务上并以雇主的照顾义务及《德国民法》第 760 条关于受任人的费用偿还请求权为根据,创设了所谓劳动者免责请求权(Freistellungsanspruch),即劳动者得请求对被害人依内部应分担的责任部分为全部或一部分赔偿,以免除其赔偿责任,受雇人已对被害人为赔偿时,得请求雇主返还。[①]

前述德国劳动法关于限制劳动者责任,在台湾应否采取,固待研究,其值参照者,系劳动者对雇主的免责请求权,此于雇用人与受雇人求偿关系,亦应有适用余地。

---

① Brox/Rüthers, Arbeitsrecht (15. Aufl. , 2002), S. 84; Hanau/Adomeit, Arbeitsrecht (12. Aufl. , 2000), S. 202.

第四节　雇用人的衡平责任

一、台湾地区民法上独有的制度

"民法"第 188 条第 2 项规定,如被害人依同条第 1 项但书雇用人得举证免责的规定不能受损害赔偿时,法院因其声请,得斟酌雇用人与受害人之经济状况,令雇用人为全部或一部分损害赔偿,立法目的在于保护被害人。须特别强调的是,此乃台湾地区民法上独有的制度,比较法上似无此类立法例。应说明者有二:

(1) 学说上有将雇用人此项责任定性为无过失责任[1],就此项责任的成立,不以雇用人具过失为要件言,自属有据,可径称之为雇用人的衡平责任[2],以突显此系与过失责任及无过失责任并存的一项归责原则。

(2) 立法者所以设此衡平责任,固鉴于应负赔偿责任的受雇人系无赔偿之资力,然被害人向法院声请令雇用人为全部或一部分损害赔偿时,并不以受雇人无资力为要件。雇用人为赔偿后,对于为侵权行为之受雇人有求偿权("民法"第 188 条第 3 项)。

二、一个成为具文的规定

关于"民法"第 188 条第 2 项所定雇用人衡平责任,学者固多肯定其具有保障被害人权益的效能,实际上则属具文,盖实务上严格认定雇用人的举证免责,殆无此项责任适用的机会,在吾人查阅所及的裁判资料,迄未见相关案件。此类出于衡平考虑的立法,陈义甚高,作为一种独立侵权行为归责原则,其功能实属有限。

第五节　雇用人侵权责任与民事责任体系

一、概说

民事责任体系主要包括侵权责任与契约责任,"民法"第 188 条规定

---

[1]　参见孙森焱:《民法债编总论》,第 303 页。
[2]　参见郑玉波(陈荣隆修订):《民法债编总论》,第 209 页。

的雇用人侵权责任与民事责任体系的构成、解释适用及发展,具有极为密切的关系。就侵权责任言,此涉及"民法"第184条与第188条及第28条的适用关系。就契约责任言,则涉及"民法"第188条与第224条规范结构的不同及不完全给付、缔约过失责任制度的发展。关于民事责任体系的建构有一项重要因素,应予注意,即如何扩张其他制度,以规避"民法"第188条关于雇用人举证免责的规定,以保护被害人。兹为便于观察,先行图示如下,再简要加以说明(阿拉伯数字为民法条文):

```
民           侵权责任  ┌ 雇用人侵权责任(第188条): 雇用人自己责任
事    ┌(第184条) └ 法人侵权行为(第28条): 法人自己责任
责  ┤          ┌ 债务不履行: 不完全给付┌ 请求权基础(第226条、第227条、第227条之1项)
任    └契约责任┤                   └ 归责原则(第224条)
              └ 缔约上过失┌ 请求权基础(第245条之1)
                        └ 归责原则(第224条)
```

二、雇用人侵权责任与侵权责任体系

(一)"民法"第188条与第184条

1. 特殊侵权行为与竞合关系

"民法"第188条规定的雇用人侵权行为,是一种独立的请求权基础,其特殊性在于"推定过失"。若无此项特别规定时,原应适用"民法"第184条,惟被害人必须证明雇用人对受雇人的选任及监督其职务的执行具有过失。准此以言,"民法"第188条与第184条得成立竞合关系。

2. 雇用人组织过失的理论[①]

雇用人侵权责任的成立要件不具备,尤其是雇用人得为举证免责时,为保护被害人,德国法上创设一种所谓组织过失责任(Haftung für Organisationsverschulden),即雇用人对其企业经营及企业人员的活动,应在组织上为必要的设置及防范,避免其侵害他人,其怠于为之者,应就其过失,依侵权行为一般规定,负损害赔偿责任。[②]

兹举两例加以说明:

(1)德国联邦火车公司曾使用一部分车厢运送铅料,未为适当清洁

---

① 参见 Kötz/Wagner, Deliktsrecht, S. 116.
② BGHZ 17, 214.

而用于装运食品,发生餐厅中毒伤害事件。德国联邦法院认为,火车公司未尽必要注意使其受雇人遵守服务规则,对运送铅料的车厢为清洁工作,具有组织上的过失,应依《德国民法》第 823 条、第 31 条(相当"民法"第 184 条、第 28 条)负损害赔偿责任。

(2)"最高法院"最近判决认为,营业员私下代客操作买卖股票而乘机盗卖股票时,非属执行职务范围,证券公司不必依"民法"第 188 条第 1 项规定负责。在此情形,应采组织上过失的理论,认证券公司未尽其组织上管理及防范义务,任由营业员在营业场所及营业时间从事不法行为,侵害他人权益时,应依"民法"第 184 条第 1 项前段及第 28 条规定,负损害赔偿责任。

(二)"民法"第 188 条与民法第 28 条

"民法"第 28 条规定:"法人对于其董事或其他有代表权之人因执行职务所加于他人之损害,与该行为人连带负赔偿之责任。"关于"民法"第 188 条与第 28 条的适用关系,分两点言之:

(1)"民法"第 188 条的雇用人包括自然人及法人,法人对其非属机关的受雇人(如公司职员)的侵权行为,应依"民法"第 188 条规定负责。

(2)董事及其他有代表权之人,乃法人的机关,非属"民法"第 188 条所称的受雇人,无"民法"第 188 条的适用。

三、雇用人侵权行为与契约责任的发展

(一)"民法"第 188 条与第 224 条

关于雇用人侵权行为与契约责任,首先应该说明的是"民法"第 224 条规定:"债务人之代理人或使用人,关于债之履行有故意或过失时,债务人应与自己之故意或过失,负同一责任。但当事人另有订定者,不在此限。"关于"民法"第 188 条与第 224 条的不同,分三点言之:

(1)"民法"第 188 条规定雇用人应就选任及监督受雇人负推定过失责任,得举证免责。"民法"第 224 条规定债务人应负担保责任,不能因证明其对意定代理人或使用人的选任及监督已尽必要注意而免责。

(2)"民法"第 188 条系关于侵权行为的规定,乃独立的请求权基础。"民法"第 224 条规定系债务不履行的归责事由,非属请求权基础,其属请求权基础者,例如"民法"第 226 条第 1 项规定:"因可归责于债务人之事由,致给付不能者,债权人得请求赔偿损害。"债务人就其故意或过失,应负责任(第 220 条第 1 项),债务人利用他人履行债务时,其有无故意或过

失(可归责事由),依"民法"第 224 条定之。此点甚为重要,时有误会,应请注意。

(3)"民法"第 188 条称受雇人,系居于从属的地位,须服从雇用人命令指示之人,前已详论。"民法"第 224 条所称使用人,除"受雇人"外,尚包括运送人、旅馆业者等独立营业者。同一人得为受雇人及使用人,例如公交车公司的司机、医院的医生、快餐店的工读生,在此等情形,得成立侵权责任与契约责任的竞合关系。

(二) 雇用人侵权责任与不完全给付债务不履行责任

依"民法"第 227 条规定,因可归责于债务人之事由,致为不完全给付,如属于加害给付时,例如游览车司机肇致车祸、医院医生开刀失误、快餐店工读生污损客人衣物等,除发生原来债务不履行的损害外,债权人就其他人身或其他财产损害,并得请求损害赔偿。关于此项规定与雇用人侵权责任的适用关系,应说明者有三:

(1) 侵权行为损害赔偿规定的准用。债务人因债务不履行,致债权人之人格权受侵害者,准用"民法"第 192 条至第 195 条及第 197 条之规定,负损害赔偿责任(第 227 条之 1),此为 1999 年"民法"债编修正时所增订。

(2) 竞合关系:"民法"第 188 条(侵权责任)与第 227 条(契约责任)得成立竞合关系,此已为"最高法院"所肯定。①

(3)"民法"第 188 条的规避及被害人的保护。因有"民法"第 224 条及第 227 条之 1 的规定,被害人选择行使不完全给付债务不履行损害赔偿时,具有规避"民法"第 188 条雇用人得为举证免责的作用,此对被害人较为有利,为创设不完全给付制度的重要理由之一。

(三) 雇用人侵权责任与缔约上过失

在当事人为订立契约而进行准备或磋商,如一方未诚实提供信息,严

---

① "最高法院"1988 年 11 月 1 日第 19 次民事庭会议决议:法律问题:A 银行征信科员甲违背职务故意勾结无资力之乙高估其信用而非法超贷巨款,致 A 银行受损害(经对乙实行强制执行而无效果),A 银行是否得本侵权行为法则诉请甲为损害赔偿? 决议:判例究采法条竞合说或请求权竞合说,尚未尽一致。惟就提案意旨言,甲对 A 银行除负债务不履行责任外,因不法侵害 A 银行之金钱,致放款债权未获清偿而受损害,与"民法"第 184 条第 1 项前段所定侵权行为之要件相符。A 银行自亦得本于侵权行为之法则请求损害赔偿。本件决议具重要意义,关于本件决议的评释及相关问题,参见本书,第 79 页、第 202 页。

重违反保密义务或不合理中断磋商等违反订约时应遵守的诚实信用原则,致他人受有损害时,被害人依侵权行为法规定请求损害赔偿时,面临两个困难:(1)其所受损害,多属于纯粹经济上损失,而非权利,无"民法"第184条第1项前段规定的适用;(2)依"民法"第188条第1项规定,雇用人就其受雇人的侵权行为,得主张举证免责。

为保障缔约前双方当事人间因准备或商议订立契约相互信赖的特殊关系,1999年"民法"债编修正时增订第245条之1关于缔约上过失责任的规定,即:契约未成立时,当事人为准备或商议订立契约而有下列情形之一者,对于非因过失而信契约能成立致受损害之他方当事人,负赔偿责任:(1)就订约有重要关系之事项,对他方之询问,恶意隐匿或为不实之说明者。(2)知悉或持有他方之秘密,经他方明示应予保密,而因故意或重大过失泄露之者。(3)其他显然违反诚实及信用方法者(第1项)。前项损害赔偿请求权,因两年间不行使而消灭(第2项)。兹举一例加以说明其适用关系:甲使其职员乙与丙进行关于某件重大投资的磋商,乙知悉丙的营业秘密,丙明示应予保密,乙故意泄露,致丙遭受重大损害。在此种情形,应成立故意以悖于善良风俗加损害于他人的侵权行为("民法"第184条第1项后段)。丙依"民法"第188条第1项规定向甲请求损害赔偿时,甲得举证免责。适用"民法"第245条之1规定时,甲应就其缔约使用人的故意,应与自己的故意,负同一责任("民法"第224条的类推适用),而对丙负缔约上过失损害赔偿责任。就此点而言,缔约上过失责任,亦具规避"民法"第188条规定的功能。

第六节 社会变迁与法律发展:雇用人
无过失责任的实践

一、分工社会的风险分配

"民法"第188条旨在规范因社会分工的雇佣关系,而发生侵害他人权益的风险分配、损害赔偿问题,攸关被害人、受雇人(主要为劳动者)及雇用人的利益甚巨,并涉及民事责任体系的构造及发展,是一个极具重要性的规定。此一特殊侵权行为的特色在于使雇用人负推定过失责任,并与受雇人负连带损害赔偿责任。此外尚创设比较法上独有的衡平责任。

为因应台湾经济发展及社会变迁,数十年来累积的实务案例及学说上深刻的研究,完善了雇用人侵权行为制度。

二、成立要件及法律效果的核心问题

关于"民法"第188条的解释适用,就成立要件言,其重点在于如何结合"行为外观"及"内在关联"判断基准,认定受雇人执行职务的范围,以合理决定雇用人的责任范围。在法律效果方面,其有共识的,系应类推适用"民法"第217条关于与有过失的责任,以分配雇用人与受雇人应各自分担的赔偿义务,并进而创设所谓的受雇人(尤其是劳动者)对雇用人的免责请求权。

三、推定过失责任及举证责任免责的严格化

雇用人侵权责任的核心问题在于究应采"推定过失责任"或"无过失责任"。"民法"之所以采取推定过失责任的规范模式,系顾及过失责任的基本原则,并辅以衡平责任,以保护被害人。实务上严格认定雇用人的举证免责,举证免责成功的案例,甚属罕见,雇用人实际上系负无过失责任。不完全给付的债务不履行及契约上过失责任扩张了契约法的规范功能,使因雇佣关系侵害他人权益的保护更臻周全。雇用人侵权责任的变迁及契约责任的扩张,重构了民事责任体系,系"民法"发展上的一项重大成就。

第五章　定作人责任

——"民法"第189条

甲所有的公寓顶楼,遭台风毁损,由乙承揽修缮。乙的受雇人丙施工不慎,发生严重漏水,污损楼下住户丁的名画。试问丁得依何请求权基础向甲、乙、丙请求损害赔偿? 设丙的施工系基于甲具有过失的指示时,其法律关系如何? 试就此例说明"民法"第189条的规范功能?

第一节　问题的提出

一、一个没有"特殊性"的侵权行为?

"民法"第189条规定:"承揽人因执行承揽事项,不法侵害他人之权利者,定作人不负损害赔偿责任。但定作人于定作或指示有过失者,不在此限。"首应提出的问题是,本条规定的成立要件或法律效果,是否有异于一般侵权行为("民法"第184条)的特殊性? 兹举一例加以说明:甲在屋顶修建花园,由乙建筑商承揽。乙的工人丙因工作疏失,毁损邻居丁的阳台,导致漏水,造成重大损害。在此情形,其法律关系为:

1. 乙与丙有雇用人与受雇人的雇佣关系

依"民法"第184条第1项前段规定,丁须证明乙对丙选任及监督具有过失,始得对乙请求损害赔偿。然依"民法"第188条第1项规定,乙就丙执行职务不法侵害丁的权利,乙应与丙连带负赔偿责任,其"特殊性"在于推定雇用人对选任及监督受雇人职务的执行具有过失;雇用人举证免责时,尚应负衡平责任("民法"第188条第2项)。

2. 甲与乙具有定作人与承揽人的承揽关系

依"民法"第184条第1项前段规定,丁于证明甲对乙屋顶花园工程的定作或指示有过失时,得向甲请求损害赔偿。定作人不因承揽人执行职务,不法侵害他人权利,即须负责,或推定定作或指示有过失。其法律状态同于适用"民法"第 184 条。易言之,即纵未设"民法"第 189 条,适用"民法"第 184 条(尤其是第 1 项前段),亦得获致同样结论。

二、三个问题

关于"民法"第 189 条,学说上多认为其系属所谓的"注意规定"[①],兹拟提出讨论的,有三个问题:

(1) 本条规定源自何处?

(2) 本条究为注意规定,抑具有一定的规范意义。

(3) 本条规定解释适用的基本问题。

第二节　比较法与规范目的之探寻

一、比较法上的渊源

中国台湾地区民法关于侵权行为的规定,多参照德国、瑞士、日本立法例[②],

---

① 参见史尚宽:《债法总论》,第 187 页。

② 兹为便于对照,简示如下:

"民法"条文	名称	外国立法例
第 184 条	一般侵权行为	《德国民法》第 823 条、第 826 条
第 185 条	共同侵权行为	《德国民法》第 830 条;《瑞士债务法》第 50 条 I;《日本民法》第 719 条
第 186 条	公务员责任	《德国民法》第 839 条;《瑞士债务法》第 61 条
第 187 条	法定代理人责任	《德国民法》第 827、828、829 条;《瑞士债务法》第 54 条;《日本民法》第 712—714 条
第 188 条	雇用人责任	《德国民法》第 831 条;《瑞士债务法》第 55 条;《日本民法》第 715 条
第 189 条	定作人责任	《日本民法》第 716 条,采英美判例法
第 190 条	动物占有人责任	《德国民法》第 833 条;《瑞士债务法》第 56 条;《日本民法》第 718 条
第 191 条	工作物所有人责任	《德国民法》第 836 条;《瑞士债务法》第 58 条;《日本民法》第 717 条
第 191 条之 1	商品制造人责任	德国、日本、瑞士民法均于特别法规定
第 191 条之 2	动力车辆驾驶人责任	德国、日本、瑞士民法均未设明文,系于产品责任法规定之
第 191 条之 2	危险工作或活动责任	《意大利民法》第 2050 条

经查德国民法及瑞士民法或债务法,均无类如"民法"第189条的立法例。此一规定系仿自《日本民法》第716条,而日本民法所以设此规定,乃参考英美法关于independent contractor(独立契约者)的判例。[①] 此种"立法例的追踪",在比较法上甚饶趣味,使"民法"第189条的研究,具有法学方法的意义。

二、英美法上雇用人对受雇人及对独立契约者的责任

如前所述,"民法"第189条系源自英美法,应分别说明的是,雇用人(employer)对受雇人(employee)的vicarious liability,及雇用人对独立契约者(independent contractor)的责任。

(一) 雇用人的 vicarious liability

在英美普通法(Common Law)有一项基本原则,系受雇人于执行职务范围内(in the course of employment),对他人为侵权行为(tort)时,雇用人应负损害赔偿责任,称之为vicarious liability(代理责任,或代负责任),乃英美侵权行为法上一项重要制度。Vicarious liability 系属严格责任(无过失责任,strict, no-fault liability),不以雇用人对受雇人的选任或监督具有过失为必要。

英美普通法所以创设此种归责于上(respondeat sperior)的侵权责任,其理由系雇用他人享受其利者,亦应负担其责,始符公平原则。又雇用人较具资力,得透过保险及价格机制,分散损害。雇用人(尤其企业)得有效的组织及监督,以减少意外,雇用人得行使对受雇人求偿权,以强化对企业管理的纪律。

(二) 关于独立契约者的侵权责任

英美法上雇用人vicarious liability 的成立,须以有雇用人与受雇人的关系为要件。其行为人系为所谓独立契约者(independent contractor)时,例如出租车司机、画家、建筑商等自主从事业务者,雇用人不负vicarious liability。此种对vicarious liability原则的限制,确立于19世纪初叶,其主要理由系独立契约者自己最能预防损害,并将之吸收内化于其营业成本。

雇用人对独立契约者的行为所应负担的,系其自己的过失责任(neg-

---

① 关于英国法,参见 Fleming, The Law of Torts, p. 409; Markesinis/Deakin, Tort Law, p. 554f. 美国法,参阅 Dobbs, The Law of Torts, p. 917; Epstein, Cases and Materials on Torts, p. 431. 在英国法,雇用人及受雇人多称为 master and servant,在美国法,多称为 employer and employee.

ligence),例如因过失将工作交付予不能胜任之人;知悉工作具有侵害性,
而未为必要注意或指示;指示独立契约者为不法行为或从事必然侵害他
人的行为。于此等情形,雇用人侵权责任的发生,乃其本身具有过失,并
非系就独立契约者不法侵害他人而负责。须特别指出的是,英美普通法
上雇用人负有一种不可授权义务(non-delegable duty),即在一定情形,雇
用人使独立契约者完成工作时,应确保该独立契约者尽其注意义务,独立
契约者因过失加损害于他人时,雇用人应负赔偿责任,其本身有无过失,
在所不问。雇用人负有此种不可授权义务的情形,例如雇用人对劳工应
提供安全的工作条件,交由他人处理特别危险事务等。关于雇用人的不
可授权义务,学说上认其系属一种隐藏的 vicarious liability,并强调从实际
观点言,此项义务的认定欠缺一贯的理论基础,造成法律状态的不确定及
复杂性,其产生的困难多于其所欲达成的目的。

三、《日本民法》第 716 条

"民法"第 189 条系仿自《日本民法》第 716 条规定的"注文者责任"。
日本学说确认比较法上无类似的立法例,查系采英国判例法上法的原
则①,相当于美国 Restatement of Law, Torts 2nd(《美国侵权行为法整编》
第 2 版)第 409 条、第 410 条规定。② 日本通说强调,《日本民法》第 716
条系注意规定,旨在避免在承揽事项上发生适用《日本民法》第 715 条关
于使用者责任(相当于台湾地区"民法"第 188 条雇用人侵权责任)的疑
义。本条但书规定注文者(定作人)应就其注文(定作)或指图(指示)的

① 参见[日]前田达明:《不法行为法》,第 156 页。日本学者推测本条系日本民法起草者,
著名法学家穗积陈重留学英国采英国判例而特设此规定。
② 参见[日]四宫和夫:《事务管理、不当利得、不法行为》(下卷),第 721 页。Restatement
of Law, Torts(《侵权行为法整编》)系美国法律协会(American law Institute)就美国实务上见解而
为汇编,虽非法律,仍深具影响力。其第 409 条:"除第 410 条至第 429 条规定外,独立契约者之
雇用人就独立契约者或其受雇人之作为或不作为,致他人受实体伤害,不负赔偿责任。"(Except
as stated in §410-429, the employer of an independent contractor is not liable for physical harm
caused to another by act or omission of the contractor or his servants.)第 410 条:"独立契约者之雇用
人,就独立契约者依据雇用人之过失命令或指示之作为或不作为而致之实体伤害,应就独立契
约者之作为或不作为视为雇用人之行为,而负责任。"(The employer of an independent contractor is
subject to the same liability for physical harm caused by an act or orders or directions negligently given
by the employer, as though the act or omission were that of the employer himself.)参见刘兴善等译:
《美国侵权行为法整编》("司法院"1986 年版)。

过失负赔偿责任,此非系因承揽性格而生的特别责任,乃依《日本民法》第709条一般规定,基于自己行为而生的责任,但书特为规定,原无必要。

关于《日本民法》第716条的适用,实务上案例多属于工程承揽,学说上认为本条规定于建筑公害的契机上,将获得新的规范意义,即建筑工程要求高度技术,注文者通常具有较高的技术水准及资力,应活用本条但书,例如采过失事责上推定,而使注文者负较严格责任。[①]

四、规范意旨的探寻

（一）王伯琦先生的见解

王伯琦先生认为,“民法”第189条对于定作人不负责任所以特予规定者,一方面固然指明定作人非雇用人可比,而其更重要之意义,在于指明第191条关于土地上工作物所有人之责任,不能适用于定作人。盖以定作物为土地上之工作物时,定作虽未完成交付,其所有权应即属于为定作人之土地所有权人(参阅第811条)。依第191条之规定,定作人本应负责。惟在定作进行中,定作人对于其设置既无从监督指挥,更无法予以保管,使其负第191条所有人之责任,自有未当。故第189条有特别规定其不负责任之必要。[②]

为一个具有疑义的规定探寻规范意义,确为法学上的任务。然“民法”第189条是否旨在指明“民法”第191条关于土地上工作物所有人的责任,不能适用于定作人,似尚有研究余地:

(1)“民法”第189条关于定作人责任规定适用范围甚广,不限承揽于土地上的工作物。又土地上工作物(例如建筑物)为独立的不动产时,并无“民法”第811条的适用。

(2)关于定作物为土地上工作物时,定作物未完成交付前,土地工作所有人应否负“民法”第191条所有人责任,与“民法”第189条无涉,乃“民法”第191条本身解释的问题。

（二）史尚宽先生的见解

史尚宽先生对“民法”第189条规定的讨论最为深刻,认为,“民法”第189条之规定,乃紧接第188条之规定,应探究英美法原理及台湾“民

---

① 参见〔日〕高木多喜男等:《民法讲义——不法行为》,第226页以下。
② 参见王伯琦:《民法债编总论》,第96页。

法"之规定,以为适当之解释。除上述定作人之一般侵权行为之责任外,应有其他特殊之责任,而本条之规定始有意义,"民法"第189条乃为第188条之例外规定。定作人对于承揽人之侵权行为,原则不负责任,惟就承揽人因执行定作人有过失之承揽事项所加于他人之损害,例外的亦应依第188条负雇用人之责。依此,定作人有两重责任。即(1)就自己之过失行为,独立负责(一般侵权行为责任)。(2)就承揽人因执行定作人有过失之承揽事项,而因承揽人之过失所加于他人之损害,负特殊侵权行为之代理责任。①

史尚宽先生认为,"民法"第189条系源自英美法关于独立契约者的原理,应以英美法诠释"民法"第189条,使其具有规范意义,此在法学方法论上甚具意义。如前所述,"民法"第189条规定的内容,相当于英美法上雇用人关于独立契约者,应就自己选任指示过失负责的基本原则。其值研究者,系所谓"定作人就承揽人因执行定作人有过失之承揽事项,而因承揽人之过失所加以他人之损害,负侵权行为的代理责任"。对此应说明者有二:

(1)在英美法,雇用人(相当于"民法"第189条的定作人)原则上不负 vicarious liability。雇用人虽在一定情形负有不可授权的义务,而应就独立契约者的过失行为负责,就"民法"第189条的解释言,应无使定作人负此种责任的余地。

(2)定作人就承揽事项有"过失"时,本应负责,不以因承揽人之"过失"所加损害于他人为必要。若定作人责任的成立须以其就承揽事项有过失及承揽人有过失为要件,则定作人所负的,非属英美法上的"代理责任"(vicarious liability),盖此项责任原不以雇用人(相当于台湾地区民法的定作人)具有过失为要件。

五、注意规定及其规范意旨

据前所述,通说认为,"民法"第189条系属注意规定,应值赞同。但应强调的是,立法者所以设此注意规定,亦有其规范意旨,即在区别"民法"第188条(雇用人责任)及第189条(定作人责任)。按"民法"第189条的前身系《大清民律草案》第953条,其内容基本上殆属相同,即:"承揽人为承揽事项加损害于第三人者,定作人不负赔偿责任。但定作人于

---

① 参见史尚宽:《债法总论》,第187页。

定作或指示有过失者,不在此限。"立法理由谓:"谨按承揽人独立承办一事,如加害于第三人,其定作人不能负损害赔偿之责,因承揽人独立为其行为,而定作人非使用主故也。但定作人于定作或指示有过失时,仍不能免赔偿之义务。盖此时承揽人有似定作人之使用人,此本条所由设也。"立法理由所称"使用主"或"使用人",乃大清民律草案第 952 条的用语,相当于现行"民法"第 188 条所称的雇用人与受雇人。由此观之,法律所以设第 189 条规定,具有两点重要规范意旨:

(1)承揽人既具有自主独立性,基本上有预防危险及分散损害的能力,不必使定作人代负赔偿责任,以保护被害人。

(2)承揽人既具自主独立性,不受定作人的监督或指示,不应推定定作人就其定作或指示具有过失。

第三节 定作人责任的成立要件

依"民法"第 189 条的规定,承揽人因执行承揽事项,不法侵害他人的权利,定作人就其定作或指示有过失者,应负损害赔偿责任。其成立要件有四:

(1)须有定作与承揽关系。

(2)须承揽人因执行承揽事项,不法侵害他人之权利。

(3)须定作人的定作或指示有过失。

(4)须定作人的过失与损害发生有因果关系。

兹将其基本结构,简示如示:

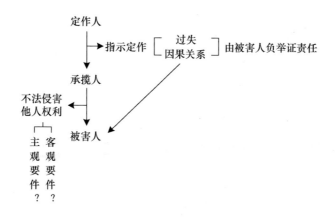

一、须有定作与承揽关系

"民法"第 189 条所称定作人与承揽人,解释上应同于"民法"第 490 条所称一方为他方完成一定工作的当事人。承揽事项包括房屋的兴建修缮、捷运工程的承包、工程废料的搬运、家具的订制修补、广告的设计及鉴定报告等。承揽契约不成立或无效时,因具实质承揽关系,仍应有"民法"第 189 条的适用。

二、须承揽人因执行承揽事项,不法侵害他人权利

关于定作人责任的成立要件,最值得研究的是,所谓"不法侵害他人之权利",究以具客观要件(违法侵害权利)为已足,抑或尚须行为人有故意或过失(主观要件)。[①] 本文采客观要件说。[②] 郑玉波先生采主观要件说,认为定作人责任的成立,须承揽人故意或过失不法侵害他人权利之行为,亦即承揽人本身构成侵权行为时,定作人始有责任可言;并认定作人之责任成立,即应与承揽人连带负责,盖以:"因本条系紧接第 188 条而为规定,由其字句之语气上观之,应作如是解释,学者有谓本条乃前条之注意规定者,良有以也。"[③]此项见解在法律解释学方法论上深具启示性,可作为讨论的基础,分三点言之:

(1) 第 188 条雇用人侵权责任的成立,通说所以认为须受雇人本身构成侵权行为要件,系以法律明定雇用人应与受雇人连带负损害赔偿责任。"民法"第 189 条但书未设定作人应与承揽人负连带责任,似不宜以文句语气或体系为理由,径认定作人应与承揽人连带负责,而以承揽人须有故意或过失为要件(体系解释)。

(2) 第 189 条仿自《日本民法》第 716 条,源自英美法独立契约者法则,日本通说及英美实务均不以承揽人有故意或过失为要件[④](比较法解释)。

(3) 定作人非系就他人行为负无过失责任(英美法上的 vicarious lia-

---

① 参见孙森焱:(《民法债编总论》,第 306 页)谓:"定作人之定作或指示有过失,承揽人因其过失而为执行承揽事项,不法侵害他人权利时,定作人始负侵权行为责任。"

② 参见史尚宽:《债法总论》,第 189 页。

③ 郑玉波(陈荣隆修订):《民法债编总论》,第 211 页。

④ 参见〔日〕前田达明:《不法行为法》,第 157 页。

bility),而系就自己的过失负责,不必以承揽人本身构成侵权行为为必要,此项见解符合侵权行为的一般原则,较能保护被害人(目的解释)。

三、须定作人定作或指示有过失

定作系定作人指定完成的工作(如兴建屋顶花园),解释上应包括承揽人的选定。指示系针对工作执行而言(如设计内容、工作时间等)。定作或指示具有过失,定作人即须负责,不以二者兼具为必要。

定作人有无过失,视是否尽交易上必要注意而认定,应特别斟酌及于工作的种类、性质及危险性。① 定作人之过失,应由被害人负举证责任。② 关于定作或指示过失,实务上有两则判决,可资参照:

(1)建筑房屋,定作人违背建筑图,指示承揽人在楼上多开窗口,因而增加危险,以致台风来袭,砖墙崩坍,压伤邻屋,定作人应依"民法"第189条但书规定,负赔偿责任。③

(2)建筑公司兴建大楼,指示承揽人挖土过深,致相邻大厦发生倾斜,定作人之建筑公司,应负赔偿责任。④

四、须损害与定作人的过失有因果关系

定作人侵权责任的成立,须其定作或指示的过失与承揽人执行承揽事项,不法侵害他人权利,具有因果关系。此项因果关系亦应由被害人负举证责任。

---

① "最高法院"2006年台上字第1355号判决:"民法第189条规定:'承揽人因执行承揽事项,不法侵害他人权利者,定作人不负损害赔偿责任。但定作人于定作或指示有过失者,不在此限。'该条但书所谓定作有过失者,系指定作之事项具有侵害他人权利之危险性,因承揽人之执行,果然引起损害之情形;而指示有过失者,系指定作并无过失,但指示工作之执行有过失之情形而言。是就定作是否有过失,应就定作事项之内容是否有侵害他人权利之危险性予以认定。"另参见"最高法院"2006年台上字第1615号判决。

② 承揽人因执行承揽事项,不法侵害他人之权利者,定作人不负赔偿责任。但定作人于定作或指示有过失者,不在此限。为"民法"第189条所明定。准此,被上诉人既为系争埋设工程、打桩工程之定作人,依法自仅就被害人(上诉人)能证明其于定作或指示有过失而造成之损害,负侵权行为之损害赔偿责任。而上诉人所举证据不足以证明系争建物地基之流失,系因被上诉人于系争工程之定作或指示有过失,被上诉人就上诉人管领之挡土墙又不负保养、维修责任,两造间复无被上诉人应赔偿上诉人所受损害之协议(契约),均为原审认定之事实。则上诉人依协议及侵权行为法律关系,诉请被上诉人赔偿其所受损害,即无理由。

③ 参见"最高法院"1959年台上字第643号判决。

④ 参见"最高法院"1982年台上字第1966号判决,载《民事裁判发回要旨选辑》,第28页。

第四节　承揽人责任

"民法"第189条旨在规定定作人的侵权责任。关于承揽人的侵权责任，则应适用一般侵权行为的规定：

（1）承揽人执行承揽事项因故意或过失不法侵害他人之权利者，应单独负损害赔偿责任（"民法"第184条）。此外，并有"民法"第184条第2项规定的适用。

（2）定作人定作或指示有过失，承揽人亦过失执行承揽事项不法侵害他人权利者，应成立共同侵权行为，连带负损害赔偿责任（"民法"第185条）。

第五节　结论：使用他人侵权行为的归责原则

在现代分工的社会，使用他人以从事一定事务，其主要情形有二，一为雇用人与受雇人的雇佣关系（"民法"第188条）；一为定作人与承揽人的承揽关系（"民法"第189条）。民法将第189条与第188条并列，乃在突显现行法上使用他人侵权行为两个重要规范原则，即：

一、不采归责于上代负责任的无过失责任

雇用人对受雇人、定作人对承揽人因执行职务或承揽事项，不法侵害他人权利时，均不负英美法上所谓的 vicarious liability 责任（无过失责任）。

二、过失责任及举证责任

（1）受雇人因执行职务不法侵害他人权利者，雇用人应负选任及监督的过失责任，其选任监督过失，由法律推定之。雇用人举证免责时，应负衡平责任。

（2）承揽人因执行承揽事项不法侵害他人权利者，定作人应负定作或指示的过失责任，就此过失，被害人应负举证责任。

兹为便于观察，简示如下：

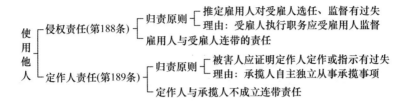

雇用人责任与定作人责任规范结构的不同,在于"受雇人"系居于从属的地位,受雇用人的监督;承揽人则系自主独立从事业务。其立法意旨均在考虑谁较能预防危险,分散损害。在雇佣关系,雇用人因举证免责的严格化,实际上系负无过失责任。在承揽,尤其是工程建筑等事项,定作人较具技术水准及资力时,应活用"民法"第189条但书规定,以合理分配损害,保护被害人。

第六章　动物占有人责任

——"民法"第 190 条

（1）动物与人同为受造之物，具有不同的性质，有温驯如绵羊，有凶猛如狮虎；有作为宠物饲养，有作为工作之用。因所有人或占有人不注意，而伤害他人的生命身体，或毁损对象的，时常有之，是为最古老的特殊侵权行为。试问在规范设计上应否区别动物是否具有危险性及用益性，而就归责原则设不同的规定？

（2）如何决定动物责任的主体：甲有某狼犬，出租予乙看管果园，乙交由丙训练，该犬因丙的受雇人丁未善为管束咬伤戊时，戊得向何人请求损害赔偿？

（3）甲大学实验室的病毒外泄，致乙的鸡群遭受染病死亡过半，市场关闭 3 日，市场商人丙等遭受不能交易的损失，乙、丙得否向甲请求损害（请求权基础）？

第一节　物之责任的规范体系

一、体系构成

"民法"第 190 条规定了"动物占有人责任"，乃关于物的特殊侵权行为。在论述之前，拟对"物之责任"作概要的说明。物之责任者，指物的所有人、占有人或使用人等就因物所加于他人的损害，应负侵权行为损害赔偿的责任，此在法律规范上涉及五个基本问题：

（1）应就何种之物而设规定？

（2）如何规定责任主体？

（3）如何规定归责原则？

（4）如何规定应受保护的权益？

（5）如何规定因果关系的举证责任？

关于物之责任，如何规范，各国或地区法律不同①，兹就现行"民法"规定②，列表如下：

项目 "民法"条文	物之种类	责任主体	归责原则	受保护权益（法律规定）	因果关系
第190条	动物	占有人	推定过失	他人	推定
第191条	工作物	所有人	推定过失	他人权利	推定
第191条之1	商品	制造人输入业者	推定过失	他人	未设规定
第191条之2	动力车辆	驾驶人	推定过失	他人	未设规定

二、规范原则

（一）物之责任的现代化：由动物责任到商品责任

现行"民法"原仅规定动物占有人责任及工作物所有人责任，1999年"民法"债编修正时增设商品制造人责任及动力车辆驾驶人责任。前二者系古老的物之责任，在罗马法即已有之，在今日尤具重要性。后二者乃现代的物之责任，为当前主要危险来源，攸关个人安全及社会生活甚巨。

（二）责任主体

谁应就因物致他人权益受侵害负赔偿责任？民法规定为动物的"占有人"、工作物的"所有人"、商品的"制造人"及"输入业者"、动力车辆"驾驶人"。立法设计上所考虑的是，谁最能控制危险，分散损害，及因物而受有利益，此亦为解释上所应斟酌的因素，将于相关部分加以说明。

---

① 比较法上的讨论，参见 Stone, Liability For Damage Caused by Things, Chapter 5, Torts, Volmue XI, International Encyclopedia of Camparative Law（1983）；v. Bar, gemeineuropäisches Deliktsrecht；Bernhard A. Koch, Die Sachhaftung（1992）。

② 关于"物之责任"，特别法设有规定的，如"消费者保护法"规定的商品责任（第7条以下），"铁路法"规定的铁路行车事故（第62条），"公路法"规定的汽车或电车行车事故（第64条），"大众捷运法"规定的大众捷运行车事故（第46条），"民用航空法"规定的航空器事故（第89条），"核子损害赔偿法"规定的"核子"事故等。

（三）归责原则

民法就因物致他人受损害，所以设特别侵权行为，主要在于调整其归责原则，严格其责任。现行"民法"对四种"物之责任"，均采过失推定，旨在合理分配举证责任，保护被害人。

（四）受保护的权益

如何决定应受保护的权益，系侵权行为法的重要问题。"民法"第184条区别权益的保护，而设三个类型的侵权行为：即权利受侵害时，以加害人具有故意或过失为要件（第1项前段）。其被侵害的，系权利或其他利益时，须加害人系故意以悖于善良风俗加损害于他人（第1项后段），或违背保护他人之法律（第2项），始负赔偿责任。关于物的责任，第191条明定"侵害他人权利"，其他条文则均规定"加损害于他人"。立法者为何作此区别，其规范意旨何在，立法理由未作说明，将于相关部分，再行讨论（本书第555页）。

（五）因果关系

侵权责任的成立，须侵害行为与损害之间具有因果关系，原则上应由被害人负举证责任。在前揭四种物之责任，"民法"就动物占有人及工作物所有人责任，设有因果关系的推定。

第二节　动物责任在比较法上的观察

"民法"第190条关于动物占有人责任，系继受欧陆的法律。欧陆法律关于动物责任有长达两千多年的发展，其规范内容历经变迁，对法制史的回顾，比较法上的观察，有助于认识动物责任的功能及特色。

一、比较法上的观察

（一）罗马法[①]

1. 动物为加害人及动物诉讼

在古代社会，动物侵害人身、牲畜及农作物，对人类是一个主要的危险来源，有加以规范的必要。在欧洲法制史上的不同阶段，曾将动物"拟

---

　① Zimmermann, The Law of Obligations, Roman Fundations of the Civilian Tradition, pp. 1095-1099.

人化",对其"善行"予以奖赏,对其"恶行"加以追诉、审判、定罪,而将其烧死、吊死、体罚,或放逐到西伯利亚。其受惩罚的,非动物本身,而是显现于其行为的恶灵。其烧死动物,犹如当时烧死巫婆,认为火足以消灭邪恶也。

2. 动物所有人的侵权责任[①]

肇致损害的动物,系属他人所有时,加害人不能径对之为报复或处罚,否则将侵害他人的所有权,因而发生动物所有人如何负责的问题。罗马法上有所谓的 actio de pauperie 诉讼,源自公元前 450 年制定的《十二铜表法》,其主要规范内容计有四项:

(1)动物所有人应负无过失责任,盖以动物不具理智,不能为不法行为,应由其所有人负责。

(2)所谓动物,指四脚动物(quadrupedes),例如马、鹿、骡子等驮畜,其后类推适用于鸵鸟等非四脚兽。对具有野性的动物(如熊、狮),不必负责。蜜蜂亦被归类于野性动物。

(3)其肇致损害的动物行为,须系违反动物驯良的本性(contra naturam),其因外力而发生的,例如他人以荆棘刺马,致马伤人,所有人无须负责。

(4)就法律效果言,加害人得选择为损害赔偿,或将动物交付于被害人(naxae datio,加害物的委付)。

(二)欧陆法典及日本民法

19 世纪欧陆各国制定民法典,当时盛行过失责任原则,是否继受罗马法关于动物所有人无过失责任,乃成为重要的问题。兹分就《法国民法》《德国民法》《瑞士民法》及《日本民法》说明之:

1.《法国民法》:无过失责任

1804 年制定的《法国民法》第 1385 条规定:"动物所有人或使用人,于使用中不问其动物系在管理之下,抑或迷失或逃走中,就其所生之损害,概应负责。"其所规定的,原系可反证推翻的过失责任,但 19 世纪后叶,法国实务将其严格化,成为一种无过失责任,仅于不可抗力或被害人与有过失时,始得免责。[②]

---

① Hans Hermann Seiler, Tierhaftung, Tiergefahr und Rechtswidrigkeit, in: Festschrift für Abert Zeuner (1974), S. 279.

② Ferid, Das Französische Zivilrecht (1971), S. 867.

2.《德国民法》:区别动物种类异其归责原则

《德国民法》关于动物保有人责任的立法历经变迁。第一草案不采罗马法上 actio de pauperie 的无过失责任,系设过失推定,但帝国议会委员会改采危险责任(Gefährdungshaftung,无过失责任),规定于《德国民法》第833条。其后因农民团体的压力,乃于1908年加以修正,区别动物种类,而异其归责原则①,即前段规定:动物杀人或伤害其身体健康或毁损其物时,动物保有人(Tierhalter)应赔偿因此所生之损害。此系就所谓奢侈动物(Luxustier)采危险责任。② 后段规定:损害如系动物保有人因职业、营利或生活必需之家畜所加,且动物保有人对动物之监督已尽交易上必要之注意,或纵尽此注意,仍可发生者,不负赔偿责任。此系采过失推定责任。

3.《瑞士债务法》:推定过失责任

《瑞士债务法》第56条规定:"动物保有人(Tierhalter)对动物所生之损害,于不能证明已尽相当保管及监督之注意,或纵加相当注意,而仍不免发生损害时,负其责任(第1项)。动物系由第三人或第三人之动物所挑动者,对该第三人有求偿权(第2项)。关于猎兽所生损害之责任,以各邦法定之(第3项)。"瑞士学说上有人认为,本条系规定动物占有人的原因责任(Kausalhaftung)③,通说系为推定过失责任(Vermutungshaftung)。

4.《日本民法》:推定过失责任(中间责任)

《日本民法》第718条规定:"动物之占有人就其动物所加于他人之损害,负赔偿责任;但依动物之种类及性质,已为相当注意之保管者,不在此限(第1项)。代占有人保管动物者,亦负前项责任(第2项)。"日本通说认为,本条规定同于《瑞士债务法》第56条,乃属于一种以危险责任思想为基础的推定过失中间责任。④

---

① Jakobs/Schubert, Die Beratung des Bürgerlichen Gesetzbuchs, Recht der Schuldverhältnisse III (1983), S. 957.

② Werner Lorenz, Die Gefährdungshaftung des Tierhalters nach §§ 833 I BGB (1992).

③ Oftinger W. Stark, Schweizerisches Haft-pflichtrecht, Zweiter Band: Besenderer Teil (1987), S. 355.

④ 参见〔日〕前田达明:《不法行为法》,第169页;〔日〕潮海一雄等著:《民法讲义》,第248页;〔日〕潮见佳男:《不法行为法》,第475页。

（三）英美法

1. 英美法上的动物责任[①]

动物责任（animal liability），亦为英国侵权行为法上的重要问题，并为加拿大、澳大利亚、美国等国所继受，虽因社会经济发展形成相当复杂的法律状态，其基本规范体系系由下列三者所构成：

（1）Cattle trespass。牛羊等家畜侵入他人土地（尤其是牧场），造成直接侵害（trespass）时，其所有人应负责任。

（2）对危险动物（dangerous animal）的无过失责任。危险动物分为两类，即野生动物（animal ferae naturae），如狮子、熊、老虎、猴子等，及本性温顺动物（animal mansuetae naturae），如牛、羊、马等。就前者，所有人纵不知其危险性，亦应负责。就后者，须所有人明知或可推定其应知其危险时，始应负责（所谓 scienter action）。

（3）不论动物种类，其所有人应负过失责任（negligence）或妨害他人土地使用（nuisance）的侵权责任。

2. 动物责任、寇斯定律与法律经济分析

牛羊畜群侵入邻地牧场的侵权责任，系英美法上的常见问题，所有人应就其牛羊对他人牧场造成的损害，依 Negligence 或 Nuisance 侵权行为负赔偿责任。在此应特别指出的是，英国著名的经济学家 Ronald Coase（寇斯）在其获得诺贝尔经济奖的"社会成本问题"（The Problem of Social Cost）经典著作中[②]，曾应用此类案例，创设了著名的寇斯定律（Coase Therom），并因而建立法律经济分析的思考方法。

寇斯借着牛群与牧场案例，阐释其权利规范的理论，认为侵权行为具有双方性，当事人都会采取减少或消弭伤害的措施，不论法律如何设定权利义务，即不论规定牛群主人应负损害赔偿义务，或使牧场主人有设置篱笆的义务，只要双方交易成本很小，当事人均能平和协商，达成补偿协议，并不影响资源分配的效率。所谓交易成本（transaction cost）包括协商、取得互信、讨价还价等。由于吾人并非处在一个没有交易成本或交易成本甚少的社会，因此在权利规范上，应使得以较低交易成本防范损害者，负

---

① 英国法，参见 Markesinis/Deakin, Tort Law, p. 508 f.；Fleming, The Law of Torts, p. 395. 美国法，参见 Dobbs, The Law of Torts, p. 942.

② Ronald Coase, The Problem of Cost, Journal of Law and Economics, Volume 3, 1960, p. 1；陈坤铭、李华页译:《厂商、市场与法律》，远流出版公司 1995 年版，第 113 页。

担义务,而使他人享有权利。就牛群与牧场言,即应使牛群主人负不侵害他人的义务,而使牧场享有不受侵害的权利。盖对牛群管束成本较少,使邻近牧场皆须设篱笆,其费用较大也。此为所有人或占有人对动物所致加损害于他人时,应负侵权责任,在法律经济分析上的规范意义。①

(四)《中华人民共和国侵权责任法》

《侵权责任法》第十章规定,饲养动物损害责任,作为一种特殊侵权行为。兹摘录其条文如下,并依其文义作简单说明:

第78条(动物饲养人或者管理人的责任)规定:"饲养的动物造成他人损害的,动物饲养人或者管理人应当承担侵权责任,但能够证明损害是因被侵权人故意或者重大过失造成的,可以不承担或者减轻责任。"本条规定动物责任的主体为动物饲养人或管理人,系采无过失责任(对照第81条)。但书系被害人与有过失的特别规定。解释上应认为此项但书规定得适用于第79条至第83条的动物责任。

第79条(未采取安全措施的损害责任)规定:"违反管理规定,未对动物采取安全措施造成他人损害的,动物饲养人或者管理人应当承担侵权责任。"依本条规定,对动物采管理上的安全措施时,不必承担侵权责任,缓和了第78条规定的严格责任。

第80条(禁止饲养的危险动物损害责任)规定:"禁止饲养的烈性犬等危险动物造成他人损害的,动物饲养人或者管理人应当承担侵权责任。"本条系第78条的特别规定。纵无本条规定,亦应有第78条的适用。

第81条(动物园的动物损害责任)规定:"动物园的动物造成他人损害的,动物园应当承担侵权责任,但能够证明尽到管理职责的,不承担责任。"本条系采推定过失责任,动物园为公众出入的场所,入园者须付一定费用,应有相应的责任保险,而严格其安全措施,为何不采严格责任的一般原则?

第82条(遗弃、逃逸的动物损害责任)规定:"遗弃、逃逸的动物在遗弃、逃逸期间造成他人损害的,由原动物饲养人或者管理人承担侵权责任。"本条系第78条的明确化。

第83条(第三人过错时的责任承担)规定:"因第三人的过错致使动

---

① Robert C. Ellickson, Of Coase and Cattle: Disputes Resolution among Neighbors in Shasta County 38, Standford Law Review 623 (1986); Dobbs, Law of Torts, p. 944.

物造成他人损害的,被侵权人可以向动物饲养人或者管理人请求赔偿,也可以向第三人请求赔偿。动物饲养人或管理人赔偿后,有权向第三人追偿。"此系规定第三人与动物饲养人或管理人的客观共同侵权行为,明定其连带责任及内部求偿关系。

第84条(饲养动物不得妨害他人生活)规定:"饲养动物应当遵守法律,尊重社会公德,不得妨害他人生活。"本条系注意规定。

二、"民法"第190条的特殊性

(一) 三种规范模式

综据前述,动物责任历经两千余年的发展,有三种基本规范模式:

(1) 危险责任(无过失责任)。此源自罗马法。目前规定此种严格责任的,有《法国民法》(第1385条)、英美法等。

(2) 区别动物的种类,设危险责任及推定过失责任。采之者,如《德国民法》(第833条)。

(3) 过失推定责任。采此种规定的,有《瑞士债务法》(第56条)、《日本民法》(第718条)。

(二) "民法"第190条规定

"民法"第190条第1项规定:"动物加损害于他人者,由其占有人负损害赔偿责任。但依动物之种类及性质,已为相当注意之管束,或纵为相当注意之管束而仍不免发生损害者,不在此限。"第2项规定:"动物系由第三人或他动物之挑动致加损害于他人者,其占有人对于该第三人或该他动物之占有人,有求偿权。"[①]应说明者有二:

(1) "民法"第190条系采《瑞士债务法》第56条、《日本民法》第718条规定,在解释适用上应参考及之。

(2) 动物占有人应负"推定过失",推定"因果关系"的侵权责任。其所以不采无过失的严格责任,乃在维持民法的过失责任原则。德国民法

---

① 立法理由谓:"查民律草案第954条理由谓动物因占有人不注意,而伤害他人之生命身体、或毁损对象者,应使占有人负赔偿之责任。因占有人既占有动物,应负注意保管之义务也。故设本条以明示其旨。"按民律第954条规定:"占有动物人,其动物加损害于他人者,负赔偿之义务。但依动物之种类及性质,已尽相当之注意保管之,或虽尽相当之注意保管之,仍不免发生损害者,不在此限。依契约代占有人保管动物者,亦负前条之义务。适用前两项规定时,其占有人得向挑动该动物之第三人,或挑动该动物之他动物之占有人行使求偿权。"

区别动物种类异其归责原则的规范模式,乃妥协的产物,台湾地区"民法"不采之,实属正确。

第三节　动物占有人责任的成立

依"民法"第190条第1项规定,动物占有人侵权责任的成立,须:

(1) 因动物加损害于他人。

(2) 动物占有人管束有过失及其过失与损害间具有因果关系。

第一款　因动物加损害于他人

一、动物的概念

（一）科学概念在法学上的解释

加害者,须为动物。何谓动物?通说认为,"民法"第190条所谓动物,非动物学上的动物,乃一般通念上的动物,因而细菌于动物学虽不失为动物,但于此则不包括在内。法律与科学不同,法律上用语,应依法律规范功能而为解释,不必当然同于科学上的概念,就此而言,前揭通说在法学方法论上,实值赞同。

关于细菌问题,俟于下文再行讨论,兹先应说明的是,动物不限定其种类,除犬、牛、马、猿、猪、象等外,毒蛇、猛兽,亦包括在内。台北万华华西街卖艺者就龟壳花咬伤观众,马戏团或动物园就栅栏毁坏致老虎逃出伤人,均应依"民法"第190条规定负责。

（二）微生物:细菌与病毒

1. 学说见解

关于动物责任,其最具争议的问题之一,系细菌或病毒是否为"动物",而有"民法"第190条的适用。如前所述,通说系采否定的见解,认为细菌寄生体内,不能对之占有,并强调细菌培养人因故意或过失,将细菌传染他人,因而损害他人健康者,应依"民法"第184条规定负责。①

---

① 参见史尚宽:《债法总论》,第190页谓:"霉菌不问其在动物学上为动物与否,不包含在内,盖本条立法为保护因动物之有意的动作所生之危险,霉菌则无此性质。其因此所致死亡,有如中毒,惟依民法第184条具备一般侵权行为之要件时,得请求赔偿。"

2. 德国法上兽医学院学生感染病毒案

《德国民法》第833条所称动物解释上是否包括微生物，或类推适用之，甚有争论，其所以受到重视，涉及其保有人应否负危险责任（无过失责任）的问题。德国实务上一个判决，可供参考。有 H 兽医学院的女生，于1970年初夏在 H 兽医学院校区遇见一只显然生病的幼犬，将其抱起，致感染一种名叫 leptospira bratislava 类型的病毒，当时该学院正在从事此种病毒的试验。法院认定 H 兽医学院应依《德国民法》第833条第1项负损害赔偿责任。[1] 德国学说上有赞成此项见解的，强调实验室培养的细菌或病毒，应认系动物，其保有人就他人遭受感染，须负责任[2]，但多数学者则持反对意见。[3]

3. 分析讨论

通说认为，"民法"第190条所称动物不包括细菌在内，此项见解，基本上可资赞同。依现代生物科学的分类，生物包括动物、植物与微生物。微生物包括细菌与病毒。[4] 因此就文义解释而言，动物并不包括细菌或病毒在内。

法律所以特别规定动物责任，系因动物具有危险性，此项动物危险乃基于动物得基于其自己之力（动物行为）侵害他人的权益，细菌或病毒不具此种侵害行为危险性。就法律规范目的，不必扩大解释动物的概念，使之包括微生物或加以类推适用。若肯定动物的概念不包括微生物，微生物管理人就微生物所致他人受损害，应适用"民法"第184条规定。

为杜绝细菌或病毒所引起传染病的发生及蔓延，"传染病防治法"就

---

① BGH NJW 1989, 2948.

② Abeltshauser, Verschuldens-oder Gefährdungshaftung für Mikroorganismus? JuS 1991, 366; Deutsch, Gefährdungshaftung für laborgezüchtete Mikroorganismen, NJW 1976, 1137.

③ Larenz/Canaris, Schuldrechts II/2, S. 613 f.

④ 目前生物学认为，地球上生物分为动物界、植物界及真菌界（酵母菌、霉菌）、原生生物界（黏菌）及原核生物界（病毒、细菌）；后三者属于所谓微生物。微生物（Microorganism）系一群在光学显微镜或电子显微镜下才能看到的微小生物。能引起人类和动植物疾病的微生物称为病原微生物（Pathogenic microorganism）。它的种类很多，根据其结构分属于三个类型：(1) 非细胞型微生物：无细胞结构，个体极小，能通过细菌滤器，只能在活细胞内生长繁殖。病毒属此。(2) 原核细胞型微生物：虽有细胞结构，但仅有类细胞核，无核膜和核仁，细胞器很少。细菌属此。(3) 真核细胞型微生物：有细胞结构，细胞核分化程度较高，有核膜、核仁、染色体，细胞质内有完整的细胞器。真菌属此。参见 Sylria S. Mader 原著，黄皓阳编译：《生物学》（Biology），艺轩，2004年版，第5页以下。

防治体系、预防接种、防疫措施设有规定,其规范客体包括病毒等在内。依该法第 25 条第 2 项规定,传染病病媒孳生源之公、私场所,其所有人、管理人或使用人应依地方主管机关通知或公告,主动清除之。此项规定属于"民法"第 184 条第 2 项所称"保护他人之法律",违反者,应推定其有过失,并负侵权行为损害赔偿责任。

二、动物加害行为

法律所以特设动物占有人责任,系因动物具有危险性。动物危险体现于其加害行为,此指基于动物自己独立的行为。分数项说明如下:

(一) 直接行为与间接行为

直接行为指侵害的直接性,例如牛吃他人的牧草,猫抓伤小孩,大象踩踏路人等。间接行为指侵害的间接性,例如羊群走上街头,牛卧于马路,汽车驾驶人为闪避行人致发生事故。

(二) 动物的自然行为

此指动物依其自然本性而为的行为,例如某患病的动物与其他健康动物有舔舐等接触行为而传染疾病。动物排泄粪便亦属之。[1] 一个值得提出的问题,系动物交配得否成立加害行为? 德国实务有一个有趣的案件,某 A 土狗与系出名门的 B 狗交尾,致 B 狗怀孕生产杂种小犬。德国联邦法院认 A 狗的行为,侵害了 B 狗,A 狗的保有人应对 B 狗所有人就 B 狗所受侵害及未能生育纯种小犬出售所丧失经济上利益,负损害赔偿责任。[2]

(三) 动物的噪音

在现代社会生活中,动物噪音的干扰,尤其是邻居之犬日夜狂吠,而妨害生活安宁及睡眠。首先,此涉及相邻关系上气响侵入问题("民法"第 793 条)。其超越忍受限度者,具不法性,得请求禁止之,健康因此受侵

---

[1]　在一个涉及鸽粪的案件,台中地方法院 2002 年诉字第 1142 号判决谓:"被告为系争鸽舍之搭建人,并为鸽舍内豢养之鸽群之饲养人,对于该鸽群自为有事实上管领力之直接占有人,应无疑问;原告主张被告饲养之鸽群因每日例行之出笼期间排泄鸽粪及掉落羽屑于原告顶楼阳台上等情,业如前述,鸽群之排泄及落羽系其出于本性之独立动作,应属鸽群之加害行为无疑。被告历次庭期均受合法通知,均未就其有无已为相当注意之管束,或纵为相当注意之管束而仍不免发生损害等情提出抗辩或证明,实难认为有何免责事由之存在,故被告就鸽群之加害行为应推定有过失责任。"

[2]　BGHZ 69, 129 = NJW 1976, 2130.

害,得依"民法"第190条规定请求损害赔偿。易言之,"民法"第793条与第190条得为竞合,并为适用。

(四) 非属动物的加害行为

其加害行为非出于动物自己独立行为的,不构成动物加害行为,例如以动物掷人,运送动物发生车祸,动物自卡车掷落、撞到机车骑士发生车祸,或对动物为身体上的强制时,其行为人应依"民法"第184条规定负责。于此等情形,动物与他物无异,非动物危险的实现。驱犬伤人时,其犬虽听从指使而行动,然尚有行动的自由,其驱使者为占有人时,有"民法"第184条及第190条的竞合。①

三、加损害于他人

因动物加害而受保护的权益,《德国民法》第833条限于生命、身体、健康的侵害及物的毁损。"民法"规定"加损害于他人",其范围如何,分就权利受侵害及纯粹经济上损失,说明如下:

(一) 权利受侵害

权利受侵害时,应受保护,例如:

(1) 邻人之猫撬开鸟笼,致鸟飞出。② 此系侵害物的所有权。

(2) 某人因犬之纠缠而致误车。③ 此系对自由的侵害,被害人得否请求赔偿误车而受的损害(例如丧失订约机会),应依相当因果关系加以认定之。

(二) 纯粹经济上损失:染病牛只的案例

关于动物责任所涉及纯粹经济上损失,有一个事例可供参考。Mauro Bussari 及 Vernon Valentine Palmen 两位教授在其所主编的 Pure Economic Loss in Europe(欧洲法上的纯粹经济上损失),曾设计20个案例,用以分析讨论欧洲各国关于纯粹经济上损失的规定、判例及学说,以供研拟欧洲侵权行为法基本原则的考虑。④ 其中第6个案例为"受感染之牛"(the in-

---

① 参见史尚宽:《债法总论》,第196页。

② 此例采自史尚宽:《债法总论》,第191页。

③ 此例采自史尚宽:《债法总论》,第191页。

④ Pure Economic Loss in Europe (edited by Mauro Bussari and Vernon Valentine Palmen, 2003).

fected cow)①:某养牛者让其受感染的牛只逃离其场所。因感染牛只的逃离,政府机关下令畜牧及肉类市场歇业 10 天。对该牛饲养者起诉有:

(1)其他养牛者,因 10 天无法出卖其牛。

(2)市场商人,因丧失肉品的供应。

(3)宰牛业者,因在此期间无法营业。

前揭案例涉及纯粹经济上损失,即被害人得否依侵权行为一般规定或关于动物责任的特别规定,请求此种损害赔偿。除法国民法外,其他各国多采保留的态度,其明确采否定说者有德国、奥地利、英国等。台湾地区"民法"第 184 条第 1 项前段明定所保护的限于权利,第 190 条规定"加损害于他人",未限定于权利,应否包括纯粹经济上损失,在文义解释上,不无疑问,但应作限制解释,而采否定见解:

(1)如前所述,"民法"第 190 条规定系仿自《瑞士债务法》第 56 条及《日本民法》第 718 条,瑞士及日本实务上均属人身及物受侵害的案例,学说上不认为应包括纯粹经济上损失在内。②

(2)在台湾地区"民法",侵权行为法保护的客体原则上不及于纯粹经济上损失,"民法"第 190 条的立法理由特别表示动物因占有人不注意,而伤害他人之生命、身体或毁损对象者,应使占有人负赔偿之责任,并未提及纯粹经济损失的赔偿问题。

(3)如前举"病牛之例"所示,使动物责任的范围包括纯粹经济上损失,将使占有人负担难以预测的损害,例如有某鸭群或牛羊走上高速公路,阻塞交通半小时,若其占有人应就使用高速公路者因此所受纯粹经济上损失,负赔偿责任,势必倾家荡产。民法所以规定动物责任,系因动物具有危险性,纯粹经济上损失非属动物危险的保护范围。

---

① Case 6: the infected cow: A cattle raiser allowed an infected animal to escape from his premises. The escape of the infected animal obliged the authorities to close the cattle and meat market for ten days. The cattle raiser is being sued by: 1. other cattle raiser who for ten days have not been able to sell their cattle; 2. the market traders who have lost their supplies; and 3. the butchers who during this time have not been able to conduct their business.

② 关于《瑞士债务法》第 56 条的适用,Oftinger/Stark, Haftpflichtrecht S. 387 f. 关于日本民法,参见〔日〕前田达明:《不法行为法》,第 170 页,其列举的加害内容,包括伤害人命、身体、财产权侵害,如商品破坏、爱猫被绞杀。

四、因果关系

动物加害行为与他人受有损害之间须具因果关系,其应肯定的,例如大象踩死孩童、恶犬咬伤老妇、狂牛撞毁他人的篱笆,此均属直接侵害。其属间接侵害的,兹举比较法上 3 个案例,以供参照:

(1) 某牛挡路,汽车驾驶人因紧急刹车,致车翻覆,被其后汽车辗毙。[①]

(2) 犬追入羊群,羊群被驱赶至火车轨道,而与火车相撞死亡。[②]

(3) 小学四年级少年被牛追赶,于道路上被卡车撞伤。[③]

五、违法性

(一) 动物为正当防卫?

动物责任的成立,须动物行为具有违法性。依侵权行为结果不法理论,凡侵害他人权利的,即具违法性,但得因违法阻却事由而排除之。在罗马法,其遭攻击的绵羊杀死攻击的绵羊时,不成立动物责任。[④] 学说上有认为养犬防盗,有盗翻墙而入,即为犬所咬,应属正当防卫。[⑤] 须注意的是,"民法"第 149 条规定的正当防卫,须系"人"的行为,是否包括"动物行为",不无疑问。另一种解决方法系适用"民法"第 217 条关于与有过失的规定,排除动物占有人的责任。

(二) 蜜蜂侵害他人案

关于动物加害行为的违法性及违法阻却,值得介绍的,系德国实务上两个蜜蜂侵害他人的案件:

在 RGZ141, 406 判决,原告在某地经营皮革厂,生产皮革制品。被告在距离 300 至 400 公尺处养蜂。原告以被告的蜜蜂的排泄物掉落在原告在草坪上晒干的皮革上面,致其难以高价出售,乃向被告请求损害赔偿。德国帝国法院(Reichgericht,简称 RG)认为无论依《德国民法》第 823 条

---

① BGH VersR 1957, 167.

② OLG München VersR 1984, 1095.

③ 参见日本大阪地方裁判所判决,1976 年 7 月 15 日(判时,836.85)。

④ Dig. 9, 1, 1, 11, 引自 Seiler, Tierhaftung, Tiergefahr und Rechtswidrigkeit, in:Fest schrift für Abert Zeuner. S. 293 (Fn. 74).

⑤ 参见郑玉波(陈荣隆修订):《民法债编总论》,第 210 页。

(相当于"民法"第 184 条)或第 833 条规定,养蜂者均不必负责。其主要理由系蜜蜂的体积微小,依《德国民法》第 906 条规范意旨,得认为来自邻地类似于音响振动等不可衡量物质(unabwäge Stoffe)[①],依其侵害性及土地状况,并顾及养蜂者的生计,邻地所有人有忍受义务,蜜蜂排泄行为不具违法性。

在 BGHZ 117,110 判决,原告自 1980 年起在某地种植插枝花(Schnittblumen),被告在距离三四公里处以养蜂为副业,长达半世纪。原告主张被告的蜜蜂飞到其花圃,使其花卉受粉,导致提早凋谢,不能出售获利,应负赔偿责任。德国联邦法院(Bundesgerichts-hof,简称 BGH)基本上采取同于前揭帝国法院判决的见解,认为养蜂属于土地惯行使用,蜜蜂侵入邻地难以避免,土地所有人不得禁止。德国联邦法院更进一步表示,养蜂者不必依《德国民法》第 906 条第 2 项规定负补偿责任,盖原告种植特殊花卉,对蜜蜂具有吸引力,其经营花圃的土地,传统上本为养蜂地区,若采原告论点,则其花圃三四公里范围内,必须成为"无蜜蜂地带",未顾及他人使用土地之必要,实无禁止他人养蜂或请求补偿的正当理由。

六、举证责任

关于动物加害行为、权益受侵害,二者之间具有因果关系,均应由被害人负举证责任。关于违法性,应由加害人证明违法阻却事由。

第二款　动物占有人对动物的管束有过失

一、动物占有人

(一) 比较法

动物责任在法律规范上最重要的问题是,如何定其责任主体。法国民法规定为所有人及使用者,所谓使用者,指任何对动物为支配而为利用

---

① 《德国民法》第 906 条规定,相当于台湾地区"民法"第 793 条,其现行规定内容为:"土地所有人,对于煤气、蒸气、臭气、烟、煤、热气、音响、振动之侵入,以及其他来自邻地之类似影响,并不妨害其对土地之利用,或其妨害系非重大者,不得禁止之(第 1 项)。重大之妨害,系该他土地之惯行使用所引起,且在经济能力上,无法期待该土地使用人采取防止措施者,亦同。土地所有人因而忍受其影响者,得请求该土地使用人,为金钱上之相当补偿,但以自己土地之惯行使用或收益,因影响而产生超过预期程度之妨害者为限(第 2 项)。干扰不得依特别引导设置为之(第 3 项)。"

之人,但不包括好意看顾动物之人。① 《德国民法》及《瑞士债务法》规定为"保有人"(Halter),通说认为,此应视谁对动物得为支配处分及就动物获得利益,加以判断,在具体个案解释上,甚有争议。② 《日本民法》规定为占有人及代为保管者。台湾地区"民法"第190条规定其应负责的,系动物占有人,乃仿日本立法例,但不包括"代为保管者",此究指何而言,在日本判例学说,意见分歧。③ 台湾地区"民法"不采之,实属正确。

(二) 学说上的争议

首应说明的是,物权法上的占有人有三类:(1) 直接占有人,指对物有事实上管领力者("民法"第940条)。(2) 间接占有人,指质权人、承租人、受寄人、或基于其他类似之法律关系,对于他人之物为占有者,该他人为间接占有人("民法"第941条)。(3) 占有辅助人,指受雇人、学徒或基于其他类似之关系,受他人之指示,而对于物有管领之力者,仅该他人为占有人("民法"第942条)。兹举一例言之,甲有某狼犬,寄托予乙,乙交由其受雇人丙看管,在此情形,甲为间接占有人,乙为直接占有人,丙为占有辅助人。

"民法"第190条动物"占有人",究应如何解释,实务上未有判解,学者见解分歧,计有三说:

(1) 限于直接占有人。因其仅直接实施管领。④

(2) 直接占有人及间接占有人。因二者均为物权法上的占有人,并有益于保护被害人。占有辅助人无独立性,并无加重其责任的必要,惟依"民法"第184条规定负责,即为已足。⑤

(3) 直接占有人及占有辅助人。因二者对动物均有直接管领力而得为管束。⑥

(三) 分析讨论

关于动物责任,以"保有人"为责任主体,有助于就个案为判断,但标

① Ferid, Das Französische Zivilrecht, S. 867.

② Larenz/Canaris, Schuldrecht II/2, S. 614.

③ 参见〔日〕前田达明:《不法行为法》,第172页;〔日〕几代通(德本伸一补订):《不法行为法》,第179页。

④ 参见戴修瓒:《民法债编总论》,三民书局1955年版,第198页以下。

⑤ 参见史尚宽:《债法总论》,第191页。

⑥ 参见孙森焱:《民法债编总论》,第308页。

准难定。"民法"规定"占有人",其优点在于此为物权法的概念,但亦因此而产生争议。应强调的是,动物占有人的解释,在法学方法上,一方面不能脱离民法上占有人的概念,另一方面又不能受其拘束,而应依"民法"第190条的规范意旨而定,使对动物未为相当注意的管束者,负推定过失责任。准此法律概念规范功能性的解释:

(1) 具有共识的,系直接占有人应为动物占有人,此通常为所有人,但不限于此,包括如承租人、受寄人(动物医院、宠物之家)等。窃盗他人动物者,无因管理人均属之。直接占有人除自然人外,亦包括法人,无论是私法人或公法人。在公法人,涉及执行职务行使公权力时(如警犬、军用犬伤人),有"国家赔偿法"的适用,并应依"民法"第190条规定,推定其管束过失。

(2) 间接占有人应不包括在内,因其对于动物并未有管领力而为管束,例如甲有狼犬,出国期间,寄托乙处,就该犬的加害行为,不必负责;但于其选任监督乙具有过失时,应依"民法"第184条负其责任。

(3) 占有辅助人应否负动物占有人责任? 在以动物保有者的责任主体立法例的国家,多不以占有辅助人为保有者,盖其对动物并无支配处置权利,亦未就动物获得利益。[1] 在日本法上,其民法第718条所称代为保管者,原包括占有辅助人(例如马夫),但目前通说认为不应包括在内,因其并无独立地位,使其负该条的责任,并不适宜。[2] 比较法上的通说,可供参考。

二、占有人对管束过失的推定及举证免责

占有人的责任,在于其对动物未尽相当注意的管束,此项管束的过失,由法律推定之,以保护被害人。占有人须举证证明其已为相当的管束,始得免责,此应就具体个案加以认定,视动物的种类及其危险性,有无加害的"前科"以及所处周围环境(幼儿园、接近马路)等相关因素,而采必要的管束措施,例如坚固兽槛、系牢猛兽、狼犬上街时应以锁链牵之,或悬挂内有恶犬的警示等。

---

① MünchKomm BGB Wager, § 833 Rdnr. 20.
② 参见〔日〕前田达明:《不法行为法》,第173页。

三、管束过失与损害间的因果关系

动物占有人的责任,须被害人受有损害与占有人对动物管束有过失间具有因果关系为要件,此项因果关系亦由法律规定之,占有人须证明纵为相当注意之管束,而仍不免发生损害时,始得免责。

第三款　实务上案例

动物责任反映社会经济活动及发展。在农业社会,动物系主要的危险来源,在都市化的台湾,农业用动物已逐渐减少,宠物及娱乐用动物则大量增加,其危害性不容忽视。兹参照实务案例,说明如下:

一、动物占有人责任

关于动物责任,"最高法院"有两个判决均肯定动物占有人的责任:

(1) 上诉人所畜之鸡,性既好斗,复有啄伤人之恶习,乃竟未为相当注意之管束,任意放于户外,因而加损害于被上诉人之左眼,致使其减少劳动能力,并受精神上之痛苦,则被上诉人以此为原因请求赔偿,此等情事所生之损害,自为"民法"第 190 条第 1 项、第 193 条第 1 项及第 195 条第 1 项之所许。[①]

(2) 上诉人饲养家犬,既未于春季届至时为之注射狂犬预防药剂以防疯狂,复未于发疯后为之带牢口罩或严禁于一定处所,或自行击毙,以杜危险,竟任意放于户外致咬伤被害人致死,实未尽相当注意管束之能事,应对被上诉人负赔偿责任。[②]

近年来,台湾各地方法院有若干关于动物占有人责任的判决,有为鸽子排泄粪便于他人阳台[③];有为毛猪毁损高速公路的景观苗木[④];有为狗咬伤人[⑤];有为牛只行走道路而妨碍交通,致发生车祸事故。[⑥] 值得注意

---

① 参见"最高法院"1951 年台上字第 1957 号判决。

② 参见"最高法院"1952 年台上字第 264 号判决。

③ 参见台湾台中地方法院 2002 年诉字第 1142 号判决。

④ 参见台湾士林地方法院 2002 年诉字第 272 号判决。

⑤ 参见台湾高等法院台中分院 2000 年上易字第 90 号判决;士林地方法院 2002 年简上字第 448 号判决;台湾板桥地方法院 2003 年诉字第 1556 号判决;台中地方法院 2004 年诉字第 283 号判决。

⑥ 参见云林地方法院 2004 年诉字第 204 号判决。

的是,法院多认为占有人对动物未尽相当注意的管束,不得免责。①

二、政府赔偿责任

动物致加损害于他人,亦涉及"国家赔偿法",一并加以说明。兹举两个判决如下:

(一) 野狗咬人致死案

在台湾高等法院台南分院 2004 年上国字第 3 号判决,原告的被继承人为野犬群体攻击咬伤致死,被告台南县七股乡公所明知有野犬,前曾伤人之事,未采必要防范措施,法院认为应依"国家赔偿法"第 2 条规定负损害赔偿责任,其理由有二:

(1)"动物保护法"其中有关随意弃养之动物,对饲主予以取缔、弃养之动物应予没入(即捕捉)等规定,系属法定"危险防止或危险处理"之行政职务,用以增进人民生活之安全保障,故由法律规范保障目的以观,其虽系为公共利益或一般人民福祉而设之规定,但就法律之整体结构、适用对象、所欲产生之规范效果及社会发展因素等综合判断,其亦寓有保护一般民众生命、身体安全之意旨。

(2) 按公务员如有违背其职务义务之行为存在,即可推定其具有故意过失。故主张成立政府赔偿责任之人,只需证明公务员有违背其职务义务之行为而造成其损害即可,政府机关必须提出其所属公务员违背职务义务之行为有不可归责事由之证明,始可免责。又违反保护他人之法律者,推定其有过失,"民法"第 184 条第 2 项亦定有明文。本件上诉人机关所属公务员违反职务义务之法令,其法规目的具有保护面临具体伤害之特定或可得特定之人,生命、身体、健康之利益,已如前述,即属保护他人之法律,上诉人机关所属公务员违反之,应推定有过失。

(二) 公园内野牛攻击游客案

"内政部"营建署阳明山管理处所属阳明山公园内景点擎天岗,有台北市农会经营管理的牧场,接受农民寄养牛只,并有若干野生牛只。原告

---

① 宜兰地方法院 2002 年诉字第 111 号判决谓:"查本件肇事之中型犬乃为被告所饲养,其体型壮硕,具有攻击性,则被告使该犬在开放之公众场所活动,自应注意有人随伴,或安置嘴部束缚器具等适当防护措施,以资管束,防止动物攻击他人,讵被告竟未为任何防护措施,致该犬在宜兰县三星乡福山街○○号原告住家骑楼前咬伤年仅 3 岁之原告,则被告对管束其所饲养之宠物显有过失,亦堪予认定。"

在擎天岗步道踏青,突遭牛只攻击,撞伤原告,致伤的牛只系进入牧场的野放牛只,是否为台北市农会负责看管的牛只,无法辨识。

台北地方法院2003年国字第19号判决认为:管理机关未依"国家公园"法规定善尽公园内设施的管理义务,既有众多寄养及野放之牛只在该区自由移动,有可能会攻击前往当地之游客,仍未将牛只与游客有效区隔,或派人管理以防止危险之发生,系属公有公共设施之设置及管理有欠缺,因而导致原告遭到牛只撞击受伤,故本件原告所受伤害,与被告阳管处之设置及管理欠缺间,具有相当因果关系。原告得请求阳明山公园管理处赔偿其损害。

关于台北市农会应否依"民法"第190条规定负动物占有人责任,法院认为,无法辨识撞击原告的牛只是否有台北市农会所寄养之牛只,是以纵使被告台北市农会未尽动物占有人管理责任,此与原告所受之伤害间,仍难谓有相当因果关系。"民法"第185条第1项规定:"数人共同不法侵害他人之权利者,连带负损害赔偿责任;不能知其中孰为加害人者,亦同。"该条项后段规定系指侵权行为人有数人而不能知孰为加害人之情形,与本件被告台北市农会对原告并无直接之加害行为,仅有动物占有人之管理责任者不同,应无该条项规定之适用。

第四节　连带责任、求偿关系及损害赔偿

一、连带责任

关于动物加损害于他人,数人应连带负赔偿责任的,其主要情形有:

(1) 数动物占有人。例如夫妻共同占有某宠物。

(2) 异主(占有人)的数动物加损害于他人(如数犬"共同"咬伤路人),或不知孰为加害的动物时,应依"民法"第185条规定成立共同侵权行为。

(3) 直接占有人与占有辅助人。在肯定动物占有人应包括占有辅助人时,其与直接占有人得成立共同侵权行为("民法"第185条),前已提及,占有辅助人为受雇人时,并有"民法"第188条规定的适用。

二、挑动动物者的责任及占有人的求偿权

"民法"第 190 条第 2 项规定:"动物系由第三人或他动物之挑动致加损害于他人者,其占有人对于该第三人或该他动物之占有人,有求偿权。"关于本项,台湾学说上多认为在动物系由第三人或他动物之挑动致加损害于他人时,应与动物占有人成立不真正连带债务,于赔偿后对第三人或他动物的占有人有全部求偿权,该第三人或他动物占有人不能以无故意或过失主张免受求偿。[①] 问题在于,第三人或他动物占有人为何要负无过失责任,有过失的动物占有人为何对无过失的第三人或其他动物占有人得为全部的求偿?

按"民法"第 190 条第 2 项系采《瑞士债务法》第 56 条第 2 项。目前瑞士通说认为,动物占有人与第三人或他动物占有人成立连带责任,并以第三人或其他动物占有人具有过失为要件,其内部求偿关系,由法院衡量定之。学说上并强调纵无此规定,原亦有连带责任一般原则的适用。[②] 此项见解,应值赞同,因其较符合民法过失责任及连带责任的基本原则。

三、损害赔偿

关于动物占有人侵权行为的损害赔偿,应适用民法相关规定("民法"第 213 条以下、第 192 条以下)。实务上较为重要者有非财产上损害金钱赔偿及与有过失:

(一) 非财产上损害赔偿

被动物伤害致身体、健康受损者,多会主张对动物产生不安、看见动物就心生恐惧,被犬咬伤者,则生怕狂犬病发作,精神上痛苦不堪。实务上认为此为量定非财产上损害予以相当金钱赔偿(慰抚金,"民法"第 195条)的一项重要因素。

(二) 与有过失

在动物占有人责任,多有"民法"第 217 条与有过失规定的适用,盖动物加害的发生,多由于被害人的挑动,不必要的接近,或疏于注意。例如两犬相缠,自不量力,贸然试图解围,而遭咬伤,实乃咎由自取也。

---

① 参见史尚宽:《债法总论》,第 194 页;孙森焱:《民法债编总论》,第 311 页。

② Oftinger/Stark, Haftpflichtrecht, S. 412.

第五节 结论:宠物时代的动物占有人责任

　　动物具侵害他人的危险,自罗马法以来,各国或地区法律多特设规定,使动物所有人、保有人负推定过失责任,或无过失责任,反映不同的社会经济发展及价值判断。"民法"第190条规定动物占有人应负推定过失责任,旨在维护民法过失责任原则,并顾及被害人的保护。在解释适用上有两个基本概念,最属重要:一为动物加害行为(动物危险);二为占有人,此二者均应依"民法"第190条规范意旨,而作功能性的解释。比较法上有趣的案例,例如细菌、病毒是否为动物;动物交配是否构成加害行为;蜜蜂排泄物污染皮革,或使花卉受粉,如何判断其违法性? 病牛之例,更涉及纯粹经济上损失的保护。此等案例均有助于启发法律思考。动物责任规范设计上的核心问题,在于归责原则,如何认定占有人对动物是否已尽相当注意管束,最属关键。在这个宠物时代,实务系采较严格的审查基准,使动物占有人,承担必要的责任,以保护他人的安全,实有必要。

第七章　工作物所有人责任

——"民法"第 191 条

　　甲在闹市有一楼房屋,出租予乙厂商悬挂大型广告招牌,台风后该招牌松动,有掉落危险,甲、乙均未注意维修处理,某日发生该广告招牌遭强风吹落地下,击中路人丙,使人受伤。试问被害人丙得依何请求权基础向甲、乙请求损害赔偿。"民法"第 191 条规定立法理由特别强调"交通安全义务",何谓交通安全义务,在侵权行为法具有何种意义。

第一节　规范功能及适用范围

一、工作物责任的现代机能

　　"民法"第 191 条第 1 项规定:"土地上之建筑物或其他工作物所致他人权利之损害,由工作物之所有人负赔偿责任。但其对于设置或保管并无欠缺,或损害非因设置或保管有欠缺,或于防止损害之发生,已尽相当之注意者,不在此限。"在现代社会,建筑物或其他工作物日益巨大化、科技化、高层化及地下化(如地下街、捷运、排水系统)。工作物已成为一种危险来源,如挡土墙崩溃、高层楼失火,常造成重大伤害,攸关社会安全及个人权益甚巨。吾人实生活于工作物的丛林中,如何防范危害,使被害人得获救济,"民法"第 191 条规定的工作物所有人责任(工作物责任),具有重要的机能。

二、工作物责任与交通安全义务

　　关于工作物责任的理论基础,最值得注意的是立法理由曾特别提及

"交通安全义务"①,此在德国判例学说上称为 Verkehrssicherungspflicht（Verkehrspflicht）。交通安全义务系指制造或控制危险者,负有防范危险、排除危险的义务,例如清除屋前杂物、填补骑楼的坑洞、稳固已倾斜的橘树、照明紧急出口等。此种狭义的交通安全义务,逐渐发展成为一般性的社会安全义务,由道路交通扩张及于一切物品（尤其是产品）及交易活动（如举行歌唱会、示威游行）。"民法"第 191 条工作物责任一方面是社会安全义务的具体化,一方面也提供了此项义务发展的实体法基础,具有重大的规范意义。②

三、工作物责任与环境保护

工作物责任旨在规定因工作物危险所生赔偿责任,与环境保护亦具有密切关联,例如工厂污水设施、石油公司储油槽、冷冻槽因设置或保管上的欠缺,发生水污染及空气污染,致侵害他人权利时,亦应有"民法"第191 条规定的适用。

四、"民法"第 191 条与国家赔偿法

关于工作物欠缺所致损害赔偿法律的规范,除"民法"第 191 条外,尚有"国家赔偿法"第 3 条:"公有公共设施因设置或管理有欠缺,致人民生命、身体或财产受损害者,'国家'应负赔偿责任（第 1 项）。前项情形,就损害原因有应负责任之人时,赔偿义务机关对之有求偿权（第 2 项）。"就立法史言,"民法"第 191 条系先于"国家赔偿法"（1980 年 7 月 2 日公布）原则上亦有适用余地。③ 在"国家赔偿法"施行后,第 3 条成为"民法"第191 条的特别规定,适用上有两个实益:

（1）"国家赔偿法"第 3 条规定的赔偿责任,系采无过失主义,即以该

---

① "民法"第 191 条的前身为《大清民律草案》第 955 条,其特色系以工作物的自主占有人为责任主体,立法理由谓:"谨按土地上工作物之自主占有人,不问其占有工作物之土地与否,以交通上之安全所必要为限,凡设置工作物保管工作物之方法,一有欠缺,即应修补,务使不生损害,此公法上之义务也。"

② v. Bar, Verkehrspflichten, Richterliche Gefahrsteurungsgebote im deutschen Delikts-recht（1980）; Kötz/Wagner, Deliktsrecht, S. 232 f. 本书第 318 页。

③ 参见史尚宽:《债法总论》,第 197 页;土地上之工作物为公共设备（公营造物）时,例如公园、道路、水道、小学校之运动设备等,其工作物所有权属于公法人,以所有人之资格就其设置或保管之欠缺,亦负本条之责任,盖此纯为私经济关系也。

公共设施之设置或管理有欠缺,并因此欠缺致人民受有损害为其构成要件,非以管理或设置机关有过失为必要。[1]

(2) 其责任客体为公共设施,不限于工作物。

第二节　比较法的规范模式及"民法" 第 191 条的特殊性

关于工作物责任,罗马法虽设有规定,但未发展出一般原则。[2] 英美法上有所谓的 Liability of Occupiers and Builders,除法院判决所创设的原则外,尚有相关立法,形成相当复杂的规范体系[3],此二者均暂置不论,以下拟就欧陆民法典立法例,探究其规范模式,及说明"民法"第 191 条的特色。

一、比较法上的立法例[4]

(一) 法国民法

《法国民法》第 1386 条规定:"建筑物所有人就其崩溃所生之损害,如系由保存之欠缺或构造之瑕疵所致者,应负责任。"此系工作物责任最早的立法例,对其他各国立法具有模式作用。《法国民法》第 1386 条的基本内容有五[5]:

(1) 责任客体为建筑物。

(2) 责任主体为所有人。

(3) 采无过失责任。

(4) 肇害事由为建筑物瑕疵所致的建筑物崩溃。

(5) 保护客体未设限制。

---

① 参见"最高法院"1996 年台上字第 2776 号判例。

② Jörgen Petershagen, Die Gebäudehaftung, §836 BGB im System der Verkehrssicherungs pflichten (2000), S. 24 ff.

③ 关于英国法,参见 Markesinis/Deakin, Tort Law, pp. 324-357;美国法,Dobbs, The Law of Torts, pp. 587-630.

④ Christian v. Bar, Gemeineuropäisches Deliktsrecht I, S. 235 f.

⑤ 关于《法国民法》第 1386 条规定的解释及其与第 1384 条第 1 项关于物之责任的适用关系,参见 Petershagen, Die Gebäudehaftung, S. 63 f. ; Ferid, Das Französische Zivilrecht, S. 868 f.

（二）德国民法

《德国民法》第 836 条规定:"建筑物或与土地结合之其他工作物因全部崩坏或一部分脱落,致人于死或侵害人之身体或健康,或毁损其物时,如其崩坏或脱落,系因设置或保管之瑕疵所致者,土地占有人对于被害人因此所生之损害负赔偿义务。占有人以防止危险为目的,已尽交易上必要之注意者,不负赔偿义务(第 1 项)。土地之前占有人,如崩坏或脱落系在其占有终了后一年内所生者,应负损害赔偿责任。但当其占有期间尽相当之注意,或其后之占有人若尽此注意即得避免危险者,不在此限(第 2 项)。本条所称之占有人,系指自主占有人而言(第 3 项)。"其主要内容为:

（1）责任客体为建筑物或与土地结合之其他工作物。

（2）责任主体为自主占有人。

（3）采过失推定。

（4）肇害事由为因工作物瑕疵所致的崩坏或脱落。

（5）保护客体限于生命、身体、健康或物。

（三）瑞士债务法

《瑞士债务法》第 58 条规定:"建筑物或其他工作物之所有人,对于因设计、建造或保管有瑕疵所生之损害,负赔偿责任。所有人对于因此应负责任之他人,得行使求偿权。"又第 59 条第 1 项规定:"因他人之建筑物或工作物有受损害之虞者,得对其所有人请求采取避免其危险之必要措施。"其主要内容有五:

（1）责任客体为建筑物或其他工作物。

（2）责任主体为所有人。

（3）采无过失责任。

（4）肇害事由包括因工作物瑕疵而发生者。

（5）保护客体未设限制。

（四）日本民法

《日本民法》第 717 条规定:"因土地工作物之设置或保存有瑕疵致他人受损害者,其工作物之占有人对于被害人负损害赔偿责任;但占有人对于损害发生之防止,已为必要之注意时,其损害应由所有人赔偿之(第 1 项)。前项之规定,于竹木之栽植或支持有瑕疵者,准用之(第 2 项)。前两项之情形,如另有对于损害之原因应负责任之人时,占有人或所有人得对之行使求偿权(第 3 项)。"其规定内容为:

(1)责任客体为工作物,准用于竹木。

(2)责任主体为占有人。

(3)对占有人采过失推定责任。对所有人采无过失责任,此为日本民法关于侵权行为所设唯一无过失责任。

(4)肇害事由包括因工作物瑕疵而发生者。

(5)保护权益未设限制。

二、"民法"第191条规定的特色

(一)规范模式

《大清民律草案》第955条关于工作物责任基本上采《德国民法》第836条规定,现行"民法"第191条则斟酌各国或地区立法例而设两项规定。第191条第1项规定:"土地上之建筑物或其他工作物所致他人权利之损害,由工作物之所有人负赔偿责任。但其对于设置或保管并无欠缺,或损害非因设置或保管有欠缺,或于防止损害之发生,已尽相当之注意者,不在此限。"第2项规定:"前项损害之发生,如令有应负责任之人时,赔偿损害之所有人,对于该应负责者,有求偿权。"其内容为:

(1)责任客体为土地上的建筑物或其他工作物。

(2)责任主体为所有人。

(3)采推定过失责任。

(4)肇害事由包括由工作物瑕疵而发生者。推定工作物有瑕疵。

(5)明定保护的权益为权利。

兹参照前揭法、德、瑞、日和中国台湾地区"民法"关于工作物规定和主要内容,综合整理如下表:

责任内容 立法例	客体	主体	归责原则	工作物瑕疵肇害事由	受保护权益	因果关系
《法国民法》第1386条	建筑物	所有人	无过失	崩溃	未设限制	
《德国民法》第836条	建筑物及与土地结合之其他工作物	自主占有人	推定过失	全部崩溃一部分脱落	生命、身体、健康、物	推定自主占有人过失与权益受侵害有因果关系

（续表）

责任内容 立法例	客体	主体	归责原则	工作物瑕疵肇害事由	受保护权益	因果关系
《瑞士债务法》第58条	建筑物、其他工作物	所有人	无过失	工作物瑕疵所致	未设限制	
《日本民法》第717条	工作物，准用于竹木	占有人所有人	推定过失无过失	工作物瑕疵所致	未设限制	
中国台湾地区"民法"第191条	土地上建筑物及其他工作物	所有人	推定过失	（1）推定工作物瑕疵 （2）工作物瑕疵所致	权利	推定工作物瑕疵与权利受侵害有因果关系

（二）"民法"第191条规定的立法政策及特色

1. 立法政策

比较法的功用在于发现对某一法律问题的规范模式及本国或本地区法的特色。由前揭关于工作物责任的比较，可知台湾地区的"民法"系选择采纳各国立法例，就立法政策言，尚属妥适。责任客体包括建筑物及其他工作物，而不及于竹木，盖以后者危险性较小，可适用"民法"第184条规定。以所有人为责任主体，系采形式标准，较易认定应予负责之人。之所以采过失推定责任，乃在维护过失责任基本原则。关于肇害事由，德国民法限于工作物的崩坏及部分脱落，未能涵盖工作物危险，引起如何类推适用的争议。在台湾地区"民法"，凡因工作物瑕疵所致侵害他人权利，均包括在内，实值赞同，系一项进步的规定。

2. 三个推定

"民法"第191条工作物责任的特殊性，在于其所设的三个推定：

（1）推定工作物所有人的过失。

（2）推定工作物在设置或保管上有欠缺（工作物瑕疵）。

（3）推定被害人权利受侵害，系因工作物瑕疵所引起（因果关系）。

前揭三个推定中，关于工作物瑕疵的推定，为各国立法例所无，乃我民法所特有,系 1999 年"民法"债编修正时所增设①,以调整工作物责任上的举证责任,对侵权行为法的发展,深具意义。

(三) 工作物责任与产品责任的比较

19 世纪的民法典对土地上的工作物多设有规定,但对商品责任,则无明文。商品责任之成为侵权行为法的重要课题,约在 20 世纪后半叶之后,其发展过程亦受到工作物责任的影响。此在德国特为显著,1958 年德国联邦法院(Bundesgerichtshof,简称 BGH)在著名的鸡瘟判决(Hühnerpest-Urteil),即以《德国民法》第 836 条工作物推定过失的规定及社会安全义务(Verkehrssicherungspflicht)为依据,认为商品制造人应负推定过失责任,而建立德国产品责任法的基础。②

"民法"上的商品责任未曾经历实务上"法院造法"阶段,系径由立法加以规定。"民法"第 191 条之 1 第 1 项规定:"商品制造人因其商品之通常使用或消费所致他人之损害,负赔偿责任。但其对于商品之生产、制造或加工、设计并无欠缺或其损害非因该项欠缺所致或于防止损害之发生,已尽相当之注意者,不在此限。"基本上亦采同于工作物责任的规范模式。值得注意的是,"消费者保护法"进一步规定了商品责任为无过失责任(参照"消保法"第 7 条以下),惟对商品瑕疵(安全性的欠缺)未设推定。

第三节　工作物所有人责任的成立

依"民法"第 191 条规定,工作物所有人责任的成立须具备如下要件:

1. 工作物因其设置或保管之欠缺致侵害他人权利
   (1) 土地上的建筑物或其他工作物。
   (2) 工作物设置或保管的欠缺。

---

① "民法"第 191 条第 1 项修正前的规定为:"土地上之建筑物或其他工作物,因设置或保管有欠缺,致损害他人之权利者,由工作物之所有人负赔偿责任。但于防止损害之发生,已尽相当之注意者,不在此限。"修正理由谓:"土地上之建筑物或其他工作物使他人权利遭受损害时,应推定其所有人就设置或保管有欠缺,被害人于请求损害赔偿时,对于此事项无须负举证责任,方能获得周密之保护。但所有人能证明其对于建筑物或工作物之设置或保管无欠缺,或于防止损害之发生,已尽相当之注意,或损害非因设置或保管有欠缺所致者,仍得免负赔偿责任,方为平允,爰修正第 1 项。第 2 项未修正。"

② BGHZ 51, 91 ff..

（3）侵害他人权利。

（4）工作物瑕疵与他人权利受侵害间有因果关系。

2. 工作物所有人有过失

（1）工作物所有人。

（2）推定过失举证免责。

第一款　工作物因其设置或保管之欠缺致侵害他人权利

一、责任客体：土地上建筑物或其他工作物

（一）工作物的概念

工作物，指依由人工于土地上所建造的设施，究为永久或一时，在所不问，轻便轨道系临时的敷设，虽非系土地的定着物①，仍属于所谓的工作物。其非由"人工"建造的（例如自然河川、山崩土堆），或虽为人力所建造，但未与土地结合的（例如堆积于地面的建材），均非属"民法"第191条所称工作物。

（二）建筑物

建筑物系工作物的例示，指设有周围可供人、畜居住或放置物品的工作物，房屋为其著例。房屋弃置不用成为"鬼屋"，或倒塌成为废墟，其为工作物的性质不因此而受影响。未建成的房舍，仅有钢骨架构，显然无法遮蔽风雨，虽非不动产，仍不失为工作物。建筑物亦包括其成分在内（重要成分及非重要成分），例如门窗、花台、烟囱、升降机、各种管线等。②

关于建筑物的从物，是否有"民法"第191条的适用，系实务上常提出

----

① "司法院"释字第93号解释："轻便轨道，除系临时敷设者外，凡继续附着于土地，而达其一定经济上之目的者，应认为系不动产。"

② 参见孙森焱：《民法债编总论》，第312页谓："至于建筑物内部之设备如天花板、电梯、风扇、灯饰、门窗、楼梯等，为建筑物之从物或成分，其所有人仍应依民法第191条负责。但机器未安装于土地而易于移动者，如非设置于工厂之设备或工具，即非土地之工作物。"实务上多采此见解，参见台湾高等法院2004年保险上字第27号判决。

的问题。① 从物系属独立之物,不同于成分,有无"民法"第 191 条的适用,视其本身是否为工作物而定。

（三）其他工作物

其他工作物如道路、桥梁、埠头、堤防、沟渠、墓碑、储油槽、煤气槽、电波发射台、运动架②、球场看台、电线杆、路灯、围墙、地窖、广告招牌、挡土墙、排水系统、固着于土地的机器设备等。

二、工作物设置或保管的欠缺

（一）工作物瑕疵

工作物所有人责任的成立,须工作物有设置或保管的欠缺(工作物瑕疵)。所谓设置有欠缺,系指土地上之建筑物或其他工作物,于建造之初即存有瑕疵而言,此多因设计不当,材料质量不合规格。所谓保管有欠缺,系指于建造后未善为保管,致其物发生瑕疵而言。③ 工作物瑕疵,指不具通常应有的安全性,此应就工作物的目的及功能、必要的防范措施等客观认定之,工作物所有人主观上有无过失,在所不问。④

（二）工作物瑕疵的推定

被害人就其系因"工作物"而受侵害,应负举证责任,但关于"工作物瑕疵",则由法律推定之。所有人对于工作物设置或保管并无欠缺,应负

---

① 参见"最高法院"2006 年台上字第 310 号判决:"民法第 191 条第 1 项所谓之土地上之工作物,系指以人工作之设施,建筑物系其例示。而建筑物内部之设备如天花板、楼梯、水电配置管线设备等,属建筑物之成分者,固为建筑物之一部分,应包括在内。惟插于建筑物设置电源管线插座之电器电线、延长电源线,通常用电人得随时插拔,观念上并非属建筑物之成分,如非经人工安装固定使不易移动,应系单独之动产,而非民法第 191 条第 1 项所谓之建筑物之成分。查系争火灾起火原因,以电线因故短路而起火燃烧可能性较大,而起火燃烧之电源线系指起火处之室内电器之电源、延长电源线,为原审确定之事实。果尔,起火处之室内电器之电源、延长电源线,苟非经人工安装固定,依上说明,即非系争房屋之成分。乃原审对起火处之室内电器之电源、延长电源线,是否经人工安装固定,未详予调查审认,即径谓'电器之电源、延长电源线'仍属于建筑物内部之设备,属'民法'第 191 条所称之'工作物',并本此为上诉人不利之论断,于法即难谓合。"

② "最高法院"1998 年台上字第 7 号判决:"学校运动架具之设置或保管,应求其安全为第一要务,尤其中学学生活泼好动,学校设施如设置或保管有欠缺,即易肇事端。本件被上诉人有关人员将手球门架置于土质松软之处所,未加固定,致有学生叶○诚攀住横杆玩耍,竟致倾倒,将其压伤致死,原审谓手球门架之放置与损害之发生,无相当因果关系云云,与经验法则殊有违背。"

③ 参见"最高法院"1961 年台上字第 1464 号判例。

④ 参见史尚宽:《债法总论》,第 196 页。

举证责任,此为"民法"第191条的主要特色,系属一项突破性的规定,前已提及,兹再强调之。

三、侵害他人权利

(一)肇致侵害的事由

因工作物瑕疵致侵害他人权利,立法例有将侵害事由,限于为工作物"崩溃"(《法国民法》第1386条)、崩坏或一部分脱落(《德国民法》第836条),"民法"未设此类限制,凡因工作物瑕疵而肇致他人权利受侵害,均属之。除建筑物崩坏、脱落外,尚包括电线短路造成火灾、油槽爆破、冷气设备漏水等。

(二)致他人权利受侵害

"民法"第191条第1项规定,土地上之建筑物或其他工作物"所致他人权利之损害",乃指他人权利受侵害。所称权利包括人格权及所有权。人格权除生命、身体、健康外,尚应包括自由,例如因建筑物倒塌,被困于地下室多日。关于物之侵害,瑞士实务上有一则案例,可供参照:工作物所有人将有毒的色料涂于外墙,他人的马因舔食而中毒死亡。①

"民法"第191条工作物责任的保护客体不及于纯粹经济上损失,例如房屋倒塌阻塞巷口,商家因不能营业所受损失,非属可请求赔偿的损害。

四、须工作物瑕疵与他人权利受侵害间有因果关系

(一)因果关系的推定

权利受侵害与工作物瑕疵间须有因果关系,此系由法律推定,所有人须证明他人权利受侵害并非因工作物设置或保管的欠缺所致,始得免责。

(二)直接侵害与间接侵害

因工作物瑕疵肇致侵害他人权利,得为直接或间接,其因果关系不因此而受影响:直接侵害的,如挡土墙倒塌压坏他人房屋;间接侵害的,例如房屋所有人接装之自备路灯,因年久失修,电线保养不善,发生漏电,并碰

---

① BGE II, 407; SJZ 29, 14.

触电管处所设外灯铁管,使电流外泄,致他人所有黄牛触电倒毙。① 兹再举一例:甲所有房屋的屋顶铁皮掉落伤人,在下列情形,均足成立因果关系:

(1) 屋顶铁皮掉落直接伤害机车骑士乙。

(2) 乙见屋顶铁皮掉落,为期闪避,撞伤路人。

(3) 屋顶铁皮掉落于道路后,乙骑车撞到,身受伤害。

(三) 外力介入与因果关系

因果关系的成立,不以工作物瑕疵为唯一原因,得与其他因素结合之,例如老鼠咬断电线导致火灾、强风吹落广告招牌、土石流冲坏挡水墙等。盖工作物所有人的交通安全义务(社会安全义务)乃在防范此等危险也。其系不可抗力者,如遇到百年洪水、50年未曾有的地震,纵工作物不具瑕疵,亦将导致损害,应认其不具因果关系。②

第二款　工作物所有人有过失:推定过失、举证免责

一、责任主体:工作物"所有人"

(一) 以所有人为责任主体

关于工作物责任的主体,立法例上有"所有人"及"占有人"两种规范模式。《大清民律草案》原以"占有人"为责任主体。③ 现行民法明定为"所有人",系采形式的标准,所有人将工作物出租予他人或由他人无权

---

① 参见"最高法院"1963年台上字第2769号判决。

② 参见台湾高等法院台中分院2002年重上"国"字第8号判决:系争截水沟纵有上诉人主张怠于清理维护、任令泥沙淤积而排水不良之情形存在,惟该等情形,依一般生活经验以观,尚不致发生水沟崩落之可能,该水沟与上开厂房之塌落,应系受"九·二一"集集大地震所引起之外界不可抗力之烈震所产生之崩落,被上诉人"经济部"工业局纵有上开怠于清理维护系争截水沟,任令泥沙淤积而排水不良,亦难认为与上诉人之损害间有何相当因果关系,自无从令被上诉人连带负损害赔偿。从而上诉人依"民法"第184条、第185条、第186条、第191条第1项及"国家赔偿法"第2条规定,请求……即无理由……

③ 《大清民律草案》第955条规定:"因设置或保存土地之工作物瑕疵,加损害于第三人者,其工作物之自主占有人负赔偿之义务。但占有人于防止损害之发生,已尽必要之注意者,不在此限(第1项)。依契约有代占有人保存工作物之义务,或法律上有为自己权利保存工作物之义务者,亦负前项之义务(第2项)。适用前两项规定时,若就损害原因别有负责任人者,负赔偿义务人得向其行使求偿权(第3项)。"

占有,所有人虽不占有工作物,仍须负责。① 此项规定的优点在于容易认定谁应负责,在通常情形,所有人系工作物的占有人,且对工作物的设置或保管有处置的权利,对工作物安全具较大的利害关系,得为保险,分散损害。

谁为工作物所有人,应依物权法规定之。在不动产信托的情形,以因信托行为取得所有权者为责任主体。

(二) 现所有人

所有人指因工作物瑕疵致侵害他人权利时的现所有人,其取得所有权期间长短,是否占有工作物,均所不问。例如甲出卖某屋予乙,乙因办理登记而取得其所有权时,纵未交屋,乙亦须负责。又甲虽已交屋予乙,但未移转其所有权时,仍不免于依"民法"第191条负赔偿责任。

(三) 所有人为无行为能力人或限制行为能力人

工作物(尤其是房屋)的所有人有为无行为能力人或限制行为能力人,此多因继承或父母为未成年人置产,在台湾甚为常见。学说上有认为,未成年人是否已尽防止损害的义务,应就法定代理人决定之。② 另一种解决方法,系适用"民法"第187条规定,本条规定依其规范目的,于特殊侵权行为(包括动物占有人责任),亦应有其适用。

(四) 公寓大厦管理委员会与区分所有人

依"公寓大厦管理条例"第3条第9款的规定,公寓大厦之管委会权责,乃在执行区分所有权人会议决议事项暨公寓大厦管理维护工作。管委会系由区分所有权人选任住户若干人为管理委员所设立之组织,其本身仅为区分所有权人会议之执行机构,并无实体法上之权利能力,其行为即为区分所有人之行为,苟其行为致他人于损害,自应由区分所有人负侵权行为或其他之法定赔偿责任。若大厦年久失修,使壁体外土壤流失,造成邻近房屋倾斜、道路下陷等灾变,大楼管委会于执行地下三楼联线壁壁体之维护工作若有过失,其区分所有人须依"民法"第191条规定负赔偿

---

① 参见"最高法院"2004年台上字第1175号判决:"土地上之建筑物或其他工作物之所有人,纵将建筑物或其他工作物出租予第三人,对该建筑物或其他工作物所致他人权利之损害,除所有人对于设置或保管并无欠缺,或损害非因设置或保管有欠缺,或于防止损害之发生,已尽相当之注意外,所有人仍应负赔偿责任。至承租人是否应依民法第437条规定,对所有人负赔偿责任,要属另一问题。"

② 参见史尚宽:《债法总论》,第197页。

责任。①

二、推定过失与举证免责

(一) 推定过失

关于工作物所有人的注意义务,"民法"系采推定过失②,一方面维持过失责任原则,另一方面又为保护被害人,盖所有人已否尽相当注意,属其控制范畴,应由较接近证据者,负举证责任,始符公平原则。

(二) 举证免责

工作物所有人如何证明其对防止损害的发生,已尽相当注意,乃工作物责任诉讼上的核心争点,分三项述之:

1. 注意义务的范围及强度

"相当的注意",指善良管理人的注意程度,其范围及强度,应视危害的发生可能性、严重性,及采取可能安全防范措施在经济上可期待性而认定之,其应斟酌者,包括工作物的目的(如旅馆、饭店、游乐场所摩天轮等)、使用期间(如屋龄),是否接近易受侵害之人(如孩童)、场所(如山坡地的挡水墙),所采措施(如定期维修、设置警告标志、隔离危险区域)等。

其得并为斟酌的是,尚应包括可期待被害人的自我保护措施,例如进入废屋,或地震后进入公共建物等应特别留意,此所涉及的,非仅是被害人与有过失的问题,于认定所有人的过失,亦应考虑及之。

2. 建筑法令、技术成规

为确保工作物安全而制定的建筑法令、建筑技术成规、安全检查规则,可供具体认定所有人已否尽相当注意的判断基准(注意义务的具体化)。须注意的是,所有人不能以遵守相关法令,即可当然免责,盖其所规定的,仍属最低标准,所有人明知或可得而知法令不足,而未采必要防范危险措施时,仍应就其过失负责。

---

① 参见"最高法院"2009 年台上字第 572 号判决。

② 参见"最高法院"2007 年台上字第 489 号判决:"是以,除非工作物所有人能举证证明上开法条但书所示之情形存在,得免负侵权行为损害赔偿责任外,因土地上之工作物造成他人之损害,即依法推定工作物所有人有过失,而应负侵权行为损害赔偿责任。查原审既认定被上诉人甲系吉公司之法定代理人,为系争铁塔工作物之设立人。则依前开规定,就铁塔之设置或保管并无欠缺,或损害非因设置或保管有欠缺造成等事实,即应由甲负举证之责。原审竟以上诉人未能证明甲之设置系争铁塔有不确定故意及过失,而为上诉人不利之判决,自有适用举证责任分配原则之违误。"

3. 由第三人承担注意义务

建筑物或其他工作物的设置或保管,多涉及专业,非得全由所有人自行为之,常需假手他人,例如由营造商兴建房屋、由清洁公司维护建筑物安全、由水电行检查线路等,此非纯出于事实上的需要,实乃工作物所有人尽其"交通安全"(社会安全义务)上所必要。分两种情形说明如下:

(1) 为工作物设置或保管之人,系工作物所有人的受雇人时,应适用"民法"第 188 条规定。

(2) 工作物设置或保管之人,系承揽人时,得有"民法"第 189 条规定的适用,即承揽人因执行承揽事项,不法侵害他人权利者,定作人不负损害赔偿责任,但定作人于定作或指示有过失时,不在此限。所谓定作或指示有过失,并包括承揽人的选任在内。例如甲明知或因过失不知乙不具专业资格或能力,委其装设或检修电路,因线路瑕疵,肇致火灾时,甲未尽"民法"第 191 条所定善良管理人注意义务,应负侵害他人权利的损害赔偿责任。

第三款 实 务 案 例

关于工作物责任,"最高法院"著有 1961 年台上字第 1464 号判例,认为:"民法第 191 条第 1 项所谓设置有欠缺,系指土地上之建筑物或其他工作物,于建造之初即存有瑕疵而言。所谓保管有欠缺,系指于建造后未善为保管,致其物发生瑕疵而言。"此属阐释性的说明。"最高法院"尚有若干判决,多不涉及重要法律见解。[①] 较具参考价值的是地方法院及高等法院的判决,其数量尚属不少,兹参照最近台湾高等法院相关判决,说明工作物责任在实务上的发展。

一、工作物责任诉讼的特色

工作物责任诉讼具有两个重要的特色。(1) 因涉及建筑法规及技术成规,工作物是否具有瑕疵,所有人是否尽其注意义务,损害赔偿范围等,常需专业及有关单位的鉴定。[②] (2) 建筑物价值重大者,多设有抵押,投

---

① 参见"最高法院"1996 年台上字第 1881 号、1997 年台上字第 1980 号、1997 年台上字第 2466 号、1998 年台上字第 1226 号、2000 年台上字第 935 号、2000 年台上字第 2485 号等判决。

② 关于鉴定相关问题,参见台湾高等法院 2002 年重上字第 216 号判决(太平洋福音山庄排水管设施瑕疵案)。

有产物保险,在诉讼上多由保险公司代位行使求偿权。[①]

二、责任客体及肇害事由

肇致侵害他人权利的工作物及事故,诉讼实务的案例有建筑内电线短路造成火灾[②],山坡地建筑挡土墙倒塌压坏他人房屋[③],冷气设备漏水[④],公寓大厦阳台渗水损害他人之物[⑤],埋设地下水管管线造成道路坑洞致发生车祸[⑥],支撑建筑物的铅管掉落伤人[⑦]等。

三、工作物所有人的举证免责

关于工作物所有人已尽相当注意的举证免责,实务上多作严格认定,如上所述,此为工作物责任的核心问题,兹举台湾高等法院 2003 年保险上字第 48 号判决的判决理由,以供参照:"依北市消防局之复函'定期维护用电系统确实可有效降低电线事故的发生,但要完全阻断,则可能必须在设置用电系统时,即同时采取更高的设置标准'。按建筑物或工作物所有人或使用人就建筑物或工作物,有发生损害之危险时,本负有防范危险发生之义务。系争火灾发生之原因,为被上诉人员工胡○苓办公桌下电源线受外力或鼠咬等破坏绝缘披覆,致短路起火而引起燃烧。当今高楼大厦大多为封闭式之建筑物,一旦发生火灾,影响范围极大且灌救不易。而在此高科技时代,电气之使用量大增,非往日所可比拟,火灾发生之可能性自然跟着提高,则建筑物所有人对于防范火灾发生应尽之注意义务,自应跟着提高标准。是建筑物所有人在设置用电系统时,应采取更高的设置标准。被上诉人抗辩系争火灾之发生为不可抗力之天灾云云,属卸责之词,不足采信;盖被上诉人如采取更高用电系统设置标准或防鼠设施,系争火灾即有不发生之可能。从而,上诉人主张被上诉人依民法第

---

① 参见台湾高等法院 2004 年保险上字第 10 号判决(东帝士摩天大楼火灾案)。
② 参见台湾高等法院 2003 年重上字第 587 号判决。
③ 参见台湾高等法院台中分院 2000 年上更(一)字第 42 号判决。
④ 参见台湾高等法院台南分院 2001 年上字第 175 号判决。
⑤ 参见台湾高等法院 2001 年上易字第 731 号判决。
⑥ 参见台湾高等法院 1992 年上"国"字第 4 号判决(此为国家赔偿案件)。
⑦ 参见台湾高等法院台南分院 1999 年上易字第 118 号判决。

191条第1项规定,应负损害赔偿责任,依法有据。"①

第四节 连带责任、求偿关系及损害赔偿

一、连带责任

数工作物所有人成立连带责任,其主要情形有二:

(1) 工作物为数人所共有。例如甲、乙共有的房屋倒塌伤害路人丙时,应依"民法"第191条规定对丙连带负损害赔偿责任。此亦适用于公寓大厦共有部分因瑕疵伤害他人权利的情形。所谓他人包括共有人在内,被害共有人亦得请求损害赔偿,但应扣除其本身应负担的部分。

(2) 数工作物所有人得依"民法"第185条第1项规定成立共同侵权行为连带负损害赔偿责任。例如:甲、乙各自所有的A、B两屋,年久失修,因轻微地震倒塌,压坏丙的汽车(共同侵权行为)。甲经过某地,被乙、丙各自所有房屋掉落砖石所击中,但不知孰为加害人(共同危险行为)。

二、损害赔偿

工作物责任的损害赔偿,应适用"民法"相关规定(第213条至第215条、第192条至第197条),无待详述。值得特别提出的是,被害人与有过失(第217条)。例如被害人酒醉且疏于注意车前状况,撞上未设施工围篱、反光警示标志等安全维护措施的预铸混凝土大型箱涵,造成颈椎受

---

① 本件判决关于台北市敦化南路东帝士大楼电线短路起火事故。值得注意的是,台湾高等法院2004年保险上字第10号判决认为:"……另有关起火燃烧之电源线,为起火处室内电器之电源、延长电源线,并非包覆于建筑物主体内之电线等事实,已如前述。则该电器电源线或延长电源线,应属一般动产性质,虽于火灾发生时与大楼建筑物内之电源设备相联结,惟既非固着于建筑物而为建筑物之重要成分,其与建筑分离亦不致丧失其之利用价值或减损其经济效用,亦非属建筑物之从物,且该电源线所连接之电器亦未如工厂之机器安装于地上不易移动,自难认属工作物之一部分,故纵认该电源线疏于保管、维护,而于受外力(物理)或鼠咬等破坏绝缘包覆,以致电源线短路引发火灾而损及财物,亦与民法第191条第1项所定土地上建筑物或其他工作物致他人权利受损害之情形有间。上诉人主张因短路而引发火灾之电源线既与被上诉人所有建筑物之固定电线设备相联结,即应视为建筑物或工作物之一部分,被上诉人应依民法第191条第1项规定,负工作物所有人损害赔偿责任云云,即非可采。"本件判决严格认定工作物的范围,是否妥适,暂置不论。若认定工作物所有人有过失时,仍应有"民法"第184条第1项前段规定(或第2项)的适用。

伤,并四肢轻瘫,对损害发生或扩大,与有过失。①

　　在一个车祸事故案件,台湾高等法院高雄分院判决认为:"按其情形,上诉人对于驶入该封闭道路即有具体危险存在之状态,当有预见,且上诉人如遵守标志指示改道行驶,不违规闯入封闭道路,应不致发生撞及倾斜电杆之危险,此情况并足以引起一般人客观上正当之信赖,是上诉人骑机车行经因封闭道路而不得通行之肇事路段南下车道,本应遵守标志指示改道由北上车道行驶,避免行车发生危险,然而上诉人未此之为,仍甘冒危险执意通行,自应就其自己之任意行为所招致之损害,负全部责任,不得依上开规定请求被上诉人赔偿。"②关于被害人不得请求赔偿的理由,应说明者有二:

　　(1) 自甘冒险,非属违法阻却事由,仍属与有过失的问题,依其情形,得全部排除加害人的责任。

　　(2) 工作物所有人是否尽其相当注意,亦应斟酌可期待的被害人自我保护措施,前已论及,在本件情形,亦可作此认定。

三、求偿关系

　　工作物瑕疵肇致损害,除所有人外,常涉及其他之人,"民法"第191条第2项规定:"前项损害之发生,如另有应负责任之人时,赔偿损害之所有人,对于该应负责者,有求偿权。"此系采《瑞士债务法》(第58条第2项)及《日本民法》(第717条第3项)的立法例,兹分四点说明之:

　　(1) 关于损害的发生,虽别有应负责之人(如承揽人),工作物所有

----

　　① 参见台湾高等法院2001年上字第663号判决。本件判决尚涉及损益相抵,台湾高等法院关于"民法"第216条损益相抵规定与第217条过失相抵的适用关系,作有如下说明,可供参考:"观之此新修正民法第216条之1之条次安排于第217条之前,由体系解释可知损害赔偿之范围计算顺序上应先适用民法损益相抵,再适用过失相抵之原则。次按损害赔偿,除法律另有规定或契约另有订定外,应以填补债权人所受损害及所失利益为限,为民法第216条第1项所明定。故同一事实,一方使债权人受有损害,一方又使债权人受有利益者,应于所受之损害内,扣抵所受之利益,必其损益相抵之结果尚有损害,始应由债务人负赔偿责任('最高法院'1938年沪上字第73号判例参照)。再按损益相抵是建立在无损害则无赔偿之法理上,故损益相抵之适用,属于决定损害有无及其数额之问题,即损益相抵系客观的损害数额之计算问题。民法第217条所规定之过失相抵原则,是建立在自己之问题,即过失相抵系主观的归责程度之衡量问题。因必先有损害,而后始有损害如何分配问题,故在决定损害赔偿之范围时,应先适用损益相抵之原则,而后再适用过失相抵之原则。"

　　② 台湾高等法院高雄分院1999年重上字第95号判决。

人在外部关系仍须负赔偿责任,以保护被害人。但在内部关系,则使所有人就其"所为的损害赔偿"有求偿权,以资平衡。被害人得向工作物所有人或"别有应负责之人"请求损害赔偿(不真正连带债务),非谓其应先向或仅得向工作物所有人行使其权利。

(2) 所谓"别有应负责之人",指就工作物瑕疵的发生,致侵害他人权利应负责之人,此应依"民法"第 184 条规定定之。诸如工作物承揽人、工作物的承租人、借用人、无权占有人、典权人、前工作物所有人等。

(3) 工作物所有人的求偿权,非系代位被害人的侵权行为损害赔偿请求权,故不适用"民法"第 197 条第 1 项短期时效,而应适用"民法"第 125 条所定 15 年时效,并自求偿权人对被害人为损害赔偿时起算。

(4) 工作物所有人对前所有人或承租人等另得主张契约上请求权(参照"民法"第 360 条、第 437 条、第 495 条)。

第五节　结论:工作物高层化、地下化、科技化的法律规范

工作物所有人责任在古代罗马法即已有之,法、德、瑞、日民法典皆有规定,台湾地区"民法"第 191 条系综合各国立法例,其内容尚属妥当,在工作物高层化、地下化、科技化的现代社会,具有重要意义。

民法上工作物责任系国家赔偿法关于公共设施责任的先驱,以交通安全义务为其理论,有助于进一步建构社会安全义务,而促进侵权行为法的发展。"民法"第 191 条规定工作物的特色在于设有三个推定,即推定工作物所有人的过失、推定工作物具有瑕疵、推定其因果关系,调整了一般侵权行为的规范原则,而为其他特殊侵权行为创造一种规范模式,期能更公平、更有效率地实践侵权行为法防范危害,填补损害的功能。

第八章 动力车辆驾驶人责任与强制汽车责任保险制度

——"民法"第 191 条之 2

(1) 汽车事故是现代社会生活最常见的意外事故,如何设计一个特殊侵权行为,尤其是规定其责任主体(所有人、驾驶人或"保有人")？关于归责原则英美采过失责任,适用普通法(Common Law)原则,德国及日本均采无过失责任(危险责任),规定于特别法。台湾地区"民法"第 191 条之 2 规定推定过失责任,请从损害预防及损害赔偿的观点加以分析。

(2) 如何建构一个与汽车事故配套的"强制汽车责任保险法",被害人请求保险给付时,须否证明加害人的故意或过失？乘坐汽车的被害人得否请求保险给付？

(3) 甲将汽车停放于路旁斜坡,未刹车、熄火,到附近购物。午后倾盆豪雨,使汽车滑动,撞到路人,致乙受重伤,在此情形,有无"民法"第 191 条之 2 规定的适用？乙得否请求保险给付？

(4) 甲公司经营机场旅客运送业务,司机乙驾驶不慎发生车祸,乘客丙受伤,丁未受伤但不能及时搭机受有经济损失,并撞伤路人戊,试问丙、丁、戊得向甲、乙主张何种权利(列举所有的请求权基础写成书面)？

第一节 推定过失的危险责任

一、三个现代特殊侵权行为

1999 年"民法"债编修正增订了三个特殊侵权行为:(1) 商品制造人

侵权责任(第191条之1)。(2)动力车辆驾驶人责任(第191条之2)。(3)危险制造人侵权责任(第191条之3)。具有瑕疵的商品、动力车辆、危险工作及活动系现代大众消费、工业化及科技化社会的主要损害来源,民法所增设三个特殊侵权行为系侵权行为法的现代化,具有重要的意义。兹为更清楚认识"民法"第191条之1、第191条之2、第191条之3所规定三种特殊侵权行为的规范内容,特制作下图,显示其法律构造如下(请先阅读条文):

内容\条文	损害来源	责任主体	归责原则、因果关系及举证负责		
			归责原则	举证责任	受保护之权益
第191条之1 商品制造人责任	商品生产、制造或加工、设计之欠缺	(1)商品制造人 (2)商品输入者	推定过失	但其对于商品之生产、制造或加工、设计并无欠缺或其损害非因该项欠缺所致或对于防止损害之发生,已尽相当之注意者,不在此限	所致他人损害
第191条之2 动力车辆驾驶人责任	动力车辆行驶中所致损害	驾驶人	推定过失	但于防止损害之发生,已尽相当之注意者,不在此限	加损害于他人
第191条之3 危险制造人责任	工作或活动之性质或其使用之工具或方法有生损害于他人之危险	经营一定事业或从事其他工作或活动	推定过失	但能证明损害非由于其工作或活动或其使用之工具或方法所致,或于防止损害之发生已尽相当注意者,不在此限	生损害于他人

应说明的有三点:

(1)针对三种损害来源(商品、动力车辆、危险工作或活动)特殊规定。

(2)均采推定过失及举证免责事由。对于商品、动力车辆、危险工作或活动,比较法上的立法例多采无过失责任,称之为危险责任(Gof hrdungshaftung)。在台湾地区法上可称为推定过失的危险责任。"民法"之所以采此推定过失责任,旨在维护过失责任原则,并保护被害人。须注意的是,实务上加害人能够举证免责的,鲜少其例,实际上殆同于无过失责任。

(3)关于其保护客体,均规定"所致他人损害"(第191条之1)、"加损害于他人"(第191条之2)、"生损害于他人"(第191条之3),因而发生一个理论及实务上的争议问题,其损害是否包括权利及权利以外的利益(纯粹经济上损失)?"最高法院"2011年台上字第250号判决(蚵苗着床案),纯从文义采肯定说,未顾及"民法"184条所体现的规范体系及价值判断,应有商榷余地,前已说明,敬请参阅(本书第398页)。

二、商品制造人责任的双轨体系

"民法"第191条之1规定商品制造人责任,采推定过失责任。"消费者保护法"对商品制造人责任,亦设有规定(第7条以下),采无过失责任,形成了双轨规范体系。在体系上,"消费者保护法"第7条系属特别规定,内容较为完整,实务上多适用之,将于本书第三编第十章"无过失侵权责任"中详加论述。

第二节　重大社会经济问题与规范机制的设计

一、交通事故

(一)交通事故的严重性

交通事故系现代社会最常见的意外事故,肇致严重损害。交通包括空中、海上及陆上交通。为规范"空难",民用航空法设有民用航空事业管理及损害赔偿规定。关于"海难",海商法设有船舶碰撞、海难救助、共同海损、海上保险等制度。兹所要研究的是"陆上交通事故",即机动车辆道路交通事故(简称为交通事故)。

关于历年台闽地区道路交通车辆及道路交通事故,"内政部"警政署作有如下统计资料,摘录如下:

项目 年度	机动车辆(汽车及机车)(辆)		死亡人数	受伤人数
2002	17 906 957	5 923 200	4 322	109 594
2003	18 500 658	6 133 794	4 389	156 303
2005	6 667 542	13 195 265	2 894	203 087
2010	6 876 515	14 844 932	2 047	293 764
2014	7 554 319	13 735 994	1 819	390 916

由上述统计资料,可知在台湾地区,机动车辆年有增加,在2003年,共有1850万部,死亡人数呈现下降的趋势,在2003年为4 389人;受伤

人数则显著增加,在 2003 年增为 156 300 余人。

（二）重大社会经济问题

道路交通事故造成重大社会、经济及政治问题。就社会问题言,系如何使被害人获得必要的救济,促进社会安全。就经济观点言,系如何防范汽车事故,有效率地处理交通事故所造成的庞大、难以估计的损失。在政治层面,系如何设计一个迅速、公平的赔偿或补偿机制,此涉及保险业者、律师团体的利益、公共政策及政治哲学等。诸此问题反映一个国家或地区的政治、文化及法律发展过程。

二、规范机制的设计

法律的功能不仅在于处理具体个案,更在于针对问题设计一套规范机制,此乃法律人须具备的素养,并应为法律教育的重点。现行法为交通事故建构了两个规范机制:

(1) 损害的移转。调整侵权行为法的规定,使被害人得向加害人请求损害赔偿。

(2) 损害的分散。创设强制汽车责任保险制度,以确保被害人的损害得获赔偿,减轻加害人的负担,并减少处理交通事故的交易成本。

基上所述,本文所讨论的内容,包括两个部分:一是交通事故的侵权责任。二是强制汽车责任保险制度。

第三节　交通事故的侵权责任

第一款　规范体系及请求权基础

关于交通事故的民事责任,有为契约责任(债务不履行),此系以被害人与加害人间有一定的契约关系为必要,例如游览车上的乘客得向游览车公司请求因车祸而受伤害的损害赔偿(第 227 条、第 227 条之 1),其常见的系运送契约上的损害赔偿。本文所要研究的是侵权责任,不论当事人间有无契约关系,均有侵权行为法规定的适用。

交通事故的侵权责任,基本上系以"民法"第 184 条及第 191 条之 2 所规定"驾驶人侵权责任"为中心,并涉及共同侵权行为(第 185 条)、法定代理人责任(第 187 条)、雇用人责任(第 188 条)、汽车运输业者责任

("公路法"第64条)等,形成一个"交通事故赔偿"的法律体系①,为便于观察,图示如下:

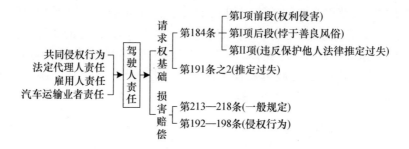

第二款　动力车辆驾驶人侵权责任的成立:"民法"第191条之2

第一项　基本理论

一、请求权竞合:"民法"第184条及第191条之2的适用关系

"民法"第184条规定:"因故意或过失,不法侵害他人之权利者,负损害赔偿责任。故意以悖于善良风俗之方法,加损害于他人者亦同(第1项)。违反保护他人之法律,致生损害于他人者,负赔偿责任。但能证明其行为无过失者,不在此限(第2项)。""一般侵权行为"的规定对所有车辆交通事故均有适用。值得注意的是,1999年"民法"债编修正时,增设第191条之2规定:"汽车、机车或其他非依轨道行驶之动力车辆,在使用中加损害于他人者,驾驶人应赔偿因此所生之损害,但于防止损害之发生,已尽相当之注意者,不在此限。"此系动力车辆驾驶人"特殊侵权行

---

① 参见吴忠钦:《交通事故民事责任之研究》,1981年版;曾隆兴:《交通事故赔偿之理论与实务》,1993年版。

为"，二者乃独立的请求权基础，被害人均得主张。①

二、"民法"第 191 条之 2 的"特殊性"

"民法"第 191 条之 2 为交通事故创设了一个新的特殊侵权行为，其在归责原则、责任主体、受保护的法益、举证责任等究具有何种特性，应就"民法"第 184 条规定及比较法上立法例作进一步的分析。

（1）在归责原则，"民法"第 191 条之 2 系采推定过失，不同于第 184 条第 1 项，惟"民法"第 184 条第 2 项亦设有推定过失，在车祸事件多适用之。②

（2）明定责任主体为驾驶人，与"民法"第 184 条规定的加害人（行为人）殆无不同。

（3）"民法"第 191 条之 2 系以动力车辆为责任客体，其适用范围较狭，"民法"第 184 条对所有交通工具均有适用余地。

（4）"民法"第 191 条之 2 规定"加损害于他人"，不以侵害他人权利为限，立法理由何在，不得而知，是否妥当，有待商榷（详见后文）。

综据上述，"民法"第 191 条之 2 固有若干特殊之点，但多不具法律原则上的重要性。实务上多将第 191 条之 2 及第 184 条规定，并为适用，前已论及，盖认二者基本上并无重大不同。

三、比较法上的特色

关于"民法"第 191 条之 2 规定，立法理由谓："近代交通发达，而因动力车辆肇事致损害人之身体或财产者，日见增多，各国法律如《意大利

---

① 实务上多将"民法"第 184 条及第 191 条之 2 并为适用。台湾高等法院 2004 年诉字第 57 号判决谓：按"因故意或过失，不法侵害他人之权利者，负损害赔偿责任"。"民法"第 193 条第 1 项著有明文；次按"不法侵害他人之身体或健康者，对于被害人因此丧失或减少劳动能力，或增加生活上之需要时，应负损害赔偿责任"。"民法"第 194 条亦有明文；且"不法侵害他人致死者，被害人之父、母、子、女及配偶，虽非财产上之损害，亦得请求赔偿相当之金额"，"民法"第 192 条定有明文，复按"不法侵害他人致死者，对于支出医疗及增加生活上需要之费用或殡葬费之人，亦应负担损害赔偿责任。被害人对于第三人负有法定扶养义务者，加害人对于第三人亦应负损害赔偿责任"。"民法"第 191 条第 2 项定有明文，按"汽车、机车或其他非依轨道行驶之动力车辆，在使用中加损害于他人者，驾驶人应赔偿因此所生之损害"。今被告因过失不法侵害陈○堂受伤致死，原告自得依据前揭规定请求被告负损害赔偿之责任。

② 其属保护他人之法律者，如道路交通管理处罚条例、道路交通安全规则，实务上甚属重要。

民法》第 2054 条、《西德道路交通法》第 7 条、《瑞士公路法》第 37 条、《日本汽车损害赔偿保障法》第 3 条等,对汽车肇事赔偿责任均有特别规定。参考各国立法例并斟酌台湾地区情况增订第 1 项,规定汽车、机车或其他非依轨道行驶之动力车辆,在使用中加损害于他人者,驾驶人应赔偿因此所生之损害。惟如驾驶人于防止损害之发生,已尽相当之注意,不在此限,以期缓和驾驶人之责任。"兹就德日两国立法例加以比较说明。[①]

德国早在 1907 年即制定了《道路交通法》(Straβenverkehrgesetz),其规范结构的特色,系一方面规定汽车保有人(Halter)应负危险责任(Gefährdungshaftung,无过失责任),一方面设有强制汽车责任保险,并使二者结合一起,使被害人对保险人有履行给付义务的直接请求权。[②]

日本于 1955 年制定《自动车损害赔偿法》(简称《自赔法》),亦采侵权责任与责任保险结合模式。在侵权责任方面,《自赔法》第 30 条规定:"为自己而将汽车供运行之用者,因其运行而侵害他人之生命或健康时,就因而所发生之损害,应负赔偿责任。但证明自己及驾驶人关于汽车之运行未怠于注意,且被害人或驾驶人以外之第三人有故意或过失,以及汽车无构造上之缺陷或机能之障害者,不在此限。"其所规定的,系过失证明责任的倒置,实质上则为无过失、严格化的责任。[③]

---

① 参见曾隆兴:《汽车交通事故损害赔偿制度之比较研究》,本书内容丰富,甚具参考价值;江朝国:《强制汽车责任保险》第 88 页以下;陈忠五:《法国交通事故损害赔偿法的基本问题》,载《私法学之传统与现代》(中)2004 年版,第 185 页以下;Tunc, Traffic Accident Compensation: Law and Proposals, International Encyclopedia of Comparative Law, Vol XI, Chapter 14 (1971).

② 《德国交通法》第 7 条规定:"因利用汽车致人死亡、身体、健康或财物损害,汽车保有人应对受害人负损害赔偿之责(第 1 项)。于事故系由非基于汽车构造上之瑕疵或机件上之障害之不可避免事故所致者,排除前项责任。可归责于被害人或未从事驾驶运行之第三人或动物之行为,且保有人及汽车驾驶均已遵守注意义务时,其事故之发生视为不可避免(第 2 项)。未经汽车保有人之同意而擅自使用汽车者,应代保有人负损害义务。如其使用汽车保有人有过失时,应与保有人连带负损害赔偿责任。本项第一句规定于使用人之驾驶汽车系受雇于汽车保有人或由保有人委托使用人驾驶或使用时,不适用之(第 3 项)。"简要的说明,参见 Becker/Böhme, Kraftverkehrshaftpflichtschäden (18. Aufl. 1992); Kötz/Wagner, Deliktsrecht, S. 209, 294(附有参考文献)。

③ 参见〔日〕川井健等编:《新版注释交通事故赔偿法》,书林书院 1996 年版,第 100 页。日本关于交通事故的著作,包括理论与实务,汗牛充栋,至为丰富,请参见前揭《交通事故赔偿法》(共 3 卷)所引用资料;〔日〕椎木绿司:《自动事故损害赔偿の理论と实际》,有斐阁 1979 年版。

四、"四不主义""立法"政策与中国台湾地区的情况之斟酌

据上所述比较法上的立法例,台湾交通事故侵权责任具有"四不主义":

(1) 不设特别法加以规范,仅设"民法"第 191 条之 2 规定。

(2) 不采无过失 + 责任(危险责任)作为侵权责任的归责原则。

(3) 不将侵权责任与强制责任保险挂钩。

(4) 不以汽车保有人或运行供用者为责任主体。

此"四不主义"涉及交通事故法律构造的基本原则及立法政策问题。"民法"第 191 条之 2 的立法理由认此系"斟酌情况",但未详为论述,此类简略的说辞,道尽了台湾地区法律发展及法学研究的困境。

第二项　成　立　要　件

"民法"第 191 条之 2 汽车驾驶人侵权责任的成立,须具备下列要件:

(1) 须为动力车辆。

(2) 须因动力车辆在驾驶中加害于他人。

(3) 须为驾驶人。

(4) 驾驶人须有过失:过失推定及举证免责。

一、责任客体:动力车辆

"民法"第 191 条之 2 系以"汽车、机车或其他非依轨道行驶之动力车辆"为责任客体,除汽车、机车外,包括消防车、垃圾车、联结车、牵引车等,盖以动力车辆较具危险性,驾驶人应为必要的防范。其非属"动力车辆"(如脚踏车)或依轨道行驶的动力车辆(如火车、捷运电车等),不适用"民法"第 191 条之 2,而应适用"民法"第 184 条或"公路法"相关规定(参阅"公路法"第 2 条、第 64 条)。

二、须因动力车辆在行驶中加损害于他人

驾驶人侵权责任的成立,须动力车辆在行驶中加损害于他人,分三点言之:

(一) 动力车辆的使用

"使用"不以行驶为限,应包括违规停车于巷道,停车时未注意后方来车而遽开车门,货车物品掉落肇致事故等情形。

(二) 加损害于他人

须因使用动力车辆加损害于他人。所谓"他人"包括同乘者及路人。所谓"损害"应从严解释,指人身及物等财产权,不包括"纯粹经济上损失"在内。例如甲在高速公路撞坏乙车时,应对乙负赔偿责任。丙等驾驶人因车祸交通阻塞,迟误行程所受经济上损失,非属受保护的利益,不得请求赔偿。

(三) 须损害与驾驶人的加害行为之间须有因果关系

损害与驾驶人加害行为间的因果关系,应区别责任成立因果关系及责任范围因果关系,依相当因果关系加以认定。鉴于其在实务上的争议性,举四则案例,以供参照:

1. 车辆未定期检查

"最高法院"1994 年台上字第 2342 号判决谓:"查上开车祸之发生,系因林○翔驾车行经行人穿越道,未暂停让行人即林胡○英先行通过,为肇事原因,业经台湾省台北区行车事故鉴定委员会鉴定明确,而前开另案民、刑事确定判决亦均认定,林○翔途经行人穿越道前,疏未注意车前状况及减速慢行,未暂停让行人先行通过,因而撞及正欲穿越行人穿越道之行人林胡○英倒地死亡等情形。足证该损害结果之发生,并非由于林○翔所驾上开小货车之机件因素所致。则该小货车未依规定参加定期检验,既非造成本件车祸之原因。被上诉人未为定期检验该小货车与林○翔之肇事及被害人林胡○英之死亡间,即无相当因果关系存在,被上诉人自不负共同侵权行为之责任。"(责任成立因果关系问题)。由此可知,若甲借车给乙,因机件因素肇致车祸,而甲未定期检查时,甲、乙应负共同侵权行为责任。

2. 间接侵害行为

车祸的侵害行为不以直接碰撞为必要。被害人为闪避违规超速的汽车,事出危急致跌倒受伤,或被其他车辆撞死者,仍得成立因果关系(责任成立因果关系)。①

---

①　参见德国联邦法院 BGH NJW 1988, 2802."最高法院"1967 年台上字第 769 号刑事判决:"上诉人为汽车司机,驾驶三轮货运汽车,与牛车相遇,疏于注意减速避让,致汽车与牛车以极接近之距离通过,使站在牛车前面横木上之被害人受汽车通过影响,翻跌倒地,头盖内出血救治不及死亡。无论系基于气流震荡之物理因素,抑系基于恐惧之心理因素所致,其系受汽车紧迫通过之影响,则甚明显,应认为上诉人有因业务上之过失致人于死行为。"可资参考。

3. 因车祸外伤诱发精神分裂病

在"最高法院"1995 年台上字第 2170 号判决,上诉人搭乘台湾客运汽车,司机于行驶人紧急刹车,致其头部受伤,合并发生意识障碍,造成精神分裂症。关于其因果关系,台大医院鉴定略谓:"赖〇媛(即上诉人)所患紧张型精神分裂病并非直接由车祸外伤所导致,其于事发前已呈现精神病之前驱征兆,仅因该事件诱发其潜伏之病态,而呈现明显之精神分裂病症。……精神分裂病之诱发原因甚多,……车祸外伤可为诱发原因之一,但非必要原因。所谓诱发原因,乃指恰与病患症状出现之连带关系,无法以科学方法加以证明,车祸外伤仅为与赖〇媛精神分裂病明显化在时间上相符之事件而已,对其病态之影响程度很少。车祸外伤虽可能对其症状明显有影响,但如此次车祸外伤,赖〇媛目前之病态亦可能因任何身体、生理、心理、社会压力因素而诱发。""最高法院"据此鉴定认为:"足证因车祸受有外伤,通常并不足以生有精神分裂症之结果,本件车祸与上诉人目前之病态并无相关因果关系。"[1](责任范围因果关系)

4. 高血压患者被指责为车祸肇事者而中风

在德国联邦法院 BGH 107, 339 判决,A 于某件车祸在警察面前指责 B 违规驾车,乃真正的肇事者。乙患有高血压,因被指责为肇事者,一时激动导致脑部充血而中风。德国联邦法院认为此属于所谓心理的因果关系(psychische Kausalität)。[2] 因被人在警察面前指责违反交通规则致发生中风,非属道路交通规则的保护范畴。被指责违反交通规则,乃参与交通者所应忍受并依法处理的争执,除有其他情况,不能认此项指责与事故后发生的中风具有责任法上的关联(法规目的论)。

---

[1] 参见"最高法院"2000 年台上字第 1878 号判决:"查薛〇错系因糖尿病并发症即血糖过高及尿毒症后并发肺炎死亡,为原审认定之事实,而上诉人一再主张薛〇错于车祸前并无罹患尿毒症之病史,尿毒症系本件事故所致等语;且原判决亦认为一般人不可能临时患有尿毒症,果尔,薛〇错因尿毒症致死之原因是否与车祸受伤完全无关? 尚非无疑。况大仁医院 1998 年 12 月 31 日大洽字第 131 号函称:若无外伤之情况,应不至于突然病变而死亡等语,其就薛〇错死亡原因似未排系车祸所致之可能性。乃原审未对薛〇错受伤后接受医疗之具体情形详加调查斟酌,遽认大仁医院上开函文系推测之词,殊嫌率断。"

[2] 关于所谓 psychische Kausalität(心理因果关系),参见 Stephan Philipp Forst, Grenzen deliktischer Haftung bei psychish vermittelter haftungsbegründender Kausalität (1999).

三、责任主体:驾驶人

在交通事故应以谁为责任主体,涉及交通事故危险防范及损害责任承担,具有重大规范意义。《德国道路交通法》系以汽车保有人(Halter),日本《自赔法》系以运行供用者为责任主体,二者基本上均以运行利益及运行支配为判断基准。[①] 例如甲公司的司机驾车肇祸时,其责任主体为甲公司(雇用人),盖其因汽车运行获有利益,且对汽车运行得为支配管理。[②]

现行"民法"第191条之2为何以驾驶人为责任主体,立法理由未见说明,或系为贯彻自己责任的基本原则,并鉴于现行法未采危险责任,且因"汽车保有人"或"运行供用者"非民法固有的概念,难以界定其范围。

四、驾驶人过失的推定及举证免责

关于驾驶人责任,"民法"第191条之2系采过失推定,即驾驶人于"防止损害之发生",已尽相当注意者,不负赔偿。其所以倒置过失的举证责任,旨在保护被害人。其所以不采无过失责任(危险责任),乃在维护"民法"过失责任原则,并因无强制责任保险与其挂钩结合,以期缓和驾驶人责任。

驾驶人是否尽相当的注意,防止损害发生,应就个案加以认定之,有争议时,多由车辆事故鉴定委员会参照道路交通规则提供意见,以资判断。在法院实务上,驾驶人得举证免责的,甚属少见。

第三款　车祸事故驾驶人以外的责任主体及请求权基础

动力车辆驾驶人的侵权责任牵连整个侵权行为法,尤其是与共同侵权行为、法定代理人责任、雇用人责任等具有密切关系,简述如下:

---

① 德国法,参见 BGHZ 13, 351;32, 331;37, 306;Kötz/Wagner, Deliktsrecht, S. 209 ff. 日本《自赔法》上的自动车运行供用者,在学说引起长期热烈的讨论,在法律解释上深具启示性,判例学说的综合检讨,参见〔日〕宫川博史:《运行供用者责任》,载〔日〕山田卓生等编集:《新·现代损害赔偿法讲座:交通事故》,日本评论社1998年版,第1页以下。

② Geigel, Der Haftpflichtprozess (Hrsg. Günter Schlegelmich) (23. Aufl. 2001), S. 754 f.;日本《自赔法》的"运行供用者",参见〔日〕川井健编:《新版注释交通事故赔偿法》,第35页。相关问题,参见江朝国:《强制汽车责任保险法》,第101、第115页。

一、交通事故与共同侵权行为

(一)交通事故与"司法院"例变字第 1 号

"民法"第 185 条第 1 项规定:"数人共同不法侵害他人之权利者,连带负损害赔偿责任。"关于"共同"的意义,1977 年 6 月 1 日"司法院"例变字第 1 号谓:"民事上之共同侵权行为(狭义的共同侵权行为,即共同加害行为,下同)与刑事上之共同正犯,其构成要件并不完全相同,共同侵权行为人间不以有意思联络为必要,数人因过失不法侵害他人之权利,苟各行为人之过失行为均为其所生损害之共同原因,即所谓行为关联共同,亦足成立共同侵权行为。'最高法院'1966 年台上字第 1798 号判例应予变更。""最高法院"1966 年台上字第 1798 号判例所涉及的即为车祸案例。实务上共同侵权行为的案例亦多属交通事故。

(二)交通事故与医疗过失的竞合

值得特别提出的是,"交通事故与医疗过失"的竞合问题。车祸的被害者送医救治后,有因医师诊疗行为的过误发生死亡、残留后遗症等。此亦涉及共同侵权行为,其关键在于如何判断交通事故与医师诊疗的行为关联,日本实务上有较多的案例,分为四种类型①:

(1)医师无过失。例如交通事故治疗输血之际,发生血清肝炎,医师并无过失时,应认为血清肝炎发病与该件交通事故具有相当因果关系。

(2)医师有过失。例如交通事故后的手术因医师过失感染骨髓炎时,应认为得成立共同侵权行为(日本法上称为不法行为)。内部求偿关系则依具体的公平处理之,结果应由为不适切诊断及治疗的医生负责。

(3)医师有重大过失。例如医师因重大过失致受伤者死亡时,应认为交通事故所致伤害与死亡之间不具相当因果关系,加害人仅就其伤害范围内负赔偿责任。

(4)加害行为难以判明。在此情形,应适用《日本民法》第 719 条后段(相当中国台湾"民法"第 185 条后段),由汽车事故加害者及医疗事故加害者负全部赔偿义务。

---

①　参见〔日〕山川一阳:《交通事故上医疗过失的竞合》,载〔日〕山田卓生等编:《新·现代损害赔偿法讲座》,第 238 页。

二、交通事故与法定代理人责任

"民法"第187条第1项规定:"无行为能力人或限制行为能力人,不法侵害他人之权利者,以行为时有识别能力者为限,与其法定代理人连带负损害赔偿责任。行为时无识别能力者,由其法定代理人负损害赔偿责任。"在现在交通社会,限制行为能力人使用车辆(尤其是机车)肇致车祸为数甚多,法定代理人应否负责,端视能否证明其监督并未疏懈而定。在一个19岁未成年人酒后驾驶重型机动车撞伤他人案件,台湾高等法院认定其法定代理人并未能举证免责,但未说明其判断标准。[①]

三、交通事故与雇用人责任

交通事故与"民法"第188条规定的雇用人责任具有密切关系。受雇人(如外务员、司机、靠行出租车)因使用车辆执行职务,不法侵害他人之权利时,应由雇用人负连带责任。此系实务上常见的案例。

四、交通事故与"公路法"第64条的适用

"公路法"第64条规定:"汽车或电车运输业遇有行车事故,致人、客伤害、死亡,或财、物损毁、丧失时,应负损害赔偿责任。但经证明其事故发生系因不可抗力或因托运人或受货人之过失所致者,不负损害赔偿责任(第1项)。前项货物损毁、灭失之损害赔偿,除货物之性质、价值于装载前经托运人声明,并注明于运送契约外,其赔偿金额,以每件不超过新台币三千元为限(第2项)。人、客伤害、死亡之损害赔偿办法,由'交通部'另定之(第3项)。"关于本条法律性质与"民法"第191条之2的适用关系分三点言之:

(1)现行"公路法"第64条系采无过失危险责任(以不可抗力,或托运人或受货人的过失为免责事由)[②],以汽车或电车运输业为责任主体,并设有赔偿限额。

---

① 参见台湾高等法院2003年上易字第1204号判决。

② 旧"公路法"第64条第1项规定:"汽车或电车运输业遇有行车事故,致人、客伤害、死亡或财物毁损丧失时,应负损害赔偿责任。但经证明其事故之发生系因不可抗力或非由汽车或电车运输业之过失所致者,不在此限。"系采推定过失,参照"最高法院"1994年台上字第2341号判决。

（2）汽车或电车运输业对行车事故发生有过失时，被害人得依"民法"第 184 条第 1 项规定请求损害赔偿，其赔偿范围不受限制，应依一般原则认定之。①

（3）关于汽车或电车驾驶人的过失，亦有"民法"第 191 条之 2 或第 184 条规定的适用。

第四款　交通事故的损害赔偿

一、损害赔偿的一般原则

（一）损害赔偿的方法

动力车辆驾驶人应依"民法"第 191 条之 2 或"民法"第 184 条规定负侵权责任，已详前述。关于损害赔偿的方法，民法设有一般原则，可资适用。人身受侵害时，被害人得请求医药费、增加生活上的需要、丧失或减少的劳动能力的损害赔偿（"民法"第 193 条）。被害人死亡时，得请求殡葬费、扶养费及慰抚金损害赔偿（"民法"第 192 条、第 194 条）。物被毁损时，被害人得请求恢复原状、恢复原状所需费用（"民法"第 213 条），或其物减少的价额（"民法"第 196 条）。

（二）过失相抵

"民法"第 217 条规定："损害之发生或扩大，被害人与有过失者，法院得减轻赔偿金额，或免除之（第 1 项）。重大之损害原因，为债务人所不及知，而被害人不预促其注意或怠于避免或减少损害者，为与有过失（第 2 项）。前两项之规定，于被害人之代理人或使用人与有过失者，准用之（第 3 项）。"在交通事故损害赔偿，加害人多会主张被害人与有过失，在大多数的案例，实务上多肯定被害人对损害的发生应负一定的责任，其情形有四：

（1）被害人本身与有过失，如行人穿越快速道路，机车驾驶人未戴安全帽。②

（2）被害人明知驾驶人酒醉或无驾照而搭乘时，应认此种自甘冒险的行为对损害的发生与有过失。

---

① 参见拙著：《公路法关于损害赔偿特别规定与民法侵权行为一般规定之适用关系》，载《民法学说与判例研究》（第六册），北京大学出版社 2009 年版，第 31 页。

② 参见"最高法院"2000 年台上字第 1835 号判决。

(3) 驾驶机车有过失致坐于后座之人被他人驾驶之车撞死者,后座之人系因借驾驶人载送而扩大其活动范围,驾驶人为之驾驶机车,认系后座之人之使用人,应准用"民法"第 224 条规定依同法第 217 条第 1 项规定,减轻被上诉人之赔偿金额。①

(4) 被害人系未成年人时,其须承担法定代理人的与有过失,应否限于被害人与加害人间有债之关系(例如法定代理人为处理未成年人的买卖契约),抑应包括非属债务履行的部分(例如父母带幼子穿越快速道路),涉及法定代理制度及未成年人保护,实有研究余地。②

二、交通事故损害赔偿的"特别法"

须注意的是,交通事故常引发损害赔偿的特殊问题,例如亲友看护被害人时,被害人得否请求相当于雇用看护费用③? 汽车被毁损时,被害人得否请求该车交易上的贬值④,不能使用该车(使用可能性丧失)的损害赔偿。针对此等问题,实务上逐渐创设交通事故损害赔偿的"特别法",将于拙著"损害赔偿法"再作进一步的研讨。

第四节　强制汽车责任保险制度

第一款　强制汽车责任保险法

一、问题的提出

在交通事故,被害人得依民法关于侵权行为的规定,向加害人(包括驾驶人、法定代理人、雇用人等)请求损害赔偿,已详前述。兹产生一个尚

---

① 参见"最高法院"1985 年台上字第 1170 号判例。

② 参见拙著:《第三人与有过失》,载《民法学说与判例研究》(第一册),北京大学出版社 2009 年版,第 58 页。

③ 参见"最高法院"1999 年台上字第 1827 号判决:"按因亲属受伤,而由亲属代为照顾被上诉人之起居,固系基于亲情,但亲属看护所付出之劳力,并非不能评价为金钱,只因两者身份关系密切而免除支付义务,此种亲属基于身份关系之恩惠,自不能加惠予加害人即上诉人。故由亲属看护时,虽无现实看护费之支付,但应衡量及比照雇用职业看护士看护情形,认被害人即被上诉人受有相当于看护费之损害,得向上诉人请求赔偿,乃现今实务上所采之见解,亦较符合公平正义原则。"

④ 关于交易性贬值的问题,参见"最高法院"2003 年台上字第 2746 号判决。

待解决的重要问题,即如何使被害人的损害赔偿请求权得获确保,迅速实现,并能同时减少加害人的负担?

另一个重要的问题是,如何保护不能依侵权行为规定请求损害赔偿的交通事故受害人?

二、强制汽车责任保险法的制定

交通事故被害人的保护,系各国法律面临的重大任务,设计不同的保护机制。在美国,关于交通事故仍采普通法上的过失责任(negligence),但发展出无过失保险制度(no-fault insurance),例如在麻州等州系以第一人保险契约(Compulsory First-Party Coverage)为基础,建立强制保险制度,除第一人(要保人兼被保险人)责任(First-Party Liability)外,亦扩大将第二人责任(Second-Party Liability)(车上乘客之伤亡)与第三人责任(Third-Party Liability)(行人伤亡),于被保险人驾驶被保险汽车肇事时,不论其过失与否,保险人对其所造成之上述三种损害一概予以赔偿,成为一种融合人身保险(伤害险)与财产保险(责任险)的综合保险。[1] 德国及日本所采的制度,系制定特别法,其特色系一方面对汽车保有人或运行供用者的侵权责任加以严格化,采取危险责任(无过失责任)的归责原则,另一方面规定侵权主体应投保责任保险,而创设结合侵权责任与强制责任保险的制度。

在台湾地区,经过多年的研拟,终于在1996年制定"强制汽车责任保险法",并于2005年2月5日修正公布53条条文(2010年5月19日再部分修正)。根据统计,至2004年底,投保该保险之汽车数量约为642万辆,机车数量为858万辆,二者合计超过1500万辆汽机车业已纳入该项保险体系。自1996年1月至2003年12月止,保险公司已付的死亡保险给付计35628人次,残废给付计83041人次,医疗给付计599895人次,合计理赔金额已达新台币688亿余元,至2004年底,逾新台币800亿余元,足见强制汽车责任保险制度攸关人民权益至巨。强制汽车保险系属保险法的领域,非本文所能评论,以下简述汽车责任保险与侵权责任的相关若

---

① 参见江朝国:《强制汽车责任保险法》,第20页以下。

干问题。[1]

第二款　强制汽车保险制度的结构

"强制汽车责任保险法"(以下简称本法)的立法目的,系为使交通事故所致损害或死亡的受害人,迅速获得基本保障,并维护道路交通安全(本法第1条)。其基本规范架构,系规定汽车所有人应依本法规定订立保险契约(本法第5条,第16条以下),并设置汽车交通事故特别补偿基金(本法第38条以下),使"因汽车交通事故致受害人伤害或死亡者,不论加害人有无过失,请求权人均得依本法规定向保险人请求保险给付或向财团法人汽车交通事故特别补偿基金(以下简称特别补偿基金)请求补偿"(本法第7条)。兹先将法律构造图示如下:

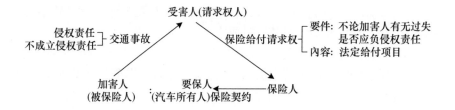

兹举一例加以说明:甲系A车所有人,与乙保险公司订立责任保险契约。丙经甲同意使用A车,因交通事故,致丁遭受伤害或死亡。在此情形,甲系责任保险契约的要保人,乙系保险人,丙系加害人(本法第10条第1项)并为被保险人(本法第9条)。丁系"受害人"(本法第10条第2项),并为请求权人(本法第11条)。设甲自己使用A车造成交通事故时,甲为要保人、加害人及被保险人。

从侵权行为法的观点言,"强制汽车责任保险"的结构特色在于"侵权责任"与"责任保险"两个制度的"脱钩",其所保险的,非为加害人的侵权责任,即不以交通事故具备民法或特别法所定侵权行为发生损害赔偿

---

[1]　参见《台湾本土法学杂志》关于新修正强制汽车保险法评论系列论文:陈定辉:《新修正政策性保险法制化过程重要原则初探》,第68期,第73页;汪信君:《论强制汽车责任保险法修正条文》,第68期,第93页;江朝国:《强制汽车责任保险法修正新法评析》,第69期,第45页;林勋发:《强制汽车责任保险法主要争议与修正条文评述》,第69期,第60页;陈忠五:《强制汽车责任保险立法目的之检讨》,第70期,第59页。

责任为前提。此种规范模式系斟酌美国法的无过失保险与德、日强制汽车责任保险,乃台湾地区自创的制度,如何阐释其适用上的疑义,尤其是如何因应社会发展加以检讨修正,使其益臻完善,实值重视。

第三款 保险给付的请求权

兹依请求权基础的方法,建构交通事故的保险给付的基本问题:

一、请求权基础

交通事故保险给付的请求权基础为"强制汽车责任保险法"第 7 条,其要件为[①]:

(1) 积极要件。须有交通事故。此指使用或管理汽车致乘客或车外第三人伤害或死亡之事故(本法第 13 条)。

(2) 消极要件。不论加害人有无过失。易言之,即加害人是否应依关于侵权行为规定负损害赔偿责任,在所不问。所称加害人,指因使用或管理汽车造成交通事故之人(本法第 10 条第 2 项)。

二、请求权关系的当事人

关于汽车交通事故保险给付的当事人,其应负保险给付义务之人为"保险人"(本法第 25 条第 1 项)。请求权人,在汽车交通事故遭受伤害者,为受害人本人;因汽车交通事故死亡者,为受害人之遗属,其顺位如下:(1) 父母、子女及配偶。(2) 祖父母。(3) 孙子女。(4) 兄弟姊妹。同一顺位之遗属有数人时,按人数平均分配保险给付或补偿(本法第 11 条第 1 项、第 2 项,参阅第 3 项及第 4 项)。

三、请求权的内容

请求权的内容,即保险的给付项目,即:(1) 伤害医疗费用给付。(2) 残废给付。(3) 死亡给付(本法第 27 条第 1 项)。此等给付项目之等级、金额及审核等事项之标准,由主管机关会同中央交通主管机关视社会及经济实际情况定之。标准修正时,于修正生效日后发生之汽车交通事故,保险人应依修正后之规定办理保险给付(本法第 27 条第 2 项、第 3 项)。

---

① 关于受害人向财团法人汽车交通事故特别补偿基金请求补偿部分暂置不论,参见本法第 38 条以下规定。

第四款　交通事故保险给付与侵权责任的关系

交通事故保险给付与侵权责任系两个不同制度,即保险给付请求权的发生并不以侵权责任为前提。然二者仍具有一定的关联,分四项述之:

(1) 交通事故构成侵权行为时,被害人得依侵权行为规定向加害人请求损害,亦得依本法规定向保险人请求保险给付,由被害人(受害人)选择行使之。

(2) 保险汽车发生汽车交通事故,被保险人已为一部分之赔偿者,保险人仅于本法规定之保险金额扣除该赔偿金额之余额范围内,负给付责任。但请求权人与被保险人约定不得扣除者,从其约定(本法第31条)。

(3) 保险人依本法规定所为之保险给付,视为被保险人损害赔偿金额之一部分;被保险人受赔偿请求时,得扣除之(本法第32条)。

(4) 保险人有下列情事之一,致被保险汽车发生汽车交通事故者,保险人仍应依本法规定负保险给付之责。但得在给付金额范围内,代位行使请求权人对被保险人之请求权:① 饮用酒精或其他类似物后驾驶汽车,其吐气或血液中所含酒精浓度超过道路交通管理法规规定之标准。② 驾驶汽车,经测试检定有吸食毒品、迷幻药、麻醉药品或其他类似管制药品。③ 故意行为所致。④ 从事犯罪行为或逃避合法拘捕。⑤ 违反道路交通管理处罚条例第21条或第21条之1规定而驾车。前项保险人之代位权,自保险人为保险给付之日起,2年间不行使而消灭(本法第29条)。须特别注意的是,所谓代位行使请求权人对被保险人之请求权,主要指侵权行为损害赔偿请求权而言。

第五节　结论:侵权责任的扩大、强制责任制度的建构与社会安全的增强

一、交通事故被害人救济机制的完善

侵权行为法与强制责任保险制度的配套,强化对汽车事故被害人及其家族的救济,具有重大社会保障的机能。甲驾车偕未婚妻乙及友人丙外出郊游,途中发生车祸,撞到路人丁,导致丁残废,乙、丙身体受伤(或死亡):

（1）甲有过失，应成立侵权行为。乙、丙、丁均得依侵权行为规定向甲请求损害赔偿。此外并得依强制汽车责任保险法的规定向保险人请求保险给付。

（2）甲无过失，不成立侵权行为。甲虽无侵权责任，受害人乙、丙、丁仍得依强制汽车保险法的规定请求保险给付。

（3）设甲所驾汽车为未保险汽车时，受害人得于本法规定之保险范围内，向特别补偿基金请求补偿（本法第40条以下，请阅读之）。

二、交通事故损害的移转及分散

由前举之例，可知在现行法上交通事故的侵权责任与强制汽车责任危险系各自独立的制度，并未挂钩。侵权行为法的功能，在于将被害人的损害移转予加害人负担。汽车强制责任保险在于为交通事故受害人迅速提供最低的保险给付，有无侵权责任在所不问。加害人应负侵权责任时，保险给付有减轻其责任的作用。侵权责任在于强调人的行为自由、自主性及自己责任原则。强制汽车保险制度，对于分散危险、减少交易成本及促进社会安全作出了重大贡献。

三、交通事故救济制度的模式作用

交通事故救济制度的设计，系一方面制定推定过失驾驶人的侵权责任（第191条之2），另一方面规定强制责任保险，此项救济制度的创设及完善，将为公害、医疗、药物等意外事故提供一个具有参考价值的规范模式，有助于健全社会安全体制。

第九章　危险工作或活动责任

——"民法"第191条之3

（1）在现代工商业社会,各种的物品(商品,尤其是食品、药物)、工作或活动(如驾驶自动车辆、开矿采石、经营石化工厂、兴建捷运、举办赛车、放天灯),甚至医疗行为等,都具有不同程度的危险性。试问如何决定,对何者应采较严格的归责原则(推定过失,无过失责任),或推定其因果关系? "民法"第191条之3创设了一个"危险工作或活动"的推定过失责任的概括规定,为何不径设无过失责任(德国法上的危险责任)?

（2）下例何者属于危险工作或活动,如何判断:① 工厂排放废水;② 举办大型歌舞晚会;③ 医生手术开刀;④ 经营游览车。

（3）甲公司的输油管爆炸起火,致乙受伤,丙的汽车毁损、丁商店关门不能营业,乙、丙、丁得向甲主张何权利(列举所有请求权基础)?

第一节　危险工作或活动在侵权行为法的规范

一、危险之物或活动与侵权行为法

侵权行为法旨在规定"何种行为",在"何种要件"下,侵害他人"何种权益"时,应负损害赔偿责任。各国或地区法律多设有一般侵权行为,采过失责任,适用于一切行为。值得注意的是,针对有侵害他人权益的"危险之物或活动",自古以来,立法或法院多特设规定或创造判例,严格其责任,动物责任为最显著,盖在农业时代,动物系最主要的危险源。在工业革命后,因科技进步,社会经济活动发展,产生了许多危险事物,诸如汽车、火车、飞机等交通工具,瓦斯、炸药等爆裂物,制造有缺陷的产品(尤其是药物),工厂排放废水、废气等,造成严重的损害。吾人实处于一个充满"危险"的社会环境,如何加以规范,系现代侵权行为法的重要课题。

二、个别构成要件与概括条款:过失责任的修正

各国侵权行为法对"危险之物或活动"的规范涉及两个基本问题:一为规范技术;二为归责原则。分述如下:

(一) 规范技术

在规范技术上,首先系就"个别危险源",设特殊侵权行为,并因危险源的增加,而须不断的增设特殊侵权行为。规范危险的个别特殊侵权行为发展到一定阶段时,各国立法或法院皆会面临一个重大问题,即应否创设一个较具概括性的条款或原则,加以规范。

(二) 归责原则

关于危险之物或活动在侵权行为法上的规范,另一个重要问题系应如何调整其归责原则,即应如何严格其责任,究采推定过失责任,抑或更进而采无过失责任?

三、"民法"第191条之3的规定:危险工作或活动的概括条款

在台湾地区,关于"危险"在侵权行为法的规范,系分别于民法及特别法加以规定。在民法方面,原仅就"动物"(第190条)、工作物(第191条)设有规定,均采过失推定。在特别法方面,"铁路法"规定铁路经营者的推定过失责任(第62条以下);"民用航空法"规定航空器所有人的无过失责任(第89条以下);"公路法"规定汽车、电车业者的无过失责任(第64条以下);"核子损害赔偿法"规定的核子设施经营者的无过失责任(第11条以下);"消费者保护法"规定的商品及服务无过失责任(第7条以下)。

1999年"民法"债编修正时,增设了3个规定,第191条之1规定商品责任(推定过失)前已说明,第191条之2规定动力车辆责任(推定过失)。值得注意的是,"民法"第191条之3规定危险工作或活动责任(推定过失),其最重要的特色系采"概括条款"的立法方式,在学说上引起广

泛的讨论。①

第二节　"民法"第191条之3危险工作或活动 责任的基本理论

一、立法理由及特殊性

(一) 立法理由

"民法"第191条之3规定:"经营一定事业或从事其他工作或活动之人,其工作或活动之性质或其使用之工具或方法有生损害于他人之危险者,对他人之损害应负赔偿责任。但损害非由于其工作或活动或其使用之工具或方法所致,或于防止损害之发生已尽相当之注意者,不在此限。"关于本条规定,立法理由作有甚为详细的说明:"近代企业发达,科技进步,人类工作或活动之方式及其使用之工具与方法日新月异,伴随繁荣而产生危险性之机会大增。如有损害发生,而须由被害人证明经营一定事业或从事其他工作或活动之人有过失,被害人将难获得赔偿机会,实为社会不公平现象。且鉴于:(1) 从事危险事业或活动者制造危险来源。(2) 仅从事危险事业或活动者于某种程度控制危险。(3) 从事危险事业或活动者因危险事业或活动而获取利益,就此危险所生之损害负赔偿之责,系符合公平正义之要求。为使被害人获得周密之保护,凡经营一定事业或从事其他工作或活动之人,对于因其工作或活动之性质或其他使用之工具或方法有生损害于他人之危险(例如工厂排放废水或废气、桶装瓦斯厂装填瓦斯、爆竹厂制造爆竹、举行赛车活动、使用炸药开矿、开山或燃放焰火),对于他人之损害,应负损害赔偿责任。请求赔偿时,被害人只须证明加害人之工作或活动之性质或其使用之工具或方法,有生损害于他

---

① 参见王千维:《由"民法"第184条到"民法"第191条之3——以违法性的思考及客观证据负担的倒置为中心》,载《"民法"七十年之回顾与展望》,第108页;陈自强:《民法侵权行为体系之再构成——"民法"第191条之3之体系地位》(上)(下),《台湾本土法学杂志》第16期,第47页;第17期,第20页;陈聪富:《危险责任、推定过失》,载《归责原则与损害赔偿》,第155页;黄立:《"消保法"第7条与"民法"第191条之3对医疗行为适用之研析》,载《政大法学评论》第75期,第1页;黄上峰:《从德国危险责任法制论"民法"第191条之3的解释适用》,载《法令月刊》,第40页;苏惠卿:《自危险责任之成长及发展论"民法"第191条之3》,载《法学丛刊》第181期,第171页。

人之危险性,而在其工作或活动中受损害即可,不须证明其间有因果关系。但加害人能证明损害非由于其工作或活动或其使用之工具或方法所致,或于防止损害之发生已尽相当之注意者,则免负赔偿责任,以期平允,爰增订本条规定(《意大利民法》第2050条参考)。"

前揭立法理由对何以就危险事业或活动采推定过失,提出3点理由:(1)从事危险事业或活动者制造危险来源。(2)仅从事危险事业或活动者于某种程度控制危险。(3)从事危险事业或活动者因危险事业或活动而获取利益,就此危险所生之损害负赔偿之责,系符合公平正义之要求。

应指出者有二:

(1)此三点理由,学说上向来认系"无过失责任"的依据,将其移用于说明"民法"第191条之3规定,难免导致误认为其所规定的有无过失危险责任的性质。

(2)立法理由应该交代说明的是,关于危险事业或活动,为何不采"无过失责任",而采"推定过失责任"。此乃为维持民法采过失责任的基本原则,并借举证责任的倒置,以保护被害人。此种推定过失责任的立法,难谓完全"符合公平正义的要求"。

(二)特殊性

"民法"第191条之3规定"危险工作或活动者的侵权责任",属于一种特殊侵权行为,与"民法"第184条规定的一般侵权行为加以比较,具有两个"特殊性":

(1)推定过失,即倒置防止危险发生损害的举证责任。

(2)推定因果关系,即推定损害的发生与工作或活动的危险之间具有因果关系。

二、比较法的观察:《意大利民法》第2050条规定的继受

(一)比较法的观察

在比较法,《德国民法》关于"危险责任"(Gefährdungshaftung,无过失责任),系采个别危险的立法方式,未设概括规定[1];《日本民法》亦属如此。[2] 在法国,实务上系就《法国民法》第1384条第1项规定,创设关于

---

[1] 参见 Kötz/Wagner, Deliktsrecht, S. 134.
[2] 参见〔日〕吉村良一:《不法行为法》,第11页、第245页、第266页。

物的责任的一般原则。

在立法例上,就危险之物或活动,设概括性规定而采无过失责任的,有《苏联民法》《俄罗斯民法》《墨西哥民法》。其采推定过失的,有《意大利民法》及《葡萄牙民法》。以下仅就《意大利民法》加以说明。

(二)《意大利民法》第 2050 条

1942 年的《意大利民法》系欧陆较为年轻的法典,在侵权行为方面,受到重视的是第 2050 条关于"危险活动"的规定:"从事一个本身或其使用工具有危险性活动而加损害于他人者,应负损害赔偿责任,若其不能证明已采取所有适于防止损害发生之措施。"①关于学说上对《意大利民法》第 2050 条的评价,德国学者 Michael R. Will 在其"Quellen erhöhter Gefahr"一书,曾作如下的说明②:

《意大利民法》第 2050 条制定当时,规定关于严格责任模式,尚未成熟,客观说及主观说的支持者乃作成一项折中,即仍采传统的过失责任,但倒置举证责任及严格化其注意义务。此项《意大利民法》的概括条款,在比较法的论著上,并未享有高度的声誉,盖其未采危险责任(德国民法上的无过失责任),仍立足于过失责任原则。如何区别危险及非危险活动欠缺明确标准。总而言之,《意大利民法》第 2050 条不精确,因此难令人满意,是一个无用的规定(unscharf, deshalb unbefriedgend und letzlich wohl unnütz)。

(三)《意大利民法》第 2050 条的继受

中国台湾地区"民法"第 191 条之 3 系参考《意大利民法》第 2050 条而制定,前已提及,台湾地区民事法律的制定,多参考德国法、日本法或美国

---

① 关于《意大利民法》第 2050 条的翻译,系参照德文译本:"Wer in der Ausübung einer an und für sich oder eingesetzten Mittel gefährlichen Tätigkeit anderen Schaden zufügt, ist zum Schadensersatz verpflichtet, wenn er nicht nachweist, alle zur Vermeidung des Schadens geeigneten Maßnahmen getroffen zu haben."引自 Christian v. Bar, Gemeineuröpaisches Deliktsrecht(München, 1996), S. 137(Rdnr. 126);英文译文为:"Whoever causes injury to anther in the performance of an activity dangerous by its nature or by reason of the instrumentalities employed, is liable for damages, unless he proves that he has taken all suitable measures to avoid the injury."引自 Pure Economic Loss in Europe(edited by Mauro Bussani/Vernon Valentine Palmer, 2003);中文译本(简体字版),张小义、钟洪明译,林嘉审校:《欧洲法中的纯粹经济损失》,法律出版社 2005 年版,第 15 页。《意大利民法》第 2050 条规定原文为:"Chiunque cagiona danno ad altri nello svolgimento di un'attività pericolosa, per sua natura o per la natura dei mezzi adoperati, è tenuto al rosarcimento, se non probva di avere adottato tutte le misure idonee a evitare il danno."引自 Michael R. Will, Quellen erhöter Gefahr(1980), S.150.

② Michael R. Will, Quellen erhöher Gefahsr, S. 150.

法。之所以继受意大利民法,应系德、日、美并无相关立法例,而《意大利民法》的概括条款亦符合台湾地区"不求精确"的思考方法。然而关于《意大利民法》在台湾向无研究,贸然引进一个完全陌生的条文,严格言之,可以说是一个有危险性的立法活动。立法之际曾否查阅该条规定的立法意旨、相关判例学说,深入分析其立法政策及解释适用的争议问题,不得而知。在德国等先进国家,为制定像"民法"第191条之3如此关系重大的规定,通常会委托学者提供鉴定报告,此种慎重的做法,实有参考的必要。

三、解释适用

(一)"民法"第191条之3责任的"定名":危险工作或活动责任

如何为"民法"第191条之3冠上一个足以表示其规范意旨的"简称"?有称之为危险制造人责任,然其意过于空泛。有称之为事业经营人责任,此亦不足体现其规范内容。为符合本条规定内容,应可称之为"从事危险工作或活动者责任",简称危险工作或活动责任。

(二)比较法的解释方法

"民法"第191条之3的规定系参考《意大利民法》第2050条而制定,在解释适用上自应参考意大利的判例学说,然此类资料难以取得。关于危险工作或活动的解释,德、日、美等国相关立法例或判例学说,仍具参考的价值。

(三)台湾地区实务见解

值得重视的是,法院如何解释适用"民法"第191条之3,如何定其适用范围,尤其是与"民法"第184条及"民法"第191条等特殊侵权行为的适用关系。"民法"第191条之3施行迄今已达5年,实务上累积了若干判决,将于相关部分加以分析讨论。[①]

第三节　"民法"第191条之3危险工作或活动责任的成立要件

"民法"第191条之3规定危险工作或活动责任的成立要件,可分为

① 参见阮富枝:《危险活动之侵权行为——民法一般侵权责任与特别法之特殊危险责任》,五南出版社2011年版,本书搜集实务案例甚为丰富,足供参考。

六项说明如下：

（1）责任主体系经营一定事业或从事其他活动之人。

（2）工作或活动的危险。

（3）加损害于他人。

（4）工作或活动的危险与加损害于他人的因果关系。

（5）违法性。

（6）过失及举证责任。

第一款　责任主体

"民法"第191条之3的责任主体系经营一定事业或从事其他工作或活动之人。经营一定事业，如开设矿场、爆竹厂；从事其他工作或活动之人，例如举行赛车活动、燃放焰火。其应负责者，包括自然人及法人。

本条系规定从事危险工作或活动者的"自己责任"。例如甲雇用乙制造爆竹，因乙的行为发生爆炸，伤害他人。在此情形，甲就其防止损害之发生未尽相当之注意时，即应负责，乙有无过失在所不问。乙有过失时，得另成立"民法"第188条所定雇用人责任。

第二款　工作或活动的危险

一、基本概念

（一）工作或活动

"民法"第191条之3的核心问题在于如何认定工作或活动的危险，即何种具危险性的工作或活动为本条的规范对象。

如前所述，《意大利民法》第2050条系规定危险活动（attività pericolosa, dangerous activity, gefährliche Tätigkeit），"民法"第191条之3增设"工作"，因此导致如何区别工作或活动的难题。实则增设"工作"，应无必要，盖解释上活动原可包括工作在内，比较法上的立法例及判例学说并未使用"工作"的概念。立法理由所举工厂排放废水或废气、桶装瓦斯厂装填瓦斯、爆竹厂制造爆竹、使用炸药开矿开山或燃放焰火诸例，均可认系属"活动"。无论是工作或活动，其法律效果并无不同，难以明确认定时，可径称"工作或活动"，不必强为区别。

（二）具有危险的工作或活动

工作或活动的"危险"，包括工作或活动性质的危险（如赛车活动），或其使用工具的危险（如用炸药开矿），或其使用方法的危险（如工厂以不当方法排放废水）。工作或活动的"危险"，依"民法"第191条之3条的规范意旨，应依两项因素加以判断：(1) 具特别足以损害他人权益的危害性。(2) 此种危险得因尽相当注意而避免之。在方法上得就立法理由所举之例，参考比较法上的立法例或判例学说归纳为数个主要类型而为认定：

（1）工厂排放废水或废气。此乃公害危险，在解释上应包括丢弃有毒废弃物、工厂辐射线外泄等。

（2）桶装瓦斯装填，爆竹厂爆炸。此为贮存爆裂物的危险，除瓦斯、爆竹外，尚包括炸药、弹药、易燃物等在内。

（3）娱乐、庆祝活动。此系举办具有危险性娱乐或庆祝活动。除赛车外，包括赛马、龙舟竞赛、大型球赛及歌舞晚会、庆祝元宵节放天灯、爆竹等。

（4）开矿开山。此指使用爆裂物从事一定工作或活动而言，除开矿开山外，尚应包括捕鱼、爆破房屋等。

（5）燃放焰火。燃放焰火有为娱乐或庆祝活动，但不以此为必要。燃放鞭炮亦属之，如新店开张，店家燃放爆竹。

（6）设置变电所、高压电线、瓦斯、油料运送管线等。

二、实务案例

"民法"第191条之3系增订于1999年，施行迄今已有十余年。兹搜集若干实务上判决，整理分析关于"危险工作或活动"的相关问题。

（一）工作或活动的"危险"判断基准

1. 学校设置校园网站，被利用侵害他人名誉案

台湾台北地方法院2004年国字第16号判决，原告以被告（中正大学）设置校园网站，致有人使用该项设施，辱骂原告，侵害其名誉，认被告系从事足以生损害于他人名誉的危险，应依"民法"第191条之3规定负损害赔偿责任。

法院判决认为："原告依'民法'第191条之3向被告主张侵权行为之损害赔偿无理由。'民法'第191条之3关于持有或经营危险来源肇致

之损害,原则上不问加害人可否归责,被害人只需证明加害人之工作或活动之性质或其使用之工具或方法,有生损害于他人之危险性,而在其工作或活动中受损害即可,不须证明其间之因果关系。但加害人能证明损害非由于其工作或活动或其使用之工具或方法所致,或于防止损害之发生已尽相当之注意者,则免负赔偿责任,以期平允。是以,本着推定过失责任之立法例,本条所称'危险'于范围上应有所限制,仅及'特别危险''异常危险''高度危险'或'不合理危险',否则将使任何持有或经营危险源者动辄得咎,影响社会活动之发展与进步。本件被告架设网络硬设备、建立校内网络体系之行为乃属'社会通常行为',难谓有生'特别危险''异常危险''高度危险'或'不合理危险'之情事。"

本件判决涉及"民法"第191条之3的核心问题,其认定架设网络硬设备,非属具"危险"的行为,应值赞同。本件判决将危险区分为"特别危险""异常危险""高度危险"或"不合理危险",以限制"危险"的范围。采不同的认定基准,将导致法律适用的不安定。比较言之,以"特别危险"为可采,此可斟酌危险的程度、异常性、合理性等而为判断,并与"一般"生活上危险加以区别。

2. 输油管爆裂案

关于"危险"工作或活动的认定,值得提出讨论的是输油管爆裂问题。在台湾高雄地方法院2001年重诉字第317号判决,被告中国石油股份有限公司的输油管爆裂,高硫燃料油污染原告码头设备。法院判决认为:"系争油料之输送,仅系一般作业活动,非属民法第191条之3所称之危险事业或活动。按油料具高度可燃性及污染性,油管爆裂危害性甚大,宜否认其不具危险性,仍有研究余地。"

(二) 塑料可塑剂爆炸案:工作或活动责任为无过失的危险责任?

在台湾台中地方法院2003年诉字第1324号判决,原告以被告(经营塑料产品业者)存放DOP(塑料可塑剂、软化油),因火灾发生爆炸,致原告厂房受损,应依"民法"第191条之3负损害赔偿责任。法院判决认为:"民法第191条之3规定之目的,乃在对从事危险活动之人科以较重之责任,对于在危险活动中因而受损害之被害人,不问从事危险活动之人对损害之发生有无故意过失,均因危险之现实化而应负损害赔偿责任,惟在能证明其损害之发生非由于该危险活动所致、或于防止损害之发生已尽相当之注意之情形下,始免负损害赔偿之责。"此种基于危险之现实化而科以赔偿义务人损害赔偿之责任,一般称为"危险责任",因其不以故意或过失为要件,故为无过失责任之一种。

"民法"第191条之3所规定乃推定过失责任,本件判决认为系所谓的危险责任,为无过失责任之一种,应属误会。判决理由中又以被告未能证明其于防止损害之发生已尽相当之注意,自应就原告所受损害负赔偿责任,理由前后显有矛盾。

(三)服装贩卖业者在店面骑楼铺设地砖

在台湾台北地方法院2002年诉字第587号判决,原告经过被告(服装贩卖业)店门前骑楼,因地砖铺设不当,且未竖立警示标语等必要防止危险措施,致原告滑倒受伤,应依"民法"第191条之3规定负损害赔偿责任。

法院判决认为,查被告仅系一经营服装贩卖业之人,而非"民法"第191条之3规定所称之从事危险事业之人。再者,除被告所铺设之地砖,为已符合CNS标准及ISO认证外,被告铺设地砖之行为,实亦非该条规定所谓之制造危险行为。

本件判决结论可资赞同。铺设地砖有欠缺时,就此种工作物设置的欠缺,应无"民法"第191条之3的适用。

(四)经营游览车业

在台湾高等法院2002年上易字第1154号判决,上诉人以被上诉人经营游览车,因司机过失肇致车祸,致上诉人受伤,应依"民法"第191条之3规定,负赔偿责任。

法院判决认为,"民法第191条之3规定所规范之一定事业,系指该事业之平常运作即有生损害于他人之危险,即使依规定运作亦将为一般人视为日常生活之危险来源之情形始足当之,此观之该条文之立法理由即明。而被害人依据上开规定请求赔偿时,即须证明加害人之工作或活动之性质或其使用之工具或方法有生损害于他人之危险性,而在其工作或活动中受损害。惟经营游览车之事业,驾驶者遵循交通规则正常运作,依一般人经验并不致有生损害于他人之危险,亦不致视为日常生活之危险来源,即难认其事业活动之性质本存有生损害于他人之危险性,依前述说明,核与民法第191条之3所规范之一定事业,尚属有间。上诉人以大型游览车行驶于公路上,常会发生'因不当驾驶而撞及他人'之危险性,认经营游览车事业为民法第191条之3所谓一定事业,容有误认。"

本件判决结论，应值赞同，即经营游览车非属危险的工作或活动，无"民法"第191条之3的适用。

（五）使用车辆

在台湾高等法院2003年上字第954号判决，上诉人以被上诉人（保全公司）的司机醉驾超速撞伤上诉人，应依"民法"第191条之3规定负损害赔偿责任。

法院判决认为，"本件系因宋○良驾车肇事造成被害人陈○立死亡，且肇事驾驶之车辆非属被上诉人所有，被上诉人乃保全公司，负责维护公司行号或一般住家环境安全之维护及管理，尚难认为此事业之性质或使用之方法有损害他人危险，若谓使用车辆有生损害他人之危险，任何一种事业，均有可能在此法律条文规范范围，显非立法之本旨。"

本件判决亦在于肯定使用汽车非属具危险性的工作或活动，无"民法"第191条之3的适用，以区别其与"民法"第191条之2的适用范围。

（六）弃置有毒废弃物

在台湾高雄地方法院2000年重诉字第1074号判决，原告以被告（长兴化工股份有限公司、升利化工股份有限公司）未依法处理有害废弃物，任意倾倒，污染山溪河流，侵害原告之水权，应依"民法"第191条之3等规定，负损害赔偿责任。

法院判决认为："本件有毒事业废弃含有剧毒，为被告等所知悉，身为有毒事业废弃物之生产者及清运者之被告，应明知若未妥善处理，将产生一定之危险，加损害于他人，今随意倾倒，不但未避免本身事业经营所产生之危险，更扩大危险伤害之范围，致生损害于原告，依民法第191条之3规定，亦应对原告负担损害赔偿之责。长兴化工纵无滥倒之故意，惟其将有害事业废弃物委托升利化工处理，竟订约伪称为'次级溶剂买卖合约'，并准许升利公司使用非中央主管机关所规定之清除废弃物专用环保油罐车载运废弃物，以逃避环保机关之稽查，使升利公司在环保机关无法稽查有害事业废弃物来源之情形下，大胆随意滥倒，其过失行为与本件污染事件之发生，亦有因果关系。是长兴公司与升利公司上开违反保护他人之环保法令行为，与原告损害结果之发生，具有相当因果关系，依民法第184条、第191条之3、第185条前段及第28条之规定，自应对原告负连带损害赔偿之责。"

本件判决认为，滥倒废弃物系具有危险性的工作或活动，深值赞同，殊具意义。又由本件判决可知,"民法"第 191 条之 3 得与"民法"第 184 条发生竞合,并得成立共同侵权行为。

(七) 医疗行为

"最高法院"2007 年台上字第 450 号判决:"医疗行为并非从事制造危险来源之危险事业或活动者,亦非以从事危险事业或活动而获取利益为主要目的,亦与'民法'第 191 条之 3 之立法理由所例示之工厂排放废水或废气、桶装瓦斯厂装填瓦斯、爆竹厂制造爆竹、举行赛车活动、使用炸药开矿、开山或燃放焰火等性质有间,并无民法第 191 条之 3 之适用。"

"民法"第 191 条之 3 之规定应不适用于医疗事业及医疗行为。分两点言之:(1) 医疗行为具有危险性,乃其行为本质使然,非现代科技或社会经济活动所创设,衡诸"民法"第 191 条之 3 的规范目的,应不包括在内。1942 年《意大利民法》第 2050 条施行以来,意大利法院判决甚多,未将医疗行为纳入"危险活动"。[①] (2) 医疗事业的工作或活动,具危险性者亦有之,例如丢弃有毒医疗废弃物,于此情形,应有"民法"第 191 条之 3 规定的适用。

第三款 加损害于他人

"民法"第 191 条之 1 规定"致他人之损害",第 191 条之 2 规定"加损害于他人",第 191 条之 3 规定"生损害于他人",其共通的问题,系除侵害他人权利(如人身健康、所有权)外,是否尚应包括纯粹经济上损失(pure economic loss)或纯粹财产上损害(reines Vermögenschaden)在内,此攸关侵权行为法应受保护权益范围,立法理由皆未说明。立法者或许未意识到其所涉及的问题。"最高法院"2011 年台上字第 250 号判决(蚵苗着床案),认为生损害于他人损害,包括权利及其利益(纯粹经济上损失),前已再三说明(本书第 398 页)。

对此问题,陈自强教授作有深入说明,认为债编修正所增订之"民法"第 191 条之 1、第 191 条之 2 与第 191 条之 3,均未明示被保护之客体,此与"民法"第 184 条以下,多揭示侵害权利之旨趣者,有显著之差异。然而,得否谓新增订的 3 个条文,扩大侵权行为保护之客体,尚待推敲。

---

① Michael R. Will, Quelle erhöhter Gefahr, S. 150 f.

立法者所以未对此三者特别强调保护之客体,并非有意扩张之。盖如上所述,从危险责任或无过失责任理论发展的背景来看,现代意外事故乃理论实务发展之契机与主要规范对象。现代意外事故,如现代交通工具、公害、劳动灾害、产品缺陷等所造成损害,不外系因人身侵害与对物侵害而致。故而,若将"民法"新增订第191条之1、第191条之2与第191条之3,定性在现代科技危险所致之意外事故损害赔偿法,直接侵害之对象,应系生命权、身体健康权与所有权,其他权利或纯粹财产上损害,则不与焉。立法者并未特别明示,毋宁系因事属当然,无待赘言。[①] 此项见解可资赞同:

(1)"民法"第184条系区别权益而设不同的保护规定,"民法"第184条第1项前段旨在保护"权利",以故意或过失为要件,此乃侵权行为法的基本原则,不因"民法"第191条之1、第191条之2、第191条之3系采推定过失责任而有不同。在立法上严格其责任者,多缩小其受保护权益的范围,不应一方面严格其责任,另一方面又扩大其保护的客体,致责任要件与权益保护范围,失其平衡。

(2)兹举一例加以说明:甲工厂排泄废水于海滨度假区,码头、游艇或其他之物受污染者,其所有人得请求其物所受侵害及因此而生损失的赔偿。旅馆、餐厅、KTV、出租车业者,因旅客减少,致营业收入锐减而受的不利益(纯粹经济上损失),则不在赔偿之列,以免责任无限扩大,难以负担。

第四款　工作或活动危险与加损害于他人间的因果关系

一、因果关系及举证责任

"民法"第191条之3侵权责任的成立,须工作或活动危险与加损害于他人间有因果关系。被害人对工作或活动的危险须负举证责任,其因果关系则由法律推定,盖此属加害人得控制领域,惟加害人得举证推翻之,此种因果关系属责任成立上事实的因果关系,多涉及科技问题,实务上多借助专家鉴定,以资认定。

---

① 参见陈自强:《由民法侵权行为体系之再构成——"民法"第191条之3之体系地位》(下),载《台湾本土法学杂志》,第17期,第20页。

二、移动电话基地台电磁波放射案

（一）法院判决

在台湾高等法院 2002 年上字第 932 号判决，原告以被告（某电信公司）在其区分所有房屋的平台，架设移动电话基地台，因 24 小时不断放射电磁波，致其配偶发生脑部病变，其本人因深恐随时落入同样的惨状，身心痛苦，不敢回家，身体、健康及精神自由权遭受侵害，请求损害赔偿。

法院判决认为："因果关系之存在，应由主张受损害之被害人负举证责任，惟在公害事件由于公害之形成具有地域性、共同性、持续性及技术性等特征，其肇害因素常属不确定，损害之发生复多经长久时日，综合各种肇害根源，凑合累积而成，被害人举证损害发生之原因，甚为困难，故被害人如能证明危险，及因此危险而有发生损害之盖然性（相当程度可能性），而被告不能提出相反之证据，以推翻原告之举证，即可推定因果关系存在，其主张因公害导致身体、健康受损者，欲判断因果关系是否存在，系以疫学因果关系为判断基准，即某种因素与身体、健康受损发生之原因，就疫学上可考虑之若干因素，利用统计方法，以'合理之盖然性'为基础，即使不能证明被告之行为确实造成原告目前的损害，但在统计上，被告之行为所增加之危险已达'医学上合理确定性'，即应推定因果关系之存在，例如在医学统计上，吸烟者罹患肺癌之比例远超过未吸烟者，即可推定吸烟与肺癌间因果关系存在。惟原告主张其身体、健康受损与某因素之存在有疫学上因果关系存在，仍应提出相关统计数字以证明'医学上合理确定性'存在，如未能提出合理之统计数字，即难认为已尽其举证责任。上诉人虽主张：依民法第 191 条之 3 规定，被害人仅须证明'工作或活动之性质或其使用之工具或方法有生损害于他人之危险者'，即应推定该工作或活动与损害之发生有因果关系云云，惟是否有生损害于他人之危险，仍应以具有因果关系之合理盖然性判断，而非原告任意指称之危险即可断定因果关系。"

（二）分析说明

关于本件判决，应说明者有二：

（1）原告对工作或活动"危险"应负举证，此须以具有因果关系的合理盖然性判断为基础。

（2）从事一定事业的被告，通常会提出专家鉴定报告，在此情形，为维护诉讼上武器平等原则,法院亦应委托专家鉴定,其鉴定意见不一致而有疑义时,本着"民法"第191条之3的立法意旨,原则上应作有利于被害人的认定。

第五款 违 法 性

"民法"第184条第1项前段明定因故意或过失"不法"侵害他人权利,应负损害赔偿责任。所谓不法,通说采结果不法说,即认为,直接侵害他人权利者(例如杀人、绑架),即因违反"禁止侵害他人义务",因其侵害结果,而具违法性。加害人应就其有违法阻却事由负举证责任。

"民法"第191条之3规定危险工作或活动的推定过失责任,其所涉及的,乃所谓"间接侵害行为",其违法性不在于从事危险的工作或活动(例如开设化学工厂、爆竹厂或燃放焰火),其违法性系在于违反"危险避免义务",而造成侵害他人权益的结果。

第六款 过失及举证责任

"民法"第191条之3采推定过失,倒置举证责任,加害人须证明于防止损害之发生已尽相当注意,始能免责。此应就个案,依工作或活动危险性质、危害性、发生可能性、防范避免危害的代价等加以认定。实务上鲜有加害人举证免责成功的案例。

值得提出的是,此种举证责任的分配,体现了现代科技社会"过失概念"的变迁,即由"危险的规避"趋向于"危险的管控",即企业或个人得法律允许而从事危险性的工作或活动,应对危险为必要的管理或控制,避免抽象危险具体实现而侵害他人权益。此种危险管控的观念和认知,促成了侵权行为关于危险的规范,由过失责任,经由推定过失,而趋向无过失责任的发展过程,并经由实务上对加害人举证免责采严格认定,加以实践。

第四节 "民法"第191条之3规定与 侵权行为法的发展

一、侵权行为法体系构成

现行侵权行为法上的归责原则,可分为过失责任及无过失责任。前者规定于民法,后者规定于特别法(例如核子损害赔偿法、民用航空器法、公路法、消费者保护法)。民法规定的过失责任,又可分为一般过失责任(由被害人负举证责任)及推定过失责任。在推定过失的侵权责任,有以一定之物为责任客体的,如动物("民法"第190条),工作物("民法"第191条),商品("民法"第191条之1),动力车辆("民法"第191条之2)。"民法"第191条之3系就"危险工作或活动"设概括性的推定过失责任。为便于观察,将其体系结构,图标如下:

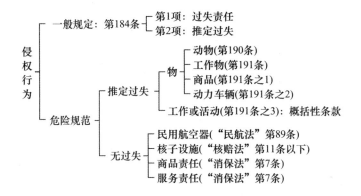

二、危险责任的概念

前揭关于"危险"在侵权行为法的规范体系,应予说明的是"危险责任"的概念。"危险责任"(Gefährdungshaftung)系德国法上的用语,指管领危险之物或设施者,依法应负的"无过失责任"。易言之,即以危险责任系一种独立于过失的损害赔偿责任(Die Verschuldensunabhängige Schadensersatzhaftung)。[1] 台湾地区学说上向来亦认为"危险责任"指无过失责任而言。在"民法"第191条之3规定"危险工作或活动推定过失责任"之后,即发生一个"概念体系"形成的问题:

(1)仍维持"危险责任"的固有概念,指无过失责任而言。"民法"第191条之3所规定的,可称为危险工作或活动推定过失责任。

(2)重新建构危险责任的概念,将其分为无过失危险责任及推定过

---

① Larenz/Canaris, Schuldrecht II/2, S. 599.

失危险责任,其缺点在于改变了传统上对"危险责任"的理解,其优点在于能较明确地体现侵权行为法对"危险"所采的归责原则。

三、适用关系

概括条款式的特殊侵权行为,关于其与一般侵权行为及其他特殊侵权行为的适用关系,分述如下:

1. "民法"第 191 条之 3 与"民法"第 184 条的适用关系

"民法"第 184 条系规定一般侵权行为,适用于"一切行为","民法"第 191 条之 3 系针对危险的工作或活动而设规定,二者得发生竞合关系。

2. "民法"第 191 条之 3 与"民法"第 188 条的适用关系

"民法"第 191 条之 3 系规定从事危险工作或活动者"自己责任",不以受雇人成立侵权行为为要件。惟受雇人的行为成立侵权行为时,亦有"民法"第 188 条规定的适用。关于此点,前已提及,兹再强调之。

3. "民法"第 191 条之 3 与"民法"第 191 条、第 191 条之 2 的适用关系

民法第 191 条规定"工作物"所有人责任,第 191 条之 2 规定"动力车辆驾驶人"责任,此二者均属"物之责任"与"民法"第 191 条之 3 规定"工作或活动责任",各有其责任客体。故建筑物因电线设置欠缺肇致火灾,或使用汽车发生车祸,均无"民法"第 191 条之 3 的适用。惟工作物瑕疵或汽车使用涉及"危险的工作或活动"的,亦属有之,例如建筑物内储存炸药、爆裂物,工厂以汽车运送汽油,因建筑物瑕疵,或车祸致其危险实现,肇致事故时,应有"民法"第 191 条之 3 的适用。

四、实务操作

"民法"第 191 条之 3 具概括条款的性质,所称"危险工作或活动",非属精确的概念用语,法院如何解释适用,最值重视。为此,本文特整理相关法院判决,加以分析讨论,归纳四点言之:

(1)实务上案例均为地方法院或高等法院判决,期待"最高法院"在相关判决更进一步详细阐释"危险工作或活动"的意义及适用范围。

(2)法院判决均采所谓"历史的解释",参照立法意旨及立法理由,及立法理由所例示的案例,作为解释的方法。

(3)实务上认为不属于从事危险事业或活动的,有架设网络硬设备、

服装业者于店面骑楼铺设地砖、游览车业者、使用汽车，尤其是医疗行为，均值赞同。

（4）实务上肯定属于"危险工作或活动"的案例，包括工厂储存 DOP 软化油，丢弃有毒废弃物，电信公司架设基地台发射电磁波（但否认其致他人脑病变的因果关系）。

第五节　结论：活动或工作危险责任的无过失化

"民法"第 191 条之 3 规定"危险工作或活动"，采推定过失及推定因果关系，对一般侵权行为言，创设了一种重要的特殊侵权行为，并为"危险活动或工作"在侵权行为的规范，提供了一个概括条款，以补个别构成要件无过失危险责任的不足，对台湾地区侵权行为法体系构成及发展，深具意义。本条规定系参考《意大利民法》第 2050 条而制定，意大利民法此一规定被认为是一个不精确、无用的条文。法院本着立法意旨及立法理由而为解释适用，并未遁入概括条款，而松弛侵权行为法的体系。长期以来逐渐成熟的民法学的理论体系构成及论证方法，尤其是严格加害人的举证免责，使"民法"第 191 条之 3 于实务上殆同于无过失责任，成为一个有用的条文，以实践侵权行为法分配风险的公平正义。

第十章 无过失侵权责任
——危险责任的理论、体系及发展

(1) 无过失侵权责任在德国法称为危险责任(Gefährdungs-haftung),在英美法称为严格责任(strict liability),试问台湾地区"民法"是否设有无过失侵权责任? 特别法设有何种无过失责任,是否具有共同的理论依据或个别的特殊理由? 无过失责任是过失责任的例外,或是相等的归责原则?

(2) 关于无过失责任结构的设计涉及若干基本问题:① 采概括条款或个别规定? ② 就个别规定是否容许类推适用? ③ 应设何种免责事由? ④ 保护权益应否加以限制? ⑤ 赔偿范围应否设有最高限额? ⑥ 应否排除或限制慰抚金请求权? ⑦ 如何规定强制责任保险作为配套? 试就现行规定加以整理分析。

第一节 基本理论

第一款 无过失侵权责任的创设

一、国家保护义务及立法形成空间

关于侵权行为,台湾地区"民法"系采过失责任原则,即因自己行为不法侵害他人权益时,须有故意或过失始须负损害赔偿责任;被害人应对加害人的过失负举证责任("民法"第184条)。为保护被害人,民法设有推定过失责任("民法"第187条至第191条之3)。兹应研究的是无过失侵权责任。

如何创设侵权行为损害赔偿的归责原则,涉及国家保护义务,立法者有相当程度的形成空间。交通事故系现代社会主要的危险来源,与每一

个人日常生活上的安危具有密切的关系,然而对脚踏车、机车、汽车、铁路、客运、捷运或航空器等肇致事故,究应设统一的规范,抑或对各种交通工具设不同的规定? 其核心问题在于如何衡量行为自由与权益保护,其所应考虑的重要因素,包括加害人行为或活动的危险性及被害人保护的必要。

二、现行法上的无过失侵权责任

(一)列举主义

各国法律都设有无过失侵权责任,并因社会经济及法制发展而采不同的制度。在英国法,最著名的是 1868 年 Rylands v. Fletcher 关于在土地上经营磨坊兴建水池,淹没邻近矿坑案例所创设的无过失责任。[①] 法国最高法院于 1896 年就《法国民法》第 1384 条第 1 项规定建立物之无过失责任的一般原则。[②] 在德国,早在 1836 年即规定铁路经营者的无过失责任。[③] 在台湾,未设无过失侵权责任的一般规定,系采列举原则,限于法律规定的情形,并不得类推适用。无过失侵权责任为:

1. 汽车或电车运输业者责任

"公路法"第 64 条第 1 项规定:"汽车或电车运输业遇有行车事故,致人、客伤害、死亡,或财、物损毁、丧失时,应负损害赔偿责任。但经证明其事故发生系因不可抗力或因托运人或受货人之过失所致者,不负损害赔偿责任。"

2. 大众捷运系统业者责任

"大众捷运法"第 46 条第 1 项规定:"大众捷运系统营运机构,因行车及其他事故致旅客死亡或伤害,或财物毁损丧失时,应负损害赔偿责任。"

3. 民用航空器所有人责任

"民用航空法"第 89 条规定:"航空器失事致人死伤,或毁损他人财物时,不论故意或过失,航空器所有人应负损害赔偿责任;其因不可抗力所生之损害,亦应负责。自航空器上落下或投下物品,致生损害时,亦同。"

4. 核子设施经营者责任

"核子损害赔偿法"第 18 条规定:"核子设施经营者,对于核子损害

---

① [1868], L. R. H. L. 330.

② Ferid, Das Französische Zivilrecht, S. 858.

③ 参见 Preussisches Gesetz über Eisenbahnunternehmer (§25).

之发生或扩大,不论有无故意或过失,均应依本法之规定负赔偿责任。但核子事故系直接由于国际武装冲突、敌对行为、内乱或重大天然灾害所造成者,不在此限。"

5. 产品责任及服务责任

"消费者保护法"第 7 条第 1 项规定:"从事设计、生产、制造商品或提供服务之企业经营者,于提供商品流通进入市场,或提供服务时,应确保该商品或服务,符合当时科技或专业水平可合理期待之安全性。"(并请参阅同条第 2 项、第 3 项)

(二) 适用关系

特别法上无过失责任的规范内容,不同于民法上的过失责任(详见后文),较受限制(如赔偿限额、短期消灭时效),因而发生一个值得研究的问题,即特别法上的无过失责任与民法上的过失责任究具有何种适用关系?

关于此问题,应肯定过失责任(或推定过失责任)与无过失责任具有竞合关系,被害人得选择行使之,并为主张。[1] 实务上亦采此见解,"最高法院"2003 年台上字第 1710 号判决谓:"公路法第 64 条第 1 项、第 54 条固有关于汽车或电车运输业者行车事故损害赔偿及 1 年短期消灭时效之规定,惟此与汽车运输业者之受雇人因执行职务,不法侵害他人之权利,被害人得依民法第 184 条、第 188 条第 1 项规定,请求汽车运输业者与其受雇人赔偿损害,两者之损害赔偿构成要件、赔偿金额、举证方法及消灭时效期间,均不相同。原审认公路法第 64 条第 1 项、第 54 条规定,不能排除该一般侵权行为损害赔偿时效之适用,系争事故发生在 1991 年 2 月 20 日,被上诉人于 1992 年 8 月 10 日提起本件诉讼,请求权未罹于 2 年之时效,亦无不合。上诉人仍争执被上诉人之请求权罹于时效而消灭,指摘原判决不当,容有误会。"[2]可资参照。

---

[1]　参见拙著:《公路法关于损害赔偿特别规定与民法侵权行为一般规定的适用关系》,载《民法学说与判例研究》(第六册),北京大学出版社 2009 年版,第 31 页。

[2]　另参见台湾高等法院 2004 年保险上字第 16 号判决:"按公路法第 64 条固有关于汽车或电车运输业者行车事故损害赔偿之规定,惟其系属于特殊之侵权行为,与汽车运输业者依'民法'第 188 条第 1 项之规定,需与其受雇人连带负赔偿损害之责,两者之损害赔偿构成要件、赔偿金额、举证方法及消灭时效期间,均不相同,是不得因前者之规定而排除后者之适用。换言之,在汽车运输业者之受雇人执行职务不法侵害他人之权利时,受侵害人得自行选择依公路法第 64 条或依民法侵权行为之规定求偿。"

三、无过失责任、危险责任、严格责任

现行法上无过失侵权责任，均由法律明定，多为近年的立法，例如"民用航空法"制定于 1953 年，"公路法"制定于 1959 年(1990 年修正第 64 条)，"大众捷运法"制定于 1988 年，"核子损害赔偿法"制定于 1971 年，"消费者保护法"制定于 1994 年。诸此立法均着眼个别危险之物、设施或活动，并未采概括条款，在比较法最具特色的是，"消费者保护法"所规定的服务无过失责任。

无过失侵权责任，在英美法上称为 strict liability(严格责任，liability without fault)。在德国法上，有认系肇事者原则(Verursacher-prinzip)、结果责任或原因责任(Kausalhaftung)①，今者通称为危险责任(Gefährdungshaftung)。在台湾地区，学说上有采危险责任的概念，认系无过失责任的一种。1999 年"民法"债编修正时，于第 191 条之 3 增设关于"危险工作或活动"的推定过失责任。本文所称无过失侵权责任相当于德国法上的"危险责任"，亦称为无过失危险责任。

第二款 无过失侵权责任的依据理论基础

第一项 过失责任与无过失责任：归责原则的流动关系

侵权行为依其归责原则，可分为过失责任与无过失责任。前者规定于民法，后者于特别法规定之。就规范体系及其发展史言，无过失责任乃过失责任的例外及补充，虽逐渐形成侵权行为法上的双轨体系②，二者实乃处于一种流动的状态。

在过失责任，其关键问题系如何认定过失。通说认为过失之有无，应以是否怠于善良管理人之注意为断，怠于此种注意，即得谓之有过失。③此种善良管理人之注意是一种客观化的注意，不以个人注意的程度为断，亦含有"危险"的因素，即行为人因其智能发展、身体状态或专业训练不

---

① Erwin Deutsch, Allgemeines Haftungsrecht, S. 420.

② Esser, Die Zweispürigkeit des Haftungsrechts, JZ 1953, 129.

③ 参见"最高法院"1930年上字第 2746 号判例："因过失不法侵害他人之权利者，固应负损害赔偿责任。但过失之有无，应以是否怠于善良管理人之注意为断者，苟非怠于此种注意，即不得谓之有过失。"

足,未达善良管理人的注意时,虽无"主观上过失",仍应负损害赔偿责任。① 又值得注意的是,"最高法院"2004 年台上字第 628 号判决更明确表示:"所谓过失,乃应注意能注意而不注意即欠缺注意义务之谓。构成侵权行为之过失,系指抽象轻过失即欠缺善良管理人之注意义务而言。行为人已否尽善良管理人之注意义务,应依事件之特性,分别加以考虑,因行为人之职业、危害之严重性、被害法益之轻重、防范避免危害之代价,而有所不同。"依此见解,过失的认定,应斟酌及于危害之严重性,即针对于不同程度的"危险",须相对应地提高其"注意程度"。

加害人的过失,应由被害人负举证责任。惟在若干特殊侵权行为,其肇害事由属于加害人管控监督的领域,为保护被害人,法律设有倒置举证责任的规定,即加害人须证明其对损害发生已尽必要之注意,始得免责。若不能举证免责,纵"无过失"亦应负损害赔偿责任。学说上有称之为"不纯粹过失责任与不纯粹结果责任(无过失责任)之一种混合责任"。②

又在法定代理人责任及雇用人责任的情形,民法更进一步规定,被害人因法定代理人或雇用人得举证免责,不能请求损害赔偿时,法院因被害人声请,得斟酌法定代理人或雇用人之经济状况,令法定代理人或雇用人为全部或一部分的损害赔偿。学说上有称之为"中间责任"③,甚至是一种无过失责任(结果责任)。④

由前述可知,过失责任与无过失责任虽属不同的归责原则,但二者并

---

① 值得参照的是美国伟大的法学者 Holmes(曾任美国最高法院法官)在其名著 The Common Law(1881, p. 108)的名言:"The standards of the law are standards of general application. The law takes no account of the infinite varieties of temperament, intellect, and education which make the internal character of a given act so different in different men …When men live in society, a certain average of conduct, a sacrifice of individual peculiarities going beyond a certain point, is necessary to the general welfare. If, for instance, a man os born hasty and awkward, is always having accidents and hurting himself or his neighbors, no doubt his congenital defects will be allowed for in the courts of Heaven, but his slips are no less troublesome to his neighbors than if they sprang from guilty neglect. His nerghbors accordingly require him, at his proper peril, to come up to their standard, and the courts which they establish decline to take his equation into account."

② 史尚宽:《债法总论》,第 176 页。

③ 参见孙森焱:《民法债编总论》,第 298 页。

④ 参见史尚宽:《债法总论》,第 186 页。

非泾渭分明,而是有所谓的灰色地带①,即因过失客观化、因举证责任的倒置、因衡平责任的创设,而修正过失责任,就结果言,加害人虽无过失,仍应负赔偿责任。关于侵权行为归责原则的连续动态关系,前已说明,敬请参阅(本书第20页)。

第二项　无过失侵权责任创设的理由

立法者为何要创设"无过失责任制度",令无故意或过失的行为人负损害赔偿责任? 又立法者如何选择规定"某种类型"的无过失责任?

一、无过失责任的正当化论点

关于"无过失责任制度"的创设,本文作者曾举出四点理由即:(1)特定企业、物品或设施的所有人、持有人制造了危险来源。(2)在某种程度上仅该所有人或持有人能够控制这些危险。(3)获得利益者,应负担责任,系正义的要求。(4)因危险责任而生的损害赔偿,得经由商品服务的价格机能及保险制度予以分散。兹更进一步加以说明:

1. 危险性

无过失责任制度着眼于损害的"原因",即肇致损害之人的行为、管领之物、设施或活动的"特别危险",包括肇致损害可能性及所致损害的严重性。

2. 避免损害能力

损害的发生常具相互性,行为人及被害人得为损害发生的共同原因,亦应共同防范之,此体现于民法上的过失责任及与有过失的规定。然若干危险之物或活动(例如航空器、核子设施等),危险管控系属专业,乃所有人或经营者的支配领域,被害人殆无防范之道,无过失责任得使潜在的加害人投资于必要的危险管控。

3. 被害人保护的必要

面对一个管领危险之物或从事危险活动的企业组织体,被害人有所

---

① Koch/Koziol (ed.), Unification of Tort Law: Strict Liability, p. 432: "objectization of fault appears as a way of implementing solutions which are half-way the pure, subjective liability for fault, and the strict, causation-based forms of liability."

谓结构上弱点(structural weakness)[1],即难于取得必要的证据(包括科技信息),以证明加害人的过失。[2] 采推定过失原则,在一定程度亦可解决举证责任的困难,究采何种方式,乃立法上价值判断问题。

4. 利益与相对应的责任

因从事危险事务而获其利益者,应负赔偿责任,以承担其可能发生的外部成本(报偿原则)。但应考虑其从事危险事务(如经营核子设施、大众捷运),亦在满足社会生活需要,被害人作为社会的成员,亦因此而受惠,形成一种危险、损失共享的关系。

5. 损害分散与保险制度

从事危险事务者,多属企业体,较具负担损害赔偿的能力。此种"深口袋"(deep pocket)的论点常被采为支持无过失责任的理由,认为企业者可借价格机制将风险转移予消费者承担。又建构无过失责任亦应考虑及于有无可供分散损害的保险制度(尤其是责任保险),或如何建立使损害分散的机制。

二、无过失侵权责任类型的选定

支持无过失责任有数种论点或理由,诸此论点互有关联,并具重叠性,以特别危险为基础形成一种动态的组合体系[3],立法者系结合不同的理由而创设某种无过失侵权责任的类型,兹以交通工具为例加以说明:

1. 脚踏车

关于使用脚踏车的侵权责任,各国法律皆未设特别规定,系适用过失责任。盖其危险性低,损害小,过失的举证责任并无困难。

2. 动力车辆

关于汽车等动力车辆,在英美法仍适用过失责任(fault-based liability),台湾地区"民法"明定采推定过失责任(第191条之2)。《德国道路交通法则》规定为危险责任(无过失责任)。应说明者有三:

---

[1]　Koch/Koziol (ed.), Unifikation of Tort Law; Strict Liability, S. 411.

[2]　Markesinis/Deakin, Tort Law, p. 304.

[3]　关于法学方法上的动态组合体系(Das bewegliche System),参见 Walter Wilburg 开创性的著作 Die Elemente des Schadensrechts (1941); Koziol, Bewegliches System und Gefährdungshaftung, in: Das Bewegliche System im geltenden und künftigen Recht (hrsg. Franz Bydlinsk, 1986), S. 51.

（1）动力车辆危险性较高，损害较大，过失举证虽非特别困难（因有交通安全规定及车祸事故鉴定），但其事故多，影响甚巨，有诸种规范可能性，惟严格规范加害人的责任，亦有相当理由。

（2）过失责任、推定过失责任或无过失责任系不同的归责原则，然其实务上的运作和解释适用，亦属重要，若将过失的认定加以客观化，对举证免责作严格的认定，其结果殆将同于无过失责任。关于此点，前已论及，兹再为强调。

（3）无论采何种归责原则，多设有汽车事故责任保险，以保护被害人。

3. 民用航空器

航空器本身具特别危险性，后果严重，仅航空器所有人得为危险管控，被害人无从防范，在举证责任有"结构性弱点"，因此立法例上多采无过失侵权责任。

第三款　不法与不幸①

过失责任系建立在侵害他人权利的不法性（Unrecht）之上，即不法侵害他人之权利时，即具违法性，加害人须证明有违法阻却事由，始得免责。此种违法责任系在使误用或疏于注意使用其行为自由而应负责之人，对因此所致损害应负赔偿责任。

无过失责任不以违法性为前提，经营核子设施、航空器等具危险源的企业乃法之所许，自始非属违法性判断的客体，亦不因事后发生损害结果而使其原先允许的行为具有违法性，不得对其主张妨害防止或妨害除去请求权。

过失责任旨在禁止为侵害他人权益的行为。在无过失责任，一方面法律允许个人或企业从事具危险性的事务，制造、持有或利用危险之物、设施或活动，他方面则使其承担其因危险具体实现所生"不幸损害（Unglückschäden）"的赔偿责任。此种依危险而定其赔偿责任的方式，乃在实现分配正义，可称为危险的分配正义。在某种程度亦可使企业经营

---

① Esser/Weyers, Schuldrecht Band II, Besonderer Teil S. 637；Larenz/Canaris, Schuldrecht II/2, S. 610；Honoré, Responsibility and Luck, The Law Quarterly Review 104 (1988), 530.

者将其成本内部化,而有效率的防范危害。①

第二节　关于交通工具的无过失侵权行为

无过失侵权责任(危险责任)在现行法上的规范,具有两个特色:
(1) 规定于特别法;(2) 采列举主义,即类型法定主义。

其基本问题有二:(1) 设定何种类型的危险责任。(2) 如何形成各
种危险责任类型的内容,尤其是异于一般侵权行为的特别规定。现行法
上的无过失侵权责任有交通工具、核子设施,及消费者保护法上商品责任
及服务责任。兹先就交通工具的无过失责任加以说明。

交通工具与现代社会生活具有密切关系,因其速度、使用方法有不同
程度的危险,产生各种规范模式。关于脚踏车,系适用过失责任("民法"
第 184 条)。关于动力车辆驾驶人责任,"民法"第 191 条之 2 采过失推
定,特别法所规定的有铁路责任("铁路法"第 62 条推定过失责任)、汽
车、电车运输业者责任("公路法"第 64 条)、大众捷运系统营运机构责任
("大众捷运法"第 46 条)及民用航空器所有人责任("民用航空法"第 89
条),先分述如下,再综合加以评论。

第一款　铁路机构责任

一、请求权基础

铁路,指以轨道导引动力车辆行驶之运输系统及其有关设施("铁路
法"第 2 条)。铁路以"国营"为原则,地方经营者应经"交通部"核准
("铁路法"第 3 条)。铁路因行车或其他事故侵害他人权利时,除"铁路
法"第 62 条外,并不排除"民法"第 184 条及第 188 条等规定的适用,得发

---

① 关于侵权行为法的正义与效率,参见 Calnan, Justice and Tort Law (1996); Owen (ed.),
Philosophical Foundations of Tort Law (1995); Postema (ed.), Philosophy and the Law of Torts
(2001).

生竞合关系。① 实务上,被害人常以铁路设施、设置或管理有欠缺,而依"国家赔偿法"第 3 条规定请求损害赔偿。然依"国家赔偿法"第 6 条规定:"国家损害赔偿,本法及民法以外其他法律有特别规定者,适用其他法律。"前揭"铁路法"第 62 条即属所称其他特别规定,故关于铁路事故,无国家赔偿法的适用。② 值得注意的是,实务上有认为铁路局系以提供运送服务为营业者,被害人系以消费为目的而接受铁路局所提供之运送服务,就铁路局所提供之运送服务所生之争议,亦为消费者保护法所规范之对象。③

　　"铁路法"第 62 条规定:"铁路因行车及其他事故致人死亡、伤害或财物毁损丧失时,负损害赔偿责任。但如能证明其事故之发生非由于铁路之过失者,对于人之死亡或伤害,仍应酌给恤金或医药补助费。前项损害赔偿、恤金或医药补助费发给基准、方式及其他相关事项之办法,由'交通部'定之。"本条系采推定过失责任及所谓的"衡平责任",即铁路机构须证明无过失,始得免负本条第 1 项所定的赔偿责任。④ 铁路机构于证明无过失时,应酌给恤金或医疗费补助,以资衡平。

---

　　① 参见"最高法院"1986 年台上字第 1433 号判决:"铁路法第 62 条第 1 项规定:铁路因行车及其他事故致人死亡、伤害或财物毁损丧失,负损害赔偿责任。但如能证明其事故之发生非由于铁路之过失者,对于人之死亡或伤害,仍应酌给恤金或医药补助费。故铁路因行车及其他事故致人死亡者,该死者家属得依此规定请求铁路赔偿损害,不以铁路就事故之发生有过失为要件(参照'交通部'依同条第 2 项规定订定铁路行车及其他事故损害赔偿暨补助费发给办法),此与铁路之受雇人因执行职务,不法侵害他人之权利者,被害人(包括民法第 192 条及第 194 条所定受被害人扶养之权利人,为被害人支出殡葬费之第三人,以及被害人之父、母、子、女、配偶)得依'民法'第 188 条第 1 项规定请求铁路为损害赔偿,系属二事。两者之损害赔偿构成要件、赔偿金额及举证责任既不相同,即不得因铁路法第 62 条之规定而排除民法第 188 条规定之适用。"
　　② 参见"最高法院"1998 年台上字第 2036 号判决。
　　③ 参见台湾桃园地方法院 2003 年重诉字第 29 号判决。
　　④ 参见"最高法院"2003 年台上字第 2052 号判决谓:"铁路因行车及其他事故致人死亡者,该死者家属得依铁路法第 62 条及铁路行车及其他事故损害赔偿暨补助费发给办法等相关规定请求铁路赔偿损害,并不以铁路就事故之发生是否具有过失为要件。此为举证责任转换之规定,为使铁路因行车事故之被害人,向铁路业者请求损害赔偿,毋须依民法一般侵权行为规定举证证明加害人有故意或过失,即得为之,而铁路业者须举证证明由于受害人之过失所致者,始酌给恤金 10 万元。上开规定显为举证责任转换之规定甚明。"

二、赔偿限额及强制责任保险

(一) 赔偿限额

"交通部"依"铁路法"第 62 条第 2 项订定"铁路行车及其他事故损害赔偿暨补助费发给办法"(2006 年 2 月 27 日修正),设 13 条规定,其特色在于采限额赔偿,并因铁路机构能否证明其过失而有不同:

1. 因可归责于铁路机构

本办法第 3 条规定:"因可归责于铁路机构之行车或其他事故,致人死亡或伤害者,除医疗费用由铁路机构负责支付外,其赔偿标准如下:(1) 受害人死亡者,新台币 250 万元;其重伤者,新台币 140 万元;其非重伤者,最高金额新台币 40 万元。(2) 受害人能证明其受有更大损害者,得就其实际损害,请求赔偿。前项所定标准,不影响请求权人之诉讼请求权。"

2. 非因铁路机构的过失

本办法第 4 条规定:铁路机构因行车或其他事故,致人死亡或伤害,而能证明其事故之发生,非可归责于铁路机构者,对于受害人之死亡或伤害,仍应酌给恤金或医药补助费,其发给标准如下:(1) 非因受害人之过失所致者:① 受害人为旅客,其死亡者,最高金额新台币 250 万元;其重伤者,最高金额新台币 140 万元;其非重伤者,最高金额新台币 40 万元。② 受害人非旅客者,按前目旅客之标准减半办理。(2) 因受害人之过失所致者:① 受害人为旅客,其死亡者,最高金额新台币 10 万元;其受伤者,核实补助医药费,最高金额不超过新台币 7 万元。② 受害人非旅客者,不予补助。但得按实际情形酌给慰问金;其最高金额不超过新台币 5 万元。

实务上有认为上开给付办法,"系以空白条款方式授权,其授权之内容、范围均不明确,而前开铁路行车及其他事故损害赔偿暨补助费发给办法第 4 条第 2 款规定之内容,乃关于人民权利义务之事项,已超乎母法即铁路法之授权范围,依中央法规标准法第 5 条第 2 款、第 6 条、第 11 条及宪法第 172 条之规定,上开铁路行车及其他损害赔偿暨补助费发给办法第 4 条区分旅客及非旅客而适用不同标准之规定应属无效,故被告以被害人并非旅客为由,辩称原告不得依铁路法第 62 条规定请求恤金,尚非有据"。① 按上开给付办法系基于法律授权而订定,符合法律保留原则,应属有效,惟铁路机构对行车事故有过失时,采限额赔偿,又区别旅客及非旅客而为差别待遇,是否合理,应有检讨余地。

(二)强制责任保险

为分散损害及减轻铁路机构责任,"铁路法"第63条规定:铁路旅客、物品之运送,由"交通部"指定金额投保责任险;其保险条款及保险费率,由"交通部"会商"财政部"核定。

三、实务发展

关于铁路意外事故侵权责任,实务上案例多涉及平交道入出设施管理问题。其仅因汽车驾驶人过失而发生事故时,加害人应对铁路机构及列车上乘载的旅客,依"民法"第184条及第191条之2规定负损害赔偿责任。② 在铁路机构应负责的情形,被害人为获得"全部损害赔偿",得主张铁路机关应依"民法"第184条、第188条规定负责。

第二款　汽车或电车运输业者无过失责任

一、"公路法"第64条:由推定过失到无过失责任

"公路法"第64条所称汽车或电车运输业者,指以汽车或电车经营客、货运输受报酬之事业。汽车指在公路及市区道路上,不依轨道或电力架设,而以原动机行驶之车辆。电车指以架线供应电力之无轨电车,或依轨道行驶之地面电车。

旧"公路法"第64条规定:汽车或电车运输业遇有行车事故,致人、客伤害、死亡,或财、物损毁、丧失时,应负赔偿责任。但经证明其事故发生系因不可抗力或非由于汽车或电车运输业之过失所致者,不负损害赔偿责任。前项损害赔偿金额及医疗补助费发给办法,由"交通部"定之。采系推定过失。

值得注意的是,2000年2月2日修正公布"公路法"第64条第1项规定:汽车或电车运输业遇有行车事故,致人、客伤害、死亡或财、物损毁、

---

① 台湾台北地方法院2002年诉字第6545号判决。
② 参见台湾高雄地方法院1998年重诉字第521号判决。

丧失时,应负损害赔偿责任。但经证明其事故发生系因不可抗力或因托运人或受货人之过失所致者,不负损害赔偿责任。此项修正的重点系将归责原则由推定过失改为无过失责任,以不可抗力或托运人或受货人的过失为免责事由。

二、赔偿限额及强制责任保险

(一) 概说

"公路法"一方面规定汽车或电车运输业者的无过失责任,另一方面又授权"交通部"订定赔偿办法,采限额赔偿;并明定汽车所有人应依"强制汽车责任保险法"之规定,投保强制汽车责任保险。电车所有人应于申请公路主管机关发给牌照使用前,依"交通部"所定之金额,投保责任险;其保险费率,由"交通部"会同"财政部"定之。

(二) 毁损、灭失货物的赔偿责任

"公路法"第 64 条第 2 项规定:前项货物损毁、灭失之损害赔偿,除货物之性质、价值于装载前经托运人声明,并注明于运送契约外,其赔偿金额,以每件不超过新台币 3000 元为限。此为 2000 年修正"公路法"所增订,立法理由系以目前货物运输已渐入海陆复合运输之形式,海上运输与陆上运输渐结为一体,因此有关货物运送、保管之毁损、灭失赔偿额应求一致,目前陆运之赔偿责任高于海运,尤为无理由,应予改正。

(三) 人客伤害死亡损害赔偿

1. "交通部"订定的赔偿办法

"公路法"第 64 条第 3 项规定:人、客伤害、死亡之损害赔偿办法,由"交通部"另定之。2004 年 5 月 4 日修正公布的"汽车运输业行车事故损害赔偿金额及医药补助费发给办法"订有 10 条规定,其赔偿金额,因汽车运输业者有无过失而定:

(1) 运输业者有过失。本办法第 3 条规定:汽车运输业之车辆,因行车事故致人、客伤害、死亡或财物毁损、丧失,依法应负损害赔偿责任者,除医疗费用由汽车所有人或驾驶人负责支付外,其赔偿金额之标准如下:① 死亡者,最高金额新台币 250 万元。② 重伤者,最高金额新台币 140 万元。③ 非重伤者,最高金额新台币 40 万元。④ 财物毁损、丧失之赔偿金额由双方协议定之(第 1 项)。汽车运输业已投保强制汽车责任保险者,其理赔金额视为前项赔偿金额之一部分,汽车运输业受赔偿请求时,得扣除之(第 2 项)。第 1 项第 2 款至第 3 款所定赔偿标准,请求权人能证明实际所受损害较高者,不受其限制。第一项所定标准,不影响请求权人之诉讼请求权(第 3 项)。

(2)运输业者无过失。本办法第 4 条规定:"汽车运输业之车辆,因行车事故致人、客伤害或死亡,除因不可抗力不负损害赔偿责任外,如能证明其事故之发生非由于其过失所致者,仍得依左列标准酌给丧葬或医药补助费:① 死亡者,最高金额新台币 10 万元。② 受伤者,按实补助医药费,最高金额新台币 7 万元。"

2. 请求权基础

依"公路法"第 64 条第 3 项订定的给付办法,系被害人得请求损害赔偿及医疗补助费的请求权基础。本办法第 7 条规定:汽车运输业与死者家属或伤者双方就赔偿或补助金额获致协议时,应签订协议书,依协议书事项行使权利履行义务,事后不得再有异议。未能获致协议时,得依诉请求之。

三、实务发展:契约责任与侵权责任的竞合

汽车运输涉及旅客及货物的运送,关此"民法"债编设有物品运送及旅客运送的规定("民法"第 624 条以下),实务上基本上肯定运送契约债务不履行与"公路法"第 64 条侵权行为责任竞合。[①]

第三款 大众捷运系统营运机构责任

大众捷运系统,系指利用地面、地下或高架设施,使用专用动力车辆,行驶于导引之路线,并以密集班次、大量快速输送都市及邻近地区旅客之公共运输系统("大众捷运法"第 3 条)。关于大众捷运系统安全措施不足、行车事故等所生损害赔偿,其请求权基础有二:

一、"大众捷运法"第 41 条第 1 项、第 44 条第 1 项系"保护他人"的规定

"大众捷运法"第 41 条第 1 项规定:"大众捷运系统营运机构,对行

---

① 参见台湾新竹地方法院 2002 年诉字第 725 号判决、台湾板桥地方法院 2004 年诉字第 1262 号判决。

车及路线、场、站设施，应妥善管理维护，并应有紧急逃生设施，以确保旅客安全。其车辆机具之检查、养护并应严格遵守法令之规定。"同法第44条第1项规定："大众捷运系统营运机构，应于适当处所标示安全规定，旅客乘车时应遵守站车人员之指导。"此二者均属"民法"第184条第2项所称"保护他人之法律"。例如捷运出口门槛高出地面，未设置标示，致旅客遭门槛绊倒受伤①，推定其有过失。大众捷运法乃在维护社会安全，其适用对象不限于旅客，并包括陪伴旅客登车、送行，甚至利用捷运站通行之人。

二、"大众捷运法"第46条规定

"大众捷运法"第46条规定："大众捷运系统营运机构，因行车及其他事故致旅客死亡或伤害，或财物毁损丧失时，应负损害赔偿责任（第1项）。前项事故之发生，非因大众捷运系统营运机构之过失者，对于非旅客之被害人死亡或伤害，仍应酌给恤金或医疗补助费。但事故之发生系出于被害人之故意行为者，不予给付（第2项）。前项恤金及医疗补助费发给办法，由中央主管机关定之（第3项）。"分就旅客及非旅客责任两种情形，说明如下：

（一）对旅客的无过失责任

依"大众捷运法"第46条第1项规定，大众捷运系统营运机构对旅客应负无过失责任，其受保护的范围为旅客死亡或伤害，或财物毁损丧失。关于损害赔偿，并无限额规定。为保护被害人及分散损害，"大众捷运法"第47条规定：大众捷运系统旅客之运送，应依"交通部"指定金额投保责任保险，其部分投保金额，得另以提存保证金支付之（第1项）。前项保险条款、保险费率及保证金提存办法，由"交通部"会同"财政部"定之（第2项）。

此项无过失责任限于行车事故（如列车出轨）及其他事故（如车辆失火），并不包括旅客因电扶梯缺陷跌倒受伤或死亡在内，于此情形，应适用

---

① 参见台湾台北地方法院2001年诉字第4229号判决。

"大众捷运法"第41条第1项、第44条第1项规定。①

（二）对非旅客责任：推定过失及"衡平"责任

依"大众捷运法"第46条第2项规定，大众捷运系统营运机构，因事故发生，致非旅客死亡或伤害，或财物毁损灭失时，应负推定过失责任。其系非因过失者，应由大众捷运系统营运机构负举证责任。虽无过失，仍应对被害人死亡或伤害酌给恤金或医疗补助费，乃基于"衡平"的考虑。

第四款　航空器所有人等责任

一、适用的法律

（一）问题说明

航空器指任何借空气之反作用力，而非借空气对地球表面之反作用力，得以飞航于大气中之器物（"民用航空法"第2条第1款）。其中飞机跨越国界，来往各地，系现代社会的主要交通工具，飞机失事或发生意外事件时②，常造成重大伤亡及货物损失，其损害赔偿涉及相关国际公约、国际私法及本国法的适用，兹就一则空难事件加以说明。

（二）华航日本名古屋空难事件③

1994年4月26日，华航飞机于名古屋机场失速坠毁，造成重大伤亡。

---

① 参见台湾台北地方法院2004年诉字第2671号判决："搭乘上行电扶梯，身体必须面向上方，才能看见已到达电扶梯终点平台以踏上铁盖，此为一般人搭乘电扶梯均有之认知，2002年5月5日原告与其配偶宋○辉原在捷运万隆站地下2楼月台等朋友，宋○辉搭电扶梯上地下1楼去找朋友，宋○辉背对电扶梯终点平台（亦即宋○辉当时搭乘上行电扶梯，但其身体并非面向上方），致未注意已到达电扶梯终点平台，以致跌倒，自同年5月5日至6月16日间宋○辉均未就医，宋○辉于同年6月16日因小脑出血送医，延至同年7月2日死亡。被告并未违反"大众捷运法"第41条第1项、第44条第1项之规定，无从认为被告有违反保护他人法律推定过失之情形；又本件与"大众捷运法"第46条第1项规定亦不相符。换言之，宋○辉于捷运站之跌倒，与被告之设置、行车无关；又宋○辉之死亡，与其于捷运站之跌倒无关。"

② 关于航空器失事及航空器意外事件，"民用航空法"设有定义规定：航空器失事，指自任何人为飞航目的登上航空器时起，至所有人离开该航空器时止，于航空器运作中所发生之事故，直接对他人或航空器上之人，造成死亡或伤害，或使航空器遭受实质上损害或失踪（"民用航空法"第2条第17款）。航空器重大意外事件，指自任何人为飞航目的登上航空器时起，至所有人离开该航空器时止，发生于航空器运作中之事故，有造成航空器失事之虞者（"民用航空法"第2条第18款）。航空器意外事件，指自任何人为飞航目的登上航空器时起，至所有人离开该航空器时止，于航空器运作中所发生除前两款以外之事故（"民用航空法"第2条第19款）。

③ 以下说明参见"最高法院"1999年台上字第1767号判决、台湾高等法院1999年上更（一）字第368号判决、"最高法院"2001年台上字第1365号判决。

被害人在台湾法院诉请损害赔偿时,关于法律的适用,应说明的有四:

（1）本件空难事故发生在日本领域,为一涉外民事事件,依"民事法律适用法"第9条规定,应以侵权行为地为准据法,但以台湾地区法律认许者为限。本件航空器失事地点在日本国名古屋机场,故日本国为侵权行为地。

（2）日本国为1929年在华沙签署的《国际航空运送统一规则公约》及1955年在海牙签署修正的《国际航空运送统一规则公约议定书》的缔约国。依日本国法规,有关国际航空运送事故所致的旅客死伤赔偿责任,原应适用上开国际公约的规定,但因本件航空运送航程为台北至日本名古屋,而台湾地区并非上开国际公约的缔约国,不符合上开海牙议定书有关"国际运送"的规定,故本件无上开国际公约的适用,而应适用日本国民法规定,亦即无上开国际公约有关运送人赔偿责任限额规定的适用。

（3）依《日本民法》第709条、第715条第1项等规定①,"中华航空股份有限公司"就前揭空难事故成立侵权行为。

（4）依"民用航空法"第67条（相当现行法第89条）规定,"中华航空股份有限公司",应负侵权责任。

二、"民用航空法"上航空器所有人等无过失责任

关于航空器失事或意外事故的损害赔偿责任,"民用航空法"就两种情形加以规定,均采"无过失责任":

（一）"民用航空法"第89条规定:航空器失事责任

"民用航空法"第89条规定:"航空器失事致人死伤,或毁损他人财物时,不论故意或过失,航空器所有人应负损害赔偿责任;其因不可抗力所生之损害,亦应负责。自航空器上落下或投下物品,致生损害时,亦同。"（并请参阅同法第90条。）例如航空器失速坠落,压坏民房,致人伤亡,对被害人言,乃"祸从天降",特使航空器所有人负"绝对"无过失责任,纵因不可抗力,亦不得免责。

---

① 《日本民法》第709条规定:"因故意或过失侵害他人权利者,负因此所生损害的赔偿责任。"第715条第1项规定:"为某种事业而使用他人者,就被用人因执行其事业,所加于第三人之损害,负赔偿责任;但使用人对于被用人之选任及事业之监督已尽相当之注意,或纵为相当之注意而仍可发生损害者,不在此限。"关于此两个条文的解释适用的简要说明,参见〔日〕吉村良一:《不法行为法》,第25页、第186页。

（二）"民用航空法"第 91 条规定：航空器意外事故责任

"民用航空法"第 91 条第 1 项规定："乘客于航空器中或于上下航空器时，因意外事故致死亡或伤害者，航空器使用人或运送人应负赔偿之责。但因可归责于乘客之事由，或因乘客有过失而发生者，得免除或减轻赔偿。"又同法第 92 条规定："损害之发生，由于航空人员或第三人故意或过失所致者，航空器所有人、承租人或借用人，对于航空人员或第三人有求偿权。"为确保被害人得获赔偿及分散损害，航空器所有人应投保责任保险（同法第 94 条）。

关于损害赔偿内容，"民用航空法"第 93 条规定：乘客或航空器上工作人员之损害赔偿额，有特别契约者，依其契约；特别契约中有不利于人民差别待遇者，依特别契约中最有利之规定。无特别契约者，由"交通部"依照本法有关规定并参照国际间赔偿额之标准订定办法，报请"行政院"核定之（第 1 项）。前项特别契约，应以书面为之（第 2 项）。第 1 项所定损害赔偿标准，不影响被害人以诉讼请求之权利（第 3 项）。应说明的有两点：

（1）"交通部"订定的"航空客货损害赔偿办法"第 6 条规定，航空器使用人或运送人因故意或重大过失致生客货之损害者，其赔偿责任不受本办法赔偿额标准之限制。航空器使用人或运送人对其受雇人或代理人执行职务时之故意或重大过失，应与自己之故意或重大过失负同一责任。

（2）被害人得依"民法"第 184 条、第 188 条之一般规定请求损害赔偿，其损害赔偿不受前开办法的限制，即航空器所有人或运送人有"轻过失"时，仍应依一般原则负全部损害赔偿。[①]

第五款 整理分析

一、综合整理

关于因交通工具而发生的侵权行为，有采推定过失责任，如动力车辆所有人责任（"民法"第 191 条之 2）、铁路机构责任（"铁路法"第 62 条）；

---

① 实务上相关案例（1995 年 1 月 30 日复兴航空运输股份有限公司在桃园县龟山乡撞山坠毁事件），参见"最高法院"2000 年台上字第 2236 号判决、台湾"高等法院"2003 年重上更（二）字第 91 号判决。

有采无过失责任的,如汽车或电车运输业者责任("公路法"第64条)、大众捷运系统营运机构责任("大众捷运法"第46条第1项)、航空器所有人等责任("民用航空法"第89条、第90条、第91条)。为便于观察,列表如下(请阅读条文):

项目	归责原则	免责事由	受保护权益	赔偿范围	强制保险
动力车辆	推定过失		加损害于他人	全部赔偿	强制汽车责任保险
铁路	推定过失 无过失时衡平责任		死亡、伤害、财物	限额赔偿	铁路旅客运送责任保险
汽车电车运输业	无过失责任	不可抗力或托运人、受货人之过失	死亡、伤害、财物	限额赔偿	投保责任保险
大众捷运	对旅客无过失责任第46条第1项　→ 对非旅客推定过失责任第46条第1项　→		死亡、伤害、财物	全部赔偿	投保责任保险
民用航空器	无过失责任 第89条 → 　　　　　 第91条	不可抗力亦应负责 →	死亡、伤害、财物	全部赔偿限额赔偿	投保责任保险

二、分析讨论

(一) 归责原则的选定

对何种交通工具应采推定过失或无过失责任,应斟酌其危险性及经营者等而为决定,此固属立法形成空间,但亦应注意价值判断的一贯性。就此而言,铁路经营者为何仅负"推定过失"而不负无过失责任,实有研究余地。

(二) 无过失责任与免责事由

无过失责任并非绝对,就一切事故均应负责,法律多设有一定的免责事由。"公路法"第64条以"不可抗力或托运人或受货人的过失"为免责事由。"民用航空法"第89条明定就不可抗力仍应负责,此系最严格的无过失责任。于此产生一个问题,即于大众捷运,其行车事故等系因不可抗力时,得否免责? 此在解释上应为肯定。"民用航空法"第91条第1项规定,因乘客有过失而因意外事故死亡或伤害者,得免除或减轻赔偿,乃明定于无过失责任,亦有过失相抵原则的适用(参阅"民法"第217条)。

三、赔偿限额

关于铁路责任、汽车电车运输业者责任、航空器所有人责任,法律设有赔偿限额,系为减轻赔偿责任,便利投保责任保险。值得注意的是,关于大众捷运系统营运机构责任,并未设赔偿限额规定,其赔偿范围应依民法一般规定,采"全部赔偿"原则,对被害人保护较为周全。限额赔偿非无过失责任的本质,赔偿限额的合理性,应有检讨的必要。

四、强制责任保险

关于前揭各种交通工具所生侵权责任,法律均规定应投保强制责任保险。由此可知,侵权行为归责原则的调整,与责任保险制度具有密切的关系。

第三节 核子损害赔偿法上核子设施经营者的无过失责任

一、核子事故的危险性及严重性

原子能对科学技术的研究发展、资源开发与使用,具重大贡献,但亦有严重的潜在危险性,此由苏联及日本的核电事故造成空前的灾害,即可知之。是否废除核电,系全世界关切的问题。1968年制定的"原子能法"对维护原子安全设有基本机制。"原子能法"第29条规定:"由于核子事故之发生,致人民之财产权益遭受损失,或身体健康遭受损害,应予适当赔偿;赔偿法另定之。"1971年公布施行的"核子损害赔偿法"(以下简称"核赔法",1997年修正),系参照巴黎公约及维也纳公约此两个国际有关核子损害赔偿的修订而制定,建构了核子设施经营者无过失责任制度。1986年4月,苏联的切尔诺贝利(Tscherobye)核电厂事故,使核子损害赔偿成为国际关切问题。在台湾虽曾有核三厂失火案件,但幸无核子事故。

以下简述台湾地区为核子事故损害赔偿所建立的基本原则及法律构造。①

二、核子设施经营者无过失责任

(一) 无过失责任及免责事由

"核赔法"第18条规定:"核子设施经营者,对于核子损害之发生或扩大,不论有无故意或过失,均应依本法之规定负赔偿责任。"此项无过失责任乃各国相关立法的共同原则。关于所谓核子设施经营人、核子损害、核子事故等,"核赔法"设有规定(第6条至第9条、第20条)。同条但书规定:"但核子事故系直接由于国际武装冲突、敌对行为、内乱或重大天然灾害所造成者,不在此限。"此属无过失责任的免责要件。

(二) 被害人与有过失

核子设施经营者,证明核子损害之发生或扩大,系因被害人之故意或过失所致者,法院得减轻或免除对该被害人之赔偿金额("核赔法"第19条),此乃明定于无过失责任,亦有过失相抵原则的适用。

三、责任集中及求偿权

(一) 责任集中

"核赔法"作为一项具有特色的重要制度,系所谓"责任集中",即第23条规定:"核子设施经营者以外之人,对于核子损害,除前条之规定外,不负赔偿责任。"所以将责任集中于核子设施经营者,旨在避免多数的责任保险,太多的诉讼程序,造成资源浪费。

(二) 求偿权

"核赔法"第22条规定,核子设施经营者,依本法之规定赔偿时,对于核子设施经营者以外之人,仅于下列情形之一有求偿权:(1) 依书面契约有明文规定者。(2) 核子损害系因个人故意之行为所致者,对于具有故意之该个人。所谓核子经营者以外之人,包括核子反应器供货商在内。

---

① 参见朱柏松:《核子损害赔偿之构成及其修正》,载《法学丛刊》,第146期,第49页;陈春生:《核子损害赔偿之研究》,载《核能利用与法之规制》,1995年版,第431页;柯泽东:《核能安全与核子损害赔偿》,载《环境法论》,1995年版,第125页。

四、限额赔偿及保证

(一) 限额赔偿

"核赔法"第 24 条规定："核子设施经营者对于每一核子事故,依本法所负之赔偿责任,其最高限额为新台币 42 亿元。前项赔偿限额,不包括利息及诉讼费用在内。"如上所述,无过失责任并非须设限额赔偿,责任限额非无过失责任的本质。关于核子损害赔偿,德国、日本均采全部赔偿。究应采何制度,应斟酌核子设施经营者的财政能力、保险市场的容量及国家财力等因素而定之。

(二) 责任保险及财务保证

为确保损害赔偿,"核赔法"第 25 条规定:核子设施经营者,应维持足供履行核子损害赔偿责任限额之责任保险或财务保证,并经"行政院"原子能委员会核定,始得运转核子设施或运送核子物料(第 1 项)。"中央"政府、省(市)政府及其所属研究机构之核子设施,不适用前项之规定(第 2 项)。……责任保险或财务保证非经原子能委员会核准不得终止("核赔法"第 26 条)。核子设施经营者不能履行赔偿责任时,核子损害被害人得径向其责任保险人或财务保证人请求赔偿("核赔法"第 31 条)。

(三) 政府的补足义务

核子设施经营者因责任保险或财务保证所取得之金额,不足履行已确定之核子损害赔偿责任时,政府应补足其差额。但以补足至第 24 条所定之赔偿限额为限。前项政府补足之差额,仍应由核子设施经营者负偿还之责任("核赔法"第 27 条)。

五、损害赔偿请求权

核子损害之赔偿请求权,自请求权人知有损害及负赔偿义务之核子设施经营者时起,3 年间不行使而消灭;自核子事故发生之时起,逾 10 年者亦同("核赔法"第 28 条)。不分人身伤害或财产损害,均适用同一时效,固值赞同,但鉴于核子损害的长期潜在性,10 年时效期间是否合理,尚有研究余地。引起核子事故之核子物料系经窃盗、遗失、投弃或抛弃者,其损害赔偿请求权消灭时效依前条之规定。但对该核子物料所属原核子设施经营者请求赔偿时,以不超过自窃盗、遗失、投弃或抛弃之时起

20年为限("核赔法"第29条)。

第四节　消费者保护法的商品无过失责任

　　(1) 甲在乙超市购买丙公司制造生产的年菜(或其他食物)在家过年及招待客人丁等。甲、甲的家人及客人丁因年菜不洁中毒时,得向乙、丙主张何种权利(列举所有的请求权基础写成书面)?

　　(2) 甲在乙机车行购买丙制造的机车,因机车具有制造或设计上的缺陷,致发生车祸,甲受伤,机车半毁,撞及路人丁受伤。试说明甲、丁就其人身伤害得向乙、丙请求损害赔偿的请求权基础。甲就其机车本身的毁损得依何请求权基础向乙、丙主张何种权利(写成书面)?

在现代大量生产、大量消费的经济社会,"消费者保护法"(以下简称"消保法")规定的商品及服务无过失责任,备受重视。成为专门法律领域,以下仅作概要式的说明,兹先就商品责任加以论述。[1]

第一款　商品责任的双轨体系

一、双轨规范体系

　　关于商品责任,有民法侵权行为的一般规定的适用("民法"第184条、第188条),实务上曾累积若干案例,其最大难题在于被害人对商品制造人过失的举证责任。为期突破,1994年制定"消保法"(2003年、2005年修正)对商品制造者采无过失责任(第7条)。对商品经销者设推定过失责任(第8条第1项),即:从事经销之企业经营者,就商品或服务所生之损害,与设计、生产、制造商品或提供服务之企业经营者连带负赔偿责任。但其对于损害之防免已尽相当之注意,或纵加以相当之注意而仍不免发生损害者,不在此限。1999年"民法"债编修正时,复增订第191条之1,规定"商品制造人责任",形成了双轨规范体系。之所以要在民法设

---

　　[1]　关于商品责任,台湾有丰富的论著,其主要者,参见朱柏松:《消费者保护法》,1999年版;郭丽珍:《商品瑕疵与制造人行为之研究》,2001年版;约翰逊林:《民事法理与判决研究》(三),载《消费者保护法专论》,2003年版。较完整的文献整理,参见张志朋:《论商品责任之请求权主体》,2005年版,第279页;陈忠五:《二〇〇三年消费者保护法商品与服务责任修正评论——消费者保护的"进步"或"退步"?》,载《台湾本土法学》,第50期,第24页。

"商品制造人责任",其理由应系此乃侵权行为法的核心问题,民法应有规定,以维护体系的完整,并作为"消保法"第7条的基本规范。

二、规范内容

"民法"第191条之1规定:"商品制造人因其商品之通常使用或消费所致他人之损害,负赔偿责任。但其对于商品之生产、制造或加工、设计并无欠缺或其损害非因该项欠缺所致或于防止损害之发生,已尽相当之注意者,不在此限(第1项)。前项所称商品制造人,谓商品之生产、制造、加工业者。其在商品上附加标章或其他文字、符号,足以表彰系其自己所生产、制造、加工者,视为商品制造人(第2项)。商品之生产、制造或加工、设计,与其说明书或广告内容不符者,视为有欠缺(第3项)。商品输入业者,应与商品制造人负同一之责任(第4项)。"与"消保法"第7条(详后)相较,其主要特色有四:

(1) 民法所规定的责任主体为"商品制造人","消保法"所规定的为从事设计、生产、制造商品的企业经营者。

(2) 民法设三种推定,除推定商品制造人的过失外,尚包括推定商品有欠缺及推定欠缺与损害间的因果关系。"消保法"设无过失责任及商品欠缺安全性的推定,但并无关于因果关系的规定。

(3) "消保法"所保护的对象为"消费者或第三人",民法未设限制,凡因商品有欠缺而受侵害者,均包括在内。

(4) "消保法"第51条规定有惩罚性赔偿金。

三、适用关系及实务发展

(一) 适用关系

"消保法"的"商品责任"与"民法"的"商品制造人责任",处于竞合关系,并因当事人而异其适用范围,即:被害人系所谓"消费者或第三人"时,得选择适用"消保法"或"民法"的相关规定。被害人非属"消保法"的消费者或第三人时,无"消保法"的适用,惟仍能依民法规定请求损害赔偿。①

　　(二) 实务发展

　　商品"过失责任或推定过失责任"与商品"无过失责任"的双轨体系,体现商品责任不同的发展阶段。在德国,联邦法院 1968 年于著名的鸡瘟案件②,创设推定过失责任,40 年来累积了甚为丰富的判例学说,虽于1989 年制定《产品责任法》(Produkthaftungsgesetz),但实务仍多适用民法上的商品责任,亦有所谓的双轨体系。③ 在台湾,"消保法"制定在先,采无过失责任,规范内容较为周全,并有惩罚性赔偿金,已成为规范产品责任的规范机制。

第二款　商品无过失责任归责原则的定位

一、以商品欠缺安全性为归责原因

　　"消保法"第 7 条第 1 项规定:"从事设计、生产、制造商品或提供服务之企业经营者,于提供商品流通进入市场,或提供服务时,应确保该商品或服务,符合当时科技或专业水平可合理期待之安全性。"第 2 项:"商品或服务具有危害消费者生命、身体、健康、财产之可能者,应于明显处为警告标示及紧急处理危险之方法。"第 3 项:"企业经营者违反前两项规定,致生损害于消费者或第三人时,应负连带赔偿责任。但企业经营者能证明其无过失者,法院得减轻其赔偿责任。"由本条第 3 项可知,消保法系采无过失责任,即以商品欠缺安全性取代过失,作为归责原因。

二、商品无过失责任与"危险责任"

　　前揭汽车、电车运输业者、大众捷运系统营运机构、航空器所有人等及核子设施经营者的无过失责任,一般多称为所谓"危险责任"(Gefährdungshaftung),乃所有人或经营者对具一般抽象危险的物品或设施所负的责任。无过失商品责任亦属危险责任,其特色有二:

---

　　①　关于适用"民法"第 191 条之 1 商品制造人责任的案件,参见"最高法院"2004 年台上字第 989 号判决(商品输入业者责任、汽车安全气囊案);"最高法院"2005 年台上字第 338 号判决(商品输入业者责任、汽车安全气囊案),此类案件多涉及商品的安全性及专家鉴定问题。

　　②　BGHZ 51, 91 (Hühnerpesturteil).

　　③　Kullmann, Produkthaftung (2004), S. 25 f; Larenz/Canaris, Schuldrechts II/2, S. 643.

（1）此属行为责任（Handlungshaftung）[1]，即企业经营者使欠缺安全性的商品流入市场。

（2）商品的危险源在于欠缺具体安全性，其理论基础在于企业经营者的专业性，及通过责任保险及价格机制分散损害的能力。

三、商品无过失责任的衡平化

"消保法"第7条第3项但书规定："但企业经营者能证明其无过失者，法院得减轻其赔偿责任。"可称为商品无过失责任的衡平化。此在现行法无过失侵权责任体系上系属特例，在比较法亦罕见此类立法例，具台湾本土特色，但审究之，实有商榷余地：

（1）独就商品（或服务）无过失责任创设此衡平制度，实无正当理由。此项妥协性的规定欠缺原则性的思考，不具价值判断的一贯性。

（2）此项但书软化了无过失责任原则。过失的提出及认定，将成为诉讼的争点，未能贯彻无过失责任制度保护被害人的目的，并增加诉讼成本。

第三款　请求权基础及成立要件

第一项　请求权基础

一、完整法律规范的建立

商品无过失责任损害赔偿的请求权基础系"消保法"第7条。第1项规定责任主体及商品安全性。第2项规定指示说明义务。第3项规定成立要件。又第7条之1规定商品安全性举证责任。"消保法施行细则"第4条规定商品范围，第5条规定商品安全性认定情事，此等细则上的规定均宜移置于本法，以建立完整的规范体系。

二、成立要件

"消保法"第7条规定商品无过失责任的成立要件为：

---

[1]　Larenz/Canaris, Schuldrecht II/2, S. 644; Kötz, Ist die Produkthaftung eine vom Verschulden unabhängige Haftung, in: Festschrift für Werner Lorenz (1991), S. 109.

（1）企业经营者从事商品设计、生产、制造：商品范围、责任主体。

（2）商品流通进入市场。

（3）商品流入市场时不具符合当时科技水平可合理期待的安全性，或商品具有危害消费者生命、身体、健康、财产之可能，未于明显处为警告标示及紧急处理危险之方法者。

（4）致生损害于消费者或第三人。

（5）商品欠缺安全性与致生损害有因果关系。

兹先将其相关请求权基础结构图标如下：

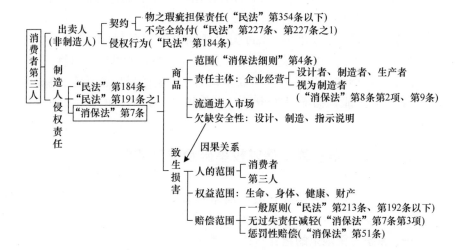

据前揭图示，例如消费者甲在乙超商购买丙厂商生产制造的色拉油，因该色拉油含有不洁物，致甲及其家人及宴会的客人身体健康受损。在此情形，甲得向乙（出卖人）主张物的瑕疵担保责任（"民法"第354条以下，解约或减少价金），或不完全给付（"民法"第227条、第227条之1。乙得主张其无过失而免责）。甲等被害人得依"民法"第184条第1项前段规定向乙请求损害赔偿。

消费者甲与商品制造人无契约的关系，仅得主张侵权责任，其请求权基础有三：（1）"民法"第184条；（2）"民法"第191条之1；（3）"消保法"第7条。三者得为竞合，但以主张"消保法"第7条规定最属有利，因商品制造人应负无过失责任。

第二项　商品范围及责任主体

一、商品范围

"消保法"第7条所称商品,指交易客体之不动产或动产,包括最终产品、半成品、原料或零组件("消保法"施行细则第4条)。其范围在立法例上最称广泛,其中以包括不动产,独具特色。就动产言,除科技工业产品(如汽车、药物)外,尚包括手工艺品及农业产品,加工与否,均所不问。大量生产或个别定做均属之。电力亦属商品,供应者应就电力不稳定所致损害负责,但电源中断不为供电,并无商品存在,不生商品责任问题。血库供应的血液,亦属商品,但输血之人非属制造者。书刊印刷品,亦属商品,就纸张、油墨、包装的缺陷,出版者固应负责,惟其内容、信息、见解,是否正确,则非属商品内容;印刷错误,亦非属商品责任的保护范围。软件程序是否为商品,尚有争论,惟其储存于芯片等载体时,则成为动产。[①]

二、责任主体

"消保法"上商品无过失责任的主体为"从事设计、生产、制造商品的企业经营者",例如设计房屋的建筑事务所、兴建房屋的建筑公司、生产建材的厂商。至于教会圣诞晚宴提供食物者,非为营业,无消保法的适用。"民法"第191条之1系将责任集中于商品制造人,消保法则扩大及于商品设计者,使责任主体范围更为分散,此涉及责任保险,是否妥适,尚有研究余地。

商品责任的主体尚包括两类所谓"视为商品制造者"(准商品制造人):从事经销之企业经营者将商品加以改装或分装("消保法"第8条);输入商品者("消保法"第9条)。例如甲自岛国输入牛肉,由乙经销,乙分装出售时,甲、乙均负商品制造者责任。

第三项　商品流通进入市场

流通进入市场,指基于企业经营者的意思,使商品脱离其控制而进入

---

① MünchKomm BGB/Wagner, Produkthaftungsgesetz, § 2 Rdnr. 12-20.

他人(买受人或第三人)的支配或使用范围。商品因遗失、窃盗、抢夺、强盗、被诈欺、侵占者,企业经营者不负"消保法"第 7 条所定责任。商品陈列待售时,应认为已进入流通市场,就其被盗贩卖,企业经营者仍应负责。商品(如饮料食物)在流通进入市场前遭人下毒时,仍有"消保法"第 7 条的适用;上架待售后遭人下毒时,则涉及企业经营者对商品后续观察义务("消保法"第 10 条)。

第四项　商品欠缺符合科技水平可合理期待安全性

一、可期待安全性与商品欠缺

商品责任无论采取何种归责原则,均以商品不具"可合理期待安全性"为要件,在英美法上称为 Defect,在德国法上称为 Fehler,在日本法上称为欠陷,台湾地区"民法"第 191 条之 1 称为欠缺。"消保法"第 7 条第 1 项规定为"符合当时科技或专业水平可合理期待之安全性"(以下简称商品安全性),此可明确表示其含义,但不能包括同法条第 2 项未为必要"警告标示"的情形,此亦属商品不符可合理期待安全性。故所谓可合理期待安全性,应作广义解释,包括"消保法"第 7 条第 2 项未为必要的警告标示的情形,其意义殆同于比较法上通用的 Defect、Fehler、欠陷或欠缺的概念。

二、判断时点

商品是否欠缺符合科技水平可期待安全性,以其流入市场时作为判断时点。

三、商品欠缺安全性的类型

商品欠缺安全性的基本类型有三:

(1) 设计上欠缺安全性。此多发生于系列产品上,例如汽车防止暴冲装置设计错误,发生事故[①];蒟蒻果冻大小设计不当,致孩童吞食时,身体遭受伤害。

(2) 制造上欠缺安全性。此多因质量管控不良,而产生脱线产品;例

---

① 参见台湾台北地方法院 1998 年诉字第 2253 号判决。

如汽水瓶误装毒性碱性液体①、冰淇淋夹有碎玻璃②、使用多氯联苯加热制造米糠油③，建筑房屋使用辐射钢筋。

（3）指示上欠缺安全性。此为"消保法"第 7 条第 2 项规定的情形，即未对可预见商品的危险使用方法及副作用等为必要的警告标示。

四、商品安全性的认定

商品可合理期待安全性是一个不确定法律概念，"消保法施行细则"第 5 条特规定三项认定基准：

（1）商品标示说明。此亦包括商品广告在内。

（2）商品可期待的合理使用。例如以铅笔挖耳朵，以菜刀伐木，均非属可期待的合理使用。

（3）商品流通进入市场之时期。此为判断商品安全性的准据时点。商品不得仅因其后有较佳商品，而被认为不具安全性。例如不能仅因新型汽车改良安全设备（如加装安全气囊），而径认为旧型汽车欠缺安全性。

应注意的是，商品安全性的认定，不限于前揭情事，其应斟酌考虑的，尚应包括商品的种类、价格及商品用户等。

五、科技水平与发展上危险

商品可期待的安全性须符合商品流通进入市场当时的科技水平。企业经营者主张其商品于流通进入市场时符合当时专业水平可期待安全性者，应负举证责任（第 7 条第 1 项、第 8 条）。应特别指出者有二：

（1）在比较法上，所谓商品的 Defect、Fehler、或欠陷，系指商品欠缺合理可期待的安全性，而以符合科技水平为免责事由。"消保法"则以符合科技水平为商品具可期待安全性的要素。

（2）商品虽不具可期待的安全性，但符合科技水平者，经营者不负"消保法"第 7 条责任，即不承担所谓"发展上危险"。易言之，即经营者对商品流通进入市场时，依当时科学技术水准，不能发现的商品欠缺安全

---

① 　参见"最高法院"1974 年台上字第 806 号判决。

② 　参见台湾台北地方法院 1999 年诉字第 2039 号判决；本件判决评释，参见黄立：《餐厅的商品与服务责任问题》，载《月旦法学》，第 83 期，第 227 页。

③ 　参见"最高法院"1999 年台上字第 636 号判决。

性的危险,不必负责,以免阻碍新技术研究开发。

六、商品后续观察义务

企业经营者对流通进入市场的商品,负有后续观察义务。"消保法"第 10 条规定:"企业经营者于有事实足认其提供之商品或服务有危害消费者安全与健康之虞时,应即回收该批商品或停止其服务。但企业经营者所为必要之处理,足以除去其危害者,不在此限(第 1 项)。商品或服务有危害消费者生命、身体、健康或财产之虞,而未于明显处为警告标示,并附载危险之紧急处理方法者,准用前项规定(第 2 项)。"在解释上应认此系"民法"第 184 条第 2 项所称"保护他人之法律"。

七、商品无效用与商品责任:使用农药未能防止水果黑斑病变①

甲系果农,乙经营农药行,甲为防止其所种植之芒果发生虫害,乃向被告购买农药并喷洒于果园,不料种植之芒果仍发生"细菌性黑斑病",使原告受有损害,甲起诉依"民法"第 184 条第 1 项前段过失侵权责任与"消保法"第 7 条商品责任向被告请求赔偿。被告则提出欠缺因果关系之抗辩。法院判决认为原告购买系争农药,系为种植生产芒果以达日后贩卖所需,非属最终消费行为,无"消保法"的适用。

本件判决涉及购买农药的果农是否为"消保法"第 7 条第 3 项所称消费者(详见后文)。但其核心问题,乃商品不具预定的效用时,得否成立侵权行为。在本件纵无"消保法"的适用,于被害人依"民法"第 184 条第 1 项前段、第 191 条之 1 规定请求损害赔偿时,亦有法律解释上的问题。

德国实务上有认为"商品不具效用"(Wirkungslosigkeit des Produkts)基本上仍得成立侵权行为。农药不具防止虫害效果,致果树发病或死亡时,其所侵害的除物的使用价值外,尚包括物的完整利益。若被害人因购买该不具效用的商品,致未使用其他足以防止虫害措施时,应认其具有因果关系。②

"商品欠缺安全性"(如农药含有不良成分,致伤害果树),与商品欠

---

① 参见台湾高等法院台南分院 2003 年上易字第 226 号判决、台湾台南地方法院 2002 年诉字第 1885 号判决。

② BGHZ 80, 186; Diederischen, VersR 1984, 797.

缺功能(如农药不能防止虫害),究有不同。前者侵害物的完整利益,自得成立侵权行为。后者为物不能尽其效用,侵害买受人的使用利益,乃买卖法上物之瑕疵担保责任问题,非属侵权行为法或商品责任的保护范围。[①]

第五项　致生损害于消费者或第三人

一、人的保护范围

(一) 消费者

依"消保法"第 7 条规定,得请求损害赔偿的被害人为消费者或第三人。此项请求权主体范围的界定,系实务上常见的争议问题。消费者指以消费为目的而为交易使用商品者("消保法"第 2 条第 1 款),不限于购买商品之人,使用商品者皆应包括在内。就汽车言,凡乘坐者均属之(包括公交车的乘客);就牛肉言,食用之人皆为消费者。就因设计不良而倒塌的大厦言,其消费者包括大楼的买受人、承租人、受让人、使用人,至于邻人则为第三人。[②] 值得注意的是,据前揭消费者的定义,实务上认为所谓消费,系指不再用于生产情形下的"最终消费行为",购买商品用于生产、转售之目的者,无"消保法"第 7 条的适用。

(二) 第三人

关于第三人的范围,实务上认为,系指制造者可预见因商品不具安全性而受侵害之人。属之者,例如汽车爆胎致受伤害的"路人";蒸汽锅炉爆炸时正在操作的工人。

值得提出的是,在"最高法院"1999 年台上字第 2842 号裁定,上诉人之父亲系农场经营者,其向被上诉人之一购买由另一被上诉人制造的农用机械"好用水果选洗机",并将之置于工作场所中。上诉人当时年仅 1 岁 4 个月,于接近该水果选洗机时,其手指遭机械外露之铁链齿盘绞断受伤。"最高法院"采原审见解,认为被害人非属制造者可预见商品不具安全性而受侵害之人,无"消保法"第 7 条之适用。

---

① Koch, Produkthaftung, Zur Konkurrenz von Kaufrecht und Deliktsrecht (1995), S. 247 f. ; Günter Hager, Zum Schutzbereich der Produkthaftung, AcP 184, 413; Kötz/Wagner, Deliktsrecht, S. 30.

② 参见台湾板桥地方法院 2000 年重诉字第 65 号判决(新庄博士之家房屋倒塌案)。

"消保法"所以规定请求权主体为"消费者",因该法系以"保护消费者"为目的,其所以规定及于"第三人",乃基于合理的必要。此种对被害人保护范围的限制,在比较法上殆无类似立法例,立法政策上诚有疑问。为贯彻商品无过失责任的规范功能,在解释上应扩大"消费者"的范围,及于法人及商品租用者。关于"第三人",应从宽认定可合理预见之人,或更进一步认为凡消费者以外的被害人均应包括在内。[①] 被害人非属"消费者或第三人"时,得依"民法"第191条之1规定,请求损害赔偿。

二、权益保护范围

依"消保法"第7条第2项及第3项规定,其受保护的权益为被害人的生命、身体、健康及财产。财产有广狭两义,就狭义言,指财产权,尤其是物的所有权。就广义言,则包括所谓纯粹经济上损失。解释上应采狭义说,其理由为:(1) 无过失责任的保护范围不应超过一般侵权行为的规定("民法"第184条第1项前段)。(2) 区别侵权责任与契约责任(尤其是物的瑕疵担保责任)的必要。例如电视机因零件欠缺安全性而爆炸时,就电视机本身的毁损灭失(商品自伤),无"消保法"第7条的适用,被害人仅得依物之瑕疵担保责任规定请求损害赔偿。

第六项　商品安全性欠缺与权益受侵害间须有因果关系

"消保法"第7条企业经营者责任的成立须商品安全性欠缺与消费者或第三人权益受侵害间有因果关系,此应依相当因果关系认定之。此外,并须符合法规目的,即其损害须因商品欠缺安全性的实现。其不属之者,例如甲发现其购买电视机欠缺安全性,在送修途中发生车祸,其身体所受侵害,非属"消保法"第7条的保护范围。

第七项　举　证　责　任

关于"消保法"第7条企业经营者无过失责任的举证责任,应依一般原则及消保法规定定之,即:

---

① 参见张志朋:《论我国商品责任之请求权主体》,第212页。

一、应由被害人负举证责任

(1) 商品属"消保法施行细则"第 4 条所定范围;(2) 设计、制造、生产商品的企业经营者;(3) 商品流通进入市场;(4) 其系该条所称消费者或第三人;(5) 生命、身体、健康及财产(财产权)受侵害;(6) 权益侵害与商品欠缺安全性有因果关系。

二、企业经营者(加害人)应负举证责任

商品具有符合当时科技水平可合理期待的安全性("消保法"第 7 条之 1 第 1 项)。

三、实务上的争点问题

商品责任的举证责任,兹就实务上三个重要问题,列举 3 个"最高法院"判决,以供参照:

(一) 德国 BMW 公司制造机车排气管着火及散热系统的可合理期待安全性案

"最高法院"2006 年台上字第 684 号判决提出了三点重要见解:(1) 德国气候、环境和中国台湾地区并不相同,系争机车散热系统之安全性虽通过德国 ABE 技术认证标准,但是否符合台湾的气候、环境条件所可合理期待之安全性,非无疑问,有进一步查明的必要。(2) "消保法"第 7 条第 1 项所规范者为商品之设计或制造之瑕疵或危险,同法第 7 条第 2 项所规范者则为标示或警告之瑕疵或危险,二者规范目的、范围并不相同。制造商所制造之商品如不具备符合当时科技或专业水平可合理期待之安全性,即应依该条第 1 项、第 3 项规定负损害赔偿责任,并不因其有否于商品为明显之警告标志而异。又商品虽合于第 7 条第 1 项之规定,但如具有造成消费者生命、身体、健康、财产危险之可能时,依同条第 2 项规定再课制造商有于商品明显处为警告标志之义务。(3) 被上诉人自承系争机车操作手册明示发动引擎后应马上骑走,否则有引擎过热之虞等情,显见系争机车如不依操作手册使用即具有危害消费者财产之可能,被上诉人有于该机车明显处为警告标志之义务。原审徒以被上诉人已对使用骑乘警察实地操作训练及使用手册讲解,即认系以明显之方式为警告云云,尤非允洽。

（二）因通常使用肇致损害

"最高法院"2004 年台上字第 989 号判决谓："按受害人依民法第 191 条之 1 规定请求商品输入业者与商品制造人负同一之赔偿责任，固毋庸证明商品之生产、制造或加工、设计有欠缺，及其损害之发生与该商品之欠缺有因果关系，以保护消费者之利益，惟就其损害之发生系因该商品之'通常使用'所致一节，仍应先负举证责任。于受害人证明其损害之发生与商品之通常使用具有相当因果关系前，尚难谓受害人之损害系因该商品之通常使用所致，而令商品制造人或商品输入业者就其商品负侵权行为之赔偿责任。本件上诉人始终未能证明其所受之左手手掌伤害，与系争气囊之使用间，有何相当因果关系存在，揆诸首揭说明，其请求被上诉人负赔偿责任，即非有据。"

（三）商品流入市场时商品具有瑕疵

"最高法院"2009 年台上字第 1356 号判决谓："消保法所规范之商品责任，其商品有无瑕疵之判断时点，为商品于'流通进入市场'之时，如瑕疵于商品进入市场时并未存在，而系因消费者使用相当时期后始发生者，则非属该条所规定之商品责任范畴，自无该法之适用。查系争车辆于 2001 年 5 月间出厂时，已通过财团法人车辆研究测试中心之'车辆型式安全审验'检测，且有自动排文件锁定装置（即俗称之防爆冲装置），以确保驾驶者将自排挡位自 P 档排出时，有踩下刹车踏板，产生足够之刹车力来制住车辆移动之动力，故被上诉人辩称系争车辆于出厂时已符合通常可合理期待之安全性标准，即属有据。……上诉人既不能证明本件事故系由系争车辆具无预期加速之瑕疵所致，亦未能证明在系争车辆流入市场时，即具上开瑕疵，则其依消保法及民法之规定，请求损害赔偿，于法无据。"

第四款　法律效果

一、损害赔偿

被害人依"消保法"第 7 条得请求的损害赔偿的范围，消保法未设特别规定，应适用全部赔偿的一般原则（"民法"第 213 条以下），并得请求慰抚金（"民法"第 194 条、第 195 条）。

二、赔偿责任的减轻

"消保法"第7条第3项规定："但企业经营者能证明其无过失者,法院得减轻其赔偿责任。"

三、惩罚性损害赔偿

"消保法"第51条规定："依本法所提之诉讼,因企业经营者之故意所致之损害,消费者得请求损害额三倍以下之惩罚性赔偿金;但因过失所致之损害,得请求损害额一倍以下之惩罚性赔偿金。"此亦适用于"消保法"第7条的情形。关于惩罚性赔偿金,暂置不论。发生争议的是,消费者以外之"第三人"得否请求此种惩罚性赔偿金,此涉及得否类推适用,问题在于有无应予填补的法律漏洞?

四、多数赔偿义务人与连带债务

依"消保法"第7条、第8条第2项、第9条规定,其应负无过失责任的,有商品(原料、零组件、半成品、最终产品)设计者、制造者、生产者、改装分装商品者、输入商品者。多数企业经营者有应就同一损害负责任的,例如甲生产零组件,由乙组装为汽车(最终产品),因零组件欠缺安全性,发生车祸,致消费者丙身体健康受损害时,应认定甲、乙成立共同侵权行为,连带对丙负损害赔偿责任("民法"第185条前段)。其内部分担关系应类推适用"民法"第217条规定,原则上由甲承担全部责任,乙赔偿损害后,对甲有求偿权。

第五节　消费者保护法的服务无过失责任

第一款　服务无过失责任制度的建构

(1) 关于商品与服务的侵权责任,应否设相同的规定(例如同采无过失责任)?

(2) 医疗行为是否为一种服务,而适用"消保法"第7条的规定? 医疗行为攸关病患的生命、身体、健康,医生就医疗事故,究应负过失责任或无过失责任?

(3) 甲在乙饭店用餐,由乙饭店的受雇人丙代客停车,并交予钥匙。其后发现该车被盗时,甲得否依"消保法"第 7 条规定主张乙饭店应负无过失侵权责任?

一、由商品责任到服务责任

消费包括商品及服务。商品责任系经由过失责任、推定过失责任后而采无过失责任。无过失责任创设于 20 世纪 60 年代的美国法,欧洲共同体于 1985 年颁行关于商品责任的指令后,各国多据以建立无过失责任规范,殆已成为比较法上的共同原则。关于服务责任,在美国及其他国家或地区多仍采过失责任[1],欧洲共同体于 1990 年提出服务供应者责任纲领草案,采推定过失责任,惟反对者众,未获欧洲理事会通过,仅希腊采之。[2]

在台湾地区,1994 年制定的"消保法"则将服务与商品并列,明定为无过失责任,在比较法系属罕例,其采服务无过失责任者,尚有巴西等国。[3] 应说明者有二:

(1) 在法学先进国家(如英、美、德、日、法等),法律为一种文化,一种传统,非有必要,不轻易变更实务上长期累积建立的原则,系借助判例及学说,因应社会变迁所发生的问题,在安定中实践法的进步。

(2) 在法学"开发中"国家或地区,常有超前的立法,一方面确有改革突破的必要,另一方面在某种程度亦显现其判例学说的创造力不足适应社会经济发展,保证人民的需要。

二、服务无过失责任的理论依据

关于瑕疵服务责任规范的必要性,前揭欧体"服务责任纲要草案"说明备忘录第 1.4 条,提出四点理由:(1) 消费者及被害人因不具备专业知识,且于损害发生时,服务已不存在,使其处于极为不利的地位。(2) 与瑕疵产品相较,瑕疵服务的被害人更属不利,因为瑕疵产品发生损害时,

---

[1]　参见陈聪富:《消保法有关服务责任之规定在实务上之适用与评析》,载《侵权归责原则与损害赔偿》,第 205 页。

[2]　Truli, Probleme und Entwicklungen der Dienstleistung im griechischen, deutschen und Gemeinschaftsrecht (2001).

[3]　参见朱柏松:《消费者保护法论》,第 205 页。

常可对该产品或市面上尚存的同类产品进行检验,瑕疵服务则否。
(3) 瑕疵服务责任迄今并无明确的原则可以应用,对于案件的胜诉几率较难掌握。(4) 自提供服务人的观点言,若对服务责任未有规范,将无法准确评估其风险,亦无法投保适当的保险。[①] 此等理由乃在支持"服务推定过失责任",能否作为使所有服务供应者均负无过失责任的正当依据,尚有疑问。

第二款　请求权基础成立要件及法律效果

"消保法"系将服务与商品并列,以"消保法"第 7 条为请求权基础,其法律效果同于商品责任,请参照前述,兹就成立要件,分述如下:

(1) 企业经营者提供服务。

(2) 提供的服务欠缺安全性。

(3) 侵害消费者或第三人的生命、身体、健康或财产。

(4) 服务欠缺安全性与致生损害须有因果关系。

一、企业经营者提供服务

其核心争议问题在于何谓服务及其服务范围(详后)。

二、提供的服务欠缺安全性

包括不符当时可合理期待的安全性("消保法"第 7 条第 1 项)。服务具有危害消费者生命、身体、健康、财产之可能者,未于明显处标示紧急处理之方法。服务安全性应依标示说明、可期待的合理接受、提供的时期等情事加以判断("消保法施行细则"第 5 条)。企业经营者主张服务提供时,符合当时的专业水平可期待之安全性者,就其主张之事实负举证责任。服务不得仅因其后有较佳之服务,而认为其不符安全性("消保法"第 7 条),应说明者有二:

(1) 所谓欠缺安全性,指服务具有缺陷、瑕疵而言。服务供应者之所以应负无过失责任,不是因为服务具有抽象的危险,而是所提供的服务系具体危险的实现。

(2) 专业水平指各服务行业客观上应具的专业水平,此乃安全性的

---

① Deutsch/ Taupitz, Haftung der Dienstleistungsberufe (1992).

要素,寓有一定程度过失的意涵。

三、侵害消费者或第三人的生命、身体、健康或财产

其相关争议问题,参阅关于商品责任的说明。

四、服务欠缺安全性与致生损害须有因果关系

在一个饭店代客停车案件①,"最高法院"认为,其停车卡上记载"本场只供停车,不负任何保管责任"的定型化条款应属无效("消保法"第12条第1项)。关于汽车被窃,"最高法院"认为,饭店既然提供消费者车辆保管的服务,却将车钥匙任意置放于任何人随手可取的地方,让窃贼窃取钥匙之后将车开走,该项服务显有安全上的疏失,造成第三人的损失,依"消保法"第7条规定,企业经营者提供之服务有财产安全上之危险,自应负赔偿责任(本件系适用旧"消保法"第7条)。应指出的是,此项服务安全性欠缺与损害之间的因果关系,不因第三人窃车系故意行为而受影响。②

第三款　实务上发展

一、服务的意义及适用范围

关于商品范围,"消保法施行细则"第4条设有明文,关于服务的范围,则无规定。前揭《欧洲共同体服务责任纲要草案》第2条规定:"本纲要所称'服务'(service,Dienstleistung),非指直接或专门生产财物的行为,或让与物权或著作物的行为,而系指在营业活动或公益事业的领域内,自主而为提供有偿或无偿的所有给付行为。"系采广义服务概念,适用于"服务提供商推定过失责任"。台湾地区"消保法"系采无过失责任,不能径采用此种服务的概念。在商品责任,若"消保法施行细则"未就商品范围加以规定时,法院不会以所有商品,皆为适用对象,必须有所选择认定。是就法学方法论言,不能径以"消保法"对服务的范围,并未

---

① 参见"最高法院"2002年台上字第1577号判决。
② 参见约翰逊林:《第三人之故意不法行为与因果关系之中断》,载《台湾本土法学》,第75期,第211页。

设限制,即认所有服务皆包括在内,而应依消保法的立法目的、服务的危险性、分散责任可能性、举证的困难等因素,决定其应负无过失责任的服务。

二、经肯定有"消保法"适用的服务

关于应适用"消保法"的服务企业经营者,其主要有旅游业者、保全业者。[①] 值得注意的是,"最高法院"关于台北市公交车车祸案件的判决。[②] 本件上诉人台北市公共汽车管理处之公交车自文化大学行驶至台北市区,途经阳明山仰德大道时,该车辆因平时疏未保养及行车前亦未注意,致刹车失灵而发生车祸,被上诉人因而受有骨折伤害。原审高等法院认为,上诉人之受雇人司机对其驾驶具有过失,上诉人依"民法"第188条规定,应负连带损害赔偿责任。又"最高法院"同意原审法院见解认为,上诉人系提供大众运输服务企业经营者,被上诉人则系搭乘大众运输工具之消费者,上诉人自系负有提供安全运输服务义务之企业经营者,被上诉人因搭乘上诉人所提供之交通工具而受害,其所提起之本件诉讼,自属消费诉讼,而应有"消费者保护法"第51条、第7条第1项、第3项规定之适用。

关于汽车事故,在现行法有"民法"第191条之2(动力车辆所有人推定过失责任)、"公路法"第64条(汽车运输业者无过失责任)可资适用,肯定大众运输业者为"消保法"上的服务企业经营者,其主要实益,系使被害人得向有过失的加害人请求惩罚性赔偿金。

三、医疗服务应否适用无过失责任?

(一) 重大争论问题

医疗业务为专门职业,系典型的服务,应否适用无过失责任,系"消保法"施行十余年来最具争议的问题。医疗团体强力反对并对立法者游说。部分学者、消费者保护团体坚持医疗行为无过失责任,凸显了医疗行为在法律规范上的重要及困难。

---

① 参见台湾高雄地方法院1997年诉字第1784号判决。
② 参见"最高法院"1997年台上字第1445号判决。

(二) 医疗行为系属"消保法"第 7 条的服务

在著名的肩难产案件①,台湾台北地方法院认医疗行为系"消保法"第 7 条的服务,医院或医师应负担无过失责任,其主要理由有三:(1) 实践保护消费者的立法目的;(2) 医疗服务得证明符合医疗专业水平而不必负责;(3) 不容医师采取防御性医疗措施,而罔顾病人权益。

(三) "医疗法"第 82 条第 2 项规定与"消保法"第 7 条的适用

"医疗法"于 2004 年 4 月 28 日修正时,第 82 条规定:"医业务之施行,应善尽医疗上必要之注意(第 1 项)。医疗机构及其医事人员因执行业务致生损害于病人,以故意或过失为限,负损害赔偿责任(第 2 项)。"此涉及两个问题:(1) 在解释上,消保法的服务是否适用于医疗行为。(2) "医疗法"第 82 条第 2 项规定是否为消保法的特别规定。

"最高法院"2007 年台上字第 2738 号判决谓:"医师本于专业知识,就病患之病情及身体状况等综合考虑,选择最适宜之医疗方式进行医疗,若将无过失责任适用于医疗行为,医师为降低危险,或将倾向选择治疗副作用较少之医疗方式,舍弃较利于治愈病患却危险性较高之医疗方式,此一情形自不能达成消保法之立法目的。参以现行医疗法第 82 条第 2 项于 2004 年 4 月 28 日修正时,已明确将医疗行为所造成之损害赔偿责任,限于故意或过失,故医疗行为无消保法无过失责任规定之适用。"此涉及法学方法,分两点言之:

(1) 在理论上得认"消保法"第 7 条的服务包括医疗行为。"医疗法"第 82 条第 2 项系"消保法"第 7 条的特别规定,排除"消保法"第 7 条的适用。此项见解将产生一个问题,即"医疗法"第 82 条第 2 项不能溯及适用于其公布生效前的医疗服务。

(2) "最高法院"在方法上参酌"医疗法"第 82 条第 2 项规定体系解释,对"消保法"第 7 条的"服务"作目的性限缩,将医生所提供的医疗行为排除于"消保法"的适用,依此解释,"消保法"第 7 条无过失责任,应不适用于"医疗法"第 82 条第 2 项修正前的医疗行为。

---

① 参见台湾台北地方法院 1996 年诉字第 5125 号判决;陈忠五:《医疗行为与消费者保护法服务责任之适用领域》,载《台湾本土法学》,第 7 期,第 36 页。律师亦为服务行业,如何适用消保法,迄未见相关判决;参见姜世明:《律师民事责任论》,2004 年版。

第六节　无过失侵权责任的立法原则、法律构造、解释适用及演变发展

第一款　立法原则及法律构造

一、列举原则与类推适用

关于无过失侵权责任,台湾现行法上采列举主义,就交通工具(汽车、电车运输业、大众捷运、航空器)、核子损害、商品及服务,加以规定。前两者,系以物及设施为规范对象,后两者则为所谓的行为责任。其中以航空器所有人等的责任最为严格,对不可抗力之损害亦须负责。核子损害的特色在于采取责任集中制。

须特别提出的是,现行法上无过失侵权责任的规定不得类推适用,理由有二:(1) 现行法采法定列举主义。(2) 无过失侵权责任规定的内容多有不同,欠缺共同的法律原则。

二、不同于一般侵权行为的法律构造

无过失责任内容的形成,系如何规定异于一般侵权行为的成立要件及效果,分五点言之:

1. 因果关系

依侵权行为法一般原则,被害人应就因果关系负举证责任。现行法上的无过失责任均未设推定因果关系的特别规定。

2. 受保护之人

"消保法"规定商品责任及服务责任的请求权主体为"消费者或第三人",解释适用上甚有争议,立法论上亦有研究余地。

3. 受保护的权益

公路法、核赔法、大众捷运法及民用航空法均规定其受保护的权益为生命、身体、健康或财产,即严格其责任者,亦缩小其受保护权益的范围。准此以言,"消保法"第7条所谓"财产",应限制解为不包括纯粹经济上损失,尤其是商品自伤的情形。

4. 赔偿范围

关于铁路机构、汽车、电车运输业者、航空器所有人等、核子设施经营者的赔偿责任,设有赔偿限额。其无赔偿限额者,有大众捷运系统营运机构、消保法上商品责任及服务责任。

5. 消灭时效

公路法就运送物丧失、毁损或迟交等损害赔偿请求权规定1年短期时效。核赔法设有异于"民法"第197条规定的时效期间,即延长其时效期间。

第二款　法律适用关系

一、与一般侵权行为法的适用关系

无过失侵权责任依其规范目的及成立要件,并不排除民法一般侵权行为的适用,其实益在于被害人得请求全部损害赔偿("民法"第213条以下),不受赔偿限额的限制。

二、无过失侵权责任与责任保险

关于交通工具的无过失侵权责任,法律均明定应投保责任保险。核赔法更规定政府对损害赔偿的补足义务。关于产品责任及服务责任,无强制投保的法律规定,但大企业经营者多投保责任保险,以分散损害,保护被害人,并有助于推销其商品或服务。

三、侵权行为、损害赔偿一般规定的适用

关于无过失侵权行为,除各该特别法有规定外,应适用民法一般规定,兹就重要者分述如下:

(一) 共同侵权行为

"民法"第185条关于共同侵权行为的规定,对无过失侵权行为亦有适用余地。例如两部客运汽车相撞,肇致事故,致乘客或路人受伤时,均为其所生损害的共同原因,虽无过失,亦足成立共同侵权行为,各运输业者应连带负损害赔偿。又甲驾驶A车,因该车刹车欠缺安全性,与丙违规驾驶的B车相撞,伤害路人时,甲纵无过失,汽车制造者乙(无过失责任)与丙(过失责任),亦足成立共同侵权行为。

（二）被害人与有过失

"民用航空法"第91条规定,发生航空器意外事故时,航空器使用人或运送人应负无过失责任;但因可归责于乘客之事由或因乘客有过失而发生者,得免除或减轻赔偿。"核赔法"第19条规定,核子设施经营者,证明核子损害之发生或扩大系因被害人之故意或过失所致者,法院得减轻或免除对该被害人之赔偿金额。须提出的是,除前揭法律特别规定外,"民法"第217条关于被害人与有过失规定,于债务人应负无过失责任时,亦有其适用。[①]

（三）慰抚金

值得特别强调的是,关于无过失侵权责任,法律均未就慰抚金设有特别规定,应有"民法"第194条及第195条的适用。在德国危险责任(Gefährdungshaftung)多排除慰抚金请求权,惟2002年8月1日施行的《损害赔偿法》已废除此项不合理限制,而采同于台湾地区法的基本原则,即在无过失侵权行为,被害人仍得请求慰抚金。[②]

（四）消灭时效

关于无过失侵权行为损害赔偿请求权,除法律有特别规定者(如"公路法"第54条、"核赔法"第28、29条)外,应适用"民法"第197条第1项规定:"因侵权行为所生之损害赔偿请求权,自请求权人知有损害及赔偿义务人时起,二年间不行使而消灭。自有侵权行为时起,逾十年者亦同。"

需说明的是,关于产品责任损害赔偿请求权,立法例有设特别规定,例如《德国产品责任法》第12、13条、《日本制造物责任法》第5条。[③]台

---

① 参见"最高法院"1990年台上字第2734号判例。

② Wagner, Das neue Schadensersatzrecht (2002), S. 33.

③ 《德国产品责任法》第12条第1项规定:"第一条的损害赔偿请求权自请求权人获知或应知有损害及赔偿义务人时,三年间不行使而消灭。"第13条第1项规定:"本法第一条的损害赔偿请求权自制造者使商品流通进入市场时起,经过十年消灭。请求权于依法律争议或催告程序系属中,不适用之。"须注意的是,此十年期间非消灭时效,而为除斥期间。《日本制造物责任法》第5条规定:"本法第3条规定损害赔偿请求权,自被害人或其法定代理人知有损害及赔偿义务人时起,三年间不行使而消灭。其制造者等将当该制造物交付后,经过十年亦同。前项后段期间,关于身体蓄积有害人之健康导致损害,及经过一段潜伏期间后病状所生损害,自损害发生时起算。"

湾消保法未设明文,亦应适用"民法"第197条第1项规定。①

四、体系构成及发展方向

关于危险的规范及责任的分配,"民法"就动物、工作物、动力车辆、商品及工作或活动,均采过失推定责任,结合特别法所设无过失侵权责任,形成了如下图所示的规范体系(请再阅读条文):

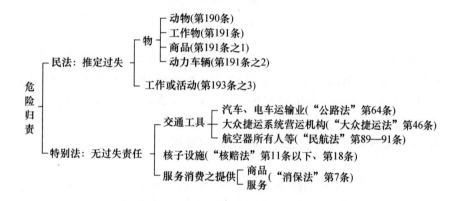

前揭危险归责系建立在民法过失推定及特别法无过失侵权责任双轨体系,已建构了一个可供操作运用的机制,在可预见的将来,应不会有重大的变更。关于其演变发展,分两点言之:

(1)在立法上,有必要时仍应针对因科技发展而发生的"特别危险",制定无过失侵权责任的特别法。

---

① 参见台湾台中地方法院1999年诉字第561号判决谓:"按有关消费者之保护,依本法之规定,本法未规定者,适用其他法律,消费者保护法第1条第2项有明文。消费者保护法既未就商品制造人责任之消灭时效为明文规定,当应适用民法上消灭时效之规定。按消费者保护法第7条第1项、第2项之规定,并不以契约之存在为前提,更何况同法第7条第3项规定,非消费者之第三人亦得据以请求损害赔偿,此与契约法上应着重当事人关系之本质上要求不同,而外国立法例上,就商品制造人损害赔偿请求权,多设有关于请求权消灭时效排除一般侵权行为之条文(如《德国商品制造责任法》第12条及第13条、日本制造物责任法第5条规定等),故消费者保护法第7条关于商品制造人责任之规定,系属民法侵权行为之特别规定,而非契约法上之规范自明,原告主张消费者保护法第7条系属契约责任之特别规定,不受侵权行为2年时效之限制,即无可采。"此项见解基本上应值赞同。惟黄立教授认为此种观点明显有问题,主张应适用"民法"第125条一般时效(15年),其主要理由系不能将"消保法"责任认定是侵权行为责任。参见黄立:《消费者保护法的商品与服务责任》(三),载《月旦法学教室》,第13期,第80页。

(2) "民法"第191条之3关于危险工作或活动的概括条款,最具发展性,如何针对各种工作或活动的危险性,予以具体化,形成更明确的规则,系台湾地区侵权行为法的重要课题。

第七节 结论:风险社会的正义

如何规范具危险性之物、设施、活动等而创设无过失侵权责任,系侵权行为法的重要任务,在制度设计上所应考虑的主要问题,系规范的对象(何种危险)、责任主体及规范内容,包括免责事由及成立要件,尤其是应否设异于一般原则的特别规定。台湾法上的无过失责任历经数十年的发展,具有如下三点特色:

(1) 所有无过失责任均规定于特别法。立法者系以之为民法过失责任原则的例外及补充,但实已形成过失责任与无过失责任(危险责任)的双轨(二元)体系。前者旨在规范"不法行为",后者则在分配"不幸"的损害。

(2) 关于无过失侵权责任,系采列举主义,类型法定。其中铁路机构、汽车、电车等运输业者、大众捷运系统营运机构、航空器所有人等无过失责任,与人民日常生活"行的安全"具密切关系。核子损害的无过失责任,系专为特别巨大危害而设,在台湾幸尚无核子事故。消费者保护法规定的产品责任在理论及实务上最具重要性。对服务责任采无过失责任是具前瞻性和争议的重要发展。

(3) 针对个别的无过失责任,规定宽严不同的免责事由,并对赔偿范围、消灭时效等设特别规定。就何种责任应设赔偿限额,对商品责任须否设特别时效期间,产品责任及服务责任无过失责任的衡平化("消保法"第7条第3项)的必要合理性等,均有研究余地。

现行法上的无过失侵权责任未采概括条款,其所设类型尚属有限,不能涵盖现代科技、消费社会当前或未来可能发生的各种足以肇致重大损害,难以举证证明加害人有过失的危险。除于必要时增设无过失责任外,更应活用"民法"第191条之3关于危险活动或工作的规定,结合特别法上个别的无过失责任及民法的规定条款,共同维护个人行为自由,保护他人权益不受侵害,并与责任保险制共同协力,以实现侵权行为法的正义。

主要参考书目

一、中文书籍(依在台出版年份排序)

洪文澜:《民法债编通则释义》,1954 年版。

史尚宽:《债法总论》,1954 年版。

梅仲协:《民法要义》,1955 年版。

戴修瓒:《民法债编总论》,1955 年版。

王伯琦:《民法债编总论》,1956 年版。

郑玉波(陈荣隆修订):《民法债编总论》,1962 年版(2008 年修订)。

孙森焱:《民法债编总论》(上),1979 年版(2014 年修订)。

邱聪智:《民法债编通则》(上),1987 年版(2014 年修订)。

黄立:《民法债编总论》,1995 年版(2006 年修订)。

曾世雄:《损害赔偿法原理》,1997 年版(2003 年修订再版)。

二、日文书籍

加藤一郎:《不法行为》(增补版),载《法律学全集22-2》,有斐阁 1974 年版。

几代通:《不法行为》,有斐阁 1993 年版。

川井健:《民法教室不法行为》(2 版),日本评论社 1988 年版。

前田达明:《民法 VI 2(不法行为法)》,青林书院新社 1978 年版。

山田卓生编集:《新·现代损害赔偿法讲座》,日本评论社 1997 年版。

三、德文书籍

1. 文献

Christian v. Bar, Gemeineuropäisches Deliktsrecht, Erster Band (1996), Zweiter Band(1999).

Christian v. Bar, Verkehrspflichten, Richterliche Gefahrsteuerungsgebote im deutschen Deliktsrecht, 1980.

Gert Brüggemeier, Deliktsrecht: Ein Hand-und Lehrbuch, 1986.

Gert Brüggemeier, Haftungsrecht, 2006.

Erman, Bürgerliches Geretzbuch, HandKommentar, II, 12. Aufl. 2008.

Erwin Deutsch, Unerlaubte Handlungen, Schadensersatz und Sch-merzensgeld, 2. Aufl. 1993.

Josef Esser und Hands-Leo Weyers, Schuldrecht, Band II: Be-sonderer Teil, 8. Aufl. 2000.

Wolfgang Fikentscher und Andreas Heinemann, Schuldrecht, 10. Aufl. 2006

Hein Kötz und Gerhand Wagner, Deliktsrecht, 10. Aufl. 2006.

Hermann Lange und G. Schiemann, Schadensersatz, 3. Aufl. 2003.

Karl Larenz, Lehrbuch des Schuldrechts, Band I: Allgemeiner Teil, 14. Aufl. 1987.

Karl Larenz und Claus-Wilhelm Canaris, Lehrbuch des Schuldrechts, Band II: Besonderer Teil, Halbband 2, 13. Aufl. 1994.

Dieter Medicus, Schuldrecht II, Besonderer Teil, 14. Aufl. 2007.

Münchener Kommentar zum Bürgerlichen Gesetzbuch, Band 3: Schuldrecht, Besonderer Teil, 4. Aufl. 2001.

Hans-Bernd Schäfer und Claus Ott, Lehrbuch der ökonomischen Analyse des Zivilrechts. 2, Aufl. 1995.

Peter Schlechtriem, Schuldrecht, Besonderer Teil, 6 Aufl. 2003.

Konrad Zweigert und Hein Kötz, Einführung in die Rechtsverglichung auf dem Gebiet des Privatrechts, 3. Aufl. 1996.

2. 略称

Abs.	Absatz
Acp	Archiv fur die civilistische Praxis
Anm.	Anmerkung
Aufl.	Auflage
BGHZ	Entscheidungen des Bundesgerichtshofs in Zivilsachen
BverfGE	Entscheidungen des Bundesverfassungsgerichts
ff.	folgende
Hrsg.	Herausgeber
JuS	Juristische Schulung (Zeitschrift)
JZ	Juristenzeitung
MDR	Monatsschrift für Deutsches Recht
NJW	Neue Juristische Wochenshrift
RabelsZ	Rabels Zeitschrift fur Ausländisches und internationales Privatrecht

Rn   Randnumer
S.   Seite
VersR   Versicherungsrecht（Zeitschrift）

四、英文书籍

Peter Cane, Atiyah's, Accidents, Compensation and the Law, 6th ed. 2006, Butterworth

Cees van Dam, European Tort Law, 2006, Oxford University Press

Richard A. Epstein, Cases and Materials on Torts, 9th ed. 2008, Wolters Kluwen

Dan B Dobbs, The Law of Torts, 2000, West Group

H. L. A. Hart and Tony, Honoré Causation in the Law, 2nd ed. 1985, Oxford University Press

W. M. Landes and R. A. Posner, The Economic Structure of Tort Law, 1987, Harvard University Press

F. H. Lawson und B. S. Markesinis, Tortious Liability for Unin-tentional Harm in the Common Law and the Civil Law. Vol. I: Text, 1982, Cambridge University Press

Saul Lermore, Foundations of Tort Law, 1994

Basil S. Markesinis, The German Law of Torts. A Comparative Introduction, 4th ed. 2004, Oxford University Press

Basil S. Markesinis und Simon F. Deakin, Tort Law, 5th ed. 2003, Oxford University Press

William Guthrie Salmond und R. F. V. Heuston on the Law of Torts (by R. F. V. Heuston und R. A. Buckley), 20th ed. 1994, London

Street on Torts, The Law of Torts (by Murphy) 12th ed. 2004, Oxford University Press

John G. Fleming, The American Tort Process, 1988, Oxford University Press

John G. Fleming, The Law of Torts, 9th ed. 1998, The Law Book Company

Allen M. Lnden, Canadian Tort Law, 3rd ed. 1982, Butterworths

Dand G. Owen (ed), Philosophisical Foundations of Tort Law, 1995, Oxford University Press

Richard Posner, Economic Analysis of Law, 5th ed. 1998, Aspen Law and Siness

Richard Posner, Tort Law, Cases and Economic Analysis, 1982, Little, Brown and Company

Prosser and Keeton, Torts, 5th ed. 1984, West Publishing Co.

Prosser, Wade and Schwartz, Torts, Cases and Materials, 11th ed. 2005, The Foundation Press, Inc.

Robert Cooter and Thomas Ulen, Law and Economics, 2nd ed. 1996, Addison-Wesley

Robert L. Rabin, Perspectives on Tort Law, 3rd ed. 1990, Little, Brown and Company

Franklin, Rabin and Green, Tort Law and Alternatives: Cases and Materials, 8th ed. 2006, The Foundation Press, Inc.

Francis Triandade and Peter Cane, The Law of Torts in Australia, 4th ed. 2007, Oxford University Press

Percy Harry Winfield und John Anthony Jolowicz on Tort (by William Vaughan Horton Rogers), 14th ed. 1994, London

Reinhard Zimmermann, The Law of Obligations, Roman Foundations of the Civilian Tradition, 1992, Tuta & Co, Ltd.

事 项 索 引

实务见解索引

（续表）

年度	字	号	页次	年度	字	号	页次
1962	台上	3495	201	\"最高法院\"刑事判例			
1963	台上	103	274	1935	上	4738	275
1964	台上	43	68	1938	上	2879	275
1964	台上	1550	68	1939	上	3115	275
1964	台上	2053	192	1941	上	1040	275
1965	台上	951	120, 384	\"最高法院\"民事裁判			
1966	台上	228	81, 279	1951	台上	1388	237
1966	台上	1798	429, 595	1951	台上	1508	153
1966	台上	2052	377	1951	台上	1957	561
1966	台上	2053	95,194,270, 283,433	1952	台上	264	561
1967	台上	1612	501	1953	台上	97	275
1968	台上	1663	502	1953	台上	1324	151
1969	台上	1296	223	1954	台上	920	237
1969	台上	1421	310	1955	台上	45	314
1970	台上	313	212	1955	台上	450	473
1973	台上	2693	177	1955	台上	1704	519
1973	台上	2806	130, 152	1956	台上	520	258
1974	台上	3827	283	1957	台上	419	355
1975	台上	1364	200, 441	1957	台上	493	518
1975	台上	2442	275	1957	台上	1232	261
1976	台上	838	200, 441	1957	台上	1877	153
1977	台上	526	442	1958	台上	831	314
1977	台上	1015	352	1959	台上	643	541
1978	台上	2032	521	1959	台上	737	277
1978	台上	2111	352	1959	台上	787	519
1981	台抗	406	353	1962	台上	365	518
1984	台再	182	121, 258	1962	台上	1107	99
1985	台上	1170	598	1962	台上	1390	518
1987	台上	1908	523	1962	台上	2806	336
1990	台上	2734	665	1962	台上	3223	518
1991	台上	1327	470	1963	台上	225	334
1996	台上	2776	568	1963	台上	1069	519
2001	台上	164	128	1963	台上	1155	308

（续表）

年度	字	号	页次	年度	字	号	页次
1963	台上	1180	308	1980	台上	2927	357
1963	台上	2370	469	1980	台上	3422	473
1963	台上	2769	112	1980	台上	3813	473
1963	台上	2769	576	1981	台上	538	311
1963	台上	2771	283,314,458, 473	1981	台上	1005	242
1963	台上	2851	242	1981	台上	1079	308
1963	台上	3723	471	1981	台上	4347	339
1964	台上	540	153	1982	台上	63	519
1964	台上	1498	277	1982	台上	749	525
1964	台上	1610	213	1982	台上	1313	149
1965	台上	111	308	1982	台上	1966	541
1965	台上	2750	474	1982	台上	2412	433
1966	台上	2002	518	1982	台上	3748	214
1967	台上	540	353	1982	台上	5302	309
1967	台上	1353	350	1983	台上	599	220
1967	台上	3080	232	1983	台上	953	316
1968	台上	558	214	1983	台上	1469	272
1969	台上	1064	111	1983	台上	3986	223, 308
1969	台上	1504	220	1983	台上	5141	353
1969	台上	1626	337	1984	台上	2691	503
1970	台上	625	396	1985	台上	752	351
1970	台上	1322	469	1986	台上	82	470
1970	台上	1629	469	1986	台上	462	246, 249, 321
1970	台上	4252	518	1986	台上	1433	631
1971	台上	1611	77	1987	台上	158	230, 247, 304
1972	台上	200	78	1988	台上	467	338
1972	台上	1825	298	1988	台上	479	241
1973	台上	212	112	1988	台上	665	503
1973	台上	998	298	1988	台上	839	241, 353
1974	台上	806	651	1988	台上	1582	350
1974	台上	1987	78	1988	台上	1876	238, 243
1975	台上	2263	347	1988	台上	2966	524
1978	台上	1654	337	1989	台上	200	273, 317
1978	台上	2111	320	1989	台上	765	431

(续表)

年度	字	号	页次	年度	字	号	页次
1989	台上	1040	331	1996	台上	1881	579
1989	台上	2479	432	1996	台上	2254	248
1990	台上	1678	298	1996	台上	2957	7, 195
1990	台上	1809	261	1996	台上	3043	72
1991	台上	173	305	1997	台上	56	309
1991	台上	533	242	1997	台上	283	306
1991	台上	636	243,306,651	1997	台上	416	223
1991	台上	2774	433	1997	台上	1205	258
1992	台上	7	574	1997	台上	1445	661
1992	台上	117	306	1997	台上	1497	514
1992	台上	200	147	1997	台上	1980	579
1992	台上	1818	201	1997	台上	2466	579
1992	台上	1882	71	1997	台上	3746	348
1993	台上	200	127	1997	台上	3760	326, 376
1993	台上	267	74	1998	台上	1226	579
1993	台上	1852	115	1998	台上	1440	523
1993	台上	2161	241, 247	1998	台上	2036	631
1993	台上	2424	295	1998	台上	2835	72
1994	台上	613	305	1999	台上	4	482
1994	台上	710	107	1999	台上	267	481
1994	台上	2261	249	1999	台上	1677	433
1994	台上	2342	592	1999	台上	1767	637
1995	台上	196	340	1999	台上	1827	384, 404, 598
1995	台上	265	201	1999	台上	2842	653
1995	台上	897	336	2000	台上	376	94
1995	台上	1142	350	2000	台上	935	579
1995	台上	1262	120	2000	台上	1161	512
1995	台上	2170	240, 593	2000	台上	1795	434
1995	台上	2934	121	2000	台上	1835	597
1995	台再	9	232, 239	2000	台上	1878	593
1996	台上	736	223	2000	台上	2236	639
1996	台上	1042	129	2000	台上	2485	579
1996	台上	1131	309	2000	台上	2560	94
1996	台上	1143	430	2001	台上	468	174

（续表）

年度	字	号	页次	年度	字	号	页次
2001	台上	910	137	2006	台上	310	574
2001	台上	1235	514	2006	台上	395	356
2001	台上	1365	637	2006	台上	465	523
2001	台上	1440	515	2006	台上	625	318
2001	台上	1991	510	2006	台上	637	393
2002	台上	1221	393, 507	2006	台上	684	655
2002	台上	1433	461	2006	台上	766	133, 138
2002	台上	1577	660	2006	台上	1355	541
2002	台上	2096	386, 391	2006	台上	1615	541
2003	台上	164	171	2006	台上	2388	449
2003	台上	485	514	2006	台上	2409	225
2003	台上	1057	173	2006	台上	2692	351
2003	台上	1507	199	2006	台上	2941	511
2003	台上	1710	624	2007	台上	414	390
2003	台上	2052	631	2007	台上	450	615
2003	台上	2280	439	2007	台上	489	578
2003	台上	2406	97, 394, 397	2007	台上	793	126
2003	台上	2746	598	2007	台上	802	199
2004	台上	381	96, 394	2007	台上	1227	29
2004	台上	628	626	2007	台上	1312	519
2004	台上	706	169	2007	台上	1456	219
2004	台上	829	137	2007	台上	1457	353
2004	台上	851	303, 438, 508	2007	台上	1530	390
2004	台上	989	646, 656	2007	台上	1891	354, 393
2004	台上	1175	577	2007	台上	2032	285
2004	台上	1805	138	2007	台上	2292	133
2004	台上	1979	138	2007	台上	2524	353
2004	台上	2014	129	2007	台上	2532	517
2004	台上	2064	171	2007	台上	2738	17, 311, 662
2005	台上	338	646	2007	台上	2748	133
2005	台上	2210	236	2008	台上	1352	326
2005	台上	2374	113	2008	台上	2735	285
2006	台上	236	133	2009	台上	188	286
2006	台上	294	381	2009	台上	572	578

（续表）

年度	字	号	页次	年度	字	号	页次
2009	台上	763	517	\multicolumn{4}{c}{"最高法院"刑事裁判}
2009	台上	1129	144	1967	台上	769	592
2009	台上	1356	656	1969	台上	2616	275
2009	台上	1498	342	\multicolumn{4}{c}{台湾高等法院民事裁判}
2009	台上	1516	223				
2009	台上	1648	341	1996	重上	464	174
2009	台上	1790	442	1997	重诉更	15	290
2009	台上	1843	326，380	1999	上更	368	637
2009	台上	1921	234	2001	上	663	582
2009	台上	1961	380	2001	上易	251	471
2009	台再	58	340	2001	上易	731	580
2010	台上	529	437	2001	重上更	48	174
2010	台上	792	135	2002	上	932	617
2010	台上	1058	443	2002	重上	216	579
2010	台上	1664	134	2002	上易	1154	613
2010	台上	2014	286，352	2002	上国	4	580
2010	台上	2428	286	2003	上	954	614
2011	台上	250	398	2003	重上	587	580
2011	台上	390	353	2003	上易	1155	379
2011	台上	609	510	2003	上易	1204	596
2011	台上	943	101	2003	重上更	91	639
2011	台上	1012	94，351，358	2003	保险上	48	580
2011	台上	1123	470	2004	上	522	381
2011	台上	1314	94，100	2004	上	848	138
2011	台上	2092	94，102	2004	上	433	113
2012	台上	443	234	2004	诉	57	589
2012	台上	496	94，102	2004	保险上	10	580
2012	台上	526	143	2005	上易	616	187
2012	台上	545	142，271	2006	上更	6	113
2012	台上	2068	169	\multicolumn{4}{c}{台湾高等法院台中分院民事裁判}
2013	台上	1189	210	2000	上易	90	561
2013	台上	1485	210	2000	上更	42	580
2014	台上	583	209	2002	重上国	8	576
2014	台上	584	208	\multicolumn{4}{c}{台湾高等法院台南分院民事裁判}

（续表）